GUANGXI XIANYU JINGJI GAOZHILIANG FAZHAN PINGJIA LANPISHU

广西县域经济高质量发展评价蓝皮书

张 林 彭剑啸 著

知识产权出版社
全国百佳图书出版单位
—北京—

图书在版编目（CIP）数据

广西县域经济高质量发展评价蓝皮书 / 张林，彭剑啸著．—北京：知识产权出版社，2020.6
ISBN 978-7-5130-6900-7

Ⅰ. ①广… Ⅱ. ①张… ②彭… Ⅲ. ①县级经济—区域经济发展—研究—广西
Ⅳ. ①F127.67

中国版本图书馆CIP数据核字(2020)第072084号

内容提要

经济高质量发展是新时代中国经济发展的根本要求，县域经济是经济高质量发展的基石，科学评价县域经济发展质量具有深刻的现实意义。本书认为，经济高质量发展是一项系统工程。经济高质量是系统功能的表现，受到经济投入要素、经济结构和经济环境的影响。基于系统理论，本书以广西县域经济为代表，收集了110个县域经济数据，采用客观赋分法科学地评价广西县域经济高质量发展功能—要素—结构—环境的现状及其趋势，运用结构方程探索广西县域经济高质量发展与诸多影响因素之间的因果关系。基于城乡发展非均衡的现实，本书区分县域和城区两个类型，深入剖析广西经济高质量发展的县域特殊性。本书既有理论高度，也有实践深度，评价结果既可作为广西对县域经济高质量进行调控的依据，也可为县级政府出台具有针对性的经济高质量发展建议提供咨询。

责任编辑：李小娟　　**责任印制：**孙婷婷

广西县域经济高质量发展评价蓝皮书

张林　彭剑啸　著

出版发行：知识产权出版社有限责任公司　**网　址：**http://www.ipph.cn
http://www.laichushu.com
电　话：010－82004826
社　址：北京市海淀区气象路50号院　**邮　编：**100081
责编电话：010－82000860转8531　**责编邮箱：**lixiaojuan@cnipr.com
发行电话：010－82000860转8101　**发行传真：**010－82000893
印　刷：北京中献拓方科技发展有限公司　**经　销：**各大网上书店、新华书店及相关专业书店
开　本：720mm×1000mm　1/16　**印　张：**33.25
版　次：2020年6月第1版　**印　次：**2020年6月第1次印刷
字　数：669千字　**定　价：**98.00元
ISBN 978-7-5130-6900-7

序

2018年，国务院政府工作报告指出："按照高质量发展的要求，统筹推进'五位一体'总体布局和协调推进'四个全面'战略布局。"高质量发展是中国特色社会主义发展的核心要求，是保持经济持续健康发展的必然要求，也是全面建设社会主义现代化国家的必然要求。推动高质量发展是一项系统工程，经济高质量发展是系统的核心，只有实现了经济高质量发展，才能为高质量社会发展、生态文明建设提供保障。县域经济是中国特色社会主义市场经济的基层组织单元，承担着基层市场调控、优化配置资源、构建地域特色等功能，县域经济高质量发展是落实稳增长、促改革、调结构、惠民生、防风险各项工作的基石，县域经济高质量发展将为整个国家高质量发展奠定坚实的基础。

广西县域经济基本面总体平稳健康、产业结构向优、质量效益向好、开放合作向深，但是与其他省、自治区、直辖市相比，无论经济总量还是质量都相对落后。2018年，为了保持经济持续健康发展，广西深入学习贯彻习近平总书记提出的"四个下功夫"（在推动产业优化升级上下功夫、在转变发展方式上下功夫、在提高创新能力上下功夫、在深化改革开放上下功夫）的重要讲话精神，吹响了经济发展质量评价的号角。在全球化、工业化、信息化和中国区域积极落实经济发展质量评价战略背景下，广西县域经济高质量发展需要系统评价发展质量，客观评价基础、条件、动力和问题，探索"转要素、调结构、大开放、高创新、促高效"的市场导向型高质量战略突破模式。

为了落实国家战略，科学分析广西县域经济高质量发展，张林教授生在坚实的逻辑基础和翔实的数据基础上，研究广西县域经济高质量发展课题，形成了《广西县域经济高质量发展评价蓝皮书》，这本书具有以下创新与特色。

第一，以系统理论为指导，认为县域经济高质量发展是一项系统工程，是创新、协调、绿色、开放、共享新发展理念的高度聚合。本书按照经济系统运行的观点，认为系统运行功能是经济发展质量的表征，体现为经济发展效率、规模、速度和环境的绿色发展水平以及社会共享水平。高质量发展受到要素投入质量、结构状况和社会环境活力的影响。

本书建立的县域经济高质量发展系统评价指标体系，综合揭示了县域经济要素、结构、环境与区域经济高质量发展功能之间的关系，不仅有利于评价县域经济高质量发展水平，更有利于找到县域经济高质量发展的途径。

第二，基于功能一要素一结构一环境的县域经济高质量评价，本书收集了广西县域经济的大量数据，采用客观赋分法科学地评价了广西县域经济高质量发展功能一要素一结构一环境的现状及其趋势，并运用结构方程探索广西县域经济的高质量发展与功能一要素一结构一环境等诸多因素之间的因果关系。县域经济高质量评价的相关测验量表具体可行，广西县域经济高质量发展资料翔实，实证研究工具先进，对深化广西县域经济高质量发展认识和战略构想进行了卓有成效的尝试。

第三，采用统计分析和综合田野调查相结合的方法，区分了县域和城区两个类型，深入剖析广西县域经济高质量发展的区域特殊性，并对广西的110个县域进行了经济高质量发展的综合分析，评价全面客观，县域案例剖析透彻，方法手段运用得当，结论建议具体可行。

总之，本书既有理论高度，也有实践深度，本书的评价结果既可作为政府对县域经济高质量进行调控的依据，也可为县级政府出台具有针对性的经济高质量发展建议提供咨询。

广西壮族自治区政协第十届副主席 蘇道儼

2019.11.26

目　录

第一章

广西县域经济高质量发展评价背景与思路

第一节　研究背景及意义

一、研究背景

（一）经济高质量发展是新时代中国经济发展的根本要求

党的十九大报告指出，中国经济已由高速增长阶段转向发展质量评价阶段，正处在转变发展方式、优化经济结构、转换增长动力的攻关期。推动发展质量评价是当前和今后一个时期确定发展思路、制定经济政策、实施宏观调控的根本要求，必须加快形成发展质量评价指标体系、统计体系、政府绩效评价体系，创建和完善制度环境，推动中国经济实现发展质量评价。因此，围绕发展质量评价的要求，进行经济发展理论创新和实践导向的变革，通过质量变革、效率变革、动力变革推动经济发展从中国速度向中国质量转变，是当前经济发展的根本任务。

县域既是一个国家或地区经济发展的基本空间单元和产业发展的载体，也是实施乡村振兴战略的主战场。同时，在全面建成小康社会的过程中，县域经济的发展水平影响着整个国家小康社会建成和脱贫攻坚的进程。因此，县域经济的发展在整个国民经济社会发展中扮演着非常重要的角色。中国经济由高速增长阶段转向高质量发展阶段，而县域经济高质量发展是我国经济高质量发展的关键所在，也是一个攻坚难点。

（二）宏观环境对县域经济发展的机会与挑战

宏观环境对县域经济发展的影响主要有以下几个方面：

（1）中美经济关系的不确定性增加，中国内部市场的重要性上升，经济发展中消费地位在上升，为县域经济农副产品和轻工业的发展提供了机遇。

（2）中国“L”型经济中低速增长将成为新常态，西部地区作为经济增长的潜力地区，五大发展理念将继续深化，特色经济发展将快速推进，县域层面将引来更多的创新创业机会。

（3）世界技术快速推进，“互联网 +”已经成为潮流，县域经济高质量发展将有更加成熟的技术和平台。

（4）中国创新战略在持续推进，技术市场快速发展，技术产业化速度加快，将为县域经济发展提供产业技术升级机会。

同时，环保技术标准在上升将对农副产品加工业形成一定挑战；县域经济发展融资难将依然存在。因此，县域经济高质量发展面临的挑战与风险不可忽视。

（三）广西经济高质量发展具有紧迫性

近年来，广西县域经济基本面总体平稳健康、产业结构向优、质量效益向好、开放合作向深。但是，无论经济总量还是经济质量都相对落后。广西县域经济发展质量评价还面临着以下挑战：如何解决底子差、后劲不足的长期问题？如何在维持“广西速度”的基础上实现质量提升？如何推进产学研深度融合，实现创新发展？如何通过区域联动、产业协同、制度创新推动广西开放型经济建设？如何实现产业结构的高级化和现代化发展？要回答这些问题，需要系统深入研究经济发展质量评价理论，客观地评价广西县域经济发展基础、条件、动力和问题，探索“转要素、调结构、大开放、高创新、促高效”的市场导向型战略突破模式。

本书选取人均 GDP、地均 GDP、规模以上工业企业新产品销售收入、单位 GDP 的水污染、大气污染、能源消耗状况衡量经济高质量发展的省域层面差异对经济高质量发展进行综合评价，详见表 1-1。从表 1-1 中可以看出，2008—2017 年，我国大陆 31 个省（市、自治区）经济发展质量不断提升，10 年间排名前 5 的地区变动不大，这些地区是我国发展比较好的区域。广西排在第 25 名以后，属于经济发展较落后的地区。

表 1-1　2008—2017 年 31 个省（市、自治区）经济高质量发展综合评价值

地区	2008 年	2009 年	2010 年	2011 年	2012 年	2013 年	2014 年	2015 年	2016 年	2017 年
	评价值	评价值	评价值	评价值	评价值	评价值	评价值	评价值	评价值	评价值
北京	0.3307	0.3220	0.3493	0.3752	0.3886	0.4104	0.4331	0.4546	0.5037	0.5820
天津	0.2874	0.2786	0.3003	0.3303	0.3423	0.3647	0.3770	0.3825	0.4137	0.4296
河北	0.1315	0.1312	0.1458	0.1595	0.1663	0.1755	0.1831	0.1933	0.2073	0.2289
山西	0.1235	0.1169	0.1251	0.1346	0.1406	0.1486	0.1516	0.1663	0.1749	0.1866
内蒙古	0.1449	0.1538	0.1558	0.1695	0.1797	0.1862	0.1916	0.1936	0.2054	0.2007
辽宁	0.1791	0.1805	0.1982	0.2125	0.2260	0.2424	0.2442	0.2492	0.2355	0.2470
吉林	0.1469	0.1613	0.1706	0.1860	0.1984	0.2042	0.2150	0.2212	0.2527	0.2479
黑龙江	0.1444	0.1470	0.1613	0.1759	0.1877	0.1967	0.2045	0.2089	0.2171	0.2250
上海	0.3811	0.3694	0.4074	0.4342	0.4338	0.4349	0.4528	0.4561	0.4954	0.6161

续表

地区	2008 年	2009 年	2010 年	2011 年	2012 年	2013 年	2014 年	2015 年	2016 年	2017 年
	评价值	评价值	评价值	评价值	评价值	评价值	评价值	评价值	评价值	评价值
江苏	0.2858	0.3002	0.3665	0.4253	0.4810	0.4803	0.4876	0.5258	0.5474	0.5753
浙江	0.2720	0.2762	0.3234	0.3523	0.3923	0.4255	0.4321	0.4733	0.4934	0.5082
安徽	0.1270	0.1303	0.1476	0.1650	0.1779	0.1911	0.2031	0.2199	0.2446	0.2666
福建	0.1881	0.1885	0.2100	0.2190	0.2375	0.2484	0.2551	0.2756	0.2994	0.3262
江西	0.1275	0.1270	0.1383	0.1477	0.1587	0.1683	0.1790	0.1909	0.2116	0.2282
山东	0.2135	0.2220	0.2562	0.2856	0.3096	0.3264	0.3331	0.3396	0.3624	0.3898
河南	0.1123	0.1163	0.1275	0.1423	0.1571	0.1823	0.1956	0.2181	0.2373	0.2602
湖北	0.1376	0.1425	0.1582	0.1743	0.1899	0.2099	0.2255	0.2447	0.2710	0.2948
湖南	0.1380	0.2474	0.2111	0.1771	0.1949	0.2118	0.2292	0.2490	0.2693	0.2907
广东	0.3429	0.3389	0.3936	0.4235	0.4494	0.4866	0.4941	0.5368	0.5837	0.6728
广西	0.1068	0.1100	0.1172	0.1365	0.1466	0.1573	0.1643	0.1748	0.1926	0.2030
海南	0.1683	0.1655	0.1761	0.1876	0.1930	0.2053	0.2109	0.2126	0.2205	0.2379
重庆	0.1324	0.1377	0.1540	0.1797	0.2073	0.2306	0.2514	0.2646	0.2713	0.2798
四川	0.1296	0.1400	0.1531	0.1607	0.1812	0.1922	0.2026	0.2230	0.2363	0.2592
贵州	0.1121	0.1122	0.1184	0.1257	0.1298	0.1378	0.1391	0.1529	0.1631	0.1701
云南	0.1132	0.1153	0.1219	0.1211	0.1265	0.1368	0.1450	0.1532	0.1624	0.1737
西藏	0.2238	0.2322	0.2285	0.2359	0.2538	0.2645	0.2703	0.2568	0.2564	0.2648
陕西	0.1290	0.1363	0.1485	0.1609	0.1719	0.1883	0.1975	0.2062	0.2246	0.2322
甘肃	0.1068	0.1054	0.1125	0.1197	0.1251	0.1349	0.1397	0.1461	0.1557	0.1636
青海	0.0848	0.0869	0.0899	0.0961	0.1032	0.1146	0.1191	0.1299	0.1329	0.1401
宁夏	0.0937	0.0953	0.1036	0.1094	0.1159	0.1223	0.1298	0.1383	0.1440	0.1592
新疆	0.1425	0.1283	0.1318	0.1450	0.1464	0.1550	0.1569	0.1559	0.1584	0.1675

（四）广西县域经济高质量发展存在的问题

广西县域经济高质量发展存在的问题主要有以下几个方面：

第一，产业转型升级步伐缓慢，以传统产业为主导。2017 年，广西县域经济三大产业比（第一产业：第二产业：第三产业）分别为 22.1 ∶ 44.8 ∶ 33.1，第一产业比重比全区平均水平高出 7.9%，为 36%，显示出较强的工业化初期阶段特征。据研究资料显示，广西县域农业中的小、散、弱问题突出，高端农业偏少，工业主导产业以资源型、农产品加工型为主，产业前沿、高端价值链的产品较少。第三产业仍以传统的、生活型服务类的产业为主，第三产业结构的转型升级任重道远。

第二，产业特色不鲜明，新产业尚在培育阶段。产业结构趋同、产业链不齐全、高附加值产品较少，一直是制约广西县域经济发展的突出问题。部分地区对本地特色产业的发展缺乏长远的规划，产业发展特色不鲜明，难以形成规模经济。尤其是工业中高污染、高能耗产业偏多，受市场和环保政策的冲击较大。

第三，基础设施建设有待完善。基础设施是县域经济高质量发展的关键，公路和铁路的密度与工业的发展及居民的生活水平息息相关。广西部分县至今没有通高速公路，等级公路及村屯道路密度低、路况差，物流运输成本大等制约了当地经济的发展。

二、研究意义

（一）理论意义

（1）有利于完善经济高质量发展理论的内涵框架和机理。经济高质量发展更加强调发展的效率、公平和可持续性，而不是拔苗助长。

（2）有利于完善经济高质量发展评价体系。评价指标体系是经济高质量发展的定量度量依据，选取合理有效的评价指标要遵循科学性、系统性、可操作性和动态性的原则。

（3）经济高质量发展需要找到路径。应推进经济发展方式转变，优化经济结构，转换增长动力，加快完成质量变革、效率变革、动力变革，实现更高质量、更有效率、更加公平和更可持续的发展。

（二）实践意义

县域经济发展以深入落实党的高质量发展战略为宗旨，围绕发展质量评价的要求，系统深入地研究经济高质量发展理论，客观评价经济高质量发展基础、条件、动力和问题，探索“转要素、调结构、大开放、高创新、促高效”的市场导向型战略发展模式。

第二节　研究内容、方法及创新

一、研究主要内容

（一）经济发展质量评价的理论基础与评价体系建设

1. 经济发展是一项系统工程

高质量发展理论是习近平新时代中国特色社会主义经济思想的重要内容，是对经济发展的价值取向、原则遵循、目标追求做出的重大调整。经济发展是一项系统工程，是创新、协调、绿色、开放、共享新发展理念的高度聚合，需要系统地解析发展过程及其质量的内涵。按照经济系统运行的观点，功能是经济发展质量的表征，包括发展规模、速度、效率与模式的转变等方面。经济发展功能的提升将促进绿色发展和共享发展。

2. 经济高质量发展的影响机制的复杂性与系统路径解析

经济发展质量受到经济系统内部各投入要素的相互作用、结构特征以及系统与外部环境的综合影响，是一个复杂的过程。本书通过建立功能—要素—结构—环境模型来解析发展质量的影响机制及其路径。这一理论突破有利于分析经济发展质量的表现与其影响因素之间的关系。

3. 经济发展质量的系统评价体系建设

高质量发展是引领我国社会经济实现可持续发展的综合性战略，可以实现产业结构优化和区域协调发展，体现出“创新、协调、绿色、开放、共享”新发展理念。区域经济高质量发展离不开区域高素质的人力、物力等资本要素投入，需要强化技术创新作为经济增长的核心动力，产业结构调整、发展新型产业对技术提出了高级化的要求，也离不开居民自我发展能力的不断提升。开放环境下，利用高质量的外部力量来实现高质量发展也是重要途径之一。因此，区域高质量发展是一个系统工程。

在系统理论基础上，识别区域经济发展质量的功能—要素—结构—环境的维度表现；运用系统的观点，揭示功能—要素—结构—环境之间的逻辑关系。避免了形成片面、孤立的创新系统观，有利于全面理解和分析区域经济系统，并建立相互的逻辑关联。

（二）广西县域经济发展质量的评价及其影响机制研究

1. 广西县域经济发展质量评价与问题诊断

本书通过以下两种方式对广西县域经济发展质量进行评价与问题诊断：①广西各县（市 / 区）经济发展质量的排行榜。②根据评价结果，以及实地调研、访谈相结合，寻找并确认经济发展质量存在的问题。

2. 影响广西经济发展质量的动力判断

影响广西经济发展质量的动力判断方法主要有：①运用偏移份额方法（SSM）计算广西县域的结构动力和竞争力，并对广西县域结构动力和竞争动力状况进行排名。②运用结构方程（SEM）分析广西县域经济的条件、结构、环境等影响因素作用于经济发展质量功能的路径、方向和程度。

二、研究方法

（一）规范研究

本书通过梳理经济发展与发展质量的相关文献，搭建功能—要素—结构—环境的区域经济发展质量评价的系统框架，建立相应评价模型与指标体系，为实证研究奠定逻辑基础。

（二）实证研究

本书采用结构方程分析发展质量的影响途径，熵值法计算经济高质量发展水平及其要素、结构、环境的评价得分。通过偏移份额方法分析产业、空间的结构偏离状况和竞争力状况，运用探索性空间数据分析法探索发展趋势，并结合区内外实地调研，确认战略思路以及制度管理创新对策。

（三）具体研究方法

（1）熵值法。

在经济高质量评价中，设计众多的指体系，熵值法是对多维指标进行系统综合的一种方法，以兼顾各指标的贡献度，保证指标权重的客观性。本书首先采用熵值赋权法确定指标权重，其次计算各指标的贡献。具体步骤如下：

①数据规范化。

正向指标的规范化公式为

$$x'_{ij}=\frac{x_{ij}-\min(x_{ij})}{\max(x_{ij})-\min(x_{ij})}\times 0.95+0.05 \tag{1}$$

负向指标的规范化公式为

$$x'_{ij}=\frac{\min(x_{ij})-x_{ij}}{\max(x_{ij})-\min(x_{ij})}\times 0.95+0.05 \tag{2}$$

其中，x_{ij} 为第 i 个地区（$i\in n$）第 j 个指标（$j\in m$）的数值；x'_{ij} 为规范化后第 i 个地区第 j 个指标的数值。

②计算 j 指标下 i 省份指标占该指标的比重

$$y_{ij}=\frac{x'_{tij}}{\sum_{t=1}^{16}\sum_{i=1}^{31}x'_{tij}} \tag{3}$$

③引入 K，其中 T 为评价年份，n = 评价单元，计算第 j 项指标的熵值 e_j

$$K=\frac{1}{\ln(n\times T)}$$

$$e_i=-K\sum_{t=1}^{T}\sum_{i=1}^{n}(y_{tij}\times\ln y_{tij}) \tag{4}$$

④计算评价指标的差异性系数

$$d_j=1-e_j \tag{5}$$

⑤定义评价指标的权重

$$W_j=\frac{d_j}{\sum_{j=1}^{m}d_j} \tag{6}$$

⑥计算综合得分

$$U_{ti}=\sum_{j=1}^{m}(w_j\times x'_{tij}) \tag{7}$$

将标准化后的数据代入式(6)，得出 t 期 i 县域的经济高质量发展的综合评价值，其中，$0\leqslant U_{ti}\leqslant 1$。

（2）偏离—份额分析法的介绍。

偏离一份额分析法以研究区域所在的上一级区域的经济发展作为参照标准，将所研究区域经济总量的变动分解为区域增长份额、结构偏离和区域竞争力偏离等分量，以此对区域经济发展和衰退的原因进行分析，并评价区域经济结构优劣和自身竞争力的强弱，进而找出区域具有相对竞争优势的行业部门，确定区域未来经济发展的合理方向和产业结构调整的原则。

①增长率。

研究区域及其所在上一级的增长率，其公式如下

$$r_{ij}=(b_{ij,t}-b_{ij,0})/b_{ij,0} \tag{8}$$

$$R_j=(B_{j,t}-B_{j,0})/\mathrm{B}_{j,0} \tag{9}$$

其中，$b_{ij,0}$ 表示广西第 j 个县市在初始期的经济规模；$b_{ij,t}$ 表示广西第 j 个县市在末期经济规模；$B_{j,0}$ 和 $B_{j,t}$ 分别表示广西在初始期与末期的经济规模；r_{ij} 表示广西第 j 个县市经济在相应时期的增长率；R_j 表示广西经济在相应时期的增长率。$r_{ij}-R_j$ 表示广西第 j 个县市经济在相应时期的增长率与广西经济在相应时期的增长率之差，其值为正说明同期广西第 j 个县市经济的增长率高于广西全区平均水平，其值为负则说明同期广西第 j 个县市经济的增长率低于广西全区平均水平，且第 j 个县市经济发展缓慢。

②数据标准化。

研究区域各行业部门的规模标准化，以广西农业部门所占经济总量的份额对广西各县市农业经济进行标准化：其中，B_0 为广西在基期年的经济规模。

$$b_{i,j}=b_{i,j,0}\times(B_{j,0}\div B_0) \tag{10}$$

③行业部门增量的具体分解。

按照偏离一份额分析法的相关原理，在相应时期内广西第 j 个县市的经济增长量为 G_{ij}，G_{ij} 可以分解为区域增长分量（N_{ij}）、产业结构竞争力分量（P_{ij}）和区域竞争力分量（D_{ij}），具体计算公式

$$G_{ij}=N_{ij}+P_{ij}+D_{ij} \tag{11}$$

$$N_{ij}=b_{ij}\times R_j \tag{12}$$

$$P_{ij}=(b_{ij,0}-b_{ij})\times R_j \tag{13}$$

$$D_{ij}=b_{ij,0}\times(r_{ij}-R_j) \tag{14}$$

其中，G_{ij} 为广西第 j 个县市的经济增长量；N_{ij} 为广西第 j 个县市的经济按广西全区的平均增长率发展所产生的变化量，其值为正说明广西第 j 个县市的经济在全区属于增长期，否则为衰退期；产业结构竞争力分量 P_{ij} 为正，说明广西第 j 个县市的经济结构比广西全区平均情况好且具备结构上的优势，P_{ij} 的值越大，则该县市具备的结构优势对经济总量增长的贡献越大。区域竞争力分量 D_{ij} 为正，说明广西第 j 个县市的经济在广西区内具备区域竞争力，D_{ij} 的值越大，则广西第 j 个县市的竞争力对农业经济总量增长的作用越大。

（3）结构方程

由于结构方程具有同时处理多组变量的能力，适宜于探索复杂系统的变量之间的关系，有助于研究者开展探索性分析和验证性分析。

结构方程模型是基于变量的协方差矩阵来分析变量之间关系的一种统计方法，其包含了回归分析、因子分析、路径分析和多元方差分析等一系列多元统计分析方法的建立、估计和检验因果关系模型的多元统计分析技术。结构方程模型的贡献在于创造“潜变量”的概念，潜变量即无法直接观察的变量，属于结构变量。潜变量可以通过设计若干可观测的变量进行间接测量，以得到本书中假设的但又无法直接观测的概念。结构方程模型通过整合路径分析和因素分析的优点，分析变量之间互为因果的关系，可以使探索性因素分析发展为验证性因素分析，实现立体、多层次的驱动力分析。结构方程模型包括测量模型和结构模型两部分。测量模型是由潜在变量和观察变量组成，是一组观察变量的线性函数。随着 SEM 理论和分析软件的不断发展和完善，赫什伯格（Hershberger）研究显示，结构方程模型已经是一门发展成熟且高度受到重视的学问与技术，结构方程模型在社会学、计量经济学、管理学等领域都得到了广泛的应用。

本书提出功能—要素—结构—环境的评价体系研究县域经济高质量及其影响因素之间的关系，但各变量之间的关系尚不明确，需要利用结构方程做探索性分析，揭示广西县域经济高质量发展变量之间的因果关系，这有利于解释广西县域经济高质发展落后的机制，为促进广西县域经济高质量发展提供有效的工具。

（4）研究数据来源及处理

本书数据来源于《广西统计年鉴》（2010—2017年）、《中国县域统计年鉴》（2010—2017年）。广西74个县域数据收集时间段为2010—2017年，广西36个城区因部分城区属于新成立的区，相关数据从2014年开始才较为完整，故以2014年为基期年，2017年为终期年。个别县市数据缺失，研究中采用中位值法进行处理。如果大面积缺失，则删除该指标，不做评价。

县域单位包含县、县级市和城区，本书将其归并为县市与城区两部分。本书所指广西县域包括36个城区，分别是兴宁区、青秀区、江南区、西乡塘区、良庆区、邕宁区、城中区、鱼峰区、柳南区、柳北区、叠彩区、象山区、七星区、雁山区、临桂区、万秀区、长洲区、龙圩区、海城区、银海区、铁山港区、港口区、防城区、钦南区、钦北区、港北区、港南区、覃塘区、玉州区、福绵区、右江区、八步区、平桂区、金城江区、兴宾区、江州区；74个县市，分别是武鸣县、隆安县、马山县、上林县、宾阳县、横县、柳江区、柳城县、鹿寨县、融安县、融水苗族自治县、三江侗族自治县、阳朔县、灵川县、全州县、兴安县、永福县、灌阳县、龙胜各族自治县、资源县、平乐县、荔浦县、恭城瑶族自治县、苍梧县、藤县、蒙山县、岑溪市、合浦县、上思县、东兴市、灵山县、浦北县、平南县、桂平市、容县、陆川县、博白县、兴业县、北流市、田阳县、田东县、平果县、德保县、那坡县、凌云县、乐业县、田林县、西林县、隆林各族自治县、靖西市、昭平县、钟山县、富川瑶族自治县、南丹县、天峨县、凤山县、东兰县、罗城仫佬族自治县、环江毛南族自治县、巴马瑶族自治县、都安瑶族自治县、大化瑶族自治县、宜州区、忻城县、象州县、武宣县、金秀瑶族自治县、合山市、扶绥县、宁明县、龙州县、大新县、天等县、凭祥市。一些县域变更为城区，则以2017年为节点进行区分，之前转变归为城区，之后转变依然为县市。

三、预期目标、创新之处

（一）预期目标

（1）系统总结国内外经济发展质量评价的理论成果与实践经验，建立功能—要素—结构—环境的高质量分析系统框架和评价系统。

（2）系统评价广西县域经济发展质量状况及其历史演化与影响机制，指出存在的主要问题与制约因素，为确定发展质量评价、找到实践路径提供科学的依据。

（3）结合广西发展质量评价的基础条件，深度分析问题并提出经济发展质量评价的战略原则，详细阐述广西县域经济发展质量评价的要素、产业、空间路径，提高战略落实的可操作性。

（4）提出广西县域经济发展质量的政策保障和制度创新，提高政策的针对性。

（二）创新之处

（1）建立高质量分析的功能—要素—结构—环境的系统框架和评价模型。本书建立的系统分析框架和模型，为发展质量结果与条件的关系及其复杂性的研究提供了坚实的理论基础。

（2）从系统角度解析广西县域经济发展质量的因果关系。本研究围绕经济高质量与其影响因素的关系，利用结构方程、偏离—份额分析法、探索性空间数据分析法等计量工具来探索发展质量与功能—要素—结构—环境之间的因果关系。

第二章

县域经济高质量发展内涵解析与评价体系构建

第一节　县域经济高质量发展内涵

一、经济高质量发展评价的文献梳理与问题发现

现阶段有关经济高质量发展评价指标体系的文献中，主要根据以下 4 个方面的观点进行指标构建。

一是从社会主要矛盾的变化着手，构建经济高质量发展指标体系。例如，李金昌等（2019）从经济高质量发展内涵及统计内涵出发，通过经济、创新、绿色、生活、和谐 5 个方面来构建经济高质量发展评价体系。马茹（2019）等从经济高质量发展的供给、需求、效率、运行和开放来构建区域经济高质量发展评价的指标体系。张震和刘雪梦（2019）从发展的动力、开放、协调、绿色、共享，以及新型产业结构、交通信息基础设施这 7 个维度构建了城市经济高质量发展的指标体系。

二是从发展的过程构建经济高质量发展指标体系。例如，郭淑芬等（2019）考虑经济高质量发展的“基础—途径—目标”这一逻辑过程，对应动力变革—效率变革—质量变革 3 个维度构建资源型地区经济高质量发展指标体系。张云云等（2019）从经济高质量发展的目的、投入、动力、产出等角度，提出了经济效益、创新发展、人民生活、可持续发展 4 个维度来构建经济发展质量的理论指标体系。

三是以人本主义为核心构建经济高质量发展指标体系。例如，黄敏和任栋（2019）认为，对经济高质量的评价关键是发展成果的共享水平，人是体系的核心，由此构建收入、健康、教育、科技创新、绿色发展、民生 6 个维度的中国经济高质量发展指标体系。任保平和李禹墨（2018）认为，经济高质量发展应注重民生及环境，以及提升就业、收入、消费、生态环境等指标的重要性。

四是以“五大发展理念”为视角构建经济高质量发展指标体系。李梦欣和任保平（2019）认为，从创新、协调、绿色、开放和共享 5 个方面构建新时代中国经济高质量发展的评价体系具有理论性、实践性、经验性和科学性。黄庆华等（2019）认为，“五大发展理念”

能够集中概括经济高质量发展的特性，地区高质量发展必须贯彻“五大发展理念”，同时概括地区经济发展特点，以此构建地区经济高质量发展指标体系。

这些文献对于评价经济高质量发展具有积极的意义，但是，这些评价对于全面、综合理解经济高质量发展、提出发展路径方面还有不足，主要表现在系统性不强、因果关系不明确、指标简单化、动态性不够等方面。

二、经济高质量发展的核心内涵及其特征

经济高质量发展是引领我国社会经济实现可持续发展的综合性战略（田秋生，2018；王永昌和尹江燕，2019），可以实现产业结构优化和区域协调发展（安淑新，2018），体现出“创新、协调、绿色、开放、共享”新发展理念（任保平和文丰安，2018；孙红湘和张静，2018）。区域经济高质量发展离不开区域高素质的人力、物力等资本要素投入，需要强化技术创新作为经济增长的核心动力（洪银兴等，2019；周小亮，2019），产业结构调整、发展新型产业对技术提出了高级化的要求（任保平和付雅梅，2017），也离不开居民自我发展能力的不断提升。开放环境下，利用高质量的外部力量来实现经济高质量发展也是重要途径之一。本书认为，经济高质量发展具有以下核心特征。

（一）质是一个事物区别于其他事物的内在规律性

唯物辩证法认为，质是一个事物区别于其他事物的内在规律性，由事物的内部矛盾决定，量是事物可量化的规定性，是质的等级、规模。当事物的量变达到一定程度时，事物内部的主要矛盾发生改变，从而引起质变。熊彼特认为，经济增长主要是数量上的变化，而没有引起质的变化，但发展是一个动态过程，主要是质的变迁。

质量具有相对性，是在比较中体现的。质量高低的判断有时间和空间两个维度。时间上体现为质的演化和进步，空间上则表现为同一事物质的区别。

（二）高质量发展主要强调“质”的变化而非“量”的扩张

经济发展质量具有丰富的内涵，任何单一指标都不足以准确描述经济发展的质量。宋明顺等（2015）认为，经济发展质量与产品质量相对，单指宏观质量，其内涵为满足社会及可持续发展要求的程度；也有学者认为，经济发展质量从微观上表现为产品质量，从中观上表现为结构质量，从宏观上表现为生产力质量（钞小静和薛志欣，2018；赵剑波等，2019），其他一些学者从经济发展质量的影响因素出发，包括发展过程中的有效性、协调性、开放性、分享性、创新性、持续性等方面（冷崇总，2008；张红，2015；李金叶、许朝凯，2017）。

（三）经济高质量发展以产出效益为价值取向

经济高质量发展的概念丰富了质量的内涵，是以质量和效益为价值取向的发展（田秋生，2019），强调质量第一，效益优先，是经济发展过程、方式、动力、效率、成果分享的全面提升；任保平和赵通（2019）认为，经济高质量发展是指经济快速增长一定阶段后，经济发展新动能转换、效率提升、结构优化的状态，新动能是实现经济高质量发展的动力，战略性新兴产业是经济高质量发展的支撑，民生保障是经济高质量发展的核心（任保平和赵通，2019）。因此，高质量经济的市场竞争力也强。

（四）经济高质量发展受到诸多因素的影响与约束

经济高质量发展要求转变经济发展方式，在重视经济增长的工具理性的同时，更要注重人文关怀的价值理性（高淑桂，2018）。经济发展高质量受到诸多因素的影响与约束，主要包括经济发展阶段、质量文化环境、政策法规的影响（赵剑波等，2019），以及受到发展动力，即创新驱动力和发展结构、效率的约束（钞小静和薛志欣 2018）。如何区分影响因素是本书重要的研究内容。

经济高质量发展评价不只是对区域经济排名，更重要的是在理论上解析区域经济高质量发展的科学内涵，在实践上找到经济高质量发展的内在路径，因此，经济高质量发展评价不是为了评价，而是为了推进经济发展方式转变、优化经济结构、转换增长动力，加快完成质量变革、效率变革、动力变革，实现更高质量、更有效率、更加公平、更可持续的发展。

第二节　系统视角下区域经济高质量发展评价体系建设

一、区域经济系统的构成

如何剖析县域经济高质量发展内涵、表现及其影响因素是本书研究的关键问题，县域经济是区域经济的组成部分，区域经济系统理论将为县域经济高质量发展提供坚实的理论基础。

基于系统观点，区域经济是一个主体与环境互动的系统，区域经济发展包含了经济要素投入、结构变迁和环境优化等过程，区域经济系统发展的程度由系统的功能来体现。

（1）区域经济系统要素。区域经济系统要素是系统的最基本组成成分。区域经济系统的要素不仅包括资源、原材料、劳动力的输入，也包括了资本、知识和信息，要素来自区域的物质层面、社会层面和意识层面。各要素在经济系统中的地位和作用不尽相同，要素的地位是随着生产力的发展，尤其是技术的发展而变化的。因此，高级要素在经济发展中处于支配地位。要素具有区域根植性，也具有区域间流动性，根植性与流动性的矛盾支配着要素的区域变化。

（2）区域经济系统结构。区域经济系统结构是指系统内部各个组成要素之间相对稳定的联系方式、组织秩序及其时空关系的内在表现形式，结构反映系统内部关系。因此，区域差异不仅表现在要素的总量上，也体现在结构特征的差异，如要素在产业方面分布的关系表现为产业结构差异，在空间上的分布关系表现为空间结构。不同区域的产业结构和空间结构特征是分析地理差异和解释区域特征的重要方面。相对于要素的流动性，区域结构状况较为稳定，因此，陈传康认为，要素在系统中能够在短时间内集聚或者分散，属于系统中的快变量，结构变量是中变量。

（3）区域经济系统环境。环境是区域经济系统存在和演化的必要条件，区域经济系统与环境存在物质、能量和信息的交换关系。区域经济系统环境可以分为外部经济环境、内部制度环境和自然环境。区域之间的环境差异是非常明显的，也是非常容易观察到的，如区域的经纬度位置、海陆关系、生态环境的差异是非常明显的。基于区域本体而言，环境可以区分为内部环境和外部环境，区域主体对内部环境的控制能力较强。

（4）区域经济系统功能。功能是指系统内部与外部环境相互联系和作用中表现出来的性质、能力和功效，这种功能表现为区域经济系统的自组织能力和环境的相互作用方面。要素、结构和环境都会影响系统的功能。由于不同的区域经济系统在要素、结构、环境构成方面均存在差异，区域功能表现也各异（见图 2-1）。

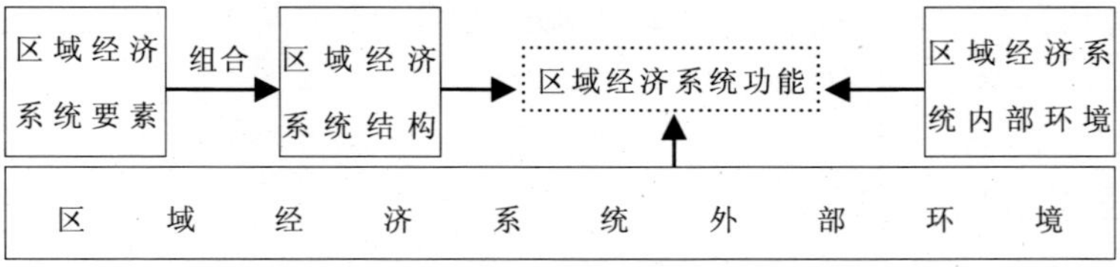

图 2-1　区域经济系统示意图

二、区域经济高质量发展的功能表现

（1）区域经济的发展功能。区域经济系统的功能表现为自身的发展维度的发展功能，主要由于区域经济系统内部经济要素和经济结构变化所引起，表现为 GDP 增长、劳动生产率提高、产业结构优化和空间结构效益不断提升等方面。发展功能强劲，表现为波特所说的“生产率”的提高，能够吸引更多的要素投入和对环境的优化，反之亦然。因此，发展功能强劲是区域能力的内在基础，缺乏发展能力的区域是不具备竞争力的。

（2）区域经济的创新功能。区域经济系统的创新功能决定了未来发展空间，即系统能够产生出新的要素、组合或者开拓新的市场的自我能力，主要体现在要素创新、市场创新、制度创新等方面，创新功能能够创造新的生产力，是区域能力和竞争力的核心来源。

（3）区域经济的社会带动功能。区域经济系统的功能表现为社会促进作用，根据功能主义的原理，经济系统主要是满足社会系统适应自然的功能，经济系统与政治系统、社会共同体系统和文化托管系统之间的作用分别表现为体现经济权力的政治功能、体现为民生的社会功能和体现为意识生产的文化功能。这种带动功能会通过产业关联或者社会关联对区域竞争力产生重要影响，这种能力是区域社会系统与经济系统互动中构成的能力。

（4）区域经济的环境保护功能。区域经济系统的功能在区域与环境的相互作用关系还表现出环境功能，区域人文系统与自然生态环境相互作用表现为生态保护功能，主要体现为环境保护、环境修复以及可持续发展等方面。如果区域经济、社会与环境协调发展，那么，环境将持续不断地为区域提供物质要素以及存在根基，维系区域的持续竞争力。

三、区域经济高质量的功能表现评价体系建设

（一）经济发展规模和速度是经济高质量发展的基础

经济高质量发展是经济发展的高级阶段，但经济高质量发展不是空中楼阁，需要坚强的经济基础支撑，同时，经济发展速度显示出系统功能变化的强弱，经济高质量发展需要一定的速度。区域经济发展规模主要表现在区域增长总量 GDP、人均 GDP 和地均 GDP 方面，速度体现为社会固定资产投资增长率、GDP 增长速度，两者分别为投入和产出的增长速度。

（二）经济发展的效益

经济发展的效益是经济高质量发展的核心指标。效率是一个相对的指标，一般指投入要素的产出水平，研究用单位投资收益率衡量经济发展投入产出的程度，用 GDP/ 社会固定资产投资来表示产出的效益。

（三）绿色环境是永续发展的必要条件

我国坚持绿色发展，主要是解决人与自然和谐相处，实现可持续发展。本书研究从 GDP 的能耗来衡量绿色发展的质量，该指标意味着发展质量与能源消耗、环保之间的关系，主要指标采用 GDP/ 全社会用电量。

（四）共享发展是社会高质量发展的基础

共享发展注重的是解决社会公平正义问题，以人为本共享发展是中国特色社会主义的本质要求。在新发展理念中，坚持共享发展，必须坚持发展为了人民、发展依靠人民、发展成果由人民共享。本书从公共服务方面衡量经济高质量发展，主要包括各种社会福利收养性单位床位数、医院与卫生院技术人员、城乡收入差距、城镇居民最低生活保障人数。其中，城乡收入差距和城镇居民最低生活保障人数是逆向指标，指标值越小就意味着质量越高（见表 2-1）。

表 2-1　县域经济高质量发展功能表现的指标构建

维度表现	指标选择	指标计算	单位	指标
增长规模	地均 GDP	GDP/ 行政区划面积	万元 / 平方千米	正
	区域增长总量 GDP	广西县域经济统计年鉴直接得到	万元	正
	人均 GDP	广西县域经济统计年鉴直接得到	元	正
发展速度	GDP 增长速度	［T 期 GDP –（T–1）期 GDP］/（T–1）期 GDP×100	%	正
	社会固定资产投资增长率	［T 期社会固定资产投资 –（T–1）期社会固定资产投资］/（T–1）期社会固定资产投资 ×100	%	正
发展效益	单位投资收益率	GDP/ 社会固定资产投资	元	正
绿色发展	GDP 的消耗	GDP/ 全社会用电量	元 / 千瓦时	正
共享发展	社会福利	各种社会福利收养性单位床位数	张	正
	城乡收入差距	城镇居民人均可支配收入 / 农村居民人均纯收入	—	逆
	医疗卫生	医院与卫生院技术人员	人	正
	贫困水平	城镇居民最低生活保障人数	人	逆

四、影响县域经济高质量发展的系统因素

（一）高质量要素投入推动高质量效益提升

高质量效益的提升，需要以高质量的资本和人才为依托，支持经济高质量发展活动的推进。高质量的要素投入也是产生高质量效益的物质基础与前提条件，必须在市场机制发挥优化资源配置的基础作用下，加大高质量要素投入，并通过其他要素投入的配合，借助转换机制，将高质量要素投入转换成为区域经济高质量效益。高质量效益提升通过反馈机制，反向作用于高质量要素投入。高质量要素投入有利于高质量效益提升，地方政府或企业在利益驱动下，将增加高质量要素投入，在正反馈机制的相互作用下，不仅可以优化高质量要素系统和高质量效益系统，也可以促使二者趋向于有序发展，提升经济效率，实现

可持续发展。

广西县域经济要素投入的指标体系由资本投入、劳动力投入及其质量、交通与技术基础设施 3 个维度组成，如表 2-2 所示。

表 2-2 广西县域经济要素投入与产业技术状况评价指标

<table>
<tr><th>类别</th><th>维度表现</th><th>指标选择</th><th>指标处理或说明</th><th>单位</th><th>指标属性</th></tr>
<tr><td rowspan="8">要素投入状况</td><td>社会资本投入</td><td>社会固定资本投资</td><td>固定资本投资（不含农户）</td><td>万元</td><td>正向</td></tr>
<tr><td rowspan="3">劳动力及其质量</td><td>规模以上工业企业从业人员比值</td><td>规模以上工业企业从业人员年平均人数 / 常住人口</td><td>—</td><td>正向</td></tr>
<tr><td>专业技术人员</td><td>劳动力质量</td><td>人</td><td>正向</td></tr>
<tr><td>农村专业技术人员</td><td>农村劳动力质量</td><td>人</td><td>正向</td></tr>
<tr><td rowspan="3">交通与技术基础设施</td><td>公路里程</td><td>交通便利程度</td><td>千米</td><td>正向</td></tr>
<tr><td>移动电话数量</td><td>信息使用程度</td><td>户</td><td>正向</td></tr>
<tr><td>互联网宽带接入数量</td><td>信息技术支撑水平</td><td>户</td><td>正向</td></tr>
<tr><td colspan="5"></td></tr>
<tr><td rowspan="4">产业结构状况</td><td>县域产业总体结构</td><td>服务业增加值比值</td><td>第三产业增加值 / 地区生产总值</td><td>—</td><td>正向</td></tr>
<tr><td rowspan="2">农业技术结构</td><td>农业技术人员产出</td><td>第一产业增加值 / 农村专业技术人员</td><td>万元 / 人</td><td>正向</td></tr>
<tr><td>农业机械化程度</td><td>农业机械总动力 / 农作物总播种面积</td><td>万瓦特 / 公顷</td><td>正向</td></tr>
<tr><td>工业规模结构</td><td>规模以上工业企业产值比值</td><td>规模以上工业总产值 / 工业增加值</td><td>—</td><td>正向</td></tr>
</table>

（1）资本投入。资本是经济发展中最基础的要素，是经济高质量发展的基础。缺乏资本投入的发展是不可持续的。社会固定资本是资本投入的基础性指标，表现了县域经济要素投入水平。

（2）劳动力投入及其质量。创新是解决高质量发展的根本动力。经济发展效率提升、创新发展和绿色发展需要通过技术进步来实现，经济发展质量的高低主要取决于技术创新和技术进步。创新是高质量劳动的结果。劳动力是县域经济发展中最具能动性的指标，也是创新的依托。劳动力质量是经济高质量发展的必要条件，本书研究认为，工人和技术人员是县域经济高质量发展的主力军，而农村技术人员是乡村振兴的中坚力量。因此，本书分别从规模以上工业从业人员占总人数比重、技术人员总数和农村专业技术人员 3 个方面来进行测度。

（3）交通与技术基础设施。交通与基础设施是县域经济发展历史要素累积的结果，对经济高质量发展具有支撑作用。网络环境影响着区域之间的信息的传递，因此，也会影响着经济效益的质量。徐瑾、王帅和周明生的研究表明，信息化发展水平是区域经济增长的重要作用力。公路是县域交通基础设施的代表，公路里程意味着经济运行成本的高低，有利于提高经济运行效率。信息时代，移动手机用户和互联网接入户数意味着信息交流的主体信息视同程度与信息技术对交流支撑的网络密度程度，是开放世界经济高质量发展的必要的高级要素。

（二）县域经济高质量发展的结构特征

县域经济高质量发展受到产业结构及其技术状况的影响，本书从县域产业总体结构、农业技术结构和工业规模结构三个方面来测度县域经济产业结构高级化与高质量发展之间的关系，如表 2-2 所示。

县域经济总体结构特征由县域第三产业占县域 GDP 比重来衡量，主要原因在于，根据配第-克拉克定律，第三产业是稳步上升的，第二产业在国民经济中的地位会出现先升后降的趋势，而广西县域工业发展水平不尽相同，一些老工业基地已经走向了后工业时代，一些县域尚处于工业化前期，因此，选择第三产业占据 GDP 比重来衡量县域总体产业结构特征是合适的。

技术是驱动产业升级的核心因素，县域农业产业结构的高级化就体现在技术差异上，而技术水平由技术人才和机械水平来衡量，因此，用农村专业技术人员和农业机械动力的单位农业产出（第一产业增加值 / 农村专业技术人员）和农地面积的机械化程度（农业机械总动力 / 农作物总播种面积）来衡量农业发展质量。

广西工业整体水平处于工业化中期，由于工业技术专业化程度强，技术之间的比较难以进行，而广西在千亿产业的落实过程中，工业上规模是广西工业发展的必由之路。因此，用工业规模状况来衡量广西的工业结构特征，通过规模以上工业总产值 / 工业增加值来衡量广西县域工业发展状况。

（三）高质量营商环境为经济高质量效益提供保障

董志强、魏下海和汤灿指出，营商环境包括金融环境、制度环境和开放环境。优化营商软环境，可以推动经济发展，具有高质量效益的区域也倾向于拥有更好的制度环境，因此，当地政府会更加积极地将资金投入当地的制度建设中，制度环境的进一步改善，也会为当地的金融发展和外商直接投资营造良好的环境。李延凯和韩廷春则认为，规范和优良的金融环境可以促进金融发展，进而促进经济增长。随洪光提出，在开放环境下，一国可以通过利用外资和参与国际贸易来提高经济发展质量。

本书将建立营商环境活力指数来衡量高质量区域环境水平。营商环境的活力指数将体现在以下方面，具体如表 2-3 所示。

表 2-3　营商环境活力指数指标构建

维度	指标选择	指标说明	单位	指标属性
人口活力	人口年轻化	小学在校人数 / 人口数	%	正
	人口流动性	（常住人口 - 户籍人口）/ 户籍人口	%	正
经济活力	金融机构各项存款余额	广西县域经济统计年鉴直接得到	万元	正
	社会零售商品总额	广西县域经济统计年鉴直接得到	万元	正
	全社会用电量增长率	[T 期全社会用电量－（T － 1）期全社会用电量] /（T － 1）期全社会用电量	%	正
政府活力	财政收支平衡程度	财政收入 / 财政支出－ 1	—	逆

（1）人口活力。人口活力主要从人口年轻化的程度和人口流动性来衡量。人口年轻化的程度表明未来增长的潜力；人口流动性表明区域开放程度，两者都是营商环境的基础。

（2）经济活力。是衡量县域的经济消费、生产的活力指数。主要通过金融机构各项存款余额、社会零售商品总额、全社会用电量增长率 3 个指标来衡量。金融机构各项存款余额意味着潜在的消费能力，也意味着将会有更多的资金投入社会基础设施建设中，是经济活力的来源。社会零售商品总额体现了实际的消费能力。全社会用电量增长率，意味着对能源的消费，是经济增长活力的表现。

（3）政府活力。政府是区域经济管理的主体，是营商环境塑造的核心主体。政府活力是营商环境质量的直接体现。地方政府的活力主要集中在财政能力上，本书通过财政收入与财政支出的比较来衡量区域政府对经济发展的管理能力。

第三章

广西县域经济高质量发展的功能评价

第一节 广西县域经济高质量发展功能表现的整体评价

一、广西县域经济高质量发展功能表现的综合评价

由表 3-1 可知广西县域经济高质量发展的具体情况，其中，2014—2017 年广西县域经济高质量发展的整体评价值和排名，排在前 36 名的县域中的城区，2014 年有 25 个，2015 年有 25 个，2016 年有 24 个和 2017 年有 26 个。由此可见，广西县域经济高质量发展较好的地区主要集中在城区。

表 3-1 2014—2017 年广西县域经济高质量发展的整体评价值和排名

地区	2014 年		2015 年		2016 年		2017 年	
	评价值	排名	评价值	排名	评价值	排名	评价值	排名
兴宁区	0.19161	14	0.20970	16	0.21651	18	0.21482	21
青秀区	0.28331	6	0.28227	9	0.30540	8	0.31324	8
江南区	0.22544	11	0.24362	13	0.26983	12	0.28752	11
西乡塘区	0.26192	8	0.29023	8	0.29063	9	0.30838	9
良庆区	0.16186	30	0.16149	37	0.16190	40	0.17304	38
邕宁区	0.13932	44	0.14336	50	0.13447	68	0.18063	32
城中区	0.19270	13	0.26772	10	0.24814	14	0.26261	16
鱼峰区	0.36429	2	0.45716	1	0.47126	2	0.49564	2
柳南区	0.42945	1	0.45463	2	0.47673	1	0.50608	1
柳北区	0.34576	3	0.36687	4	0.38325	4	0.40299	4
叠彩区	0.16585	27	0.18850	22	0.19866	23	0.20959	24
象山区	0.19128	15	0.23163	14	0.24070	16	0.25517	17
七星区	0.18465	18	0.17836	27	0.18655	26	0.19176	28
雁山区	0.09156	100	0.10077	94	0.09998	102	0.10533	101

续表

地区	2014 年		2015 年		2016 年		2017 年	
	评价值	排名	评价值	排名	评价值	排名	评价值	排名
临桂区	0.15707	32	0.16229	35	0.17187	34	0.14360	60
万秀区	0.33631	5	0.36296	5	0.36007	5	0.39937	5
长洲区	0.24891	10	0.31031	6	0.32466	7	0.33487	7
龙圩区	0.16156	31	0.16845	33	0.18534	29	0.21000	22
海城区	0.25654	9	0.26199	11	0.27429	11	0.29732	10
银海区	0.18356	19	0.19859	18	0.16564	37	0.16652	42
铁山港区	0.14906	38	0.18906	21	0.21295	19	0.26568	14
港口区	0.19699	12	0.26038	12	0.27538	10	0.28431	12
防城区	0.11756	71	0.12485	71	0.13965	61	0.14089	65
钦南区	0.34131	4	0.39091	3	0.42824	3	0.47307	3
钦北区	0.18817	16	0.22564	15	0.24526	15	0.26521	15
港北区	0.16610	26	0.17535	28	0.17987	30	0.20204	27
港南区	0.12975	56	0.13482	61	0.15193	49	0.14772	56
覃塘区	0.12610	63	0.13336	64	0.13748	66	0.14310	62
玉州区	0.16254	29	0.17200	31	0.18596	27	0.20295	26
福绵区	0.11029	78	0.11397	79	0.12310	75	0.12481	78
右江区	0.27483	7	0.30758	7	0.33522	6	0.38148	6
八步区	0.14271	42	0.15328	42	0.15835	42	0.16629	43
平桂区	0.10825	81	0.11271	80	0.11654	81	0.13750	68
金城江区	0.11754	72	0.14715	49	0.15422	46	0.15955	45
兴宾区	0.17051	24	0.20872	17	0.20214	22	0.22044	20
江州区	0.13068	54	0.14322	51	0.15600	44	0.17551	36
武鸣县	0.17327	21	0.18133	25	0.19625	24	0.20330	25
隆安县	0.10694	82	0.10508	87	0.11461	83	0.11599	90
马山县	0.10353	85	0.09977	96	0.10856	90	0.11614	89
上林县	0.10321	88	0.10650	84	0.10976	88	0.11733	84
宾阳县	0.16817	25	0.17314	29	0.17791	31	0.17437	37
横县	0.17366	20	0.18011	26	0.22152	17	0.23669	18
柳江区	0.14760	39	0.15136	43	0.15519	45	0.16854	41
柳城县	0.13814	47	0.14322	51	0.13948	62	0.13679	70
鹿寨县	0.12752	60	0.13287	66	0.13804	65	0.14331	61

续表

地区	2014年		2015年		2016年		2017年	
	评价值	排名	评价值	排名	评价值	排名	评价值	排名
融安县	0.10986	80	0.11484	78	0.11795	80	0.11627	88
融水苗族自治县	0.10407	84	0.10785	83	0.12090	78	0.12701	77
三江侗族自治县	0.10335	87	0.10118	92	0.10785	92	0.11662	86
阳朔县	0.12704	61	0.13301	65	0.14099	59	0.14515	58
灵川县	0.13905	45	0.14743	48	0.15315	48	0.13689	69
全州县	0.14991	37	0.15691	41	0.16202	39	0.15923	46
兴安县	0.14455	40	0.14832	47	0.14487	54	0.13467	74
永福县	0.13359	50	0.13930	54	0.14500	53	0.14922	54
灌阳县	0.10289	89	0.10529	86	0.11249	84	0.12054	83
龙胜各族自治县	0.10336	86	0.10883	82	0.11560	82	0.12970	76
资源县	0.09848	94	0.10464	88	0.10665	93	0.11677	85
平乐县	0.12802	58	0.13361	63	0.13920	64	0.13865	67
荔浦县	0.13817	46	0.14861	46	0.15348	47	0.15677	47
恭城瑶族自治县	0.12366	66	0.12533	70	0.12257	76	0.12242	80
苍梧县	0.09662	97	0.09975	97	0.09506	107	0.10299	104
藤县	0.14330	41	0.14979	44	0.15719	43	0.16919	40
蒙山县	0.11333	77	0.11690	76	0.12445	74	0.13493	72
岑溪市	0.15445	34	0.16056	38	0.17266	33	0.18913	29
合浦县	0.15440	35	0.16029	39	0.16729	35	0.17684	33
上思县	0.12697	62	0.13024	67	0.13692	67	0.13387	75
东兴市	0.13461	49	0.13886	55	0.14562	52	0.15262	49
灵山县	0.17300	23	0.19175	20	0.20467	21	0.22183	19
浦北县	0.13742	48	0.17235	30	0.26743	13	0.27879	13
平南县	0.14999	36	0.16182	36	0.18594	28	0.18625	30
桂平市	0.17309	22	0.18836	23	0.20788	20	0.20988	23
容县	0.14164	43	0.15737	40	0.16232	38	0.16284	44
陆川县	0.15584	33	0.16395	34	0.16726	36	0.17268	39
博白县	0.18492	17	0.19255	19	0.19180	25	0.18586	31
兴业县	0.13343	51	0.14089	53	0.14593	51	0.14989	53
北流市	0.16264	28	0.17081	32	0.17635	32	0.17668	34
田阳县	0.12328	67	0.13632	59	0.13947	63	0.14396	59

续表

地区	2014年		2015年		2016年		2017年	
	评价值	排名	评价值	排名	评价值	排名	评价值	排名
田东县	0.13198	52	0.13789	56	0.14400	55	0.14740	57
平果县	0.12506	65	0.13702	58	0.16049	41	0.17647	35
德保县	0.09871	93	0.10081	93	0.11838	79	0.12380	79
那坡县	0.08382	108	0.09124	105	0.09782	105	0.09280	109
凌云县	0.08020	109	0.08697	109	0.09498	108	0.09520	108
乐业县	0.07931	110	0.08407	110	0.09245	109	0.09601	107
田林县	0.08606	107	0.09680	101	0.10630	94	0.10580	100
西林县	0.08888	104	0.09239	104	0.09966	103	0.09958	105
隆林各族自治县	0.08991	101	0.09271	103	0.10047	101	0.10404	103
靖西市	0.11633	73	0.11538	77	0.13329	69	0.15251	50
昭平县	0.11539	74	0.11933	74	0.10501	95	0.11503	91
钟山县	0.11480	75	0.11774	75	0.12196	77	0.12165	81
富川瑶族自治县	0.10475	83	0.10972	81	0.11146	86	0.11145	93
南丹县	0.09842	95	0.10441	90	0.11177	85	0.12155	82
天峨县	0.12124	69	0.18134	24	0.13285	70	0.14261	64
凤山县	0.08903	103	0.09121	106	0.09694	106	0.09824	106
东兰县	0.08657	106	0.08912	108	0.09119	110	0.08977	110
罗城仫佬族自治县	0.09590	98	0.09859	99	0.10357	97	0.11090	94
环江毛南族自治县	0.09666	96	0.10061	95	0.10237	98	0.10868	97
巴马瑶族自治县	0.08913	102	0.09384	102	0.10058	100	0.10737	99
都安瑶族自治县	0.09461	99	0.09715	100	0.10085	99	0.11644	87
大化瑶族自治县	0.10096	90	0.10587	85	0.09920	104	0.11064	96
宜州区	0.12552	64	0.14874	45	0.13144	71	0.14036	66
忻城县	0.10019	92	0.10455	89	0.11016	87	0.11335	92
象州县	0.12763	59	0.12733	69	0.12963	73	0.13628	71
武宣县	0.12091	70	0.12443	73	0.13080	72	0.13468	73
金秀瑶族自治县	0.08754	105	0.09013	107	0.10805	91	0.10464	102
合山市	0.10993	79	0.10431	91	0.10483	96	0.10827	98
扶绥县	0.13030	55	0.13461	62	0.15156	50	0.14777	55
宁明县	0.13099	53	0.13741	57	0.14363	56	0.15637	48
龙州县	0.12817	57	0.13583	60	0.14267	57	0.15112	51

续表

地区	2014年		2015年		2016年		2017年	
	评价值	排名	评价值	排名	评价值	排名	评价值	排名
大新县	0.12202	68	0.12825	68	0.14267	57	0.15042	52
天等县	0.10047	91	0.09902	98	0.10942	89	0.11071	95
凭祥市	0.11439	76	0.12480	72	0.13996	60	0.14298	63

二、广西县域经济高质量发展五个功能表现维度评价

（一）经济规模综合评价分析

表 3-2 给出了 2014—2017 年广西县域经济规模（GDP）的综合评价值和排名，可以直观地看出，城区的增长规模普遍领先县市的增长规模，其中青秀区、鱼峰区、柳南区、柳北区、钦南区和右江区的经济增长规模优势非常突出。

表 3-2 2014—2017 年广西县域经济规模（GDP）的综合评价值和排名

地区	2014年		2015年		2016年		2017年	
	评价值	排名	评价值	排名	评价值	排名	评价值	排名
兴宁区	0.11422	13	0.12985	17	0.13891	17	0.14515	19
青秀区	0.17908	8	0.20722	8	0.22520	7	0.23868	7
江南区	0.15508	10	0.17227	11	0.20128	10	0.21440	11
西乡塘区	0.19665	6	0.22283	6	0.22484	8	0.24346	6
良庆区	0.08737	23	0.09241	23	0.09459	25	0.10553	24
邕宁区	0.04797	80	0.05087	80	0.05397	78	0.05939	73
城中区	0.08532	24	0.15806	12	0.15863	13	0.16924	15
鱼峰区	0.29194	3	0.37551	1	0.38384	1	0.41854	1
柳南区	0.32355	1	0.34888	2	0.37375	2	0.39811	2
柳北区	0.29219	2	0.30617	4	0.32483	4	0.34493	4
叠彩区	0.09262	21	0.11465	19	0.12207	20	0.13254	20
象山区	0.10746	16	0.14158	14	0.14646	15	0.15760	16
七星区	0.10765	15	0.08958	27	0.09314	26	0.09553	29
雁山区	0.03565	102	0.04254	91	0.04393	91	0.04416	93
临桂区	0.08528	25	0.09100	25	0.09612	24	0.07529	53
万秀区	0.18059	7	0.19846	9	0.20331	9	0.21878	9
长洲区	0.16260	9	0.21952	7	0.22988	6	0.23851	8

续表

地区	2014年		2015年		2016年		2017年	
	评价值	排名	评价值	排名	评价值	排名	评价值	排名
龙圩区	0.10594	17	0.11324	20	0.12575	19	0.14585	18
海城区	0.15066	11	0.15598	13	0.16873	12	0.19156	13
银海区	0.05851	60	0.07300	38	0.07675	41	0.08480	37
铁山港区	0.08098	27	0.12153	18	0.14245	16	0.19304	12
港口区	0.12377	12	0.18893	10	0.19956	11	0.21800	10
防城区	0.05912	59	0.06413	58	0.06779	60	0.07090	59
钦南区	0.27156	4	0.31995	3	0.35224	3	0.39530	3
钦北区	0.11205	14	0.13942	15	0.15400	14	0.17015	14
港北区	0.09040	22	0.09201	24	0.10257	23	0.12337	22
港南区	0.06395	44	0.06991	44	0.07891	38	0.08509	36
覃塘区	0.05956	57	0.06409	59	0.06846	57	0.07688	51
玉州区	0.09998	19	0.10824	21	0.11762	21	0.13116	21
福绵区	0.04560	84	0.04795	84	0.05062	83	0.05268	84
右江区	0.21865	5	0.23629	5	0.25805	5	0.30296	5
八步区	0.06181	51	0.06691	48	0.07239	48	0.07229	56
平桂区	0.05540	68	0.05823	68	0.06289	65	0.06955	61
金城江区	0.05744	63	0.06250	62	0.06382	64	0.06831	65
兴宾区	0.10535	18	0.13069	16	0.13737	18	0.15146	17
江州区	0.06733	40	0.07501	35	0.08206	33	0.09371	30
武鸣县	0.09641	20	0.10348	22	0.11117	22	0.11952	23
隆安县	0.04372	86	0.04569	87	0.04682	88	0.04960	88
马山县	0.03809	96	0.03853	100	0.03965	99	0.04108	101
上林县	0.03916	92	0.04066	94	0.04159	94	0.04296	94
宾阳县	0.06552	42	0.06941	46	0.07435	45	0.07906	47
横县	0.08035	28	0.08443	29	0.08791	30	0.09595	28
柳江区	0.07557	32	0.07867	32	0.08330	32	0.09239	31
柳城县	0.05822	61	0.06190	63	0.06386	63	0.06904	63
鹿寨县	0.06208	50	0.06513	54	0.06943	54	0.07735	49
融安县	0.04267	88	0.04460	88	0.04685	87	0.05019	86
融水苗族自治县	0.04353	87	0.04642	86	0.04858	85	0.05306	83
三江侗族自治县	0.03703	98	0.03893	98	0.04044	97	0.04206	97

续表

地区	2014年		2015年		2016年		2017年	
	评价值	排名	评价值	排名	评价值	排名	评价值	排名
阳朔县	0.06027	53	0.06403	60	0.06711	62	0.07117	58
灵川县	0.06755	39	0.06977	45	0.07304	47	0.06731	67
全州县	0.06271	47	0.06518	53	0.06847	56	0.06733	66
兴安县	0.07242	34	0.07365	37	0.07499	44	0.07005	60
永福县	0.06500	43	0.06793	47	0.07175	51	0.07628	52
灌阳县	0.05111	74	0.05207	76	0.05455	76	0.05566	81
龙胜各族自治县	0.05075	75	0.05278	75	0.05477	75	0.05762	78
资源县	0.04757	81	0.05010	81	0.05265	80	0.05555	82
平乐县	0.05506	69	0.05755	69	0.06082	68	0.06161	72
荔浦县	0.06756	38	0.07369	36	0.07897	37	0.08091	45
恭城瑶族自治县	0.05392	71	0.05480	71	0.05245	81	0.05577	80
苍梧县	0.03684	99	0.03529	105	0.03606	106	0.03784	104
藤县	0.06990	35	0.07270	39	0.07901	36	0.08772	33
蒙山县	0.05035	77	0.05160	79	0.05800	72	0.06532	69
岑溪市	0.07817	31	0.08350	30	0.09108	29	0.10153	25
合浦县	0.06897	36	0.07232	40	0.07731	40	0.08354	42
上思县	0.05245	72	0.05371	72	0.05701	73	0.05816	75
东兴市	0.07375	33	0.07609	33	0.08030	35	0.08658	35
灵山县	0.06009	55	0.07155	42	0.08120	34	0.08699	34
浦北县	0.06070	52	0.06504	55	0.07187	49	0.08048	46
平南县	0.06599	41	0.07178	41	0.07772	39	0.08454	38
桂平市	0.07948	29	0.08583	28	0.09151	28	0.09871	27
容县	0.06357	46	0.07013	43	0.07511	43	0.08167	43
陆川县	0.07864	30	0.08296	31	0.08693	31	0.09090	32
博白县	0.06766	37	0.07581	34	0.07658	42	0.07836	48
兴业县	0.05922	58	0.06415	57	0.06824	58	0.07182	57
北流市	0.08238	26	0.08981	26	0.09298	27	0.09876	26
田阳县	0.06004	56	0.06537	52	0.07425	46	0.08448	39
田东县	0.06260	48	0.06623	50	0.06896	55	0.07526	54
平果县	0.06387	45	0.06626	49	0.07183	50	0.08417	40
德保县	0.04632	82	0.04942	82	0.05267	79	0.05901	74

续表

地区	2014 年		2015 年		2016 年		2017 年	
	评价值	排名	评价值	排名	评价值	排名	评价值	排名
那坡县	0.03392	105	0.03542	104	0.03639	104	0.03738	105
凌云县	0.03510	103	0.03660	103	0.03798	103	0.03940	103
乐业县	0.03280	108	0.03457	108	0.03530	108	0.03669	108
田林县	0.03650	101	0.03964	96	0.04252	93	0.04592	89
西林县	0.03382	106	0.03512	106	0.03634	105	0.03723	106
隆林各族自治县	0.03845	94	0.03856	99	0.03870	102	0.04115	100
靖西市	0.06027	53	0.05949	64	0.06815	59	0.08400	41
昭平县	0.04226	89	0.04331	89	0.04476	89	0.04590	90
钟山县	0.05053	76	0.05190	78	0.05482	74	0.05815	76
富川瑶族自治县	0.04604	83	0.04857	83	0.05039	84	0.05153	85
南丹县	0.04971	79	0.05363	73	0.05824	71	0.06325	71
天峨县	0.04551	85	0.05193	77	0.05240	82	0.05794	77
凤山县	0.03210	110	0.03368	110	0.03444	110	0.03520	110
东兰县	0.03242	109	0.03371	109	0.03463	109	0.03558	109
罗城仫佬族自治县	0.03679	100	0.03804	101	0.03908	101	0.04002	102
环江毛南族自治县	0.03770	97	0.03919	97	0.03993	98	0.04212	96
巴马瑶族自治县	0.03481	104	0.03786	102	0.03922	100	0.04155	99
都安瑶族自治县	0.03339	107	0.03471	107	0.03580	107	0.03695	107
大化瑶族自治县	0.03820	95	0.04118	93	0.04150	95	0.04183	98
宜州区	0.05032	78	0.05328	74	0.05455	76	0.05752	79
忻城县	0.04168	90	0.04314	90	0.04394	90	0.04571	91
象州县	0.05772	62	0.05928	65	0.06050	69	0.06599	68
武宣县	0.05571	67	0.05743	70	0.05971	70	0.06425	70
金秀瑶族自治县	0.03890	93	0.03996	95	0.04058	96	0.04245	95
合山市	0.05172	73	0.04740	85	0.04775	86	0.04969	87
扶绥县	0.06238	49	0.06558	51	0.07094	52	0.08125	44
宁明县	0.05490	70	0.05915	66	0.06182	67	0.06855	64
龙州县	0.05652	65	0.06258	61	0.06721	61	0.07448	55

续表

地区	2014年		2015年		2016年		2017年	
	评价值	排名	评价值	排名	评价值	排名	评价值	排名
大新县	0.05709	64	0.05899	67	0.06246	66	0.06920	62
天等县	0.03983	91	0.04176	92	0.04318	92	0.04513	92
凭祥市	0.05616	66	0.06438	56	0.07007	53	0.07714	50

（二）速度综合评价分析

表3-3给出了2014—2017年广西县域经济增长速度的综合评价值和排名，其中2014年有10个城区、2015年有12个城区、2016年有17个城区、2017年有4个城区的经济增长速度排在广西县域的前36名。

表3-3　2014—2017年广西县域经济增长速度的综合评价值和排名

地区	2014年		2015年		2016年		2017年	
	评价值	排名	评价值	排名	评价值	排名	评价值	排名
兴宁区	0.00461	59	0.00464	47	0.00441	71	0.00437	95
青秀区	0.00463	53	0.00466	41	0.00465	28	0.00449	72
江南区	0.00486	18	0.00490	14	0.00497	8	0.00459	51
西乡塘区	0.00465	45	0.00468	38	0.00396	94	0.00449	72
良庆区	0.00490	12	0.00496	10	0.00505	7	0.00493	5
邕宁区	0.00604	3	0.00513	5	0.00506	6	0.00493	5
城中区	0.00476	28	0.00479	25	0.00701	2	0.00446	77
鱼峰区	0.00274	109	0.00279	110	0.01406	1	0.00458	55
柳南区	0.00456	70	0.00454	68	0.00539	5	0.00451	69
柳北区	0.00451	79	0.00466	41	0.00543	4	0.00447	76
叠彩区	0.00467	41	0.00469	35	0.00475	15	0.00460	47
象山区	0.00432	97	0.00450	77	0.00446	64	0.00463	40
七星区	0.00486	18	0.00490	14	0.00439	72	0.00384	106
雁山区	0.00625	2	0.00637	1	0.00464	29	0.00432	100
临桂区	0.00461	59	0.00485	17	0.00461	34	0.00327	110
万秀区	0.00450	82	0.00452	74	0.00585	3	0.00359	108
长洲区	0.00462	55	0.00453	72	0.00455	46	0.00462	43
龙圩区	0.00440	93	0.00449	79	0.00448	61	0.00459	51
海城区	0.00455	71	0.00464	47	0.00434	81	0.00438	94

续表

地区	2014年		2015年		2016年		2017年	
	评价值	排名	评价值	排名	评价值	排名	评价值	排名
银海区	0.00444	85	0.00463	52	0.00471	20	0.00471	21
铁山港区	0.00428	100	0.00444	88	0.00464	29	0.00454	62
港口区	0.00443	86	0.00458	58	0.00464	29	0.00449	72
防城区	0.00458	66	0.00464	47	0.00435	79	0.00458	55
钦南区	0.00472	33	0.00446	84	0.00423	85	0.00444	82
钦北区	0.00487	16	0.00483	19	0.00461	34	0.00445	80
港北区	0.00454	75	0.00442	94	0.00459	42	0.00444	82
港南区	0.00461	59	0.00469	35	0.00449	60	0.00369	107
覃塘区	0.00476	28	0.00489	16	0.00485	11	0.00475	15
玉州区	0.00467	41	0.00454	68	0.00436	77	0.00424	101
福绵区	0.00461	59	0.00455	64	0.00450	58	0.00406	104
右江区	0.00443	86	0.00443	92	0.00437	76	0.00415	102
八步区	0.00664	1	0.00468	38	0.00333	110	0.00449	72
平桂区	0.00470	37	0.00449	79	0.00454	49	0.00433	98
金城江区	0.00455	71	0.00454	68	0.00423	85	0.00396	105
兴宾区	0.00418	103	0.00421	105	0.00383	101	0.00454	62
江州区	0.00464	49	0.00477	27	0.00473	18	0.00454	62
武鸣县	0.00466	43	0.00455	64	0.00454	49	0.00442	90
隆安县	0.00432	97	0.00482	21	0.00368	106	0.00454	62
马山县	0.00439	94	0.00355	109	0.00443	69	0.00446	77
上林县	0.00464	49	0.00440	96	0.00365	108	0.00444	82
宾阳县	0.00489	14	0.00446	84	0.00455	46	0.00451	69
横县	0.00432	97	0.00441	95	0.00443	69	0.00451	69
柳江区	0.00465	45	0.00455	64	0.00453	52	0.00477	13
柳城县	0.00464	49	0.00480	22	0.00438	74	0.00459	51
鹿寨县	0.00298	108	0.00455	64	0.00460	41	0.00469	24
融安县	0.00448	84	0.00463	52	0.00459	42	0.00474	17
融水苗族自治县	0.00465	45	0.00471	31	0.00461	34	0.00474	17
三江侗族自治县	0.00483	20	0.00397	107	0.00386	99	0.00539	3
阳朔县	0.00490	12	0.00452	74	0.00461	34	0.00614	1
灵川县	0.00482	22	0.00431	102	0.00457	45	0.00331	109

续表

地区	2014 年		2015 年		2016 年		2017 年	
	评价值	排名	评价值	排名	评价值	排名	评价值	排名
全州县	0.00465	45	0.00461	54	0.00461	34	0.00444	82
兴安县	0.00449	83	0.00447	83	0.00425	84	0.00412	103
永福县	0.00463	53	0.00464	47	0.00462	32	0.00460	47
灌阳县	0.00443	86	0.00440	96	0.00461	34	0.00446	77
龙胜各族自治县	0.00504	6	0.00466	41	0.00417	91	0.00456	58
资源县	0.00479	26	0.00458	58	0.00462	32	0.00462	43
平乐县	0.00474	31	0.00465	44	0.00445	66	0.00443	88
荔浦县	0.00480	24	0.00480	22	0.00467	25	0.00460	47
恭城瑶族自治县	0.00483	20	0.00454	68	0.00372	103	0.00466	29
苍梧县	0.00079	110	0.00460	56	0.00444	67	0.00462	43
藤县	0.00472	33	0.00456	62	0.00450	58	0.00466	29
蒙山县	0.00433	96	0.00453	72	0.00471	20	0.00478	11
岑溪市	0.00479	26	0.00450	77	0.00444	67	0.00464	37
合浦县	0.00462	55	0.00449	79	0.00461	34	0.00467	27
上思县	0.00396	106	0.00439	99	0.00411	92	0.00444	82
东兴市	0.00472	33	0.00438	100	0.00430	83	0.00444	82
灵山县	0.00492	11	0.00530	3	0.00493	9	0.00466	29
浦北县	0.00503	7	0.00492	11	0.00490	10	0.00478	11
平南县	0.00459	64	0.00480	22	0.00471	20	0.00464	37
桂平市	0.00487	16	0.00491	13	0.00436	77	0.00459	51
容县	0.00461	59	0.00476	28	0.00454	49	0.00463	40
陆川县	0.00459	64	0.00458	58	0.00448	61	0.00439	93
博白县	0.00455	71	0.00479	25	0.00421	88	0.00445	80
兴业县	0.00458	66	0.00470	33	0.00453	52	0.00452	66
北流市	0.00464	49	0.00459	57	0.00435	79	0.00456	58
田阳县	0.00499	8	0.00465	44	0.00475	15	0.00467	27
田东县	0.00443	86	0.00445	87	0.00422	87	0.00465	34
平果县	0.00451	79	0.00438	100	0.00453	52	0.00479	10
德保县	0.00452	78	0.00457	61	0.00452	55	0.00469	24
那坡县	0.00414	104	0.00502	7	0.00400	93	0.00452	66
凌云县	0.00457	69	0.00472	30	0.00467	25	0.00466	29

续表

地区	2014年		2015年		2016年		2017年	
	评价值	排名	评价值	排名	评价值	排名	评价值	排名
乐业县	0.00441	91	0.00470	33	0.00421	88	0.00462	43
田林县	0.00458	66	0.00500	9	0.00482	12	0.00473	19
西林县	0.00453	77	0.00465	44	0.00459	42	0.00442	90
隆林各族自治县	0.00443	86	0.00440	96	0.00451	56	0.00456	58
靖西市	0.00470	37	0.00430	103	0.00394	97	0.00560	2
昭平县	0.00441	91	0.00444	88	0.00369	105	0.00441	92
钟山县	0.00462	55	0.00443	92	0.00446	64	0.00452	66
富川瑶族自治县	0.00434	95	0.00451	76	0.00447	63	0.00436	96
南丹县	0.00427	101	0.00444	88	0.00455	46	0.00470	23
天峨县	0.00513	5	0.00492	11	0.00389	98	0.00480	9
凤山县	0.00497	9	0.00448	82	0.00439	72	0.00455	61
东兰县	0.00454	75	0.00563	2	0.00475	15	0.00475	15
罗城仫佬族自治县	0.00480	24	0.00464	47	0.00381	102	0.00468	26
环江毛南族自治县	0.00495	10	0.00461	54	0.00421	88	0.00466	29
巴马瑶族自治县	0.00489	14	0.00528	4	0.00481	13	0.00502	4
都安瑶族自治县	0.00427	101	0.00468	38	0.00434	81	0.00433	98
大化瑶族自治县	0.00527	4	0.00404	106	0.00451	56	0.00460	47
宜州区	0.00401	105	0.00483	19	0.00343	109	0.00465	34
忻城县	0.00389	107	0.00456	62	0.00396	94	0.00457	57
象州县	0.00466	43	0.00444	88	0.00370	104	0.00489	8
武宣县	0.00481	23	0.00446	84	0.00396	94	0.00464	37
金秀瑶族自治县	0.00471	36	0.00424	104	0.00386	99	0.00472	20
合山市	0.00451	79	0.00370	108	0.00368	106	0.00436	96
扶绥县	0.00469	40	0.00471	31	0.00470	23	0.00493	5
宁明县	0.00470	37	0.00484	18	0.00472	19	0.00477	13
龙州县	0.00475	30	0.00502	7	0.00469	24	0.00465	34
大新县	0.00455	71	0.00469	35	0.00467	25	0.00463	40
天等县	0.00462	55	0.00476	28	0.00438	74	0.00443	88
凭祥市	0.00474	31	0.00510	6	0.00478	14	0.00471	21

（三）发展效益综合评价分析

表 3-4 给出了 2014—2017 年广西县域经济发展效益的综合评价值和排名。2014—2017 年广西县域经济发展效益综合评价排名中，2014 年只有柳北区排在前 36 名；2015 年只有柳南区排在前 36 名，2016 年和 2017 年城区的经济发展效益排名均未在前 36 名，这表明，虽然县市的投资规模不大，但收益率较高。广西县市的经济发展效益优于城区。

表 3-4 2014—2017 年广西县域经济发展效益的综合评价值和排名

地区	2014 年		2015 年		2016 年		2017 年	
	评价值	排名	评价值	排名	评价值	排名	评价值	排名
兴宁区	0.00317	73	0.00321	68	0.00321	63	0.00320	67
青秀区	0.00306	95	0.00308	87	0.00305	92	0.00305	91
江南区	0.00312	85	0.00308	87	0.00311	76	0.00310	81
西乡塘区	0.00313	81	0.00312	78	0.00314	72	0.00314	74
良庆区	0.00293	106	0.00289	107	0.00285	110	0.00283	110
邕宁区	0.00292	107	0.00289	107	0.00286	109	0.00285	109
城中区	0.00372	40	0.00368	39	0.00313	74	0.00312	77
鱼峰区	0.00284	110	0.00359	44	0.00288	107	0.00287	107
柳南区	0.00383	37	0.00384	31	0.00350	48	0.00349	45
柳北区	0.00384	36	0.00370	38	0.00335	56	0.00331	57
叠彩区	0.00315	78	0.00311	82	0.00307	89	0.00305	91
象山区	0.00326	66	0.00321	68	0.00318	66	0.00315	72
七星区	0.00320	71	0.00314	75	0.00311	76	0.00321	66
雁山区	0.00298	100	0.00292	106	0.00290	106	0.00290	106
临桂区	0.00302	99	0.00300	99	0.00298	100	0.00309	83
万秀区	0.00316	76	0.00312	78	0.00294	102	0.00307	87
长洲区	0.00326	66	0.00324	65	0.00317	69	0.00311	79
龙圩区	0.00317	73	0.00308	87	0.00309	81	0.00314	74
海城区	0.00311	87	0.00307	90	0.00309	81	0.00316	69
银海区	0.00291	108	0.00289	107	0.00287	108	0.00287	107
铁山港区	0.00313	81	0.00307	90	0.00308	86	0.00322	65
港口区	0.00316	76	0.00314	75	0.00310	80	0.00310	81
防城区	0.00308	91	0.00307	90	0.00309	81	0.00306	90
钦南区	0.00298	100	0.00297	101	0.00300	97	0.00302	97
钦北区	0.00312	85	0.00318	71	0.00315	71	0.00315	72

续表

地区	2014年		2015年		2016年		2017年	
	评价值	排名	评价值	排名	评价值	排名	评价值	排名
港北区	0.00308	91	0.00304	97	0.00303	95	0.00302	97
港南区	0.00295	104	0.00293	104	0.00293	104	0.00293	104
覃塘区	0.00322	70	0.00315	74	0.00309	81	0.00308	86
玉州区	0.00304	98	0.00302	98	0.00303	95	0.00301	99
福绵区	0.00296	103	0.00294	103	0.00294	102	0.00295	102
右江区	0.00318	72	0.00318	71	0.00317	69	0.00323	62
八步区	0.00287	109	0.00285	110	0.00300	97	0.00296	101
平桂区	0.00294	105	0.00293	104	0.00292	105	0.00294	103
金城江区	0.00313	81	0.00312	78	0.00313	74	0.00325	61
兴宾区	0.00307	94	0.00307	90	0.00320	64	0.00319	68
江州区	0.00317	73	0.00312	78	0.00309	81	0.00309	83
武鸣县	0.00328	63	0.00325	63	0.00323	62	0.00323	62
隆安县	0.00380	38	0.00364	40	0.00400	28	0.00400	25
马山县	0.00347	51	0.00379	33	0.00376	32	0.00374	33
上林县	0.00350	48	0.00351	47	0.00384	31	0.00380	31
宾阳县	0.00305	96	0.00305	96	0.00304	94	0.00303	95
横县	0.00315	78	0.00314	75	0.00311	76	0.00311	79
柳江区	0.00327	64	0.00321	68	0.00318	66	0.00316	69
柳城县	0.00375	39	0.00362	42	0.00357	46	0.00356	41
鹿寨县	0.00347	51	0.00341	55	0.00337	55	0.00338	54
融安县	0.00349	50	0.00343	53	0.00340	53	0.00337	55
融水苗族自治县	0.00340	55	0.00338	58	0.00333	58	0.00333	56
三江侗族自治县	0.00326	66	0.00348	49	0.00376	32	0.00345	48
阳朔县	0.00388	33	0.00385	29	0.00373	36	0.00329	59
灵川县	0.00344	54	0.00342	54	0.00335	56	0.00348	47
全州县	0.00331	60	0.00324	65	0.00319	65	0.00309	83
兴安县	0.00359	43	0.00347	50	0.00344	49	0.00330	58
永福县	0.00434	20	0.00414	24	0.00401	27	0.00392	28
灌阳县	0.00458	12	0.00441	14	0.00427	22	0.00410	23
龙胜各族自治县	0.00535	4	0.00502	5	0.00521	4	0.00506	4

续表

地区	2014 年		2015 年		2016 年		2017 年	
	评价值	排名	评价值	排名	评价值	排名	评价值	排名
资源县	0.00473	7	0.00465	9	0.00451	12	0.00438	13
平乐县	0.00372	40	0.00361	43	0.00360	42	0.00349	45
荔浦县	0.00388	33	0.00379	33	0.00370	37	0.00354	42
恭城瑶族自治县	0.00404	29	0.00385	29	0.00387	29	0.00380	31
苍梧县	0.00458	12	0.00391	27	0.00385	30	0.00385	29
藤县	0.00310	88	0.00306	95	0.00307	89	0.00307	87
蒙山县	0.00468	9	0.00444	12	0.00464	11	0.00474	8
岑溪市	0.00310	88	0.00309	86	0.00311	76	0.00312	77
合浦县	0.00313	81	0.00310	84	0.00307	89	0.00305	91
上思县	0.00486	5	0.00471	8	0.00513	5	0.00487	6
东兴市	0.00433	22	0.00423	20	0.00429	21	0.00433	14
灵山县	0.00310	88	0.00310	84	0.00308	86	0.00305	91
浦北县	0.00326	66	0.00317	73	0.00314	72	0.00313	76
平南县	0.00315	78	0.00311	82	0.00308	86	0.00307	87
桂平市	0.00305	96	0.00300	99	0.00300	97	0.00299	100
容县	0.00331	60	0.00330	61	0.00328	60	0.00326	60
陆川县	0.00327	64	0.00322	67	0.00318	66	0.00316	69
博白县	0.00297	102	0.00297	101	0.00296	101	0.00293	104
兴业县	0.00331	60	0.00329	62	0.00327	61	0.00323	62
北流市	0.00308	91	0.00307	90	0.00305	92	0.00303	95
田阳县	0.00358	46	0.00357	45	0.00363	41	0.00371	35
田东县	0.00340	55	0.00339	57	0.00342	52	0.00341	52
平果县	0.00333	59	0.00331	60	0.00332	59	0.00340	53
德保县	0.00356	47	0.00357	45	0.00359	44	0.00368	36
那坡县	0.00463	11	0.00435	17	0.00471	8	0.00458	9
凌云县	0.00435	18	0.00426	18	0.00414	23	0.00402	24
乐业县	0.00418	27	0.00426	18	0.00435	19	0.00429	18
田林县	0.00484	6	0.00486	7	0.00481	7	0.00485	7
西林县	0.00465	10	0.00458	10	0.00450	13	0.00444	10
隆林各族自治县	0.00416	28	0.00397	26	0.00376	32	0.00382	30

续表

地区	2014年		2015年		2016年		2017年	
	评价值	排名	评价值	排名	评价值	排名	评价值	排名
靖西市	0.00334	58	0.00325	63	0.00365	40	0.00361	38
昭平县	0.00345	53	0.00340	56	0.00370	37	0.00364	37
钟山县	0.00350	48	0.00344	52	0.00344	49	0.00343	49
富川瑶族自治县	0.00364	42	0.00364	40	0.00359	44	0.00353	43
南丹县	0.00471	8	0.00492	6	0.00503	6	0.00497	5
天峨县	0.00748	1	0.05669	1	0.00884	1	0.00890	1
凤山县	0.00427	24	0.00451	11	0.00449	14	0.00433	14
东兰县	0.00441	17	0.00390	28	0.00375	35	0.00360	39
罗城仫佬族自治县	0.00435	18	0.00421	21	0.00470	9	0.00440	11
环江毛南族自治县	0.00452	14	0.00442	13	0.00445	16	0.00439	12
巴马瑶族自治县	0.00445	15	0.00436	16	0.00412	24	0.00393	27
都安瑶族自治县	0.00339	57	0.00337	59	0.00340	53	0.00343	49
大化瑶族自治县	0.00424	25	0.00504	4	0.00467	10	0.00431	17
宜州区	0.00392	31	0.00377	36	0.00442	17	0.00426	20
忻城县	0.00428	23	0.00416	23	0.00436	18	0.00424	21
象州县	0.00420	26	0.00407	25	0.00449	14	0.00432	16
武宣县	0.00390	32	0.00381	32	0.00403	26	0.00398	26
金秀瑶族自治县	0.00634	3	0.00652	2	0.00732	3	0.00691	3
合山市	0.00694	2	0.00639	3	0.00740	2	0.00745	2
扶绥县	0.00359	43	0.00347	50	0.00343	51	0.00343	49
宁明县	0.00386	35	0.00375	37	0.00360	42	0.00359	40
龙州县	0.00434	20	0.00420	22	0.00410	25	0.00415	22
大新县	0.00398	30	0.00378	35	0.00369	39	0.00374	33
天等县	0.00359	43	0.00351	47	0.00351	47	0.00351	44
凭祥市	0.00444	16	0.00441	14	0.00430	20	0.00427	19

（四）经济绿色发展综合评价分析

由表 3-5 可知，广西城区和县市的绿色发展差异并不是很大。

表 3-5　2014—2017 年广西县域经济绿色发展效益的综合评价值和排名

地区	2014 年		2015 年		2016 年		2017 年	
	评价值	排名	评价值	排名	评价值	排名	评价值	排名
兴宁区	0.01652	26	0.01843	19	0.01866	14	0.01904	15
青秀区	0.05685	2	0.02042	9	0.01816	18	0.01902	16
江南区	0.00933	80	0.00973	85	0.01470	39	0.01555	30
西乡塘区	0.01269	51	0.01806	20	0.01253	58	0.01142	75
良庆区	0.01432	36	0.01195	69	0.01138	74	0.01148	74
邕宁区	0.00492	105	0.00623	104	0.00667	99	0.04043	2
城中区	0.01762	16	0.01937	11	0.01446	41	0.01334	52
鱼峰区	0.01289	49	0.02073	8	0.01620	30	0.01528	32
柳南区	0.01992	8	0.02206	6	0.01819	17	0.01842	19
柳北区	0.00787	90	0.00842	95	0.00640	101	0.00659	102
叠彩区	0.00364	109	0.00353	110	0.00354	110	0.00351	110
象山区	0.01147	63	0.01135	72	0.01139	73	0.01054	78
七星区	0.00617	101	0.01766	24	0.01567	33	0.01578	28
雁山区	0.00339	110	0.00482	108	0.00408	109	0.01053	79
临桂区	0.02033	7	0.01893	15	0.01815	19	0.01256	59
万秀区	0.01841	14	0.01933	12	0.01919	9	0.02184	7
长洲区	0.01260	52	0.01368	49	0.01345	49	0.01231	63
龙圩区	0.01542	31	0.01340	54	0.01607	32	0.01995	11
海城区	0.01909	10	0.01886	16	0.01706	26	0.01632	27
银海区	0.06415	1	0.06777	1	0.01405	44	0.01400	42
铁山港区	0.00893	83	0.00811	98	0.00751	94	0.00851	94
港口区	0.01653	25	0.01733	28	0.01771	22	0.00783	97
防城区	0.00875	84	0.00958	87	0.01802	20	0.01522	33
钦南区	0.01291	48	0.01331	56	0.01454	40	0.01574	29
钦北区	0.02580	4	0.03515	2	0.03829	1	0.04181	1
港北区	0.00841	87	0.00886	89	0.00941	86	0.01034	83
港南区	0.01167	62	0.01019	82	0.01007	80	0.01040	81
覃塘区	0.00679	98	0.00713	100	0.00735	97	0.00672	100
玉州区	0.01069	73	0.00959	86	0.00962	84	0.01223	65
福绵区	0.01699	20	0.01631	35	0.01717	25	0.01743	24
右江区	0.00544	104	0.00664	103	0.00674	98	0.00635	103

续表

地区	2014年		2015年		2016年		2017年	
	评价值	排名	评价值	排名	评价值	排名	评价值	排名
八步区	0.00459	108	0.00468	109	0.00491	106	0.00575	105
平桂区	0.00786	91	0.00785	99	0.00818	90	0.01432	39
金城江区	0.00643	99	0.00702	101	0.00854	89	0.00935	91
兴宾区	0.00621	100	0.00535	105	0.00543	104	0.00495	108
江州区	0.01891	11	0.02286	5	0.02316	4	0.02641	5
武鸣县	0.01357	43	0.01355	51	0.01369	46	0.01458	35
隆安县	0.00759	92	0.00825	97	0.00804	91	0.00865	92
马山县	0.01017	78	0.01069	78	0.01030	78	0.01052	80
上林县	0.01355	44	0.01424	45	0.01179	69	0.01222	67
宾阳县	0.01094	69	0.01174	70	0.01058	75	0.01216	68
横县	0.01240	54	0.01279	59	0.01228	63	0.01436	38
柳江区	0.01569	30	0.01639	34	0.01630	29	0.01835	20
柳城县	0.01668	24	0.01770	23	0.01662	27	0.01284	55
鹿寨县	0.00851	86	0.00872	91	0.00948	85	0.01019	84
融安县	0.01439	34	0.01573	36	0.01316	52	0.01429	40
融水苗族自治县	0.01333	46	0.01337	55	0.01254	57	0.01250	61
三江侗族自治县	0.00944	79	0.01037	81	0.01183	68	0.01192	70
阳朔县	0.01842	13	0.01980	10	0.01910	10	0.01935	14
灵川县	0.01174	61	0.01219	66	0.01439	42	0.01273	56
全州县	0.00899	82	0.01065	79	0.01037	77	0.00948	89
兴安县	0.01424	39	0.01551	38	0.01226	64	0.01154	72
永福县	0.01704	19	0.01879	18	0.01853	16	0.01553	31
灌阳县	0.00733	95	0.00876	90	0.00787	92	0.00948	89
龙胜各族自治县	0.01107	67	0.01211	68	0.00857	88	0.01396	43
资源县	0.00736	93	0.00999	83	0.00981	82	0.01018	85
平乐县	0.01571	29	0.01803	21	0.01933	7	0.01832	21
荔浦县	0.01714	18	0.01905	14	0.01941	6	0.01896	17
恭城瑶族自治县	0.01252	53	0.01403	46	0.01271	56	0.01256	59
苍梧县	0.01519	33	0.01485	41	0.01246	59	0.01377	45
藤县	0.01188	59	0.01300	58	0.01347	47	0.01339	51

续表

地区	2014 年		2015 年		2016 年		2017 年	
	评价值	排名	评价值	排名	评价值	排名	评价值	排名
蒙山县	0.01596	28	0.01662	32	0.01563	34	0.01754	22
岑溪市	0.01682	23	0.01753	27	0.01858	15	0.01983	12
合浦县	0.01212	55	0.01243	64	0.01239	61	0.01341	50
上思县	0.01890	12	0.01881	17	0.01925	8	0.01945	13
东兴市	0.01324	47	0.01343	53	0.01343	50	0.01345	48
灵山县	0.01281	50	0.01514	40	0.01661	28	0.01664	25
浦北县	0.01773	15	0.01761	25	0.01883	11	0.02123	9
平南县	0.01049	74	0.01134	73	0.01238	62	0.01067	77
桂平市	0.01143	64	0.01347	52	0.01488	38	0.01469	34
容县	0.01610	27	0.01726	29	0.01765	24	0.01852	18
陆川县	0.01697	21	0.01924	13	0.01611	31	0.01650	26
博白县	0.01366	42	0.01375	47	0.01281	53	0.01241	62
兴业县	0.01348	45	0.01450	43	0.01272	55	0.01300	54
北流市	0.01408	40	0.01436	44	0.01374	45	0.01389	44
田阳县	0.01132	65	0.01640	33	0.00517	105	0.00479	109
田东县	0.01088	71	0.01151	71	0.00737	96	0.00822	95
平果县	0.00580	103	0.00855	92	0.00738	95	0.00768	98
德保县	0.00602	102	0.00666	102	0.00644	100	0.00661	101
那坡县	0.00696	97	0.00852	93	0.00871	87	0.00859	93
凌云县	0.00734	94	0.01061	80	0.01011	79	0.01007	86
乐业县	0.01435	35	0.01562	37	0.01510	36	0.01408	41
田林县	0.00726	96	0.00933	88	0.01045	76	0.01130	76
西林县	0.01427	37	0.01461	42	0.01347	47	0.01375	46
隆林各族自治县	0.00464	107	0.00517	106	0.00488	108	0.00614	104
靖西市	0.00927	81	0.00848	94	0.00491	106	0.00517	107
昭平县	0.01376	41	0.01367	50	0.01338	51	0.01273	56
钟山县	0.01683	22	0.01671	31	0.01539	35	0.01352	47
富川瑶族自治县	0.01025	77	0.01082	77	0.01163	71	0.01160	71
南丹县	0.00483	106	0.00512	107	0.00560	103	0.00552	106
天峨县	0.02899	3	0.02910	3	0.02650	2	0.02991	3
凤山县	0.01194	58	0.01266	61	0.01157	72	0.01153	73

续表

地区	2014 年		2015 年		2016 年		2017 年	
	评价值	排名	评价值	排名	评价值	排名	评价值	排名
东兰县	0.01098	68	0.01132	74	0.00994	81	0.00957	87
罗城仫佬族自治县	0.01037	76	0.01084	76	0.01175	70	0.01195	69
环江毛南族自治县	0.01044	75	0.01223	65	0.01195	67	0.01226	64
巴马瑶族自治县	0.01089	70	0.01254	62	0.01203	66	0.01258	58
都安瑶族自治县	0.00822	88	0.00832	96	0.00777	93	0.00760	99
大化瑶族自治县	0.01198	57	0.01370	48	0.01280	54	0.01223	65
宜州区	0.00868	85	0.00984	84	0.00965	83	0.00957	87
忻城县	0.01427	37	0.01546	39	0.01504	37	0.01450	36
象州县	0.01961	9	0.01787	22	0.01769	23	0.01753	23
武宣县	0.01120	66	0.01267	60	0.01241	60	0.01327	53
金秀瑶族自治县	0.01177	60	0.01253	63	0.01409	43	0.01441	37
合山市	0.01210	56	0.01307	57	0.00638	102	0.00806	96
扶绥县	0.01716	17	0.01756	26	0.01871	13	0.01038	82
宁明县	0.02172	5	0.02325	4	0.02376	3	0.02709	4
龙州县	0.02081	6	0.02169	7	0.02122	5	0.02268	6
大新县	0.00794	89	0.01217	67	0.01881	12	0.02161	8
天等县	0.01070	72	0.01123	75	0.01204	65	0.01343	49
凭祥市	0.01524	32	0.01707	30	0.01800	21	0.02098	10

（五）共享发展综合评价分析

表 3-6 给出了 2014—2017 年广西县域共享发展的综合评价值和排名，在共享发展的综合评价值排名中，排在前 36 名的城区，2014 年有 19 个，2015 年有 16 个，2016 年有 16 个，2017 年有 16 个，由此可见，广西共享发展较好的县域主要集中在城区。

表 3-6　2014—2017 年广西县域共享发展的综合评价值和排名

地区	2014 年		2015 年		2016 年		2017 年	
	评价值	排名	评价值	排名	评价值	排名	评价值	排名
兴宁区	0.05309	28	0.05357	38	0.05132	50	0.04306	93
青秀区	0.03971	78	0.04689	54	0.05433	37	0.04801	64

续表

地区	2014 年		2015 年		2016 年		2017 年	
	评价值	排名	评价值	排名	评价值	排名	评价值	排名
江南区	0.05305	29	0.05364	37	0.04577	76	0.04988	51
西乡塘区	0.04481	60	0.04154	78	0.04616	74	0.04587	76
良庆区	0.05234	32	0.04928	47	0.04803	66	0.04827	63
邕宁区	0.07748	8	0.07823	9	0.06591	20	0.07303	18
城中区	0.08128	5	0.08182	5	0.06491	22	0.07245	19
鱼峰区	0.05389	25	0.05453	31	0.05429	38	0.05437	39
柳南区	0.07759	7	0.07530	12	0.07590	10	0.08155	9
柳北区	0.03735	90	0.04392	65	0.04324	86	0.04369	88
叠彩区	0.06178	18	0.06251	23	0.06523	21	0.06590	21
象山区	0.06476	16	0.07099	15	0.07520	12	0.07924	11
七星区	0.06277	17	0.06307	22	0.07024	17	0.07339	17
雁山区	0.04329	65	0.04412	64	0.04443	79	0.04342	91
临桂区	0.04383	63	0.04452	62	0.05002	58	0.04939	55
万秀区	0.12965	1	0.13752	1	0.12878	2	0.15209	2
长洲区	0.06583	13	0.06935	18	0.07361	15	0.07632	13
龙圩区	0.03262	105	0.03424	103	0.03595	107	0.03645	106
海城区	0.07913	6	0.07944	8	0.08107	9	0.08191	8
银海区	0.05355	27	0.05030	44	0.06725	19	0.06014	28
铁山港区	0.05174	34	0.05191	41	0.05526	36	0.05637	33
港口区	0.04910	44	0.04639	58	0.05038	57	0.05090	48
防城区	0.04202	71	0.04343	68	0.04640	72	0.04712	70
钦南区	0.04913	43	0.05022	45	0.05423	39	0.05457	38
钦北区	0.04233	70	0.04305	71	0.04521	78	0.04565	77
港北区	0.05967	19	0.06701	20	0.06027	27	0.06088	26
港南区	0.04657	54	0.04710	53	0.05554	34	0.04561	80
覃塘区	0.05177	33	0.05410	35	0.05374	41	0.05167	46
玉州区	0.04416	62	0.04661	55	0.05133	49	0.05230	45
福绵区	0.04012	77	0.04222	74	0.04788	68	0.04769	68
右江区	0.04313	66	0.05704	27	0.06290	24	0.06480	22
八步区	0.06681	12	0.07416	13	0.07473	13	0.08080	10
平桂区	0.03734	91	0.03921	89	0.03800	106	0.04636	74

续表

地区	2014年		2015年		2016年		2017年	
	评价值	排名	评价值	排名	评价值	排名	评价值	排名
金城江区	0.04599	55	0.06997	17	0.07450	14	0.07467	16
兴宾区	0.05171	35	0.06540	21	0.05231	44	0.05629	35
江州区	0.03663	92	0.03745	94	0.04297	87	0.04776	66
武鸣县	0.05535	22	0.05650	28	0.06362	23	0.06155	25
隆安县	0.04751	51	0.04269	72	0.05207	45	0.04919	56
马山县	0.04742	52	0.04321	70	0.05042	56	0.05635	34
上林县	0.04235	69	0.04369	67	0.04890	64	0.05391	41
宾阳县	0.08376	4	0.08448	4	0.08539	8	0.07562	14
横县	0.07344	10	0.07535	11	0.11380	3	0.11875	3
柳江区	0.04841	48	0.04854	50	0.04788	68	0.04987	52
柳城县	0.05484	23	0.05520	30	0.05104	53	0.04676	73
鹿寨县	0.05049	41	0.05106	43	0.05117	51	0.04770	67
融安县	0.04484	59	0.04645	56	0.04995	59	0.04368	89
融水苗族自治县	0.03917	83	0.03997	86	0.05184	46	0.05338	43
三江侗族自治县	0.04879	45	0.04443	63	0.04796	67	0.05381	42
阳朔县	0.03958	79	0.04081	82	0.04644	71	0.04520	82
灵川县	0.05149	38	0.05772	26	0.05780	30	0.05006	50
全州县	0.07025	11	0.07324	14	0.07539	11	0.07489	15
兴安县	0.04982	42	0.05123	42	0.04993	60	0.04565	77
永福县	0.04258	67	0.04379	66	0.04608	75	0.04890	57
灌阳县	0.03543	95	0.03564	99	0.04120	97	0.04684	72
龙胜各族自治县	0.03115	107	0.03426	102	0.04287	88	0.04850	60
资源县	0.03403	102	0.03532	100	0.03507	109	0.04204	97
平乐县	0.04879	45	0.04978	46	0.05100	54	0.05080	49
荔浦县	0.04480	61	0.04728	52	0.04674	70	0.04876	58
恭城瑶族自治县	0.04835	49	0.04811	51	0.04982	61	0.04562	79
苍梧县	0.03921	82	0.04110	80	0.03826	103	0.04290	94
藤县	0.05370	26	0.05646	29	0.05715	32	0.06035	27
蒙山县	0.03801	89	0.03971	88	0.04147	94	0.04253	96
岑溪市	0.05157	36	0.05192	40	0.05544	35	0.06001	29

续表

地区	2014年		2015年		2016年		2017年	
	评价值	排名	评价值	排名	评价值	排名	评价值	排名
合浦县	0.06558	15	0.06795	19	0.06990	18	0.07217	20
上思县	0.04681	53	0.04863	48	0.05142	48	0.04695	71
东兴市	0.03858	86	0.04072	83	0.04331	84	0.04383	87
灵山县	0.09209	3	0.09667	2	0.09884	4	0.11049	4
浦北县	0.05070	39	0.08160	6	0.16869	1	0.16918	1
平南县	0.06577	14	0.07078	16	0.08805	7	0.08332	7
桂平市	0.07427	9	0.08115	7	0.09413	6	0.08890	5
容县	0.05404	24	0.06193	24	0.06174	26	0.05476	37
陆川县	0.05236	31	0.05395	36	0.05656	33	0.05773	30
博白县	0.09609	2	0.09523	3	0.09524	5	0.08772	6
兴业县	0.05284	30	0.05425	34	0.05718	31	0.05732	31
北流市	0.05846	21	0.05898	25	0.06223	25	0.05645	32
田阳县	0.04335	64	0.04632	59	0.05167	47	0.04631	75
田东县	0.05067	40	0.05231	39	0.06003	28	0.05586	36
平果县	0.04755	50	0.05452	32	0.07343	16	0.07643	12
德保县	0.03829	87	0.03658	96	0.05116	52	0.04980	54
那坡县	0.03416	99	0.03793	92	0.04401	81	0.03772	104
凌云县	0.02883	108	0.03079	108	0.03808	105	0.03706	105
乐业县	0.02357	110	0.02492	110	0.03349	110	0.03632	107
田林县	0.03288	104	0.03797	91	0.04370	83	0.03900	102
西林县	0.03160	106	0.03344	107	0.04077	98	0.03974	101
隆林各族自治县	0.03822	88	0.04061	84	0.04863	65	0.04836	61
靖西市	0.03875	85	0.03986	87	0.05263	43	0.05412	40
昭平县	0.05150	37	0.05451	33	0.03947	101	0.04834	62
钟山县	0.03934	81	0.04125	79	0.04385	82	0.04204	97
富川瑶族自治县	0.04048	76	0.04218	75	0.04138	95	0.04042	100
南丹县	0.03490	96	0.03629	97	0.03834	102	0.04311	92
天峨县	0.03413	100	0.03870	90	0.04122	96	0.04106	99
凤山县	0.03575	94	0.03588	98	0.04205	92	0.04263	95
东兰县	0.03422	98	0.03456	101	0.03813	104	0.03626	108

续表

地区	2014 年		2015 年		2016 年		2017 年	
	评价值	排名	评价值	排名	评价值	排名	评价值	排名
罗城仫佬族自治县	0.03958	79	0.04086	81	0.04424	80	0.04986	53
环江毛南族自治县	0.03905	84	0.04015	85	0.04182	93	0.04524	81
巴马瑶族自治县	0.03409	101	0.03379	105	0.04039	99	0.04430	85
都安瑶族自治县	0.04534	57	0.04608	60	0.04953	63	0.06411	24
大化瑶族自治县	0.04128	75	0.04192	76	0.03571	108	0.04767	69
宜州区	0.05858	20	0.07702	10	0.05938	29	0.06435	23
忻城县	0.03606	93	0.03723	95	0.04284	89	0.04432	84
象州县	0.04145	74	0.04168	77	0.04325	85	0.04356	90
武宣县	0.04528	58	0.04606	61	0.05070	55	0.04854	59
金秀瑶族自治县	0.02582	109	0.02688	109	0.04221	91	0.03614	109
合山市	0.03466	97	0.03375	106	0.03961	100	0.03872	103
扶绥县	0.04248	68	0.04327	69	0.05377	40	0.04779	65
宁明县	0.04582	56	0.04642	57	0.04974	62	0.05238	44
龙州县	0.04175	72	0.04234	73	0.04545	77	0.04516	83
大新县	0.04845	47	0.04862	49	0.05305	42	0.05125	47
天等县	0.04173	73	0.03777	93	0.04631	73	0.04420	86
凭祥市	0.03382	103	0.03383	104	0.04282	90	0.03586	110

三、总结

通过分析广西县域经济高质量发展综合评价以及对其发展规模、发展速度、发展效益、绿色发展和共享发展 5 个维度的评价可知，广西城区与县市在高质量发展中存在较大差异，无论在经济高质量综合发展，还是 5 个功能表现维度都有明显差异。

在经济高质量发展的综合评价中，城区的综合发展质量普遍高于县市；在发展规模方面，城区的发展规模高于县市；在发展速度方面，城区的发展速度比县市快；在发展效益方面，县市的发展效益高于城区；但在绿色发展和共享发展两方面，城区和县市之间的差异并不是很突出。

鉴于此，为了进一步说明县市之间、城区之间的高质量发展差异，本书将分别对县市和城区的发展质量进行评价。

第二节　广西县市经济高质量发展功能表现评价

一、广西县市经济高质量发展的综合评价

表 3-7 给出了 2010—2017 年广西 74 个县市经济高质量发展的综合评价值和排名，可以直观地看出，广西县市的综合评价值的变动情况及其排名的升降情况。

2010—2017 年，广西县市经济高质量发展综合评价值排名前 20 的县市变动不大，其中北流市、桂平市、博白县、武鸣县、岑溪市、陆川县、合浦县、柳江区、平南县、横县、宾阳县、藤县、灵山县、东兴市、容县 15 个县市均进入前 20 名。鹿寨县在 2010—2011 年进入前 20 名，荔浦县则在 2010 年和 2012—2017 年进入前 20 名，天峨县只有 2010 年排在前 20 名，兴安县在 2010—2015 年都进入了前 20 名，而兴业县在 2010 年、2014 年和 2016—2017 年进入了前 20 名。总体而言，经济高质量发展水平较好的地区，比较稳定。

那坡县、凌云县、田林县、乐业县、西林县、金秀瑶族自治县、东兰县、凤山县、环江毛南族自治县、巴马瑶族自治县、隆林各族自治县、大化瑶族自治县、三江侗族自治县、都安瑶族自治县和罗城仫佬族自治县 15 个县市的经济高质量发展水平在 2010—2017 年都比较低，处于广西县市中的最后 20 名。资源县在 2010—2015 年的经济高质量发展水平处于广西县市中的最后 20 名，但从 2016—2017 年开始已经跨出了经济高质量发展水平较低的 20 名。龙胜各族自治县从 2012 年开始就跨出了经济高质量发展水平较低的 20 名，这可能得益于当地的旅游业发展。融水苗族自治县只有 2010 年排在经济高质量发展水平较低的 20 名。德保县在 2010 年和 2012—2013 年，以及上林县在 2010 年和 2016 年的经济高质量发展水平排在广西县市中的后 20 名。

二、广西县市经济高质量发展五个表现维度的具体分析

（一）增长规模综合评价分析

1. GDP 总量规模和排名分析

表 3-8 给出了 2010—2017 年广西 74 个县市的 GDP 和排名，可以直观地看出，各个县市每年的 GDP 的变动情况及其排名的升降情况。

武鸣县、宾阳县、横县、柳江区、全州县、兴安县、藤县、岑溪市、合浦县、灵山县、平南县、桂平市、容县、陆川县、博白县、北流市 15 个市县在 2010—2017 年的 GDP

表 3-7　2010—2017 年广西 74 个县市经济高质量发展的综合评价值和排名

地区	2010 年		2011 年		2012 年		2013 年		2014 年		2015 年		2016 年		2017 年	
	评价值	排名	评价值	排名	评价值	排名	评价值	排名	评价值	排名	评价值	排名	评价值	排名	评价值	排名
武鸣县	0.29793	4	0.35862	2	0.40166	1	0.43559	2	0.47111	1	0.50182	2	0.54716	3	0.58212	2
隆安县	0.16589	49	0.18006	50	0.18100	52	0.19023	53	0.20016	52	0.20718	53	0.23199	50	0.23584	54
马山县	0.14742	54	0.16261	56	0.16509	57	0.17800	57	0.19872	53	0.18855	59	0.20976	57	0.23263	55
上林县	0.14736	55	0.17730	51	0.17846	53	0.19452	51	0.20098	51	0.21065	51	0.21122	55	0.24142	51
宾阳县	0.26925	11	0.30485	11	0.31882	11	0.34209	12	0.40153	8	0.41830	10	0.43971	11	0.46870	11
横县	0.27856	10	0.33218	5	0.38645	2	0.41603	4	0.43373	5	0.45692	5	0.52968	4	0.57880	4
柳江区	0.28040	8	0.31395	8	0.33492	9	0.34905	10	0.37449	12	0.38983	15	0.41234	15	0.46251	13
柳城县	0.23391	22	0.25495	26	0.27754	21	0.28591	24	0.31529	22	0.33022	23	0.33147	30	0.33977	32
鹿寨县	0.25394	15	0.27884	17	0.25443	29	0.29010	22	0.28397	31	0.30377	34	0.32412	32	0.35195	30
融安县	0.17394	44	0.19088	47	0.20431	45	0.20732	46	0.21111	48	0.22506	46	0.23462	49	0.24058	52
融水苗族自治县	0.14729	56	0.16951	54	0.18533	51	0.19603	50	0.20874	49	0.22010	48	0.24213	45	0.26741	43
三江侗族自治县	0.13772	62	0.13645	67	0.15803	59	0.16097	61	0.18081	60	0.18004	60	0.19953	59	0.21708	59
阳朔县	0.20478	32	0.23482	33	0.23568	36	0.25936	35	0.28828	29	0.31085	33	0.33341	26	0.35544	27
灵川县	0.21414	27	0.23842	31	0.26832	25	0.29818	20	0.34084	18	0.36038	20	0.37402	19	0.33009	37
全州县	0.22095	25	0.25184	28	0.27861	20	0.29750	21	0.31870	21	0.33735	22	0.35813	24	0.34891	31
兴安县	0.23647	20	0.27453	20	0.31044	13	0.33114	14	0.34717	16	0.36119	19	0.36151	22	0.33073	35
永福县	0.21017	30	0.24124	30	0.25548	28	0.28489	25	0.30373	23	0.32227	27	0.33962	25	0.35237	29
灌阳县	0.15590	52	0.16794	55	0.18539	50	0.19779	48	0.21139	47	0.21998	49	0.24074	46	0.25835	48
龙胜各族自治县	0.14189	58	0.14459	60	0.17739	54	0.19063	52	0.21325	46	0.22262	47	0.22891	52	0.26440	45
资源县	0.13856	61	0.15568	59	0.17078	56	0.17898	56	0.18539	59	0.20479	57	0.21437	54	0.23620	53
平乐县	0.20439	33	0.22129	39	0.25018	31	0.27401	27	0.29228	28	0.31306	31	0.33266	29	0.33603	33

续表

地区	2010 年		2011 年		2012 年		2013 年		2014 年		2015 年		2016 年		2017 年	
	评价值	排名	评价值	排名	评价值	排名	评价值	排名	评价值	排名	评价值	排名	评价值	排名	评价值	排名
荔浦县	0.24428	17	0.26226	23	0.28782	18	0.32077	17	0.34109	17	0.38310	16	0.41070	16	0.43383	18
恭城瑶族自治县	0.18482	40	0.20707	44	0.21768	42	0.22069	44	0.25934	40	0.26648	40	0.25450	43	0.26659	44
苍梧县	0.22793	24	0.27906	16	0.30151	15	0.33059	15	0.16814	62	0.17934	61	0.15920	72	0.17760	68
藤县	0.26678	12	0.28108	14	0.29856	16	0.32475	16	0.34832	15	0.37146	17	0.39468	17	0.43602	17
蒙山县	0.18648	38	0.22160	38	0.22270	41	0.23707	41	0.24329	43	0.25699	43	0.28167	41	0.32252	39
岑溪市	0.29622	5	0.32884	7	0.35448	7	0.38425	6	0.41014	7	0.43856	8	0.48737	8	0.53903	6
合浦县	0.29527	7	0.31213	10	0.33159	10	0.34668	11	0.38436	10	0.40773	11	0.43283	12	0.47366	10
上思县	0.20184	34	0.22589	35	0.23568	36	0.25041	39	0.25470	42	0.26199	41	0.28265	40	0.28562	42
东兴市	0.25878	14	0.27837	18	0.31489	12	0.35805	8	0.38386	11	0.40364	12	0.43053	13	0.46539	12
灵山县	0.26336	13	0.29275	12	0.30940	14	0.33645	13	0.39133	9	0.45593	6	0.50901	6	0.57665	5
浦北县	0.23421	21	0.26002	25	0.28359	19	0.31652	19	0.33495	19	0.39225	14	0.55540	1	0.60445	1
平南县	0.27942	9	0.31391	9	0.33754	8	0.35405	9	0.37315	13	0.42124	9	0.47072	9	0.49899	9
桂平市	0.31443	2	0.35593	3	0.37234	4	0.42993	3	0.46085	3	0.50888	1	0.55341	2	0.58019	3
容县	0.24463	16	0.27821	19	0.28795	17	0.31882	18	0.35510	14	0.39818	13	0.42023	14	0.44600	14
陆川县	0.29601	6	0.35246	4	0.36569	5	0.40622	5	0.44539	4	0.47981	4	0.49332	7	0.52005	8
博白县	0.30358	3	0.33153	6	0.36485	6	0.36864	7	0.41884	6	0.45168	7	0.44915	10	0.43672	16
兴业县	0.23865	19	0.26333	21	0.27038	23	0.28854	23	0.31883	20	0.34924	21	0.36776	20	0.38909	20
北流市	0.31741	1	0.38765	1	0.38008	3	0.43869	1	0.46094	2	0.49624	3	0.51292	5	0.53400	7
田阳县	0.17546	43	0.18130	49	0.20551	44	0.22183	43	0.27606	34	0.32125	28	0.32983	31	0.36424	25
田东县	0.19889	35	0.26122	24	0.27068	22	0.27099	29	0.29836	25	0.31884	29	0.33299	28	0.35580	26
平果县	0.18839	37	0.28035	15	0.23652	35	0.26202	32	0.29974	24	0.32725	24	0.37843	18	0.43702	15

续表

地区	2010年		2011年		2012年		2013年		2014年		2015年		2016年		2017年	
	评价值	排名	评价值	排名	评价值	排名	评价值	排名	评价值	排名	评价值	排名	评价值	排名	评价值	排名
德保县	0.14640	57	0.20118	45	0.15052	60	0.16619	59	0.19225	54	0.20572	54	0.24892	44	0.26024	47
那坡县	0.09884	74	0.13929	66	0.11411	74	0.11135	74	0.12809	74	0.15573	70	0.16542	69	0.14945	74
凌云县	0.09912	73	0.11890	73	0.11952	73	0.11663	72	0.12834	73	0.15113	71	0.16597	68	0.16460	70
乐业县	0.11023	71	0.11856	74	0.12254	71	0.12441	71	0.12868	72	0.14313	74	0.15289	73	0.16073	72
田林县	0.10215	72	0.12861	71	0.12102	72	0.11242	73	0.13530	71	0.17381	64	0.18451	63	0.19511	64
西林县	0.11603	70	0.12328	72	0.12953	68	0.13621	69	0.14356	69	0.15576	69	0.16107	70	0.16786	69
隆林各族自治县	0.13349	64	0.14245	63	0.14326	63	0.14546	66	0.15142	67	0.15921	68	0.16891	67	0.18563	67
靖西市	0.15849	50	0.21879	41	0.20345	46	0.22458	42	0.26512	38	0.25997	42	0.30629	36	0.38155	21
昭平县	0.15808	51	0.17073	53	0.18627	48	0.18601	55	0.20770	50	0.21591	50	0.20879	58	0.23057	56
钟山县	0.21659	26	0.23667	32	0.23677	34	0.25654	37	0.26280	39	0.27503	39	0.28789	39	0.29940	41
富川瑶族自治县	0.16924	47	0.17503	52	0.19152	47	0.21150	45	0.21359	45	0.23265	45	0.23944	47	0.24795	50
南丹县	0.17154	46	0.19469	46	0.17213	55	0.19874	47	0.18826	56	0.20756	52	0.22955	51	0.26249	46
天峨县	0.24408	18	0.22109	40	0.21410	43	0.19654	49	0.23510	44	0.32539	25	0.26946	42	0.30289	40
凤山县	0.12735	67	0.14275	62	0.13017	67	0.14676	65	0.14619	68	0.15041	72	0.16095	71	0.16200	71
东兰县	0.12358	68	0.13253	69	0.12558	70	0.13516	70	0.13830	70	0.14957	73	0.14919	74	0.14958	73
罗城仫佬族自治县	0.14186	59	0.15971	57	0.14895	61	0.16510	60	0.16953	61	0.17784	63	0.18667	61	0.21116	61
环江毛南族自治县	0.12917	66	0.14378	61	0.13680	65	0.15718	63	0.16471	63	0.17927	62	0.18257	65	0.19471	65
巴马瑶族自治县	0.13304	65	0.13957	64	0.12705	69	0.14281	67	0.15387	66	0.17212	65	0.18414	64	0.20155	62
都安瑶族自治县	0.14103	60	0.13596	68	0.13793	64	0.15268	64	0.16188	64	0.16984	66	0.17546	66	0.19733	63
大化瑶族自治县	0.13386	63	0.13945	65	0.14480	62	0.15796	62	0.18695	57	0.20516	55	0.19821	60	0.21127	60
宜州区	0.21043	29	0.23260	34	0.23122	38	0.26112	33	0.27723	33	0.36514	18	0.31369	35	0.33517	34

续表

地区	2010 年		2011 年		2012 年		2013 年		2014 年		2015 年		2016 年		2017 年	
	评价值	排名	评价值	排名	评价值	排名	评价值	排名	评价值	排名	评价值	排名	评价值	排名	评价值	排名
忻城县	0.16650	48	0.18348	48	0.18569	49	0.18837	54	0.19067	55	0.20510	56	0.21609	53	0.22573	57
象州县	0.21406	28	0.25476	27	0.26904	24	0.26962	30	0.29249	27	0.29530	36	0.28998	38	0.32952	38
武宣县	0.18102	42	0.22308	37	0.24619	32	0.25921	36	0.27464	36	0.28800	37	0.30519	37	0.33042	36
金秀瑶族自治县	0.11746	69	0.13056	70	0.13599	66	0.14124	68	0.15419	65	0.16072	67	0.18623	62	0.18989	66
合山市	0.20532	31	0.28778	13	0.26658	27	0.26552	31	0.27106	37	0.24636	44	0.23687	48	0.25367	49
扶绥县	0.23299	23	0.26324	22	0.26712	26	0.28439	26	0.29530	26	0.31205	32	0.36092	23	0.36962	22
宁明县	0.18618	39	0.24975	29	0.25403	30	0.27246	28	0.27872	32	0.30167	35	0.31996	33	0.36596	24
龙州县	0.19294	36	0.22367	36	0.24000	33	0.25980	34	0.28422	30	0.31317	30	0.33316	27	0.36789	23
大新县	0.17332	45	0.21329	42	0.22356	40	0.24373	40	0.25495	41	0.27628	38	0.31721	34	0.35308	28
天等县	0.15433	53	0.15658	58	0.1583	58	0.17222	58	0.18689	58	0.19318	58	0.21011	56	0.22032	58
凭祥市	0.18298	41	0.21165	43	0.23109	39	0.25233	38	0.27530	35	0.32272	26	0.36421	21	0.40139	19

表 3-8　2010—2017 年广西 74 个县市的 GDP 和排名

地区	2010 年		2011 年		2012 年		2013 年		2014 年		2015 年		2016 年		2017 年	
	GDP（万元）	排名	GDP（万元）	排名	GDP（万元）	排名	GDP（万元）	排名	GDP（万元）	排名	GDP（万元）	排名	GDP（万元）	排名	GDP（万元）	排名
武鸣县	1486548	3	1894284	3	2229333	1	2416701	2	2658646	1	2922601	2	3214218	2	3531974	2
隆安县	389769	48	488000	46	496441	49	539952	48	559688	47	616536	46	650828	48	731841	48
马山县	313555	58	393711	54	403895	55	429029	55	452923	53	467871	58	504775	58	551826	59
上林县	318502	56	390554	55	403080	56	433883	53	450224	56	496058	56	525128	57	567493	56
宾阳县	1128954	13	1375181	12	1401260	14	1501682	14	1641736	12	1798103	13	1995600	13	2183924	14
横县	1348911	7	1762178	5	2226099	2	2409563	3	2374421	4	2550911	4	2702385	5	3045838	5

续表

地区	2010年		2011年		2012年		2013年		2014年		2015年		2016年		2017年	
	GDP（万元）	排名	GDP（万元）	排名	GDP（万元）	排名	GDP（万元）	排名	GDP（万元）	排名	GDP（万元）	排名	GDP（万元）	排名	GDP（万元）	排名
柳江区	1224676	9	1451192	10	1574472	11	1677697	12	1880305	9	2005163	12	2181325	12	2520409	10
柳城县	658410	28	796417	28	919516	27	961783	27	1029367	28	1142063	27	1204209	28	1363600	27
鹿寨县	1076725	14	1176261	16	1040231	22	1096286	25	1147134	25	1245295	25	1382401	26	1625024	23
融安县	378267	52	454136	50	507278	48	517970	50	527126	49	582413	49	647633	49	743890	47
融水苗族自治县	418397	46	491745	45	582406	43	617876	43	660707	43	758575	41	832732	40	985737	41
三江侗族自治县	285384	61	315744	61	345069	61	348194	61	373132	62	427199	61	471074	60	518281	61
阳朔县	561293	34	711887	35	762279	35	843940	34	976683	30	1081766	31	1168777	30	1282351	31
灵川县	727536	26	895250	23	1057084	21	1199187	20	1314425	19	1386131	20	1490596	23	1324110	29
全州县	996681	15	1223435	15	1307541	15	1383573	15	1519790	14	1618908	15	1750537	16	1710192	20
兴安县	817975	20	1077419	18	1239799	16	1356609	16	1421603	17	1461214	17	1504908	20	1364691	26
永福县	618709	30	763580	30	828800	31	944170	28	1031336	27	1108789	28	1210232	27	1331784	28
灌阳县	401231	47	479552	47	531373	44	598055	44	661518	42	685750	44	747989	43	778809	45
龙胜各族自治县	316945	57	340434	59	405879	54	470546	52	525801	50	565922	51	606755	51	666258	52
资源县	245186	64	308570	64	349814	60	414073	57	443476	58	492239	57	542692	56	601189	55
平乐县	613951	31	688089	36	787666	34	879664	31	943726	32	1020253	32	1120685	32	1147400	35
荔浦县	742282	25	864151	27	991620	25	1141259	21	1274715	21	1453843	18	1609110	17	1669382	21
恭城瑶族自治县	478509	39	617534	37	664488	37	669813	41	766134	38	789644	40	731847	44	818974	43
苍梧县	985537	16	1310774	14	1461576	12	1786822	8	382960	61	338781	65	362362	66	415456	66
藤县	1183313	10	1395501	11	1608558	9	1755194	9	1944226	8	2065760	10	2335523	10	2706193	7
蒙山县	384796	49	502200	44	519816	45	555609	47	561387	46	589542	48	727507	45	886224	42
岑溪市	1442582	4	1711311	6	1890394	6	2034859	5	2178260	5	2396129	6	2703892	4	3125570	4

续表

地区	2010 年		2011 年		2012 年		2013 年		2014 年		2015 年		2016 年		2017 年	
	GDP（万元）	排名	GDP（万元）	排名	GDP（万元）	排名	GDP（万元）	排名	GDP（万元）	排名	GDP（万元）	排名	GDP（万元）	排名	GDP（万元）	排名
合浦县	1390493	6	1505180	8	1645483	8	1678696	11	1869566	10	2011547	11	2222338	11	2486281	12
上思县	423428	43	550990	41	589657	42	655021	42	666299	41	697503	43	776644	42	808784	44
东兴市	451753	41	520856	43	624504	41	728683	38	809761	36	854351	37	929897	38	1039648	38
灵山县	1137836	12	1331560	13	1417111	13	1530747	13	1631541	13	2147040	8	2583932	6	2849333	6
浦北县	820320	19	965955	21	1149896	18	1298049	18	1443008	16	1615227	16	1886577	15	2230291	13
平南县	1269627	8	1478886	9	1592837	10	1707910	10	1855805	11	2112785	9	2377172	8	2681731	8
桂平市	1621908	1	2010540	1	2172459	3	2477795	1	2648518	2	2953795	1	3227486	1	3574288	1
容县	863830	17	1094020	17	1181447	17	1324335	17	1476496	15	1723529	14	1912487	14	2160937	15
陆川县	1154257	11	1525692	7	1671905	7	1831730	7	2026538	7	2189348	7	2340380	9	2492622	11
博白县	1412684	5	1805280	4	1991391	5	1908496	6	2038887	6	2419258	5	2458486	7	2544497	9
兴业县	759946	24	893205	24	982784	26	1086682	26	1195313	24	1363620	21	1504352	21	1628259	22
北流市	1533308	2	1976930	2	2090025	4	2323588	4	2521374	3	2844565	3	2985937	3	3240459	3
田阳县	511585	38	572698	40	690584	36	763350	37	1037735	26	1192347	26	1450432	24	1750447	19
田东县	789707	22	976047	20	1120154	19	1135444	22	1196361	23	1312473	23	1401005	25	1600133	24
平果县	822116	18	943482	22	1119977	20	1207113	19	1324344	18	1407700	19	1595994	18	2010727	17
德保县	435863	42	531993	42	512229	47	572526	45	635552	44	723953	42	816791	41	996916	39
那坡县	112555	74	131002	74	155623	71	162800	73	197267	71	226868	71	246936	71	267894	71
凌云县	153207	70	171269	70	199302	69	214904	69	245978	69	279010	68	310338	67	342789	67
乐业县	122580	73	135936	72	150790	72	158529	74	174318	73	208856	73	223879	73	251798	73
田林县	229543	66	249828	67	271152	66	281260	66	323064	66	402774	64	477271	59	565246	57
西林县	125169	72	135429	73	147904	74	166304	72	186494	72	211243	72	234922	72	252956	72

续表

地区	2010年		2011年		2012年		2013年		2014年		2015年		2016年		2017年	
	GDP（万元）	排名	GDP（万元）	排名	GDP（万元）	排名	GDP（万元）	排名	GDP（万元）	排名	GDP（万元）	排名	GDP（万元）	排名	GDP（万元）	排名
隆林各族自治县	421970	44	412569	51	429634	52	422941	56	452553	54	457532	59	463393	61	540189	60
靖西市	716699	27	886418	26	1030451	23	1108114	23	1299197	20	1274485	24	1585910	19	2154823	16
昭平县	383376	50	467684	48	512736	46	539182	49	564661	45	598287	47	644472	50	681109	51
钟山县	544828	36	606805	38	636060	39	685780	40	764950	39	805845	39	890543	39	989065	40
富川瑶族自治县	327262	55	401101	52	466923	51	560161	46	557437	48	622595	45	671316	46	702930	49
南丹县	646049	29	769307	29	663013	38	770418	36	726768	40	838661	38	970779	37	1115634	37
天峨县	419649	45	387273	56	373238	57	324167	65	430617	59	558969	53	571041	53	685382	50
凤山县	142957	71	167105	71	150071	73	171536	71	164814	74	196289	74	212379	74	228620	74
东兰县	160281	69	180527	69	177957	70	193819	70	206351	70	237640	70	260280	70	284016	70
罗城仫佬族自治县	310317	59	372150	57	341115	62	364868	59	369745	63	406198	62	436714	64	464593	64
环江毛南族自治县	301885	60	365869	58	322206	64	358588	60	388684	60	431124	60	453011	62	515327	62
巴马瑶族自治县	244999	65	283993	66	255272	67	257003	67	264916	67	338318	66	372003	65	429573	65
都安瑶族自治县	272063	62	308752	63	314597	65	334513	64	354649	64	403642	63	444404	63	487373	63
大化瑶族自治县	330469	54	331824	60	355584	59	346213	62	446730	57	539882	54	551035	55	562799	58
宜州区	770402	23	886615	25	877880	28	942753	29	993999	29	1106750	29	1156694	31	1270200	32
忻城县	379659	51	456089	49	479643	50	494570	51	515500	51	559112	52	584837	52	638933	53
象州县	568548	32	761274	31	837291	30	825654	35	912894	35	957522	35	993772	36	1145269	36
武宣县	512427	37	729293	34	843350	29	872932	32	932848	34	985893	34	1055799	34	1192132	34
金秀瑶族自治县	176148	68	220111	68	233105	68	232483	68	255921	68	274999	69	287518	69	322296	69
合山市	226021	67	293050	65	333531	63	337700	63	352555	65	299029	67	304413	68	330122	68

续表

地区	2010年		2011年		2012年		2013年		2014年		2015年		2016年		2017年	
	GDP（万元）	排名	GDP（万元）	排名	GDP（万元）	排名	GDP（万元）	排名	GDP（万元）	排名	GDP（万元）	排名	GDP（万元）	排名	GDP（万元）	排名
扶绥县	806385	21	977065	19	996163	24	1101078	24	1222053	22	1328188	22	1503785	22	1836920	18
宁明县	550845	35	732171	33	790292	33	860285	33	950806	31	1083364	30	1169067	29	1380516	25
龙州县	458508	40	572788	39	635014	40	705646	39	780320	37	926037	36	1039053	35	1216076	33
大新县	565239	33	760529	32	821867	32	906968	30	938986	33	994395	33	1093834	33	1287297	30
天等县	356039	53	397013	53	407625	53	433115	54	463608	52	519448	55	561195	54	618939	54
凭祥市	251320	63	314009	62	362035	58	403998	58	452424	55	569269	50	653498	47	759826	46

排名一直在前20名中。鹿寨县只有2010年和2011年排在前20名。浦北县2011年降到了21名，2010年和2012—2017年均排在前20名。平果县2011年排在22名，2010年和2012—2017年都排在前20名。苍梧县2010—2013年的GDP排名在前20名。

三江侗族自治县、资源县、那坡县、凌云县、乐业县、田林县、西林县、凤山县、东兰县、罗城仫佬族自治县、环江毛南族自治县、巴马瑶族自治县、都安瑶族自治县、金秀瑶族自治县、合山市15个县市在2010—2017年的GDP排名一直处于广西县市中的最后20名。富川瑶族自治县2010年排在55名，2011—2017年在45～52名徘徊。龙胜各族自治县和凭祥市分别从2012年和2015年开始脱离最后20名。马山县只有2011年和2014年不在最后20名，但其他年份排名均比较靠后。上林县2013年排53名，其他时间都排在最后20名。

2. 人均GDP规模和排名分析

表3-9给出了2010—2017年广西县市的人均GDP和排名，可以直观地看出，各个县市每年的人均GDP的变动情况及其排名的升降情况。

2010—2017年，东兴市人均GDP排名每年都稳居第1，武鸣县则在2011—2016年排名第2。东兴市、武鸣县、凭祥市、永福县、龙州县、荔浦县、兴安县、鹿寨县、田东县和柳江区10个县市在2010—2017年人均GDP都排在前20名，发展较为稳定。靖西市、宁明县在2017年排名进入前20。

2010—2017年，都安瑶族自治县人均GDP排名每年都是最后1名。东兰县则在2010—2014年排名倒数第2，2015—2017年排名倒数第3。苍梧县在2015—2017年排名倒数第2。马山县、上林县、那坡县、凌云县、乐业县、西林县、凤山县、东兰县、巴马瑶族自治县、都安瑶族自治县和大化瑶族自治县11个县在2010—2017年人均GDP排名都在后20。

3. 地均GDP规模和排名分析

表3-10给出了2010—2017年广西74个县市的地均GDP和排名，可以直观地看出，各个县市每年的地均GDP的变动情况及其排名的升降情况。其中，东兴市、陆川县、北流市、合山市、岑溪市、兴业县、合浦县、宾阳县、柳江区、武鸣县、平南县、荔浦县、桂平市、横县、凭祥市、容县16个县市在2010—2017年地均GDP一直排在广西县市中的前20名，而钟山县和鹿寨县只有2010年排名进入前20名，博白县在2010—2012年和2015年排名进入前20名。东兴市和陆川县两个县交替排名第1和第2。

田林县、西林县、乐业县、那坡县、东兰县、环江毛南族自治县、都安瑶族自治县、金秀瑶族自治县、凌云县、凤山县、融水苗族自治县、罗城仫佬族自治县、三江侗族自治县、昭平县、隆林各族自治县、大化瑶族自治县、巴马瑶族自治县 17 个县的地均 GDP 在 2010—2017 年都处于广西县市的最后 20 名，资源县只有 2010 年排在最后 20 名。

（二）速度综合评价分析

表 3-11 给出了 2010—2017 年广西 74 个县市的 GDP 的增长率和排名，可以直观地看出，各个县市每年的 GDP 增长率的变动情况及其排名的升降情况。其中，在 2010—2017 年没有一个县市的 GDP 能一直保持在前 20 名的增长速度，主要是因为每个县市的 GDP 基期不一样，有些地区可能基期 GDP 较高，虽然在增量上比较大，但是在增速上比较小。同样可以知道，GDP 增速下滑的县市在 2010—2017 年的变动也很大。

表 3-12 给出了 2010—2017 年广西 74 个县市的固定资产投资增长率和排名，可以直观地看出，各个县市每年的综合评价值及其排名的升降情况。由于地方政策的变动，广西县市的固定资产投资增长没有保持高速增长。在 2010—2017 年，广西县市的固定资产投资增长速度最高的 20 个县市中，没有一个县市一直保持在前 20 名。同样地，在 2010—2017 年也没有一个县市的固定资产投资增长排名一直保持在最慢的 20 个县市，说明广西县市固定资产投资增长速度变化较大。

（三）发展效益综合评价分析

表 3-13 给出了 2010—2017 年广西 74 个县市的单位投资收益率和排名，可以直观地看出，各个县市每年的单位投资收益率的变动情况及其排名的升降情况。

龙胜各族自治县、资源县、蒙山县、西林县、天峨县、环江毛南族自治县、金秀瑶族自治县、合山市、凭祥市 9 个县市在 2010—2017 年排在前 20 名。永福县在 2010—2014 年排在前 20 名。灌阳县在 2010—2015 年排在前 20 名。说明以上这些县市的发展效益比较高。

2010—2017 年武鸣县、宾阳县、横县、柳江区、藤县、岑溪市、合浦县、灵山县、平南县、桂平市、容县、陆川县、博白县、北流市 14 个县市的单位投资收益率都是比较低的，一直处于广西县市单位投资收益率最低的 20 名中。田东县和田林县的单位投资收益率只有 2010 年处于广西县市单位投资收益率最低的 20 名中。鹿寨县在 2010—2011 年和 2013 年处于广西县市单位投资收益率最低的 20 名中。苍梧县在 2010—2013 年处于广西县市单位投资收益率最低的 20 名中。平果县在 2010—2016 年都处于广西县市单位投资收益率最低的 20 名中。靖西市在 2010—2015 年都处于广西县市单位投资收益率排在最低的 20 名中。

表 3-9　2010—2017 年广西 74 个县市的人均 GDP 和排名

地区	2010 年		2011 年		2012 年		2013 年		2014 年		2015 年		2016 年		2017 年	
	GDP（万元）	排名	GDP（万元）	排名	GDP（万元）	排名	GDP（万元）	排名	GDP（万元）	排名	GDP（万元）	排名	GDP（万元）	排名	GDP（万元）	排名
武鸣县	25571	4	34663	2	40530	2	43694	2	47921	2	52376	2	57071	2	62117	3
隆安县	12354	48	16199	45	16368	48	17700	48	18264	47	19978	47	20907	49	23311	51
马山县	7568	71	10028	67	10214	68	10790	68	11327	71	11624	71	12447	71	13487	71
上林县	8517	67	11319	63	11603	62	12439	60	12845	63	13999	65	14679	66	15727	66
宾阳县	13260	44	17502	39	17698	44	18870	44	20520	44	22284	43	24558	44	26722	42
横县	14590	37	20348	31	25532	23	27466	21	26890	29	28628	29	30067	29	33654	28
柳江区	22219	7	25681	14	27632	15	29254	15	32238	14	33714	16	36283	17	41550	16
柳城县	18542	22	22438	23	25746	22	26761	24	28487	23	31401	21	32875	26	36934	26
鹿寨县	25201	5	27846	6	30992	7	32372	7	33700	10	36116	11	39576	11	46290	8
融安县	13281	42	15856	47	17586	45	17839	47	18074	48	19834	48	21880	47	24917	46
融水苗族自治县	10051	59	12191	59	14347	54	15148	54	16129	53	18419	51	20080	53	23568	49
三江侗族自治县	9427	64	10582	65	11483	63	11520	65	12282	65	13984	66	15315	64	16719	63
阳朔县	20333	14	26042	11	27644	14	30347	12	34807	9	38211	9	40952	9	44619	10
灵川县	20969	10	25439	18	29848	8	33624	6	36578	6	38249	8	40721	10	35772	27
全州县	14989	34	19232	33	20391	36	21436	35	23387	35	24771	35	26614	37	25789	45
兴安县	24207	6	32594	3	37254	3	40496	3	42184	4	43104	5	44093	8	39694	19
永福县	25715	3	32555	4	35059	4	39738	4	43188	3	46094	4	49855	4	54281	4
灌阳县	16774	27	20485	30	22588	31	25293	27	27848	25	28765	28	31179	27	32162	32
龙胜各族自治县	19928	17	21915	25	25976	20	29971	14	33352	11	35818	12	38197	12	41537	17
资源县	16003	29	20954	28	23604	28	27753	20	29545	22	32599	20	35633	19	39026	21
平乐县	15770	30	18491	34	20990	34	23296	32	24858	34	26747	32	29253	31	29756	36

续表

地区	2010年		2011年		2012年		2013年		2014年		2015年		2016年		2017年	
	GDP（万元）	排名	GDP（万元）	排名	GDP（万元）	排名	GDP（万元）	排名	GDP（万元）	排名	GDP（万元）	排名	GDP（万元）	排名	GDP（万元）	排名
荔浦县	20831	13	24474	21	27992	13	32103	8	35746	7	40695	7	44903	6	46326	7
恭城瑶族自治县	18055	25	24532	20	26259	19	26365	25	30068	20	30906	24	28499	34	31682	33
苍梧县	18227	24	23766	22	26397	18	19121	41	11845	68	10418	73	11070	73	12618	73
藤县	14127	39	16624	44	18998	37	20571	37	22643	37	23890	38	26819	35	30926	35
蒙山县	20002	16	25930	12	26650	17	28297	19	28425	24	29677	26	36330	16	43927	11
岑溪市	18741	21	22057	24	24148	25	25789	26	27417	27	29927	25	33557	24	38647	22
合浦县	15388	32	17195	43	18580	39	18710	45	20641	43	22037	44	24124	45	26715	43
上思县	20173	15	26937	9	28666	11	31666	10	31980	15	33302	17	36869	15	37944	25
东兴市	32061	1	35650	1	42125	1	48579	1	53309	1	55441	1	59513	1	65738	1
灵山县	9766	62	11498	62	12135	59	13005	59	13779	59	18039	53	21523	48	23488	50
浦北县	10945	54	13204	55	15599	49	17483	49	19295	46	21429	46	24781	42	28959	37
平南县	11204	51	13059	56	13964	56	14875	55	16045	54	18114	52	20213	52	22608	53
桂平市	10787	55	13376	54	14345	55	16237	51	17207	50	19019	50	20618	51	22663	52
容县	13124	47	17201	42	18424	40	20505	38	22679	36	26243	33	28898	32	32398	29
陆川县	14779	35	19949	32	21714	33	23625	31	25975	30	27865	30	29543	30	31193	34
博白县	10358	58	13388	53	14652	53	13948	56	14814	55	17457	55	17597	57	18074	60
兴业县	13411	41	15862	46	17304	46	19008	42	20797	42	23564	40	25815	39	27762	39
北流市	13261	43	17373	40	18199	41	20076	39	21619	38	24201	37	25181	40	27064	40
田阳县	16396	28	18220	35	21826	32	23971	30	32429	13	37093	10	44815	7	53621	6
田东县	20897	11	27233	8	31021	6	31236	11	32643	12	35501	13	37626	14	42699	13
平果县	18932	19	21632	27	25474	24	27215	22	29571	21	31164	23	35073	21	43840	12

续表

地区	2010年		2011年		2012年		2013年		2014年		2015年		2016年		2017年	
	GDP（万元）	排名	GDP（万元）	排名	GDP（万元）	排名	GDP（万元）	排名	GDP（万元）	排名	GDP（万元）	排名	GDP（万元）	排名	GDP（万元）	排名
德保县	15022	33	17804	36	17037	47	18920	43	20893	41	23697	39	26632	36	32394	30
那坡县	6816	72	8499	72	10037	69	10453	71	12613	64	14413	64	15555	63	16696	64
凌云县	8009	70	9187	69	10615	66	11371	66	12960	61	14616	62	16121	61	17642	61
乐业县	8017	69	9114	71	10033	70	10478	69	11457	70	13642	67	14509	67	16203	65
田林县	9823	60	11078	64	11961	60	12339	61	14123	56	17535	54	20643	50	24275	48
西林县	8907	65	9731	68	10546	67	11774	64	13120	60	14752	61	16269	59	17361	62
隆林各族自治县	11777	50	12032	60	12435	57	12160	62	12921	62	12969	69	13039	69	15110	67
靖西市	14098	40	17719	37	20456	35	21835	33	25402	33	24745	36	30610	28	41363	18
昭平县	10503	57	13668	51	14873	52	15554	53	16210	51	17060	57	18241	55	19159	56
钟山县	14612	36	17206	41	17900	43	19212	40	21314	39	22341	42	24580	43	27061	41
富川瑶族自治县	11992	49	15552	49	17976	42	21442	34	21215	40	23516	41	25115	41	26059	44
南丹县	21415	9	27507	7	23519	29	27151	23	25469	32	29227	27	33591	22	38312	24
天峨县	27213	2	24904	19	23864	26	20608	36	27228	28	35144	14	35623	20	42334	14
凤山县	8378	68	10310	66	9196	72	10453	70	9998	72	11832	70	12687	70	13532	70
东兰县	6785	73	8447	73	8273	73	8956	73	9477	73	10836	72	11788	72	12765	72
罗城仫佬族自治县	9799	61	12441	58	11333	64	12052	63	12137	67	13236	68	14138	68	14960	69
环江毛南族自治县	9473	63	13396	52	11740	61	13016	58	14052	58	15497	59	16185	60	18316	59
巴马瑶族自治县	10541	56	12615	57	11285	65	11319	67	11624	69	14754	60	16108	62	18437	58
都安瑶族自治县	4974	74	5951	74	6018	74	6369	74	6718	74	7593	74	8310	74	9067	74
大化瑶族自治县	8862	66	9173	70	9773	71	9472	72	12164	66	14595	63	14803	65	15016	68

续表

地区	2010 年		2011 年		2012 年		2013 年		2014 年		2015 年		2016 年		2017 年	
	GDP（万元）	排名	GDP（万元）	排名	GDP（万元）	排名	GDP（万元）	排名	GDP（万元）	排名	GDP（万元）	排名	GDP（万元）	排名	GDP（万元）	排名
宜州区	13171	45	15808	48	15529	50	16564	50	17373	49	19229	49	19964	54	21797	54
忻城县	11167	52	14564	50	15234	51	15631	52	16206	52	17445	56	18067	56	19524	55
象州县	19137	18	26590	10	29042	9	28456	17	31285	17	32602	19	33585	23	38451	23
武宣县	14143	38	20565	29	23617	27	24278	29	25773	31	27044	31	28741	33	32224	31
金秀瑶族自治县	13153	46	17677	38	18589	38	18466	46	20255	45	21619	45	22358	46	24716	47
合山市	18406	23	25516	17	28877	10	29137	16	30393	19	25668	34	25974	38	27976	38
扶绥县	20896	12	25681	14	25949	21	28426	18	31347	16	33757	15	37860	13	45906	9
宁明县	15475	31	21642	26	23210	30	25118	28	27620	26	31270	22	33464	25	39180	20
龙州县	18843	20	25699	13	28463	12	31700	9	34953	8	41332	6	46149	5	53702	5
大新县	17818	26	25549	16	27446	16	30172	13	31087	18	32775	18	35916	18	42027	15
天等县	10997	53	11953	61	12280	58	13149	57	14094	57	15750	58	16952	58	18581	57
凭祥市	21886	8	27855	5	31855	5	35376	5	39479	5	49330	3	55974	3	64147	2

表 3-10　2010—2017 年广西 74 个县市的地均 GDP 和排名

地区	2010 年		2011 年		2012 年		2013 年		2014 年		2015 年		2016 年		2017 年	
	GDP（万元）	排名	GDP（万元）	排名	GDP（万元）	排名	GDP（万元）	排名	GDP（万元）	排名	GDP（万元）	排名	GDP（万元）	排名	GDP（万元）)	排名
武鸣县	438.64	10	558.95	9	657.81	7	713.10	7	784.49	7	862.38	7	948.43	7	1042.19	7
隆安县	169.02	47	211.62	45	215.28	46	234.15	45	242.71	46	267.36	46	282.23	46	317.36	46
马山县	133.94	53	168.18	53	172.53	54	183.27	55	193.47	53	199.86	55	215.62	55	235.72	55
上林县	170.23	45	208.74	46	215.44	45	231.90	48	240.63	47	265.13	47	280.67	47	303.31	48
宾阳县	491.28	8	598.43	7	609.77	10	653.47	10	714.42	10	782.46	11	868.41	9	950.36	10

续表

地区	2010年		2011年		2012年		2013年		2014年		2015年		2016年		2017年	
	GDP（万元）	排名	GDP（万元）	排名	GDP（万元）	排名	GDP（万元）	排名	GDP（万元）	排名	GDP（万元）	排名	GDP（万元）	排名	GDP（万元)）	排名
横县	391.22	14	511.07	11	645.62	8	698.83	8	688.64	12	739.82	13	783.75	16	883.36	15
柳江区	482.73	9	572.01	8	620.60	9	661.29	9	741.15	8	790.37	10	859.80	10	993.46	8
柳城县	311.45	27	376.73	28	434.97	25	454.96	26	486.93	26	540.24	25	569.64	28	645.03	28
鹿寨县	361.92	19	395.38	23	349.66	33	368.50	34	385.59	35	418.59	34	464.67	35	546.23	35
融安县	130.53	55	156.71	55	175.04	53	178.73	56	181.89	55	200.97	54	223.48	54	256.69	53
融水苗族自治县	90.210	64	106.03	64	125.57	62	133.22	60	142.46	59	163.56	61	179.55	60	212.53	59
三江侗族自治县	118.07	62	130.63	60	142.77	58	144.06	58	154.38	58	176.75	58	194.90	58	214.43	58
阳朔县	249.80	35	316.82	34	339.24	34	375.59	33	434.66	31	481.43	30	520.15	31	570.69	33
灵川县	316.05	26	388.90	25	459.20	21	520.93	19	570.99	19	602.14	21	647.52	20	575.20	32
全州县	250.49	34	307.47	35	328.61	35	347.72	36	381.95	36	406.86	35	439.94	37	429.80	40
兴安县	350.61	21	461.82	19	531.42	16	581.49	17	609.35	17	626.32	19	645.05	21	584.95	31
永福县	221.36	37	273.19	38	296.53	40	337.81	37	368.99	37	396.70	38	433.00	39	476.49	37
灌阳县	218.65	38	261.34	40	289.58	42	325.92	40	360.50	39	373.71	40	407.62	40	424.42	41
龙胜各族自治县	129.31	56	138.90	59	165.60	56	191.98	54	214.53	50	230.89	51	247.55	52	271.83	52
资源县	126.32	57	158.97	54	180.22	52	213.33	50	228.48	49	253.60	48	279.59	48	309.73	47
平乐县	324.33	24	363.49	30	416.09	27	464.69	25	498.53	24	538.96	26	592.02	26	606.13	29
荔浦县	421.75	12	490.99	14	563.42	12	648.44	11	724.27	9	826.05	8	914.27	8	948.51	11
恭城瑶族自治县	223.71	36	288.70	36	310.65	36	313.14	42	358.17	40	369.17	41	342.14	42	382.88	43
苍梧县	354.25	20	471.16	18	525.37	17	642.28	12	137.66	61	121.78	65	130.25	65	149.34	65
藤县	299.88	30	353.65	31	407.64	28	444.80	27	492.71	25	523.51	27	591.87	27	685.81	23
蒙山县	300.15	29	391.73	24	405.47	29	433.39	28	437.90	29	459.86	33	567.48	29	691.28	22

续表

地区	2010 年		2011 年		2012 年		2013 年		2014 年		2015 年		2016 年		2017 年	
	GDP（万元）	排名	GDP（万元）	排名	GDP（万元）	排名	GDP（万元）	排名	GDP（万元）	排名	GDP（万元）	排名	GDP（万元）	排名	GDP（万元）)	排名
岑溪市	520.79	5	617.80	5	682.45	5	734.61	6	786.38	6	865.03	6	976.13	6	1128.36	5
合浦县	503.44	7	544.96	10	595.76	11	607.78	15	676.89	13	728.29	14	804.61	13	900.17	13
上思县	150.47	51	195.80	50	209.54	48	232.77	46	236.78	48	247.87	49	275.99	49	287.41	49
东兴市	766.98	1	884.31	2	1060.28	2	1237.15	1	1374.81	1	1450.51	1	1578.77	1	1765.11	1
灵山县	319.80	25	374.24	29	398.29	31	430.23	30	458.56	28	603.44	20	726.23	18	800.82	19
浦北县	324.75	23	382.40	27	455.22	23	513.88	20	571.26	18	639.44	17	746.86	17	882.93	16
平南县	425.48	11	495.61	12	533.79	14	572.36	18	621.92	16	708.04	16	796.64	14	898.70	14
桂平市	398.41	13	493.87	13	533.64	15	608.65	14	650.58	15	725.57	15	792.80	15	877.99	17
容县	383.07	16	485.15	16	523.92	18	587.29	16	654.77	14	764.31	12	848.11	11	958.29	9
陆川县	742.77	2	981.78	1	1075.87	1	1178.72	2	1304.08	2	1408.85	2	1506.04	2	1604.00	2
博白县	368.85	18	471.35	17	519.95	19	498.30	22	532.35	22	631.66	18	641.90	22	664.36	25
兴业县	517.67	6	608.45	6	669.47	6	740.25	5	814.25	5	928.90	4	1024.76	4	1109.17	6
北流市	625.33	3	806.25	3	852.38	4	947.63	3	1028.29	3	1160.10	3	1217.76	3	1321.56	3
田阳县	215.59	39	241.34	43	291.02	41	321.68	41	437.31	30	502.46	28	611.22	24	737.65	20
田东县	280.93	33	347.22	32	398.49	30	403.93	31	425.60	33	466.91	32	498.40	33	569.24	34
平果县	334.60	22	384.00	26	455.83	22	491.30	23	539.01	21	572.93	23	649.57	19	818.37	18
德保县	169.27	46	206.60	47	198.92	49	222.34	49	246.82	45	281.15	45	317.20	43	387.15	42
那坡县	50.63	71	58.93	71	70.01	71	73.23	71	88.74	68	102.05	68	111.08	68	120.51	68
凌云县	74.84	66	83.67	67	97.36	65	104.98	64	120.17	65	136.30	63	151.61	63	167.46	63
乐业县	46.56	72	51.63	72	57.27	72	60.21	72	66.21	72	79.32	72	85.03	73	95.63	73
田林县	41.55	74	45.23	73	49.09	74	50.92	74	58.48	74	72.91	73	86.40	72	102.33	72

续表

地区	2010年		2011年		2012年		2013年		2014年		2015年		2016年		2017年	
	GDP（万元）	排名	GDP（万元）	排名	GDP（万元）	排名	GDP（万元）	排名	GDP（万元）	排名	GDP（万元）	排名	GDP（万元）	排名	GDP（万元）)	排名
西林县	41.76	73	45.19	74	49.35	73	55.49	73	62.23	73	70.48	74	78.39	74	84.40	74
隆林各族自治县	119.95	60	117.27	63	122.12	63	120.22	63	128.64	64	130.05	64	131.72	64	153.55	64
靖西市	215.48	40	266.51	39	309.82	37	333.17	38	390.62	34	383.19	39	476.82	34	647.87	26
昭平县	118.91	61	145.06	56	159.04	57	167.24	57	175.14	56	185.57	57	199.90	57	211.26	60
钟山县	370.13	17	412.23	21	432.11	26	465.88	24	519.67	23	547.45	24	604.99	25	671.92	24
富川瑶族自治县	212.51	41	260.46	41	303.20	38	363.74	35	361.97	38	404.28	36	435.92	38	456.45	39
南丹县	165.44	48	197.01	49	169.79	55	197.29	52	186.11	54	214.77	53	248.60	51	285.69	51
天峨县	131.80	54	121.63	61	117.22	64	101.81	65	135.24	62	175.56	59	179.35	61	215.26	57
凤山县	82.66	65	96.62	65	86.77	67	99.18	66	95.30	67	113.50	66	122.80	66	132.19	66
东兰县	65.77	70	74.08	70	73.02	69	79.53	69	84.67	71	97.51	70	106.80	70	116.54	70
罗城仫佬族自治县	117.06	63	140.38	58	128.67	61	137.63	59	139.47	60	153.22	62	164.74	62	175.25	62
环江毛南族自治县	66.30	69	80.36	68	70.77	70	78.76	70	85.37	70	94.69	71	99.50	71	113.18	71
巴马瑶族自治县	123.99	58	143.72	57	129.19	60	130.06	61	134.07	63	171.21	60	188.26	59	217.40	56
都安瑶族自治县	66.55	68	75.53	69	76.96	68	81.83	68	86.75	69	98.74	69	108.71	69	119.22	69
大化瑶族自治县	120.17	59	120.66	62	129.30	59	125.90	62	162.45	57	196.32	56	200.38	56	204.65	61
宜州区	199.74	43	229.87	44	227.61	44	244.43	44	257.71	43	286.95	44	299.89	45	329.32	45
忻城县	150.54	50	180.84	52	190.18	50	196.10	53	204.40	52	221.69	52	231.89	53	253.34	54
象州县	296.43	31	396.91	22	436.54	24	430.48	29	475.96	27	499.23	29	518.13	32	597.12	30
武宣县	300.72	28	427.99	20	494.92	20	512.28	21	547.45	20	578.58	22	619.60	23	699.61	21
金秀瑶族自治县	71.34	67	89.15	66	94.41	66	94.16	67	103.65	66	111.38	67	116.45	67	130.54	67

续表

地区	2010 年		2011 年		2012 年		2013 年		2014 年		2015 年		2016 年		2017 年	
	GDP（万元）	排名	GDP（万元）	排名	GDP（万元）	排名	GDP（万元）	排名	GDP（万元）	排名	GDP（万元）	排名	GDP（万元）	排名	GDP（万元）)	排名
合山市	617.54	4	800.68	4	911.29	3	922.68	4	963.27	4	817.02	9	831.73	12	901.97	12
扶绥县	283.84	32	343.92	33	350.64	32	387.57	32	430.15	32	467.51	31	529.32	30	646.58	27
宁明县	148.72	52	197.67	48	213.36	47	232.26	47	256.70	44	292.48	43	315.62	44	372.71	44
龙州县	198.40	44	247.85	42	274.78	43	305.34	43	337.65	42	400.71	37	449.61	36	526.21	36
大新县	205.69	42	276.76	37	299.08	39	330.05	39	341.70	41	361.86	42	398.05	41	468.45	38
天等县	164.45	49	183.38	51	188.28	51	200.05	51	214.14	51	239.93	50	259.21	50	285.88	50
凭祥市	389.64	15	486.84	15	561.29	13	626.35	13	701.43	11	882.59	5	1013.18	5	1178.02	4

表 3-11　2010—2017 年广西 74 个县市的 GDP 增长率和排名

地区	2010 年		2011 年		2012 年		2013 年		2014 年		2015 年		2016 年		2017 年	
	增长率（%）	排名	增长率（%）	排名	增长率（%）	排名	增长率（%）	排名	增长率（%）	排名	增长率（%）	排名	增长率（%）	排名	增长率（%）	排名
武鸣县	15.17	62	27.43	15	17.69	10	8.40	34	10.01	29	9.93	40	9.98	31	9.89	46
隆安县	15.63	60	25.20	20	1.73	64	8.76	33	3.66	63	10.16	38	5.56	60	12.45	33
马山县	12.21	69	25.56	19	2.59	60	6.22	51	5.57	54	3.30	68	7.89	47	9.32	52
上林县	17.19	54	22.62	30	3.21	58	7.64	40	3.77	62	10.18	37	5.86	59	8.07	59
宾阳县	27.03	18	21.81	34	1.90	62	7.17	45	9.33	35	9.52	43	10.98	21	9.44	51
横县	18.69	52	30.64	8	26.33	1	8.24	35	-1.46	71	7.43	53	5.94	58	12.71	31
柳江区	20.55	43	18.50	44	8.50	40	6.56	48	12.08	11	6.64	54	8.79	41	15.54	19
柳城县	24.65	31	20.96	37	15.46	15	4.60	58	7.03	45	10.95	33	5.44	61	13.24	27
鹿寨县	15.66	59	9.24	67	-11.56	72	5.39	54	4.64	59	8.56	45	11.01	20	17.55	13
融安县	14.15	65	20.06	39	11.70	24	2.11	62	1.77	66	10.49	36	11.20	19	14.86	23

续表

地区	2010 年		2011 年		2012 年		2013 年		2014 年		2015 年		2016 年		2017 年	
	增长率（%）	排名	增长率（%）	排名	增长率（%）	排名	增长率（%）	排名	增长率（%）	排名	增长率（%）	排名	增长率（%）	排名	增长率（%）	排名
融水苗族自治县	21.64	40	17.53	48	18.44	8	6.09	52	6.93	47	14.81	16	9.78	34	18.37	9
三江侗族自治县	28.64	14	10.64	66	9.29	36	0.91	66	7.16	41	14.49	17	10.27	27	10.02	45
阳朔县	29.82	12	26.83	16	7.08	48	10.71	23	15.73	6	10.76	35	8.04	44	9.72	49
灵川县	14.65	63	23.05	28	18.08	9	13.44	11	9.61	34	5.46	62	7.54	50	−11.17	74
全州县	12.42	68	22.75	29	6.87	50	5.81	53	9.85	32	6.52	55	8.13	43	−2.30	72
兴安县	17.57	53	31.72	7	15.07	18	9.42	29	4.79	57	2.79	70	2.99	68	−9.32	73
永福县	24.40	34	23.42	27	8.54	38	13.92	10	9.23	36	7.51	51	9.15	37	10.04	44
灌阳县	25.21	25	19.52	41	10.81	28	12.55	13	10.61	24	3.66	67	9.08	38	4.12	67
龙胜各族自治县	12.91	66	7.41	71	19.22	4	15.93	6	11.74	13	7.63	49	7.22	52	9.81	47
资源县	25.46	22	25.85	18	13.37	23	18.37	3	7.10	42	11.00	32	10.25	28	10.78	39
平乐县	17.02	56	12.08	60	14.47	21	11.68	17	7.28	40	8.11	47	9.84	33	2.38	70
荔浦县	18.88	51	16.42	52	14.75	20	15.09	7	11.69	14	14.05	19	10.68	23	3.75	68
恭城瑶族自治县	27.09	17	29.05	12	7.60	46	0.80	67	14.38	9	3.07	69	−7.32	74	11.91	35
苍梧县	36.54	5	33.00	4	11.50	25	22.25	1	−78.57	74	−11.54	73	6.96	55	14.65	24
藤县	33.13	10	17.93	45	15.27	17	9.12	30	10.77	22	6.25	57	13.06	11	15.87	17
蒙山县	36.86	4	30.51	9	3.51	57	6.89	47	1.04	69	5.02	64	23.40	2	21.82	5
岑溪市	34.74	8	18.63	43	10.46	29	7.64	40	7.05	43	10.00	39	12.84	12	15.60	18
合浦县	24.88	29	8.25	69	9.32	35	2.02	63	11.37	17	7.59	50	10.48	25	11.88	36
上思县	24.90	28	30.13	10	7.02	49	11.09	22	1.72	67	4.68	66	11.35	16	4.14	66
东兴市	37.16	3	15.30	55	19.90	3	16.68	4	11.13	19	5.51	61	8.84	40	11.80	37

续表

地区	2010 年		2011 年		2012 年		2013 年		2014 年		2015 年		2016 年		2017 年	
	增长率(%)	排名	增长率(%)	排名	增长率(%)	排名	增长率(%)	排名	增长率(%)	排名	增长率(%)	排名	增长率(%)	排名	增长率(%)	排名
灵山县	17.16	55	17.03	49	6.42	51	8.02	36	6.58	51	31.60	1	20.35	4	10.27	43
浦北县	16.30	58	17.75	46	19.04	5	12.88	12	11.17	18	11.93	28	16.80	6	18.22	10
平南县	24.66	30	16.48	51	7.71	45	7.22	44	8.66	37	13.85	22	12.51	14	12.81	30
桂平市	26.80	19	23.96	24	8.05	42	14.05	9	6.89	48	11.53	30	9.27	36	10.75	40
容县	28.84	13	26.65	17	7.99	43	12.09	15	11.49	16	16.73	11	10.96	22	12.99	28
陆川县	28.16	15	32.18	6	9.58	34	9.56	28	10.64	23	8.03	48	6.90	56	6.51	62
博白县	22.48	38	27.79	14	10.31	30	-4.16	73	6.83	50	18.66	10	1.62	72	3.50	69
兴业县	24.46	33	17.54	47	10.03	31	10.57	24	10.00	30	14.08	18	10.32	26	8.24	58
北流市	26.45	20	28.93	13	5.72	53	11.18	20	8.51	38	12.82	26	4.97	63	8.52	55
田阳县	22.26	39	11.95	61	20.58	2	10.54	25	35.94	1	14.90	15	21.65	3	20.68	6
田东县	53.13	2	23.60	26	14.76	19	1.36	64	5.37	56	9.71	42	6.75	57	14.21	25
平果县	24.65	31	14.76	57	18.71	7	7.78	39	9.71	33	6.29	56	13.38	9	25.99	2
德保县	35.75	6	22.06	32	-3.72	68	11.77	16	11.01	20	13.91	21	12.82	13	22.05	4
那坡县	7.39	72	16.39	53	18.79	6	4.61	57	21.17	4	15.01	14	8.85	39	8.49	56
凌云县	25.39	24	11.79	62	16.37	12	7.83	37	14.46	8	13.43	24	11.23	17	10.46	41
乐业县	11.60	70	10.90	65	10.93	26	5.13	56	9.96	31	19.81	7	7.19	53	12.47	32
田林县	20.16	48	8.84	68	8.54	38	3.73	59	14.86	7	24.67	5	18.50	5	18.43	8
西林县	12.54	67	8.20	70	9.21	37	12.44	14	12.14	10	13.27	25	11.21	18	7.68	60
隆林各族自治县	3.92	73	-2.23	73	4.14	56	-1.56	71	7.00	46	1.10	71	1.28	73	16.57	15
靖西市	25.13	26	23.68	25	16.25	13	7.54	42	17.24	5	-1.90	72	24.44	1	35.87	1
昭平县	19.92	50	21.99	33	9.63	33	5.16	55	4.73	58	5.96	58	7.72	49	5.68	64

续表

地区	2010 年		2011 年		2012 年		2013 年		2014 年		2015 年		2016 年		2017 年	
	增长率(%)	排名	增长率(%)	排名	增长率(%)	排名	增长率(%)	排名	增长率(%)	排名	增长率(%)	排名	增长率(%)	排名	增长率(%)	排名
钟山县	21.31	42	11.38	64	4.82	55	7.82	38	11.54	15	5.35	63	10.51	24	11.06	38
富川瑶族自治县	21.61	41	22.56	31	16.41	11	19.97	2	−0.49	70	11.69	29	7.83	48	4.71	65
南丹县	53.14	1	19.08	42	−13.82	74	16.20	5	−5.67	73	15.40	12	15.75	7	14.92	22
天峨县	7.64	71	−7.71	74	−3.62	67	−13.15	74	32.84	2	29.81	2	2.16	69	20.02	7
凤山县	19.94	49	16.89	50	−10.19	71	14.30	8	−3.92	72	19.10	8	8.20	42	7.65	61
东兰县	16.53	57	12.63	59	−1.42	66	8.91	31	6.47	52	15.16	13	9.53	35	9.12	54
罗城仫佬族自治县	20.17	47	19.93	40	−8.34	69	6.96	46	1.34	68	9.86	41	7.51	51	6.38	63
环江毛南族自治县	25.42	23	21.19	35	−11.93	73	11.29	19	8.39	39	10.92	34	5.08	62	13.76	26
巴马瑶族自治县	25.71	21	15.92	54	−10.11	70	0.68	68	3.08	65	27.71	3	9.96	32	15.48	20
都安瑶族自治县	15.35	61	13.49	58	1.89	63	6.33	49	6.02	53	13.81	23	10.10	29	9.67	50
大化瑶族自治县	3.81	74	0.41	72	7.16	47	−2.64	72	29.03	3	20.85	6	2.07	70	2.13	71
宜州区	22.91	37	15.08	56	−0.99	65	7.39	43	5.44	55	11.34	31	4.51	66	9.81	47
忻城县	20.19	46	20.13	38	5.16	54	3.11	61	4.23	61	8.46	46	4.60	64	9.25	53
象州县	25.04	27	33.9	3	9.99	32	−1.39	70	10.57	26	4.89	65	3.79	67	15.24	21
武宣县	35.07	7	42.32	1	15.64	14	3.51	60	6.86	49	5.69	60	7.09	54	12.91	29
金秀瑶族自治县	20.45	44	24.96	21	5.90	52	−0.27	69	10.08	28	7.45	52	4.55	65	12.10	34
合山市	27.42	16	29.66	11	13.81	22	1.25	65	4.40	60	−15.18	74	1.80	71	8.45	57
扶绥县	34.11	9	21.17	36	1.95	61	10.53	26	10.99	21	8.68	44	13.22	10	22.15	3
宁明县	32.30	11	32.92	5	7.94	44	8.86	32	10.52	27	13.94	20	7.91	46	18.09	11
龙州县	24.05	35	24.92	23	10.86	27	11.12	21	10.58	25	18.67	9	12.20	15	17.04	14

续表

地区	2010 年		2011 年		2012 年		2013 年		2014 年		2015 年		2016 年		2017 年	
	增长率(%)	排名	增长率(%)	排名	增长率(%)	排名	增长率(%)	排名	增长率(%)	排名	增长率(%)	排名	增长率(%)	排名	增长率(%)	排名
大新县	20.40	45	34.55	2	8.07	41	10.35	27	3.53	64	5.90	59	10.00	30	17.69	12
天等县	23.43	36	11.51	63	2.67	59	6.25	50	7.04	44	12.04	27	8.04	44	10.29	42
凭祥市	14.53	64	24.94	22	15.29	16	11.59	18	11.99	12	25.83	4	14.80	8	16.27	16

表 3-12　2010—2017 年广西 74 个县市的固定资产投资增长率和排名

地区	2010 年		2011 年		2012 年		2013 年		2014 年		2015 年		2016 年		2017 年	
	增长率(%)	排名	增长率(%)	排名	增长率(%)	排名	增长率(%)	排名	增长率(%)	排名	增长率(%)	排名	增长率(%)	排名	增长率(%)	排名
武鸣县	40.96	46	42.01	14	52.82	20	-4.79	46	20.01	34	14.61	45	14.19	29	8.57	69
隆安县	49.38	28	41.44	15	44.12	36	-35.10	72	9.44	65	27.92	9	-24.58	70	11.67	57
马山县	67.47	13	54.06	4	29.06	52	8.66	15	10.83	64	-28.40	74	10.80	37	10.73	61
上林县	47.30	36	41.16	18	37.17	45	-2.01	35	25.45	18	7.32	67	-26.14	72	11.01	60
宾阳县	85.44	4	33.63	35	45.40	32	-7.95	56	32.35	9	10.70	62	13.65	30	13.05	52
横县	47.91	32	45.10	11	46.53	30	-11.43	62	14.30	53	10.09	63	12.63	35	10.07	65
柳江区	40.69	47	18.68	60	51.84	21	-2.83	36	17.75	42	18.23	33	14.72	27	20.54	13
柳城县	76.10	7	37.95	20	38.49	44	-7.52	55	22.35	25	26.21	12	10.53	38	13.73	50
鹿寨县	34.28	54	59.66	1	-49.13	73	172.03	1	-58.45	73	16.35	41	16.03	24	14.37	48
融安县	57.28	19	33.28	36	44.02	37	-3.58	38	19.11	38	18.19	34	15.56	25	19.40	17
融水苗族自治县	70.22	12	26.26	44	56.73	17	20.95	11	22.52	23	18.07	35	18.05	21	16.07	33
三江侗族自治县	90.38	3	-19.06	73	71.58	5	16.86	12	31.39	11	-18.67	72	-20.05	67	56.82	2
阳朔县	65.82	14	41.28	17	-2.77	64	-12.53	63	26.38	17	12.72	56	19.65	13	94.46	1

续表

地区	2010年		2011年		2012年		2013年		2014年		2015年		2016年		2017年	
	增长率(%)	排名	增长率(%)	排名	增长率(%)	排名	增长率(%)	排名	增长率(%)	排名	增长率(%)	排名	增长率(%)	排名	增长率(%)	排名
灵川县	28.29	58	20.96	57	50.35	23	-4.03	43	28.56	15	7.39	66	18.16	20	-26.35	74
全州县	37.77	51	34.67	32	49.90	26	-5.04	47	19.70	35	20.88	23	19.63	14	21.30	11
兴安县	41.59	45	36.17	25	50.14	24	-6.10	51	16.72	44	17.62	36	6.78	49	12.27	54
永福县	47.67	35	25.15	48	38.65	43	-4.01	42	19.51	37	21.66	21	19.17	18	17.34	25
灌阳县	18.72	64	20.23	58	87.13	2	0.62	25	8.40	66	13.63	52	18.45	19	15.89	39
龙胜各族自治县	32.39	56	-11.45	71	59.01	13	-4.66	44	37.49	3	22.73	20	-1.28	58	15.41	41
资源县	64.50	15	21.81	56	64.00	10	-6.68	53	29.47	13	15.29	43	18.00	22	17.56	22
平乐县	48.83	30	35.82	28	60.38	12	2.83	21	26.86	16	21.33	22	9.81	42	15.97	36
荔浦县	48.94	29	26.07	45	57.83	15	6.07	17	25.33	19	23.48	16	19.90	12	23.45	9
恭城瑶族自治县	37.08	52	28.38	42	44.57	34	-3.64	40	24.37	20	20.78	24	-9.90	61	18.61	19
苍梧县	47.81	34	41.29	16	21.60	58	-3.62	39	-86.60	74	38.04	2	12.03	36	13.83	49
藤县	111.78	1	5.31	68	62.63	11	2.68	22	22.63	22	19.03	27	9.04	46	14.59	47
蒙山县	9.08	69	55.20	3	16.22	60	-1.74	32	12.63	57	18.51	29	9.86	41	14.81	46
岑溪市	42.38	41	2.66	69	44.79	33	-1.99	34	29.40	14	12.49	57	6.31	50	13.65	51
合浦县	61.32	17	10.39	65	65.69	9	-5.61	50	16.68	45	14.23	47	17.43	23	18.79	18
上思县	43.94	38	37.84	22	21.74	57	-19.29	68	-6.60	69	11.94	59	-8.59	59	15.05	43
东兴市	55.88	21	16.83	63	46.22	31	-8.90	59	22.05	27	10.82	61	3.28	54	7.37	71
灵山县	30.53	57	33.27	37	99.44	1	-29.23	71	36.62	5	31.06	7	23.81	5	19.79	16
浦北县	53.17	24	51.37	6	57.69	16	6.75	16	37.49	3	31.19	6	25.63	2	18.05	20
平南县	75.32	8	11.30	64	42.18	39	-6.67	52	18.28	39	23.43	17	20.24	10	16.51	30
桂平市	56.21	20	22.07	54	12.99	61	-3.30	37	33.49	8	31.45	5	6.10	51	16.03	35

续表

地区	2010 年		2011 年		2012 年		2013 年		2014 年		2015 年		2016 年		2017 年	
	增长率(%)	排名	增长率(%)	排名	增长率(%)	排名	增长率(%)	排名	增长率(%)	排名	增长率(%)	排名	增长率(%)	排名	增长率(%)	排名
容县	55.07	22	24.73	49	33.89	50	-5.13	48	16.49	47	18.64	28	13.16	33	15.96	37
陆川县	80.32	6	28.02	43	30.43	51	1.90	23	16.30	48	18.29	32	14.25	28	9.96	67
博白县	81.94	5	38.46	19	39.10	42	-0.82	31	17.90	41	18.48	30	5.77	52	15.96	37
兴业县	47.83	33	24.31	50	67.16	7	4.86	19	16.12	50	18.39	31	13.63	31	15.03	44
北流市	44.72	37	35.42	30	34.55	48	-0.14	28	20.85	32	14.09	48	9.56	43	16.45	31
田阳县	54.65	23	44.80	12	55.99	18	0.08	27	11.51	61	15.15	44	13.21	32	10.09	64
田东县	21.03	61	2.08	70	81.82	4	-14.9	65	13.23	54	9.89	64	1.24	56	15.68	40
平果县	50.68	26	35.66	29	34.84	47	-16.93	67	12.96	55	9.85	65	10.32	39	11.07	59
德保县	19.03	63	31.91	38	8.90	62	9.05	14	12.23	58	12.00	58	10.26	40	10.05	66
那坡县	20.60	62	9.31	66	84.98	3	-8.30	57	-16.60	72	33.40	4	-11.41	63	14.95	45
凌云县	9.48	68	31.54	39	36.92	46	-8.46	58	11.44	63	19.68	25	19.46	15	20.03	15
乐业县	11.37	67	19.65	59	21.00	59	-12.79	64	7.81	67	12.74	55	0.44	57	16.07	33
田林县	2.86	73	-36.86	74	49.04	29	-47.42	74	11.49	62	23.05	18	20.12	11	15.35	42
西林县	7.74	70	49.46	8	41.69	40	4.74	20	11.70	60	16.39	40	15.32	26	10.53	63
隆林各族自治县	-57.68	74	24.08	51	66.95	8	-0.17	29	11.82	59	15.93	42	21.00	7	8.95	68
靖西市	38.83	50	26.01	46	26.70	53	-10.80	61	15.13	51	13.98	51	-29.63	73	42.08	3
昭平县	43.68	39	16.95	62	69.84	6	-19.83	69	12.75	56	13.30	53	-25.92	71	11.95	56
钟山县	38.96	49	29.64	41	34.37	49	-16.09	66	16.50	46	13.17	54	9.52	44	12.19	55
富川瑶族自治县	72.37	10	35.12	31	44.31	35	-26.26	70	14.39	52	11.02	60	12.85	34	10.59	62
南丹县	12.29	66	34.53	33	-58.22	74	67.91	3	16.16	49	3.96	68	9.17	45	17.41	24

续表

地区	2010年		2011年		2012年		2013年		2014年		2015年		2016年		2017年	
	增长率(%)	排名	增长率(%)	排名	增长率(%)	排名	增长率(%)	排名	增长率(%)	排名	增长率(%)	排名	增长率(%)	排名	增长率(%)	排名
天峨县	5.67	71	-16.07	72	-41.01	70	26.73	8	21.33	29	14.00	50	-10.58	62	17.52	23
凤山县	13.58	65	43.94	13	-24.48	67	68.07	2	49.39	1	2.19	69	8.75	47	16.91	26
东兰县	4.49	72	21.88	55	-17.81	65	30.49	7	17.71	43	63.48	1	25.11	4	25.71	6
罗城仫佬族自治县	21.09	60	23.56	52	-44.91	71	46.39	6	35.52	7	19.53	26	-19.6	66	24.78	7
环江毛南族自治县	36.89	53	37.25	24	-45.80	72	55.49	4	36.05	6	16.93	38	2.78	55	16.60	29
巴马瑶族自治县	42.13	42	37.91	21	-38.51	68	25.90	9	38.20	2	34.05	3	27.75	1	32.64	4
都安瑶族自治县	94.25	2	30.70	40	4.55	63	15.68	13	4.41	68	17.31	37	4.01	53	4.30	73
大化瑶族自治县	39.13	48	50.52	7	-40.77	69	53.18	5	32.10	10	-21.51	73	20.43	9	24.75	8
宜州区	26.50	59	25.30	47	-18.93	66	22.35	10	-7.69	70	27.23	10	-35.86	74	20.15	14
忻城县	71.21	11	18.49	61	55.09	19	-1.82	33	-12.53	71	16.59	39	-9.40	60	16.68	28
象州县	63.34	16	57.52	2	49.89	27	-0.64	30	19.67	36	14.06	49	-21.42	69	26.61	5
武宣县	42.04	44	34.35	34	49.38	28	0.15	26	30.88	12	14.27	46	-11.77	64	16.44	32
金秀瑶族自治县	32.62	55	7.51	67	22.05	56	-4.68	45	22.45	24	1.80	70	-14.55	65	21.15	12
合山市	57.53	18	23.18	53	25.15	54	-44.65	73	18.25	40	-2.90	71	-20.77	68	6.64	72
扶绥县	50.77	25	36.17	25	57.97	14	-5.31	49	20.75	33	24.23	15	19.34	17	21.68	10
宁明县	43.02	40	45.62	10	51.77	22	4.97	18	21.81	28	25.49	13	25.13	3	17.73	21
龙州县	50.23	27	51.57	5	39.26	41	1.31	24	23.97	21	29.58	8	19.37	16	12.71	53
大新县	48.47	31	36.14	27	50.12	25	-6.79	54	21.09	30	25.47	14	20.52	8	11.09	58
天等县	74.47	9	37.50	23	23.8	55	-3.80	41	21.06	31	23.05	18	7.94	48	8.48	70
凭祥市	42.08	43	45.86	9	43.58	38	-10.46	60	22.06	26	26.99	11	21.34	6	16.77	27

表 3-13　2010—2017 年广西 74 个县市的单位投资收益率和排名

地区	2010 年		2011 年		2012 年		2013 年		2014 年		2015 年		2016 年		2017 年	
	收益率（%）	排名	收益率（%）	排名	收益率（%）	排名	收益率（%）	排名	收益率（%）	排名	收益率（%）	排名	收益率（%）	排名	收益率（%）	排名
武鸣县	2.33	58	2.23	58	1.70	60	1.93	59	1.76	60	1.68	59	1.60	60	1.61	59
隆安县	3.33	44	3.09	45	2.17	49	3.61	36	3.40	36	2.91	37	4.04	28	4.03	25
马山县	3.77	39	3.25	42	2.56	44	2.49	48	2.36	48	3.38	32	3.27	33	3.20	33
上林县	3.86	38	3.63	38	2.71	39	2.97	42	2.44	45	2.48	43	3.52	31	3.40	31
宾阳县	1.62	68	1.60	69	1.11	72	1.29	70	1.06	72	1.04	72	1.01	72	0.97	71
横县	1.58	70	1.52	70	1.30	66	1.58	63	1.36	65	1.31	65	1.22	66	1.24	65
柳江区	2.49	56	2.42	56	1.72	58	1.87	61	1.75	61	1.55	63	1.45	62	1.38	62
柳城县	4.57	32	4.01	35	3.33	34	3.74	35	3.25	37	2.84	39	2.69	46	2.66	41
鹿寨县	1.61	69	1.12	74	2.44	46	0.94	73	2.35	49	2.17	51	2.05	54	2.09	53
融安县	3.91	36	3.50	39	2.70	40	2.84	43	2.41	47	2.24	49	2.14	53	2.04	54
融水苗族自治县	3.90	37	3.75	37	2.82	37	2.46	49	2.14	52	2.07	54	1.91	56	1.93	55
三江侗族自治县	2.80	50	3.89	36	2.46	45	2.11	52	1.71	63	2.40	45	3.28	32	2.29	47
阳朔县	3.24	46	2.94	48	3.21	36	4.02	32	3.65	33	3.56	29	3.19	36	1.78	57
灵川县	2.93	48	2.94	48	2.29	48	2.69	45	2.28	51	2.22	50	2.00	55	2.39	46
全州县	2.75	51	2.62	53	1.86	57	2.05	55	1.87	57	1.64	61	1.47	61	1.18	66
兴安县	3.50	40	3.47	40	2.64	42	3.05	40	2.73	41	2.37	46	2.27	48	1.82	56
永福县	6.06	16	6.13	15	4.76	20	5.62	20	5.11	20	4.48	24	4.07	27	3.78	28
灌阳县	8.65	7	8.78	7	5.17	16	5.76	17	5.85	13	5.32	14	4.87	22	4.33	23
龙胜各族自治县	9.12	6	11.33	3	8.44	8	10.22	4	8.27	4	7.24	5	7.82	4	7.37	4
资源县	8.29	9	8.91	6	6.12	13	7.71	6	6.34	7	6.07	9	5.62	12	5.23	13

续表

地区	2010年		2011年		2012年		2013年		2014年		2015年		2016年		2017年	
	收益率(%)	排名	收益率(%)	排名	收益率(%)	排名	收益率(%)	排名	收益率(%)	排名	收益率(%)	排名	收益率(%)	排名	收益率(%)	排名
平乐县	5.68	22	4.90	30	3.47	33	3.75	34	3.15	38	2.79	40	2.78	42	2.44	45
荔浦县	5.61	24	5.23	27	3.79	30	4.10	31	3.64	34	3.36	33	3.09	38	2.58	42
恭城瑶族自治县	5.56	26	5.88	18	4.36	24	4.54	27	4.16	29	3.54	30	3.62	29	3.40	31
苍梧县	2.00	61	1.85	63	1.69	61	1.27	71	5.87	12	3.74	27	3.55	30	3.55	29
藤县	1.63	67	1.82	64	1.28	68	1.35	68	1.21	68	1.07	71	1.10	70	1.11	67
蒙山县	8.65	7	7.22	10	6.39	12	6.90	10	6.16	9	5.42	12	6.04	11	6.37	8
岑溪市	1.56	71	1.78	66	1.35	65	1.47	66	1.21	68	1.17	69	1.24	65	1.25	64
合浦县	1.93	64	1.96	61	1.28	68	1.36	67	1.29	67	1.20	67	1.12	69	1.04	69
上思县	5.36	28	5.20	28	4.54	21	6.22	13	6.72	5	6.25	8	7.58	5	6.78	6
东兴市	5.78	20	5.50	25	4.44	23	5.63	19	5.06	22	4.75	20	4.93	21	5.08	14
灵山县	2.16	59	1.91	62	1.01	73	1.53	64	1.19	70	1.19	68	1.14	67	1.04	69
浦北县	3.35	43	2.67	51	2.00	52	2.10	53	1.69	64	1.43	64	1.32	64	1.30	63
平南县	1.64	66	1.72	68	1.30	66	1.48	65	1.35	66	1.23	66	1.14	67	1.10	68
桂平市	1.16	74	1.18	72	1.12	71	1.31	69	1.04	73	0.87	73	0.89	73	0.85	73
容县	2.00	61	2.10	59	1.68	62	1.97	58	1.87	57	1.82	57	1.78	58	1.72	58
陆川县	1.95	63	2.05	60	1.71	59	1.83	62	1.73	62	1.57	62	1.45	62	1.40	61
博白县	1.25	73	1.16	73	0.92	74	0.88	74	0.79	74	0.79	74	0.75	74	0.66	74
兴业县	3.05	47	2.90	50	1.89	56	1.98	57	1.87	57	1.79	58	1.72	59	1.61	59
北流市	1.53	72	1.48	71	1.15	70	1.27	71	1.13	71	1.11	70	1.06	71	0.97	71
田阳县	3.44	41	2.64	52	2.03	51	2.23	51	2.70	43	2.68	42	2.86	41	3.11	35
田东县	2.44	57	3.12	44	1.95	54	2.31	50	2.13	53	2.11	53	2.21	51	2.17	51

续表

地区	2010 年		2011 年		2012 年		2013 年		2014 年		2015 年		2016 年		2017 年	
	收益率（%）	排名	收益率（%）	排名	收益率（%）	排名	收益率（%）	排名	收益率（%）	排名	收益率（%）	排名	收益率（%）	排名	收益率（%）	排名
平果县	2.12	60	1.79	65	1.56	64	2.01	56	1.93	56	1.85	56	1.89	57	2.13	52
德保县	3.36	42	3.02	46	2.65	41	2.70	44	2.66	44	2.69	41	2.74	44	3.03	36
那坡县	5.02	31	5.72	22	3.65	32	4.15	29	6.01	11	5.14	17	6.27	8	5.85	9
凌云县	5.84	19	5.09	29	4.30	25	5.03	22	5.14	18	4.84	19	4.47	23	4.08	24
乐业县	4.38	34	4.16	33	3.79	30	4.54	27	4.60	27	4.86	18	5.14	19	4.95	18
田林县	2.55	55	4.56	31	3.30	35	6.48	12	6.66	6	6.72	7	6.58	7	6.71	7
西林县	10.21	4	7.46	9	5.71	14	6.08	14	6.07	10	5.86	10	5.61	13	5.41	10
隆林各族自治县	9.55	5	7.87	8	4.87	18	4.77	24	4.53	28	3.92	26	3.26	34	3.47	30
靖西市	1.78	65	1.77	67	1.62	63	1.93	59	1.95	55	1.67	60	2.94	40	2.79	38
昭平县	2.69	52	2.99	47	1.92	55	2.50	47	2.31	50	2.15	52	3.10	37	2.91	37
钟山县	2.85	49	2.59	54	2.00	52	2.56	46	2.44	45	2.26	48	2.27	48	2.23	49
富川瑶族自治县	2.69	52	2.58	55	2.07	50	3.35	37	2.90	39	2.89	38	2.74	44	2.57	43
南丹县	5.77	21	5.51	24	11.28	3	7.76	5	6.26	8	6.91	6	7.28	6	7.07	5
天峨县	11.40	1	12.43	2	20.19	1	13.76	2	14.98	1	169.65	1	19.23	1	19.45	1
凤山县	11.13	3	9.51	4	11.23	4	7.60	7	4.87	24	5.63	11	5.56	15	5.07	15
东兰县	5.85	18	5.97	17	7.12	11	5.91	15	5.31	17	3.71	28	3.23	35	2.78	39
罗城仫佬族自治县	5.59	25	5.75	21	9.50	6	6.90	10	5.13	19	4.68	21	6.22	9	5.27	11
环江毛南族自治县	6.01	17	6.19	14	10.01	5	7.14	9	5.67	14	5.34	13	5.43	16	5.27	11
巴马瑶族自治县	7.29	12	6.32	13	9.20	7	7.33	8	5.45	15	5.16	16	4.41	24	3.80	27
都安瑶族自治县	2.60	54	2.38	57	2.30	47	2.10	53	2.12	54	2.05	55	2.15	52	2.25	48

续表

地区	2010 年		2011 年		2012 年		2013 年		2014 年		2015 年		2016 年		2017 年	
	收益率（%）	排名	收益率（%）	排名	收益率（%）	排名	收益率（%）	排名	收益率（%）	排名	收益率（%）	排名	收益率（%）	排名	收益率（%）	排名
大化瑶族自治县	6.27	15	4.31	32	7.75	10	4.91	23	4.77	25	7.29	4	6.14	10	4.99	17
宜州区	3.30	45	3.16	43	3.83	29	3.34	38	3.79	31	3.30	35	5.34	17	4.85	20
忻城县	5.33	29	5.87	19	3.96	27	4.13	30	4.90	23	4.52	23	5.17	18	4.79	21
象州县	7.98	11	7.04	11	5.13	17	5.06	21	4.65	26	4.25	25	5.57	14	5.03	16
武宣县	5.37	27	5.82	20	4.47	22	4.59	26	3.72	32	3.42	31	4.12	26	3.97	26
金秀瑶族自治县	11.33	2	14.16	1	12.2	2	12.72	3	11.39	3	11.94	2	14.45	3	13.19	3
合山市	8.10	10	9.12	5	8.24	9	15.03	1	13.26	2	11.53	3	14.73	2	14.87	2
扶绥县	4.49	33	4.05	34	2.59	43	3.00	41	2.74	40	2.37	46	2.23	50	2.22	50
宁明县	5.68	22	5.45	26	3.85	28	3.97	33	3.59	35	3.24	36	2.77	43	2.75	40
龙州县	7.29	12	6.56	12	5.22	15	5.74	18	5.10	21	4.66	22	4.35	25	4.50	22
大新县	5.26	30	5.54	23	3.97	26	4.68	25	3.98	30	3.34	34	3.04	39	3.20	33
天等县	4.23	35	3.34	41	2.77	38	3.09	39	2.73	41	2.48	43	2.47	47	2.50	44
凭祥市	6.86	14	5.99	16	4.77	19	5.91	15	5.41	16	5.32	14	4.98	20	4.88	19

（四）绿色发展综合评价分析

表3-14给出了2010—2017年广西74个县市的单位能耗产出和排名，可以直观地看出，各个县市每年的单位能耗产出的变动情况及其排名的升降情况。

天峨县的单位能耗产出在2010—2017年都排在前3名。宁明县的单位能耗产出在2010年排在第19名，2011年排在第4名，2012年开始都排在前2名。另外，还有上思县、象州县、柳江区、阳朔县、岑溪市和蒙山县的单位能耗产出在2010—2017年一直名列广西县市中的前20名。

南丹县、隆林各族自治县、凌云县、资源县、宜州区和灌阳县的单位能耗产出在2010—2017年都比较低，处于广西县市中的后20名。

（五）共享发展综合评价分析

1. 社会福利床位数及其排名分析

表3-15给出了2010—2017年广西74个县市的社会福利床位数和排名，可以直观地看出，各个县市每年的社会福利床位数的变动情况及其排名的升降情况。

博白县、桂平市、平南县、德保县、合浦县、宾阳县和灵山县6个县的社会福利床位数在2010—2017年都比较多。

资源县、凭祥市、合山市、阳朔县和东兴市的社会福利床位数在2010—2017年都比较少，社会福利床位数总量排名处于广西县市的最后20名。凌云县的社会福利床位数总量排名只有2011年不在广西县市的最后20名。

2. 医院、卫生机构技术人员数量及排名分析

表3-16给出了2010—2017年广西74个县市的医院、卫生机构技术人员数量和排名，可以直观地看出，各个县市每年的医院、卫生机构技术人员数量的变动情况及其排名的升降情况。其中，桂平市、灵山县、博白县、北流市、宾阳县、宜州区、合浦县、平南县、藤县、横县、容县、浦北县、武鸣县、岑溪市、陆川县、全州县和平果县17个县市的医院、卫生机构技术人员总数都比较多，2010—2017年其医院、卫生机构技术人员总数排名都在广西74个县市中的前20名。兴安县医院、卫生机构技术人员总数排名在前20名的只有2010年和2012年。苍梧县只有2010年排在前20名。鹿寨县的医院、卫生机构技术人员总数排名在2010—2013年和2015年都比较靠前。

2010—2017年，巴马瑶族自治县、乐业县、西林县、凭祥市、东兴市、资源县、金

秀瑶族自治县、蒙山县、凌云县、东兰县、天峨县、上思县、凤山县和合山市 14 个县市的医院、卫生机构技术人员总数的排名比较靠后，医院、卫生机构技术人员总数排名处于广西 74 个县市中的后 20 名。2015—2016 年那坡县的医院、卫生机构技术人员总数排名不在最后 20 名。田林县只有 2015 年排名不在最后 20 名。大化瑶族自治县的医院、卫生机构技术人员总数只有2010年排在最后20名。环江毛南族自治县只有2014—2016年的医院、卫生机构技术人员总数排名不在最后 20 名。

3. 城镇居民最低生活保障人数总量及排名分析

表3-17给出了2010—2017年广西74个县市的城镇居民最低生活保障人数总量和排名，可以直观地看出，各个县市每年的城镇居民最低生活保障人数总量的变动情况及其排名的升降情况，

博白县、平南县、合浦县、扶绥县、北流市、桂平市、全州县、陆川县和三江侗族自治县 9 个县市的城镇居民最低生活保障人数总量排名都在前 20 名。灌阳县和富川瑶族自治县 2010 年和 2017 年的城镇居民最低生活保障人数总量比较多，排在前 20 名。灵山县 2017 年的城镇居民最低生活保障人数总量排名不在前 20 名。从 2014 年开始，昭平县和宁明县城镇居民最低生活保障人数总量排名不在前 20 名。隆林各族自治县从 2011 年开始，其城镇居民最低生活保障人数总量排名不在前 20 名。

柳江区、阳朔县、兴业县、东兴市和田阳县的城镇居民最低生活保障人数在 2010—2017 年都比较少，特别是柳江区和阳朔县，排名始终在 71 ～ 74 名。宜州区、蒙山县、那坡县和凭祥市在 2010—2011 年的城镇居民最低生活保障人数相对比较少。

4. 城乡收入差距及排名分析

表 3-18 给出了 2010—2017 年广西 74 个县市城乡收入差距和排名，可以直观地看出，各个县市每年的城乡收入差距的变动情况及其排名的升降情况。

靖西市、田林县、乐业县、凌云县和那坡县的城乡收入差距在 2010—2017 年比较大，排在前 20 名。靖西市在 2010—2015 年的城乡收入差距都位居第 1 名，2016 年位居第 2 名，2017 年位居第 5 名。巴马瑶族自治县、龙胜各族自治县 2010—2016 年的城乡收入差距排在前 20 名。田阳县的城乡收入差距从 2011 年开始不在前 20 名。

上思县的城乡收入差距在 2010—2016 年都是最小的，2017 年龙胜各族自治县的城乡收入差距最小。全州县、陆川县、平南县、桂平市、兴安县、武鸣县、博白县、容县、东兴市和兴业县 10 个县市在 2010—2016 年的城乡收入差距都较小。

表 3-14　2010—2017 年广西 74 个县市的单位能耗产出和排名

地区	2010 年		2011 年		2012 年		2013 年		2014 年		2015 年		2016 年		2017 年	
	产出（元 / 千瓦时）	排名	产出（元 / 千瓦时）	排名	产出（元 / 千瓦时）	排名	产出（元 / 千瓦时）	排名	产出（元 / 千瓦时）	排名	产出（元 / 千瓦时）	排名	产出（元 / 千瓦时）	排名	产出（元 / 千瓦时）	排名
武鸣县	16.90	37	19.83	36	21.89	21	22.47	19	19.70	29	19.66	35	19.92	28	21.56	20
隆安县	12.45	49	10.48	62	9.93	63	9.31	64	8.64	65	9.86	71	9.47	64	10.61	64
马山县	12.01	52	13.25	53	15.13	44	13.93	48	13.41	57	14.37	58	13.66	56	14.07	55
上林县	8.66	62	18.93	39	17.92	36	19.13	31	19.66	30	20.93	30	16.41	49	17.19	46
宾阳县	10.52	56	11.87	57	16.87	38	11.08	57	14.84	49	16.31	51	14.17	53	17.10	47
横县	21.88	14	24.91	17	27.85	6	27.07	8	17.53	36	18.26	41	17.31	43	21.16	23
柳江区	23.23	6	26.4	10	27.24	8	23.15	16	23.62	18	24.91	20	24.75	18	28.52	12
柳城县	27.35	3	28.18	8	30.13	3	26.33	9	25.45	14	27.33	11	25.34	16	18.35	37
鹿寨县	14.09	42	18.77	40	10.72	60	9.77	62	10.34	62	10.74	66	12.14	61	13.46	57
融安县	18.94	28	20.93	33	22.06	20	21.57	23	21.21	21	23.70	21	18.93	33	21.03	24
融水苗族自治县	12.21	51	14.35	50	18.72	33	18.34	35	19.25	32	19.33	38	17.80	38	17.72	42
三江侗族自治县	12.82	46	11.09	59	14.61	48	14.29	44	12.07	58	13.78	61	16.49	48	16.64	49
阳朔县	23.20	7	25.28	14	24.26	13	25.34	11	28.67	6	31.20	4	29.92	7	30.38	9
灵川县	13.65	43	12.33	55	11.52	58	11.18	56	16.32	43	17.15	48	21.21	25	18.14	39
全州县	9.74	59	10.93	60	10.68	61	9.99	60	11.24	60	14.29	59	13.78	55	12.14	62
兴安县	10.56	55	14.36	49	15.70	43	18.04	37	20.93	25	23.28	23	17.27	44	15.95	51
永福县	19.64	26	23.8	23	25.60	10	27.68	6	26.12	10	29.35	8	28.87	12	23.31	18
灌阳县	8.33	63	7.18	72	7.88	67	8.93	67	8.17	68	10.82	65	9.16	65	12.13	63
龙胜各族自治县	10.26	58	8.30	69	16.04	41	15.92	40	15.07	47	16.99	50	10.46	63	20.41	26
资源县	7.88	66	10.13	64	11.81	57	9.06	65	8.21	66	13.09	62	12.75	59	13.43	58
平乐县	18.12	33	15.81	46	21.07	26	21.83	20	23.65	17	27.94	9	30.34	5	28.48	13

续表

地区	2010年		2011年		2012年		2013年		2014年		2015年		2016年		2017年	
	产出（元/千瓦时）	排名	产出（元/千瓦时）	排名	产出（元/千瓦时）	排名	产出（元/千瓦时）	排名	产出（元/千瓦时）	排名	产出（元/千瓦时）	排名	产出（元/千瓦时）	排名	产出（元/千瓦时）	排名
荔浦县	24.23	4	23.16	25	23.53	14	24.71	13	26.29	9	29.83	6	30.49	4	29.65	10
恭城瑶族自治县	16.58	39	13.67	52	14.92	46	14.21	46	17.76	35	20.55	31	18.11	37	17.84	41
苍梧县	12.36	50	18.64	41	21.39	23	24.85	12	22.69	20	22.07	26	17.65	39	20.08	28
藤县	23.03	9	22.22	30	18.93	32	16.70	39	16.57	41	18.65	40	19.51	29	19.37	34
蒙山县	22.33	12	24.40	18	23.09	16	24.25	15	24.12	16	25.33	18	23.50	20	27.04	14
岑溪市	22.54	10	24.26	20	25.29	12	24.64	14	25.71	13	27.02	14	28.96	11	31.27	7
合浦县	16.85	38	17.23	44	16.52	39	16.87	38	17.01	37	17.59	46	17.51	41	19.40	33
上思县	28.40	2	28.39	7	30.07	4	31.62	3	29.54	5	29.38	7	30.20	6	30.56	8
东兴市	17.41	35	16.70	45	16.37	40	18.43	34	19.09	33	19.45	37	19.44	31	19.47	31
灵山县	19.97	25	21.25	32	19.61	29	19.10	32	18.29	34	22.59	25	25.32	17	25.36	16
浦北县	23.06	8	23.50	24	25.51	11	27.44	7	27.39	7	27.17	12	29.43	8	33.85	5
平南县	20.74	18	22.23	29	22.66	17	13.12	53	14.01	53	15.58	53	17.49	42	14.34	54
桂平市	12.89	45	14.86	48	15.02	45	15.00	42	15.73	44	19.51	36	22.11	24	21.76	19
容县	18.67	30	20.30	34	21.12	25	22.99	18	24.37	15	26.51	15	27.23	15	28.84	11
陆川县	20.39	22	23.13	26	18.28	34	19.14	30	25.99	11	30.17	5	24.39	19	25.12	17
博白县	21.30	16	22.04	31	23.42	15	21.04	25	19.86	28	20.02	32	18.29	34	17.54	43
兴业县	22.42	11	24.30	19	17.57	37	18.29	36	19.52	31	21.41	28	18.12	36	18.65	36
北流市	20.10	23	23.93	22	19.54	31	21.31	24	20.65	26	21.16	29	20.01	27	20.29	27
田阳县	13.26	44	9.79	66	12.02	55	12.39	55	15.54	45	24.93	19	4.18	72	3.48	74
田东县	5.91	70	25.19	15	13.29	51	13.09	54	14.73	51	15.89	52	8.23	68	9.81	66
平果县	2.86	74	47.17	2	3.48	73	3.78	73	5.34	72	10.42	67	8.26	67	8.82	68

续表

地区	2010年		2011年		2012年		2013年		2014年		2015年		2016年		2017年	
	产出（元/千瓦时）	排名	产出（元/千瓦时）	排名	产出（元/千瓦时）	排名	产出（元/千瓦时）	排名	产出（元/千瓦时）	排名	产出（元/千瓦时）	排名	产出（元/千瓦时）	排名	产出（元/千瓦时）	排名
德保县	11.57	53	34.25	5	5.20	72	4.95	71	5.74	71	6.93	72	6.53	69	6.83	70
那坡县	7.91	65	26.20	11	7.01	69	6.59	69	7.49	70	10.36	68	10.71	62	10.50	65
凌云县	6.81	69	10.45	63	9.32	64	6.35	70	8.18	67	14.23	60	13.30	57	13.23	59
乐业县	20.43	21	23.13	26	21.39	23	21.72	21	21.14	22	23.48	22	22.53	22	20.64	25
田林县	8.90	61	24.97	16	10.82	59	7.52	68	8.04	69	11.86	64	13.93	54	15.51	53
西林县	20.09	24	19.14	37	20.57	28	20.39	27	20.99	24	21.62	27	19.51	29	20.03	29
隆林各族自治县	5.79	71	7.24	71	3.41	74	3.44	74	3.20	74	4.18	73	3.63	74	5.97	71
靖西市	3.82	73	30.63	6	7.69	68	9.56	63	11.75	59	10.28	69	3.68	73	4.18	73
昭平县	18.92	29	18.00	43	20.74	27	18.80	33	20.06	27	19.87	34	19.34	32	18.15	38
钟山县	21.65	15	25.53	12	21.78	22	23.06	17	25.72	12	25.51	17	23.07	21	19.61	30
富川瑶族自治县	18.60	31	13.73	51	14.84	47	14.03	47	13.56	56	14.62	57	16.10	51	16.06	50
南丹县	4.55	72	4.55	74	5.35	71	4.22	72	3.54	73	4.09	74	4.98	71	4.83	72
天峨县	56.17	1	46.06	3	43.31	1	33.38	2	48.20	1	48.40	1	43.60	1	49.89	1
凤山县	17.57	34	20.19	35	17.96	35	19.41	29	16.68	40	18.02	43	15.99	52	15.93	52
东兰县	19.52	27	18.44	42	15.80	42	15.00	42	14.91	48	15.54	54	12.99	58	12.30	61
罗城仫佬族自治县	14.24	41	15.56	47	13.41	50	13.67	49	13.79	55	14.66	56	16.33	50	16.70	48
环江毛南族自治县	11.40	54	9.54	67	12.13	54	13.64	50	13.91	54	17.23	47	16.71	47	17.27	44
巴马瑶族自治县	14.82	40	11.78	58	11.86	56	14.25	45	14.74	50	17.79	44	16.86	46	17.86	40
都安瑶族自治县	12.47	48	10.83	61	9.14	65	10.29	58	9.81	63	9.99	70	8.99	66	8.66	69
大化瑶族自治县	9.70	60	9.26	68	12.50	52	13.33	52	16.75	39	19.93	33	18.28	35	17.22	45

续表

地区	2010年		2011年		2012年		2013年		2014年		2015年		2016年		2017年	
	产出（元/千瓦时）	排名	产出（元/千瓦时）	排名	产出（元/千瓦时）	排名	产出（元/千瓦时）	排名	产出（元/千瓦时）	排名	产出（元/千瓦时）	排名	产出（元/千瓦时）	排名	产出（元/千瓦时）	排名
宜州区	8.24	64	9.80	65	9.95	62	10.06	59	10.66	61	12.81	63	12.46	60	12.31	60
忻城县	21.01	17	22.80	28	22.44	18	20.76	26	21.00	23	23.19	24	22.42	23	21.42	21
象州县	24.05	5	27.46	9	28.29	5	28.18	5	30.86	4	27.64	10	27.30	14	27.01	15
武宣县	10.36	57	13.18	54	14.25	49	15.19	41	15.33	46	18.04	42	17.55	40	19.14	35
金秀瑶族自治县	12.50	47	11.90	56	12.39	53	13.57	51	16.38	42	17.78	45	20.66	26	21.25	22
合山市	17.07	36	47.68	1	22.26	19	20.29	28	16.97	38	18.77	39	6.42	70	9.51	67
扶绥县	21.95	13	25.48	13	25.83	9	26.28	10	26.33	8	27.08	13	29.20	10	13.79	56
宁明县	20.62	19	38.43	4	36.10	2	37.58	1	34.76	2	37.59	2	38.52	2	44.68	2
龙州县	20.53	20	23.96	21	27.72	7	28.70	4	33.08	3	34.71	3	33.83	3	36.54	3
大新县	7.44	67	8.19	70	8.77	66	9.02	66	9.30	64	17.11	49	29.39	9	34.56	4
天等县	7.19	68	6.29	73	6.63	70	9.84	61	14.39	52	15.36	55	16.88	45	19.44	32
凭祥市	18.28	32	18.95	38	19.6	30	21.59	22	22.77	19	26.17	16	27.89	13	33.4	6

表 3-15　2010—2017 年广西 74 个县市的社会福利床位数和排名

地区	2010年		2011年		2012年		2013年		2014年		2015年		2016年		2017年	
	床位数（张）	排名	床位数（张）	排名	床位数（张）	排名	床位数（张）	排名	床位数（张）	排名	床位数（张）	排名	床位数（张）	排名	床位数（张）	排名
武鸣县	387	29	599	11	579	13	305	50	461	43	480	43	752	23	648	25
隆安县	321	40	321	44	321	48	321	43	1002	17	450	48	421	51	421	45
马山县	469	15	437	23	437	26	437	24	750	22	460	46	460	47	506	32
上林县	393	27	393	33	393	31	393	31	415	53	482	42	485	42	485	37
宾阳县	507	14	539	16	648	7	858	5	2911	3	3100	4	2961	5	1382	11

续表

地区	2010 年		2011 年		2012 年		2013 年		2014 年		2015 年		2016 年		2017 年	
	床位数（张）	排名	床位数（张）	排名	床位数（张）	排名	床位数（张）	排名	床位数（张）	排名	床位数（张）	排名	床位数（张）	排名	床位数（张）	排名
横县	610	10	614	8	614	10	614	9	2248	4	2248	6	5396	2	5396	2
柳江区	306	44	347	41	340	42	309	47	356	58	332	60	391	54	450	43
柳城县	295	47	288	50	288	55	328	41	648	25	780	25	540	35	540	29
鹿寨县	282	50	262	54	286	56	301	51	531	31	540	34	548	34	553	27
融安县	219	62	336	42	328	45	308	48	334	60	413	54	430	50	468	41
融水苗族自治县	462	17	488	20	493	22	507	19	471	41	489	40	485	42	493	35
三江侗族自治县	192	66	436	24	575	14	579	12	1535	7	1149	14	1093	13	974	17
阳朔县	159	69	177	64	177	67	192	64	257	66	257	65	265	63	276	60
灵川县	226	60	275	52	564	16	564	14	565	27	1028	20	1028	17	504	33
全州县	466	16	467	21	1895	1	1984	1	2184	5	2402	5	2597	7	2503	7
兴安县	225	61	225	59	351	41	451	22	534	30	540	34	60	73	250	63
永福县	93	73	173	66	180	65	180	66	561	28	610	30	472	46	472	40
灌阳县	212	63	232	58	298	53	298	52	444	47	421	53	421	51	421	45
龙胜各族自治县	338	37	366	40	370	38	370	36	403	54	739	27	634	29	408	48
资源县	161	68	161	68	171	69	171	68	127	70	136	70	134	67	134	69
平乐县	453	18	432	27	408	29	480	21	453	45	464	45	477	45	503	34
荔浦县	247	57	257	56	391	32	415	28	481	40	509	39	72	72	72	72
恭城瑶族自治县	174	67	174	65	174	68	174	67	907	19	852	22	739	24	70	73
苍梧县	248	55	318	45	328	45	298	52	45	74	50	74	77.5	71	105	71
藤县	440	19	540	15	570	15	570	13	595	26	645	28	650	28	763	20

续表

地区	2010年		2011年		2012年		2013年		2014年		2015年		2016年		2017年	
	床位数（张）	排名	床位数（张）	排名	床位数（张）	排名	床位数（张）	排名	床位数（张）	排名	床位数（张）	排名	床位数（张）	排名	床位数（张）	排名
蒙山县	200	64	170	67	230	64	192	64	545	29	483	41	531	37	142	68
岑溪市	344	35	444	22	444	24	499	20	518	34	405	56	413	53	413	47
合浦县	641	7	663	7	682	6	682	6	1470	8	1500	9	1467	10	1251	14
上思县	285	48	196	61	259	61	259	58	438.5	49	618	29	679	27	373	51
东兴市	123	70	150	69	132	71	132	72	74	73	106	72	132	69	337	55
灵山县	586	12	586	13	586	12	586	11	3380	2	3717	2	3721	3	3665	3
浦北县	246	58	375	38	375	37	395	30	395	55	3323	3	11052	1	11052	1
平南县	778	4	931	2	1010	3	1015	3	1137	12	1164	13	2600	6	2571	6
桂平市	884	3	895.5	3	907	4	953	4	1013	16	1415	10	2413	9	2413	8
容县	415	25	533	17	279	58	289	55	359	57	1096	15	956	18	982	16
陆川县	430	22	403.5	31	377	36	377	35	515	35	516	38	516	38	1374	12
博白县	1560	1	415	29	1562	2	1592	2	3855	1	3756	1	3560	4	3560	4
兴业县	360	33	377	37	360	40	360	38	1189	11	1263	11	1263	12	1426	10
北流市	438	20	1562	1	447	23	447	23	447	46	447	49	447	48	716	22
田阳县	368	32	368	39	327	47	327	42	683	24	763	26	855	20	653	24
田东县	316	41	412.5	30	509	21	272	57	1030	15	1055	17	1055	15	1055	15
平果县	88	74	105	74	122	72	138	71	1091	13	1629	8	2530	8	2780	5
德保县	644	6	505	19	535	18	535	15	1216	9	1073	16	1073	14	890	18
那坡县	389	28	606	9	150	70	150	70	486	38	480	43	480	44	480	38
凌云县	248	55	724	5	274	59	247	60	247	67	278	64	278	61	267	62
乐业县	415	25	133	70	340	42	340	39	184	68	203	69	209	65	230	64

续表

地区	2010年		2011年		2012年		2013年		2014年		2015年		2016年		2017年	
	床位数（张）	排名	床位数（张）	排名	床位数（张）	排名	床位数（张）	排名	床位数（张）	排名	床位数（张）	排名	床位数（张）	排名	床位数（张）	排名
田林县	626	8	200	60	738	5	427	27	1037	14	1037	19	1037	16	269	61
西林县	200	64	250	57	320	49	386	32	386	56	356	58	360	56	360	52
隆林各族自治县	954	2	558	14	513	20	513	18	513	36	549	33	681	26	681	23
靖西市	670	5	114	72	365	39	365	37	1202	10	1202	12	1375	11	1297	13
昭平县	323	39	379	36	379	35	256	59	1617	6	1821	7	718	25	718	21
钟山县	626	8	694	6	626	8	626	7	108	72	108	71	36	74	36	74
富川瑶族自治县	428	23	428	28	428	28	428	26	428	50	404	57	133	68	108	70
南丹县	304	45	333	43	333	44	228	62	285	64	325	61	278	61	380	49
天峨县	227	59	192	62	180	65	162	69	483	39	565	31	565	32	377	50
凤山县	277	51	277	51	258	63	306	49	420	51	446	50	567	31	464	42
东兰县	352	34	395	32	385	33	385	33	342	59	299	63	299	60	314	56
罗城仫佬族自治县	422	24	432.5	26	443	25	413	29	460	44	533	36	533	36	541	28
环江毛南族自治县	250	53	267.5	53	285	57	234	61	276	65	251	66	222	64	298	58
巴马瑶族自治县	259	52	390	34	259	61	224	63	297	63	230	68	555	33	190	66
都安瑶族自治县	604	11	185	63	550	17	535	15	803	20	831	23	831	21	1966	9
大化瑶族自治县	340	36	259	55	400	30	339	40	470	42	408	55	335	58	473	39
宜州区	522	13	732	4	616	9	616	8	728	23	1045	18	362	55	521	30
忻城县	250	53	588	12	273	60	273	56	420	51	457	47	497	40	489	36
象州县	330	38	311	48	313	51	313	45	497	37	433	52	320	59	345	54

续表

地区	2010年		2011年		2012年		2013年		2014年		2015年		2016年		2017年	
	床位数（张）	排名	床位数（张）	排名	床位数（张）	排名	床位数（张）	排名	床位数（张）	排名	床位数（张）	排名	床位数（张）	排名	床位数（张）	排名
武宣县	316	41	316	46	316	50	316	44	775	21	786	24	509	39	509	31
金秀瑶族自治县	296	46	296	49	296	54	296	54	305	62	314	62	356	57	348	53
合山市	110	72	110	73	110	74	110	74	150	69	250	67	100	70	200	65
扶绥县	312	43	312	47	312	52	312	46	334	60	342	59	810	22	280	59
宁明县	376	31	529	18	529	19	529	17	529	32	552	32	629	30	631	26
龙州县	434	21	434	25	434	27	434	25	440	48	444	51	445	49	445	44
大新县	284	49	604	10	604	11	604	10	930	18	920	21	920	19	865	19
天等县	384	30	384	35	384	34	384	34	521	33	521	37	488	41	312	57
凭祥市	120	71	120	71	120	73	120	73	120	71	54	73	166	66	166	67

表 3-16　2010—2017 年广西 74 个县市的医院、卫生机构技术人员数量和排名

地区	2010年		2011年		2012年		2013年		2014年		2015年		2016年		2017年	
	数量（人）	排名	数量（人）	排名	数量（人）	排名	数量（人）	排名	数量（人）	排名	数量（人）	排名	数量（人）	排名	数量（人）	排名
武鸣县	1556	13	1667	13	1759	10	2605	10	2971	10	3020	10	3314	12	3352	10
隆安县	1092	22	1078	26	1107	27	1458	32	1274	36	1337	38	2138	19	1574	37
马山县	913	34	974	32	1013	35	1516	28	2099	18	1758	24	2099	20	2625	17
上林县	961	28	968	33	1009	36	1485	30	1496	28	1518	32	1522	36	2339	20
宾阳县	2162	5	2360	6	2396	6	3324	6	3654	6	3497	9	3552	10	4431	6
横县	1765	10	1900	9	1995	9	2724	9	3341	8	3517	8	4277	5	4457	5
柳江区	1057	24	1136	22	1216	22	1748	19	1669	26	1639	26	1846	29	1905	28

续表

地区	2010年		2011年		2012年		2013年		2014年		2015年		2016年		2017年	
	数量（人）	排名	数量（人）	排名	数量（人）	排名	数量（人）	排名	数量（人）	排名	数量（人）	排名	数量（人）	排名	数量（人）	排名
柳城县	816	37	848	39	883	38	1370	34	1982	20	1685	25	1824	30	1906	27
鹿寨县	1260	18	1379	18	1460	16	1957	18	1966	21	1970	19	1982	24	1820	31
融安县	975	27	1003	29	1100	29	1345	35	1368	31	1371	36	1619	34	1381	45
融水苗族自治县	961	28	1428	17	1176	25	1563	26	1815	23	1766	23	1909	27	2269	21
三江侗族自治县	688	48	732	49	780	46	1073	49	1309	35	1140	53	1209	53	1316	49
阳朔县	596	51	688	55	634	55	1001	53	915	58	1048	55	1316	44	1325	48
灵川县	1038	25	1088	25	1152	26	1726	20	2380	15	2546	14	2075	21	2009	25
全州县	1323	17	1456	16	1453	17	2090	16	2096	19	2109	18	2393	17	2396	19
兴安县	1345	16	962	35	1289	19	1400	33	1355	33	1553	30	1958	25	1809	33
永福县	740	41	745	48	779	47	1180	41	1201	44	1215	48	1237	49	1258	52
灌阳县	535	55	531	57	610	56	797	57	798	61	798	64	1131	55	1232	53
龙胜各族自治县	472	61	520	59	546	59	689	62	1040	50	810	63	843	63	856	61
资源县	405	68	409	70	434	69	550	71	510	72	551	73	547	72	591	71
平乐县	580	54	953	36	1106	28	1609	24	1777	24	1890	20	1915	26	2084	24
荔浦县	926	32	994	30	1028	33	1477	31	1227	40	1554	29	1775	31	2558	18
恭城瑶族自治县	645	50	725	51	756	50	1041	51	1211	43	1212	49	1370	43	1420	44
苍梧县	1183	19	1151	21	1206	23	1592	25	1033	52	1321	40	651	70	720	66
藤县	1769	9	1863	10	1703	13	2548	11	2663	12	2985	11	2730	14	2820	14
蒙山县	417	66	485	63	544	60	766	59	731	63	939	61	707	68	712	67
岑溪市	1532	14	1631	14	1679	14	2423	13	2651	13	2870	12	3381	11	3149	11

续表

地区	2010年		2011年		2012年		2013年		2014年		2015年		2016年		2017年	
	数量（人）	排名	数量（人）	排名	数量（人）	排名	数量（人）	排名	数量（人）	排名	数量（人）	排名	数量（人）	排名	数量（人）	排名
合浦县	2002	7	2301	7	2357	7	3056	8	3292	9	3596	7	3627	9	4066	7
上思县	462	62	526	58	594	57	726	60	837	60	773	66	1002	58	1116	56
东兴市	377	69	447	68	466	66	846	56	704	65	965	59	1002	58	934	60
灵山县	2403	2	2743	2	2970	2	4099	2	4325	2	4508	4	4875	2	6645	1
浦北县	1596	12	1785	11	1728	12	2424	12	2402	14	2473	16	3858	7	4055	8
平南县	1857	8	2396	4	2745	3	3772	4	3732	5	4535	3	4530	4	5076	3
桂平市	3279	1	3469	1	3580	1	4908	1	5387	1	5817	2	5995	1	6158	2
容县	1668	11	1728	12	1749	11	2278	15	2808	11	2800	13	2749	13	2825	13
陆川县	1397	15	1520	15	1596	15	2403	14	2325	16	2544	15	2544	16	2771	15
博白县	2365	3	2639	3	2646	4	3410	5	3816	4	3756	6	3681	8	3052	12
兴业县	907	35	988	31	1061	30	1298	37	1322	34	1352	37	1375	42	1503	41
北流市	2341	4	2370	5	2456	5	3857	3	3857	3	3857	5	3896	6	3896	9
田阳县	763	39	817	41	866	40	1232	40	1255	38	1507	33	1397	40	1328	47
田东县	1165	21	1244	20	1265	20	1626	22	1774	25	1871	21	2272	18	2133	22
平果县	1182	20	1261	19	1321	18	2036	17	2206	17	2256	17	2699	15	2702	16
德保县	649	49	708	52	756	50	983	54	1191	45	1191	52	2012	23	1169	55
那坡县	477	59	456	67	451	67	580	70	681	66	1226	47	1305	46	475	74
凌云县	436	65	414	69	444	68	540	72	540	70	780	65	908	61	563	72
乐业县	313	73	321	74	333	74	407	74	415	73	490	74	469	74	512	73
田林县	375	70	519	60	407	71	620	67	631	68	1429	35	863	62	972	59
西林县	315	72	348	72	358	72	509	73	520	71	740	68	484	73	737	64

续表

地区	2010年		2011年		2012年		2013年		2014年		2015年		2016年		2017年	
	数量（人）	排名	数量（人）	排名	数量（人）	排名	数量（人）	排名	数量（人）	排名	数量（人）	排名	数量（人）	排名	数量（人）	排名
隆林各族自治县	586	52	708	52	764	49	1087	48	1089	49	1266	43	1278	48	1507	40
靖西市	951	30	1047	27	1059	32	1532	27	1532	27	1532	31	2016	22	2107	23
昭平县	761	40	812	42	813	43	1114	45	930	57	965	59	1482	37	1824	30
钟山县	1091	23	1120	23	1178	24	1705	21	1361	32	1610	28	1605	35	1784	34
富川瑶族自治县	708	44	728	50	749	52	1109	47	1120	48	1331	39	1157	54	1438	43
南丹县	704	46	785	45	722	54	900	55	960	56	1047	56	1032	57	1476	42
天峨县	460	63	485	63	481	64	697	61	191	74	690	70	776	65	735	65
凤山县	475	60	481	65	522	62	605	69	888	59	758	67	945	60	757	63
东兰县	447	64	505	62	538	61	683	63	787	62	864	62	816	64	816	62
罗城仫佬族自治县	706	45	762	47	790	45	1016	52	1214	42	1290	41	1316	44	1920	26
环江毛南族自治县	510	57	559	56	581	58	782	58	976	54	1196	51	1236	50	1089	58
巴马瑶族自治县	298	74	386	71	408	70	669	64	967	55	981	58	1053	56	1113	57
都安瑶族自治县	1020	26	1117	24	1221	21	1619	23	1841	22	1856	22	1854	28	1860	29
大化瑶族自治县	511	56	695	54	734	53	1058	50	1426	29	1633	27	1448	38	1564	38
宜州区	2098	6	2224	8	2349	8	3156	7	3605	7	6424	1	4624	3	4588	4
忻城县	772	38	797	43	833	42	1112	46	984	53	1045	57	1291	47	1291	50
象州县	731	42	789	44	868	39	1155	42	1158	46	1258	44	627	71	1356	46
武宣县	939	31	965	34	1060	31	1503	29	1396	30	1480	34	1704	33	1811	32
金秀瑶族自治县	413	67	508	61	475	65	639	65	650	67	672	71	718	66	712	67

续表

地区	2010年		2011年		2012年		2013年		2014年		2015年		2016年		2017年	
	数量（人）	排名	数量（人）	排名	数量（人）	排名	数量（人）	排名	数量（人）	排名	数量（人）	排名	数量（人）	排名	数量（人）	排名
合山市	500	58	478	66	485	63	606	68	546	69	560	72	692	69	630	70
扶绥县	920	33	1017	28	1028	33	1326	36	1037	51	1104	54	1736	32	1590	36
宁明县	583	53	849	38	863	41	1295	38	1215	41	1245	45	1402	39	1784	34
龙州县	725	43	772	46	779	47	1124	44	1231	39	1238	46	1225	51	1283	51
大新县	702	47	825	40	797	44	1246	39	1258	37	1283	42	1394	41	1518	39
天等县	851	36	891	37	899	37	1150	43	1145	47	1198	50	1211	52	1219	54
凭祥市	327	71	322	73	349	73	623	66	705	64	702	69	713	67	679	69

表 3-17　2010—2017 年广西 74 个县市的城镇居民最低生活保障人数总量和排名

地区	2010年		2011年		2012年		2013年		2014年		2015年		2016年		2017年	
	总量（人）	排名	总量（人）	排名	总量（人）	排名	总量（人）	排名	总量（人）	排名	总量（人）	排名	总量（人）	排名	总量（人）	排名
武鸣县	3530	52	3353	53	2024	63	1617	63	1743	61	1543	58	775	62	5140	11
隆安县	4669	37	4523	37	3619	42	3002	45	2314	52	667	72	364	74	341	74
马山县	2897	58	2763	59	2236	57	2109	57	23278	1	20997	2	7740	11	5037	12
上林县	5037	35	4905	32	4073	34	3589	39	3596	41	3608	36	3980	19	3995	15
宾阳县	3635	49	3545	47	2350	54	2099	58	1849	60	1093	66	848	59	822	56
横县	5470	32	5213	29	3390	44	3309	42	2885	45	1085	67	786	61	767	59
柳江区	991	74	1091	73	937	73	666	74	580	74	469	74	402	73	405	72
柳城县	2339	65	2287	62	1843	64	1292	68	1175	69	13229	4	739	64	719	62
鹿寨县	3457	53	3409	50	3342	46	3415	41	3817	38	3736	34	654	66	723	61
融安县	3734	46	4100	41	3609	43	2483	53	2111	58	1864	55	1373	51	1103	50

续表

地区	2010年		2011年		2012年		2013年		2014年		2015年		2016年		2017年	
	总量（人）	排名	总量（人）	排名	总量（人）	排名	总量（人）	排名	总量（人）	排名	总量（人）	排名	总量（人）	排名	总量（人）	排名
融水苗族自治县	3678	48	4012	42	3955	36	3480	40	5346	22	4002	30	3296	25	3312	17
三江侗族自治县	7709	16	7292	17	7496	17	7243	16	7262	17	7788	11	7006	13	4216	14
阳朔县	1260	72	1243	72	837	74	783	73	667	73	600	73	501	71	401	73
灵川县	2698	60	2323	61	2129	61	2141	56	2214	54	2100	50	1921	40	811	58
全州县	8287	13	8218	13	8420	12	7827	15	7872	15	6359	16	6417	15	5246	10
兴安县	4622	38	4312	39	3388	45	2580	50	2654	47	2106	49	1748	43	1689	37
永福县	3727	47	3834	44	3746	37	4180	34	4036	35	3987	31	2965	30	2488	25
灌阳县	7615	17	5462	27	4942	28	5045	26	4819	26	4101	28	3558	23	3042	20
龙胜各族自治县	3218	54	3090	54	2189	59	2381	54	2207	55	2028	52	1485	49	1187	47
资源县	2280	66	1402	71	1275	71	1239	70	1128	70	1019	68	905	58	850	54
平乐县	7186	21	7186	18	7170	18	6510	21	5325	23	4406	24	3662	22	2130	30
荔浦县	4153	42	4129	40	3743	38	3849	36	3633	40	3727	35	1520	47	1396	41
恭城瑶族自治县	5853	29	5943	25	5654	23	5688	23	5359	21	4673	20	24178	3	7182	7
苍梧县	3778	45	3862	43	3682	40	1718	61	1718	62	1714	57	649	68	516	67
藤县	6529	26	6505	23	5549	25	4415	32	3995	37	3746	33	2713	32	2245	27
蒙山县	3035	56	2930	57	2773	50	2511	52	2316	51	1895	54	1745	44	1263	45
岑溪市	7007	22	7453	16	8178	13	8785	12	8826	13	7116	14	7215	12	3696	16
合浦县	12708	6	13114	4	11765	4	9979	7	9789	8	8798	9	8503	8	7168	8
上思县	6665	23	6659	22	6932	19	7216	17	7274	16	7127	13	4769	16	2312	26
东兴市	1899	70	1857	67	1606	65	1592	64	1274	67	1241	64	570	69	459	69

续表

地区	2010年		2011年		2012年		2013年		2014年		2015年		2016年		2017年	
	总量（人）	排名	总量（人）	排名	总量（人）	排名	总量（人）	排名	总量（人）	排名	总量（人）	排名	总量（人）	排名	总量（人）	排名
灵山县	15812	2	15131	2	14727	2	13677	3	12578	5	12578	5	78566	1	2707	23
浦北县	8719	11	6718	21	6777	20	7028	18	4529	30	4225	26	3151	27	2680	24
平南县	12950	5	13646	3	13590	3	14545	1	13601	4	11865	6	11860	7	9860	3
桂平市	8401	12	9668	9	9393	10	9698	8	9634	10	9780	8	4364	17	4288	13
容县	7221	20	6771	20	5778	22	5182	25	4577	29	2692	43	1878	41	1367	43
陆川县	8233	14	8360	12	7920	15	9199	10	8984	12	6552	15	6552	14	6886	9
博白县	18305	1	17318	1	14969	1	14031	2	14375	3	15462	3	12655	6	7537	5
兴业县	1244	73	1527	70	1481	66	1628	62	1416	64	1172	65	803	60	729	60
北流市	9420	9	9420	11	9420	9	7969	14	7969	14	7969	10	7969	10	7969	4
田阳县	2362	64	1080	74	1261	72	1223	71	1127	71	996	69	949	56	829	55
田东县	4225	40	3797	46	3633	41	3644	38	3350	43	2887	41	2022	38	1998	32
平果县	5750	30	5197	30	4357	33	4147	35	4014	36	3607	37	2060	37	1950	34
德保县	3866	44	3438	48	2726	51	2562	51	2310	53	2181	48	1608	46	1465	38
那坡县	3066	55	2935	55	2811	49	3086	44	2916	44	2563	45	2711	33	2234	28
凌云县	4065	43	4384	38	4029	35	4601	29	4650	28	4862	19	3251	26	2983	21
乐业县	2468	62	3426	49	2334	55	2334	55	2190	57	1992	53	1942	39	1222	46
田林县	3624	50	2501	60	2501	53	2662	48	2753	46	2722	42	56066	2	2121	31
西林县	2790	59	2119	65	2084	62	2068	59	1929	59	1795	56	1684	45	1713	36
隆林各族自治县	7301	19	4561	36	4378	31	4672	28	4427	33	4105	27	2974	29	2164	29
靖西市	5163	33	5652	26	5240	27	4803	27	4497	31	4353	25	3719	20	3267	19
昭平县	14073	4	12461	5	10526	6	9253	9	4815	27	4637	22	1878	41	1287	44

续表

地区	2010年		2011年		2012年		2013年		2014年		2015年		2016年		2017年	
	总量（人）	排名	总量（人）	排名	总量（人）	排名	总量（人）	排名	总量（人）	排名	总量（人）	排名	总量（人）	排名	总量（人）	排名
钟山县	9018	10	7625	15	8079	14	8274	13	6556	19	5877	17	1493	48	1393	42
富川瑶族自治县	7356	18	4832	34	4644	30	4538	30	4207	34	3756	32	3684	21	3294	18
南丹县	5082	34	5346	28	5336	26	6003	22	6104	20	5010	18	4209	18	2880	22
天峨县	2952	57	2931	56	3107	47	3280	43	2437	48	3159	39	2105	36	664	64
凤山县	6522	27	6775	19	6403	21	6734	19	7046	18	4064	29	2762	31	1423	39
东兰县	6560	24	6031	24	5555	24	5589	24	4851	25	4655	21	413	72	413	71
罗城仫佬族自治县	5588	31	3809	45	3709	39	3711	37	3528	42	3434	38	3365	24	1108	49
环江毛南族自治县	2614	61	2176	64	1310	70	1480	65	1415	65	1408	59	941	57	882	53
巴马瑶族自治县	3605	51	3397	51	2199	58	2698	47	2201	56	817	71	757	63	710	63
都安瑶族自治县	6549	25	10922	6	8974	11	9168	11	9170	11	39347	1	17109	5	10988	2
大化瑶族自治县	11663	8	10557	7	11098	5	11236	4	10881	7	7733	12	652	67	552	66
宜州区	2174	68	2085	66	2148	60	1785	60	15426	2	1288	62	1127	52	814	57
忻城县	5957	28	5064	31	2284	56	994	72	1004	72	993	70	505	70	432	70
象州县	4706	36	4605	35	4378	31	4401	33	4465	32	3148	40	22123	4	907	52
武宣县	4554	39	4897	33	4698	29	4468	31	3746	39	2607	44	678	65	507	68
金秀瑶族自治县	1616	71	1624	69	1383	68	1279	69	1265	68	1285	63	3102	28	639	65
合山市	2244	67	2266	63	1433	67	1421	66	1371	66	1358	60	1094	54	934	51
扶绥县	12065	7	10234	8	10373	7	10111	6	9654	9	9959	7	8025	9	7404	6
宁明县	8120	15	7770	14	7633	16	6711	20	5230	24	4489	23	2141	35	1963	33
龙州县	4158	41	3364	52	3050	48	2857	46	2346	50	2362	46	1073	55	1145	48

续表

地区	2010年		2011年		2012年		2013年		2014年		2015年		2016年		2017年	
	总量（人）	排名	总量（人）	排名	总量（人）	排名	总量（人）	排名	总量（人）	排名	总量（人）	排名	总量（人）	排名	总量（人）	排名
大新县	1961	69	1673	68	1329	69	1410	67	1430	63	1330	61	1095	53	27493	1
天等县	14666	3	9603	10	10279	8	10279	5	11191	6	2092	51	1405	50	1404	40
凭祥市	2449	63	2826	58	2584	52	2584	49	2370	49	2325	47	2169	34	1754	35

表 3-18　2010—2017 年广西 74 个县市的城乡收入差距和排名

地区	2010年		2011年		2012年		2013年		2014年		2015年		2016年		2017年	
	差距	排名	差距	排名	差距	排名	差距	排名	差距	排名	差距	排名	差距	排名	差距	排名
武鸣县	2.83	70	2.70	70	2.69	68	2.61	68	2.54	68	2.49	68	2.21	70	2.36	60
隆安县	3.64	34	3.44	34	3.33	35	3.22	35	3.15	35	3.08	36	2.45	54	2.43	54
马山县	3.76	28	3.65	26	3.63	21	3.51	21	3.42	22	3.35	23	2.68	30	2.35	61
上林县	3.61	36	3.51	30	3.37	34	3.26	33	3.19	32	3.12	32	2.50	45	2.42	57
宾阳县	3.11	55	2.91	60	2.83	58	2.74	59	2.69	60	2.75	53	2.50	45	2.27	68
横县	3.28	46	3.09	52	2.99	51	2.90	50	2.83	48	2.80	47	2.56	40	2.06	73
柳江区	2.86	69	2.73	68	2.59	70	2.50	70	2.45	70	2.39	70	2.73	27	2.59	47
柳城县	2.71	72	2.50	73	2.39	73	2.32	73	2.26	73	2.20	73	2.52	42	3.11	9
鹿寨县	2.96	65	2.95	57	2.82	60	2.72	63	2.65	61	2.61	61	2.62	36	2.95	20
融安县	3.27	48	3.03	54	2.86	56	2.76	57	2.69	60	2.61	61	2.36	60	3.04	14
融水苗族自治县	4.58	10	4.36	9	4.15	10	3.99	10	3.90	8	3.79	8	2.40	57	2.46	51
三江侗族自治县	4.21	13	4.06	12	3.83	16	3.74	15	3.63	16	3.56	17	2.48	49	2.38	59
阳朔县	3.40	43	3.20	44	3.17	41	3.07	41	2.95	44	2.89	45	2.38	59	2.57	48

续表

地区	2010年		2011年		2012年		2013年		2014年		2015年		2016年		2017年	
	差距	排名	差距	排名	差距	排名	差距	排名	差距	排名	差距	排名	差距	排名	差距	排名
灵川县	3.27	48	3.15	49	3.03	48	2.89	52	2.82	50	2.76	51	2.46	52	2.71	37
全州县	2.67	73	2.57	72	2.52	71	2.45	71	2.38	71	2.31	71	2.31	67	2.45	52
兴安县	2.73	71	2.57	72	2.48	72	2.39	72	2.32	72	2.28	72	2.10	73	2.79	27
永福县	3.44	42	3.40	36	3.37	34	3.23	34	3.13	37	3.08	36	2.64	34	2.31	65
灌阳县	3.87	23	3.97	14	3.89	13	3.78	13	3.65	14	3.61	13	3.13	10	2.49	50
龙胜各族自治县	4.96	6	4.80	6	4.64	6	4.47	6	4.27	6	4.16	6	2.99	19	2.01	74
资源县	3.63	35	3.50	31	3.40	31	3.31	31	3.19	32	3.08	36	3.11	13	2.29	67
平乐县	3.04	59	2.91	60	2.81	63	2.72	63	2.63	64	2.59	63	2.50	45	2.67	41
荔浦县	3.10	56	3.05	53	2.98	52	2.89	52	2.81	52	2.76	51	2.42	56	2.68	39
恭城瑶族自治县	3.21	52	3.15	49	3.11	44	3.03	43	2.90	46	2.86	46	2.61	38	2.32	64
苍梧县	3.51	39	3.16	47	3.03	48	2.92	48	2.82	50	2.78	49	2.74	26	2.24	71
藤县	3.19	53	3.16	47	3.02	50	2.91	49	2.80	53	2.74	55	2.49	48	2.30	66
蒙山县	3.99	21	3.76	18	3.57	22	3.43	23	3.30	26	3.13	30	2.85	21	2.26	70
岑溪市	3.28	46	3.22	43	3.15	42	3.04	42	2.94	45	2.90	44	2.83	23	2.10	72
合浦县	2.98	64	2.95	57	2.93	54	2.83	54	2.84	47	2.79	48	2.53	41	2.26	70
上思县	2.50	74	2.39	74	2.32	74	2.25	74	2.20	74	2.16	74	2.07	74	2.33	63
东兴市	3.04	59	2.90	62	2.82	60	2.73	61	2.64	62	2.60	62	2.34	62	2.51	49
灵山县	3.22	51	3.14	50	2.96	53	2.87	53	2.71	58	2.70	57	2.68	30	2.33	63
浦北县	3.13	54	2.90	62	2.86	56	2.78	55	2.73	56	2.69	58	2.71	28	2.78	29
平南县	3.01	61	2.80	66	2.74	65	2.68	65	2.63	64	2.57	65	2.31	67	3.23	7

续表

地区	2010 年		2011 年		2012 年		2013 年		2014 年		2015 年		2016 年		2017 年	
	差距	排名	差距	排名	差距	排名	差距	排名	差距	排名	差距	排名	差距	排名	差距	排名
桂平市	3.01	61	2.77	67	2.69	68	2.63	67	2.56	66	2.51	67	2.29	68	3.06	13
容县	2.95	67	2.81	65	2.73	66	2.64	66	2.54	68	2.51	67	2.32	64	3.28	6
陆川县	2.99	63	2.82	64	2.77	64	2.68	65	2.63	64	2.57	65	2.27	69	3.38	3
博白县	2.94	68	2.70	70	2.65	69	2.56	69	2.48	69	2.42	69	2.13	72	2.65	43
兴业县	3.08	58	2.93	58	2.86	56	2.76	57	2.71	58	2.65	59	2.32	64	2.60	46
北流市	3.29	45	3.10	51	3.02	50	2.92	48	2.82	50	2.76	51	2.38	59	3.45	1
田阳县	4.00	20	3.71	21	3.54	23	3.40	24	3.22	29	3.12	32	2.50	45	2.89	23
田东县	4.05	18	3.73	19	3.48	26	3.33	30	3.15	35	3.04	40	2.34	62	2.78	29
平果县	4.82	7	4.42	7	4.16	9	4.00	9	3.80	10	3.67	11	2.76	24	2.73	35
德保县	5.49	2	5.03	4	4.92	3	4.77	3	4.56	4	4.47	3	3.31	7	2.69	38
那坡县	4.54	11	4.11	11	3.95	11	3.84	11	3.73	12	3.63	12	2.92	20	3.17	8
凌云县	4.74	8	4.36	9	4.17	8	4.09	7	3.98	7	3.96	7	3.14	9	3.02	17
乐业县	5.27	4	4.88	5	4.78	5	4.70	4	4.49	5	4.39	5	3.32	6	3.02	17
田林县	5.35	3	5.19	2	4.98	2	4.88	2	4.56	4	4.47	3	3.38	4	3.08	10
西林县	4.65	9	4.34	10	4.19	7	4.03	8	3.87	9	3.75	9	2.67	32	2.97	18
隆林各族自治县	4.41	12	4.04	13	3.86	14	3.74	15	3.59	19	3.46	21	2.62	36	2.82	26
靖西市	5.57	1	5.32	1	5.09	1	4.93	1	4.70	1	4.56	1	3.52	2	3.29	5
昭平县	3.83	24	3.66	24	3.45	27	3.35	28	3.23	27	3.15	28	3.95	1	3.07	12
钟山县	3.55	37	3.39	38	3.28	38	3.19	37	3.11	39	3.03	41	2.62	36	2.96	19
富川瑶族自治县	3.79	25	3.65	26	3.44	29	3.33	30	3.22	29	3.12	32	2.75	25	3.03	15
南丹县	3.72	30	3.69	23	3.76	18	3.64	19	3.62	18	3.55	19	3.23	8	3.07	12

续表

地区	2010年		2011年		2012年		2013年		2014年		2015年		2016年		2017年	
	差距	排名	差距	排名	差距	排名	差距	排名	差距	排名	差距	排名	差距	排名	差距	排名
天峨县	3.67	32	3.46	33	3.48	26	3.39	25	3.34	25	3.33	25	3.08	16	2.83	25
凤山县	4.06	16	3.71	21	3.72	19	3.69	18	3.65	14	3.58	16	3.09	15	2.76	31
东兰县	4.15	14	3.86	17	3.81	17	3.69	18	3.62	18	3.59	15	3.12	11	3.38	3
罗城仫佬族自治县	4.12	15	3.71	21	3.52	24	3.45	22	3.43	21	3.42	22	3.02	18	2.73	35
环江毛南族自治县	3.78	26	3.28	41	3.22	40	3.09	40	3.08	40	3.05	39	2.84	22	2.42	57
巴马瑶族自治县	4.03	19	3.90	16	3.94	12	3.81	12	3.74	11	3.70	10	3.34	5	2.43	54
都安瑶族自治县	3.76	28	3.63	28	3.67	20	3.59	20	3.57	20	3.53	20	3.10	14	2.75	33
大化瑶族自治县	3.66	33	3.43	35	3.43	30	3.38	26	3.36	24	3.34	24	3.40	3	2.67	41
宜州区	3.36	44	3.27	42	3.07	46	2.99	46	2.97	42	2.95	42	3.07	17	2.64	45
忻城县	3.98	22	3.96	15	3.85	15	3.71	16	3.64	15	3.59	15	3.11	13	2.92	22
象州县	3.55	37	3.39	38	3.28	38	3.20	36	3.17	33	3.14	29	2.19	71	2.83	25
武宣县	3.77	27	3.56	29	3.39	32	3.27	32	3.22	29	3.19	27	2.42	56	2.76	31
金秀瑶族自治县	5.22	5	5.15	3	4.85	4	4.65	5	4.57	2	4.47	3	2.64	34	3.38	3
合山市	3.68	31	3.49	32	3.30	36	3.18	38	3.13	37	3.10	34	2.47	51	2.73	35
扶绥县	2.96	65	2.86	63	2.82	60	2.75	58	2.78	54	2.74	55	2.45	54	2.42	57
宁明县	3.10	57	2.96	55	2.81	63	2.73	61	2.74	55	2.71	56	2.50	45	2.43	54
龙州县	3.50	40	3.36	39	3.23	39	3.17	39	3.11	39	3.06	38	2.67	32	2.75	33
大新县	3.45	41	3.29	40	3.12	43	2.99	46	2.96	43	2.94	43	2.47	51	2.67	41
天等县	3.26	50	3.18	45	3.08	45	3.00	44	2.99	41	3.55	19	2.57	39	2.64	45
凭祥市	4.06	16	3.64	27	3.44	29	3.35	28	3.38	23	3.29	26	2.32	64	2.92	22

第三节　广西城区经济高质量发展功能表现评价

一、广西城区经济高质量发展的综合评价

表 3-19 给出了 2014—2017 年广西 36 个城区经济高质量发展的综合评价值和排名，可以直观地看出，各个城区每年的综合评价值的变动情况及其排名的升降情况。

表 3-19　2014—2017 年广西 36 个城区经济高质量发展的综合评价值和排名

地区	2014 年		2015 年		2016 年		2017 年	
	评价值	排名	评价值	排名	评价值	排名	评价值	排名
兴宁区	0.21958	18	0.23820	18	0.23991	18	0.23376	20
青秀区	0.30628	6	0.29739	11	0.34019	8	0.34203	8
江南区	0.25778	12	0.26895	15	0.28415	12	0.31052	12
西乡塘区	0.26569	11	0.28730	13	0.28640	11	0.31750	11
良庆区	0.18837	24	0.17750	30	0.17044	32	0.17878	31
邕宁区	0.16721	31	0.16799	33	0.14847	33	0.22339	23
城中区	0.28806	9	0.34769	7	0.28011	13	0.29001	14
鱼峰区	0.35666	5	0.50161	2	0.46451	2	0.47264	3
柳南区	0.53255	1	0.54297	1	0.53435	1	0.56348	1
柳北区	0.38207	2	0.41730	3	0.40092	5	0.41287	6
叠彩区	0.19517	23	0.21083	21	0.21662	23	0.22356	22
象山区	0.23761	13	0.30208	10	0.31652	9	0.32762	9
七星区	0.23306	15	0.23031	19	0.25056	16	0.26844	18
雁山区	0.11318	36	0.11755	36	0.10989	36	0.11923	36
临桂区	0.20410	21	0.20617	23	0.21980	21	0.20122	28
万秀区	0.37449	3	0.39717	5	0.37769	6	0.43272	5
长洲区	0.27078	10	0.32442	8	0.34340	7	0.35851	7
龙圩区	0.17952	26	0.17898	28	0.19551	28	0.22284	24
海城区	0.29258	7	0.29331	12	0.29969	10	0.32335	10
银海区	0.23210	16	0.24493	17	0.18487	30	0.20015	29
铁山港区	0.17115	28	0.20043	25	0.22017	20	0.27943	15
港口区	0.21939	19	0.27018	14	0.27826	14	0.27835	16
防城区	0.16922	29	0.17529	31	0.19726	26	0.19476	30
钦南区	0.37196	4	0.41398	4	0.45616	3	0.49573	2

续表

地区	2014 年		2015 年		2016 年		2017 年	
	评价值	排名	评价值	排名	评价值	排名	评价值	排名
钦北区	0.22065	17	0.26126	16	0.27734	15	0.29495	13
港北区	0.20094	22	0.21074	22	0.20831	25	0.21036	26
港南区	0.16622	32	0.16855	32	0.21341	24	0.16173	33
覃塘区	0.17844	27	0.18382	27	0.17653	31	0.16845	32
玉州区	0.18264	25	0.20496	24	0.21807	22	0.23067	21
福绵区	0.12914	34	0.13062	34	0.13927	34	0.14575	35
右江区	0.29229	8	0.36482	6	0.41069	4	0.45536	4
八步区	0.21516	20	0.21426	20	0.22672	19	0.23701	19
平桂区	0.12560	35	0.12802	35	0.12724	35	0.15311	34
金城江区	0.15322	33	0.18856	26	0.19694	27	0.21343	25
兴宾区	0.23707	14	0.30974	9	0.24217	17	0.27496	17
江州区	0.16804	30	0.17759	29	0.18755	29	0.20544	27

2014—2017 年，广西城区经济高质量发展的综合评价值排名中，排名前 10 的城区变动不大，其中柳南区、柳北区、万秀区、钦南区、鱼峰区、右江区、长洲区 7 个城区在 2014—2017 年均进入前 10 名。青秀区有 3 个年度的经济高质量发展水平处于广西城区的前 10 名，城中区有 2 个年度处于前 10 名，兴宾区有 1 个年度处于前 10 名。

雁山区、平桂区、福绵区、江州区和覃塘区 5 个城区的经济高质量发展水平在 2014—2017 年都比较低，处于广西城区的最后 10 名，防城区、港南区、邕宁区和良庆区有 3 个年度处于最后 10 名；金城江区、龙圩区和银海区 3 个城区有 2 个年度处于最后 10 名；铁山港区和临桂区有 1 个年度处于最后 10 名。

二、广西城区经济高质量发展五个维度表现的具体分析

（一）增长规模综合评价分析

1. GDP 总量规模和排名分析

表 3-20 给出了 2014—2017 年广西 36 个城区的 GDP 和排名，可以直观地看出，各个城区每年的 GDP 的变动情况及其排名的升降情况。2014—2017 年，西乡塘区、青秀区、柳南区、柳北区、海城区、江南区、港口区、兴宁区和玉州区 9 个城区 GDP 一直排在前 10 名，而兴宾区只 2014 年进入 GDP 排名的前 10，鱼峰区在 2015 年之后进入 GDP 排名的前 10。

表 3-20　2014—2017 年广西 36 个城区的 GDP 和排名

地区	2014 年		2015 年		2016 年		2017 年	
	GDP（万元）	排名	GDP（万元）	排名	GDP（万元）	排名	GDP（万元）	排名
兴宁区	2995040	8	3564969	8	3888040	8	4135500	10
青秀区	6349761	2	7554061	2	8334304	1	9139620	1
江南区	3701377	6	4219399	5	5417961	4	6029689	4
西乡塘区	7078443	1	8099752	1	8060270	2	8884120	2
良庆区	1160472	26	1267451	26	1354202	26	1562091	26
邕宁区	584915	35	672474	34	760318	34	908814	33
城中区	2311586	11	2808276	11	2830075	11	3080601	13
鱼峰区	1880457	16	3650294	7	3907574	7	4385826	7
柳南区	4640303	3	5646058	3	6226897	3	7010443	3
柳北区	4554229	4	4781940	4	5018944	5	5259334	5
叠彩区	637882	33	710193	33	782465	33	861863	34
象山区	1845149	17	1917243	19	2077547	19	2257615	18
七星区	1674166	20	1794002	21	1896695	22	1944258	21
雁山区	244562	36	231602	36	255252.5	36	257728	36
临桂区	2156081	12	2360911	14	2559086	14	1780481	23
万秀区	1825131	18	1953296	18	1936874	20	2251855	19
长洲区	2127100	13	2395121	13	2424446	16	2395180	17
龙圩区	1191607	25	1051718	29	1256293	27	1621324	25
海城区	3706153	5	3948371	6	4366041	6	5072048	6
银海区	950673	30	1008757	31	1091423	31	1270648	31
铁山港区	2055974	14	1861837	20	2285249	17	3308760	11
港口区	3245600	7	3460541	9	3724397	9	4153115	8
防城区	1109127	27	1271298	25	1388526	25	1504570	27
钦南区	1917944	15	2132533	16	2433505	15	2819385	16
钦北区	1563345	21	2318196	15	2677808	12	3099135	12
港北区	1543902	22	1725272	22	1921138	21	2194608	20
港南区	708052	32	821836	32	897697.9	32	1001553	32
覃塘区	918598	31	1040897	30	1156585	30	1401570	29
玉州区	2898951	9	3305682	10	3658102	10	4146828	9
福绵区	597431	34	654349	35	731307.1	35	781907	35
右江区	1761903	19	2055104	17	2257111	18	2872060	15
八步区	1382305	23	1571369	23	1777752	23	1724822	24

续表

地区	2014 年		2015 年		2016 年		2017 年	
	GDP（万元）	排名	GDP（万元）	排名	GDP（万元）	排名	GDP（万元）	排名
平桂区	986643	29	1066050	28	1220884	28	1417099	28
金城江区	988388	28	1140933	27	1172935	29	1295798	30
兴宾区	2503985	10	2465324	12	2604242	13	2936789	14
江州区	1226409	24	1401283	24	1596760	24	1936177	22

2014—2017 年，平桂区、银海区、覃塘区、港南区、叠彩区、福绵区、邕宁区和雁山区等 9 个城区的 GDP 一直处于最后 10 名。防城区 2014 年和 2017 年的 GDP 排在最后 10 名。龙圩区 2015—2016 年的 GDP 排在最后 10 名。

2. 人均 GDP 规模和排名分析

表 3-21 给出了 2014—2017 年广西 36 个城区的人均 GDP 和排名，可以直观地看出，各个城区每年的人均 GDP 的变动情况及其排名的升降情况。

表 3-21　2014—2017 年广西 36 个城区的人均 GDP 和排名

地区	2014 年		2015 年		2016 年		2017 年	
	人均 GDP（元）	排名	人均 GDP（元）	排名	人均 GDP（元）	排名	人均 GDP（元）	排名
兴宁区	71703	7	84911	9	91387	9	95696	9
青秀区	83903	6	99161	8	107936	8	116488	7
江南区	62187	8	69644	11	87634	10	95173	10
西乡塘区	59264	9	67580	12	66603	13	72479	13
良庆区	32088	20	34639	24	36689	25	41862	24
邕宁区	21274	31	24312	33	27174	31	32034	31
城中区	41650	13	166515	2	166279	2	178431	3
鱼峰区	57314	10	77509	10	81860	11	90448	11
柳南区	115689	1	110544	5	120993	4	134777	5
柳北区	99568	3	108680	7	113192	7	117396	6
叠彩区	5884	35	39226	21	42595	23	46151	22
象山区	15460	32	66479	13	71467	12	77031	12
七星区	99475	4	59601	15	62463	14	63538	17
雁山区	5866	36	18700	34	19403	34	18923	35
临桂区	46907	11	50750	18	54345	18	37385	26

续表

地区	2014 年		2015 年		2016 年		2017 年	
	人均 GDP（元）	排名	人均 GDP（元）	排名	人均 GDP（元）	排名	人均 GDP（元）	排名
万秀区	41144	15	61511	14	60670	15	70009	15
长洲区	35973	18	119131	4	119343	5	116128	8
龙圩区	31844	21	37608	23	44502	21	56853	19
海城区	107394	2	108726	6	118401	6	136254	4
银海区	28043	24	53247	16	56375	17	64386	16
铁山港区	40931	16	124704	3	151191	3	215931	2
港口区	87388	5	206723	1	218184	1	239442	1
防城区	29276	22	33258	27	35963	26	38594	25
钦南区	34910	19	38362	22	43278	22	49576	21
钦北区	22703	28	33353	26	38145	24	43677	23
港北区	25805	26	28559	28	31479	28	35575	28
港南区	13478	34	15528	36	16790	36	18496	36
覃塘区	21947	29	24677	31	27121	33	32448	30
玉州区	41340	14	46704	19	51080	19	57040	18
福绵区	15260	33	16629	35	18477	35	19614	34
右江区	45468	12	52393	17	56991	16	72054	14
八步区	21853	30	24639	32	27695	30	26677	33
平桂区	24515	27	26458	29	29960	29	34530	29
金城江区	29147	23	33414	25	34077	27	37370	27
兴宾区	26577	25	25940	30	27170	32	30398	32
江州区	37052	17	41879	20	47269	20	56747	20

2014—2017 年，柳南区、海城区、柳北区、港口区、青秀区、兴宁区 6 个城区的人均 GDP 都比较高，处于广西城区的前 10 名。城中区、铁山港区和长洲区有 3 个年度的人均 GDP 处于广西城区的前 10 名；鱼峰区有 2 个年度的人均 GDP 处于广西城区的前 10 名；西乡塘区和七星区有 1 个年度的人均 GDP 处于广西城区的前 10 名。

港南区、雁山区、福绵区、八步区、邕宁区、覃塘区、平桂区 7 个城区的人均 GDP 在 2014—2017 年都相对较低，处于广西城区的最后 10 名。兴宾区和港北区有 3 个年度的人均 GDP 处于广西城区的最后 10 名；金城江区有 2 个年度的人均 GDP 处于广西城区的最后 10 名；防城区、钦北区、叠彩区和象山区有 1 个年度的人均 GDP 处于广西城区的最后 10 名。

3. 地均 GDP 规模和排名分析

表 3-22 给出了 2014—2017 年广西 36 个城区的地均 GDP 和排名，可以直观地看出，各个城区每年的地均 GDP 的变动情况及其排名的升降情况。

表 3-22 2014—2017 年广西 36 个城区的地均 GDP 和排名

地区	2014 年		2015 年		2016 年		2017 年	
	地均 GDP（万元）	排名	地均 GDP（万元）	排名	地均 GDP（万元）	排名	地均 GDP（万元）	排名
兴宁区	4142.52	13	4930.80	14	（万元）	14	5719.92	15
青秀区	7340.76	9	8733.02	8	9635.03	8	10566.03	8
江南区	3128.81	17	3566.69	17	4579.85	15	5096.95	16
西乡塘区	6578.48	11	7527.65	12	7490.96	12	8256.62	12
良庆区	847.68	22	925.82	23	989.19	23	1141.05	23
邕宁区	475.15	30	546.28	31	617.64	29	738.27	30
城中区	29635.72	1	36003.54	1	36283.01	2	39494.88	2
鱼峰区	3967.21	16	7701.04	10	8243.83	11	9252.80	11
柳南区	28294.53	2	34427.18	2	37968.88	1	42746.60	1
柳北区	15130.33	6	15886.84	6	16674.23	6	17472.87	6
叠彩区	12266.96	7	13657.56	7	15047.40	7	16574.29	7
象山区	20501.66	4	21302.70	5	23083.86	5	25084.61	5
七星区	23579.80	3	25267.63	3	26714.01	3	27383.92	4
雁山区	809.81	23	766.89	27	845.21	27	853.40	28
临桂区	1501.45	19	1644.09	19	1782.09	19	1239.89	22
万秀区	4064.88	15	4350.33	15	4313.75	17	5015.27	17
长洲区	5702.68	12	6421.24	13	6499.86	13	6421.39	14
龙圩区	1227.20	21	1083.13	21	1293.81	21	1669.75	20
海城区	20363.48	5	21694.35	4	23989.24	4	27868.40	3
银海区	1757.25	18	1864.62	18	2017.42	18	2348.70	18
铁山港区	4083.62	14	3698.02	16	4539.01	16	6571.93	13
港口区	7916.10	8	8440.34	9	9083.90	9	10129.55	9
防城区	457.18	32	524.03	32	572.35	32	620.19	34
钦南区	738.81	24	821.47	24	937.41	24	1086.05	24
钦北区	705.16	26	1045.65	22	1207.85	22	1397.90	21
港北区	1407.39	20	1572.72	20	1751.27	20	2000.55	19
港南区	644.27	28	747.80	28	816.83	28	911.33	27

续表

地区	2014 年		2015 年		2016 年		2017 年	
	地均 GDP（万元）	排名	地均 GDP（万元）	排名	地均 GDP（万元）	排名	地均 GDP（万元）	排名
覃塘区	679.44	27	769.89	26	855.46	26	1036.66	25
玉州区	6648.97	10	7581.84	11	8390.14	10	9511.07	10
福绵区	720.66	25	789.32	25	882.16	25	943.19	26
右江区	473.88	31	552.74	30	607.08	30	772.47	29
平桂区	448.07	33	484.13	34	554.44	33	643.55	33
八步区	375.01	36	426.31	36	482.30	36	467.94	36
金城江区	421.31	34	486.33	33	499.97	35	552.34	35
兴宾区	568.64	29	559.86	29	591.41	31	666.93	31
江州区	420.29	35	480.22	35	547.21	34	663.53	32

2014—2017 年城中区、柳南区、七星区、象山区、海城区、柳北区、叠彩区、港口区和青秀区 9 个城区的地均 GDP 一直排在广西城区中的前 10 名，而玉州区在 2014 年和 2016—2017 年进入地均 GDP 前 10 名，鱼峰区只有 2015 年的地均 GDP 排名进入前 10 名。

八步区、江州区、金城江区、平桂区、防城区、右江区、邕宁区、兴宾区和港南区 9 个城区的地均 GDP 在 2014—2017 年都处于广西城区中的最后 10 名，覃塘区 2014 年的地均 GDP 的排名处于广西城区的最后 10 名，雁山区 2015—2017 年的地均 GDP 的排名处于广西城区的最后 10 名。

（二）增长速度综合评价分析

表 3-23 给出了 2014—2017 年广西 36 个城区的 GDP 的增速和排名，可以直观地看出，各个城区每年的 GDP 增长率的变动情况及其排名的升降情况。

2014—2017 年只有临桂区的 GDP 的增长速度一直保持前 10 名，主要是因为每个城区的 GDP 基期不一样，有些地区可能基期 GDP 较高，虽然在增量上比较大，但是在增速上可能比较小。GDP 增速下滑的城区在 2014—2017 年的变动较大，其中万秀区、右江区两个城区的 GDP 增长率排名在广西城区的最后 10 名。

表 3-23　2014—2017 年广西 36 个城区的 GDP 增长率和排名

地区	2014 年		2015 年		2016 年		2017 年	
	增长率（%）	排名	增长率（%）	排名	增长率（%）	排名	增长率（%）	排名
兴宁区	18.08	4	19.03	4	9.06	17	6.36	27
青秀区	18.02	5	18.97	5	10.33	6	9.66	21

续表

地区	2014 年		2015 年		2016 年		2017 年	
	增长率（%）	排名	增长率（%）	排名	增长率（%）	排名	增长率（%）	排名
江南区	13.30	8	14.00	10	28.41	1	11.29	12
西乡塘区	13.71	7	14.43	9	-0.49	36	10.22	14
良庆区	8.25	20	9.22	21	6.84	27	15.35	5
邕宁区	8.95	19	14.97	6	13.06	2	19.53	1
城中区	10.01	13	9.93	18	9.98	12	9.89	18
鱼峰区	3.66	33	10.16	17	5.56	31	12.45	10
柳南区	5.57	27	3.30	34	7.89	23	9.32	23
柳北区	3.77	31	10.18	16	5.86	29	8.07	26
叠彩区	9.33	17	9.52	19	10.98	5	9.44	22
象山区	-1.46	35	7.43	26	5.94	28	12.71	8
七星区	20.41	3	21.49	3	0.78	35	8.85	24
雁山区	89.41	1	94.12	1	7.05	26	12.24	11
临桂区	20.59	2	21.67	2	10.29	7	12.58	9
万秀区	4.75	29	5.00	31	4.96	33	4.79	28
长洲区	12.08	9	6.64	28	8.79	18	15.54	4
龙圩区	7.03	24	10.95	13	5.44	32	13.24	7
海城区	4.64	30	8.56	22	11.01	4	17.55	3
银海区	1.77	34	10.49	15	11.20	3	14.86	6
铁山港区	6.93	25	14.81	7	9.78	14	18.37	2
港口区	7.16	22	14.49	8	10.27	8	10.02	17
防城区	10.77	11	11.34	11	10.18	11	10.15	15
钦南区	3.71	32	3.91	32	8.36	20	8.67	25
钦北区	6.80	26	7.16	27	5.72	30	2.51	30
港北区	-5.03	36	-5.30	36	10.21	10	0.97	32
港南区	9.43	16	9.50	20	8.39	19	-30.43	36
覃塘区	15.73	6	10.76	14	8.04	22	9.72	20
玉州区	9.61	15	5.46	30	7.54	24	-11.17	35
福绵区	9.85	14	6.52	29	8.13	21	-2.30	33
右江区	4.79	28	2.79	35	2.99	34	-9.32	34
八步区	9.23	18	7.51	25	9.15	15	10.04	16
平桂区	10.61	12	3.66	33	9.08	16	4.12	29

续表

地区	2014 年		2015 年		2016 年		2017 年	
	增长率(%)	排名	增长率(%)	排名	增长率(%)	排名	增长率(%)	排名
金城江区	11.74	10	7.63	24	7.22	25	9.81	19
兴宾区	7.10	23	11.00	12	10.25	9	10.78	13
江州区	7.28	21	8.11	23	9.84	13	2.38	31

表 3-24 给出了 2014—2017 年广西 36 个城区的固定资产投资增长率和排名，可以直观地看出，各个城区每年的固定资产投资增长率的变动情况及其排名的升降情况。其中，邕宁区和良庆区的固定资产投资增长率排名在 2014—2017 年一直保持在前 10 名，这可能是由于地方政策的变动，城区的固定资产投资增长并不能一直保持高速增长。

表 3-24 2014—2017 年广西 36 个城区的固定资产投资增长率和排名

地区	2014 年		2015 年		2016 年		2017 年	
	增长率（%）	排名	增长率（%）	排名	增长率（%）	排名	增长率（%）	排名
兴宁区	9.70	32	10.21	33	8.68	28	9.23	28
青秀区	10.77	30	11.34	31	19.45	15	12.10	20
江南区	26.97	7	28.39	5	17.78	17	15.25	12
西乡塘区	16.19	23	17.05	24	-4.69	34	11.30	23
良庆区	33.94	3	36.05	2	42.78	6	28.51	1
邕宁区	89.98	2	39.03	1	37.36	7	24.31	3
城中区	25.23	8	26.55	7	137.73	2	10.44	25
鱼峰区	-69.45	36	-73.11	36	493.58	1	13.90	13
柳南区	19.78	15	20.82	14	58.60	5	13.65	15
柳北区	18.92	18	19.92	16	62.70	4	12.54	19
叠彩区	21.25	12	22.37	11	23.63	9	17.63	8
象山区	14.21	26	14.96	29	14.29	24	16.15	11
七星区	20.10	14	21.16	13	15.82	21	-19.39	34
雁山区	22.35	9	23.52	9	22.01	11	0.94	31
临桂区	7.21	33	18.14	21	17.31	18	-51.64	36
万秀区	17.41	21	18.32	18	84.28	3	-28.17	35
长洲区	16.12	24	16.96	25	16.16	20	12.79	18
龙圩区	10.29	31	10.83	32	15.65	22	13.82	14
海城区	19.76	16	20.80	15	3.22	31	-1.21	32
银海区	17.28	22	18.19	20	21.50	13	18.00	7

续表

地区	2014 年		2015 年		2016 年		2017 年	
	增长率（%）	排名	增长率（%）	排名	增长率（%）	排名	增长率（%）	排名
铁山港区	4.12	34	4.33	34	19.62	14	6.09	29
港口区	11.46	29	12.07	30	18.87	16	11.87	21
防城区	15.73	25	17.81	23	4.54	30	16.31	10
钦南区	29.38	5	16.34	27	0.38	33	10.36	26
钦北区	33.64	4	31.42	3	21.75	12	17.25	9
港北区	28.64	6	23.32	10	16.41	19	18.12	6
港南区	18.45	19	22.27	12	13.39	26	11.14	24
覃塘区	19.61	17	30.80	4	31.60	8	25.00	2
玉州区	20.88	13	18.87	17	7.52	29	20.08	5
福绵区	17.75	20	18.25	19	14.02	25	2.05	30
右江区	14.04	27	15.92	28	12.57	27	13.53	17
八步区	119.51	1	23.62	8	-45.19	36	11.51	22
平桂区	21.83	10	17.92	22	15.20	23	9.45	27
金城江区	13.23	28	16.75	26	1.60	32	-14.34	33
兴宾区	-0.84	35	-3.17	35	-21.63	35	13.57	16
江州区	21.69	11	27.69	6	23.63	9	21.83	4

2014—2017 年只有兴宁区的固定资产投资增长率排名一直保持在广西城区的固定资产投资增长最慢的 10 个城区中，说明广西城区固定资产投资增长速度变化较大。

（三）发展效益综合评价分析

表 3-25 给出了 2014—2017 年广西 36 个城区的单位投资收益率和排名，可以直观地看出，各个城区每年的单位投资收益率的变动情况及其排名的升降情况。其中，柳北区、柳南区、象山区、右江区、兴宁区在 2014—2017 年其单位投资收益率都是比较高的，一直处于广西城区单位投资收益率最高的 10 名中。城中区、长洲区的单位投资收益率在 2014—2017 年有 3 个年度处于广西城区单位投资收益率最高的 10 名中。金城江区、覃塘区、七星区、兴宾区、钦北区的单位投资收益率在 2014—2017 年有 2 个年度处于广西城区单位投资收益率最高的 10 名中。江州区、西乡塘区、海城区、铁山港区的单位投资收益率在 2014—2017 年有 1 个年度处于广西城区单位投资收益率最高的 10 名中。

表 3-25　2014—2017 年广西 36 个城区的单位投资收益率和排名

地区	2014 年		2015 年		2016 年		2017 年	
	收益率（%）	排名	收益率（%）	排名	收益率（%）	排名	收益率（%）	排名
兴宁区	1.43	9	1.54	7	1.55	3	1.51	7
叠彩区	1.36	14	1.24	17	1.10	21	1.03	23
江南区	1.27	18	1.13	19	1.23	12	1.19	16
西乡塘区	1.30	15	1.27	15	1.32	9	1.31	13
良庆区	0.68	32	0.54	33	0.41	36	0.36	36
邕宁区	0.63	33	0.52	35	0.43	35	0.41	35
城中区	3.16	3	3.03	3	1.29	10	1.27	14
鱼峰区	0.38	36	2.74	4	0.49	33	0.49	33
柳南区	3.49	2	3.51	1	2.44	1	2.42	1
柳北区	3.52	1	3.08	2	1.99	2	1.85	2
青秀区	1.07	24	1.14	18	1.06	22	1.03	23
象山区	1.71	4	1.55	6	1.47	5	1.37	10
七星区	1.51	7	1.34	11	1.22	13	1.55	6
雁山区	0.83	27	0.64	32	0.58	32	0.58	32
临桂区	0.96	26	0.89	27	0.82	27	1.18	18
万秀区	1.40	12	1.27	15	0.68	29	1.10	21
长洲区	1.69	5	1.62	5	1.42	6	1.24	15
龙圩区	1.42	11	1.13	19	1.17	17	1.33	12
海城区	1.24	20	1.10	24	1.17	17	1.38	9
银海区	0.61	34	0.54	33	0.48	34	0.48	34
铁山港区	1.29	16	1.12	22	1.15	20	1.57	5
港口区	1.39	13	1.32	12	1.19	14	1.19	16
防城区	1.15	21	1.12	22	1.17	17	1.09	22
港北区	1.13	22	1.02	25	0.98	23	0.94	25
钦北区	1.27	18	1.44	9	1.36	8	1.35	11
钦南区	0.82	28	0.79	28	0.89	25	0.94	25
港南区	0.71	30	0.68	30	0.65	30	0.65	31
覃塘区	1.58	6	1.37	10	1.16	19	1.12	20
玉州区	1.00	25	0.96	26	0.98	23	0.93	27
福绵区	0.75	29	0.70	29	0.69	28	0.72	29
右江区	1.45	8	1.46	8	1.42	6	1.60	4
八步区	0.46	35	0.42	36	0.88	26	0.76	28

续表

地区	2014 年		2015 年		2016 年		2017 年	
	收益率（%）	排名	收益率（%）	排名	收益率（%）	排名	收益率（%）	排名
平桂区	0.71	30	0.65	31	0.65	30	0.69	30
金城江区	1.29	16	1.28	13	1.29	10	1.67	3
兴宾区	1.10	23	1.12	22	1.51	4	1.50	8
江州区	1.43	9	1.28	13	1.18	15	1.17	19

2014—2017 年银海区、邕宁区、良庆区、平桂区、港南区、福绵区、雁山区的单位投资收益率都是比较低的，一直处于广西城区单位投资收益率最低的 10 名中，鱼峰区、八步区的单位投资收益率在 2014—2017 年有 3 个年度处于广西城区单位投资收益率最低的 10 名中。钦南区、临桂区的单位投资收益率在 2014—2017 年有 2 个年度处于广西城区单位投资收益率最低的 10 名中。万秀区、玉州区的单位投资收益率在 2014—2017 年有 1 个年度处于广西城区单位投资收益率最低的 10 名中。

（四）绿色发展综合评价分析

表 3-26 给出了 2014—2017 年广西 36 个城区的单位能耗产出和排名，可以直观地看出，各个城区每年的单位能耗产出的变动情况及其排名的升降情况。

表 3-26　2014—2017 年广西 36 个城区的单位能耗产出和排名

地区	2014 年		2015 年		2016 年		2017 年	
	产出（元 / 千万时）	排名	产出（元 / 千万时）	排名	产出（元 / 千万时）	排名	产出（元 / 千万时）	排名
兴宁区	25.15	12	28.68	11	29.10	4	29.82	6
青秀区	99.68	2	32.37	6	28.18	6	29.76	7
江南区	11.86	22	12.60	22	21.79	15	23.36	13
西乡塘区	18.06	17	27.99	12	17.78	20	15.73	23
良庆区	21.09	14	16.70	19	15.65	22	15.84	22
邕宁区	3.71	33	6.14	32	6.94	31	69.35	2
城中区	27.19	9	30.41	7	21.34	17	19.27	18
鱼峰区	18.43	16	32.94	5	24.55	12	22.86	14
柳南区	31.43	5	35.40	4	28.24	5	28.66	8
柳北区	9.16	26	10.17	26	6.45	32	6.79	32
叠彩区	1.34	35	1.15	36	1.17	36	1.11	36
象山区	15.82	20	15.60	20	15.67	21	14.10	24

续表

地区	2014 年		2015 年		2016 年		2017 年	
	产出（元 / 千万时）	排名	产出（元 / 千万时）	排名	产出（元 / 千万时）	排名	产出（元 / 千万时）	排名
七星区	6.02	31	27.26	13	23.59	14	23.79	11
雁山区	0.88	36	3.52	34	2.15	35	14.08	25
临桂区	32.19	4	29.60	9	28.15	7	17.82	19
万秀区	28.64	8	30.35	8	30.09	3	34.99	4
长洲区	17.91	18	19.91	16	19.47	19	17.37	20
龙圩区	23.12	13	19.39	17	24.31	13	31.50	5
海城区	29.89	6	29.47	10	26.14	11	24.77	10
银海区	113.18	1	119.88	1	20.59	18	20.49	17
铁山港区	11.13	23	9.60	27	8.50	28	10.34	29
港口区	25.17	11	26.65	14	27.34	9	9.08	30
防城区	10.78	24	12.33	24	27.93	8	22.74	15
钦南区	18.49	15	19.21	18	21.49	16	23.71	12
钦北区	42.30	3	59.59	2	65.39	1	71.90	1
港北区	10.17	25	11.00	25	12.01	25	13.72	27
港南区	16.19	19	13.45	21	13.22	23	13.84	26
覃塘区	7.16	28	7.79	29	8.20	29	7.04	31
玉州区	14.38	21	12.34	23	12.39	24	17.23	21
福绵区	26.03	10	24.76	15	26.35	10	26.83	9
右江区	4.67	32	6.89	31	7.07	30	6.35	33
八步区	3.10	34	3.27	35	3.69	34	5.24	34
平桂区	9.14	27	9.13	28	9.73	27	21.09	16
金城江区	6.51	29	7.59	30	10.40	26	11.90	28
兴宾区	6.09	30	4.50	33	4.64	33	3.76	35
江州区	29.57	7	36.87	3	37.42	2	43.43	3

钦北区、江州区、万秀区、青秀区、柳南区的单位能耗产出在 2014—2017 年都排在广西城区的前 10 名。福绵区、海城区和临桂区在 2014—2017 年有 3 个年度的单位能耗产出的排名在广西城区的前 10 名。兴宁区、银海区和城中区的单位能耗产出在 2014—2017 年有 2 个年度的排名在广西城区的前 10 名。邕宁区、龙圩区、鱼峰区、防城区、港口区的单位能耗产出在 2014—2017 年有 1 个年度的单位能耗产出的排名在广西城区的前 10 名。

叠彩区、八步区、右江区、兴宾区和覃塘区的单位能耗产出排名在 2014—2017 年都处于广西城区的最后 10 名。雁山区、邕宁区、金城江区、铁山港区、平桂区的单位能耗产出排名在 2014—2017 年有 3 个年度处于广西城区的最后 10 名。柳北区的单位能耗产出排名在 2014—2017 年有 2 个年度处于广西城区的最后 10 名。港北区和七星区的单位能耗产出排名在 2014—2017 年有 1 个年度处于广西城区的最后 10 名。

（五）共享发展综合评价分析

1. 社会福利床位数和排名分析

表 3-27 给出了 2014—2017 年广西 36 个城区的社会福利床位数和排名，可以直观地看出，各个城区每年的社会福利床位数的变动情况及其排名的升降情况。

表 3-27　2014—2017 年广西 36 个城区的社会福利床位数和排名

地区	2014 年		2015 年		2016 年		2017 年	
	床位数（张）	排名	床位数（张）	排名	床位数（张）	排名	床位数（张）	排名
兴宁区	165	31	165	31	125	31	120	32
青秀区	203	29	539	17	1176	7	1156	6
江南区	665	8	665	12	456	18	772	13
西乡塘区	270	24	270	26	281	25	701	16
良庆区	471	15	368	20	305	24	305	24
邕宁区	296	21	296	24	180	30	448	19
城中区	465	16	465	19	465	16	465	18
鱼峰区	840	5	950	7	895	10	928	10
柳南区	1545	2	1307	5	1362	5	1489	3
柳北区	220	26	842	8	828	12	833	12
叠彩区	215	27	215	28	215	28	215	27
象山区	427	17	1200	6	1390	4	1395	4
七星区	657	9	622	14	1036	8	1136	7
雁山区	18	36	18	36	95	33	118	33
临桂区	770	7	773	10	957	9	960	9
万秀区	322	18	337	21	328	22	437	20
长洲区	56	34	134	32	400	20	649	17
龙圩区	20	35	20	35	20	36	20	36
海城区	521	12	521	18	420	19	420	21
银海区	313	20	313	23	313	23	717	14
铁山港区	75	32	75	33	58	35	173	31

续表

地区	2014 年		2015 年		2016 年		2017 年	
	床位数（张）	排名	床位数（张）	排名	床位数（张）	排名	床位数（张）	排名
港口区	182	30	185	30	106	32	112	34
防城区	795	6	795	9	842	11	838	11
钦南区	1340	4	1398	3	1565	2	1585	2
钦北区	271	23	271	25	271	26	271	25
港北区	493	14	546	16	456	18	96	35
港南区	641	10	641	13	1331	6	355	23
覃塘区	507	13	599	15	485	15	240	26
玉州区	316	19	708	11	708	13	708	15
福绵区	60	33	60	34	60	34	174	30
右江区	537	11	1488	2	2024	1	2114	1
八步区	1597	1	1392	4	1392	3	1392	5
平桂区	242	25	255	27	268	27	196	28
金城江区	277	22	330	22	340	21	407	22
兴宾区	1412	3	2267	1	680	14	1070	8
江州区	213	28	213	29	213	29	192	29

八步区、柳南区、钦南区、鱼峰区、临桂区等城区的社会福利床位数在 2014—2017 年都是比较多的，社会福利床位数总量排名在广西城区的前 10 名，兴宾区、右江区、七星区、象山区的社会福利床位总数排名在 2014—2017 年有 3 个年度排在广西城区的前 10 名；防城区、港南区、青秀区的社会福利床位总数排名在 2014—2017 年有 2 个年度排在广西城区的前 10 名；江南区、柳北区社会福利床位总数排名在 2014—2017 年有 1 个年度排在广西城区的前 10 名。

港口区、兴宁区、铁山港区、福绵区、江州区、叠彩区的社会福利床位数在 2014—2017 年都比较少，社会福利床位数总量排名处于广西城区的最后 10 名，青秀区、港北区和邕宁区的社会福利床位数总量排名在 2014—2017 年只有 1 个年度在广西城区的最后 10 名，长洲区和平桂区社会福利床位数总量排名在 2014—2017 年有 3 个年度在广西城区的最后 10 名。

2. 医院、卫生机构技术人员数量及排名分析

表 3-28 给出了 2014—2017 年广西 36 个城区的医院、卫生机构技术人员数量和排名，可以直观地看出，各个城区每年的医院、卫生机构技术人员数量的变动情况及其排名的升降情况。其中，青秀区、西乡塘区、玉州区、城中区、鱼峰区、右江区和兴宁区 7 个城区

的医院、卫生机构技术人员总数排名都在广西城区中的前 10 名，八步区和万秀区有 3 个年度、象山区和海城区有 2 个年度、金城江区和柳南区有 1 个年度的医院、卫生机构技术人员总数排名在广西城区中的前 10 名。

表 3-28　2014—2017 年广西 36 个城区的医院、卫生机构技术人员数量和排名

地区	2014 年		2015 年		2016 年		2017 年	
	数量（人）	排名	数量（人）	排名	数量（人）	排名	数量（人）	排名
兴宁区	3869	9	5486	7	5497	5	6398	4
青秀区	16820	1	18194	1	16366	1	20461	1
江南区	618	30	480	31	493	33	496	33
西乡塘区	7544	2	7582	3	5219	6	6011	6
良庆区	1702	20	2289	15	2019	19	789	30
邕宁区	1450	24	1091	28	1512	23	1574	21
城中区	5548	5	6035	6	6035	4	6035	5
鱼峰区	5075	6	4630	10	4713	9	5416	7
柳南区	2860	15	2156	17	5075	7	2776	14
柳北区	3076	14	3043	14	3327	14	3281	13
叠彩区	1635	21	1891	21	2443	16	2016	18
象山区	3818	10	3787	12	4158	10	4531	11
七星区	229	34	363	34	1063	27	1901	19
雁山区	132	36	118	36	109	36	134	36
临桂区	2805	16	2213	16	2427	17	2430	15
万秀区	3545	12	7895	2	7895	2	7895	2
长洲区	820	29	820	29	860	29	878	27
龙圩区	888	28	1605	23	947	28	1116	25
海城区	4066	8	4070	11	4070	11	4880	10
银海区	376	33	378	33	354	34	361	35
铁山港区	212	35	335	35	352	35	372	34
港口区	423	32	456	32	713	31	674	31
防城区	917	27	1104	27	1596	22	1613	20
钦南区	1429	25	1461	25	1387	25	1114	26
钦北区	1787	19	1921	20	1960	20	2053	17
港北区	3693	11	3683	13	2993	15	1380	23

续表

地区	2014 年		2015 年		2016 年		2017 年	
	数量（人）	排名	数量（人）	排名	数量（人）	排名	数量（人）	排名
港南区	1571	22	1257	26	1767	21	856	29
覃塘区	1474	23	1471	24	1473	24	1518	22
玉州区	7392	3	7392	4	7523	3	7656	3
福绵区	588	31	588	30	588	32	588	32
右江区	4911	7	4911	8	5036	8	5093	9
八步区	6613	4	6664	5	3697	12	5095	8
平桂区	2153	17	1712	22	1271	26	1220	24
金城江区	3491	13	4655	9	3472	13	4230	12
兴宾区	1213	26	2050	18	2320	18	2256	16
江州区	2023	18	2028	19	728	30	867	28

雁山区、铁山港区、银海区、港口区、福绵区、江南区、长洲区 7 个城区的医院、卫生机构技术人员在 2014—2017 年比较少，医院、卫生机构技术人员总数排名处于广西城区中的后 10 名，七星区的医院、卫生机构技术人员总数 2014—2016 年排在最后 10 名中。龙圩区的医院、卫生机构技术人员总数排名则只有 2015 年不在最后 10 名。防城区和江州区、港南区有 2 个年度的排名在最后 10 名，邕宁区和良庆区有 1 个年度排在最后 10 名。

3. 城镇居民最低生活保障人数总量及排名分析

表 3-29 给出了 2014—2017 年广西 36 个城区的城镇居民最低生活保障人数总量和排名，可以直观地看出，各个城区每年的城镇居民最低生活保障人数总量的变动情况及其排名的升降情况。其中，柳北区、七星区、西乡塘区、临桂区和平桂区 5 个城区的城镇居民最低生活保障人数总量排名都在广西城区的前 10 名。龙圩区 2014 年排在第 3 名，港口区 2014—2015 年的排名分别为第 4 名和第 3 名，均在前 10 名中。八步区和防城区在 2014—2016 年均处于前 10 名。兴宾区的排名只有 2016 年不在前 10 名中。

表 3-29　2014—2017 年广西 36 个城区的城镇居民最低生活保障人数总量和排名

地区	2014 年		2015 年		2016 年		2017 年	
	总量（人）	排名	总量（人）	排名	总量（人）	排名	总量（人）	排名
兴宁区	1392	26	1301	25	1214	21	1107	19
青秀区	820	31	621	30	497	30	469	29
江南区	875	30	779	28	703	28	604	27
西乡塘区	12259	5	41548	2	27556	4	29568	2

续表

地区	2014年		2015年		2016年		2017年	
	总量(人)	排名	总量(人)	排名	总量(人)	排名	总量(人)	排名
良庆区	280	35	187	35	195	35	173	34
邕宁区	536	33	206	34	215	34	204	33
城中区	1050	28	794	27	791	26	660	25
鱼峰区	2794	18	2320	18	2413	15	873	21
柳南区	3324	16	2834	16	2515	13	2370	10
柳北区	54248	1	56552	1	57935	2	55139	1
叠彩区	1692	25	1579	23	1181	22	1331	16
象山区	3251	17	3015	15	2504	14	2331	11
七星区	25486	2	18495	4	16764	5	18064	3
雁山区	107	36	95	36	96	36	66	35
临桂区	8075	9	6869	7	6122	8	6222	5
万秀区	3712	12	3496	14	2254	16	2288	12
长洲区	1852	23	1745	22	1610	20	1505	14
龙圩区	22300	3	1813	21	698	29	626	26
海城区	3617	14	3617	13	1727	19	1331	16
银海区	1384	27	1181	26	9300	7	577	28
铁山港区	808	32	633	29	398	33	356	32
港口区	19263	4	19268	3	866	25	735	24
防城区	10514	7	11097	5	4823	10	1280	18
钦南区	2554	20	4743	9	5455	9	3960	7
钦北区	1967	22	2003	20	2010	17	1366	15
港北区	2132	21	2118	19	1762	18	840	22
港南区	916	29	566	31	480	31	466	30
覃塘区	3447	15	290	32	428	32	394	31
玉州区	3667	13	3667	12	3689	11	3587	8
福绵区	416	34	250	33	10716	6	58	36
右江区	3751	11	3843	11	1075	23	1033	20
八步区	11157	6	10271	6	30244	3	1951	13
平桂区	4497	10	4353	10	71056	1	5210	6
金城江区	1752	24	1557	24	754	27	8317	4
兴宾区	8357	8	6767	8	3421	12	3171	9

续表

地区	2014年		2015年		2016年		2017年	
	总量（人）	排名	总量（人）	排名	总量（人）	排名	总量（人）	排名
江州区	2779	19	2431	17	951	24	797	23

在城镇居民最低生活保障人数总量排名中，雁山区、良庆区、邕宁区、铁山港区、青秀区、江南区和港南区7个城区2014—2017年排在最后的10名中，福绵区2014—2015年和2017年的排在最后10名中，覃塘区2015—2017年排在最后的10名中，银海区和城中区只有2个年度排在最后的10名中。

4. 城乡收入差距及排名分析

表3-30给出了2014—2017年广西城区城乡收入差距和排名，可以直观地看出，各个城区每年的城乡收入差距的变动情况及其排名的升降情况。其中，钦南区、邕宁区、覃塘区、青秀区、七星区、长洲区、兴宾区的城乡收入差距在2014—2017年都比较大，排在前10名。平桂区、银海区、鱼峰区的城乡收入差距有3个年度进入前10名，港口区、海城区分别有1个和2个年度进入前10名。

表3-30 2014—2017年广西36个城区的城乡收入差距和排名

地区	2014年		2015年		2016年		2017年	
	差距	排名	差距	排名	差距	排名	差距	排名
江南区	2.49	28	2.45	28	2.23	30	2.16	31
兴宾区	3.14	5	3.05	5	2.61	9	2.60	8
良庆区	1.82	35	1.79	35	1.93	35	1.92	35
西乡塘区	2.67	20	2.60	22	2.51	12	2.46	14
城中区	2.79	17	2.72	16	2.50	13	2.47	12
青秀区	3.08	6	3.04	6	2.84	4	2.81	4
象山区	2.65	22	2.62	21	2.39	20	2.37	21
江州区	2.81	15	2.77	13	2.46	17	2.38	20
邕宁区	3.42	2	3.34	2	3.06	2	3.01	2
七星区	3.01	8	2.95	7	2.72	6	2.67	5
港口区	2.82	13	2.80	11	2.59	11	2.55	9
海城区	2.85	9	2.82	9	2.36	23	2.36	22
兴宁区	2.56	25	2.49	25	2.34	25	2.33	26
鱼峰区	2.82	13	2.81	10	2.60	10	2.53	10

续表

地区	2014年		2015年		2016年		2017年	
	差距	排名	差距	排名	差距	排名	差距	排名
雁山区	1.73	36	1.70	36	1.67	36	1.72	36
港北区	2.35	31	2.32	30	2.36	23	2.34	24
钦北区	2.81	15	2.71	18	2.47	15	2.42	16
临桂区	2.56	25	2.47	27	2.48	14	2.46	14
右江区	2.66	21	2.62	21	2.37	21	2.35	23
平桂区	2.84	10	2.78	12	2.66	7	2.63	7
万秀区	2.47	29	2.40	29	2.34	25	2.31	27
龙圩区	2.83	11	2.75	14	2.31	28	2.39	19
长洲区	3.01	8	2.92	8	2.65	8	2.63	7
金城江区	2.33	32	2.28	32	2.20	31	2.21	30
防城区	2.51	27	2.49	25	2.31	28	2.29	28
柳北区	2.30	33	2.26	33	2.16	33	2.13	32
银海区	3.16	4	3.06	4	2.99	3	2.48	11
八步区	1.96	34	1.95	34	1.95	34	1.94	34
叠彩区	2.78	18	2.73	15	2.44	19	2.39	19
港南区	2.59	23	2.53	23	2.28	29	2.24	29
铁山港区	2.35	31	2.30	31	2.17	32	2.12	33
柳南区	2.70	19	2.63	19	2.46	17	2.44	15
钦南区	3.94	1	3.91	1	3.36	1	3.35	1
覃塘区	3.17	3	3.07	3	2.82	5	2.92	3
福绵区	2.54	26	2.47	27	2.34	25	2.33	26
玉州区	2.80	16	2.71	18	2.45	18	2.41	17

雁山区、良庆区、八步区、铁山港区、柳北区、江南区、金城江区的城乡收入差距在2014—2017年都比较小，排在最后10名。万秀区和防城区排名有3个年度处于最后10名。港南区、港北区有2个年度处于最后10名。龙圩区和临桂区有1个年度处于最后10名。

第四章

广西县域经济高质量发展要素投入状况评价

第一节　广西县域经济高质量发展要素投入的整体评价

表 4-1 给出了 2014—2017 年广西县域经济高质量发展要素投入的整体评价值和排名，可以客观地了解广西县域经济高质量发展要素投入的情况。其中，排名在前 36 的地区中，2014 年有 11 个城区、25 个县市，2015 年有 10 个城区、26 个县市，2016 年有 12 个城区、24 个县市，2017 年有 13 个城区、23 个县市。2014—2015 年，广西县域要素投入水平较高的地区主要集中在县市，2016 年之后，要素投入水平较高的地区开始往城区集中。

表 4-1　2014—2017 年广西县域经济高质量发展要素投入的整体评价值和排名

地区	2014 年		2015 年		2016 年		2017 年	
	评价值	排名	评价值	排名	评价值	排名	评价值	排名
兴宁区	0.093081	104	0.095961	104	0.105538	97	0.109270	99
青秀区	0.155458	42	0.166463	40	0.181736	37	0.192290	35
江南区	0.130181	70	0.145476	57	0.168310	41	0.178210	36
西乡塘区	0.196310	26	0.220788	19	0.210747	30	0.217838	25
良庆区	0.133129	69	0.150750	51	0.150277	53	0.176308	39
邕宁区	0.154341	43	0.143667	59	0.142875	60	0.153174	61
城中区	0.071237	108	0.072747	107	0.101955	102	0.104691	103
鱼峰区	0.227255	16	0.158407	43	0.252950	14	0.255512	16
柳南区	0.133518	67	0.126266	76	0.124572	79	0.135756	78
柳北区	0.125947	76	0.125381	77	0.139774	65	0.153942	58
叠彩区	0.062428	109	0.063923	109	0.064627	109	0.064786	110
象山区	0.105280	99	0.106986	98	0.102723	100	0.108538	100
七星区	0.134585	63	0.130635	72	0.122003	85	0.117467	92
雁山区	0.077105	107	0.068958	108	0.064308	110	0.069634	109
临桂区	0.230413	15	0.186524	30	0.213185	28	0.193317	34

续表

地区	2014 年		2015 年		2016 年		2017 年	
	评价值	排名	评价值	排名	评价值	排名	评价值	排名
万秀区	0.251339	13	0.256883	12	0.252907	15	0.256670	15
长洲区	0.148781	48	0.241185	14	0.220448	25	0.219227	24
龙圩区	0.116897	83	0.116688	88	0.089871	108	0.074956	108
海城区	0.253106	12	0.273655	9	0.273136	11	0.280545	12
银海区	0.091116	105	0.094505	105	0.100023	103	0.113791	93
铁山港区	0.108805	94	0.107768	96	0.117853	87	0.120435	88
港口区	0.169780	34	0.183819	32	0.192021	36	0.196834	33
防城区	0.172349	32	0.174408	37	0.170178	40	0.169986	43
钦南区	0.125775	77	0.153711	48	0.151557	49	0.152681	62
钦北区	0.118585	82	0.125029	78	0.099175	104	0.147911	65
港北区	0.121716	79	0.121533	81	0.123605	81	0.128091	84
港南区	0.120828	80	0.124598	79	0.123082	82	0.130931	80
覃塘区	0.116842	84	0.119815	82	0.132563	74	0.135894	77
玉州区	0.293657	6	0.289166	8	0.294746	9	0.300675	10
福绵区	0.096859	102	0.098748	102	0.094096	106	0.090061	107
右江区	0.207823	20	0.171470	38	0.228461	21	0.235052	20
八步区	0.330344	2	0.355955	3	0.312476	4	0.356596	3
平桂区	0.046099	110	0.046099	110	0.112455	94	0.137393	74
金城江区	0.129848	71	0.213660	23	0.223048	23	0.177512	37
兴宾区	0.363458	1	0.356705	2	0.345719	2	0.388588	2
江州区	0.105314	98	0.133245	68	0.138652	67	0.143999	70
武鸣县	0.269684	8	0.310313	5	0.233718	19	0.235558	19
隆安县	0.136588	59	0.112883	92	0.108745	96	0.109326	98
马山县	0.140146	54	0.147392	55	0.148602	57	0.144082	68
上林县	0.127713	73	0.130869	70	0.135451	70	0.145498	67
宾阳县	0.169679	35	0.214210	22	0.278680	10	0.302271	9
横县	0.205987	22	0.247845	13	0.310043	6	0.339018	4
柳江区	0.202588	24	0.208350	26	0.215689	27	0.220794	23
柳城县	0.165699	37	0.174763	36	0.172092	39	0.175671	40
鹿寨县	0.200729	25	0.200666	27	0.208667	31	0.210206	29
融安县	0.163771	38	0.139509	63	0.150869	52	0.154735	57

续表

地区	2014年		2015年		2016年		2017年	
	评价值	排名	评价值	排名	评价值	排名	评价值	排名
融水苗族自治县	0.175567	30	0.179956	34	0.193242	35	0.203147	31
三江侗族自治县	0.133472	68	0.131562	69	0.130333	76	0.144052	69
阳朔县	0.156485	39	0.154003	47	0.146100	59	0.166910	45
灵川县	0.150230	46	0.158624	42	0.167603	42	0.160401	51
全州县	0.178549	29	0.185628	31	0.197368	34	0.214632	27
兴安县	0.145032	49	0.169812	39	0.135242	71	0.174331	42
永福县	0.137780	57	0.139360	64	0.142274	61	0.149176	64
灌阳县	0.118767	81	0.123067	80	0.123782	80	0.126060	86
龙胜各族自治县	0.134580	64	0.140263	60	0.139567	66	0.143137	72
资源县	0.108102	96	0.107704	97	0.115976	92	0.120344	89
平乐县	0.137083	58	0.148841	52	0.152465	48	0.153347	59
荔浦县	0.206258	21	0.212791	24	0.230014	20	0.216665	26
恭城瑶族自治县	0.135551	60	0.146594	56	0.136778	68	0.140210	73
苍梧县	0.266952	9	0.265710	11	0.252990	13	0.153314	60
藤县	0.277371	7	0.296450	6	0.304398	7	0.320673	6
蒙山县	0.116035	88	0.116870	85	0.103595	99	0.107941	101
岑溪市	0.243817	14	0.232663	15	0.265853	12	0.288291	11
合浦县	0.258844	11	0.291888	7	0.299735	8	0.305584	8
上思县	0.110668	92	0.116369	89	0.117552	88	0.110990	97
东兴市	0.127820	72	0.119390	83	0.122422	84	0.129495	83
灵山县	0.259225	10	0.267193	10	0.310578	5	0.319378	7
浦北县	0.203556	23	0.214622	21	0.250037	16	0.257631	14
平南县	0.217508	17	0.227169	16	0.240411	17	0.265239	13
桂平市	0.308955	3	0.418680	1	0.410630	1	0.446571	1
容县	0.215029	18	0.223638	18	0.221633	24	0.249905	17
陆川县	0.210704	19	0.214981	20	0.224155	22	0.228961	21
博白县	0.299021	4	0.326524	4	0.331618	3	0.335784	5
兴业县	0.170239	33	0.176556	35	0.178587	38	0.177168	38
北流市	0.294684	5	0.224269	17	0.235319	18	0.240484	18
田阳县	0.152438	44	0.158307	44	0.164575	44	0.137276	75

续表

地区	2014年		2015年		2016年		2017年	
	评价值	排名	评价值	排名	评价值	排名	评价值	排名
田东县	0.174611	31	0.180357	33	0.149711	54	0.160953	48
平果县	0.195205	27	0.195066	28	0.217958	26	0.206518	30
德保县	0.133800	66	0.138510	67	0.132596	73	0.152372	63
那坡县	0.107262	97	0.112659	93	0.117959	86	0.093634	106
凌云县	0.116669	85	0.118682	84	0.122931	83	0.130734	81
乐业县	0.111770	90	0.111945	94	0.117106	90	0.119054	91
田林县	0.138444	56	0.139874	62	0.14132	62	0.158257	53
西林县	0.100684	100	0.099518	101	0.102612	101	0.106006	102
隆林各族自治县	0.141587	52	0.155161	46	0.157819	47	0.161300	47
靖西市	0.180168	28	0.188981	29	0.210901	29	0.199960	32
昭平县	0.134804	61	0.115167	90	0.127153	77	0.155381	55
钟山县	0.134508	65	0.138861	66	0.140812	63	0.147755	66
富川瑶族自治县	0.096022	103	0.129581	73	0.132895	72	0.136651	76
宜州区	0.155924	41	0.210286	25	0.198388	33	0.214078	28
南丹县	0.151645	45	0.152454	50	0.203709	32	0.160765	49
天峨县	0.108680	95	0.108708	95	0.116886	91	0.123916	87
凤山县	0.110479	93	0.106546	99	0.110508	95	0.111343	95
东兰县	0.126049	75	0.127121	75	0.135504	69	0.130012	82
罗城仫佬族自治县	0.125160	78	0.097517	103	0.092935	107	0.096865	104
环江毛南族自治县	0.149004	47	0.147931	53	0.148874	56	0.223393	22
巴马瑶族自治县	0.115408	89	0.116787	87	0.117447	89	0.119345	90
都安瑶族自治县	0.166239	36	0.164824	41	0.167336	43	0.174735	41
大化瑶族自治县	0.141230	53	0.140056	61	0.149523	55	0.154924	56
忻城县	0.090937	106	0.128743	74	0.131806	75	0.132465	79
象州县	0.142721	51	0.130841	71	0.151327	51	0.156365	54
武宣县	0.139921	55	0.152472	49	0.151526	50	0.159589	52
金秀瑶族自治县	0.110736	91	0.113963	91	0.114883	93	0.112090	94
合山市	0.116172	87	0.093592	106	0.094106	105	0.095560	105

续表

地区	2014 年		2015 年		2016 年		2017 年	
	评价值	排名	评价值	排名	评价值	排名	评价值	排名
扶绥县	0.134765	62	0.144420	58	0.147969	58	0.165301	46
宁明县	0.156067	40	0.156161	45	0.159747	46	0.168361	44
龙州县	0.126494	74	0.138994	65	0.140740	64	0.143208	71
大新县	0.144375	50	0.147480	54	0.160643	45	0.160603	50
天等县	0.116550	86	0.116859	86	0.124643	78	0.127037	85
凭祥市	0.098503	101	0.100476	100	0.103675	98	0.111027	96

第二节　广西县市经济高质量发展要素投入评价

一、要素投入整体评价

由表 4-2 可知，在广西县市经济高质量发展要素投入评价中，排在前 20 名的县市变动不大。其中，武鸣县、宾阳县、横县、柳江区、藤县、岑溪市、合浦县、平南县、桂平市、博白县、平果县这 11 个县连续 8 年都保持在前 20 名；鹿寨县、容县、陆川县、北流市、浦北县有 7 年保持在前 20 名；苍梧县和灵山县有 6 年保持在前 20 名；荔浦县有 5 年进入前 20 名；田东县有 4 年进入前 20 名；灵川县、宜州区有 3 年进入前 20 名；阳朔县、靖西市有 2 年进入前 20 名；全州县、兴业县、柳城县、环江毛南族自治县、南丹县有 1 年进入前 20 名。武鸣县、横县、柳江区、鹿寨县、藤县、岑溪市、合浦县、平南县、桂平市、博白县、平果县、宾阳县、容县、陆川县和北流市的要素投入方面的综合表现优秀且稳定。

要素投入综合评价中排在后 20 名的县市变动不大。其中，那坡县、凌云县、乐业县、西林县、凤山县、东兰县、罗城仫佬族自治县、巴马瑶族自治县、金秀瑶族自治县、天等县、凭祥市连续 8 年排在后 20 名；灌阳县、天峨县有 7 年排在后 20 名；合山市、上思县有 6 年排在后 20 名；忻城县有 5 年排在后 20 名；资源县、田林县有 4 年排在后 20 名；大化瑶族自治县、隆安县、马山县、龙胜各族自治县、蒙山县、三江侗族自治县、隆林各族自治县有 3 年排在后 20 名；昭平县有 2 年排在后 20 名；东兴县、宁明县、富川瑶族自治县、上林县、环江毛南族自治县有 1 年排在后 20 名。那坡县、凌云县、乐业县、西林县、天峨县、凤山县、东兰县、罗城仫佬族自治县、巴马瑶族自治县、金秀瑶族自治县、天等县、凭祥市的要素投入方面综合表现较差，而且近年来没有突破性发展。

二、县市资本投入评价

表 4-3 给出了 2010—2017 年广西 74 个县市的社会固定资产投资和排名情况。在社会固定资产投资方面，武鸣县的资本投入力度最大，其他县市的投资变动水平不大。鹿寨县、武鸣县、岑溪市、横县、藤县、柳江区、桂平市、宾阳县、博白县、北流市、合浦县、平果县、兴安县、陆川县的社会资产投资的排名 8 年都保持在前 20 名。其中，武鸣县 2010—2017 年排名都在前 3 名；田东县、灵川县有 7 年排在前 20 名；灵山县、靖西市有 6 年排在前 20 名；全州县有 5 年排在前 20 名；苍梧县有 4 年排在前 20 名；阳朔县、浦北县、平南县有 3 年排在前 20 名；田阳县有 2 年排在前 20 名；扶绥县、容县有 1 年排在前 20 名。所以，鹿寨县、武鸣县、岑溪市、横县、藤县、柳江区、桂平市、宾阳县、博白县、北流市、合浦县、平果县、兴安县、陆川县、田东县和灵川县是社会固定资产投入较多的县市。

西林县、凤山县、金秀瑶族自治县、大化瑶族自治县、东兰县、合山市、隆林各族自治县、罗城仫佬族自治县、那坡县、凌云县、环江毛南族自治县、乐业县、都安瑶族自治县有 8 年都排在后 20 名；天峨县、巴马瑶族自治区、田林县有 7 年都排在后 20 名；忻城县有 6 年排在后 20 名；龙胜各族自治县有 5 年排在后 20 名；苍梧县、上林县、南丹县、资源县、马山县有 4 年排在后 20 名；宜州区有 2 年排在后 20 名；蒙山县、灌阳县有 1 年排在后 20 名。由此可见，西林县、凤山县、金秀瑶族自治县、大化瑶族自治县、东兰县、合山市、隆林各族自治县、罗城仫佬族自治县、那坡县、凌云县、环江毛南族自治县、乐业县、都安瑶族自治县、天峨县、巴马瑶族自治区和田林县是社会固定资本投入较少的县市。

通过表 4-3 的排名变动分析可知，凭祥市的排名变动最大，由 2010 年的第 51 名上升至 2017 年的第 31 名，排名上升了 20 名。其次是宁明市，由 2010 年的第 47 名上升至 2017 年的第 29 名，排名上升了 18 名。排名上升第 3 的县市是资源县，由 2010 年的第 60 名上升至 2017 年的第 44 名，排名上升了 16 名。

社会固定资产投资排名下降最大的前 20 个县市，除了苍梧县之外，其他县市的下降幅度都在 6 ～ 26 名。排名下降超过 10 名的县市只有 12 个，总体看来，变动幅度不大。苍梧县的社会固定投资排名变动最大，由 2010 年的第 8 名下降至 2017 年的第 64 名，下降幅度达 56 名；其次是宜州区，由 2010 年的第 31 名下降至 2017 年的第 57 名，下降幅度为 26 名；最后是田林县，由 2010 年的第 39 名下降至 2017 年的第 63 名，下降幅度为 24 名。

表 4-2　2010—2017 年广西 74 个县市要素投入综合评价结果和排名

地区	2010 年		2011 年		2012 年		2013 年		2014 年		2015 年		2016 年		2017 年	
	评价值	排名	评价值	排名	评价值	排名	评价值	排名	评价值	排名	评价值	排名	评价值	排名	评价值	排名
武鸣县	0.169	3	0.271	1	0.310	1	0.382	3	0.396	3	0.446	2	0.354	11	0.356	12
隆安县	0.101	35	0.143	17	0.158	21	0.165	44	0.163	50	0.137	60	0.127	66	0.127	67
马山县	0.095	44	0.134	22	0.091	62	0.140	59	0.148	52	0.153	49	0.155	49	0.151	56
上林县	0.093	50	0.118	31	0.149	25	0.147	54	0.141	57	0.144	53	0.148	53	0.163	49
宾阳县	0.140	12	0.244	2	0.276	3	0.276	12	0.229	20	0.282	15	0.409	4	0.453	4
横县	0.165	5	0.196	7	0.307	2	0.321	6	0.263	15	0.309	9	0.437	3	0.483	3
柳江区	0.142	10	0.153	13	0.176	15	0.270	14	0.283	11	0.294	12	0.311	15	0.321	15
柳城县	0.108	26	0.114	32	0.192	10	0.193	28	0.204	24	0.214	25	0.221	25	0.228	26
鹿寨县	0.167	4	0.199	6	0.156	22	0.359	4	0.298	9	0.295	11	0.313	14	0.310	16
融安县	0.101	33	0.106	41	0.118	38	0.164	45	0.197	27	0.175	44	0.186	40	0.199	34
融水苗族自治县	0.120	23	0.125	27	0.141	26	0.190	30	0.187	35	0.197	31	0.214	28	0.230	24
三江侗族自治县	0.093	49	0.102	45	0.114	42	0.135	60	0.144	53	0.138	59	0.135	62	0.155	54
阳朔县	0.092	52	0.098	51	0.101	53	0.271	13	0.227	21	0.228	23	0.225	23	0.267	20
灵川县	0.125	17	0.140	20	0.150	24	0.241	20	0.181	37	0.193	34	0.208	31	0.191	43
全州县	0.125	19	0.132	24	0.151	23	0.188	32	0.195	30	0.207	27	0.227	22	0.244	22
兴安县	0.099	39	0.110	35	0.122	34	0.200	25	0.203	25	0.233	22	0.214	29	0.238	23
永福县	0.095	45	0.100	49	0.108	49	0.194	26	0.202	26	0.205	28	0.208	32	0.220	29
灌阳县	0.089	56	0.091	57	0.098	57	0.133	61	0.139	58	0.145	52	0.146	56	0.150	58
龙胜各族自治县	0.087	59	0.086	64	0.095	59	0.183	33	0.191	33	0.197	30	0.195	36	0.197	37
资源县	0.079	67	0.081	69	0.086	69	0.154	51	0.143	55	0.140	57	0.148	52	0.154	55

续表

地区	2010年		2011年		2012年		2013年		2014年		2015年		2016年		2017年	
	评价值	排名	评价值	排名	评价值	排名	评价值	排名	评价值	排名	评价值	排名	评价值	排名	评价值	排名
平乐县	0.099	41	0.105	43	0.118	37	0.166	41	0.171	43	0.187	35	0.194	37	0.197	38
荔浦县	0.105	29	0.110	34	0.131	29	0.318	7	0.350	6	0.365	5	0.407	5	0.372	9
恭城瑶族自治县	0.089	53	0.097	52	0.103	51	0.176	38	0.177	38	0.196	32	0.179	44	0.182	45
苍梧县	0.146	9	0.161	10	0.181	13	0.222	23	0.281	13	0.281	16	0.267	19	0.162	51
藤县	0.141	11	0.156	12	0.193	8	0.388	2	0.399	2	0.440	3	0.455	2	0.488	2
蒙山县	0.076	69	0.082	68	0.085	70	0.214	24	0.175	39	0.174	45	0.153	51	0.160	52
岑溪市	0.153	8	0.160	11	0.191	11	0.309	8	0.319	7	0.278	17	0.360	8	0.418	5
合浦县	0.163	6	0.213	4	0.227	5	0.294	10	0.306	8	0.345	6	0.359	9	0.373	8
上思县	0.080	66	0.085	65	0.110	46	0.164	46	0.129	63	0.134	61	0.137	61	0.129	65
东兴市	0.088	58	0.095	54	0.127	32	0.179	34	0.192	31	0.180	40	0.188	38	0.195	41
灵山县	0.173	2	0.121	28	0.134	28	0.284	11	0.294	10	0.310	8	0.377	7	0.391	7
浦北县	0.125	18	0.136	21	0.159	20	0.248	19	0.233	19	0.251	20	0.328	12	0.329	14
平南县	0.156	7	0.176	9	0.185	12	0.251	17	0.262	16	0.284	14	0.320	13	0.365	11
桂平市	0.194	1	0.217	3	0.257	4	0.300	9	0.364	4	0.539	1	0.526	1	0.568	1
容县	0.101	36	0.141	18	0.167	17	0.269	15	0.281	12	0.303	10	0.309	16	0.354	13
陆川县	0.114	24	0.151	14	0.199	7	0.264	16	0.243	17	0.258	19	0.283	18	0.292	17
博白县	0.136	13	0.200	5	0.219	6	0.357	5	0.360	5	0.383	4	0.392	6	0.398	6
兴业县	0.092	51	0.130	26	0.181	14	0.179	35	0.197	28	0.210	26	0.215	27	0.224	28
北流市	0.121	22	0.177	8	0.193	9	0.406	1	0.405	1	0.330	7	0.359	10	0.369	10
田阳县	0.109	25	0.109	37	0.119	35	0.179	36	0.190	34	0.195	33	0.212	30	0.208	33

续表

地区	2010年		2011年		2012年		2013年		2014年		2015年		2016年		2017年	
	评价值	排名	评价值	排名	评价值	排名	评价值	排名	评价值	排名	评价值	排名	评价值	排名	评价值	排名
田东县	0.130	16	0.150	15	0.169	16	0.233	21	0.235	18	0.237	21	0.204	33	0.219	31
平果县	0.134	14	0.146	16	0.163	18	0.249	18	0.267	14	0.265	18	0.289	17	0.289	18
德保县	0.099	40	0.110	36	0.117	40	0.174	39	0.168	47	0.173	46	0.168	46	0.196	39
那坡县	0.081	65	0.074	72	0.085	71	0.103	73	0.104	72	0.112	70	0.118	69	0.110	74
凌云县	0.081	63	0.086	63	0.091	63	0.115	71	0.121	66	0.125	65	0.131	63	0.141	62
乐业县	0.081	64	0.084	67	0.087	67	0.099	74	0.104	73	0.105	73	0.112	71	0.119	70
田林县	0.099	37	0.103	44	0.108	48	0.129	63	0.131	61	0.134	62	0.143	58	0.162	50
西林县	0.073	71	0.074	73	0.079	73	0.106	72	0.108	71	0.106	72	0.110	73	0.113	71
隆林各族自治县	0.099	38	0.091	58	0.105	50	0.133	62	0.134	60	0.148	50	0.155	50	0.159	53
靖西市	0.123	20	0.133	23	0.160	19	0.194	27	0.207	23	0.217	24	0.236	21	0.224	27
昭平县	0.094	48	0.101	48	0.110	47	0.143	56	0.161	51	0.142	54	0.146	55	0.174	47
钟山县	0.108	27	0.120	29	0.129	31	0.161	47	0.170	44	0.175	43	0.180	43	0.196	40
富川瑶族自治县	0.096	43	0.102	46	0.111	45	0.147	53	0.136	59	0.175	42	0.164	48	0.168	48
宜州区	0.131	15	0.140	19	0.141	27	0.229	22	0.172	41	0.289	13	0.225	24	0.245	21
南丹县	0.102	32	0.107	38	0.101	52	0.193	29	0.191	32	0.186	37	0.256	20	0.198	36
天峨县	0.089	54	0.091	59	0.088	66	0.118	69	0.103	74	0.099	74	0.112	72	0.121	68
凤山县	0.074	70	0.079	70	0.090	65	0.119	68	0.120	68	0.109	71	0.108	74	0.111	72
东兰县	0.088	57	0.091	60	0.092	61	0.124	64	0.121	65	0.124	66	0.131	64	0.131	63
罗城仫佬族自治县	0.071	73	0.094	56	0.092	60	0.147	55	0.141	56	0.122	69	0.115	70	0.119	69
环江毛南族自治县	0.096	42	0.098	50	0.098	56	0.165	43	0.173	40	0.170	47	0.170	45	0.277	19

续表

地区	2010 年		2011 年		2012 年		2013 年		2014 年		2015 年		2016 年		2017 年	
	评价值	排名	评价值	排名	评价值	排名	评价值	排名	评价值	排名	评价值	排名	评价值	排名	评价值	排名
巴马瑶族自治县	0.083	61	0.087	62	0.083	72	0.120	67	0.121	67	0.124	67	0.125	67	0.129	64
都安瑶族自治县	0.103	30	0.105	42	0.115	41	0.166	42	0.165	48	0.164	48	0.167	47	0.174	46
大化瑶族自治县	0.089	55	0.095	53	0.091	64	0.140	58	0.144	54	0.140	56	0.147	54	0.151	57
忻城县	0.094	46	0.101	47	0.112	44	0.142	57	0.113	70	0.142	55	0.144	57	0.144	60
象州县	0.102	31	0.107	40	0.113	43	0.178	37	0.186	36	0.146	51	0.195	35	0.208	32
武宣县	0.101	34	0.107	39	0.125	33	0.160	48	0.171	42	0.184	38	0.180	42	0.190	44
金秀瑶族自治县	0.078	68	0.084	66	0.087	68	0.117	70	0.119	69	0.122	68	0.121	68	0.110	73
合山市	0.067	74	0.069	74	0.071	74	0.188	31	0.209	22	0.138	58	0.127	65	0.128	66
扶绥县	0.121	21	0.131	25	0.118	39	0.155	50	0.164	49	0.186	36	0.200	34	0.228	25
宁明县	0.085	60	0.120	30	0.130	30	0.160	49	0.170	45	0.176	41	0.185	41	0.199	35
龙州县	0.094	47	0.095	55	0.100	54	0.154	52	0.168	46	0.184	39	0.187	39	0.194	42
大新县	0.108	28	0.113	33	0.119	36	0.172	40	0.196	29	0.202	29	0.220	26	0.220	30
天等县	0.072	72	0.076	71	0.099	55	0.123	66	0.127	64	0.130	64	0.140	60	0.143	61
凭祥市	0.083	62	0.087	61	0.096	58	0.124	65	0.129	62	0.132	63	0.140	59	0.148	59

表 4-3　2010—2017 年广西 74 个县市的社会固定资产投资额和排名

地区	2010 年		2011 年		2012 年		2013 年		2014 年		2015 年		2016 年		2017 年	
	投资额（万元）	排名	投资额（万元）	排名	投资额（万元）	排名	投资额（万元）	排名	投资额（万元）	排名	投资额（万元）	排名	投资额（万元）	排名	投资额（万元）	排名
武鸣县	1251288	3	1785200	2	2430952	1	2266287	2	2719802	1	3117287	1	3559800	1	3864900	1
隆安县	427018	41	591691	36	774867	35	490274	49	536560	46	686388	45	517700	49	578100	50

续表

地区	2010年		2011年		2012年		2013年		2014年		2015年		2016年		2017年	
	投资额（万元）	排名	投资额（万元）	排名	投资额（万元）	排名	投资额（万元）	排名	投资额（万元）	排名	投资额（万元）	排名	投资额（万元）	排名	投资额（万元）	排名
马山县	297385	56	411574	52	490343	53	433370	51	480319	49	343906	58	381000	57	421900	60
上林县	248293	61	352648	56	440011	55	418982	53	525626	47	564103	49	416600	54	462500	55
宾阳县	944619	13	1329981	9	1739369	8	1466774	11	1941329	4	2149009	9	2442300	5	2761000	6
横县	1121225	5	1618121	3	2121341	2	1734116	5	1982018	3	2182009	5	2457700	4	2705200	8
柳江区	1098936	7	1365582	5	1743043	6	1565019	8	1842791	8	2178809	6	2499500	3	3012900	3
柳城县	429695	40	603848	35	805209	34	716109	31	876180	29	1105836	28	1222300	28	1390100	30
鹿寨县	1681553	1	2742253	1	1355691	18	3449328	1	1433124	16	1667373	16	1934600	14	2212700	15
融安县	396155	45	525988	42	706541	38	628982	37	749195	37	885452	38	1023200	38	1221700	34
融水苗族自治县	424365	43	557683	41	737915	37	616282	40	755063	36	891488	36	1052400	35	1221500	35
三江侗族自治县	426071	42	395670	54	592560	48	546040	45	717439	41	583476	47	466500	52	731500	47
阳朔县	775888	21	974332	20	975803	28	2098997	3	953236	28	1074495	29	1285600	26	2500100	11
灵川县	820549	18	1032542	18	1434670	16	1248182	17	1604702	11	1723326	13	2036300	11	1499800	26
全州县	703514	23	905732	23	1212143	20	1043240	21	1248758	18	1509479	18	1805700	18	2190400	16
兴安县	886468	15	1151355	14	1488043	15	1326070	15	1547835	12	1820601	11	1944000	13	2182500	17
永福县	520374	33	650674	33	842789	31	707205	32	845167	31	1028248	30	1225300	27	1437800	28
灌阳县	374202	48	382901	55	529424	50	439188	50	476074	50	540961	51	640800	44	742600	46
龙胜各族自治县	292875	58	260415	67	377909	58	293284	59	403241	56	494898	54	488600	50	563900	51
资源县	251419	60	314477	58	420146	56	360083	56	466186	52	537486	52	634300	45	745600	44
平乐县	365175	49	465150	48	660353	44	621830	38	788877	32	957134	34	1051100	36	1218900	36
荔浦县	434255	38	563600	39	810258	33	783524	29	981958	27	1212477	26	1453700	25	1794600	23

续表

地区	2010年		2011年		2012年		2013年		2014年		2015年		2016年		2017年	
	投资额（万元）	排名	投资额（万元）	排名	投资额（万元）	排名	投资额（万元）	排名	投资额（万元）	排名	投资额（万元）	排名	投资额（万元）	排名	投资额（万元）	排名
恭城瑶族自治县	392738	46	501934	45	653920	45	580909	42	722459	40	872579	40	786200	41	932500	41
苍梧县	1054588	8	1468031	4	1781227	4	1506716	10	201892	71	278688	67	312200	64	355400	64
藤县	961915	12	1072968	16	1630003	11	1527163	9	1872711	6	2229139	3	2430700	6	2785400	4
蒙山县	294910	57	435263	51	500609	52	409927	54	461687	53	547160	50	601100	47	690100	48
岑溪市	1284336	2	1355037	7	1920021	3	1754128	4	2269819	2	2553300	2	2714500	2	3085000	2
合浦县	1047937	9	1195199	13	1496273	14	1375448	12	1604895	10	1833287	10	2152800	10	2557300	10
上思县	443266	36	573409	38	690708	42	509261	47	475631	51	532408	53	486700	51	559900	52
东兴市	635189	24	778829	25	1009704	27	863335	26	1053739	26	1167794	27	1206100	30	1295000	33
灵山县	801336	20	1133250	15	1504421	12	849569	27	1160706	22	1521257	17	1883400	16	2256200	12
浦北县	534963	30	758751	28	1069029	24	831407	28	1143082	24	1499600	19	1883900	15	2224000	14
平南县	842574	16	929976	21	1169504	21	1006152	23	1190116	21	1468972	21	1766400	19	2058000	20
桂平市	1156445	4	1357732	6	1501802	13	1238716	18	1653593	9	2173643	8	2306200	9	2675900	9
容县	740246	22	921364	22	1163134	22	1040851	22	1212477	19	1438486	22	1627800	22	1887700	22
陆川县	834801	17	1015383	19	1300960	19	1292036	16	1502652	15	1777432	12	2030800	12	2233000	13
博白县	927055	14	1276093	12	1631332	10	1586324	6	1870345	7	2216037	4	2344000	8	2718100	7
兴业县	619841	25	762479	27	963086	29	958975	24	1113564	25	1318402	25	1498100	24	1723300	24
北流市	1001825	10	1300428	10	1670440	9	1578177	7	1907175	5	2175984	7	2383900	7	2776100	5
田阳县	547172	29	735018	29	1136021	23	1076203	20	1200103	20	1381890	24	1564500	23	1722300	25
田东县	1110743	6	1330248	8	1740930	7	1351234	14	1530065	14	1681346	14	1702200	20	1969100	21
平果县	962569	11	1295528	11	1751660	5	1354575	13	1530066	13	1680834	15	1854300	17	2059600	19
德保县	525798	32	630812	34	703654	39	700214	33	785871	33	880178	39	970500	39	1068000	39

续表

地区	2010年		2011年		2012年		2013年		2014年		2015年		2016年		2017年	
	投资额（万元）	排名	投资额（万元）	排名	投资额（万元）	排名	投资额（万元）	排名	投资额（万元）	排名	投资额（万元）	排名	投资额（万元）	排名	投资额（万元）	排名
那坡县	165290	70	209119	69	300993	62	251833	61	210021	69	280162	66	248200	68	285300	69
凌云县	170987	69	207523	70	270865	65	226229	63	252099	61	301705	60	360400	61	432600	59
乐业县	230286	65	275109	66	330553	60	231036	62	249090	62	280835	65	282100	67	327400	66
田林县	433880	39	313475	59	390843	57	190289	67	212147	68	261043	68	313600	63	361700	63
西林县	110672	74	144486	74	202246	67	193575	65	216226	66	251667	69	290200	66	320800	67
隆林各族自治县	144086	72	188682	71	280274	64	254968	60	285098	59	330515	59	399900	55	435700	58
靖西市	818610	19	1056073	17	1382251	17	1129245	19	1300110	17	1481809	20	1042700	37	1481500	27
昭平县	503335	34	652802	32	831037	32	621595	39	700829	42	794012	42	588200	48	658500	49
钟山县	613351	26	801580	24	1011037	26	749243	30	872858	30	987810	31	1081900	33	1213800	37
富川瑶族自治县	552587	28	721910	30	917227	30	640525	35	732716	38	813466	41	918000	40	1015200	40
宜州区	532561	31	671476	31	482094	54	496166	48	458008	54	582720	48	373800	58	449100	57
南丹县	443889	35	560872	40	303639	61	350014	57	406591	55	422690	55	461500	53	541800	53
天峨县	350005	52	295071	62	160608	71	149779	72	181720	72	20716	74	185300	72	217700	72
凤山县	120067	73	150164	73	115016	74	137561	74	205505	70	210003	71	228400	70	267000	71
东兰县	220390	67	250002	68	180777	69	151661	71	178524	73	291859	61	365100	60	459000	56
罗城仫佬族自治县	240237	62	300689	60	151006	72	174579	69	236598	64	282795	64	227400	71	283700	70
环江毛南族自治县	224578	66	280224	64	161293	70	182323	68	248049	63	290040	62	298100	65	347600	65
巴马瑶族自治县	230676	64	297316	61	187864	68	154435	70	213431	67	286112	63	365500	59	484800	54
都安瑶族自治县	230855	63	278800	65	293290	63	302990	58	316337	58	371108	57	386000	56	402600	62

续表

地区	2010 年		2011 年		2012 年		2013 年		2014 年		2015 年		2016 年		2017 年	
	投资额（万元）	排名	投资额（万元）	排名	投资额（万元）	排名	投资额（万元）	排名	投资额（万元）	排名	投资额（万元）	排名	投资额（万元）	排名	投资额（万元）	排名
大化瑶族自治县	202929	68	287257	63	140777	73	193037	66	255005	60	200151	72	241000	69	300700	68
忻城县	318823	55	404833	53	547836	49	378071	55	330703	57	385563	56	349300	62	407600	61
象州县	406811	44	522006	43	701973	40	562635	43	673330	45	767981	44	603500	46	764100	43
武宣县	329767	54	453687	49	625563	47	528896	46	692204	43	790967	43	697800	42	812600	42
金秀瑶族自治县	147179	71	178781	72	221589	66	145224	73	177825	74	181033	73	154700	74	187400	74
合山市	255203	59	320994	57	357998	59	193894	64	229279	65	222626	70	176400	73	188100	73
扶绥县	572511	27	776180	26	1065167	25	948297	25	1145046	23	1422542	23	1697600	21	2065700	18
宁明县	392296	47	513439	44	695267	41	632217	36	770098	35	966406	33	1209200	29	1423600	29
龙州县	357146	50	473260	47	628939	46	552616	44	685090	44	887756	37	1059700	34	1194400	38
大新县	442189	37	590657	37	772072	36	645081	34	781115	34	980098	32	1181200	31	1312200	32
天等县	344038	53	448518	50	523042	51	426181	52	515940	48	634883	46	685300	43	743400	45
凭祥市	352218	51	482952	46	684015	43	598193	41	730177	39	927237	35	1125100	32	1313800	31

三、县市劳动力及其质量评价

（一）规模以上工业企业从业人员比重

表 4-4 给出了广西 74 个县市规模以上工业企业从业人员比重指标和排名情况。由于规模以上工业企业从业人员数的指标从 2013 年才开始统计，所以该指标的计算也从 2013 年开始。由表 4-4 可以看出，2013—2017 年县域规模以上工业企业的从业人员比重情况在前 20 名的变化不大。荔浦县、藤县、北流市、武鸣县、鹿寨县、龙胜各族自治县、永福县、容县、柳江区、平果县、阳朔县、东兴市有 5 年都排名前 20；大新县、兴安县有 4 年都进入前 20 名；合山市、蒙山县、田东县、浦北县、岑溪市、横县、龙州县、桂平市有 3 年都排在前 20 名；南丹县、平南县有 2 年排在前 20 名；灵川县、博白县、恭城瑶族自治县、扶绥县只有 1 年排在前 20 名。由此可见，荔浦县、藤县、北流市、武鸣县、鹿寨县、龙胜各族自治县、永福县、容县、柳江区、平果县、阳朔县、东兴市、大新县和兴安县是规模以上工业从业人员比重较高的县市。

表 4-4　2013—2017 年广西 74 个县市规模以上工业企业从业人员比重和排名

地区	2013 年		2014 年		2015 年		2016 年		2017 年	
	比重	排名	比重	排名	比重	排名	比重	排名	比重	排名
武鸣县	0.064255	4	0.066843	4	0.07260400	3	0.064733	4	0.060558	4
隆安县	0.020494	35	0.017949	34	0.01906500	29	0.017949	38	0.016652	41
马山县	0.006219	66	0.006298	64	0.00571900	62	0.005847	64	0.004121	67
上林县	0.008918	61	0.006810	61	0.00690400	59	0.008904	59	0.007610	57
宾阳县	0.022883	32	0.015643	41	0.01712300	34	0.021910	32	0.024036	27
横县	0.033312	19	0.024044	26	0.02202300	27	0.030536	17	0.030833	17
柳江区	0.039711	12	0.039085	12	0.03844900	10	0.041303	10	0.037767	12
柳城县	0.022346	33	0.022600	27	0.02231700	25	0.025614	24	0.025373	25
鹿寨县	0.062903	5	0.063553	5	0.05768000	4	0.061342	5	0.054770	6
融安县	0.020457	36	0.016732	36	0.01889000	30	0.017815	39	0.017244	40
融水苗族自治县	0.013906	49	0.010462	51	0.01251900	45	0.011751	50	0.013425	47
三江侗族自治县	0.004746	72	0.004090	68	0.00310200	71	0.003831	72	0.002600	72
阳朔县	0.037347	14	0.043432	7	0.04395600	6	0.042781	7	0.042307	9
灵川县	0.042874	8	0.000538	74	0.00057600	73	0.000598	74	0.000577	74
全州县	0.009189	59	0.008700	57	0.00856700	55	0.010381	55	0.007744	55

续表

地区	2013年		2014年		2015年		2016年		2017年	
	比重	排名	比重	排名	比重	排名	比重	排名	比重	排名
兴安县	0.036244	16	0.031431	17	0.02922100	18	0.028357	20	0.023803	28
永福县	0.040420	10	0.041469	9	0.03980500	9	0.037016	14	0.034439	14
灌阳县	0.010916	53	0.011991	47	0.01284800	44	0.011576	51	0.011600	49
龙胜各族自治县	0.041227	9	0.043323	8	0.04355700	7	0.042267	8	0.041024	10
资源县	0.029933	22	0.025355	25	0.02227700	26	0.021875	33	0.022394	31
平乐县	0.017791	40	0.016199	38	0.01673400	35	0.017657	40	0.018174	38
荔浦县	0.090449	1	0.101588	1	0.10398900	1	0.122082	1	0.097178	1
恭城瑶族自治县	0.028998	23	0.025913	23	0.02970300	16	0.023001	31	0.020817	34
苍梧县	0.008865	62	0.003494	70	0.00369900	68	0.004090	68	0.004705	66
藤县	0.073291	2	0.072725	2	0.08473200	2	0.088192	2	0.096123	2
蒙山县	0.058447	7	0.039839	11	0.03672400	12	0.025373	26	0.027153	21
岑溪市	0.033636	18	0.028780	21	0.00000342	74	0.038425	12	0.054861	5
合浦县	0.015825	46	0.015374	42	0.01427400	40	0.014668	44	0.013486	46
上思县	0.024414	31	0.019721	29	0.01789600	31	0.020647	36	0.020932	33
东兴市	0.031278	20	0.031747	16	0.02960700	17	0.030376	18	0.029058	19
灵山县	0.012824	50	0.012437	45	0.01313300	43	0.025525	25	0.023744	29
浦北县	0.035274	17	0.014835	43	0.01457300	39	0.042087	9	0.033593	15
平南县	0.021569	34	0.018893	32	0.02363300	23	0.037523	13	0.046006	8
桂平市	0.026495	26	0.025582	24	0.03594600	13	0.039709	11	0.039400	11
容县	0.040091	11	0.036040	13	0.04074900	8	0.045153	6	0.051921	7
陆川县	0.027762	24	0.009354	55	0.01316300	42	0.021750	34	0.019107	36
博白县	0.030474	21	0.029436	20	0.02371800	22	0.025039	28	0.019054	37
兴业县	0.009320	58	0.008290	58	0.01158500	49	0.010620	54	0.009467	53
北流市	0.071121	3	0.058062	6	0.0564400	5	0.067357	3	0.064734	3
田阳县	0.018275	39	0.019509	30	0.01752900	33	0.021342	35	0.023280	30
田东县	0.036428	15	0.032493	15	0.02821700	21	0.028680	19	0.025441	24
平果县	0.039697	13	0.040022	10	0.03696400	11	0.036257	15	0.036670	13
德保县	0.025586	29	0.022095	28	0.02199400	28	0.023659	29	0.024217	26
那坡县	0.004590	73	0.004410	67	0.00507000	63	0.007292	61	0.007639	56
凌云县	0.010871	54	0.010951	50	0.01218100	46	0.013709	47	0.013200	48
乐业县	0.002510	74	0.002287	73	0.00293500	72	0.004035	69	0.005394	65

续表

地区	2013 年		2014 年		2015 年		2016 年		2017 年	
	比重	排名	比重	排名	比重	排名	比重	排名	比重	排名
田林县	0.008162	63	0.007631	59	0.00764300	57	0.014478	46	0.014151	44
西林县	0.009351	57	0.009394	54	0.00876700	54	0.009648	56	0.007036	60
隆林各族自治县	0.005507	71	0.005609	65	0.00801100	56	0.007569	60	0.006257	61
靖西市	0.017085	43	0.011423	48	0.01157800	50	0.014576	45	0.014529	43
昭平县	0.006860	65	0.006300	63	0.00634300	61	0.005262	65	0.005499	63
钟山县	0.014801	47	0.015832	40	0.01610500	36	0.015168	43	0.019464	35
富川瑶族自治县	0.017286	42	0.018175	33	0.01360200	41	0.011180	52	0.010111	51
宜州区	0.019061	37	0.016118	39	0.01597200	37	0.016423	41	0.015916	42
南丹县	0.027292	25	0.030962	18	0.02876300	19	0.027763	21	0.026158	23
天峨县	0.006014	67	0.003269	71	0.00390900	67	0.005230	66	0.005424	64
凤山县	0.010766	55	0.008791	56	0.00412400	66	0.000755	73	0.000737	73
东兰县	0.005641	70	0.003248	72	0.00312800	70	0.003833	71	0.003803	68
罗城仫佬族自治县	0.017005	44	0.012156	46	0.00982200	53	0.008983	58	0.007498	58
环江毛南族自治县	0.018768	38	0.019502	31	0.01784000	32	0.018895	37	0.017285	39
巴马瑶族自治县	0.008957	60	0.006755	62	0.00669900	60	0.006294	63	0.006008	62
都安瑶族自治县	0.005660	69	0.003787	69	0.00337900	69	0.004347	67	0.003281	69
大化瑶族自治县	0.005751	68	0.005474	66	0.00486100	65	0.003992	70	0.003257	70
忻城县	0.009823	56	0.009687	53	0.01047200	52	0.010725	53	0.008577	54
象州县	0.026403	27	0.028605	22	0.00498300	64	0.027252	22	0.026928	22
武宣县	0.016996	45	0.016220	37	0.01566000	38	0.016104	42	0.013574	45
金秀瑶族自治县	0.012119	52	0.009818	52	0.01065800	51	0.009544	57	0.002696	71
合山市	0.060698	6	0.069802	3	0.03267500	15	0.023501	30	0.022150	32
扶绥县	0.017713	41	0.017548	35	0.02334000	24	0.025044	27	0.029545	18
宁明县	0.012416	51	0.011093	49	0.01164400	48	0.012255	49	0.011105	50
龙州县	0.025821	28	0.029861	19	0.02858800	20	0.026035	23	0.027192	20
大新县	0.025188	30	0.034568	14	0.03373300	14	0.031824	16	0.031077	16
天等县	0.007567	64	0.006895	60	0.00701100	58	0.006789	62	0.007124	59
凭祥市	0.014065	48	0.014016	44	0.01175100	47	0.012391	48	0.009715	52

2013—2017年间规模以上工业企业的从业人员占比情况排在后20名的县市变化不大。全州县、凤山县、东兰县、大化瑶族自治县、都安瑶族自治县、上林县、乐业县、那坡县、三江侗族自治县、隆林各族自治县、天峨县、苍梧县、马山县、昭平县、天等县、巴马瑶族自治县有5年都排在后20名；灵川县有4年排在后20名；田林县、西林县有3年排在后20名；金秀瑶族自治县、罗城仫佬族自治县、兴业县有2年排在后20名；忻城县、陆川县、岑溪市和象州县有1年排在后20名。由此可见，全州县、凤山县、东兰县、大化瑶族自治县、都安瑶族自治县、上林县、乐业县、那坡县、三江侗族自治县、隆林各族自治县、天峨县、苍梧县、马山县、昭平县、天等县、巴马瑶族自治县、灵川县是规模以上工业从业人员比重较低的县市，是规模以上工业从业人员比重较低的县市。

从排名上升幅度来看，上升幅度在10名以上的县市有10个。上升幅度低于10名的县市出现并列的状况，说明小部分县市排名上升幅度较大，大部分排名上升幅度不大。具体来说，上升幅度最大的是平南县，在2013年规模以上工业企业从业人员比重是0.022，排名第34名，经过5年的发展，比重已经上升至0.046，指标数值上升0.024，排名上升26名；然后是扶绥县，2013年规上工业企业从业人员的比重为0.18，排第41名，到2017年比重上升至0.030，指标数值上升了0.012，排名上升了23名；排名上升第3的是灵山县，2013年指标数值为0.013，到2017年，数值为0.024，数值增加了0.011，排名上升了21名。

下降幅度在10名以上的县市有10个，下降幅度低于10名的县市出现并列的状况，说明小部分县市排名下降幅度较大，大部分排名下降幅度不大。具体来说，下降幅度最大的是灵川县，在2013年规模以上工业企业从业人员比重是0.043，排第8名，到2017年，比重下降至0.00058，排第74名，指标数值下降了0.004242，排名下降了66名；然后是合山市，2013年规模以上工业企业从业人员的比重为0.061，排第6名，到2017年比重下降至0.022，排第32名，指标数值减少了0.039，排名下降了26名；排名下降第3的是金秀瑶族自治县，2013年指标数值为0.012，排第52名，到2017年，数值为0.0027，排第71名，指标数值减少了0.0093，排名下降了19名。

（二）专业技术人员

表4-5给出了2013—2017年广西74个县市专业技术人员数和排名情况。由于专业技术人员数的指标从2013年才开始统计，所以该项指标的排名也从2013年开始。由表4-5可以看出，2013—2017年间专业技术人员情况排在前20名的县市变化不大。其中，博白县、桂平市、平南县、北流市、灵山县、合浦县、陆川县、宾阳县、岑溪市、藤县、横县、武鸣县、浦北县、容县、都安瑶族自治县、全州县、宜州区、柳江区保持5年都排在前20名。桂平市连续4年都排第1名；苍梧县有4年进入前20名；靖西市有2年进入前20名；南丹

县、马山县、武宣县、富川瑶族自治县只有1年进入前20名。总的来说，博白县、桂平市、平南县、北流市、灵山县、合浦县、陆川县、宾阳县、岑溪市、藤县、横县、武鸣县、浦北县、容县、都安瑶族自治县、全州县、宜州区、柳江区、苍梧县的专业技术人员比较多。

表4-5　2013—2017年广西74个县市专业技术人员数和排名

地区	2013年		2014年		2015年		2016年		2017年	
	人员数（人）	排名	人员数（人）	排名	人员数（人）	排名	人员数（人）	排名	人员数（人）	排名
武鸣县	8758	12	7487	15	8556	13	8917	14	9117	12
隆安县	4273	37	3674	49	3613	52	3651	51	3834	48
马山县	5631	20	5471	22	5470	23	5706	22	5706	22
上林县	5167	24	5169	25	5178	26	5185	27	5189	27
宾阳县	10744	8	8844	12	9143	12	9773	12	11029	7
横县	10150	11	9765	11	9674	11	9480	13	10524	10
柳江区	6301	18	7161	17	7161	18	7434	20	7488	17
柳城县	4825	30	5305	23	4687	33	4679	31	4331	39
鹿寨县	3899	44	3912	42	3933	43	3952	44	3414	57
融安县	3548	50	3350	55	3599	53	3890	45	3679	52
融水苗族自治县	5164	25	4945	30	5096	27	5162	28	5169	28
三江侗族自治县	3975	41	4020	40	4027	41	4050	38	5254	26
阳朔县	5229	23	4553	32	4653	34	3723	50	3523	54
灵川县	3297	55	3435	52	3652	51	3972	43	3927	46
全州县	7456	15	7368	16	7456	17	7489	19	7486	18
兴安县	3698	47	3699	47	3417	54	3000	59	3540	53
永福县	2966	59	2968	59	2971	61	2976	61	3480	55
灌阳县	4042	40	4042	38	4042	40	4042	39	4042	42
龙胜各族自治县	2687	63	2565	64	2609	66	2615	65	2677	64
资源县	2327	69	2335	70	1391	74	2407	69	2370	66
平乐县	4148	38	4292	34	5024	30	5055	29	5118	31
荔浦县	3528	51	3632	50	2853	63	2850	62	3712	51
恭城瑶族自治县	3303	54	3804	44	3665	50	3301	56	3419	56
苍梧县	6842	16	11023	6	11236	6	11416	7	4571	37
藤县	10577	10	10359	10	9889	10	10282	11	10466	11
蒙山县	2816	61	3524	51	3792	47	3790	49	3718	50

续表

地区	2013 年		2014 年		2015 年		2016 年		2017 年	
	人员数（人）	排名	人员数（人）	排名	人员数（人）	排名	人员数（人）	排名	人员数（人）	排名
岑溪市	10742	9	10937	8	11000	8	10795	9	10754	8
合浦县	11124	6	11022	7	11212	7	11063	8	11070	6
上思县	3009	58	2685	61	3365	57	2792	63	117	74
东兴市	1827	73	2341	69	1976	70	2519	68	2217	70
灵山县	13426	4	13335	4	13335	5	13259	6	13538	5
浦北县	8338	13	7892	14	7920	15	8012	16	8032	14
平南县	13247	5	12965	5	14180	4	14180	5	25622	2
桂平市	17662	2	30549	1	63506	1	88406	1	89489	1
容县	8163	14	8248	13	8060	14	7973	17	7943	15
陆川县	10788	7	10936	9	10564	9	10564	10	10564	9
博白县	18111	1	18201	2	18093	2	18392	3	19043	3
兴业县	5443	22	5532	21	5439	24	4616	32	5406	24
北流市	14529	3	14780	3	14687	3	14687	4	14687	4
田阳县	3379	53	3409	53	3414	55	3410	54	3233	60
田东县	4420	34	4356	33	4292	38	4232	36	5111	33
平果县	4949	27	4949	29	4949	31	4690	30	5131	30
德保县	3385	52	3385	54	3385	56	3387	55	5169	29
那坡县	2488	66	2492	66	4486	35	4509	35	4509	38
凌云县	2542	64	2610	63	2627	65	2522	67	2299	68
乐业县	2533	65	2533	65	2159	69	1972	71	1985	72
田林县	2816	62	2913	60	2948	62	2978	60	3013	61
西林县	2000	71	2008	71	1940	72	1955	72	2245	69
隆林各族自治县	4056	39	3900	43	3856	44	3870	46	3880	47
靖西市	5578	21	5572	20	5572	21	5753	21	5929	19
昭平县	4789	31	5010	26	5045	29	5412	24	5727	21
钟山县	4274	36	4242	35	4411	36	4574	34	4918	34
富川瑶族自治县	4499	32	200	74	5538	22	5616	23	5737	20
宜州区	6287	19	6499	19	7582	16	7763	18	7763	16
南丹县	3969	42	4997	27	5086	28	51180	2	5318	25
天峨县	2445	67	2421	67	2466	67	2564	66	2627	65

续表

地区	2013年		2014年		2015年		2016年		2017年	
	人员数（人）	排名	人员数（人）	排名	人员数（人）	排名	人员数（人）	排名	人员数（人）	排名
凤山县	2950	60	3278	57	3351	58	3459	53	2778	62
东兰县	3242	57	3242	58	3242	60	3242	58	3242	59
罗城仫佬族自治县	3686	48	3999	41	3830	45	3868	47	3956	45
环江毛南族自治县	4893	28	4203	36	4410	37	4070	37	4178	41
巴马瑶族自治县	3297	56	3279	56	3299	59	3276	57	3325	58
都安瑶族自治县	6712	17	6712	18	7018	19	8077	15	8110	13
大化瑶族自治县	5102	26	5184	24	5306	25	5276	26	5432	23
忻城县	3908	43	3761	45	3748	49	4026	41	4033	43
象州县	3661	49	3721	46	3805	46	5337	25	5115	32
武宣县	4280	35	4977	28	5997	20	3640	52	4188	40
金秀瑶族自治县	2433	68	2614	62	2645	64	2655	64	2681	63
合山市	1942	72	1942	72	1942	71	1942	73	2210	71
扶绥县	4841	29	4841	31	4841	32	4604	33	4583	36
宁明县	4434	33	4039	39	3765	48	3818	48	4854	35
龙州县	2308	70	2388	68	2307	68	2311	70	2322	67
大新县	3732	46	3689	48	4002	42	4002	42	4020	44
天等县	3803	45	4112	37	4067	39	4035	40	3815	49
凭祥市	1616	74	1708	73	1629	73	1648	74	1468	73

排在后20名的县市有：凭祥市、资源县、上思县、东兴市、合山市、西林县、乐业县、龙州县、金秀瑶族自治县、凌云县、天峨县、龙胜各族自治县、田林县、永福县、东兰县、巴马瑶族自治区连续5年都排在后20名；凤山县有4年排在后20名；那坡县、荔浦县、田阳县、德保县、恭城瑶族自治县有2年排在后20名；富川瑶族自治县、蒙山县、兴安县、鹿寨县、灵川县、融安县只有1年排在后20名。由此可见，凭祥市、资源县、上思县、东兴市、合山市、西林县、乐业县、龙州县、金秀瑶族自治县、凌云县、天峨县、龙胜各族自治县、田林县、永福县、东兰县、巴马瑶族自治区、凤山县的专业技术人员数较少。

从排名变动来看，排名上升超过20名的有2个县市，排名上升超过10名的有6个县市，出现多个县市排名上升位数并列的情况，说明只有小部分县市的专业技术人员在5年间增加幅度较大，其他大部分县市的增加幅度不大。具体来说，那坡县的专业技术人员排名上升最快，从2013年的2488人，排第66名，上升至2017年的4509人，排第38名，指标数值上升了2021，排名上增加了28名。其次是德保县，从2013年的3385人，排第52名，上升至2017年的5169人，排第29名，指标数值增加了1784，排名上升了23名。排名上升幅度第3的是南丹县和象州县，南丹县从2013年的3969人，排名第42名，上升至2017年的5318人，排第25名，指标数值增加了1349，排名上升了17名。象州县从2013年的3661人，排名第49名，上升至2017年的5115人，排名第32名，指标数值增加了1454，排名也上升了17名。

只有1个县市排名下降超过30名，排名下降超过20名的也只有1个县市。排名下降超过10名的有4个县市，出现多个县市排名下降位数并列的情况，说明只有小部分县市的专业技术人员在2013—2017年间减少幅度比较大，其他大部分县市的减少幅度不大。具体来说，阳朔县的专业技术人员排名下降最快，从2013年的5229人，排第23名，下降至2017年的3523人，排第54名，指标数值减少了1706，排名下降了31名。其次是苍梧县，从2013年的68425人，排第16名，下降至2017年的4571人，排第37名，指标数值减少了2271，排名下降了21名。排名下降幅度第3名的是上思县，从2013年的3009人，排第58名，下降至2017年的117人，排第74名，指标数值减少了2892，排名下降了16名。

（三）农村专业技术人员

表4-6给出了2013—2017年广西74个县市的农村专业技术人员数量及其排名的情况。由于农村专业技术人员数的指标从2013年才开始统计，所以该项指标的排名也从2013年开始。岑溪市、灵山县、藤县、北流市、环江毛南族自治县、柳江区、全州县、大化瑶族自治县连续5年排在前20名；苍梧县、博白县、浦北县、横县、容县、宾阳县有4年排在前20名；合浦县、靖西市、融水苗族自治县、宜州区、武鸣县、平乐县、都安瑶族自治县、象州县有3年排在前20名；灵川县、昭平县有2年排在前20名；融安县、桂平市、罗城仫佬族自治县、天峨县、柳城县、南丹县、陆川县、凤山县只有1年排在前20名。岑溪市、灵山县、藤县、北流市、环江毛南族自治县、柳江区、全州县、大化瑶族自治县、苍梧县、博白县、浦北县、横县、容县和宾阳县的农村专业技术人员数相对较多。

表4-6　2013—2017年广西74个县市的农村专业技术人员数与排名

地区	2013年		2014年		2015年		2016年		2017年	
	人员数（人）	排名	人员数（人）	排名	人员数（人）	排名	人员数（人）	排名	人员数（人）	排名
武鸣县	279	11	279	14	487	5	227	21	235	22
隆安县	80	59	142	48	137	47	79	60	76	60

续表

地区	2013 年		2014 年		2015 年		2016 年		2017 年	
	人员数（人）	排名	人员数（人）	排名	人员数（人）	排名	人员数（人）	排名	人员数（人）	排名
马山县	79	60	146	45	136	49	136	45	136	45
上林县	134	40	134	52	136	50	138	44	141	43
宾阳县	216	23	304	12	249	19	256	15	272	14
横县	211	25	350	8	250	18	231	20	241	20
柳江区	285	9	320	11	320	8	284	11	286	11
柳城县	241	16	215	24	225	23	223	23	232	23
鹿寨县	159	34	162	40	168	38	170	33	162	35
融安县	165	33	726	2	129	51	132	46	115	50
融水苗族自治县	298	8	187	34	176	35	413	7	429	4
三江侗族自治县	143	37	145	46	148	43	150	41	107	52
阳朔县	225	21	200	31	201	30	161	36	160	36
灵川县	105	50	127	54	152	42	255	17	255	17
全州县	231	19	235	19	237	20	273	13	269	15
兴安县	123	43	213	25	189	32	168	34	64	66
永福县	138	38	138	50	140	45	145	43	144	41
灌阳县	213	24	213	26	213	26	213	24	213	25
龙胜各族自治县	119	45	157	42	160	40	161	37	99	56
资源县	171	31	75	63	78	62	65	64	100	55
平乐县	192	29	194	33	266	14	267	14	295	10
荔浦县	112	48	171	37	171	36	171	32	184	31
恭城瑶族自治县	119	46	157	43	178	34	176	31	130	47
苍梧县	332	4	2836	1	2885	1	2891	1	54	69
藤县	534	2	540	4	540	4	543	5	536	3
蒙山县	166	32	113	56	113	54	73	62	82	58
岑溪市	559	1	559	3	580	3	537	6	266	16
合浦县	200	28	212	27	608	2	623	4	614	2
上思县	17	73	16	72	86	60	59	68	—	—
东兴市	28	71	57	67	—	—	—	—	32	72
灵山县	274	12	259	16	259	17	700	3	886	1
浦北县	158	35	289	13	310	10	317	10	319	7

续表

地区	2013 年		2014 年		2015 年		2016 年		2017 年	
	人员数（人）	排名	人员数（人）	排名	人员数（人）	排名	人员数（人）	排名	人员数（人）	排名
平南县	120	44	150	44	160	41	160	39	195	29
桂平市	312	6	174	36	165	39	160	40	184	32
容县	228	20	333	9	295	11	161	38	316	8
陆川县	206	26	234	20	206	27	206	25	206	27
博白县	285	10	158	41	315	9	322	9	333	6
兴业县	130	42	139	49	93	59	79	61	59	67
北流市	345	3	398	5	280	12	280	12	280	12
田阳县	137	39	137	51	137	48	106	52	143	42
田东县	132	41	132	53	232	21	98	55	101	53
平果县	94	54	222	21	222	24	125	49	168	34
德保县	83	56	83	60	59	68	63	67	52	70
那坡县	41	69	52	70	94	58	101	54	101	54
凌云县	50	68	52	71	56	69	53	72	37	71
乐业县	62	62	82	61	67	64	105	53	135	46
田林县	102	52	102	57	103	56	113	50	152	39
西林县	87	55	89	59	55	70	56	70	72	62
隆林各族自治县	83	57	76	62	82	61	90	58	90	57
靖西市	98	53	386	6	386	6	902	2	197	28
昭平县	152	36	217	23	226	22	240	18	251	18
钟山县	111	49	168	38	138	46	96	56	71	63
富川瑶族自治县	17	74	6	74	116	52	184	28	118	49
宜州区	324	5	324	10	98	57	95	57	311	9
南丹县	241	17	198	32	114	53	129	47	137	44
天峨县	250	15	95	58	73	63	83	59	111	51
凤山县	205	27	209	28	219	25	236	19	236	21
东兰县	187	30	187	35	187	33	187	27	187	30
罗城仫佬族自治县	221	22	221	22	279	13	201	26	211	26
环江毛南族自治县	308	7	352	7	361	7	332	8	334	5
巴马瑶族自治县	105	51	168	39	170	37	168	35	176	33

续表

地区	2013 年		2014 年		2015 年		2016 年		2017 年	
	人员数（人）	排名	人员数（人）	排名	人员数（人）	排名	人员数（人）	排名	人员数（人）	排名
都安瑶族自治县	267	13	267	15	205	28	179	30	276	13
大化瑶族自治县	240	18	258	17	262	15	256	16	247	19
忻城县	74	61	207	29	198	31	71	63	74	61
象州县	263	14	255	18	261	16	110	51	159	37
武宣县	118	47	203	30	203	29	225	22	232	24
金秀瑶族自治县	61	63	145	47	148	44	150	42	153	38
合山市	55	66	65	64	65	65	65	65	65	64
扶绥县	60	64	60	65	60	67	127	48	120	48
宁明县	59	65	60	66	105	55	183	29	151	40
龙州县	38	70	55	69	65	66	65	66	65	65
大新县	53	67	56	68	49	71	54	71	56	68
天等县	83	58	117	55	34	72	59	69	79	59
凭祥市	20	72	13	73	33	73	35	73	20	73

在这些县市中，凭祥市、天等县、凌云县、大新县、龙州县、西林县、德保县、合山市、隆林各族自治县有 5 年排在后 20 名；上思县、那坡县、资源县、蒙山县有 4 年排在后 20 名；东兴市、扶绥县、兴业县、宁明县、天峨县、忻城县、乐业县、隆安县有 3 年排在后 20 名；富川瑶族自治县、田林县、钟山县、宜州区、田东县有 2 年排在后 20 名，苍梧县、兴安县、金秀瑶族自治县、马山县、龙胜各族自治县有 1 年排在后 20 名。可以看出，上思县、那坡县、凭祥市、天等县、凌云县、大新县、龙州县、西林县、德保县、合山市、隆林各族自治县、蒙山县和资源县的农村专业技术人员数量相对较少。

排名上升超过 30 名的有 1 个县市，排名上升超过 20 名的有 8 个县市。同时出现了多个县市排名上升位数并列的情况，说明大部分县市的农业专业技术人员在 5 年间增加幅度都比较大。具体来说，灵川县的农业专业技术人员排名上升最快，从 2013 年的 105 人，排名第 50 位，增加至 2017 年的 255 人，排第 17 名，指标数值增加了 150，排名上升了 33 名。其次是浦北县，从 2013 年的 158 人，排第 35 名，增加至 2017 年的 319 人，排第 7 名，指标数值增加了 161，排名上升了 28 名。排名上升幅度第 3 的是合浦县，从 2013 年的 200 人，排第 28 名，增加至 2017 年的 614 人，排名第 2 位，指标数值增加了 414，排名上升了 26 名。

排名下降超过 30 名的有 2 个县市，排名下降超过 20 名的有 7 个县市，排名上升超过

10名的有9个县市。同时出现了多个县市排名下降位数并列的情况，说明大部分县市的农业专业技术人员在5年间减少幅度都比较大。具体来说，苍梧县的农业专业技术人员排名下降最快，从2013年的332人，排第4名，减少至2017年的54人，排第54名，指标数值减少了278，排名下降了65名。其次是天峨县，从2013年的250人，排第15名，减少至2017年的111人，排第51名，指标数值减少了139，排名下降了36名。排名下降幅度第3的是南丹县，从2013年的241人，排第17名，减少至2017年的137人，排第44名，指标数值减少了104，排名下降了27名。

四、县市交通与技术基础设施评价

（一）公路里程

表4-7给出了2010—2017年广西74个县市公路里程及其排名情况。可以看出，桂平市、博白县、武鸣县、全州县、灵山县、靖西市、合浦县、藤县、横县、田林县、融水苗族自治县、隆林各族自治县、都安瑶族自治县、岑溪市、北流市、陆川县、鹿寨县连续8年都排在前20名；浦北县有7年进入前20名；宁明县有5年进入前20名；苍梧县、平南县有4年进入前20名；平果县、大化瑶族自治县、东兰县、柳城县只有1年进入前20名。总的来说，博白县、武鸣县、桂平市、灵山县、横县、全州县、融水苗族自治县、合浦县、隆林各族自治县、藤县、靖西市、陆川县、田林县、都安瑶族自治县、北流市、鹿寨县、岑溪市和浦北县保持超过7年都排在前20名，说明这些县市公路里程基础设施多年来都建设良好。

罗城仫佬族自治县、蒙山县、东兴市、合山市、凭祥市、永福县、钟山县、富川瑶族自治县、恭城瑶族自治县、平乐县、灌阳县、西林县、凤山县、资源县连续8年都排在后20名；阳朔县、灵川县有7年排在后20名；龙胜各族自治县有6年排在后20名；金秀瑶族自治县、武宣县有5年排在后20名；荔浦县、昭平县、天等县有3年排在后20名；忻城县、象州县有2年进排在后20名；那坡县、兴安县、大新县、融安县只有1年排在后20名。总的来说，罗城仫佬族自治县、蒙山县、东兴市、合山市、凭祥市、永福县、钟山县、富川瑶族自治县、恭城瑶族自治县、平乐县、灌阳县、西林县、凤山县、资源县、阳朔县、灵川县保持超过7年都排在后20名，说明这些县市公路里程这一基础设施多年来建设水平很低。

广西县市排名上升超过20名的有1个县市，排名上升超过10名的有7个县市。同时出现了多个县市排名上升位数并列的情况，说明只有小部分县市的公路里程在8年间增加幅度比较大，大部分县市的公路里程数只显示小幅增加。具体来说，凌云县的公路里程数排名上升最快，从2010年的947千米，排第43名，增加至2017年的1379千米，排第23名，指标数值增加了432，排名上升了20名。其次是宣武县，从2010年的772千米，排名第61位，增加至2017年的1032千米，排第45名，指标数值增加了260，排名上升了 16 名。排名上升幅度第 3 的是乐业县，从 2010 年的 917 千米，排名第 48 位，增加至 2017 年的 1220 千米，排名第 32 名，指标数值增加了 303，排名上升了 16 名。

排名下降超过 30 名的有 2 个县市，排名下降超过 10 名的有 4 个县市，同时出现了多个县市排名下降位数并列的情况，说明只有小部分县市的公路里程在 8 年间减少幅度比较大，大部分县市的公路里程数在 8 年间只显示小幅减少。具体来说，田阳县的公路里程数排名下降最快，从 2010 年的 982 千米，排第 39 名，减少至 2017 年的 183 千米，排第 72 名，指标数值减少了 799，排名下降了 33 名。其次是那坡县，从 2010 年的 1010 千米，排第 38 名，减少至 2017 年的 333 千米，排第 69 名，指标数值减少了 677，排名下降了 31 名。排名下降幅度第 3 的是柳城县，从 2010 年的 1314 千米，排第 20 名，减少至 2017 年的 1169 千米，排名第 37 位，指标数值减少了 145，排名下降了 17 名。

（二）移动电话数量

表 4-8 给出了 2010—2017 年广西 74 个县市的移动电话数量及其排名情况。其中，桂平市、合浦县、平南县、藤县、浦北县、柳江区连续 8 年都排在前 20 名；博白县、横县、宾阳县、兴业县、陆川县、岑溪市、平果县、容县有 7 年进入前 20 名；灵山县、武鸣县、宜州区、苍梧县、融水苗族自治县、灵川县有 6 年进入前 20 名；北流市有 4 年进入前 20 名；扶绥县、武宣县、马山县有 2 年进入前 20 名；环江毛南族自治县、昭平县、鹿寨县、富川瑶族自治县、平乐县、荔浦县、阳朔县、田东县、柳城区只有 1 年进入前 20 名。总的来说，桂平市、合浦县、平南县、藤县、浦北县、柳江区、博白县、横县、宾阳县、兴业县、陆川县、平果县、岑溪市和容县保持超过 7 年都排在前 20 名，说明这些县市移动电话这一基础设施多年来都建设良好。

那坡县、合山市、乐业县、西林县、凤山县、东兰县、资源县连续 8 年都排在后 20 名；蒙山县、凌云县、凭祥市有 7 年排在后 20 名；龙胜各族自治县、巴马瑶族自治县、扶绥县有 6 年排在后 20 名；田林县、兴安县、天峨县有 5 年排在后 20 名；北流市、永福县、龙州县、金秀瑶族自治县有 4 年排在后 20 名；阳朔县有 3 年排在后 20 名；隆林各族自治县、大化瑶族自治县、德保县、天等县、田东县、昭平县、灌阳县有 2 年进排在后 20 名；罗城仫佬族自治县、兴业县、上思县、容县、马山县、忻城县、陆川县、博白县、田阳县、宜州区只有 1 年排在后 20 名。总的来说，那坡县、合山市、乐业县、西林县、凤山县、东兰县、蒙山县、凌云县和凭祥市保持超过七年都排在后 20 名，说明这些县市移动电话这一基础设施多年来建设水平很低。

排名上升超过 20 名的有 10 个县市，排名上升超过 10 名的有 5 个县市。同时出现了排名上升位数并列的情况，说明只有小部分县市的移动电话数量在 8 年间增加幅度比较大，

表 4-7 2010—2017 年广西 74 个县市的公路里程和排名

地区	2010 年		2011 年		2012 年		2013 年		2014 年		2015 年		2016 年		2017 年	
	里程（千米）	排名	里程（千米）	排名	里程（千米）	排名	里程（千米）	排名	里程（千米）	排名	里程（千米）	排名	里程（千米）	排名	里程（千米）	排名
武鸣县	1736.837	4	1738	7	1739	9	1740.69	10	1740.69	1	2297.00	1	2297	1	2297	1
隆安县	922.460	47	936	48	969	46	1008.74	46	913.18	49	1039.29	44	1079	44	1095	41
马山县	962.048	42	1005	40	1029	42	1071.22	42	1167.4	36	1237.64	33	1243	35	1123	39
上林县	847.258	54	854	54	898	51	912.11	53	915.00	47	968.00	47	1015	47	1026	47
宾阳县	938.969	45	955	44	980	44	1008.17	47	992.70	43	1008.94	45	1010	48	956	51
横县	1562.816	10	1795	4	1823	4	1927.18	4	1842.00	7	1864.00	7	1828	10	1903	10
柳江区	1212.275	25	1214	26	1223	28	1223.85	31	1223.90	31	1223.90	36	1264	33	1276	29
柳城县	1314.107	20	1315	21	1331	22	1330.89	23	1192.00	34	1362.06	23	1171	39	1169	37
鹿寨县	1438.357	13	1457	17	1453	18	1453.04	19	1470.00	20	1472.00	19	1496	20	1578	19
融安县	896.728	50	903	50	910	50	964.87	48	900.27	51	900.27	55	1129	41	1029	46
融水苗族自治县	1714.348	5	1757	5	1757	5	1764.58	8	1765.00	8	1764.60	10	1765	13	1864	12
三江侗族自治县	1079.795	32	1070	34	1070	37	1069.10	44	1056.43	42	1070.84	42	1121	42	1158	38
阳朔县	742.035	64	751	64	776	65	1109.65	39	783.70	60	669.38	66	536	68	659	66
灵川县	803.745	56	808	60	809	61	844.88	59	872.43	54	887.59	57	887	57	887	57
全州县	1705.270	7	1734	8	1747	7	1831.35	6	1862.40	6	1897.00	6	1913	7	2276	4
兴安县	1035.904	37	1040	38	1068	38	1124.39	37	1128.40	39	1128.40	40	174	72	1213	33
永福县	717.573	68	722	68	726	68	722.66	69	722.66	64	723.00	65	769	64	542	67
灌阳县	686.877	70	692	70	692	70	701.42	70	702.00	65	782.86	63	783	62	805	60
龙胜各族自治县	839.709	55	847	55	847	57	915.00	51	770.00	61	886.00	58	893	56	994	49
资源县	739.440	66	717	69	726	69	750.90	67	662.00	66	662.00	67	826	60	908	56

续表

地区	2010年		2011年		2012年		2013年		2014年		2015年		2016年		2017年	
	里程（千米）	排名	里程（千米）	排名	里程（千米）	排名	里程（千米）	排名	里程（千米）	排名	里程（千米）	排名	里程（千米）	排名	里程（千米）	排名
平乐县	728.262	67	737	66	741	66	758.41	66	758.40	63	825.50	61	825	61	797	61
荔浦县	874.490	51	882	51	884	53	908.27	55	895.65	52	895.65	56	1007	49	911	55
恭城瑶族自治县	783.396	59	785	61	788	62	810.96	63	810.96	57	877.34	59	749	65	780	64
苍梧县	1385.410	18	1519	14	1533	14	1566.94	15	1235.11	30	1235.11	34	1285	32	1198	34
藤县	1470.878	12	1582	12	1624	12	1673.26	12	1713.00	11	1776.00	9	1914	6	1989	8
蒙山县	436.326	71	469	71	479	71	497.94	71	358.47	69	388.73	69	102	73	121	73
岑溪市	1407.473	15	1494	16	1502	16	1523.28	17	1545.00	16	1546.00	17	1689	16	1698	15
合浦县	1648.461	8	1743	6	1749	6	1835.42	5	1882.00	5	1857.00	8	1916	5	2036	7
上思县	1048.569	35	1050	36	1148	32	1162.61	33	1201.88	33	1251.48	32	1251	34	1287	28
东兴市	274.029	73	276	73	285	73	298.77	73	302.00	71	302.00	71	296	70	278	71
灵山县	1961.518	3	2041	3	2057	3	2120.23	3	2100.39	4	2100.39	4	2267	4	2260	5
浦北县	1269.356	22	1327	20	1386	20	1478.17	18	1643.00	15	1668.00	16	1793	11	1946	9
平南县	1306.141	21	1308	22	1384	21	1444.47	20	1484.00	19	1490.96	18	1491	21	1524	20
桂平市	2267.951	2	2286	2	2335	2	2422.03	2	2581.07	2	2675.82	3	2445	3	2896	2
容县	1077.999	33	1078	32	1233	25	1266.93	26	1319.00	23	1263.00	31	1330	26	1347	25
陆川县	1645.404	9	1645	11	1649	11	1670.49	13	1670.50	14	1671.00	15	1671	18	1671	17
博白县	2515.610	1	2516	1	2611	1	2917.31	1	2458.85	3	2827.82	2	2828	2	2733	3
兴业县	1041.066	36	1041	37	1114	34	1201.45	32	1251.00	29	1322.00	27	1322	27	1053	44
北流市	1406.915	16	1408	19	1529	15	1687.13	11	1687.13	12	1687.13	13	1687	17	1687	16
田阳县	981.984	39	996	41	1036	41	1085.33	40	1180.80	35	1296.00	29	1286	31	183	72
田东县	1167.452	26	1177	27	1210	30	1268.72	25	1268.72	28	1357.00	24	1359	25	1359	24

续表

地区	2010年		2011年		2012年		2013年		2014年		2015年		2016年		2017年	
	里程（千米）	排名	里程（千米）	排名	里程（千米）	排名	里程（千米）	排名	里程（千米）	排名	里程（千米）	排名	里程（千米）	排名	里程（千米）	排名
平果县	1104.257	30	1155	28	1213	29	1276.94	24	1369.3	21	1353.1	25	1867	8	1257	30
德保县	1053.328	34	1060	35	1080	36	1121.63	38	986	44	1064.06	43	1117	43	1117	40
那坡县	1009.545	38	1020	39	1040	40	1075.73	41	1109.44	41	1109.00	41	1209	37	333	69
凌云县	947.061	43	943	45	993	43	1070.51	43	1210	32	1210.00	37	1290	30	1379	23
乐业县	917.074	48	963	43	1044	39	1155.01	34	1279.5	26	1280.30	30	1315	28	1220	32
田林县	1345.091	19	1653	10	1710	10	1741.56	9	1742	9	1742.00	11	1779	12	1897	11
西林县	782.510	60	785	62	810	60	819.66	62	819.7	56	819.70	62	876	59	849	59
隆林各族自治县	1710.821	6	1731	9	1744	8	1773.53	7	1717	10	2000.00	5	1859	9	1859	13
靖西市	1396.997	17	1498	15	1496	17	1536.72	16	1536.72	17	1683.00	14	1762	14	2111	6
昭平县	964.722	41	1073	33	1098	35	1139.66	36	327.6	70	366.99	70	781	63	1086	42
钟山县	794.649	57	817	57	876	55	885.35	56	626.57	67	723.88	64	722	67	721	65
富川瑶族自治县	716.795	69	726	67	736	67	743.76	68	130.52	74	120.93	73	737	66	792	62
宜州区	1228.611	23	1290	23	1295	23	1344.21	22	1275.4	27	1416.69	21	1480	22	1516	21
南丹县	1135.094	28	1223	25	1239	24	1239.93	30	1152.89	37	1153.55	39	1158	40	1181	35
天峨县	979.532	40	978	42	977	45	1067.15	45	1120.13	40	1234.30	35	1295	29	1311	27
凤山县	741.778	65	744	65	780	64	790.76	65	790.8	59	832.99	60	915	55	862	58
东兰县	1140.896	27	1146	29	1226	27	1259.81	28	1296	24	1322.00	28	1528	19	1328	26
罗城仫佬族自治县	755.151	63	756	63	787	63	809.19	64	809.19	58	64.00	74	64	74	64	74
环江毛南族自治县	1088.915	31	1113	31	1121	33	1143.90	35	1147.71	38	1154.85	38	1179	38	1178	36
巴马瑶族自治县	909.287	49	910	49	913	49	914.32	52	914.32	48	924.43	52	924	54	927	54

续表

地区	2010年		2011年		2012年		2013年		2014年		2015年		2016年		2017年	
	里程（千米）	排名	里程（千米）	排名	里程（千米）	排名	里程（千米）	排名	里程（千米）	排名	里程（千米）	排名	里程（千米）	排名	里程（千米）	排名
都安瑶族自治县	1543.236	11	1551	13	1552	13	1598.75	14	1678	13	1690.00	12	1734	15	1765	14
大化瑶族自治县	1221.496	24	1226	24	1229	26	1259.96	27	1288.73	25	1323.91	26	1453	23	1602	18
忻城县	871.489	52	875	52	887	52	883.95	57	236.00	72	963.28	48	1077	45	1055	43
象州县	862.448	53	865	53	878	54	876.69	58	876.69	53	932.69	51	967	50	788	63
武宣县	771.799	61	810	59	840	58	844.42	60	758.60	62	989.01	46	1032	46	1032	45
金秀瑶族自治县	765.297	62	826	56	817	59	840.20	61	840.20	55	906.07	54	934	52	948	53
合山市	218.520	74	220	74	221	74	221.46	74	221.46	73	274.66	72	291	71	292	70
扶绥县	1108.414	29	1124	30	1194	31	1246.55	29	1350.00	22	1381.00	22	1238	36	1234	31
宁明县	1412.168	14	1415	18	1415	19	1427.46	21	1490.81	18	1435.19	20	1435	24	1423	22
龙州县	937.729	46	940	47	943	47	955.47	49	955.50	45	955.50	49	942	51	954	52
大新县	940.718	44	941	46	941	48	940.88	50	940.90	46	933.74	50	879	58	1000	48
天等县	787.989	58	815	58	876	56	909.44	54	909.00	50	909.00	53	927	53	986	50
凭祥市	399.637	72	391	72	391	72	391.39	72	429.81	68	430.00	68	430	69	430	68

表 4-8　2010—2017 年广西 74 个县市的移动电话数量和排名

地区	2010年		2011年		2012年		2013年		2014年		2015年		2016年		2017年	
	数量（户）	排名	数量（户）	排名	数量（户）	排名	数量（户）	排名	数量（户）	排名	数量（户）	排名	数量（户）	排名	数量（户）	排名
武鸣县	342773	5	495028	4	519816	7	536063	7	493921	8	513856	9	—	—	—	—
隆安县	170000	26	219650	23	230147	31	231986	34	243406	30	—	—	—	—	—	—
马山县	147749	32	218822	24	53142	69	245063	27	255161	28	304000	20	305412	20	306012	24

续表

地区	2010年		2011年		2012年		2013年		2014年		2015年		2016年		2017年	
	数量（户）	排名	数量（户）	排名	数量（户）	排名	数量（户）	排名	数量（户）	排名	数量（户）	排名	数量（户）	排名	数量（户）	排名
上林县	156143	30	128306	44	258994	23	270042	25	216533	37	221865	35	251485	29	288697	30
宾阳县	293828	7	533018	3	553404	6	598429	6	173040	50	552266	7	573858	6	638746	6
横县	358942	3	423000	7	567321	4	625381	5	175965	48	568427	5	587995	5	671642	5
柳江区	219363	14	263952	15	309852	15	309952	16	319952	16	332750	17	341025	16	341613	19
柳城县	160000	29	162000	38	245000	28	250000	26	290062	20	295863	22	296800	21	306816	23
鹿寨县	218265	15	201918	27	207976	35	214271	38	220699	36	221367	36	227624	35	228805	46
融安县	173816	25	175848	34	222844	33	162087	53	241031	31	220168	37	226137	36	232125	44
融水苗族自治县	201806	19	201806	28	264359	21	285327	20	313260	18	324251	18	325615	18	335004	20
三江侗族自治县	92034	48	164833	37	201937	37	200592	40	225781	35	224268	34	206482	40	269914	34
阳朔县	17063	68	13956	69	21200	73	299810	19	215400	38	214374	39	180000	47	189466	51
灵川县	226900	13	285000	12	263000	22	273851	23	319580	17	354265	15	354287	15	354287	18
全州县	198777	21	198777	29	226605	32	227832	35	229273	33	248612	32	283765	24	294130	28
兴安县	10763	70	20865	68	23108	72	24674	74	28057	73	228841	33	202000	42	260114	38
永福县	105000	43	112500	50	125000	50	129806	60	138742	59	139942	60	140465	57	253046	40
灌阳县	116000	38	130929	43	149900	42	147400	55	161250	52	162255	53	164400	50	165780	57
龙胜各族自治县	115300	39	99881	54	140168	44	138735	58	144392	57	146954	57	143628	56	156215	59
资源县	63125	59	63184	65	72215	67	75362	71	79209	70	92638	70	93565	69	80000	71
平乐县	207000	17	211565	25	249601	27	235400	31	229400	32	249478	31	259145	28	262535	37
荔浦县	189801	22	195655	30	276684	19	242768	28	286150	21	302784	21	289600	22	282281	31
恭城瑶族自治县	101000	44	127015	46	141800	43	187868	46	184015	45	210729	41	198542	44	231789	45

续表

地区	2010年		2011年		2012年		2013年		2014年		2015年		2016年		2017年	
	数量（户）	排名	数量（户）	排名	数量（户）	排名	数量（户）	排名	数量（户）	排名	数量（户）	排名	数量（户）	排名	数量（户）	排名
苍梧县	258420	9	259477	16	309700	16	301951	18	322944	15	278800	24	150579	53	385442	16
藤县	201827	18	302039	9	425732	10	528298	8	504429	7	532840	8	500574	11	529285	13
蒙山县	70000	57	78500	63	99496	57	115730	63	121159	60	124794	62	153556	52	170128	56
岑溪市	208310	16	223610	21	323356	14	454740	10	466108	9	489413	12	511248	10	589301	7
合浦县	345210	4	676471	1	681198	2	714667	2	734148	3	860681	2	863661	3	806623	3
上思县	—	—	—	—	120648	51	186342	47	—	—	—	—	15452	72	—	—
东兴市	110568	41	127101	45	251137	26	199164	41	228502	34	199510	43	185045	46	252448	41
灵山县	438418	2	—	—	—	—	671800	3	679169	5	696850	4	735820	4	716850	4
浦北县	286711	8	301600	10	359956	13	408910	15	450619	12	492526	11	550152	8	578488	9
平南县	328087	6	456089	5	497308	8	515655	9	557018	6	558875	6	558905	7	559015	10
桂平市	456023	1	544309	2	786017	1	445288	12	750011	2	973500	1	922470	1	995347	1
容县	27746	67	291555	11	395879	11	420316	14	464904	10	499295	10	452520	12	551389	11
陆川县	28489	66	265935	14	567009	5	427579	13	460901	11	448883	13	448889	13	448856	14
博白县	38185	65	447052	6	469685	9	726503	1	786643	1	853617	3	868590	2	912019	2
兴业县	16927	69	273815	13	607138	3	304308	17	374203	14	380040	14	390869	14	407500	15
北流市	45305	64	397913	8	395746	12	668527	4	727246	4	141954	59	146213	55	153524	60
田阳县	117306	37	138066	42	106371	55	190453	44	209003	39	218472	38	225083	37	263272	36
田东县	135466	33	230283	20	253308	25	226494	36	253005	29	252159	30	34665	71	92772	70
平果县	250000	10	255000	18	266000	20	284568	21	302084	19	310665	19	327949	17	383229	17
德保县	125500	35	160317	39	88817	63	167066	50	172078	51	185861	48	114727	62	223087	48
那坡县	53434	62	6500	71	54666	68	93965	68	103969	65	105780	65	109947	66	134074	66

续表

地区	2010年		2011年		2012年		2013年		2014年		2015年		2016年		2017年	
	数量（户）	排名	数量（户）	排名	数量（户）	排名	数量（户）	排名	数量（户）	排名	数量（户）	排名	数量（户）	排名	数量（户）	排名
凌云县	65317	58	86594	59	120648	52	99942	66	111245	63	116436	63	116436	61	145796	63
乐业县	56493	60	74170	64	76195	66	84367	70	91615	68	96138	69	103161	67	119757	69
田林县	75595	55	105120	53	115632	53	127954	61	143803	58	148538	56	110506	65	179238	53
西林县	54100	61	55200	66	76272	65	87840	69	93551	67	98134	68	98142	68	127685	67
隆林各族自治县	90341	50	9000	70	95892	61	166934	51	180541	46	197277	44	237277	33	257106	39
靖西市	133870	34	138655	41	255587	24	238258	30	268788	24	283244	23	287493	23	311000	22
昭平县	83000	52	84100	62	94296	62	172300	49	404644	13	194611	45	167500	49	294734	27
钟山县	189039	23	220400	22	232027	30	223242	37	258465	26	269023	28	279394	25	295613	26
富川瑶族自治县	109650	42	109920	52	132060	45	164059	52	174700	49	342500	16	200300	43	224245	47
宜州区	245893	11	256344	17	288672	17	454328.8	11	257424	27	159020	54	539859	9	549883	12
南丹县	121600	36	122500	47	128300	47	233681.9	33	187317	44	269175	27	242000	31	279200	32
天峨县	96326	46	119016	48	130000	46	118505.3	62	114856	62	104156	66	119398	60	148134	62
凤山县	73268	56	95093	56	98631	58	113309.9	64	119141	61	104156	67	119946	59	136651	65
东兰县	81000	54	86000	60	97900	59	146920.3	56	147820	55	136782	61	136796	58	136892	64
罗城仫佬族自治县	7295	71	156889	40	176899	39	188237	45	199300	42	171837	51	172181	48	198335	49
环江毛南族自治县	160321	28	166094	36	172299	41	197614.5	42	192000	43	184868	49	207520	39	589189	8
巴马瑶族自治县	91198	49	93500	58	97673	60	150197.8	54	150263	53	150263	55	150263	54	150263	61
都安瑶族自治县	112929	40	113635	49	205024	36	276682	22	277190	23	277680	25	278286	26	299121	25
大化瑶族自治县	85810	51	85740	61	85746	64	201716.8	39	203718	40	190061	47	241049	32	241109	43
忻城县	152159	31	179601	33	221887	34	272601	24	81164	69	200551	42	228388	34	244707	42

续表

地区	2010年		2011年		2012年		2013年		2014年		2015年		2016年		2017年	
	数量（户）	排名	数量（户）	排名	数量（户）	排名	数量（户）	排名	数量（户）	排名	数量（户）	排名	数量（户）	排名	数量（户）	排名
象州县	166001	27	173505	35	173605	40	178813	48	179965	47	181459	50	248200	30	289782	29
武宣县	199334	20	191500	31	284040	18	242139	29	266960	25	271685	26	277487	27	325606	21
金秀瑶族自治县	81747	53	112344	51	125825	48	140924	57	145433	56	146550	58	154610	51	160021	58
合山市	51958	63	42305	67	46266	71	44420	72	54326	71	57432	71	112686	63	122730	68
扶绥县	238793	12	251449	19	50000	70	41130	73	45736	72	51854	72	56985	70	170508	55
宁明县	—	—	202100	26	237902	29	234255	32	285000	22	257252	29	223684	38	272192	33
龙州县	97100	45	98800	55	99800	56	99800	67	100255	66	190130	46	192604	45	182229	52
大新县	187220	24	187615	32	188415	38	197005	43	203210	41	212657	40	323441	19	267378	35
天等县	—	—	—	—	125133	49	135709	59	148286	54	167020	52	205090	41	193721	50
凭祥市	94013	47	94100	57	109254	54	110384	65	110842	64	111432	64	111563	64	178373	54

大部分县市的移动电话数量在 8 年间只显示小幅增加。具体来说，博白县的移动电话数量排名上升最快，从 2010 年的 38185 户，排第 65 名，增加至 2017 年的 912019 户，排第 2 名，指标数值增加了 873834，排名上升了 63 名。其次是容县，从 2010 年的 27746 户，排第 67 名，增加至 2017 年的 551389 户，排第 11 名，指标数值增加了 523643，排名上升了 56 名。排名上升幅度第 3 的是兴业县，从 2010 年的 16927 户，排第 69 名，增加至 2017 年的 407500 户，排第 15 名，指标数值增加了 390573，排名上升了 54 名。

排名下降超过 20 名的有 5 个县市，排名下降超过 10 名的有 9 个县市，出现了排名下降位数并列的情况，说明只有小部分县市的公路里程在 8 年间减少幅度比较大，大部分县市的移动电话数量在 8 年间只显示小幅减少。具体来说，扶绥县的移动电话数量排名下降最快，从 2010 年的 238793 户，排第 12 名，减少至 2017 年的 170508 户，排第 55 名，指标数值减少了 68285，排名下降了 43 名。其次是田东县，从 2010 年的 135466 户，排第 33 名，减少至 2017 年的 92772 户，排第 70 名，指标数值减少了 42694，排名下降了 37 名。排名下降幅度第 3 的是鹿寨县，从 2010 年的 218265 户，排第 15 名，变动至 2017 年的 228805 户，排第 46 名，指标数值变动了 10540，排名下降了 31 名。

（三）互联网宽带接入数量

除去个别县市指标数据缺失，不进入排名，表 4-9 给出了 2010—2017 年广西 74 个县市的互联网宽带接入数量及其排名情况。其中，平南县、宾阳县、横县、合浦县、桂平市、岑溪市、北流市、博白县、藤县连续 8 年都排在前 20 名；宜州区、鹿寨县、柳江区有 7 年进入前 20 名；武鸣县、灵山县、容县、陆川县有 6 年进入前 20 名；灵川县有 5 年进入前 20 名；兴业县有 4 年进入前 20 名；上林县、平果县、田东县、都安瑶族自治县有 3 年进入前 20 名；隆安县、环江毛南族自治县、苍梧县、象州县、昭平县有 2 年进入前 20 名；马山县、柳城县、田阳县、德保县、富川瑶族自治县、荔浦县、融安县、凤山县、靖西市、东兴市、南丹县、扶绥县只有 1 年进入前 20 名。总的来说，保持超过 7 年都排在前 20 名的县市有 12 个，分别为平南县、宾阳县、横县、合浦县、桂平市、岑溪市、北流市、博白县、藤县、宜州区、鹿寨县、柳江区，这些县市互联网宽带这一基础设施多年来都建设良好。

乐业县、天峨县、西林县、金秀瑶族自治县、龙胜各族自治县、合山市、资源县连续 8 年都排在后 20 名；那坡县、凤山县有 7 年排在后 20 名；田林县、凌云县、灌阳县有 6 年排在后 20 名；德保县、巴马瑶族自治区、蒙山县、天等县、龙州县有 5 年排在后 20 名；上思县、三江侗族自治县有 4 年排在后 20 名；隆林各族自治县、忻城县、罗城仫佬族自治县有 3 年排在后 20 名；苍梧县、扶绥县、东兰县、昭平县、兴安县有 2 年进排在后 20 名；环江毛南族自治县、东兴市、南丹县、马山县、平乐县、大化瑶族自治县、恭城瑶族自治县、隆安县、靖西市、宁明县、田阳县、凭祥市、田东县只有

表 4-9　2010—2017 年广西 74 个县市的互联网宽带接入量和排名

地区	2010 年		2011 年		2012 年		2013 年		2014 年		2015 年		2016 年		2017 年	
	接入量（户）	排名	接入量（户）	排名	接入量（户）	排名	接入量（户）	排名	接入量（户）	排名	接入量（户）	排名	接入量（户）	排名	接入量（户）	排名
武鸣县	28247	17	265019	1	318518	1	54219	11	58859	11	61225	15	—	—	—	—
隆安县	10620	56	118127	3	144601	5	20745	52	21874	52	—	—	—	—	—	—
马山县	11300	51	105347	4	12981	61	20203	53	22203	50	36367	27	36586	33	37012	42
上林县	13235	43	103373	5	143012	6	23157	45	24260	47	24974	43	26475	51	65359	20
宾阳县	35107	13	256433	2	313833	3	74790	5	79895	5	78828	5	451174	1	523029	1
横县	34500	14	43500	12	317599	2	63044	8	67627	8	69810	11	435153	2	518087	2
柳江区	39617	9	29916	20	47716	15	47916	18	48916	17	50873	19	51890	20	52016	25
柳城县	15000	39	15300	44	230000	4	24068	42	35078	26	35578	28	35590	35	38690	40
鹿寨县	45886	4	42475	13	47572	16	49023	17	52454	16	54632	18	57285	17	59178	22
融安县	16552	36	17237	39	18747	47	25923	34	28351	35	31062	32	40896	28	77299	15
融水苗族自治县	13213	44	13213	53	20840	40	25501	38	30265	32	32291	31	40277	29	50308	28
三江侗族自治县	6860	62	10176	62	14683	58	18360	57	24394	46	24938	44	25144	53	47251	32
阳朔县	17707	34	15003	48	20700	42	34684	26	31200	29	26811	41	34900	36	35100	46
灵川县	36527	11	37527	16	38490	23	45173	21	55116	13	62547	14	62567	14	62567	21
全州县	—	—	—	—	18168	49	21289	51	23013	49	24293	49	27879	45	32714	48
兴安县	11765	50	16826	40	16801	51	18862	56	20058	58	30474	33	36520	34	45998	33
永福县	19106	29	21206	31	21350	37	24136	41	25086	43	25214	42	27458	48	29711	50
灌阳县	12700	47	14680	50	12800	62	14600	65	20386	56	20589	56	20526	59	20612	65
龙胜各族自治县	6227	65	10468	61	14435	59	15514	64	17073	61	16631	59	18944	60	27263	55
资源县	10780	55	10982	59	12033	65	12556	68	13035	67	13860	65	21217	58	20000	66

续表

地区	2010 年		2011 年		2012 年		2013 年		2014 年		2015 年		2016 年		2017 年	
	接入量（户）	排名	接入量（户）	排名	接入量（户）	排名	接入量（户）	排名	接入量（户）	排名	接入量（户）	排名	接入量（户）	排名	接入量（户）	排名
平乐县	7726	61	15035	47	24110	33	27200	31	36716	25	41750	24	46000	22	29326	51
荔浦县	17837	33	20393	33	30240	28	52200	14	39165	22	45123	21	42800	26	51608	26
恭城瑶族自治县	12254	48	14366	51	14900	56	21964	49	25100	42	28794	37	42480	27	42759	36
苍梧县	29117	16	26601	24	37888	24	65613	7	21541	55	22800	53	14400	64	58546	23
藤县	40634	8	32387	18	44766	20	52899	12	61006	9	71639	10	81000	9	85290	11
蒙山县	13135	45	13148	54	6988	70	22116	47	19177	59	19560	58	31680	40	25946	57
岑溪市	49865	3	53850	9	54120	12	52666	13	53983	14	58572	16	60121	15	124184	6
合浦县	35800	12	50180	11	62116	9	94167	2	98259	2	98709	4	102351	5	129837	5
上思县	—	—	—	—	19257	45	16418	62	6505	72	11407	68	11721	66	—	—
东兴市	10896	53	10864	60	45303	19	40456	23	39420	21	22821	52	45128	24	36712	44
灵山县	40793	7	—	—	—	—	112198	1	115233	1	120260	3	129310	3	122580	7
浦北县	12166	49	15200	45	29536	30	36034	24	36945	24	37120	26	43133	25	45258	35
平南县	66366	1	70142	6	54037	13	56123	10	67833	7	71750	9	71792	12	71740	17
桂平市	45223	5	64771	7	83060	7	78945	4	80192	4	298600	2	117924	4	156938	4
容县	24606	22	34614	17	43076	21	50790	15	60469	10	76684	6	86439	8	100114	9
陆川县	21522	27	31631	19	41429	22	49414	16	57395	12	64504	13	64980	13	91800	10
博白县	25913	19	39676	14	49903	14	62420	9	73107	6	73952	7	75293	11	77552	14
兴业县	16118	38	24557	27	32501	26	35857	25	52839	15	55890	17	59960	16	84423	12
北流市	37650	10	50620	10	59087	11	74358	6	87515	3	72332	8	75949	10	82018	13
田阳县	43930	6	14748	49	14748	57	26519	33	31039	30	29851	35	45292	23	50595	27

续表

地区	2010年		2011年		2012年		2013年		2014年		2015年		2016年		2017年	
	接入量（户）	排名	接入量（户）	排名	接入量（户）	排名	接入量（户）	排名	接入量（户）	排名	接入量（户）	排名	接入量（户）	排名	接入量（户）	排名
田东县	34075	15	38750	15	46150	18	29674	29	33790	28	29995	34	22451	57	37980	41
平果县	19000	30	20000	35	20000	43	43092	22	48538	18	44964	22	88490	7	71617	18
德保县	2697	70	15532	43	59448	10	18250	59	18634	60	21332	55	5969	72	36940	43
那坡县	12883	46	5000	70	8607	68	8606	72	9834	69	8534	70	9084	69	21146	64
凌云县	13282	42	16385	41	9456	67	8749	71	10866	68	9202	69	9202	68	21904	63
乐业县	10383	57	5878	69	6029	72	7037	74	7878	71	6842	72	13870	65	17087	68
田林县	16527	37	10005	63	11206	66	11810	70	14084	64	15184	61	6395	71	27967	53
西林县	5800	67	5920	68	6867	71	7840	73	8919	70	7646	71	7898	70	17018	69
隆林各族自治县	18204	32	18360	38	19183	46	14114	66	16063	62	14359	63	27751	47	39148	38
靖西市	28150	18	28938	21	35356	25	26850	32	30686	31	28947	36	29525	44	24000	60
昭平县	10875	54	11900	56	16527	53	23085	46	27093	38	32922	30	57280	18	69716	19
钟山县	14212	40	20968	32	21748	36	25782	37	29256	34	24389	48	37278	32	45844	34
富川瑶族自治县	18601	31	18757	37	20925	39	21357	50	24956	44	69265	12	39411	31	48866	31
宜州区	52437	2	61422	8	69442	8	89903.9	3	—	—	467108	1	92553	6	115619	8
南丹县	17680	35	19042	36	21089	38	47655.5	19	38560	23	13827	67	32276	39	49500	30
天峨县	5238	69	8137	65	8500	69	18270.1	58	4269	73	4269	73	9897	67	19790	67
凤山县	5692	68	7373	66	47396	17	17164.4	61	21688	54	13855	66	17873	62	24797	58
东兰县	13538	41	15200	46	16560	52	24059	43	24460	45	24486	47	24486	54	24497	59
罗城仫佬族自治县	6683	64	16076	42	15876	54	29092.2	30	29382	33	23458	51	23540	56	28480	52
环江毛南族自治县	11146	52	6810	67	18510	48	32568.5	28	45320	20	41290	25	30350	43	251679	3

续表

地区	2010 年		2011 年		2012 年		2013 年		2014 年		2015 年		2016 年		2017 年	
	接入量（户）	排名	接入量（户）	排名	接入量（户）	排名	接入量（户）	排名	接入量（户）	排名	接入量（户）	排名	接入量（户）	排名	接入量（户）	排名
巴马瑶族自治县	5901	66	8852	64	5974	73	23648.1	44	23869	48	23869	50	23869	55	23869	61
都安瑶族自治县	24883	21	25385	25	20739	41	46328.1	20	47625	19	47736	20	48239	21	50156	29
大化瑶族自治县	10280	59	22897	29	22997	35	34339.2	27	34438	27	34438	29	32668	38	34679	47
忻城县	9178	60	13269	52	17843	50	22041	48	26369	40	20197	57	31411	41	32062	49
象州县	21608	26	23610	28	23660	34	24578	40	25892	41	27451	40	55260	19	73319	16
武宣县	20250	28	28587	22	30940	27	25894	35	28106	36	43272	23	40194	30	53521	24
金秀瑶族自治县	10289	58	11227	58	12125	64	13343	67	13676	65	14480	62	14986	63	15735	70
合山市	6780	63	11658	57	12158	63	12240	69	13285	66	14357	64	17952	61	23099	62
扶绥县	25000	20	27500	23	30000	29	19991	54	22010	51	24546	46	26986	49	7556	71
宁明县	—	—	20200	34	19588	44	17260	60	21800	53	24891	45	26786	50	38833	39
龙州县	23800	24	12211	55	14267	60	15921	63	20221	57	21959	54	31188	42	35663	45
大新县	24000	23	24716	26	25112	31	25436	39	26778	39	27850	38	34687	37	40270	37
天等县	—	—	—	—	14959	55	19646	55	14960	63	16310	60	25620	52	26032	56
凭祥市	22330	25	22400	30	24197	32	25846	36	27643	37	27723	39	27834	46	27834	54

1 年排在后 20 名。总的来说，保持超过 7 年都排在后 20 名的县市有 10 个，分别是乐业县、天峨县、西林县、金秀瑶族自治县、龙胜各族自治县、合山市、资源县、那坡县、田林县、凤山县，这些县市互联网宽带这一基础设施多年来建设水平很低。

排名上升幅度在 10 名及以上的县市有 16 个，排名上升超过 20 名的县市有 7 个，同时出现了排名上升位数并列的情况，说明部分县市的互联网宽带在 8 年间增加幅度比较大，大部分县市的互联网宽带接入数量只显示小幅增加。具体来说，环江毛南族自治县的互联网宽带接入数量排名上升最快，从 2010 年的 11146 户，排第 52 名，增加至 2017 年的 251679 户，排第 3 名，指标数值增加了 240533，排名上升了 49 名。其次是昭平县，从 2010 年的 10875 户，排第 54 名，增加至 2017 年的 69716 户，排第 19 名，指标数值增加了 58841，排名上升了 35 名。排名上升幅度第 3 的是三江侗族自治县，从 2010 年的 6860 户，排第 62 名，增加至 2017 年的 47251 户，排第 32 名，指标数值增加了 40391，排名上升了 30 名。

排名下降超过 10 名的县市有 14 个，下降超过 20 名的县市有 8 个，同时出现了排名下降位数并列的情况，说明各县市的互联网宽带在 8 年间减少幅度比较大。具体来说，扶绥县的互联网宽带接入数量排名下降最快，从 2010 年的 25000 户，排第 20 名，减少至 2017 年的 7556 户，排第 71 名，指标数值减少了 17444，排名下降了 51 名。其次是靖西市，从 2010 年的 28150 户，排第 18 名，减少至 2017 年的 24000 户，排第 60 名，指标数值减少了 4150，排名下降了 42 名。排名下降幅度第 3 的是凭祥市，从 2010 年的 22330 户，排第 25 名，减少至 2017 年的 27834 户，排名第 54 位，指标数值变动了 5504，排名下降了 29 名。

第三节　广西城区经济高质量发展要素投入评价

一、城区要素投入整体评价

表 4-10 给出了 2014—2017 年广西 36 个城区的要素投入综合评价结果和排名情况，其中排名靠前的城区发展较好且比较稳定，其中西乡塘区、临桂区、万秀区、海城区、防城区、玉州区、右江区、八步区、兴宾区连续有 4 年进入前 10 名；金城江区有 3 年进入前 10 名；邕宁区只有 1 年进入前 10 名。西乡塘区、临桂区、万秀区、海城区、防城区、玉州区、右江区、八步区、兴宾区和金城江区这些城区多年来要素投入综合水平都挺高。

表 4-10　2014—2017 年广西 36 个城区的要素投入综合评价结果和排名

地区	2014 年		2015 年		2016 年		2017 年	
	评价值	排名	评价值	排名	评价值	排名	评价值	排名
兴宁区	0.086516	30	0.088699	30	0.097415	27	0.100507	28
青秀区	0.137679	14	0.143150	18	0.152991	16	0.159940	17
江南区	0.123697	23	0.160381	14	0.165922	14	0.172887	13
西乡塘区	0.189146	10	0.241961	7	0.236578	9	0.244373	7
良庆区	0.131077	20	0.145371	16	0.141018	20	0.165292	14
邕宁区	0.195273	8	0.174488	12	0.150493	18	0.159878	18
城中区	0.065212	34	0.066227	33	0.085212	32	0.086996	33
鱼峰区	0.158579	11	0.113867	24	0.175388	12	0.180171	11
柳南区	0.111363	25	0.107149	27	0.106348	25	0.113871	26
柳北区	0.131479	19	0.129337	23	0.139051	21	0.148695	20
叠彩区	0.054824	35	0.056235	35	0.056653	36	0.056753	36
象山区	0.085472	31	0.086683	31	0.084321	33	0.088100	32
七星区	0.103950	28	0.101126	28	0.095597	28	0.094918	31
雁山区	0.070949	33	0.065709	34	0.063022	35	0.066831	35
临桂区	0.262333	5	0.201730	8	0.238972	8	0.227314	8
万秀区	0.271427	4	0.276138	4	0.263045	4	0.272661	4
长洲区	0.130828	21	0.190770	11	0.178040	11	0.179033	12
龙圩区	0.109387	26	0.110513	26	0.082816	34	0.072683	34
海城区	0.239765	6	0.254123	5	0.256135	5	0.264634	5
银海区	0.083694	32	0.085907	32	0.091448	30	0.106795	27
铁山港区	0.091964	29	0.092284	29	0.098612	26	0.099457	29
港口区	0.143374	12	0.153191	15	0.160206	15	0.163654	16
防城区	0.193311	9	0.194873	9	0.198242	10	0.199920	9
钦南区	0.134323	17	0.173757	13	0.170599	13	0.164158	15
钦北区	0.133651	18	0.138911	20	0.108432	24	0.157769	19
港北区	0.130591	22	0.130788	22	0.130297	23	0.131088	24
港南区	0.139141	13	0.143964	17	0.131897	22	0.141622	23
覃塘区	0.134758	16	0.139388	19	0.151964	17	0.148324	21
玉州区	0.337413	3	0.331120	3	0.336939	3	0.310143	3
福绵区	0.111736	24	0.111570	25	0.090659	31	0.097776	30
右江区	0.228650	7	0.192622	10	0.250878	7	0.260410	6
八步区	0.381326	2	0.437471	2	0.387913	2	0.445151	2

续表

地区	2014 年		2015 年		2016 年		2017 年	
	评价值	排名	评价值	排名	评价值	排名	评价值	排名
平桂区	0.041281	36	0.041281	36	0.094683	29	0.119725	25
金城江区	0.137526	15	0.243499	6	0.255894	6	0.199066	10
兴宾区	0.520028	1	0.515434	1	0.506650	1	0.559013	1
江州区	0.107059	27	0.132918	21	0.142790	19	0.147117	22

兴宁区、城中区、叠彩区、象山区、七星区、雁山区、银海区连续 4 年排在后 10 名；铁山港区、平桂区有 3 年排在后 10 名；龙圩区、福绵区有 2 年排在后 10 名；柳南区、江州区只有 1 年排在后 10 名。兴宁区、城中区、叠彩区、象山区、七星区、雁山区、银海区、铁山港区和平桂区这些年来要素投入综合水平较低。

二、城区资本投入评价

除去个别城区指标数据缺失，不进入排名。表 4-11 给出了 2014—2017 年广西 36 个城区的社会固定资产投资额和排名。其中，青秀区、西乡塘区、江南区、海城区、玉州区、港口区连续 4 年进入前 10 名；鱼峰区、良庆区、钦南区有 3 年进入前 10 名；八步区、临桂区有 2 年进入前 10 名；兴宾区、万秀区、柳南区只有 1 年进入前 10 名。总的来说，保持超过 3 年都排在前 10 名的城区有 9 个，分别是青秀区、西乡塘区、江南区、海城区、玉州区、港口区、鱼峰区、良庆区、钦南区，说明这些城区社会固定资产投资多年来都发展良好。

表 4-11　2014—2017 年广西 36 个城区的社会固定资产投资额和排名

地区	2014 年		2015 年		2016 年		2017 年	
	投资额（万元）	排名	投资额（万元）	排名	投资额（万元）	排名	投资额（万元）	排名
兴宁区	2099182	12	2313421	11	2514100	14	2746200	12
青秀区	5937198	1	6610522	1	7896500	2	8852100	2
江南区	2912903	6	3739937	3	4405000	4	5076800	4
西乡塘区	5458981	2	6389562	2	6090200	3	6778100	3
良庆区	1716012	13	2334717	10	3333500	7	4283900	6
邕宁区	922523	27	1282561	24	1761800	22	2190100	18
城中区	731522	32	925766	31	2200800	16	2430500	14
鱼峰区	4957786	3	1333294	23	7914100	1	9013900	1

续表

地区	2014 年		2015 年		2016 年		2017 年	
	投资额（万元）	排名	投资额（万元）	排名	投资额（万元）	排名	投资额（万元）	排名
柳南区	1329800	17	1606680	17	2548200	12	2896100	10
柳北区	1293831	19	1551548	18	2524400	13	2841100	11
叠彩区	469491	34	574500	34	710300	35	835500	34
象山区	1079151	24	1240591	25	1417800	27	1646800	26
七星区	1106092	23	1340139	22	1552100	26	1251100	30
雁山区	293969	35	363119	35	443000	36	447200	36
临桂区	2250306	11	2658540	8	3118700	8	1508100	28
万秀区	1303067	18	1541805	19	2841200	10	2040900	21
长洲区	1260684	20	1474541	20	1712900	24	1931900	23
龙圩区	836713	29	927354	30	1072500	31	1220700	32
海城区	2980785	5	3600655	5	3716500	6	3671400	7
银海区	1567700	15	1852900	13	2251200	15	2656500	13
铁山港区	1594828	14	1663917	15	1990400	18	2111600	19
港口区	2340539	8	2622947	9	3118000	9	3488000	8
防城区	966756	26	1138936	27	1190600	30	1384800	29
钦南区	2330067	9	2710885	7	2721200	11	3003200	9
钦北区	1228102	21	1613933	16	1965000	20	2304000	16
港北区	1370481	16	1690126	14	1967400	19	2324000	15
港南区	993433	25	1214630	26	1377300	28	1530800	27
覃塘区	580733	33	759575	33	999600	33	1249500	31
玉州区	2910109	7	3459118	6	3719400	5	4466200	5
福绵区	791332	30	935772	29	1067000	32	1088900	33
右江区	1215086	22	1408547	21	1585500	25	1800100	24
八步区	2996393	4	3704204	4	2030200	17	2264000	17
平桂区	—	—	—	—	1889900	21	2068600	20
金城江区	765669	31	893911	32	908200	34	778000	35
兴宾区	2276209	10	2204142	12	1727300	23	1961700	22
江州区	858921	28	1096728	28	1355900	29	1651900	25

雁山区、叠彩区、金城江区、覃塘区、福绵区、龙圩区、防城区连续 4 年排在后 10 名；江州区、港南区有 3 年排在后 10 名；城中区有 2 年进排在后 10 名；七星区、邕宁区、临桂区、象山区只有 1 年排在后 10 名。总的来说，保持超过 3 年都排在后 10 名的城区有

雁山区、叠彩区、金城江区、覃塘区、福绵区、龙圩区、防城区、江州区、港南区，说明这些城区多年来社会固定资产投资水平较低。

排名上升的城区有 13 个，上升幅度超过 10 名的城区有 1 个，排名不变的城区有 4 个，排名下降的城区有 18 个，下降幅度超过 10 名的城区有 3 个，同时出现了排名变动位数并列的情况，说明大部分城区的社会固定资产投资在 4 年间排名变动幅度比较大，少部分城区在 4 年间排名不发生变动。具体来说，城中区的社会固定资产投资数排名上升最快，排名上升了 18 名，从 2014 年的第 32 名，上升至 2017 年的第 14 名，指标数值增加了 1698978。排名上升幅度第 2 名的是邕宁区，排名上升了 9 名，从 2014 年的第 27 名，上升至 2017 年的第 18 名，指标数值增加了 1267577。排名上升幅度第 3 名的是柳北区，上升了 8 名，从 2014 年的排名第 19 名，上升至 2017 年的排名第 11 名，指标数值增加了 1547269。此外，临桂区的社会固定资产投资数排名下降最快，从 2014 年的排名第 11 名，下降至 2017 年的排名第 28 名，排名下降了 17 名，指标数值减少了 742206。其次是八步区，从 2014 年的排名第 4 名，下降至 2017 年的排名第 17 名，排名下降了 13 名，指标数值减少了 732393。排名下降幅度第 3 的是兴宾区，从 2014 年的排名第 10 名，下降至 2017 年的排名第 22 名，排名下降了 12 名，指标数值变动了 314509。

三、城区劳动力及其质量评价

（一）规模以上工业企业从业人员比重

除去平桂区和福绵区指标数据缺失，不进入排名，表 4-12 给出了 2014—2017 年广西 36 个城区规模以上工业企业从业人员比重和排名情况。其中，鱼峰区、长洲区、海城区、七星区、柳南区、港口区、柳北区、江南区、西乡塘区、象山区 10 个城区保持连续 4 年都排在前 10 名，说明这些城区规模以上工业企业从业人员比重多年来都保持较高水平。

表 4-12　2014—2017 年广西 36 个城区的规模以上工业企业从业人员比重和排名

地区	2014 年		2015 年		2016 年		2017 年	
	比重	排名	比重	排名	比重	排名	比重	排名
兴宁区	0.007458	32	0.007408	33	0.007461	33	0.006835	31
青秀区	0.005698	33	0.005687	34	0.005307	34	0.00507	32
江南区	0.053071	10	0.048890	10	0.073476	6	0.074568	7
西乡塘区	0.065476	8	0.067090	7	0.057543	9	0.052752	10
良庆区	0.033378	17	0.031633	15	0.028620	17	0.025326	22
邕宁区	0.005258	34	0.014414	27	0.015465	28	0.016141	27

续表

地区	2014年		2015年		2016年		2017年	
	比重	排名	比重	排名	比重	排名	比重	排名
城中区	0.016720	26	0.015101	26	0.033396	15	0.0329150	15
鱼峰区	0.172540	1	0.141653	2	0.152014	2	0.1224320	3
柳南区	0.096367	4	0.079750	6	0.058335	8	0.0679240	8
柳北区	0.070167	7	0.064894	8	0.066743	7	0.0813810	5
叠彩区	0.012181	29	0.011888	29	0.010254	31	0.0080020	28
象山区	0.061194	9	0.060466	9	0.051271	10	0.0554140	9
七星区	0.104917	3	0.094451	5	0.077287	5	0.0755890	6
雁山区	0.023370	22	0.009783	32	0.000095	36	0.0077580	29
临桂区	0.037825	15	0.039265	12	0.047567	11	0.0469630	12
万秀区	0.000530	35	0.000709	35	0.000668	35	0.0006620	35
长洲区	0.079770	6	0.213171	1	0.176112	1	0.1661630	1
龙圩区	0.032786	18	0.028173	18	0.025941	19	0.0008510	34
海城区	0.109964	2	0.125342	3	0.118613	3	0.1228640	2
银海区	0.011449	30	0.010839	31	0.009391	32	0.0069860	30
铁山港区	0.042862	13	0.037996	13	0.045696	14	0.0474790	11
港口区	0.096288	5	0.110103	4	0.107564	4	0.1063350	4
防城区	0.025812	20	0.024767	20	0.01244	29	0.0010780	33
钦南区	0.016913	25	0.015585	24	0.019476	26	0.0203200	25
钦北区	0.015226	27	0.015275	25	0.025229	20	0.0311600	16
港北区	0.033937	16	0.02693	19	0.024943	21	0.0303030	17
港南区	0.022391	23	0.020487	21	0.020894	24	0.0262050	20
覃塘区	0.014499	28	0.013292	28	0.020368	25	0.0257170	21
玉州区	0.044709	12	0.028807	17	0.029889	16	0.0299580	19
福绵区	0.010243	31	0.011333	30	0.010335	30	—	—
右江区	0.042105	14	0.034742	14	0.046084	13	0.0401120	14
八步区	0.018624	24	0.017939	23	0.021071	23	0.0180020	26
平桂区	—	—	—	—	0.022032	22	0.0218290	24
金城江区	0.048829	11	0.046647	11	0.046468	12	0.0461070	13
兴宾区	0.023583	21	0.018384	22	0.018738	27	0.0219260	23
江州区	0.027955	19	0.029018	16	0.028480	18	0.0301110	18

万秀区、邕宁区、青秀区、兴宁区、银海区、叠彩区连续 4 年排在后 10 名；雁山区有 3 年排在后 10 名；防城区、覃塘区、城中区有 2 年进排在后 10 名；龙圩区、兴宾区、钦北区、八步区只有 1 年排在后 10 名。总的来说，保持超过 3 年都排在后 10 名的城区有 8 个，分别是万秀区、邕宁区、青秀区、兴宁区、银海区、叠彩区、雁山区，说明这些城区多年来规模以上工业企业从业人员比重水平较低。

排名上升的城区有 15 个，排名不变的城区有 6 个，排名下降的城区有 13 个，同时出现了排名变动位数并列的情况，说明大部分城区的规模以上工业企业从业人员比重在 4 年间排名变动幅度比较大，少部分城区的规模以上工业企业从业人员比重数在在 4 年间排名不发生变动。具体来说，钦北区和城中区的规模以上工业企业从业人员比重数排名上升最快，排名均上升了 11 名。其中，钦北区从 2014 年的第 27 名，上升至 2017 年的第 16 名，指标数值增加了 0.0159；城中区从 2014 年的第 26 名，上升至 2017 年的第 15 名，指标数值增加了 0.0162。排名上升幅度第 2 名的是邕宁区和覃塘区，均上升了 7 名。其中，邕宁区从 2014 年的第 34 名，上升至 2017 年的第 27 名，指标数值增加了 0.0109；覃塘区从 2014 年的第 28 名，上升至 2017 年的第 21 名，指标数值增加了 0.0112。此外，龙圩区的规模以上工业企业从业人员比重数排名下降最快，从 2014 年的第 18 名，下降至 2017 年的第 34 名，排名下降了 16 名，指标数值变动了 0.0319。其次是防城区，从 2014 年的第 20 名，下降至 2017 年的第 33 名，排名下降了 13 名，指标数值减少了 0.0247。排名下降幅度第 3 名的是玉州区和雁山区，排名均下降了 7 名。其中，玉州区从 2014 年的排名第 12 名，下降至 2017 年的排名第 19 名，指标数值变动了 0.0148；雁山区从 2014 年的排名第 22 名，下降至 2017 年的排名第 29 名，指标数值减少了 0.0156。

（二）专业技术人员

除去平桂区、鱼峰区、龙圩区、福绵区和玉州区指标数据缺失，不进入排名，表 4-13 给出了 2014—2017 年广西 36 个城区的专业技术人员数量和排名情况。其中，兴宾区、西乡塘区、柳北区、钦北区、港北区、临桂区、覃塘区连续 4 年进入前 10 名；八步区、江南区有 3 年进入前 10 名；钦南区有 1 年进入前 10 名。总的来说，保持超过 3 年都排在前 10 名的城区有 10 个，分别是兴宾区、西乡塘区、柳北区、钦北区、港北区、临桂区、覃塘区、江南区、八步区，说明这些城区专业技术人员数量多年来都保持在较高水平。

表 4-13　2014—2017 年广西 36 个城区的专业技术人员数和排名

地区	2014 年		2015 年		2016 年		2017 年	
	人员数（人）	排名	人员数（人）	排名	人员数（人）	排名	人员数（人）	排名
兴宁区	1771	22	1867	22	1960	22	1884	23
青秀区	3050	17	3320	17	3456	15	3684	13

续表

地区	2014年		2015年		2016年		2017年	
	人员数（人）	排名	人员数（人）	排名	人员数（人）	排名	人员数（人）	排名
江南区	3698	15	10102	3	7866	3	7880	3
西乡塘区	9325	2	17654	1	17900	1	18301	1
良庆区	2814	19	2309	20	2301	20	2782	19
邕宁区	3850	12	3955	14	3043	17	3339	16
城中区	1497	24	1503	24	1510	25	1510	25
鱼峰区	—	—	—	—	—	—	—	—
柳南区	2752	20	2834	19	2865	18	2903	18
柳北区	7914	3	7484	5	7433	4	7480	4
叠彩区	507	33	593	33	582	33	579	33
象山区	1041	29	1042	29	1173	28	1175	29
七星区	990	31	920	31	926	31	1470	27
雁山区	715	32	718	32	721	32	743	32
临桂区	5156	7	5188	10	5216	9	5216	9
万秀区	1412	26	1412	27	1412	26	1479	26
长洲区	1035	30	1035	30	1100	29	1195	28
龙圩区	15	34	—	—	2247	21	2123	21
海城区	1744	23	1744	23	1826	23	2060	22
银海区	1496	25	1497	25	1690	24	1850	24
铁山港区	1343	27	1470	26	1352	27	1153	30
港口区	1071	28	1085	28	1097	30	1102	31
防城区	3702	13	3722	15	3372	16	3376	15
钦南区	4845	9	4845	12	4805	12	4298	11
钦北区	6020	4	6050	6	6145	6	6905	5
港北区	5568	6	5571	7	5088	10	5083	10
港南区	4801	10	5099	11	5083	11	5271	8
覃塘区	5064	8	5230	9	6040	7	5465	7
玉州区	5653	5	5357	8	5632	8	—	—
福绵区	2974	18	3108	18	—	—	2327	20
右江区	3700	14	3700	16	3700	14	3767	12
八步区	4722	11	9840	4	6305	5	6353	6

续表

地区	2014 年		2015 年		2016 年		2017 年	
	人员数（人）	排名	人员数（人）	排名	人员数（人）	排名	人员数（人）	排名
平桂区	—	—	—	—	—	—	—	—
金城江区	3555	16	4340	13	4340	13	3639	14
兴宾区	12969	1	13490	2	13946	2	14649	2
江州区	2698	21	2093	21	2858	19	2951	17

叠彩区、雁山区、七星区、港口区、长洲区、象山区、铁山港区、万秀区和城中区连续 4 年排在后 10 名，说明这些城区多年来专业技术人员水平较低。

数据完整的 31 个城区中，排名上升的城区有 14 个，排名不变的城区有 5 个，排名下降的城区有 12 个，同时出现了排名变动位数并列的情况，说明大部分城区的专业技术人员在 4 年间的排名变动幅度比较大，少部分城区的专业技术人员数在 4 年间的排名不发生变动。具体来说，江南区的专业技术人员数排名上升最快，排名上升了 12 名，从 2014 年的排名第 15 名，上升至 2017 年的排名第 3 名，指标数值增加了 4182。排名上升幅度第 2 的是八步区，排名上升了 5 名，从 2014 年的排名第 11 名，上升至 2017 年的排名第 6 名，指标数值增加了 1631。排名上升第 3 名的是七星区、青秀区和江州区，排名均上升了 4 名，其中，七星区从 2014 年的排名第 31 名，上升至 2017 年的排名第 27 名，指标数值增加了 480；青秀区从 2014 年的排名第 17 名，上升至 2017 年的排名第 13 名，指标数值增加了 634；江州区从 2014 年的排名第 21 名，上升至 2017 年的排名第 17 名，指标数值增加了 253。此外，港北区和邕宁区的专业技术人员数排名下降最快，排名均下降了 4 名。其中，港北区从 2014 年的排名第 6 名，下降至 2017 年的排名第 10 名，指标数值减少了 485；邕宁区从 2014 年的排名第 12 名，下降至 2017 年的排名第 16 名，指标数值减少了 511。排名下降第 2 名的是铁山港区和港口区，排名均下降了 3 名。其中，铁山港区从 2014 年的排名第 27 名，下降至 2017 年的排名第 30 名，指标数值减少了 190；港口区从 2014 年的排名第 28 名，下降至 2017 年的排名第 31 名，指标数值变动了 31。排名下降第 3 的是防城区、钦南区和临桂区，排名均下降了 2 名。其中，防城区从 2014 年的排名第 13 名，下降至 2017 年的排名第 15 名，指标数值减少了 326；钦南区从 2014 年的排名第 9 名，下降至 2017 年的排名第 11 名，指标数值减少了 547；临桂区从 2014 年的排名第 7 名，下降至 2017 年的排名第 9 名，指标数值变动了 60。

（三）农村专业技术人员

除去铁山港区、龙圩区、鱼峰区、平桂区、青秀区、福绵区、玉州区指标数据缺失，不进入排名。表 4-14 给出了 2014—2017 年广西 36 个城区农村专业技术人员数量和排名情况，其中兴宾区、江南区、钦南区、金城江区、八步区、良庆区连续 4 年进入前 10 名；临桂区有 3 年进入前 10 名；邕宁区、港南区、防城区、江州区有 2 年进入前 10 名；右江区、覃塘区只有 1 年进入前 10 名。总的来说，保持超过 3 年都排在前 10 名的城区有 8 个，分别是兴宾区、钦南区、金城江区、八步区、良庆区、临桂区、江南区，说明这些城区农村专业技术人员数量多年来都保持在较高水平。

表 4-14 2014—2017 年广西 36 个城区的农村专业技术人员数量和排名

地区	2014 年		2015 年		2016 年		2017 年	
	数量（人）	排名	数量（人）	排名	数量（人）	排名	数量（人）	排名
兴宁区	34	22	33	22	26	22	33	22
青秀区	46	18	—	—	—	—	—	—
江南区	134	6	134	7	135	6	140	6
西乡塘区	30	24	49	18	50	16	66	14
良庆区	85	10	93	10	100	10	93	10
邕宁区	293	2	305	2	77	13	71	12
城中区	5	29	5	28	5	28	5	27
鱼峰区	—	—	—	—	—	—	—	—
柳南区	15	25	16	24	17	24	18	23
柳北区	36	21	36	21	42	18	45	19
叠彩区	4	30	4	29	4	29	4	28
象山区	6	28	7	27	8	27	8	26
七星区	4	31	4	30	4	30	4	29
雁山区	32	23	32	23	32	20	35	21
临桂区	205	3	90	11	269	3	269	2
万秀区	11	27	11	26	11	25	11	25
长洲区	40	20	40	20	40	19	42	20
龙圩区	—	—	—	—	—	—	—	—
海城区	1	32	1	31	9	26	12	24
银海区	15	26	15	25	25	23	50	17
铁山港区	—	—	—	—	—	—	—	—
港口区	42	19	45	19	47	17	47	18
防城区	68	15	70	14	135	7	105	9
钦南区	113	8	271	3	275	2	222	3
钦北区	64	17	70	15	76	14	65	15

续表

地区	2014 年		2015 年		2016 年		2017 年	
	数量（人）	排名	数量（人）	排名	数量（人）	排名	数量（人）	排名
港北区	66	16	68	16	68	15	73	11
港南区	155	5	155	6	30	21	70	13
覃塘区	83	12	103	9	95	12	65	16
玉州区	132	7	107	8	112	9	—	34
福绵区	74	14	53	17	—	—	—	—
右江区	85	11	85	13	100	11	111	8
八步区	87	9	210	4	214	4	212	4
平桂区	—	—	—	—	—	—	—	—
金城江区	167	4	167	5	167	5	167	5
兴宾区	1113	1	1138	1	1149	1	1183	1
江州区	78	13	86	12	120	8	125	7

七星区、叠彩区、城中区、象山区、万秀区连续 4 年排在后 10 名；银海区、兴宁区、雁山区有 3 年排在后 10 名，说明这些城区多年来农村专业技术人员数量水平较低。

排名上升的城区有 20 个，排名不变的城区有 5 个，排名下降的城区有 4 个，同时出现了排名变动位数并列的情况，说明大部分城区的农村专业技术人员数量在 4 年间排名变动幅度比较大，少部分城区的农村专业技术人员数量数在 4 年间排名不发生变动。具体来说，西乡塘区的农村专业技术人员数量数排名上升最快，从 2014 年的第 24 名，上升至 2017 年的第 14 名，指标数值增加了 36，排名上升了 10 名。排名上升幅度第 2 的是银海区，从 2014 年的第 26 名，上升至 2017 年的第 17 名，指标数值增加了 35，排名上升了 9 名。排名上升幅度第 3 的是海城区，从 2014 年的第 32 名，上升至 2017 年的第 24 名，指标数值增加了 11，排名上升了 8 名。此外，邕宁区的农村专业技术人员数量数排名下降最快，从 2014 年的第 2 名，下降至 2017 年的第 12 名，排名下降了 10 名，指标数值减少了 222。其次是港南区，从 2014 年的第 5 名，下降至 2017 年的第 13 名，排名下降了 8 名，指标数值减少了 85。排名下降幅度第 3 的是覃塘区，从 2014 年的排名第 12 名，下降至 2017 年的排名第 16 名，指标数值变动了 18，排名下降了 4 名。

四、城区交通与技术基础设施评价

（一）公路里程

除去平桂区、鱼峰区、福绵区、江南区和钦北区指标数据缺失，不进入排名，表 4-15

给出了2014—2017年广西36个城区的公路里程数和排名情况。其中，兴宾区、八步区、防城区、良庆区、覃塘区、玉州区连续4年进入前10名；右江区、邕宁区、江州区、钦南区有3年进入前10名；临桂区只有1年进入前10名。保持超过3年都排在前10名的城区有10个分别是兴宾区、八步区、良庆区、覃塘区、玉州区、右江区、江州区、防城区、钦南区，说明这些城区公路里程数多年来都保持在较高水平。

表4-15　2014—2017年广西36个城区的公路里程数和排名

地区	2014年		2015年		2016年		2017年	
	里程数（千米）	排名	里程数（千米）	排名	里程数（千米）	排名	里程数（千米）	排名
兴宁区	316.00	20	316.00	19	526	18	551	20
青秀区	629.27	17	740.50	13	689	16	622	19
江南区	—	—	—	—	—	—	—	—
西乡塘区	660.75	15	690.00	15	690	15	690	17
良庆区	1043.00	8	1362.73	4	1005	10	1461	3
邕宁区	977.00	10	977.00	10	1021	9	1091	11
城中区	70.38	29	70.38	29	71	29	71	31
鱼峰区	—	—	—	—	—	—	230	26
柳南区	50.39	30	51.09	30	51	31	53	33
柳北区	162.68	25	162.68	25	163	26	163	28
叠彩区	36.10	32	42.00	32	42	32	42	34
象山区	75.94	27	75.94	27	56	30	56	32
七星区	73.00	28	73.00	28	73	28	73	30
雁山区	276.68	21	276.68	21	299	21	299	23
临桂区	1109.65	6	692.63	14	866	13	866	15
万秀区	46.00	31	45.40	31	191	25	197	27
长洲区	246.09	24	246.09	24	247	24	247	25
龙圩区	276.00	22	276.00	22	288	23	288	24
海城区	91.75	26	92.00	26	75	27	75	29
银海区	422.00	18	422.00	17	438	19	697	16

续表

地区	2014 年		2015 年		2016 年		2017 年	
	里程数（千米）	排名	里程数（千米）	排名	里程数（千米）	排名	里程数（千米）	排名
铁山港区	338.11	19	372.31	18	394	20	394	21
港口区	263.73	23	287	20	293	22	312	22
防城区	1204.94	4	1235.00	6	1120	6	1086	12
钦南区	805.68	13	1308.00	5	1159	5	1149	9
钦北区	1085.50	7	1114.72	8	—	—	1185	7
港北区	655.00	16	655.00	16	655	17	655	18
港南区	839.86	12	839.56	12	878	12	885	14
覃塘区	1118.00	5	1127.90	7	1254	4	1200	6
玉州区	1025.00	9	1025.00	9	1025	8	1159	8
福绵区	—	—	—	—	—	—	—	—
右江区	1400.46	3	257.51	23	1403	2	1549	2
八步区	2247.77	2	1881.01	2	1104	7	1108	10
平桂区	—	—	—	—	787	14	1461	4
金城江区	885.00	11	910.00	11	925	11	934	13
兴宾区	2563.33	1	2730.69	1	2732	1	3221	1
江州区	676.00	14	1400.00	3	1400	3	1400	5

叠彩区、万秀区、柳南区、城中区、七星区、象山区、海城区、柳北区连续 4 年排在后 10 名，说明这些城区多年来公路建设水平较低。

排名上升的城区有 8 个，排名不变的城区有 2 个，排名下降的城区有 21 个，同时出现了排名变动位数并列的情况，说明大部分城区的公路里程数在 4 年间排名变动幅度较小，少部分城区的公路里程数在 4 年间排名不发生变动。具体来说，江州区的公路里程数排名上升最快，从 2014 年的第 14 名，上升至 2017 年的第 5 名，指标数值增加了 724，排名上升了 9 名。排名上升幅度第 2 的是良庆区，从 2014 年的排名第 8 名，上升至 2017 年的排名第 3 名，指标数值增加了 418，排名上升了 5 名。排名上升幅度第 3 的是万秀区和钦南区，排名均上升了 4 名。其中，万秀区从 2014 年的排名第 31 名，上升至 2017 年的排名第 27 名，指标数值增加了 151；钦南区从 2014 年的排名第 13 名，上升至 2017 年的排名第 9 名，指标数值增加了 343.32。此外，临桂区的公路里程数排名下降最快，从 2014 年的排名第 6 名，下降至 2017 年的排名第 15 名，排名下降了 9 名，指标数值减少了 243.65。其次是八步区和防城区，排名均下降了 8 名。其中，八步区从 2014 年的排名第 2 名，下降至 2017 年的排名第 10 名，指标数值减少了 1139.77；防城区从 2014 年的排名第 4 名，下降至 2017 年的排名第 12 名，指标数值减少了 118.94。排名下降幅度第 3 名的是象山区，从 2014 年的排名第 27 名，下降至 2017 年的排名第 32 名，指标数值减少了 19.94，排名下降了 5 名。

（二）移动电话数量

除去个别城区指标数据缺失，不进入排名，表 4-16 给出了 2014—2017 年广西 36 个城区移动电话数量和排名情况。其中，八步区、玉州区、兴宾区、海城区、右江区、临桂区、防城区、福绵区、邕宁区和港口区连续 4 年进入前 10 名，说明这些城区移动电话数量多年来都保持在较高水平。

表 4-16　2014—2017 年广西 36 个城区的移动电话数量和排名

地区	2014 年		2015 年		2016 年		2017 年	
	数量（户）	排名	数量（户）	排名	数量（户）	排名	数量（户）	排名
兴宁区	—	—	—	—	—	—	—	—
青秀区	—	—	—	—	—	—	—	—
江南区	—	—	—	—	—	—	—	—
西乡塘区	—	—	—	—	—	—	—	—
良庆区	—	—	—	—	—	—	—	—
邕宁区	300125	8	101625	11	110215	10	121405	10
城中区	—	—	—	—	—	—	—	—
鱼峰区	—	—	—	—	—	—	—	—
柳南区	—	—	—	—	—	—	—	—
柳北区	—	—	—	—	—	—	—	—
叠彩区	—	—	—	—	—	—	—	—
象山区	—	—	—	—	—	—	—	—
七星区	—	—	—	—	—	—	—	—
雁山区	—	—	—	—	—	—	—	—
临桂区	392827	6	344490	8	354825	8	369018	7
万秀区	70028	12	71408	13	71408	12	75448	12
长洲区	63858	13	65773	14	65850	13	68712	13
龙圩区	204550	10	225538	9	—	—	—	—
海城区	552000	4	555000	4	565000	4	571890	4

续表

地区	2014 年		2015 年		2016 年		2017 年	
	数量（户）	排名	数量（户）	排名	数量（户）	排名	数量（户）	排名
银海区	—	—	—	—	—	—	—	—
铁山港区	—	—	—	—	—	—	—	—
港口区	96785	11	97862	12	94707	11	95101	11
防城区	387623	7	382128	6	412738	7	476054	6
钦南区	—	—	—	—	—	—	—	—
钦北区	—	—	—	—	—	—	—	—
港北区	23123	16	23966	17	26088	16	—	—
港南区	38148	15	49592	15	50123	14	50225	14
覃塘区	39350	14	39430	16	39620	15	40150	15
玉州区	949292	3	950021	2	956800	2	968953	2
福绵区	222868	9	222868	10	222868	9	222868	9
右江区	451443	5	468740	5	514731	5	553451	5
八步区	1156184	1	1277396	1	1283600	1	1615700	1
平桂区	—	—	—	—	—	—	—	—
金城江区	—	—	369313	7	447850	6	285875	8
兴宾区	953611	2	857299	3	784278	3	908605	3
江州区	—	—	—	—	—	—	—	—

排名上升的城区有 3 个，排名不变的城区有 7 个，排名下降的城区有 4 个，同时出现了排名变动位数并列的情况，说明少部分城区的移动电话数量在 4 年间排名变动幅度比较大，大部分城区的移动电话数量在 4 年间排名不发生变动。具体来说，港南区、防城区、玉州区的移动电话数量排名上升最快，排名均上升了 1 名。其中，港南区从 2014 年的第 15 名，上升至 2017 年的第 14 名，指标数值增加了 12077；防城区从 2014 年的排名第 7 名，上升至 2017 年的第 6 名，指标数值增加了 88431；玉州区从 2014 年的排名第 3 名，上升至 2017 年的第 2 名，指标数值增加了 19661。此外，邕宁区的移动电话数量排名下降最快，从 2014 年的排名第 8 名，下降至 2017 年的排名第 10 名，排名下降了 2 名，指标数值变动了 178720。其次是覃塘区、临桂区和兴宾区，排名均下降了 1 名。其中，覃塘区从 2014 年的排名第 14 名，下降至 2017 年的排名第 15 名，指标数值变动了 800；临桂区从 2014 年的排名第 6 名，下降至 2017 年的排名第 7 名，指标数值变动了 23809；兴宾区从

2014 年的排名第 2 名，下降至 2017 年的排名第 3 名，指标数值减少了 45006。

（三）互联网宽带接入数量

除去个别城区指标数据缺失，不进入排名，表 4-17 给出了 2014—2017 年广西 36 个城区的互联网宽带接入数量及其排名情况。其中，万秀区、海城区、八步区、玉州区、兴宾区、长洲区、右江区、邕宁区连续 4 年进入前 10 名，说明这些城区互联网宽带接入数量多年来都保持在较高水平。

表 4-17　2014—2017 年广西 36 个城区的互联网宽带接入数量和排名

地区	2014 年		2015 年		2016 年		2017 年	
	数量（户）	排名	数量（户）	排名	数量（户）	排名	数量（户）	排名
兴宁区	—	—	—	—	—	—	—	—
青秀区	—	—	—	—	—	—	—	—
江南区	—	—	—	—	—	—	—	—
西乡塘区	—	—	—	—	—	—	—	—
良庆区	—	—	—	—	—	—	—	—
邕宁区	62345	9	62345	9	66264	9	69524	9
城中区	—	—	—	—	—	—	—	—
鱼峰区	—	—	—	—	—	—	—	—
柳南区	—	—	—	—	—	—	—	—
柳北区	—	—	—	—	—	—	—	—
叠彩区	—	—	—	—	—	—	—	—
象山区	—	—	—	—	—	—	—	—
七星区	—	—	—	—	—	—	—	—
雁山区	—	—	—	—	—	—	—	—
临桂区	229370	2	50611	10	52129	11	54736	11
万秀区	1216224	1	1230818	1	1050300	1	1144820	1
长洲区	99052	7	101023	7	106000	8	119780	6
龙圩区	38501	10	33893	13	—	—	—	—
海城区	187130	3	198800	3	208800	3	236500	2
银海区	—	—	—		—	—	—	—
铁山港区	—		—		—	—	—	—
港口区	38269	11	38325	11	61535	10	61679	10
防城区	35664	12	35385	12	44577	12	45706	12
钦南区	—	—	—	—	—	—	—	—
钦北区	—	—	—	—	—	—	—	—

续表

地区	2014 年		2015 年		2016 年		2017 年	
	数量（户）	排名	数量（户）	排名	数量（户）	排名	数量（户）	排名
港北区	7365	16	7757	17	7797	16	—	—
港南区	13754	14	17193	14	18045	13	18555	13
覃塘区	14450	13	14500	15	14590	14	15480	14
玉州区	181432	4	182456	4	183250	5	191204	4
福绵区	13526	15	13526	16	13526	15	13526	15
右江区	82846	8	100383	8	118999	7	104655	8
八步区	123458	5	154183	5	195000	4	235000	3
平桂区	—	—	—	—	—	—	—	—
金城江区	—	—	279833	2	280000	2	107607	7
兴宾区	108855	6	116872	6	132546	6	167023	5
江州区	—	—	—	—	—	—	—	—

排名上升的城区有 6 个，排名不变的城区有 6 个，排名下降的城区有 2 个，同时出现了排名变动位数并列的情况，说明超过半数的城区互联网宽带接入数量在 2014—2017 年间排名变动幅度比较大，少部分城区的互联网宽带接入数量在 4 年间排名不发生变动。具体来说，八步区的互联网宽带接入数量排名上升最快，从 2014 年的第 5 名，上升至 2017 年的第 3 名，指标数值增加了 111542，排名上升了 2 名。排名上升幅度第 2 的是港南区、港口区、长洲区、兴宾区、海城区，排名均上升了 1 名。此外，临桂区的互联网宽带接入数量排名下降最快，从 2014 年的排名第 2 名，下降至 2017 年的排名第 11 名，排名下降了 9 名，指标数值变动了 174634。其次是覃塘区，从 2014 年的排名第 13 名，下降至 2017 年的排名第 14 名，排名下降了 1 名，指标数值变动了 1030。

第五章

广西县域经济高质量发展的结构状况评价

第一节　广西县域经济高质量发展结构特征的综合评价

一、总体排名

表 5-1 给出了 2014—2017 年广西县域经济高质量发展产业技术的整体评价值和排名，可以客观地了解，各地区的高质量发展产业技术的情况，在广西县域排名前 36 位中，2014 年有 12 个城区、2015 年有 13 个城区、2016 年有 2 个城区和 2017 年有 18 个城区。

表 5-1　2014—2017 年广西县域经济高质量发展产业技术的整体评价值和排名

地区	2014 年		2015 年		2016 年		2017 年	
	评价值	排名	评价值	排名	评价值	排名	评价值	排名
兴宁区	0.10068	85	0.14652	13	0.14831	85	0.17709	2
青秀区	0.15257	6	0.15094	11	0.15260	84	0.17434	5
江南区	0.08431	103	0.08611	103	0.08245	107	0.09294	107
西乡塘区	0.13872	11	0.13827	16	0.47440	7	0.13705	24
良庆区	0.08113	104	0.08564	105	0.08931	104	0.10771	88
邕宁区	0.10431	71	0.11245	66	0.23659	77	0.12246	54
城中区	0.10032	86	0.11082	72	0.11863	92	0.15401	14
鱼峰区	0.10524	69	0.08605	104	0.09110	103	0.12933	41
柳南区	0.07374	106	0.07956	108	0.07994	108	0.10243	100
柳北区	0.16472	3	0.12702	33	0.13047	88	0.14215	19
叠彩区	0.13974	10	0.14851	12	0.16619	83	0.16598	8
象山区	0.19540	2	0.19827	2	0.20280	81	0.17562	3
七星区	0.14654	9	0.16504	5	0.11233	96	0.15976	10
雁山区	0.15328	5	0.16722	4	0.11748	93	0.17286	6
临桂区	0.08882	97	0.09386	98	0.25741	72	0.11258	79

续表

地区	2014 年		2015 年		2016 年		2017 年	
	评价值	排名	评价值	排名	评价值	排名	评价值	排名
万秀区	0.10617	66	0.10399	87	0.10851	97	0.15966	11
长洲区	0.08786	99	0.08688	102	0.09193	101	0.11903	63
龙圩区	0.06334	109	0.09162	101	0.08654	105	0.10525	95
海城区	0.30612	1	0.31039	1	0.12675	89	0.29565	1
银海区	0.10921	57	0.10939	77	0.10323	100	0.14044	22
铁山港区	0.06402	108	0.06808	109	0.06548	110	0.10922	85
港口区	0.08846	98	0.16377	6	0.17078	82	0.16920	7
防城区	0.09310	93	0.11967	49	0.11509	95	0.11879	64
钦南区	0.11399	39	0.11824	54	0.13280	86	0.13330	30
钦北区	0.10625	65	0.12361	41	0.12158	90	0.12024	57
港北区	0.12684	19	0.17318	3	0.13098	87	0.17525	4
港南区	0.11153	49	0.11446	63	0.10494	98	0.14079	21
覃塘区	0.09107	95	0.09170	100	0.12052	91	0.11758	67
玉州区	0.11893	30	0.11617	61	0.11639	94	0.14353	18
福绵区	0.07294	107	0.08352	107	0.07907	109	0.10378	99
右江区	0.10070	84	0.12305	42	0.25734	73	0.11288	77
八步区	0.12223	26	0.13442	25	0.28541	62	0.12936	40
平桂区	0.03864	110	0.03864	110	0.09180	102	0.10510	96
金城江区	0.13720	12	0.15098	10	0.43792	15	0.15758	13
兴宾区	0.11239	46	0.11855	52	0.28572	61	0.12269	53
江州区	0.10920	58	0.11764	58	0.29706	57	0.11464	71
武鸣县	0.09204	94	0.10394	88	0.27119	68	0.10960	84
隆安县	0.10689	64	0.11263	65	0.27134	67	0.11817	65
马山县	0.11128	51	0.12086	48	0.30460	53	0.12151	55
上林县	0.13293	14	0.13654	20	0.43054	17	0.13703	25
宾阳县	0.11735	34	0.12564	35	0.31643	49	0.12949	39
横县	0.10162	81	0.10645	85	0.26686	69	0.11342	75
柳江区	0.10463	70	0.10885	78	0.29526	58	0.11399	73
柳城县	0.10075	82	0.10676	83	0.30947	52	0.10587	93
鹿寨县	0.10859	60	0.11221	67	0.32675	44	0.11811	66
融安县	0.10792	62	0.11622	60	0.32464	46	0.11444	72

续表

地区	2014 年		2015 年		2016 年		2017 年	
	评价值	排名	评价值	排名	评价值	排名	评价值	排名
融水苗族自治县	0.10334	72	0.11822	55	0.36405	35	0.12002	59
三江侗族自治县	0.11582	36	0.12556	37	0.44261	13	0.12896	43
阳朔县	0.11570	37	0.12176	46	0.37402	34	0.12732	46
灵川县	0.11759	33	0.12239	43	0.45282	10	0.12800	45
全州县	0.10559	67	0.10873	80	0.30124	56	0.11335	76
兴安县	0.11145	50	0.11649	59	0.45382	9	0.12910	42
永福县	0.09064	96	0.09526	96	0.31899	47	0.09841	105
灌阳县	0.11087	53	0.11209	68	0.41129	22	0.10661	91
龙胜各族自治县	0.13207	15	0.13614	22	0.66019	1	0.13340	29
资源县	0.13144	16	0.13607	23	0.59892	6	0.12964	37
平乐县	0.10878	59	0.11168	69	0.39575	29	0.11282	78
荔浦县	0.11724	35	0.12207	45	0.43907	14	0.12550	49
恭城瑶族自治县	0.13081	17	0.13671	18	0.65601	2	0.14124	20
苍梧县	0.09652	89	0.11101	71	0.36018	36	0.11141	81
藤县	0.08652	100	0.09439	97	0.25193	75	0.09233	108
蒙山县	0.09744	88	0.11152	70	0.23586	78	0.09844	104
岑溪市	0.08543	102	0.09228	99	0.22733	79	0.09144	109
合浦县	0.11367	41	0.11805	56	0.34231	42	0.11973	61
上思县	0.10843	61	0.10874	79	0.29499	59	0.10756	89
东兴市	0.15169	7	0.15139	9	0.61269	3	0.15198	15
灵山县	0.11381	40	0.11804	57	0.27821	63	0.11106	82
浦北县	0.11063	55	0.11519	62	0.35025	39	0.11174	80
平南县	0.12395	23	0.12993	29	0.41053	23	0.12954	38
桂平市	0.10938	56	0.11825	53	0.39913	28	0.12005	58
容县	0.07897	105	0.08527	106	0.08636	106	0.12381	52
陆川县	0.12290	24	0.13231	27	0.46226	8	0.13699	26
博白县	0.10549	68	0.10606	86	0.30397	54	0.11576	68
兴业县	0.11154	48	0.11959	50	0.40000	25	0.11989	60
北流市	0.11218	47	0.12110	47	0.39955	26	0.12420	51
田阳县	0.10232	77	0.10812	81	0.38714	32	0.10553	94
田东县	0.09762	87	0.09933	93	0.30277	55	0.09994	103

续表

地区	2014 年		2015 年		2016 年		2017 年	
	评价值	排名	评价值	排名	评价值	排名	评价值	排名
平果县	0.10266	75	0.11267	64	0.42379	19	0.10839	86
德保县	0.09371	91	0.10080	92	0.34273	41	0.10236	101
那坡县	0.12624	20	0.13661	19	0.39947	27	0.13499	28
凌云县	0.10322	73	0.10675	84	0.26565	70	0.10812	87
乐业县	0.12123	28	0.13682	17	0.44743	11	0.13691	27
田林县	0.11873	31	0.11952	51	0.34785	40	0.11565	69
西林县	0.12428	22	0.13395	26	0.42964	18	0.12970	36
隆林各族自治县	0.12224	25	0.12677	34	0.44563	12	0.13163	33
靖西市	0.08588	101	0.09877	94	0.25957	71	0.08900	110
昭平县	0.11555	38	0.12407	40	0.35517	37	0.12669	47
钟山县	0.11286	44	0.12551	38	0.38932	31	0.13001	35
富川瑶族自治县	0.12796	18	0.10087	91	0.25453	74	0.10485	98
宜州区	0.11327	43	0.12781	30	0.35424	38	0.12582	48
南丹县	0.11119	52	0.13634	21	0.37979	33	0.12881	44
天峨县	0.10252	76	0.10972	76	0.43300	16	0.10721	90
凤山县	0.15618	4	0.15370	8	0.60840	4	0.15891	12
东兰县	0.15047	8	0.15935	7	0.60368	5	0.16111	9
罗城仫佬族自治县	0.11276	45	0.12425	39	0.27729	65	0.12117	56
环江毛南族自治县	0.12129	27	0.13493	24	0.10328	99	0.13288	31
巴马瑶族自治县	0.10759	63	0.12209	44	0.27525	66	0.11950	62
都安瑶族自治县	0.12601	21	0.13854	15	0.40468	24	0.14701	17
大化瑶族自治县	0.10075	83	0.10987	75	0.31690	48	0.11480	70
忻城县	0.10165	80	0.10758	82	0.27815	64	0.11392	74
象州县	0.09518	90	0.09795	95	0.31612	50	0.10093	102
武宣县	0.10177	79	0.10320	89	0.29393	60	0.10505	97
金秀瑶族自治县	0.11816	32	0.12750	32	0.33671	43	0.13106	34
合山市	0.12121	29	0.13012	28	0.42032	21	0.13778	23
扶绥县	0.09361	92	0.10286	90	0.21607	80	0.09621	106
宁明县	0.10180	78	0.11001	73	0.31220	51	0.10648	92
龙州县	0.10285	74	0.10991	74	0.24829	76	0.11006	83
大新县	0.11069	54	0.12556	36	0.42174	20	0.12535	50

续表

地区	2014年		2015年		2016年		2017年	
	评价值	排名	评价值	排名	评价值	排名	评价值	排名
天等县	0.11343	42	0.12774	31	0.39146	30	0.13233	32
凭祥市	0.13355	13	0.14383	14	0.32522	45	0.14714	16

二、县市排名

（一）县市产业技术状况综合评价

由表5-2给出了2010—2017年广西74个县市产业技术状况的综合评价值和排名情况，其中连续8年排进前20位的有陆川县；连续7年排进前20位的有上林县、灵川县、恭城瑶族自治县、东兴市、东兰县；连续6年排进前20位的有隆安县、荔浦县、平南县、凭祥市；连续5年排进前20位的有资源县、凤山县、大新县；连续4年排进前20位的有龙胜各族自治县、兴业县；连续3年排进前20位的有博白县、那坡县、西林县、宜州区、都安瑶族自治县、扶绥县、宁明县；连续2年排进前20位的有宾阳县、阳朔县、兴安县、合浦县、上思县、灵山县、桂平市、北流市、平果县、田林县、隆林各族自治县、钟山县、富川瑶族自治县、南丹县、天峨县、环江毛南族自治县、合山市、天等县；有1年排进前20位的有武鸣县、三江侗族自治县、浦北县、容县、田阳县、田东县、德保县、乐业县、靖西市、大化瑶族自治县、象州县、武宣县、龙州县。

连续8年排在后20位的有藤县、岑溪市；连续7年排在后20位的有乐业县、巴马瑶族自治县、大化瑶族自治县；连续6年排在后20位的有柳城县、融安县、融水苗族自治县、三江侗族自治县、蒙山县、容县、靖西市、象州县；连续5年排在后20位的有德保县、天峨县、忻城县；连续4年排在后20位的有苍梧县、灵山县、凌云县、武宣县；连续3年排在后20位的有武鸣县、永福县、扶绥县；连续2年排在后20位的有柳江区、博白县、田东县、富川瑶族自治县、罗城仫佬族自治县、金秀瑶族自治县、龙州县；有1年排在后20位的有隆安县、马山县、宾阳县、横县、鹿寨县、阳朔县、全州县、灌阳县、合浦县、上思县、桂平市、平果县、那坡县、田林县、隆林各族自治县、南丹县、环江毛南族自治县、都安瑶族自治县、宁明县、大新县、凭祥市。

2010—2017年广西县市产业状况综合评价排名中，上升幅度40位及以上的有凭祥市、兴安县、都安瑶族自治县、隆安县、宾阳县、苍梧县、合浦县、武鸣县、桂平市；上升幅度20位及以上的有灵川县、那坡县、荔浦县、永福县、东兴市、上林县、全州县、恭城瑶族自治县、东兰县。其中上升幅度排第1位的是凭祥市，2010年凭祥市排名为74名，到2017年上升到第5名，上升69位；上升幅度排第2位的是兴安县，2010年兴安县排名

表 5-2　2010—2017 年广西 74 个县市产业技术状况的综合评价值和排名

地区	2010 年		2011 年		2012 年		2013 年		2014 年		2015 年		2016 年		2017 年	
	评价值	排名	评价值	排名	评价值	排名	评价值	排名	评价值	排名	评价值	排名	评价值	排名	评价值	排名
武鸣县	0.0896	60	0.0911	45	0.0930	53	0.1109	44	0.1007	65	0.1159	49	0.2661	58	0.1313	20
隆安县	0.0950	48	0.0999	17	0.1113	11	0.1312	9	0.1313	11	0.1345	17	0.2707	55	0.1483	4
马山县	0.0947	50	0.0915	44	0.0981	38	0.1135	36	0.1061	57	0.1155	51	0.2726	54	0.1173	51
上林县	0.1093	32	0.1105	4	0.1173	7	0.1327	7	0.1452	5	0.1469	2	0.3845	13	0.1414	9
宾阳县	0.0903	56	0.0942	33	0.1030	25	0.1222	20	0.1196	28	0.1289	24	0.2875	45	0.1351	15
横县	0.0957	47	0.0971	23	0.0959	43	0.1149	33	0.1134	40	0.1215	38	0.2540	62	0.1274	30
柳江区	0.0893	61	0.0929	38	0.0965	40	0.1107	45	0.1118	43	0.1154	53	0.2694	56	0.1187	46
柳城县	0.0826	66	0.0833	71	0.0870	68	0.1006	63	0.1073	54	0.1119	61	0.2784	53	0.1109	65
鹿寨县	0.0993	42	0.0870	56	0.0956	44	0.1117	43	0.1197	27	0.1230	37	0.2994	42	0.1275	28
融安县	0.0817	69	0.0850	66	0.0906	59	0.1048	56	0.1050	59	0.1172	46	0.2882	44	0.1146	59
融水苗族自治县	0.0777	73	0.0797	72	0.0857	71	0.0954	69	0.1029	61	0.1154	52	0.3159	36	0.1119	64
三江侗族自治县	0.0818	68	0.0952	27	0.0910	58	0.1026	58	0.1067	56	0.1124	60	0.3710	18	0.1139	60
阳朔县	0.0970	45	0.1012	13	0.1063	18	0.1005	64	0.1106	48	0.1165	47	0.3255	33	0.1227	38
灵川县	0.1008	40	0.1026	12	0.1112	12	0.1319	8	0.1334	9	0.1381	9	0.4063	8	0.1369	14
全州县	0.0859	65	0.0897	51	0.0990	36	0.1135	35	0.1151	38	0.1201	41	0.2790	52	0.1204	42
兴安县	0.0909	54	0.0945	31	0.1000	33	0.1169	27	0.1171	34	0.1243	34	0.4052	9	0.1505	3
永福县	0.0801	71	0.0851	65	0.0947	45	0.1062	54	0.1080	52	0.1138	59	0.3002	41	0.1182	47
灌阳县	0.0976	44	0.0971	22	0.1044	22	0.1132	38	0.1146	39	0.1178	43	0.3653	22	0.1047	69
龙胜各族自治县	0.0989	43	0.1056	10	0.1141	10	0.1227	19	0.1237	23	0.1283	27	0.5605	2	0.1284	26
资源县	0.1092	34	0.1090	7	0.1183	5	0.1214	22	0.1309	13	0.1349	14	0.5188	4	0.1279	27

续表

地区	2010 年		2011 年		2012 年		2013 年		2014 年		2015 年		2016 年		2017 年	
	评价值	排名	评价值	排名	评价值	排名	评价值	排名	评价值	排名	评价值	排名	评价值	排名	评价值	排名
平乐县	0.0950	49	0.0949	29	0.1032	24	0.1165	28	0.1199	26	0.1205	40	0.3548	25	0.1179	48
荔浦县	0.0995	41	0.1008	15	0.1078	15	0.1245	18	0.1249	19	0.1301	21	0.3923	10	0.1333	16
恭城瑶族自治县	0.1132	29	0.1167	3	0.1235	4	0.1377	5	0.1358	8	0.1403	5	0.5658	1	0.1445	6
苍梧县	0.0868	63	0.0861	60	0.0941	48	0.0757	74	0.0925	72	0.1145	54	0.3211	35	0.1297	22
藤县	0.0811	70	0.0834	70	0.0859	70	0.0936	71	0.0967	70	0.1050	68	0.2339	69	0.1029	70
蒙山县	0.0896	59	0.0877	55	0.0944	47	0.1013	61	0.1023	62	0.1173	45	0.2127	72	0.1005	71
岑溪市	0.0861	64	0.0836	69	0.0863	69	0.0946	70	0.0978	69	0.1039	71	0.2146	70	0.1062	68
合浦县	0.0874	62	0.0936	35	0.1019	28	0.1381	4	0.1311	12	0.1266	28	0.3116	37	0.1300	21
上思县	0.0919	52	0.0926	39	0.0979	39	0.1703	1	0.1749	2	0.1257	29	0.2860	48	0.1147	58
东兴市	0.1212	25	0.1292	1	0.1416	2	0.1697	2	0.1615	4	0.1520	1	0.5351	3	0.1834	1
灵山县	0.0799	72	0.0781	73	0.0927	56	0.1187	26	0.1417	6	0.1382	8	0.2566	60	0.1166	54
浦北县	0.0958	46	0.0936	34	0.1033	23	0.1195	25	0.1242	22	0.1325	19	0.3245	34	0.1256	35
平南县	0.1099	31	0.0987	20	0.1047	21	0.1337	6	0.1306	14	0.1364	13	0.3721	17	0.1375	13
桂平市	0.0901	57	0.0957	24	0.1006	32	0.1118	41	0.1221	24	0.1316	20	0.3660	21	0.1331	17
容县	0.1619	11	0.0738	74	0.0786	74	0.0899	73	0.0907	73	0.0960	73	0.1023	74	0.1268	32
陆川县	0.1542	13	0.1074	9	0.1146	8	0.1275	13	0.1293	15	0.1378	10	0.4112	7	0.1423	7
博白县	0.1516	14	0.0902	49	0.0850	72	0.1120	40	0.1285	16	0.1144	55	0.2812	51	0.1321	18
兴业县	0.1392	18	0.0950	28	0.1008	31	0.1220	21	0.1243	21	0.1383	7	0.3748	15	0.1505	2
北流市	0.1563	12	0.0952	25	0.1026	26	0.1134	37	0.1151	37	0.1255	30	0.3568	24	0.1316	19
田阳县	0.1460	15	0.0931	37	0.0938	51	0.1085	49	0.1111	46	0.1176	44	0.3525	26	0.1172	52

续表

地区	2010年		2011年		2012年		2013年		2014年		2015年		2016年		2017年	
	评价值	排名	评价值	排名	评价值	排名	评价值	排名	评价值	排名	评价值	排名	评价值	排名	评价值	排名
田东县	0.2128	6	0.0895	52	0.0928	55	0.1072	52	0.1095	49	0.1099	66	0.2864	47	0.1175	50
平果县	0.2627	3	0.0946	30	0.1000	34	0.1118	42	0.1075	53	0.1164	48	0.3767	14	0.1133	62
德保县	0.2215	5	0.0863	59	0.0938	50	0.1009	62	0.1022	63	0.1100	64	0.3090	40	0.1127	63
那坡县	0.0823	67	0.1075	8	0.1141	9	0.1259	17	0.1177	31	0.1232	36	0.3379	30	0.1210	41
凌云县	0.1126	30	0.0900	50	0.0965	41	0.1054	55	0.1080	51	0.1111	63	0.2447	64	0.1159	55
乐业县	0.0907	55	0.0847	67	0.0920	57	0.1019	60	0.0997	66	0.1138	58	0.3733	16	0.1153	57
田林县	0.1009	39	0.0997	18	0.1080	14	0.1155	31	0.1186	29	0.1158	50	0.3098	39	0.1157	56
西林县	0.0936	51	0.0972	21	0.1049	20	0.1198	24	0.1173	32	0.1336	18	0.3706	19	0.1240	36
隆林各族自治县	0.2118	7	0.0865	57	0.0947	46	0.1067	53	0.1125	42	0.1187	42	0.3869	11	0.1226	39
靖西市	0.2498	4	0.0883	54	0.0905	60	0.0989	66	0.0930	71	0.1086	67	0.2368	67	0.0963	73
昭平县	0.1051	36	0.0895	53	0.0960	42	0.1091	48	0.1125	41	0.1248	33	0.3115	38	0.1265	33
钟山县	0.1441	16	0.0908	48	0.0991	35	0.1123	39	0.1116	44	0.1287	25	0.3500	27	0.1411	10
富川瑶族自治县	0.1268	23	0.0922	41	0.1009	30	0.1638	3	0.2944	1	0.1119	62	0.2347	68	0.1170	53
宜州区	0.1028	37	0.0988	19	0.1069	17	0.1159	30	0.1108	47	0.1397	6	0.3273	32	0.1272	31
南丹县	0.2650	2	0.0909	46	0.0940	49	0.1023	59	0.1160	36	0.1366	12	0.3336	31	0.1286	24
天峨县	0.3280	1	0.0861	61	0.0929	54	0.0979	68	0.0982	68	0.1037	72	0.3675	20	0.0969	72
凤山县	0.1184	26	0.1045	11	0.1174	6	0.1264	15	0.1696	3	0.1298	23	0.5019	6	0.1294	23
东兰县	0.1146	28	0.1256	2	0.1242	3	0.1305	10	0.1316	10	0.1407	4	0.5067	5	0.1418	8
罗城仫佬族自治县	0.1093	33	0.0932	36	0.0984	37	0.1033	57	0.1114	45	0.1251	32	0.2474	63	0.1178	49
环江毛南族自治县	0.1087	35	0.1012	14	0.1073	16	0.1155	32	0.1184	30	0.1300	22	0.1046	73	0.1263	34

续表

地区	2010年		2011年		2012年		2013年		2014年		2015年		2016年		2017年	
	评价值	排名	评价值	排名	评价值	排名	评价值	排名	评价值	排名	评价值	排名	评价值	排名	评价值	排名
巴马瑶族自治县	0.1338	22	0.0840	68	0.0878	66	0.1005	65	0.1052	58	0.1144	56	0.2403	66	0.1109	66
都安瑶族自治县	0.0898	58	0.1001	16	0.1052	19	0.1137	34	0.1167	35	0.1283	26	0.3491	28	0.1390	12
大化瑶族自治县	0.1867	9	0.0865	58	0.0871	67	0.0927	72	0.0889	74	0.0941	74	0.2638	59	0.0958	74
忻城县	0.1179	27	0.0853	64	0.0901	61	0.1073	51	0.0993	67	0.1041	70	0.2556	61	0.1223	40
象州县	0.1812	10	0.0856	62	0.0896	63	0.0984	67	0.1016	64	0.1048	69	0.2946	43	0.1133	61
武宣县	0.1390	19	0.0908	47	0.0933	52	0.1082	50	0.1072	55	0.1099	65	0.2673	57	0.1106	67
金秀瑶族自治县	0.0911	53	0.0952	26	0.1020	27	0.1099	46	0.1045	60	0.1139	57	0.2868	46	0.1188	45
合山市	0.1261	24	0.1102	5	0.1112	13	0.1159	29	0.1172	33	0.1210	39	0.3600	23	0.1274	29
扶绥县	0.1364	21	0.0854	63	0.0883	65	0.1299	11	0.1273	17	0.1375	11	0.2144	71	0.1188	44
宁明县	0.1407	17	0.0943	32	0.0897	62	0.1260	16	0.1258	18	0.1233	35	0.2849	49	0.1189	43
龙州县	0.1018	38	0.0915	43	0.0847	73	0.1272	14	0.1203	25	0.1253	31	0.2420	65	0.1285	25
大新县	0.1899	8	0.0919	42	0.0896	64	0.1198	23	0.1247	20	0.1424	3	0.3860	12	0.1402	11
天等县	0.1380	20	0.0925	40	0.1018	29	0.1091	47	0.1084	50	0.1347	15	0.3420	29	0.1238	37
凭祥市	0.0655	74	0.1100	6	0.1981	1	0.1287	12	0.1376	7	0.1347	16	0.2845	50	0.1455	5

为 54 名，到 2017 年上升到第 3 名，上升 51 位；上升幅度排第 3 位的是都安瑶族自治县，2010 年都安瑶族自治县排名为 58 名，到 2017 年上升到第 12 名，上升 46 位。

2010—2017 年广西县市产业状况综合评价排名中，下降幅度 40 位及以上的有天峨县、靖西市、大化瑶族自治县、平果县、德保县、象州县、武宣县、田东县、巴马瑶族自治县；下降幅度 20 位及以上的有田阳县、隆林各族自治县、富川瑶族自治县、宁明县、灌阳县、凌云县、扶绥县、南丹县、容县。其中下降幅度排第 1 位的是天峨县，2010 年天峨县排名为第 1 名，到 2017 年下降到第 72 名，下降 71 位；下降幅度排第 2 位的是靖西市，2010 年靖西市排名为第 4 名，到 2017 年下降到第 73 名，下降 69 位；下降幅度排第 3 位的是大化瑶族自治县，2010 年大化瑶族自治县排名为第 9 名，到 2017 年下降到第 74 名，下降 65 位。

（二）产业技术状况指标评价

1. 农业机械化程度

除去个别县市指标数据缺失，不进入排名。表 5-3 给出了 2010—2017 年广西 74 个县市的农业机械化程度和排名情况。可以看出，东兰县、龙胜各族自治县、恭城瑶族自治县、陆川县、凤山县、东兴市、资源县、上林县、隆林各族自治县、天峨县、西林县、乐业县连续 8 年都排名在前 20 位；三江侗族自治县、兴安县、平果县有 7 年排名进入前 20 位；容县、那坡县、灵川县、荔浦县有 6 年排名进入前 20 位；大新县、环江毛南族自治县有 4 年排名进入前 20 位；平南县、灌阳县、兴业县、天等县有 2 年排名进入前 20 位；田林县、凭祥市、合山市只有 1 年排名进入前 20 位。总的来说，保持超过 7 年都排在前 20 名的县市有 15 个分别为：东兰县、龙胜各族自治县、恭城瑶族自治县、资源县、凤山县、东兴市、陆川县、上林县、隆林各族自治县、天峨县、西林县、乐业县、三江侗族自治县、兴安县、平果县，这些县市农业机械化多年来都发展良好。

龙州县、扶绥县、藤县、蒙山县、岑溪县、灵山县、巴马瑶自治县、富川瑶族自治县、隆安县、横县连续 8 年都排名在后 20 位；靖西市、柳江区、忻城县有 7 年排名在后 20 位；全州县有 6 年排名在后 20 位；凌云县、柳城县、凭祥市、马山县有 5 年排名在后 20 位；罗城仫佬族自治县、融安县、武鸣县、象州县有 4 年排名在后 20 位；宁明县、融水苗族自治县县、武宣县、罗城仡佬族有 3 年排名在后 20 位；博白县、永福县有 2 年排名在后 20 位。总的来说，保持超过 7 年都排名在后 20 位的县市有 13 个，龙州县、扶绥县、藤县、蒙山县、岑溪县、灵山县、巴马瑶自治县、富川瑶族自治县、靖西市、横县、靖西市、柳江区、忻城县，说明这些县市农业机械化多年来发展水平很低。

2010—2017 年广西 74 个县市中，排名上升超过 10 名，不足 20 名的有 9 个县市，同时出现了排名上升位数并列的情况，说明只有小部分县市的农业机械化程度在 8 年间增加幅度比较大，大部分县市的农业机械化程度在 8 年间只显示小幅增加。具体来说，德保县的农业机械化程度排名上升最快，从 2010 年的 0.2815，排名第 66 位，上升至 2017 年的

0.6569，排名第 33 位，指标数值增加了 0.3754，排名上升了 33。其次是平南县，从 2010 年的 0.3474，排名第 52 位，上升至 2017 年的 0.7552，排名第 24 位，指标数值增加了 0.4078，排名上升了 28。排名上升幅度第 3 位的是融水苗族自治县，从 2010 年的 0.3110，排名第 61 位，上升至 2017 年的 0.6375，排名第 28 位，指标数值增加了 0.3265，排名上升了 22。

排名下降超过 20 的有 3 个县市，排名下降超过 10 的有 9 个县市，同时出现了排名下降位数并列的情况，说明只有小部分县市的农业机械化程度在八年间降低幅度比较大，大部分县市的农业机械化程度在 8 年间只显示小幅降低。具体来说，兴业县的农业机械化程度排名下降最快，从 2010 年的 0.6330，排名第 14 位，下降至 2017 年的 0.5940，排名第 42 位，指标数值减少了 -0.0390，排名下降了 28。其次是罗城仫佬族自治县，从 2010 年的 0.4103，排名第 42 位，下降至 2017 年的 0.4063，排名第 67 位，指标数值减少了 0.0040，排名下降了 25。排名下降幅度第 3 位的是博白县，从 2010 年的 0.3908，排名第 45 位，下降至 2017 年的 0.415775，排名第 65 位，指标数值减少了 0.02494，排名下降了 20。

2. 农村专业技术人员单位农业 GDP

由于农村专业技术人员数的指标从 2013 年才开始统计，所以农业专业技术人员单位农业 GDP 该项指标的排名也从 2013 年开始。除去个别县市指标数据缺失，不进入排名。表 5-4 给出了 2013—2017 年广西 74 个县市的农村专业技术人员单位农业 GDP 及其排名情况，其中上思县、扶绥县、兴业县、大新县、龙州县、平南县、横县连续 5 年都排在前 20 名；桂平市、博白县、武鸣县、隆安县连续 4 年进入前 20 名；富川瑶族自治县、宁明县、天等县、灵川县、田东县、忻城县、兴安县连续 3 年进入前 20 名；容县、宜州区、东兴市、凭祥市、合浦县、灵山县、象州县、全州县、田阳县、荔浦县、柳城县连续 2 年进入前 20 名；北流市、平果县、平乐县、浦北县、宾阳县只有 1 年进入前 20 名。总的来说，保持超过 4 年都排在前 20 名的县市有 11 个分别为上思县、扶绥县、兴业县、大新县、龙州县、平南县、横县、桂平市、博白县、武鸣县、隆安县，说明这些县市农业专业技术人员单位农业 GDP 多年来都处于较高水平。

凤山县、苍梧县、东兰县、大化瑶族自治县、都安瑶族自治县、环江毛南族自治县、融水苗族自治县、罗城仫佬族自治县、巴马瑶族自治县、岑溪市、合山市、龙胜各族自治县、灌阳县连续 5 年都排在后 20 名；天峨县、金秀瑶族自治县连续 4 年进入后 20 名；昭平县、靖西市、乐业县、忻城县连续 3 年进入后 20 名；南丹县、那坡县、平果县、藤县连续 2 年进入后 20 名；融安县、资源县、田林县、凌云县、西林县、钟山县只有 1 年进入后 20 名。总的来说，保持超过 4 年都排在后 20 名的县市有 16 个，分别为凤山县、苍梧县、东兰县、大化瑶族自治县、都安瑶族自治县、环江毛南族自治县、融水苗族自治县、罗城苗族自治县、巴马瑶族自治县、岑溪市、合山市、龙胜各族自治县、灌阳县、天峨县、金秀瑶族自治县，说明这些县市农业专业技术人员单位农业 GDP 多年来都处于较低水平。

表 5-3 2010—2017 年广西 74 个县市的农业机械化程度和排名

地区	2010 年		2011 年		2012 年		2013 年		2014 年		2015 年		2016 年		2017 年	
	评价值	排名	评价值	排名	评价值	排名	评价值	排名	评价值	排名	评价值	排名	评价值	排名	评价值	排名
武鸣县	0.386125	47	0.42412	51	0.447045	53	0.446656	58	0.436293	60	0.547910	46	4.434515	61	0.446655	59
隆安县	0.308872	62	0.367393	63	0.353262	66	0.388506	63	0.391499	68	0.424971	64	4.232650	64	0.437774	62
马山县	0.369905	49	0.407939	57	0.443412	54	0.450702	56	0.441261	59	0.497333	56	4.866098	56	0.486121	53
上林县	0.714626	10	0.765200	10	0.765200	16	0.796800	13	0.826979	11	0.875483	8	7.993996	18	0.817988	14
宾阳县	0.410805	41	0.484108	41	0.514364	42	0.552616	39	0.570007	40	0.635347	36	5.170408	50	0.534662	46
横县	0.333750	57	0.378879	61	0.406434	60	0.415630	60	0.428119	61	0.446350	62	4.223340	66	0.426847	64
柳江区	0.261526	69	0.349902	65	0.381712	61	0.397247	62	0.427243	62	0.474893	59	4.949493	55	0.513478	51
柳城县	0.299007	63	0.347045	66	0.379581	63	0.435594	59	0.488298	53	0.537739	49	5.383520	49	0.429636	63
鹿寨县	0.515905	30	0.460423	44	0.486002	45	0.513039	44	0.596220	38	0.585882	42	5.768357	42	0.719554	27
融安县	0.282341	65	0.413736	54	0.438073	56	0.474215	49	0.481541	55	0.521755	52	5.569417	45	0.478593	55
融水苗族自治县	0.310971	61	0.398959	59	0.440954	55	0.478429	48	0.522969	46	0.622208	38	6.522424	34	0.637459	39
三江侗族自治县	0.593421	20	0.984817	6	0.779647	14	0.782963	14	0.806576	15	0.829281	18	8.462727	12	0.747290	25
阳朔县	0.386548	46	0.485030	40	0.507077	43	0.304355	73	0.547333	42	0.619341	39	6.670540	33	0.644789	37
灵川县	0.563573	25	0.666223	18	0.731220	17	0.770589	15	0.825032	12	0.852123	11	8.845026	8	0.770833	22
全州县	0.343827	53	0.410826	56	0.434993	57	0.449580	57	0.472947	56	0.493515	57	5.126871	52	0.443504	60
兴安县	0.561395	26	0.663058	20	0.709318	20	0.757587	16	0.811775	14	0.848729	15	8.942104	7	0.782265	19
永福县	0.326978	59	0.412590	55	0.451884	51	0.464792	51	0.497919	50	0.545025	47	5.934718	41	0.599706	41
灌阳县	0.641128	13	0.607672	28	0.658311	27	0.707248	22	0.730615	22	0.788589	22	8.017409	17	0.677112	31
龙胜各族自治县	0.860817	6	1.045765	3	1.145361	4	1.266501	2	1.324879	1	1.383764	1	14.02207	1	1.238281	2
资源县	0.876334	5	1.020359	4	1.068947	6	1.127184	4	1.195237	5	1.273074	3	12.44689	3	1.032569	6
平乐县	0.519666	29	0.605205	29	0.667277	25	0.677231	25	0.697208	25	0.721235	27	7.602422	22	0.686540	30

续表

地区	2010年		2011年		2012年		2013年		2014年		2015年		2016年		2017年	
	评价值	排名	评价值	排名	评价值	排名	评价值	排名	评价值	排名	评价值	排名	评价值	排名	评价值	排名
荔浦县	0.617166	18	0.665510	19	0.705844	21	0.744062	19	0.765638	21	0.833333	16	8.504502	11	0.817688	15
恭城瑶族自治县	1.098841	2	1.136478	2	1.212244	3	1.244661	3	1.274306	2	1.335645	2	13.7798	2	1.294354	1
苍梧县	0.482772	33	0.557527	32	0.591316	35	0.613609	34	0.718467	24	0.739782	25	6.720256	32	0.650821	34
藤县	0.249004	72	0.297847	73	0.337559	70	0.364708	68	0.401385	64	0.408074	68	4.249642	63	0.386890	68
蒙山县	0.337553	56	0.354793	64	0.354793	65	0.380699	64	0.314241	73	0.402614	69	3.647416	71	0.376633	71
岑溪市	0.266297	67	0.316422	70	0.342791	69	0.363688	69	0.355827	72	0.361930	72	3.662079	70	0.369767	73
合浦县	0.437835	39	0.503018	39	0.526234	41	0.528901	40	0.561621	41	0.584520	43	6.035732	39	0.577143	43
上思县	0.407121	44	0.454426	47	0.471904	47	0.492536	46	0.538503	44	0.591345	40	5.083349	53	0.517031	49
东兴市	0.896772	4	0.992359	5	1.091595	5	1.112460	5	1.198322	4	1.221747	5	12.33553	4	1.123700	5
灵山县	0.254952	70	0.307324	72	0.345739	67	0.375361	67	0.396156	66	0.424912	65	4.497729	58	0.467578	57
浦北县	0.452713	37	0.515436	37	0.556128	36	0.588991	36	0.604420	36	0.628286	37	6.376738	36	0.624469	40
平南县	0.903627	3	0.622060	24	0.670658	23	0.706448	23	0.720097	23	0.794326	21	7.607962	21	0.812546	16
桂平市	0.347358	52	0.589570	30	0.625301	30	0.651265	28	0.662459	30	0.734981	26	7.504712	24	0.755152	24
容县	0.794967	8	0.836068	8	0.852336	8	0.898772	7	0.955506	7	—	74	1.062815	73	0.934300	7
陆川县	0.620410	17	0.737560	12	0.786730	13	0.831499	9	0.869608	8	0.885202	7	8.830744	9	0.887141	8
博白县	0.390835	45	0.427773	48	0.448811	52	0.461814	53	0.484384	54	0.504689	55	5.163847	51	0.415775	65
兴业县	0.632998	14	0.668896	16	0.668896	24	0.695929	24	0.678148	27	0.707736	29	7.463151	25	0.593977	42
北流市	0.509938	31	0.573060	31	0.606121	32	0.631251	31	0.645190	33	0.716593	28	7.381131	26	0.647707	36
田阳县	0.500050	32	0.549963	33	0.616354	31	0.610697	35	0.632944	34	0.756751	23	7.535511	23	0.771348	21
田东县	0.413034	40	0.425120	50	0.454772	50	0.464115	52	0.488702	52	0.517291	53	5.395541	48	0.528926	47
平果县	0.585810	21	0.666474	17	0.728332	18	0.745843	18	0.780121	19	0.852100	12	8.381816	13	0.845771	10

续表

地区	2010 年		2011 年		2012 年		2013 年		2014 年		2015 年		2016 年		2017 年	
	评价值	排名	评价值	排名	评价值	排名	评价值	排名	评价值	排名	评价值	排名	评价值	排名	评价值	排名
德保县	0.281510	66	0.423307	52	0.464548	49	0.490124	47	0.499476	48	0.530062	51	6.412997	35	0.656860	33
那坡县	0.761582	9	0.757193	11	0.823655	9	0.833399	8	0.829777	10	0.830630	17	7.222245	27	0.766871	23
凌云县	0.332858	58	0.422277	53	0.468845	48	0.467858	50	0.453947	58	0.423209	66	4.253308	62	0.438084	61
乐业县	0.622820	16	0.728996	13	0.796450	12	0.825900	10	0.769442	20	0.874269	9	8.306941	15	0.821018	13
田林县	0.611228	19	0.612138	27	0.660388	26	0.645089	29	0.675600	28	0.681292	33	6.20766	38	0.649711	35
西林县	0.674885	12	0.709818	15	0.770548	15	0.752603	17	0.802094	16	0.854664	10	8.082622	16	0.821315	12
隆林各族自治县	0.697142	11	0.781606	9	0.800690	10	0.817934	12	0.850702	9	0.849669	13	8.370703	14	0.879188	9
靖西市	0.290930	64	0.327072	67	0.343251	68	0.338043	71	0.365087	70	0.473107	60	4.497055	59	0.494358	52
昭平县	0.470035	35	0.544818	35	0.594546	34	0.615953	33	0.623986	35	0.672043	34	6.288675	37	0.640321	38
钟山县	0.383005	48	0.482600	42	0.555629	37	0.579695	37	0.600444	37	0.658137	35	7.037679	30	0.714189	28
富川瑶族自治县	0.252292	71	0.324281	68	0.377561	64	0.378969	66	0.390282	69	0.392580	70	4.108946	68	0.371767	72
宜州区	0.408302	43	0.465518	43	0.484413	46	0.517182	43	0.544866	43	0.589351	41	6.026899	40	0.51481	50
南丹县	0.564372	24	0.619944	25	0.641437	28	0.669699	26	0.682519	26	0.745939	24	6.763993	31	0.706169	29
天峨县	0.622949	15	0.727067	14	0.797416	11	0.819672	11	0.820681	13	0.821018	19	8.612297	10	0.809500	17
凤山县	0.797152	7	0.894677	7	0.913681	7	1.011401	6	1.044790	6	1.106042	6	12.14556	5	1.235168	3
东兰县	1.232708	1	1.423868	1	1.296456	2	1.268016	1	1.271261	3	1.239311	4	11.97298	6	1.205820	4
罗城仫佬族自治县	0.410279	42	0.455600	46	0.488689	44	0.521042	42	0.469467	57	0.505716	54	4.231052	65	0.406313	67
环江毛南族自治县	0.568020	23	0.639246	22	0.674894	22	0.742559	20	0.795357	17	0.849143	14	0.758063	74	0.773992	20
巴马瑶族自治县	0.262013	68	0.323287	69	0.316865	71	0.337382	72	0.363443	71	0.418728	67	4.126796	67	0.377267	70
都安瑶族自治县	0.582431	22	0.614271	26	0.636797	29	0.642570	30	0.655277	31	0.690006	30	7.077141	29	0.740081	26
大化瑶族自治县	0.470544	34	0.531782	36	0.539957	38	0.573542	38	0.587758	39	0.583593	44	5.536332	46	0.572048	44

续表

地区	2010年		2011年		2012年		2013年		2014年		2015年		2016年		2017年	
	评价值	排名	评价值	排名	评价值	排名	评价值	排名	评价值	排名	评价值	排名	评价值	排名	评价值	排名
忻城县	0.341647	54	0.369433	62	0.380297	62	0.379376	65	0.399100	65	0.430011	63	4.477528	60	0.414460	66
象州县	0.339439	55	0.397256	60	0.421042	58	0.455901	55	0.493414	51	0.532934	50	5.737910	43	0.541591	45
武宣县	0.363923	50	0.40035	58	0.411610	59	0.459009	54	0.498366	49	0.479955	58	5.061440	54	0.482203	54
金秀瑶族自治县	0.466007	36	0.508544	38	0.536690	40	0.527553	41	0.522764	47	0.56999	45	5.610885	44	0.524026	48
合山市	0.557192	27	0.624756	23	0.603091	33	0.664305	27	0.673300	29	0.683164	32	7.642339	20	0.673861	32
扶绥县	0.246895	73	0.258606	74	0.231149	73	0.268098	74	0.280623	74	0.301484	73	3.129779	72	0.297192	74
宁明县	0.32672	60	0.457758	45	0.290188	72	0.512323	45	0.535053	45	0.542232	48	5.417834	47	0.469540	56
龙州县	0.239878	74	0.312726	71	0.080222	74	0.344703	70	0.395173	67	0.362565	71	3.697897	69	0.386071	69
大新县	0.523004	28	0.658036	21	0.537386	39	0.738454	21	0.786083	18	0.812914	20	7.955336	19	0.836836	11
天等县	0.444568	38	0.548998	34	0.720435	19	0.619579	32	0.654011	32	0.685136	31	7.096099	28	0.788133	18
凭祥市	0.355145	51	0.426294	49	2.891128	1	0.402317	61	0.401865	63	0.462214	61	4.825090	57	0.455915	58

表 5-4　2013—2017 年广西 74 个县市的农村专业技术人员单位农业 GDP 和排名

地区	2013年		2014年		2015年		2016年		2017年	
	农业 GDP（万元/人）	排名	农业 GDP（万元/人）	排名	农业 GDP（万元/人）	排名	农业 GDP（万元/人）	排名	农业 GDP（万元/人）	排名
武鸣县	2355.8420	16	2471.0320	14	1495.66100	30	3613.0400	5	3613.0400	6
隆安县	2737.1500	12	1599.2960	26	1738.41600	19	3250.7220	9	3250.7220	10
马山县	1863.2530	24	1048.9250	45	1187.07400	42	1301.1620	43	1301.1620	43
上林县	1326.1190	41	1380.1720	30	1414.33100	32	1529.7830	37	1529.7830	37
宾阳县	1880.9440	23	1365.9740	31	1735.70700	20	1879.2420	21	1879.2420	21

续表

地区	2013 年		2014 年		2015 年		2016 年		2017 年	
	农业 GDP（万元/人）	排名	农业 GDP（万元/人）	排名	农业 GDP（万元/人）	排名	农业 GDP（万元/人）	排名	农业 GDP（万元/人）	排名
横县	2883.6450	11	1829.1490	20	2695.19200	10	2910.3160	11	2910.3160	11
柳江区	1255.2110	44	1103.4090	42	1142.01600	47	1391.1760	40	1391.1760	40
柳城县	1426.5600	37	1662.0280	22	1714.36000	23	1889.9010	20	1889.9010	20
鹿寨县	1757.8870	27	1724.4630	21	1735.16700	21	1841.2060	24	1841.2060	24
融安县	928.6364	54	209.4656	73	1231.14700	39	1279.1970	45	1279.1970	45
融水苗族自治县	525.5537	66	809.2299	55	856.82390	56	383.6199	68	383.6199	68
三江侗族自治县	1025.9720	53	1103.9380	41	1153.55400	46	1192.4000	50	1192.4000	50
阳朔县	1560.8270	31	1085.8800	44	1153.57700	45	1555.1550	35	1555.1550	35
灵川县	2904.5240	10	2581.7800	12	2306.03900	13	1452.0160	39	1452.0160	39
全州县	1784.8480	25	1891.4130	18	1975.69200	15	1831.8860	25	1831.8860	25
兴安县	2306.6340	18	1406.6710	28	1694.08500	24	1990.1670	19	1990.1670	19
永福县	1521.2750	35	1619.4130	25	1721.46400	22	1845.2760	22	1845.2760	22
灌阳县	727.0141	60	765.8451	56	796.44130	58	842.2441	57	842.2441	57
龙胜各族自治县	784.3866	59	638.6051	59	663.66250	61	697.0062	61	697.0062	61
资源县	524.2749	67	1288.2930	33	1331.73100	34	1697.1380	28	1697.1380	28
平乐县	1717.7550	30	1891.6080	17	1468.56400	31	1559.2320	34	1559.2320	34
荔浦县	2293.9020	19	1659.7720	23	1739.05800	18	1842.5910	23	1842.5910	23
恭城瑶族自治县	1764.2610	26	1458.7130	27	1289.29200	36	1383.3180	42	1383.3180	42
苍梧县	680.5693	61	56.52327	74	49.53241	73	52.11276	73	52.11276	73
藤县	797.5075	58	837.9463	54	869.46480	55	939.7477	52	939.7477	52
蒙山县	630.3012	64	963.3009	49	1037.23900	49	1716.4930	27	1716.4930	27

续表

地区	2013 年		2014 年		2015 年		2016 年		2017 年	
	农业 GDP（万元 / 人）	排名	农业 GDP（万元 / 人）	排名	农业 GDP（万元 / 人）	排名	农业 GDP（万元 / 人）	排名	农业 GDP（万元 / 人）	排名
岑溪市	552.9088	65	571.1163	62	579.1293	64	663.0372	63	663.0372	63
合浦县	3524.1400	9	3493.0380	9	1293.0670	35	1383.4210	41	1383.4210	41
上思县	11960.0600	1	11967.0000	2	2174.3260	14	3448.2200	7	3448.2200	8
东兴市	4491.5710	6	2418.5960	15	—	74	—	74	—	74
灵山县	1971.1680	22	2236.9810	16	2343.2120	12	932.3543	53	932.3543	53
浦北县	2128.0380	20	1232.1520	36	1206.0680	40	1269.0000	46	1269.0000	46
平南县	3942.9920	7	3114.8000	11	3183.6500	8	3175.0150	10	3470.5190	7
桂平市	1723.1890	29	3183.2070	10	3637.2730	6	3470.5190	6	4075.6060	4
容县	1366.3730	40	992.3303	48	1161.0580	43	4075.6060	3	2276.4100	18
陆川县	1466.8540	36	1301.4190	32	1514.3160	28	2276.4100	18	1657.8980	31
博白县	2552.8420	14	4567.6200	5	2370.7490	11	1657.8980	31	2490.2890	16
兴业县	2693.2620	13	2579.0290	13	4039.0000	3	2490.2890	16	4973.8350	1
北流市	1150.5590	46	1009.8620	47	1528.6890	27	4973.8350	1	1663.8140	30
田阳县	1545.4230	32	1635.1170	24	1822.3280	16	1663.8140	30	2571.9150	15
田东县	1756.2650	28	1841.5530	19	1123.1850	48	2571.9150	15	2891.8880	12
平果县	1406.0640	39	617	61	664.5360	60	2891.8880	12	1292.3360	44
德保县	1116.8800	48	1172.4820	38	1675.9150	25	1292.3360	44	1646.7620	33
那坡县	1536.0980	33	1276.6540	34	729.2128	59	1646.7620	33	702.2970	60
凌云县	1287.9000	42	1386.7310	29	1368.5000	33	702.2970	60	1545.4150	36
乐业县	892.0161	55	755.9878	57	990.4925	51	1545.4150	36	667.9714	62
田林县	1111.1670	49	1203.6570	37	1270.3790	37	667.9714	62	1234.4070	48

续表

地区	2013 年		2014 年		2015 年		2016 年		2017 年	
	农业 GDP（万元 / 人）	排名	农业 GDP（万元 / 人）	排名	农业 GDP（万元 / 人）	排名	农业 GDP（万元 / 人）	排名	农业 GDP（万元 / 人）	排名
西林县	864.7126	56	923.2584	50	1585.3820	26	1234.4070	48	1652.1790	32
隆林各族自治县	1103.3010	50	1272.3680	35	1248.5610	38	1652.1790	32	1222.4780	49
靖西市	1407.0310	38	375.1010	69	390.3057	69	1222.4780	49	175.3027	72
昭平县	1129.3820	47	843.6866	53	850.5619	57	175.3027	72	861.9750	55
钟山县	1274.0630	43	916.7202	51	1156.7750	44	861.9750	55	1756.0520	26
富川瑶族自治县	10002.3500	2	31181.3300	1	1791.2410	17	1756.0520	26	1257.2170	47
宜州区	1095.4230	51	1128.8830	40	3804.5710	5	1257.2170	47	4290.6630	3
南丹县	442.3693	70	545.5202	65	984.4561	52	919.7752	54	919.7752	54
天峨县	259.9680	73	710.4737	58	953.8630	53	845.8313	56	845.8313	56
凤山县	250.6732	74	246.7656	72	247.2603	72	251.7627	71	251.7627	71
东兰县	330.1390	72	345.9144	70	360.4064	70	383.4813	69	383.4813	69
罗城仫佬族自治县	634.9367	63	637.2127	60	521.9283	67	786.4577	58	786.4577	58
环江毛南族自治县	512.8052	68	469.4034	67	444.9169	68	485.0241	67	485.0241	67
巴马瑶族自治县	854.8095	57	556.7917	64	560.3000	65	615.6429	65	615.6429	65
都安瑶族自治县	461.4644	69	458.6667	68	624.3659	62	757.9665	59	757.9665	59
大化瑶族自治县	333.5292	71	318.8682	71	334.1794	71	369.1133	70	369.1133	70
忻城县	2381.0950	15	850.7488	52	892.0455	54	2679.8730	13	2679.8730	13
象州县	1031.8370	52	1039.9020	46	995.6092	50	2615.0730	14	2615.0730	14
武宣县	2040.5510	21	1164.3890	39	1202.0390	41	1174.8270	51	1174.8270	51
金秀瑶族自治县	1247.6390	45	535.2690	66	538.1014	66	560.4467	66	560.4467	66

续表

地区	2013 年		2014 年		2015 年		2016 年		2017 年	
	农业 GDP（万元 / 人）	排名	农业 GDP（万元 / 人）	排名	农业 GDP（万元 / 人）	排名	农业 GDP（万元 / 人）	排名	农业 GDP（万元 / 人）	排名
合山市	658.5091	62	567.6769	63	583.3077	63	660.1231	64	660.1231	64
扶绥县	6491.8170	3	6319.4500	3	6587.3170	1	3382.6930	8	3382.6930	9
宁明县	4737.4410	5	4614.7170	4	2777.3050	9	1694.0270	29	1694.0270	29
龙州县	5402.0790	4	3862.4730	6	3498.0310	7	3791.5380	4	3791.5380	5
大新县	3758.5280	8	3545.3040	8	4329.8160	2	4291.6300	2	4291.6300	2
天等县	1530.9520	34	1090.4440	43	3861.5000	4	2395.0000	17	2395.0000	17
凭祥市	2318.2500	17	3691.9230	7	1512.36400	29	1516.0000	38	1516.0000	38

排名上升幅度均在 10 名及以上的县市中，上升超过 20 名的有 7 个县市，同时出现了排名上升位数并列的情况，说明县市的农村专业技术人员单位农业 GDP 在 5 年间上升幅度均比较大。具体来说，宜州区的农村专业技术人员单位农业 GDP 排名上升最快，从 2013 年的 1095.423，排名第 51 位，增加至 2017 年的指标指数 4290.663，排名第 3 位，指标数值增加了 3195.24，排名上升了 48 名。其次是资源县，从 2013 年的指标指数 524.2749，排名第 67 位，增加至 2017 年的指标指数 1697.138，排名第 28 位，指标数值增加了 1172.8631，排名上升了 39 名。排名上升幅度排第 3 位的是象州县，从 2013 年的指标指数 1031.837，排名第 52 位，增加至 2017 年的指标指数 2615.073，排名第 14 位，指标数值增加了 1583.236，排名上升了 38 名。

排名下降超过 10 名的有个 14 县市，其中下降超过 20 名的有 11 个县市，同时出现了排名下降位数并列的情况，较多县市的农村专业技术人员单位农业 GDP 在 5 年间显示出较大幅度地减少。具体来说，富川瑶族自治县的农村专业技术人员单位农业 GDP 排名下降最快，从 2013 年的指标指数 10002.35，排名第 2 位，下降至 2017 年的指标指数 1257.217，排名第 47 位，指标数值减少了 8745.133，排名下降了 45 名。其次是靖西市，从 2013 年的指标指数 1407.031，排名第 38 位，下降至 2017 年的指标指数 175.3027，排名第 72 位，指标数值减少了 1231.7283，排名下降了 34 名。排名下降幅度排第 3 位的是合浦县，从 2013 年的指标指数 3524.14，排名第 9 位，下降至 2017 年的指标指数 1383.421，排名第 41 位，指标数值减少了 2140.719，排名下降了 32 名。

3. 规模以上工业企业产值比重

除去个别县市指标数据缺失，不进入排名。表 5-5 给出了 2010—2017 年广西 74 个县市的规模以上工业企业产值比重及其排名情况，其中东兴市、隆安县、灵川县、上林县、上思县连续 8 年都排在前 20 名；武鸣县、陆川县连续 7 年进入前 20 名；浦北县、岑溪市、永福县连续 6 年进入前 20 名；灵山县、合浦县、柳江区连续 5 年进入前 20 名；南丹县、横县、富川瑶族自治县、靖西市、鹿寨县、灌阳县连续 4 年进入前 20 名；宜州区、钟山县、恭城瑶族自治县、宾阳县、蒙山县、全州县、荔浦县连续 3 年进入前 20 名；合山市、宁明县、北流市、藤县、平乐县、田东县、昭平县连续 2 年进入前 20 名；天峨县、凤山县、平果县、博白县、罗城仫佬族自治县、都安瑶族自治县、德保县、阳朔县、环江毛南族自治县、容县、凭祥市只有 1 年进入前 20 名。总的来说，保持超过 7 年都排在前 20 名的县市有 7 个，分别为东兴市、隆安县、灵川县、上林县、上思县、武鸣县、陆川县，说明这些县市规模以上工业企业产值比重多年来都处于较高水平。

表 5-5　2010—2017 年广西 74 个县市的规模以上工业企业产值比重和排名

地区	2010 年		2011 年		2012 年		2013 年		2014 年		2015 年		2016 年		2017 年	
	比重	排名	比重	排名	比重	排名	比重	排名	比重	排名	比重	排名	比重	排名	比重	排名
武鸣县	2.425706	12	2.638368	6	2.637836	18	2.974572	16	1.859417	67	3.251338	20	3.504678	11	3.548582	13
隆安县	2.758841	4	3.185506	2	4.140519	1	4.350503	1	4.881737	3	4.771422	1	4.470736	2	4.772444	1
马山县	2.053692	24	1.920061	49	2.151438	50	2.405536	50	2.170029	61	2.470090	61	3.088726	27	2.467761	59
上林县	2.440436	11	2.597674	10	2.989687	5	3.500559	5	4.440743	4	4.333883	5	3.702681	5	3.697357	8
宾阳县	1.691123	38	1.89618	50	2.420203	37	2.988563	13	2.921900	23	3.144079	26	3.281193	16	3.648665	11
横县	2.521594	8	2.967522	3	2.653644	17	2.856266	22	3.073506	17	3.131809	27	3.145254	21	3.188145	25
柳江区	2.406782	13	2.621565	7	2.673503	16	3.164616	8	3.150285	15	3.215771	22	3.119524	23	3.055770	31
柳城县	1.834594	30	1.997488	46	1.967652	54	2.274546	57	2.483635	54	2.539671	58	2.412944	62	2.448695	60
鹿寨县	2.651749	7	1.484929	64	2.464708	33	2.812882	24	3.185998	11	3.348797	17	3.221315	19	3.073001	27
融安县	1.521372	42	1.679824	58	1.901286	59	2.414448	49	2.694324	36	2.870172	46	2.715411	54	2.569118	52
融水苗族自治县	1.202304	52	1.371354	67	1.614261	68	2.030925	63	2.322370	57	2.656097	53	2.726308	53	2.435005	61
三江侗族自治县	0.761191	62	0.871398	72	0.944089	73	1.301079	70	1.467840	72	1.462976	72	1.141983	73	1.198394	72
阳朔县	1.707154	37	2.064409	40	2.387600	41	2.985099	14	2.240879	59	2.395381	62	2.299770	63	2.385502	62
灵川县	2.485865	10	2.646855	5	3.037157	4	3.240440	7	3.349219	8	3.700612	6	3.712948	4	3.839465	5
全州县	1.745826	36	2.073935	39	2.634335	19	2.896925	20	2.927332	21	3.204932	24	3.323191	15	3.064741	28
兴安县	1.779143	34	2.133283	35	2.332957	45	2.461962	46	2.655255	40	2.921370	43	3.101509	25	2.791423	43
永福县	1.878955	29	2.275288	24	2.907376	7	3.122299	9	3.152613	14	3.391603	16	3.532749	10	3.451729	15
灌阳县	2.179728	20	2.401205	18	2.778086	12	3.023877	11	2.907739	24	3.088033	31	3.128698	22	2.072778	68
龙胜各族自治县	1.436193	43	1.687943	57	1.911072	57	1.996181	67	1.971723	65	2.134229	68	2.130083	65	2.161842	65
资源县	1.941568	28	2.014169	45	2.467777	32	2.431219	48	2.566628	47	2.595685	57	2.606233	59	2.636568	50
平乐县	2.269824	17	2.208935	27	2.589359	22	2.859162	21	2.976672	19	3.084254	32	3.000988	35	2.742450	44

续表

地区	2010年		2011年		2012年		2013年		2014年		2015年		2016年		2017年	
	比重	排名	比重	排名	比重	排名	比重	排名	比重	排名	比重	排名	比重	排名	比重	排名
荔浦县	1.978794	26	2.208674	28	2.499684	26	2.737131	27	3.067927	18	3.219899	21	3.212614	20	3.312631	19
恭城瑶族自治县	2.114816	23	2.496179	14	2.866988	10	2.973251	17	2.925575	22	3.089110	30	2.849209	48	2.867351	39
苍梧县	1.943679	27	1.886725	51	2.423988	36	0.443584	74	1.787184	69	3.295497	18	3.454633	13	3.298576	21
藤县	2.199142	18	2.457044	16	2.456475	34	2.637804	37	2.765395	34	3.174707	25	2.970941	38	3.028369	32
蒙山县	2.281558	16	2.274534	25	2.698330	15	2.828093	23	2.768998	32	3.419430	14	1.930628	69	2.073239	67
岑溪市	2.689707	6	2.480348	15	2.552870	23	2.914962	19	3.165403	12	3.407455	15	3.229306	17	3.222191	23
合浦县	1.633728	40	2.057510	41	2.549330	24	3.806981	3	3.129508	16	3.660768	8	3.559571	8	3.802268	7
上思县	2.511016	9	2.598124	9	2.915681	6	2.955448	18	3.156955	13	3.570477	10	3.535957	9	3.834635	6
东兴市	2.320301	15	3.287928	1	3.730935	2	3.871786	2	4.016864	5	4.413678	4	4.726548	1	4.422317	2
灵山县	1.533910	41	1.359097	68	2.336494	43	3.466879	6	5.213033	2	4.492603	2	3.582634	7	3.432790	16
浦北县	2.150099	22	2.144842	34	2.722050	13	2.974717	15	3.840857	6	4.452477	3	4.123534	3	3.866109	4
平南县	1.771999	35	1.825947	52	2.038210	51	2.404472	51	2.493771	53	2.634906	55	2.875121	46	2.937486	35
桂平市	2.150519	21	2.154616	31	2.336223	44	2.393403	52	2.449822	55	2.599753	56	2.650263	56	2.629211	51
容县	1.687205	39	2.147833	32	2.419130	38	2.723894	28	2.973302	20	3.091360	29	3.036891	32	2.947121	34
陆川县	1.300840	46	2.589415	11	2.881373	8	3.121610	10	3.301489	9	3.520901	11	3.598456	6	3.665827	10
博白县	1.370706	45	2.316485	21	1.692470	65	2.540258	40	2.777820	31	2.497882	60	2.963237	39	3.940625	3
兴业县	1.093418	56	1.924324	48	2.284526	46	2.659594	36	2.900006	25	3.041040	35	3.067925	30	3.190157	24
北流市	1.380057	44	2.034862	44	2.416020	40	2.711175	30	2.849616	27	3.050297	34	3.225417	18	3.531035	14
田阳县	1.245679	49	2.037545	43	1.729024	63	2.251969	59	2.627355	42	2.726938	50	2.737942	52	2.689438	47
田东县	2.181666	19	2.405183	17	2.487759	28	2.718537	29	2.796344	29	3.126546	28	3.058298	31	2.847538	41
平果县	2.771732	3	2.201408	29	2.416673	39	2.662780	34	2.630508	41	2.894251	45	2.896789	43	2.640901	49

续表

地区	2010年		2011年		2012年		2013年		2014年		2015年		2016年		2017年	
	比重	排名	比重	排名	比重	排名	比重	排名	比重	排名	比重	排名	比重	排名	比重	排名
德保县	2.357793	14	2.088613	37	2.546677	25	2.523117	42	2.619811	44	2.705897	52	2.615258	58	2.505074	57
那坡县	0.272587	73	2.040314	42	1.926672	56	2.273268	58	1.914710	66	2.234906	66	1.958462	68	2.184932	64
凌云县	0.874831	59	1.954855	47	2.238484	48	2.354762	54	2.620319	43	2.802133	48	2.980979	36	2.665518	48
乐业县	0.448494	72	0.163164	74	0.348209	74	0.607579	73	0.653788	74	1.000977	74	1.626995	70	1.497193	70
田林县	0.590484	67	2.092162	36	2.469488	31	2.478519	45	2.688893	38	2.301379	64	2.907243	42	2.737462	45
西林县	0.462522	70	1.246326	69	1.635798	67	2.618209	39	2.234219	60	2.972338	38	2.068142	66	2.336666	63
隆林各族自治县	2.038158	25	0.458426	73	1.016391	72	1.258962	71	1.564946	70	1.985866	69	2.783873	51	2.084376	66
靖西市	2.733123	5	2.710050	4	2.720275	14	2.708762	31	2.724019	35	3.505576	12	2.977737	37	2.476554	58
昭平县	0.710608	65	1.397875	66	1.652909	66	2.102663	62	2.503302	52	3.271364	19	2.785760	50	3.344311	18
钟山县	1.274410	47	1.532125	63	2.003093	53	2.450242	47	2.542140	50	3.445088	13	3.470197	12	3.691807	9
富川瑶族自治县	1.101914	55	2.555871	13	3.220919	3	3.622152	4	3.727477	7	3.022115	36	2.896264	44	3.142059	26
宜州区	0.708804	66	2.363489	20	2.879597	9	3.018832	12	2.375056	56	3.014715	37	2.855134	47	3.280417	22
南丹县	2.812488	2	1.813469	53	1.788745	62	2.289701	55	3.229118	10	3.656119	9	3.096962	26	3.347836	17
天峨县	3.630319	1	1.153081	71	1.476364	70	1.458030	69	1.528007	71	1.564396	71	1.338565	72	1.172501	73
凤山县	0.739976	63	1.537916	62	2.280467	47	2.660022	35	6.117164	1	1.894534	70	1.490479	71	1.377050	71
东兰县	0.489766	69	1.470642	65	1.544687	69	2.030422	64	1.993525	63	2.501601	59	2.422723	61	2.544153	55
罗城仫佬族自治县	0.794250	60	2.081241	38	2.157733	49	2.140685	61	2.866694	26	3.695335	7	3.075623	29	3.059360	30
环江毛南族自治县	0.714733	64	2.312270	22	2.434650	35	2.708596	32	2.807186	28	3.213595	23	3.377324	14	2.961866	33
巴马瑶族自治县	1.191371	53	1.715901	56	1.720020	64	2.288092	56	2.675474	39	2.753616	49	2.66665	55	2.559387	53
都安瑶族自治县	0.454552	71	1.659705	59	1.886865	60	2.360524	53	2.539396	51	2.922776	42	3.024723	34	3.599399	12
大化瑶族自治县	1.805747	32	1.184010	70	1.203883	71	1.216244	72	1.160197	73	1.195220	73	1.116359	74	1.080898	74

续表

地区	2010年		2011年		2012年		2013年		2014年		2015年		2016年		2017年	
	比重	排名	比重	排名	比重	排名	比重	排名	比重	排名	比重	排名	比重	排名	比重	排名
忻城县	0.941044	58	1.584505	61	1.962905	55	2.207578	60	2.167728	62	2.277861	65	2.467600	60	2.736355	46
象州县	1.790922	33	2.193029	30	2.475423	30	2.496617	43	2.552434	49	2.715094	51	2.892293	45	2.828381	42
武宣县	1.214415	51	2.297637	23	2.495679	27	2.537451	41	2.689237	37	2.905233	44	2.956580	40	2.880848	37
金秀瑶族自治县	0.524898	68	1.617224	60	2.007213	52	2.008074	65	1.802221	68	2.208721	67	2.247978	64	2.556463	54
合山市	0.952773	57	2.618339	8	2.834377	11	2.786984	25	2.778787	30	2.650948	54	2.628894	57	2.854557	40
扶绥县	1.23323	50	2.393398	19	2.603201	21	2.742611	26	2.557782	48	2.943888	41	2.939156	41	2.890649	36
宁明县	1.254602	48	2.571252	12	2.625637	20	2.634818	38	2.604603	45	2.946247	40	3.031024	33	3.063351	29
龙州县	0.772024	61	2.259723	26	2.365709	42	2.481500	44	2.582820	46	2.968424	39	3.081826	28	2.878009	38
大新县	1.824404	31	1.738839	55	1.886194	61	1.976928	68	2.286376	58	2.834033	47	2.786912	49	2.532233	56
天等县	1.163979	54	1.766652	54	1.906691	58	1.998135	66	1.989631	64	2.322393	63	2.027227	67	2.002464	69
凭祥市	0.232359	74	2.147189	33	2.487544	29	2.679003	33	2.767629	33	3.071376	33	3.109882	24	3.305004	20

乐业县、三江侗族自治县、东兰县连续 8 年都排在后 20 名；大化瑶族自治县、那坡县、天峨县、龙胜各族自治县、忻城县连续 7 年排在后 20 名；天等县、金秀瑶族自治县、西林县、隆林各族自治县连续 6 年排在后 20 名；巴马瑶族自治县凤山县、融水苗族自治县、大新县、巴马瑶族自治县连续 5 年排在后 20 名；昭平县、阳朔县、柳城县连续 4 年排在后 20 名；都安瑶族自治县、马山县、桂平市连续 3 年排在后 20 名；苍梧县、宜州区、田阳县、南丹县、蒙山县、田林县、罗城仫佬族自治县、德保县、合山市、融安县、资源县连续 2 年进排在后 20 名；凭祥市、灵山县、灌阳县、武鸣县、博白县、环江毛南族自治县、鹿寨县、钟山县、龙州县、富川瑶族自治县、平南县、凌云县、靖西市、兴业县只有 1 年排在后 20 名。总的来说，保持超过 7 年都排在后 20 名的县市有 8 个，分别为乐业县、三江侗族自治县、东兰县、大化瑶族自治县、那坡县、天峨县、龙胜各族自治县、忻城县，说明这些县市规模以上工业企业产值比重多年来发展水平均很低。

排名上升幅度超过 30 名的县市有 12 个，上升超过 20 名的有 5 个县市，说明较多县市的规模以上工业企业产值比重在 8 年间增加幅度比较大。具体来说，都安瑶族自治县的规模以上工业企业产值比重数排名上升最快，从 2010 年的 0.4546，排名第 71 位，增加至 2017 年的 3.5994，排名第 12 位，指标数值增加了 3.1449，排名上升了 59 名。其次是凭祥县，从 2010 年的 0.2324，排名第 74 位，增加至 2017 年的 3.3050，排名第 20 位，指标数值增加了 3.0726，排名上升了 54 名。排名上升幅度排第 3 位的是昭平县，从 2010 年的 0.7106，排名第 65 位，增加至 2017 年的 3.3443，排名第 18 位，指标数值增加了 2.6337，排名上升了 47 名。

排名下降幅度均超过 17 名，其中下降幅度超过 30 名的县市有 11 个，排名下降超过 20 名的有 7 个县市，同时出现了排名下降位数并列的情况，说明有较多县市的规模以上工业企业产值比重在 8 年间减少幅度均比较大。具体来说，天峨县的规模以上工业企业产值比重数排名下降最快，从 2010 年的 3.6303，排名第 1 位，减少至 2017 年 1.1725，排名第 73 位，指标数值减少了 2.4579，排名下降了 72 名。其次是靖西市，从 2010 年的 2.7331，排名第 5 位，减少至 2017 年的 2.4766，排名第 58 位，指标数值减少了 0.2566，排名下降了 53 名。排名下降幅度第 3 的是蒙山县，从 2010 年的 2.2816，排名第 16 位，减少至 2017 年的 2.0732，排名第 67 位，指标数值减少了 0.2083，排名下降了 51 名。

4. 服务业增加值比值

除去个别县市指标数据缺失，不进入排名。表 5-6 给出了 2010—2017 年广西 74 个县市的服务业增加值比重及其排名情况，其中凭祥市、那坡县、凤山县、都安瑶族自治县、东兰县、金秀瑶族自治县、乐业县、合山市、巴马瑶族自治县、马山县、宜州区、宾阳县连续 7 年进入前 20 名；阳朔县、西林县、罗城仫佬族自治县连续 6 年进入前 20 名；东兴市、上林县连续5年进入前20名；南丹县、田林县、隆林各族自治县、钟山县、平南县连续4年进入前20名；环江毛南族自治县、天等县、昭平县连续3年进入前20名；三江侗族自治县连续2年进入前20名；天峨县、平果县、靖西市、德保县、田东县、大新县、大化瑶族自治县、象州县、容县、北流市、博白县、陆川县、宁明县、田阳县、龙州县、扶绥县、武宣县只有1年进入前20名。总的来说，保持超过7年都排在前20名的县市有12个，分别为凭祥市、那坡县、凤山县、都安瑶族自治县、东兰县、金秀瑶族自治县、乐业县、合山市、巴马瑶族自治县、马山县、宜州区、宾阳县，说明这些县市服务业增加值比重多年来都发展良好。

岑溪市、苍梧县、永福县、藤县、上思县连续8年都排在后20名；靖西市、象州县、平果县、武鸣县、田东县、德保县、灌阳县、兴安县、平乐县连续7年排在后20名；天峨县、扶绥县连续6年排在后20名；田阳县、恭城瑶族自治县、龙胜各族自治县连续4年排在后20名；大新县、宁明县、容县、武宣县连续3年排在后20名；柳城县、蒙山县、浦北县、博白县、灵川县、南丹县连续2年进排在后20名；阳朔县、凭祥市、鹿寨县、富川瑶族自治县、那坡县、三江侗族自治县、柳江区、融水苗族自治县、隆安县只有1年排在后20名。总的来说，保持超过7年都排在后20名的县市有14个，分别为岑溪市、苍梧县、永福县、藤县、上思县、靖西市、象州县、平果县、武鸣县、田东县、德保县、灌阳县、兴安县、平乐县，说明这些县市服务业增加值比重多年来发展水平很低。

排名上升幅度不小于30名的有8个县市，上升幅度不小于20名的有7个县市，同时出现了排名上升位数并列的情况，说明有较多县市的服务业增加值比重在8年间增加幅度比较大。具体来说，凭祥县的服务业增加值比重数排名上升最快，从2010年的0.2324，排名第68位，增加至2017年的0.6370，排名第1位，指标数值增加了0.4046，排名上升了67名。其次是那坡县，从2010年的0.2726，排名第59位，增加至2017年的0.4756，排名第8位，指标数值增加了0.2031，排名上升了51名。排名上升幅度排第3位的是三江侗族自治县，从2010年的0.2682，排名第60位，增加至2017年的0.4527，排名第12位，指标数值增加了0.1845，排名上升了48名。

排名下降幅度超过40的有9个县市，排名下降超过20名的有5个县市，同时出现了排名下降位数并列的情况，说明有较多县市的服务业增加值比重在8年间减少幅度比较大。具体来说，靖西市的服务业增加值比重数排名下降最快，从2010年的2.7332，排名第4位，减少至2017年的0.1729，排名第74位，指标数值减少了2.5602，排名下降了70名。其次是平果县，从2010年的2.7717，排名第3位，减少至2017年的0.2079，排名第71位，指标数值减少了2.5639，排名下降了68名。排名下降幅度第3的是德保县，从2010年的2.3578，排名第5位，减少至2017年的0.2181，排名第69位，指标数值减少了2.1397，排名下降了64名。

表 5-6　2010—2017 年广西 74 个县市的服务业增加值比重和排名

地区	2010 年		2011 年		2012 年		2013 年		2014 年		2015 年		2016 年		2017 年	
	比重	排名	比重	排名	比重	排名	比重	排名	比重	排名	比重	排名	比重	排名	比重	排名
武鸣县	0.209841	70	0.176920	69	0.193456	68	0.194965	68	0.223766	64	0.251962	64	0.283704	58	0.310493	53
隆安县	0.278556	55	0.249466	39	0.269192	43	0.267553	41	0.282307	40	0.321266	40	0.329734	41	0.347951	40
马山县	0.365499	42	0.317238	16	0.361691	13	0.379023	9	0.386781	8	0.438101	11	0.446270	10	0.445173	14
上林县	0.341253	43	0.306478	18	0.344286	17	0.354340	14	0.365125	17	0.381587	24	0.398379	22	0.423445	18
宾阳县	0.336536	45	0.322754	15	0.354090	14	0.357311	13	0.368326	16	0.405944	16	0.429569	14	0.457759	11
横县	0.317595	48	0.237953	46	0.259249	46	0.245025	52	0.276758	42	0.302445	47	0.337167	37	0.363847	34
柳江区	0.276760	57	0.248023	41	0.278714	40	0.288680	36	0.306073	30	0.322817	39	0.336590	38	0.355261	38
柳城县	0.250356	66	0.206715	61	0.252807	51	0.248477	51	0.267237	50	0.298625	49	0.322071	42	0.329202	47
鹿寨县	0.253822	62	0.295508	23	0.244165	54	0.255580	47	0.274451	45	0.303709	46	0.310140	49	0.311819	52
融安县	0.301377	49	0.253944	37	0.290192	35	0.316192	26	0.335588	23	0.378241	26	0.381338	27	0.384732	29
融水苗族自治县	0.278415	56	0.232594	48	0.261507	44	0.272092	38	0.288657	38	0.369401	28	0.388491	25	0.389745	26
三江侗族自治县	0.268199	60	0.249202	40	0.280944	38	0.301886	32	0.318040	28	0.392074	21	0.415345	19	0.452722	12
阳朔县	0.453190	38	0.403607	2	0.415071	6	0.180496	70	0.384704	9	0.405636	18	0.424195	16	0.439662	16
灵川县	0.280538	54	0.225308	50	0.258407	47	0.251705	50	0.258896	53	0.281777	56	0.289869	56	0.359938	36
全州县	0.294955	50	0.261204	35	0.296131	34	0.300693	33	0.298465	33	0.308857	43	0.315619	46	0.369906	33
兴安县	0.250990	64	0.190939	66	0.216754	62	0.216470	63	0.241667	57	0.261111	60	0.278250	60	0.363237	35
永福县	0.187977	73	0.151602	73	0.171606	73	0.163440	73	0.158947	74	0.173666	74	0.177281	74	0.177095	73
灌阳县	0.242234	67	0.214633	58	0.235998	57	0.235983	58	0.262791	52	0.247256	65	0.250163	65	0.269228	62
龙胜各族自治县	0.276153	58	0.237287	47	0.278755	39	0.259904	45	0.263181	51	0.272015	57	0.287755	57	0.294347	58
资源县	0.340536	44	0.247980	42	0.289005	36	0.262806	42	0.280272	41	0.290996	52	0.297753	51	0.320884	48
平乐县	0.250712	65	0.213998	59	0.244337	53	0.239372	56	0.245654	55	0.262023	59	0.261719	63	0.293253	59

续表

地区	2010年		2011年		2012年		2013年		2014年		2015年		2016年		2017年	
	比重	排名	比重	排名	比重	排名	比重	排名	比重	排名	比重	排名	比重	排名	比重	排名
荔浦县	0.321055	47	0.275013	30	0.312175	25	0.296351	34	0.292412	37	0.304467	44	0.304276	50	0.335116	43
恭城瑶族自治县	0.253544	63	0.221841	52	0.222948	61	0.243667	53	0.235314	60	0.260340	61	0.310160	48	0.313111	51
苍梧县	0.199256	71	0.157793	71	0.171797	72	0.152133	74	0.184758	71	0.255086	63	0.267832	62	0.265797	63
藤县	0.190778	72	0.155022	72	0.173166	71	0.172962	71	0.175652	72	0.227420	70	0.222891	70	0.220769	68
蒙山县	0.262072	61	0.224533	51	0.255333	48	0.267854	40	0.297159	35	0.365381	31	0.321908	43	0.299463	55
岑溪市	0.172698	74	0.143526	74	0.158968	74	0.163487	72	0.172592	73	0.221154	73	0.214732	71	0.210336	70
合浦县	0.287831	51	0.274694	31	0.307990	28	0.322219	25	0.316816	29	0.347811	35	0.341993	35	0.358566	37
上思县	0.221054	69	0.190981	65	0.208341	66	0.200928	66	0.211495	66	0.262383	58	0.258664	64	0.288086	60
东兴市	0.452885	39	0.356472	9	0.421413	3	0.403606	6	0.398131	7	0.3952	19	0.403766	21	0.386896	28
灵山县	0.284202	53	0.259163	36	0.296792	33	0.305519	30	0.324144	26	0.370364	27	0.340257	36	0.340491	41
浦北县	0.321547	46	0.252746	38	0.282973	37	0.275562	37	0.273406	46	0.285657	53	0.274263	61	0.274470	61
平南县	0.367237	41	0.332467	12	0.364301	11	0.364211	12	0.370219	14	0.39014	22	0.372925	29	0.373908	31
桂平市	0.286832	52	0.244534	44	0.270845	42	0.260304	44	0.268091	49	0.309532	42	0.314493	47	0.316802	50
容县	1.687205	11	0.218402	56	0.245425	52	0.241169	54	0.244554	56	0.292907	51	0.294732	52	0.296269	57
陆川县	1.300840	14	0.273834	32	0.309448	26	0.306575	27	0.299919	32	0.365746	30	0.376387	28	0.399417	24
博白县	1.370706	13	0.217201	57	0.233279	58	0.261751	43	0.276465	43	0.300161	48	0.33115	40	0.370051	32
兴业县	1.093418	23	0.231260	49	0.260296	45	0.258614	46	0.272401	47	0.314114	41	0.316751	44	0.334159	45
北流市	1.380057	12	0.267115	33	0.299295	32	0.294316	35	0.303434	31	0.343727	36	0.363602	31	0.378426	30
田阳县	1.245679	17	0.245990	43	0.275523	41	0.271612	39	0.225931	63	0.227263	71	0.211956	72	0.199800	72
田东县	2.181666	6	0.191170	64	0.213855	64	0.228513	60	0.229918	62	0.230363	69	0.234096	68	0.225456	67
平果县	2.771732	3	0.178565	68	0.191346	69	0.19156	69	0.185588	70	0.236804	67	0.231834	69	0.207858	71

续表

地区	2010年		2011年		2012年		2013年		2014年		2015年		2016年		2017年	
	比重	排名	比重	排名	比重	排名	比重	排名	比重	排名	比重	排名	比重	排名	比重	排名
德保县	2.357793	5	0.198162	62	0.213944	63	0.209096	64	0.203719	67	0.246346	66	0.239720	66	0.218062	69
那坡县	0.272587	59	0.360521	8	0.449615	2	0.423342	2	0.383328	10	0.465514	8	0.463659	9	0.475640	8
凌云县	0.874831	26	0.279581	28	0.307734	29	0.306565	28	0.298201	34	0.333543	37	0.332328	39	0.336423	42
乐业县	0.448494	40	0.346880	10	0.392639	8	0.402683	7	0.403630	6	0.486502	5	0.500297	5	0.494853	7
田林县	0.590484	33	0.306404	19	0.346035	16	0.365452	11	0.351361	20	0.366945	29	0.349305	33	0.334902	44
西林县	0.462522	36	0.363342	7	0.384344	10	0.373653	10	0.369792	15	0.405929	17	0.407327	20	0.401904	23
隆林各族自治县	2.038158	7	0.294610	24	0.315264	23	0.348976	17	0.352606	19	0.378911	25	0.424119	17	0.406710	22
靖西市	2.733123	4	0.171803	70	0.195672	67	0.199361	67	0.187814	69	0.235765	68	0.207005	73	0.172905	74
昭平县	0.710608	31	0.30353	20	0.334443	21	0.343871	19	0.350844	21	0.383245	23	0.389424	23	0.414336	19
钟山县	1.274410	15	0.334318	11	0.343381	19	0.339769	22	0.334617	24	0.392668	20	0.388999	24	0.393550	25
富川瑶族自治县	1.101914	22	0.262358	34	0.253252	50	0.226970	61	0.256398	54	0.284607	54	0.293596	53	0.318884	49
宜州区	0.708804	32	0.323253	14	0.349842	15	0.346917	18	0.360746	18	0.427468	13	0.443286	11	0.447958	13
南丹县	2.812488	2	0.212538	60	0.253680	49	0.239488	55	0.274554	44	0.448627	10	0.421823	18	0.408940	20
天峨县	3.630319	1	0.194974	63	0.208816	65	0.254261	48	0.202112	68	0.259821	62	0.278976	59	0.256725	65
凤山县	0.739976	29	0.328410	13	0.390329	9	0.389428	8	0.444974	2	0.527723	2	0.527689	2	0.541987	3
东兰县	0.489766	35	0.387992	4	0.420838	4	0.419721	4	0.439058	3	0.510078	4	0.519400	4	0.535086	4
罗城仫佬族自治县	0.794250	27	0.289886	25	0.340480	20	0.343497	20	0.372173	12	0.432882	12	0.441754	13	0.458371	10
环江毛南族自治县	0.714733	30	0.276427	29	0.333296	22	0.328131	23	0.333528	25	0.418168	14	0.442020	12	0.433647	17
巴马瑶族自治县	1.191371	20	0.280282	27	0.343853	18	0.351443	15	0.371797	13	0.472600	7	0.474397	7	0.470605	9
都安瑶族自治县	0.454552	37	0.388023	3	0.415757	5	0.420411	3	0.430318	5	0.511333	3	0.526244	3	0.546452	2
大化瑶族自治县	1.805747	9	0.300900	21	0.303411	30	0.339895	21	0.282508	39	0.359839	32	0.382183	26	0.408590	21

续表

地区	2010 年		2011 年		2012 年		2013 年		2014 年		2015 年		2016 年		2017 年	
	比重	排名	比重	排名	比重	排名	比重	排名	比重	排名	比重	排名	比重	排名	比重	排名
忻城县	0.941044	25	0.298854	22	0.302750	31	0.306509	29	0.321820	27	0.357531	34	0.365733	30	0.387227	27
象州县	1.790922	10	0.182227	67	0.183390	70	0.201557	65	0.221329	65	0.226525	72	0.234567	67	0.236775	66
武宣县	1.214415	19	0.244156	45	0.242910	55	0.252134	49	0.270264	48	0.282038	55	0.292870	54	0.297759	56
金秀瑶族自治县	0.524898	34	0.375043	5	0.398820	7	0.409881	5	0.431465	4	0.481871	6	0.488408	6	0.517208	5
合山市	0.952773	24	0.373356	6	0.362851	12	0.350403	16	0.375564	11	0.451023	9	0.473610	8	0.512183	6
扶绥县	1.233230	18	0.218471	55	0.242242	56	0.239325	57	0.239642	58	0.296860	50	0.292042	55	0.265230	64
宁明县	1.254602	16	0.220612	54	0.229263	59	0.230483	59	0.232332	61	0.303917	45	0.316457	45	0.300039	54
龙州县	0.772024	28	0.309612	17	0.308304	27	0.304457	31	0.296803	36	0.359319	33	0.358445	32	0.349603	39
大新县	1.824404	8	0.220934	53	0.223220	60	0.220428	62	0.237908	59	0.331631	38	0.342376	34	0.329791	46
天等县	1.163979	21	0.285137	26	0.314890	24	0.322600	24	0.335760	22	0.413494	15	0.424337	15	0.442932	15
凭祥市	0.232359	68	0.560076	1	0.563142	1	0.554822	1	0.549675	1	0.623939	1	0.632334	1	0.636952	1

三、城区排名

（一）各城区产业技术状况综合评价

表5-7给出了2014—2017年广西36个城区的综合得分和排名情况，其中连续4年进入前10名的城区有象山区；连续3年进入前10名的城区有青秀区、叠彩区、七星区、雁山区、海城区、港口区、港北区、金城江区；连续2年进入前10名的城区有兴宁区、西乡塘区；只有1年进入前10名的城区有邕宁区、柳北区、临桂区、万秀区、右江区、八步区、兴宾区、江州区。

表5-7　2014—2017年广西36个城区的综合评价值和排名

地区	2014年		2015年		2016年		2017年	
	评价值	排名	评价值	排名	评价值	排名	评价值	排名
兴宁区	0.1084	22	0.1535	10	0.1558	13	0.1862	3
青秀区	0.1566	6	0.1561	9	0.1580	12	0.1818	7
江南区	0.0895	30	0.0911	31	0.0881	32	0.0994	36
西乡塘区	0.1501	7	0.1474	11	0.5077	1	0.1448	17
良庆区	0.0867	31	0.0915	30	0.0951	31	0.1148	31
邕宁区	0.1093	20	0.1189	23	0.2542	8	0.1317	22
城中区	0.1034	24	0.1142	24	0.1221	22	0.1600	12
鱼峰区	0.1176	17	0.0902	32	0.0966	30	0.1356	20
柳南区	0.0764	32	0.0823	34	0.0826	34	0.1064	35
柳北区	0.1934	3	0.1339	14	0.1375	17	0.1522	13
叠彩区	0.1473	8	0.1579	8	0.1771	11	0.1770	8
象山区	0.2059	2	0.2089	2	0.2138	9	0.1842	4
七星区	0.1569	5	0.1770	5	0.1209	23	0.1709	9
雁山区	0.1632	4	0.1771	4	0.1235	20	0.1823	6
临桂区	0.0948	28	0.1018	26	0.2755	6	0.1207	28
万秀区	0.1085	21	0.1091	25	0.1143	27	0.1692	10
长洲区	0.0934	29	0.0921	29	0.0978	28	0.1265	25
龙圩区	0.0635	35	0.0930	28	0.0875	33	0.1076	33
海城区	0.4658	1	0.4719	1	0.1524	14	0.3304	1
银海区	0.1246	13	0.1259	18	0.1143	26	0.1494	15
铁山港区	0.0687	34	0.0737	35	0.0705	36	0.1166	30
港口区	0.0958	27	0.1760	6	0.1849	10	0.1840	5
防城区	0.1000	25	0.1285	16	0.1228	21	0.1276	24

续表

地区	2014 年		2015 年		2016 年		2017 年	
	评价值	排名	评价值	排名	评价值	排名	评价值	排名
钦南区	0.1239	14	0.1282	17	0.1435	15	0.1439	18
钦北区	0.1169	18	0.1345	13	0.1322	18	0.1317	21
港北区	0.1365	10	0.1859	3	0.1409	16	0.1881	2
港南区	0.1189	15	0.1217	21	0.1155	25	0.1513	14
覃塘区	0.0964	26	0.0973	27	0.1286	19	0.1263	26
玉州区	0.1249	12	0.1205	22	0.1206	24	0.1488	16
福绵区	0.0754	33	0.0876	33	0.0802	35	0.1068	34
右江区	0.1036	23	0.1307	15	0.2748	7	0.1193	29
八步区	0.1328	11	0.1455	12	0.3040	5	0.1356	19
平桂区	0.0375	36	0.0375	36	0.0969	29	0.1105	32
金城江区	0.1438	9	0.1581	7	0.4648	2	0.1645	11
兴宾区	0.1186	16	0.1256	19	0.3050	4	0.1301	23
江州区	0.1160	19	0.1248	20	0.3167	3	0.1212	27

2014—2017 年广西 36 个城区产业状况综合评价排名中，连续 4 年排名在后 10 名的城区有江南区、良庆区、柳南区、龙圩区、铁山港区、福绵区、平桂区；连续 3 年排名在后 10 名的城区有长洲区；连续 2 年排名在后 10 名的城区有鱼峰区、临桂区。

2014—2017 年广西 36 个城区产业状况综合评价排名中，上升幅度 20 名及以上的有港口区；上升幅度 10 ～ 19 名的有兴宁区、城中区、万秀区；排名有上升不到 10 名的城区有港北区、长洲区、铁山港区、平桂区、龙圩区、防城区、港南区。上升幅度最大的城区是港口区，从 2014 年的第 27 名，上升到 2017 年的第 5 名，上升 22 位；上升幅度排第 2 位的城区是兴宁区，从 2014 年的第 22 名，上升到 2017 年的第 3 名，上升 19 位；上升幅度排第 3 位的城区是城中区，从 2014 年的第 24 名，上升到 2017 年的第 12 名，上升 12 名。

2014—2017 年广西 36 个城区产业状况综合评价排名中，下降幅度 10 名及以上的有西乡塘区、柳北区；排名有下降少于 10 名的城区有八步区、江州区、兴宾区、江南区、右江区、七星区、钦南区、玉州区、鱼峰区、柳南区、钦北区、邕宁区、象山区、雁山区、银海区、金城江区、青秀区、福绵区。其中下降幅度最大的是西乡塘区和柳北区，西乡塘区从 2014 年的第 7 名，下降到 2017 年的第 17 名，下降 10 名，柳北区从 2014 年的第 3 名，下降到 2017 年的第 13 名，下降 10 名；其次为八步区、江州区，八步区从 2014 年的第 11 名，下降到 2017 年的第 19 名，下降 8 名，江州区从 2014 年的第 19 名，下降到 2017 年的第 27 名，下降 8 名。

（二）产业技术状况指标评价

1. 农业机械化程度

除去个别城区指标数据缺失，不进入排名。表 5-8 给出了 2014—2017 年广西 36 个城区的农业机械化程度及其排名情况。可以看出，象山区连续 4 年进入前 10 名；港口区、西乡塘区、雁山区、金城江区、七星区连续 3 年进入前 10 名；江州区、八步区、港北区、柳北区、右江区连续 2 年进入前 10 名；海城区、万秀区、兴宁区、铁山港区、临桂区、兴宾区、邕宁区、银海区、钦北区、防城区、鱼峰区只有 1 年进入前 10 名。总的来说，保持超过 3 年都排在前 10 名的城区有 6 个，分别是象山区、港口区、西乡塘区、雁山区、金城江区、七星区，说明这些城区农业机械化程度多年来都保持在较高水平。

表 5-8　2014—2017 年广西 36 个城区的农业机械化程度和排名

地区	2014 年		2015 年		2016 年		2017 年	
	评价值	排名	评价值	排名	评价值	排名	评价值	排名
兴宁区	0.893195	4	—	—	—	—	0.724095	16
青秀区	—	—	—	—	—	—	0.478579	25
江南区	—	—	—	—	—	—	0.260779	36
西乡塘区	0.843126	5	0.933056	6	8.988110	1	0.923099	12
良庆区	—	—	—	—	—	—	0.488705	23
邕宁区	0.307290	15	0.322848	17	3.170864	8	0.317278	35
城中区	—	—	—	—	—	—	0.77821	14
鱼峰区	—	—	—	—	—	—	0.985604	10
柳南区	—	—	—	—	—	—	0.551993	20
柳北区	0.737251	7	0.717496	8	0.715051	12	0.732628	15
叠彩区	—	—	—	—	0.387370	16	0.337695	34
象山区	1.748171	1	1.751825	2	1.770593	10	1.092177	7
七星区	1.067008	3	1.394354	3	—	—	1.045812	9
雁山区	1.199751	2	1.218008	4	—	—	1.179581	5
临桂区	0.388774	12	0.419408	14	4.416012	5	0.441200	28
万秀区	—	—	—	—	—	—	1.276976	3
长洲区	—	—	—	—	—	—	0.494658	22
龙圩区	—	—	—	—	—	—	0.578591	19
海城区	—	—	—	—	—	—	4.221453	1
银海区	—	—	—	—	—	—	1.054422	8
铁山港区	—	—	—	—	—	—	1.196410	4

续表

地区	2014 年		2015 年		2016 年		2017 年	
	评价值	排名	评价值	排名	评价值	排名	评价值	排名
港口区	—	—	1.834684	1	1.901914	9	1.809018	2
防城区	—	—	0.567051	9	0.462359	14	0.462742	26
钦南区	—	—	0.038128	18	0.387468	15	0.398093	31
钦北区	0.441401	9	0.458280	13	0.472609	13	0.394553	32
港北区	—	—	1.015329	5	—	—	1.092546	6
港南区	0.377513	13	0.380263	16	—	—	0.956096	11
覃塘区	—	—	—	—	0.721463	11	0.675757	18
玉州区	—	—	—	—	—	—	0.695327	17
福绵区	—	—	—	—	—	—	0.53808	21
右江区	0.413872	11	0.549831	10	3.721469	7	0.376974	33
八步区	0.504931	8	0.528985	11	4.451121	4	0.446908	27
平桂区	—	—	—	—	—	—	0.410783	30
金城江区	0.819087	6	0.847076	7	7.689773	2	0.798731	13
兴宾区	0.335654	14	0.413349	15	4.389531	6	0.431561	29
江州区	0.430603	10	0.464699	12	4.844179	3	0.479047	24

江南区、邕宁区、叠彩区、临桂区、钦南区、钦北区、右江区、八步区、平桂区、兴宾区等有 1 年排在后 10 名，说明这些城区农业机械化程度水平较低。

排名上升的城区有 1 个，排名下降的城区有 14 个，同时出现了排名变动位数并列的情况，说明大部分城区的农业机械化程度在 4 年间排名变动幅度比较大，少部分城区的农业机械化程度在 4 年间排名不发生变动。具体来说，港南区的农业机械化程度排名上升最快，从 2014 年的第 13 名，上升至 2017 年的第 11 名，指标数值增加了 0.5786，排名上升了 2 位。钦北区的农业机械化程度排名下降最快，从 2014 年的排名第 9，下降至 2017 年的排名第 32，排名下降了 23 位，指标数值变动了 0.046848。其次是右江区，从 2014 年的排名第 11，下降至 2017 年的排名第 33，排名下降了 22 位，指标数值减少了 0.036898。排名下降幅度排第 3 位的是邕宁区，从 2014 年的排名第 15，下降至 2017 年的排名第 35，指标数值变动了 0.009988，排名下降了 20 位。

2. 农村专业技术人员单位农业 GDP

除去个别城区指标数据缺失，不进入排名。表 5-9 给出了 2014—2017 年广西 36 个城区的农村专业技术人员单位农业 GDP 及其排名情况，其中兴宁区、海城区、银海区、钦北区、七星区连续4年进入前10名；西乡塘区、叠彩区连续3年进入前10名；邕宁区、防城区、万秀区连续2年进入前10名；港南区、临桂区、覃塘区、福绵区、港口区、青秀区、八步区只有1年进入前10名。总的来说，保持超过3年都排在前10的城区有7个，分别是兴宁区、海城区、银海区、钦北区、七星区、西乡塘区、叠彩区，说明这些城区农村专业技术人员单位农业GDP多年来都保持较高水平。

表5-9　2014—2017年广西36个城区的农村专业技术人员单位农业GDP和排名

地区	2014年		2015年		2016年		2017年	
	农业GDP（万元）	排名	农业GDP（万元）	排名	农业GDP（万元）	排名	农业GDP（万元）	排名
兴宁区	2881.7350	1	3262.9700	10	4127.8850	7	3328.5760	10
青秀区	3640.5652	8	—	—	—	—	—	—
江南区	1870.1490	22	1342.0900	26	2081.4890	21	2144.2290	19
西乡塘区	7470.8000	4	4104.4490	7	4366.5000	6	3021.5300	13
良庆区	2345.2000	19	2212.7630	19	2223.3800	17	2478.4190	17
邕宁区	788.0444	30	813.2885	29	3527.2600	9	3895.0140	6
城中区	1997.4000	21	1997.4000	20	2083.0000	20	2113.8000	21
鱼峰区	—	—	—	—	—	—	—	—
柳南区	1680.0000	25	1688.3130	21	1687.5290	22	1457.6110	26
柳北区	2266.6670	20	2373.5560	16	2303.2140	16	2118.4220	20
叠彩区	2550.0000	18	3374.7500	9	3702.2500	8	3604.0000	8
象山区	1866.6670	23	1630.1430	22	1605.0000	24	1509.5000	23
七星区	4050.0000	7	4204.7500	6	4475.5000	5	3965.0000	5
雁山区	1228.1250	27	1577.5310	23	1660.3130	23	1514.8290	22
临桂区	1828.8680	24	4270.1780	4	1504.7620	26	1508.9410	24
万秀区	3018.1820	12	3235.3640	11	3486.9090	10	3555.8180	9
长洲区	1027.5000	29	1039.6750	28	1161.3000	28	1123.5950	27
龙圩区	—	—	—	—	—	—	—	—
海城区	220500.0000	2	220149.0000	1	26540.3300	1	21929.4200	1
银海区	20766.6700	3	22473.3300	2	14870.1200	2	8156.4400	2
铁山港区	—	—	—	—	—	—	—	—
港口区	3102.3810	11	3161.2670	12	3357.2550	11	3760.8300	7
防城区	3594.2210	9	3874.2290	8	2180.8370	19	2974.3240	14

续表

地区	2014 年		2015 年		2016 年		2017 年	
	农业GDP(万元)	排名	农业GDP(万元)	排名	农业GDP(万元)	排名	农业GDP(万元)	排名
钦南区	4949.8050	6	2215.0410	18	2340.7890	15	3172.6710	12
钦北区	6781.1250	5	6421.1000	3	6472.2240	4	8037.9690	3
港北区	2708.4700	16	2849.1910	14	3175.0150	12	2916.1780	15
港南区	1232.6190	26	1314.6710	27	7361.0670	3	3243.6140	11
覃塘区	2618.2770	17	2257.5340	17	2694.3260	14	4063.2000	4
玉州区	1187.9770	28	1520.7940	24	1566.2680	25	—	34
福绵区	2895.4320	14	4221.8110	5	—	—	—	—
右江区	2806.8590	15	2995.0240	13	2780.7000	13	2633.9010	16
八步区	3158.7820	10	1351.5240	25	1431.2760	27	1484.1320	25
平桂区	—	—	—	—	—	—	—	—
金城江区	664.1497	31	696.3892	30	766.2695	29	807.3174	28
兴宾区	487.1150	32	501.0659	31	536.8581	30	554.4396	29
江州区	2963.3210	13	2825.4300	15	2203.6920	18	2284.9600	18

兴宾区、金城江区、长洲区连续 4 年排在后 10 位；邕宁区、玉州区连续 2 年进排在后 10 位；雁山区、港南区、八步区有 1 年排在后 10。保持超过 3 年都排在后 10 位的城区有 3 个，分别是兴宾区、金城江区、长洲区，说明这些城区农村专业技术人员单位农业 GDP 水平较低。

数据完整的 29 个城区中排名上升的城区有 17 个，排名不变的城区有 4 个，排名下降的城区有 8 个，同时出现了排名变动位数并列的情况，说明大部分城区的农村专业技术人员单位农业 GDP 在 4 年间排名变动幅度比较大，少部分城区的农村专业技术人员单位农业 GDP 在 4 年间排名不发生变动。具体来说，邕宁区的农村专业技术人员单位农业 GDP 排名上升最快，从 2014 年的第 30 位，上升至 2017 年的第 6 位，指标数值增加了 3106.9696，排名上升了 24 位。排名上升幅度排第 2 位的是港南区，从 2014 年的第 26 位，上升至 2017 年的第 11 位，指标数值增加了 2010.995，排名上升了 15 位。排名上升幅度排第 3 位的是覃塘区，从 2014 年的第 17 位，上升至 2017 年的第 4 位，指标数值增加了 1444.923，排名上升了 13 位。此外八步区的农村专业技术人员单位农业 GDP 排名下降最快，从 2014 年的第 10 位，下降至 2017 年的第 25 位，排名下降了 15 位，指标数值变动了 1674.65。其次是兴宁区和西乡塘区，排名均下降了 9 位。其中，兴宁区从 2014 年的第 1 位，下降至 2017 年的第 10 位，指标数值变动了 446.841；西乡塘区从 2014 年的第

4 位，下降至 2017 年的第 13 位，指标数值减少了 4449.27。排名下降幅度排第 3 位的是钦南区，从 2014 年的第 6 位，下降至 2017 年的第 12 位，排名下降了 6 位，指标数值变动了 1777.134。

3. 规模以上工业企业产值比重

除去个别城区指标数据缺失，不进入排名。表 5-10 给出了 2014—2017 年广西 36 个城区的规模以上工业企业产值比重及其排名情况。可以看出，钦南区、港北区、海城区连续 4 年进入前 10 名；港口区、叠彩区、铁山港区、兴宾区、港南区、邕宁区连续 3 年进入前 10 名；柳北区、八步区、鱼峰区连续 2 年进入前 10 名；雁山区、临桂区、钦北区、防城区只有 1 年进入前 10 名。总的来说，保持超过 3 年都排在前 10 名的城区有 9 个，分别是钦南区、港北区、海城区、港口区、叠彩区、铁山港区、兴宾区、港南区和邕宁区，说明这些城区规模以上工业企业产值比重多年来都保持在较高水平。

表 5-10　2014—2017 年广西 36 个城区的规模以上工业企业产值比重和排名

地区	2014 年		2015 年		2016 年		2017 年	
	比重	排名	比重	排名	比重	排名	比重	排名
兴宁区	2.821412	21	2.965104	22	2.870294	25	2.907799	22
青秀区	0.562547	33	3.222065	19	3.371659	19	3.825258	13
江南区	3.173433	19	3.227288	18	3.377567	17	3.424534	16
西乡塘区	2.748607	24	2.656404	27	2.597508	27	2.224048	31
良庆区	3.224408	18	3.478121	15	3.374742	18	3.145974	20
邕宁区	2.780528	23	3.708272	10	4.221963	8	4.051928	9
城中区	1.333538	29	1.438431	32	1.382301	33	1.438623	32
鱼峰区	7.900646	2	3.290979	17	4.207373	9	2.677165	27
柳南区	1.530805	28	1.489463	31	1.443688	32	1.281741	34
柳北区	17.84081	1	2.42741	28	2.485744	28	4.650262	6
叠彩区	3.810513	11	4.65983	5	4.760192	4	4.956507	5
象山区	2.72087	27	2.895741	26	3.108408	24	2.850542	23
七星区	3.26661	17	3.600791	12	3.947153	11	3.750767	14
雁山区	4.066914	6	3.637091	11	3.462454	16	3.330231	18
临桂区	3.042132	20	3.151132	21	3.21244	22	4.380222	7
万秀区	0.236859	34	2.177145	30	2.434988	29	2.440965	29
长洲区	3.740287	12	3.515937	14	3.879323	13	3.940009	12
龙圩区	0.654376	32	1.191703	33	0.978164	35	0.814131	35

续表

地区	2014年		2015年		2016年		2017年	
	比重	排名	比重	排名	比重	排名	比重	排名
海城区	3.912720	10	4.9097600	4	5.250957	3	5.004278	4
银海区	0.828872	30	0.841750	35	0.698100	36	0.266402	36
铁山港区	3.974165	9	4.621273	6	4.222033	7	3.358841	17
港口区	4.016830	8	3.578618	13	4.670435	5	5.117428	3
防城区	3.441403	16	3.420180	16	3.683513	14	4.023577	10
钦南区	4.668941	5	5.932553	2	5.673789	1	5.153511	2
钦北区	3.688700	13	3.746719	9	3.573103	15	3.543832	15
港北区	5.469268	3	5.365622	3	5.358957	2	5.230865	1
港南区	4.054886	7	3.875932	8	4.048060	10	4.022269	11
覃塘区	2.814756	22	3.187330	20	3.166472	23	3.075053	21
玉州区	3.617471	15	2.282655	29	2.183592	31	2.270442	30
福绵区	0.764391	31	1.167439	34	1.157392	34	1.355856	33
右江区	0.106606	35	2.963260	23	3.246759	20	2.667492	28
八步区	5.130013	4	6.220683	1	3.236332	21	2.805576	24
平桂区	—	36	—	36	3.923783	12	3.259967	19
金城江区	2.728164	25	2.923846	24	2.317234	30	2.701014	26
兴宾区	3.664307	14	4.081840	7	4.265484	6	4.243423	8
江州区	2.724505	26	2.903949	25	2.819180	26	2.752034	25

城中区、柳南区、万秀区、银海区、龙圩区连续 4 年排名在后 10 位；西乡塘区、玉州区连续 3 年排名在后 10 位；右江区、柳北区、象山区、平桂区、江州区连续 2 年排在后 10 位；青秀区、鱼峰区只有 1 年排在后 10 位。总的来说，保持超过 3 年都排名在后 10 位的城区有 7 个，分别是城中区、柳南区、万秀区、银海区、龙圩区、西乡塘区、玉州区，说明这些城区多年来规模以上工业企业产值比重水平较低。

数据完整的 35 个城区中排名上升的城区有 17 个，排名不变的城区有 1 个，排名下降的城区有 17 个，同时出现了排名变动位数并列的情况，说明大部分城区的规模以上工业企业产值比重在 4 年间排名变动幅度比较大，少部分城区的规模以上工业企业产值比重在 4 年间排名不发生变动。具体来说，青秀区的规模以上工业企业产值比重排名上升最快，从 2014 年的第 33 位，上升至 2017 年的第 13 位，指标数值增加了 3.262711，排名上升了 20 位。排名上升幅度排第 2 位的是邕宁区，从 2014 年的排名第 23 位，上升至 2017 年的排名第 9 位，指标数值增加了 1.2714，排名上升了 14 位。排名上升幅度排第 3 位的是临桂区，从 2014 年的排名第 20 位，上升至 2017 年的排名第 7 位，指标数值增加了 1.33809，排名上升了 13 位。此外，鱼峰区的规模以上工业企业产值比重排名下降最快，从 2014 年的排名第 2 位，下降至 2017 年的排名第 27 位，排名下降了 25 位，指标数值减少了 5.223481。其次是八步区，从 2014 年的排名第 4 位，下降至 2017 年的排名第 24 位，排名下降了 20 位，指标数值减少了 2.324437。排名下降幅度排第 3 位的是玉州区，从 2014 年的第 15 位，下降至 2017 年的第 30 位，排名下降了 15 位，指标数值减少了 1.347029。

4. 服务业增加值比重

除去个别城区指标数据缺失，不进入排名。表 5-11 给出了 2014—2017 年广西 36 个城区的服务业增加值比重及其排名情况，可以看出，青秀区、叠彩区、象山区、玉州区、港北区、城中区、金城江区、雁山区连续 4 年进入前 10 名；兴宁区连续 3 年进入前 10 名；钦南区、万秀区连续 2 年进入前 10 名；八步区只有 1 年进入前 10 名。总的来说，保持超过 3 年都排在前 10 名的城区有 9 个，分别是青秀区、叠彩区、象山区、玉州区、港北区、城中区、金城江区、雁山区、兴宁区，说明这些城区服务业增加值比重情况多年来都保持在较高水平。

表 5-11　2014—2017 年广西 36 个城区的服务业增加值比重和排名

地区	2014 年		2015 年		2016 年		2017 年	
	比重	排名	比重	排名	比重	排名	比重	排名
兴宁区	0.105472	34	0.797082	2	0.808034	2	0.803705	2
青秀区	0.916279	1	0.853061	1	0.862631	1	0.865795	1
江南区	0.276625	26	0.294497	30	0.253184	34	0.248863	35
西乡塘区	0.409384	12	0.404127	18	0.431784	14	0.418813	17
良庆区	0.244407	29	0.276086	33	0.310042	30	0.299616	32
邕宁区	0.358719	16	0.394302	21	0.411857	18	0.445792	15
城中区	0.465323	7	0.550903	8	0.617865	5	0.643219	5
鱼峰区	0.310183	23	0.302889	28	0.318449	29	0.342702	26
柳南区	0.237528	31	0.28791	31	0.292417	32	0.29645	33
柳北区	0.260775	27	0.405076	17	0.43387	13	0.463788	14
叠彩区	0.720499	2	0.762713	3	0.771245	3	0.781794	3
象山区	0.618286	3	0.637983	4	0.663658	4	0.679235	4
七星区	0.409555	11	0.440438	12	0.469364	12	0.514993	11
雁山区	0.419181	10	0.540488	9	0.549904	9	0.611106	7
临桂区	0.183242	33	0.192223	34	0.199422	35	0.328581	28
万秀区	0.539018	6	0.461405	11	0.489905	10	0.475569	13

续表

地区	2014 年		2015 年		2016 年		2017 年	
	比重	排名	比重	排名	比重	排名	比重	排名
长洲区	0.296601	24	0.294908	29	0.325795	27	0.380581	22
龙圩区	0.189241	32	0.412154	14	0.375608	23	0.336604	27
海城区	0.365873	15	0.367998	24	0.374699	24	0.372592	24
银海区	0.404123	13	0.391449	22	0.404980	19	0.418202	18
铁山港区	0.096644	35	0.111756	35	0.101613	36	0.079065	36
港口区	0.276806	25	0.285124	32	0.286898	33	0.289481	34
防城区	0.329043	22	0.353920	25	0.357656	25	0.372332	25
钦南区	0.458183	9	0.465422	10	0.473137	11	0.482307	12
钦北区	0.253091	28	0.395013	20	0.377567	22	0.381729	21
港北区	0.561112	5	0.600126	5	0.595567	7	0.594118	8
港南区	0.353833	18	0.382264	23	0.380752	21	0.383859	20
覃塘区	0.338307	21	0.335480	26	0.324259	28	0.307076	31
玉州区	0.561376	4	0.574920	6	0.579364	8	0.576022	9
福绵区	0.24372	30	0.310403	27	0.307151	31	0.322270	29
右江区	0.353912	17	0.409172	15	0.429942	15	0.395201	19
八步区	0.352327	19	0.429211	13	0.423548	17	0.515240	10
平桂区	—	36	—	36	0.332730	26	0.321356	30
金城江区	0.460456	8	0.560991	7	0.614051	6	0.639377	6
兴宾区	0.393276	14	0.405710	16	0.424417	16	0.429132	16
江州区	0.341069	20	0.396287	19	0.390906	20	0.374761	23

铁山港区、临桂区、江南区、良庆区、柳南区、福绵区连续 4 年排在后 10 名；港口区、覃塘区连续 3 年排在后 10 名；龙圩区、长洲区连续 2 年排在后 10 名；兴宁区、钦北区只有 1 年排在后 10 名。总的来说，保持超过 3 年都排在后 10 名的城区有 8 个，分别是铁山港区、临桂区、江南区、良庆区、柳南区、福绵区、港口区、覃塘区，说明这些城区多年来服务业增加值比重情况水平较低。

排名上升的城区有 12 个，排名不变的城区有 2 个，排名下降的城区有 21 个，同时出现了排名变动位数并列的情况，说明大部分城区的服务业增加值比重情况在 4 年间排名变动幅度比较大，少部分城区的服务业增加值比重情况在 4 年间排名不发生变动。具体来说，兴宁区的服务业增加值比重情况排名上升最快，从 2014 年的第 34 位，上升至 2017 年的第 2 位，指标数值增加了 0.698233，排名上升了 32 位。排名上升幅排第 2 位的是柳北区，从2014年的第27位，上升至2017年的第14位，指标数值增加了0.203013，排名上升了13位。排名上升幅排第3位的是八步区，从2014年的第19位，上升至2017年的第10位，指标数值增加了0.162913，排名上升了9位。此外，覃塘区的服务业增加值比重情况排名下降最快，从2014年的第21位，下降至2017年的第31位，排名下降了10位，指标数值减少了0.031231。其次是江南区、港口区和海城区，排名均下降了9位。其中，江南区从2014年的第26位，下降至2017年的第35位，指标数值减少了0.027762；港口区从2014年的第25位，下降至2017年的第34位，指标数值减少了0.012675；海城区从2014年的第15位，下降至2017年的第24位，指标数值减少了0.006719。

第二节　广西县市经济高质量发展结构偏离—份额分析

一、县市 GDP 增长的偏离—份额结果

1. 总体排名

从表5-12中可以看出，2010—2017年广西74个县市GDP的增量 G_{ij} 合计为49283700万元，均值为6660000万元，其中高于GDP的增量 G_{ij} 均值的有武鸣县、桂平市、灵山县等30个县市，低于GDP的增量 G_{ij} 均值的有灵川县、东兴市、象州县等44个县市。区域增长分量 N_{ij} 合计为36390000万元，均值为491700万元，有武鸣县、桂平市、北流市等29个县市高于均值，这说明这29个县市经济的增长高于县市整体平均水平，其中武鸣县、桂平市、北流市、岑溪市、博白县、合浦县、横县等7个县市的GDP区域增长较好，区域增长分量超过了1000000万元。2010—2017年，广西74个县市中有35个县市的 $r_{ij}-R_j$ 大于0，说明同期有35个县市的增长率高于广西全区县市平均水平。

表5-12　2010—2017年广西74个县市GDP偏离－份额分析　（单位：万元）

名称	G_{ij}	N_{ij}	P_{ij}	D_{ij}	r_{ij}	$r_{ij}-R_j$
武鸣县	2045425.57	1162577.96	411923.98	470923.62	1.3760	0.3168
隆安县	342072.48	304824.44	108005.23	−70757.18	0.8776	−0.1815
马山县	238271.18	245220.35	86886.34	−93835.50	0.7599	−0.2993
上林县	248991.48	249088.99	88257.07	−88354.59	0.7818	−0.2774
宾阳县	1054969.52	882916.14	312834.36	−140780.98	0.9345	−0.1247
横县	1696926.96	1054936.53	373784.53	268205.89	1.2580	0.1988

续表

名称	G_{ij}	N_{ij}	P_{ij}	D_{ij}	r_{ij}	$r_{ij}-R_j$
柳江区	1295733.07	957776.56	339358.86	−1402.35	1.0580	−0.0011
柳城县	705190.28	514919.40	182445.96	7824.92	1.0711	0.0119
鹿寨县	548299.22	842069.10	298361.46	−592131.34	0.5092	−0.5499
融安县	365622.88	295829.59	104818.18	−35024.89	0.9666	−0.0926
融水苗族自治县	567340.41	327213.46	115938.09	124188.87	1.3560	0.2968
三江侗族自治县	232897.43	223188.59	79080.06	−69371.21	0.8161	−0.2431
阳朔县	721058.40	438967.47	155534.71	126556.22	1.2846	0.2255
灵川县	596574.05	568980.63	201600.90	−174007.49	0.8200	−0.2392
全州县	713511.01	779469.62	276181.25	−342139.86	0.7159	−0.3433
兴安县	546716.26	639709.67	226661.58	−319655.00	0.6684	−0.3908
永福县	713074.87	483870.95	171444.89	57759.02	1.1525	0.0934
灌阳县	377577.72	313789.07	111181.57	−47392.92	0.9410	−0.1181
龙胜各族自治县	349312.71	247871.91	87825.84	13614.96	1.1021	0.0430
资源县	356002.77	191751.65	67941.34	96309.78	1.4520	0.3928
平乐县	533449.42	480149.45	170126.29	−116826.31	0.8689	−0.1903
荔浦县	927099.80	580513.16	205687.10	140899.55	1.2490	0.1898
恭城瑶族自治县	340464.99	374225.30	132595.30	−166355.62	0.7115	−0.3477
苍梧县	−570080.88	770754.21	273093.21	−1613928.30	−0.5784	−1.6376
藤县	1522880.45	925427.70	327897.03	269555.71	1.2870	0.2278
蒙山县	501428.37	300935.31	106627.23	93865.83	1.3031	0.2439
岑溪市	1682987.63	1128193.63	399740.95	155053.05	1.1666	0.1075
合浦县	1095787.83	1087456.47	385306.98	−376975.62	0.7881	−0.2711
上思县	385355.62	331148.64	117332.41	−63125.43	0.9101	−0.1491
东兴市	587895.25	353300.15	125181.12	109413.98	1.3014	0.2422
灵山县	1711496.57	889862.40	315295.56	506338.60	1.5042	0.4450
浦北县	1409971.18	641543.67	227311.40	541116.10	1.7188	0.6596
平南县	1412103.77	992931.42	351814.91	67357.44	1.1122	0.0531
桂平市	1952380.14	1268437.87	449432.21	234510.06	1.2038	0.1446
容县	1297107.01	675571.47	239368.11	382167.44	1.5016	0.4424
陆川县	1338365.26	902704.15	319845.64	115815.47	1.1595	0.1003
博白县	1131812.74	1104811.35	391456.15	−364454.76	0.8012	−0.2580
兴业县	868312.76	594327.59	210581.83	63403.34	1.1426	0.0834

续表

名称	G_{ij}	N_{ij}	P_{ij}	D_{ij}	r_{ij}	$r_{ij}-R_j$
北流市	1707150.67	1199147.26	424881.20	83122.21	1.1134	0.0542
田阳县	1238861.72	400093.10	141760.77	697007.85	2.4216	1.3624
田东县	810426.38	617602.16	218828.46	−26004.24	1.0262	−0.0329
平果县	1188610.70	642948.64	227809.21	317852.85	1.4458	0.3866
德保县	561053.50	340872.94	120777.91	99402.66	1.2872	0.2281
靖西县	1438123.89	560505.51	198598.01	679020.37	2.0066	0.9474
那坡县	155338.72	88025.58	31189.17	36123.97	1.3801	0.3209
凌云县	189582.10	119817.81	42453.78	27310.51	1.2374	0.1783
乐业县	129217.66	95865.83	33967.13	−615.30	1.0541	−0.0050
田林县	335702.89	179517.70	63606.61	92578.57	1.4625	0.4033
西林县	127787.09	97890.26	34684.42	−4787.59	1.0209	−0.0382
隆林各族自治县	118218.65	330008.37	116928.39	−328718.11	0.2802	−0.7790
昭平县	297733.50	299824.68	106233.72	−108324.90	0.7766	−0.2826
钟山县	444236.66	426091.35	150972.45	−132827.14	0.8154	−0.2438
富川瑶族自治县	375668.53	255939.84	90684.46	29044.22	1.1479	0.0887
南丹县	469584.70	505252.75	179020.88	−214688.92	0.7269	−0.3323
天峨县	265733.07	328192.87	116285.12	−178744.93	0.6332	−0.4259
凤山县	85663.20	111801.56	39613.47	−65751.82	0.5992	−0.4599
东兰县	123734.83	125350.35	44414.07	−46029.59	0.7720	−0.2872
罗城仫佬族自治县	154276.20	242688.00	85989.08	−174400.88	0.4972	−0.5620
环江毛南族自治县	213442.15	236093.67	83652.58	−106304.10	0.7070	−0.3521
巴马瑶族自治县	184573.61	191605.53	67889.56	−74921.48	0.7534	−0.3058
都安瑶族自治县	215309.79	212771.20	75388.97	−72850.39	0.7914	−0.2678
大化瑶族自治县	232330.32	258448.09	91573.18	−117690.95	0.7030	−0.3561
宜州区	499797.86	602504.79	213479.17	−316186.10	0.6487	−0.4104
忻城县	259273.66	296918.40	105203.97	−142848.71	0.6829	−0.3763
象州县	576721.20	444641.51	157545.14	−25465.45	1.0144	−0.0448
武宣县	679705.39	400751.08	141993.90	136960.41	1.3264	0.2673
金秀瑶族自治县	146148.03	137759.22	48810.77	−40421.97	0.8297	−0.2295
合山市	104100.77	176763.36	62630.70	−135293.29	0.4606	−0.5986
扶绥县	1030534.74	630645.94	223450.12	176438.68	1.2780	0.2188
宁明县	829670.58	430797.09	152639.79	246233.70	1.5062	0.4470

续表

名称	G_{ij}	N_{ij}	P_{ij}	D_{ij}	r_{ij}	$r_{ij}-R_j$
龙州县	757567.94	358583.25	127053.02	271931.67	1.6522	0.5931
大新县	722058.18	442053.68	156628.22	123376.28	1.2774	0.2183
天等县	262900.18	278445.61	98658.70	-114204.14	0.7384	-0.3208
凭祥市	508505.60	196548.96	69641.12	242315.52	2.0233	0.9642
合计	49283730.80	36390033.94	12893696.86	0.00	77.1497	-1.2286
均值	665996.36	491757.22	174239.15	—	—	—

从表 5-12 中可以看出，2010—2017 年广西县市产业结构分量 P_{ij} 合计为 12893700 万元，均值为 174200 万元，有武鸣县、桂平市、北流市等 29 个县市高于均值，表明这 29 个县市经济的结构合理性强，其中桂平市、北流市、武鸣县、岑溪市、博白县、合浦县、横县、平南县、柳江区、藤县、陆川县、灵山县、宾阳县 13 个县市的产业结构分量超过了 30 亿元。

从表 5-12 中可以看出，2010—2017 年广西县市竞争力分量 D_{ij} 大于 0 的有田阳县、靖西县、浦北县、灵山县、武鸣县、容县、平果县、龙州县、藤县、横县等 35 个县市，竞争力分量大于 0，说明区域竞争力强。

2. 区域增长分量、产业结构分量和区域竞争力分量排序

（1）区域增长分量。

表 5-13 显示出，经济基础好的县市、增长强劲的县市拥有较强的增长分量，如武鸣县、桂平市、灵山县、北流市等。而经济基础落后地区则显示出增加值缓慢的特征，如凤山县、东兰县、罗城仫佬族自治县等和金秀瑶族自治县、西林县、乐业县等。

表 5-13　2010—2017 年广西 74 个县市 GDP 增加值 G_{ij} 排名前 20 名和排名后 20 名

排名	县市名称	GDP 增加值 G_{ij}	排名	县市名称	GDP 增加值 G_{ij}
1	武鸣县	2045425.57	74	苍梧县	-570080.88
2	桂平市	1952380.14	73	凤山县	85663.20
3	灵山县	1711496.57	72	合山市	104100.77
4	北流市	1707150.67	71	隆林各族自治县	118218.65
5	横县	1696926.96	70	东兰县	123734.83
6	岑溪市	1682987.63	69	西林县	127787.09
7	藤县	1522880.45	68	乐业县	129217.66
8	靖西县	1438123.89	67	金秀瑶族自治县	146148.03
9	平南县	1412103.77	66	罗城仫佬族自治县	154276.20
10	浦北县	1409971.18	65	那坡县	155338.72

续表

排名	县市名称	GDP 增加值 G_{ij}	排名	县市名称	GDP 增加值 G_{ij}
11	陆川县	1338365.26	64	巴马瑶族自治县	184573.61
12	容县	1297107.01	63	凌云县	189582.10
13	柳江区	1295733.07	62	环江毛南族自治县	213442.15
14	田阳县	1238861.72	61	都安瑶族自治县	215309.79
15	平果县	1188610.70	60	大化瑶族自治县	232330.32
16	博白县	1131812.74	59	三江侗族自治县	232897.43
17	合浦县	1095787.83	58	马山县	238271.18
18	宾阳县	1054969.52	57	上林县	248991.48
19	扶绥县	1030534.74	56	忻城县	259273.66
20	荔浦县	927099.80	55	天等县	262900.18

（2）产业结构分量。

表 5-14 显示出，经济基础好的县市、增长强劲的县市拥有较合理的产业结构分量，如武鸣县、横县、宾阳县、北流市、容县等具有较好产业结构优势。而经济基础落后地区则显示出产业结构需要进一步调整的特征，如凤山县、东兰县、罗城仫佬族自治县、金秀瑶族自治县、百色市的那坡县、乐业县、西林县等，这些县市产业结构调整的空间很大。

表 5-14　2010—2017 年广西 74 个县市产业结构分量 P_{ij} 排名前 20 名和排名后 20 名

排名	县市名称	产业结构分量 P_{ij}	排名	县市名称	产业结构分量 P_{ij}
1	桂平市	449432.21	74	那坡县	31189.17
2	北流市	424881.20	73	乐业县	33967.13
3	武鸣县	411923.98	72	西林县	34684.42
4	岑溪市	399740.95	71	凤山县	39613.47
5	博白县	391456.15	70	凌云县	42453.78
6	合浦县	385306.98	69	东兰县	44414.07
7	横县	373784.53	68	金秀瑶族自治县	48810.77
8	平南县	351814.91	67	合山市	62630.70
9	柳江区	339358.86	66	田林县	63606.61
10	藤县	327897.03	65	巴马瑶族自治县	67889.56
11	陆川县	319845.64	64	资源县	67941.34
12	灵山县	315295.56	63	凭祥市	69641.12
13	宾阳县	312834.36	62	都安瑶族自治县	75388.97
14	鹿寨县	298361.46	61	三江侗族自治县	79080.06

续表

排名	县市名称	产业结构分量 P_{ij}	排名	县市名称	产业结构分量 P_{ij}
15	全州县	276181.25	60	环江毛南族自治县	83652.58
16	苍梧县	273093.21	59	罗城仫佬族自治县	85989.08
17	容县	239368.11	58	马山县	86886.34
18	平果县	227809.21	57	龙胜各族自治县	87825.84
19	浦北县	227311.40	56	上林县	88257.07
20	兴安县	226661.58	55	富川瑶族自治县	90684.46

（3）区域竞争力分量。

表 5-15 显示出，在广西经济排名中位于中部的地区通过发展，其县市体现出较大的竞争力分量，如田阳县、靖西县、平果县和浦北县、灵山县等经济增长势头大，具有很强的竞争能力。而经济基础较好的一些地区则显示出经济增长势头不强，竞争力较弱的特征，如苍梧县和鹿寨县、兴安县、灵川县、全州县、平乐县等。

表 5-15　2010—2017 年广西 74 个县市经济区域竞争力分量 D_{ij} 排名前 20 名和排名后 20 名

排名	县市名称	区域竞争力分量 D_{ij}	排名	县市名称	区域竞争力分量 D_{ij}
1	田阳县	697007.85	74	苍梧县	−1613928.30
2	靖西县	679020.37	73	鹿寨县	−592131.34
3	浦北县	541116.10	72	合浦县	−376975.62
4	灵山县	506338.60	71	博白县	−364454.76
5	武鸣县	470923.62	70	全州县	−342139.86
6	容县	382167.44	69	隆林各族自治县	−328718.11
7	平果县	317852.85	68	兴安县	−319655.00
8	龙州县	271931.67	67	宜州区	−316186.10
9	藤县	269555.71	66	南丹县	−214688.92
10	横县	268205.89	65	天峨县	−178744.93
11	宁明县	246233.70	64	罗城仫佬族自治县	−174400.88
12	凭祥市	242315.52	63	灵川县	−174007.49
13	桂平市	234510.06	62	恭城瑶族自治县	−166355.62
14	扶绥县	176438.68	61	忻城县	−142848.71
15	岑溪市	155053.05	60	宾阳县	−140780.98
16	荔浦县	140899.55	59	合山市	−135293.29
17	武宣县	136960.41	58	钟山县	−132827.14
18	阳朔县	126556.22	57	大化瑶族自治县	−117690.95

续表

排名	县市名称	区域竞争力分量 D_{ij}	排名	县市名称	区域竞争力分量 D_{ij}
19	融水苗族自治县	124188.87	56	平乐县	-116826.31
20	大新县	123376.28	55	天等县	-114204.14

二、县市农业增加值的偏离—份额分析

1. 总体排名

从表 5-16 中可以看出，2010—2017 年广西 74 个县市农业的增量 G_{ij} 合计为 9056700 万元，均值为 122300 万元，其中高于农业的增量 G_{ij} 均值的有合浦县、武鸣县、桂平市等 32 个县市，低于农业的增量 G_{ij} 均值的有龙州县、恭城瑶族自治县、东兴市等 42 个县市。区域增长分量 N_{ij} 合计为 2361700 万元，均值为 31900 万元，有合浦县、武鸣县、桂平市等28个县市高于均值，这说明这28个县市农业经济的增长性高于74个县市整体平均水平，其中博白县、合浦县、武鸣县、横县、灵山县、桂平市、平南县、扶绥县、全州县、藤县、北流市、宜州区、宾阳县、兴业县等 14 个县市的农业区域增长性较好，区域增长分量超过了 50000 万元。2010—2017 年广西县市中有 33 个县市农业经济的 $r_{ij}-R_j$ 大于 0，说明同期有 33 个县市的农业增长率高于广西全区县市平均水平。

表 5-16　2010—2017 年广西 74 个县市农业经济偏离—份额分析　（单位：万元）

名称	G_{ij}	N_{ij}	P_{ij}	D_{ij}	r_{ij}	$r_{ij}-R_j$
武鸣县	349909.00	89884.37	254801.45	5223.18	0.7577	0.0113
隆安县	130446.00	29009.34	82234.78	19201.89	0.8752	0.1288
马山县	100613.00	19857.89	56292.53	24462.58	0.9862	0.2398
上林县	91882.00	24917.59	70635.61	-3671.20	0.7177	-0.0287
宾阳县	223133.00	54360.58	154099.72	14672.70	0.7989	0.0525
横县	304185.00	82624.25	234220.69	-12659.94	0.7166	-0.0298
柳江区	154975.00	49005.61	138919.61	-32950.22	0.6155	-0.1309
柳城县	231330.00	45628.59	129346.52	56354.89	0.9868	0.2404
鹿寨县	123171.00	43494.93	123298.09	-43622.02	0.5512	-0.1952
融安县	79871.00	18789.89	53265.01	7816.10	0.8274	0.0810
融水苗族自治县	43987.00	22761.35	64523.18	-43297.53	0.3762	-0.3703
三江侗族自治县	100233.00	16352.98	46356.93	37523.09	1.1930	0.4466
阳朔县	137687.00	25896.44	73410.43	38380.13	1.0349	0.2885
灵川县	190533.00	37128.41	105250.47	48154.12	0.9988	0.2524

续表

名称	G_{ij}	N_{ij}	P_{ij}	D_{ij}	r_{ij}	$r_{ij}-R_j$
全州县	232530.00	55739.42	158008.41	18782.17	0.8120	0.0656
兴安县	165944.00	37383.78	105974.39	22585.84	0.8640	0.1176
永福县	154267.00	26174.58	74198.90	53893.52	1.1472	0.4008
灌阳县	78639.00	21565.48	61133.15	−4059.62	0.7098	−0.0366
龙胜各族自治县	57607.00	12311.45	34900.12	10395.43	0.9108	0.1643
资源县	54821.00	11697.75	33160.41	9962.84	0.9122	0.1658
平乐县	233514.00	43097.08	122170.29	68246.63	1.0546	0.3082
荔浦县	170796.00	33345.56	94526.96	42923.49	0.9970	0.2505
恭城瑶族自治县	119599.00	29408.94	83367.55	6822.52	0.7916	0.0452
苍梧县	6724.00	29977.87	84980.35	−108234.22	0.0437	−0.7027
藤县	246226.00	55361.82	156937.99	33926.19	0.8657	0.1193
蒙山县	56707.00	14161.90	40145.73	2399.36	0.7794	0.0330
岑溪市	139390.00	44042.26	124849.65	−29501.91	0.6160	−0.1304
合浦县	441045.00	95652.76	271153.51	74238.73	0.8975	0.1511
上思县	74643.00	27524.42	78025.38	−30906.79	0.5278	−0.2186
东兴市	106396.00	15802.15	44795.44	45798.41	1.3105	0.5641
灵山县	295144.00	78069.84	221309.98	−4235.82	0.7358	−0.0106
浦北县	164952.00	48404.76	137216.32	−20669.07	0.6633	−0.0831
平南县	252870.00	60307.07	170956.63	21606.30	0.8161	0.0697
桂平市	318438.00	68377.29	193833.84	56226.88	0.9065	0.1601
容县	160286.00	43231.39	122551.01	−5496.39	0.7217	−0.0247
陆川县	123872.00	41086.24	116470.02	−33684.27	0.5868	−0.1596
博白县	311011.00	96167.00	272611.26	−57767.27	0.6295	−0.1169
兴业县	101635.00	51818.18	146892.59	−97075.77	0.3818	−0.3646
北流市	191759.00	54613.03	154815.35	−17669.39	0.6834	−0.0630
田阳县	140966.00	28912.41	81960.00	30093.60	0.9490	0.2026
田东县	128547.00	31836.31	90248.58	6462.11	0.7859	0.0395
平果县	67802.00	18561.38	52617.24	−3376.62	0.7110	−0.0354
德保县	44636.00	12296.07	34856.53	−2516.61	0.7066	−0.0398
靖西县	64287.00	18562.55	52620.55	−6896.10	0.6741	−0.0723
那坡县	29958.00	8320.14	23585.67	−1947.80	0.7008	−0.0456
凌云县	45146.00	7825.55	22183.64	15136.81	1.1229	0.3765

续表

名称	G_{ij}	N_{ij}	P_{ij}	D_{ij}	r_{ij}	r_{ij}–R_j
乐业县	33997.00	7235.40	20510.69	6250.91	0.9146	0.1682
田林县	61910.00	16108.90	45665.02	136.08	0.7480	0.0016
西林县	47653.00	10413.89	29520.98	7718.12	0.8907	0.1443
隆林各族自治县	47333.00	12726.04	36075.38	−1468.41	0.7239	−0.0225
昭平县	95622.00	22703.54	64359.31	8559.15	0.8198	0.0734
钟山县	70701.00	19773.41	56053.06	−5125.48	0.6960	−0.0505
富川瑶族自治县	150307.00	20747.20	58813.54	70746.26	1.4101	0.6637
南丹县	50443.00	13514.92	38311.67	−1383.59	0.7265	−0.0199
天峨县	25165.00	9086.05	25756.85	−9677.90	0.5391	−0.2073
凤山县	22596.00	7019.35	19898.23	−4321.58	0.6266	−0.1198
东兰县	32090.00	8022.14	22740.92	1326.94	0.7786	0.0322
罗城仫佬族自治县	62895.00	19836.67	56232.39	−13174.06	0.6171	−0.1293
环江毛南族自治县	68121.00	22975.46	65130.12	−19984.58	0.5771	−0.1693
巴马瑶族自治县	40401.00	12832.12	36376.09	−8807.20	0.6128	−0.1336
都安瑶族自治县	43492.00	17722.09	50238.03	−24468.12	0.4777	−0.2687
大化瑶族自治县	36409.00	11123.75	31533.26	−6248.01	0.6371	−0.1093
宜州区	166496.00	54365.84	154114.61	−41984.46	0.5961	−0.1503
忻城县	81273.00	25075.64	71083.64	−14886.28	0.6309	−0.1155
象州县	129119.00	38191.34	108263.65	−17336.00	0.6581	−0.0884
武宣县	105374.00	32883.28	93216.52	−20725.80	0.6237	−0.1227
金秀瑶族自治县	37425.00	10246.31	29045.91	−1867.22	0.7109	−0.0355
合山市	18159.00	4999.36	14172.04	−1012.40	0.7070	−0.0394
扶绥县	168222.00	59019.91	167307.82	−58105.73	0.5548	−0.1916
宁明县	135603.00	40514.19	114848.39	−19759.59	0.6515	−0.0949
龙州县	120359.00	29402.90	83350.44	7605.66	0.7968	0.0503
大新县	98957.00	28818.39	81693.50	−11554.89	0.6684	−0.0780
天等县	44862.00	18059.21	51193.69	−24390.89	0.4835	−0.2629
凭祥市	19696.00	6990.74	19817.12	−7111.86	0.5484	−0.1980
合计	9056792.00	2361756.68	6695035.32	−0.00	55.8765	0.6426
均值	122389.10	31915.63	90473.45	—	—	—

从表 5-16 中可以看出，2010—2017 年广西 74 个县市农业产业结构分量 P_{ij} 合计为 6695000 万元，均值为 90400 万元，有博白县、合浦县、武鸣县等 28 个县市高于均值，表

明这 28 个县市农业经济结构高级化水平好，其中博白县、合浦县、武鸣县、横县、灵山县、桂平市、平南县、扶绥县、全州县、藤县、北流市、宜州区、宾阳县 13 个县市的农业的产业结构分量超过了 150000 万元

从表 5-16 中可以看出，2010—2017 年广西 74 个县市中有 41 个县市的农业区域竞争力分量 G_{ij} 小于 0。与全区平均水平相比，仅田林县、东兰县、蒙山县、武鸣县、乐业县、田东县、龙州县、西林县、全州县等 33 个县市的农业区域竞争力分量大于 0。竞争力分量大于 0，说明区域农业经济竞争力强。

2. 区域增长分量、产业结构分量和区域竞争力分量排序。

（1）区域增长分量。

表 5-17 显示出，经济基础好的县市、增长强劲的县市拥有较强的农业经济增长分量，如武鸣县、宾阳县、横山县，灵川县、全州县、平乐县、兴安县、荔浦县等县市的农业经济增长具有较强的潜力。而经济基础落后地区则显示出农业增加值缓慢的特征，如天峨县、凤山县、东兰县、都安瑶族自治县、巴马瑶族自治县、大化瑶族自治县等和合山市、金秀瑶族自治县，以及凌云县、乐业县、德宝县、那坡县等，这些县域农业经济增加值有待进一步提高。

表 5-17　2010—2017 年广西 74 个县市农业经济增加值 G_{ij} 排名前 20 名和排名后 20 名

排名	县市名称	农业经济增加值 G_{ij}	排名	县市名称	农业经济增加值 G_{ij}
1	合浦县	441045.00	74	苍梧县	6724.00
2	武鸣县	349909.00	73	合山市	18159.00
3	桂平市	318438.00	72	凭祥市	19696.00
4	博白县	311011.00	71	凤山县	22596.00
5	横县	304185.00	70	天峨县	25165.00
6	灵山县	295144.00	69	那坡县	29958.00
7	平南县	252870.00	68	东兰县	32090.00
8	藤县	246226.00	67	乐业县	33997.00
9	平乐县	233514.00	66	大化瑶族自治县	36409.00
10	全州县	232530.00	65	金秀瑶族自治县	37425.00
11	柳城县	231330.00	64	巴马瑶族自治县	40401.00
12	宾阳县	223133.00	63	都安瑶族自治县	43492.00
13	北流市	191759.00	62	融水苗族自治县	43987.00
14	灵川县	190533.00	61	德保县	44636.00
15	荔浦县	170796.00	60	天等县	44862.00

续表

排名	县市名称	农业经济增加值 G_{ij}	排名	县市名称	农业经济增加值 G_{ij}
16	扶绥县	168222.00	59	凌云县	45146.00
17	宜州区	166496.00	58	隆林各族自治县	47333.00
18	兴安县	165944.00	57	西林县	47653.00
19	浦北县	164952.00	56	南丹县	50443.00
20	容县	160286.00	55	资源县	54821.00

（2）产业结构分量。

表 5-18 显示出，农业经济基础好的县市、增长强劲的县市拥有较合理的农业经济产业结构分量，如武鸣县、横县、宾阳县，柳江区、柳城县、鹿寨县，以及北流市、博白县、兴业县、容县等具有较好农业经济产业结构优势。而经济基础落后地区则显示出农业经济产业结构需要进一步调整的特征，如天峨县、凤山县、南丹县、东兰县、巴马瑶族自治县、大化瑶族自治县等和合山市、金秀瑶族自治县，以及那坡县、凌云县、乐业县、西林县、德宝县、田林县等，这些县域基本上是较为落后的县市。

表 5-18　2010—2017 年广西 74 个县市农业经济产业结构分量 P_{ij} 排名前 20 名和排名后 20 名

排名	县市名称	产业结构分量 P_{ij}	排名	县市名称	产业结构分量 P_{ij}
1	博白县	272611.26	74	合山市	14172.04
2	合浦县	271153.51	73	凭祥市	19817.12
3	武鸣县	254801.45	72	凤山县	19898.23
4	横县	234220.69	71	乐业县	20510.69
5	灵山县	221309.98	70	凌云县	22183.64
6	桂平市	193833.84	69	东兰县	22740.92
7	平南县	170956.63	68	那坡县	23585.67
8	扶绥县	167307.82	67	天峨县	25756.85
9	全州县	158008.41	66	金秀瑶族自治县	29045.91
10	藤县	156937.99	65	西林县	29520.98
11	北流市	154815.35	64	大化瑶族自治县	31533.26
12	宜州区	154114.61	63	资源县	33160.41
13	宾阳县	154099.72	62	德保县	34856.53
14	兴业县	146892.59	61	龙胜各族自治县	34900.12
15	柳江区	138919.61	60	隆林各族自治县	36075.38
16	浦北县	137216.32	59	巴马瑶族自治县	36376.09
17	柳城县	129346.52	58	南丹县	38311.67

续表

排名	县市名称	产业结构分量 P_{ij}	排名	县市名称	产业结构分量 P_{ij}
18	岑溪市	124849.65	57	蒙山县	40145.73
19	鹿寨县	123298.09	56	东兴市	44795.44
20	容县	122551.01	55	田林县	45665.02

（3）区域竞争力分量。

表 5-19 显示出，有些县市体现出较大的农业经济竞争力分量，如合浦县，富川瑶族自治县，隆安县、马山县、宾阳县，阳朔县、灵川县、全州县、兴安县、永福县、荔浦县等农业经济增长势头大，具有很强的竞争能力。而另一些地区则显示出农业经济增长势头不强，竞争力较弱的特征，如苍梧县、岑溪县，兴业县、陆川县、博白县，象州县、武宣县、忻城县，以及宁明县、扶绥县、天等县等。

表 5-19　2010—2017 年广西 74 个县市农业经济区域竞争力分量 D_{ij} 排名前 20 名和排名后 20 名

排名	县市名称	区域竞争力分量 D_{ij}	排名	县市名称	区域竞争力分量 D_{ij}
1	合浦县	74238.73	74	苍梧县	-108234.22
2	富川瑶族自治县	70746.26	73	兴业县	-97075.77
3	平乐县	68246.63	72	扶绥县	-58105.73
4	柳城县	56354.89	71	博白县	-57767.27
5	桂平市	56226.88	70	鹿寨县	-43622.02
6	永福县	53893.52	69	融水苗族自治县	-43297.53
7	灵川县	48154.12	68	宜州区	-41984.46
8	东兴市	45798.41	67	陆川县	-33684.27
9	荔浦县	42923.49	66	柳江区	-32950.22
10	阳朔县	38380.13	65	上思县	-30906.79
11	三江侗族自治县	37523.09	64	岑溪市	-29501.91
12	藤县	33926.19	63	都安瑶族自治县	-24468.12
13	田阳县	30093.60	62	天等县	-24390.89
14	马山县	24462.58	61	武宣县	-20725.80
15	兴安县	22585.84	60	浦北县	-20669.07
16	平南县	21606.30	59	环江毛南族自治县	-19984.58
17	隆安县	19201.89	58	宁明县	-19759.59
18	全州县	18782.17	57	北流市	-17669.39
19	凌云县	15136.81	56	象州县	-17336.00
20	宾阳县	14672.70	55	忻城县	-14886.28

三、县市工业增加值的偏离—份额分析

1. 总体排名

从表 5-20 中可以看出，2010—2017 年广西县市工业的增量 G_{ij} 合计为 18587700 万元，均值为 251100 万元，其中高于工业的增量 G_{ij} 均值的有靖西县、平果县、岑溪市等 28 个县市，低于工业的增量 G_{ij} 均值的有博白县、东兴市、兴业县等 46 个县市。区域增长分量 N_{ij} 合计为 6445800 万元，均值为 87100 万元，有岑溪市、桂平市、武鸣县等 24 个县市高于均值，这说明这 24 个县市工业经济的增长性高于县市整体平均水平，其中德保县、平南县、扶绥县、柳江区、藤县、苍梧县、鹿寨县、田东县、桂平市、合浦县、宾阳县、田阳县、浦北县 13 个县市的工业区域增长性较好，区域增长分量超过了 150000 万元。广西县市中有 30 个县市的 $r_{ij}-R_j$ 大于 0，说明同期有 30 个县市的工业增长率高于广西县市整体平均水平。

表 5-20　2010—2017 年广西 74 个县市工业经济偏离—份额分析　（单位：万元）

名称	G_{ij}	N_{ij}	P_{ij}	D_{ij}	r_{ij}	$r_{ij}-R_j$
武鸣县	745048.87	253199.80	476941.73	14907.34	1.1755	0.0235
隆安县	1499.16	41838.24	78808.92	−119148.00	0.0143	−1.1376
马山县	−38979.85	28780.30	54212.24	−121972.39	−0.5410	−1.6930
上林县	−14710.62	26615.47	50134.44	−91460.53	−0.2208	−1.3727
宾阳县	65557.71	155173.82	292294.36	−381910.47	0.1688	−0.9832
横县	504927.21	153339.25	288838.64	62749.31	1.3154	0.1635
柳江区	501639.88	221790.91	417778.13	−137929.16	0.9035	−0.2484
柳城县	147146.40	89197.15	168016.89	−110067.64	0.6590	−0.4929
鹿寨县	73577.52	202341.96	381142.97	−509907.41	0.1453	−1.0067
融安县	88390.06	58161.10	109555.61	−79326.65	0.6071	−0.5448
融水苗族自治县	146702.63	57486.17	108284.26	−19067.81	1.0194	−0.1325
三江侗族自治县	−55481.00	35196.68	66298.50	−156976.18	−0.6297	−1.7816
阳朔县	130816.36	38912.82	73298.44	18605.10	1.3429	0.1910
灵川县	71768.59	116029.61	218560.05	−262821.06	0.2471	−0.9049
全州县	76615.61	142342.42	268124.39	−333851.19	0.2150	−0.9369
兴安县	41469.56	143380.27	270079.34	−371990.05	0.1155	−1.0364
永福县	348948.05	117318.12	220987.17	10642.76	1.1882	0.0362
灌阳县	161380.56	67326.39	126819.87	−32765.70	0.9575	−0.1944
龙胜各族自治县	148170.27	56881.51	107145.29	−15856.54	1.0406	−0.1114
资源县	155068.22	31137.56	58652.50	65278.16	1.9894	0.8375

续表

名称	G_{ij}	N_{ij}	P_{ij}	D_{ij}	r_{ij}	$r_{ij}-R_j$
平乐县	73728.55	83770.66	157795.24	−167837.35	0.3516	−0.8004
荔浦县	367805.11	115076.26	216764.27	35964.57	1.2768	0.1248
恭城瑶族自治县	73313.04	71122.78	133970.97	−131780.70	0.4118	−0.7402
苍梧县	−450365.93	216273.32	407384.90	−1074024.16	−0.8319	−1.9838
藤县	857594.58	225244.46	424283.45	208066.67	1.5209	0.3690
蒙山县	270814.04	73070.61	137640.00	60103.43	1.4805	0.3286
岑溪市	1075369.25	351953.92	662960.69	60454.63	1.2206	0.0686
合浦县	48959.59	178266.55	335793.14	−465100.10	0.1097	−1.0422
上思县	157814.27	68649.56	129312.27	−40147.56	0.9183	−0.2336
东兴市	221837.16	54182.72	102061.70	65592.73	1.6355	0.4836
灵山县	549338.36	134915.14	254133.93	160289.28	1.6265	0.4746
浦北县	653319.85	96506.51	181785.22	375028.12	2.7043	1.5524
平南县	561529.27	180990.68	340924.47	39614.12	1.2394	0.0874
桂平市	779215.39	297344.44	560095.13	−78224.19	1.0468	−0.1051
容县	801001.98	89168.55	167963.03	543870.40	3.5885	2.4365
陆川县	619294.46	152050.85	286411.74	180831.87	1.6270	0.4751
博白县	236132.02	142059.43	267591.33	−173518.74	0.6640	−0.4879
兴业县	211219.14	79686.22	150101.56	−18568.64	1.0589	−0.0931
北流市	727504.23	191672.97	361046.26	174785.00	1.5162	0.3643
田阳县	853833.75	58495.99	110186.41	685151.35	5.8309	4.6789
田东县	613291.05	70885.49	133523.99	408881.56	3.4562	2.3042
平果县	1136553.96	72242.93	136080.95	928230.08	6.2846	5.1327
德保县	470152.26	38411.93	72354.92	359385.41	4.8894	3.7375
靖西县	1387447.21	63360.17	119348.87	1204738.16	8.7476	7.5956
那坡县	496.86	19583.77	36889.12	−55976.03	0.0101	−1.1418
凌云县	53184.20	19797.75	37292.19	−3905.74	1.0731	−0.0788
乐业县	−28829.33	19272.26	36302.34	−84403.93	−0.5976	−1.7495
田林县	117758.03	31656.55	59630.10	26471.39	1.4860	0.3340
西林县	−16097.36	16418.84	30927.48	−63443.68	−0.3917	−1.5436
隆林各族自治县	62566.83	44441.33	83712.25	−65586.75	0.5624	−0.5895
昭平县	−58423.21	49090.40	92469.51	−199983.12	−0.4754	−1.6274
钟山县	110327.72	68188.79	128444.33	−86305.39	0.6463	−0.5056

续表

名称	G_{ij}	N_{ij}	P_{ij}	D_{ij}	r_{ij}	$r_{ij}-R_j$
富川瑶族自治县	66265.74	36571.37	68887.94	-39193.56	0.7238	-0.4281
南丹县	336629.90	55698.82	104917.51	176013.57	2.4143	1.2624
天峨县	329530.69	28908.72	54454.12	246167.85	4.5536	3.4016
凤山县	-39135.82	21210.69	39953.69	-100300.20	-0.7371	-1.8890
东兰县	-49739.93	25420.37	47883.28	-123043.58	-0.7816	-1.9336
罗城仫佬族自治县	-58382.86	40274.31	75863.02	-174520.19	-0.5791	-1.7310
环江毛南族自治县	-30099.48	37437.11	70518.70	-138055.29	-0.3212	-1.4731
巴马瑶族自治县	4233.31	28830.57	54306.92	-78904.18	0.0587	-1.0933
都安瑶族自治县	-74644.52	44435.08	83700.47	-202780.07	-0.6711	-1.8230
大化瑶族自治县	101442.21	36148.54	68091.47	-2797.80	1.1210	-0.0309
宜州区	-106274.57	102205.54	192520.25	-401000.36	-0.4154	-1.5673
忻城县	23470.73	46593.72	87766.63	-110889.62	0.2012	-0.9507
象州县	325062.24	48462.25	91286.29	185313.70	2.6795	1.5275
武宣县	345934.00	58117.99	109474.39	178341.63	2.3778	1.2258
金秀瑶族自治县	-28981.67	28405.12	53505.53	-110892.32	-0.4076	-1.5595
合山市	-38251.38	36797.12	69313.17	-144361.67	-0.4153	-1.5672
扶绥县	578871.43	83704.00	157669.67	337497.76	2.7626	1.6107
宁明县	393996.38	56114.88	105701.22	232180.28	2.8048	1.6529
龙州县	267245.03	62225.74	117212.00	87807.29	1.7156	0.5637
大新县	400813.56	55844.37	105191.67	239777.53	2.8671	1.7152
天等县	33825.80	42895.39	80800.22	-89869.80	0.3150	-0.8369
凭祥市	-31346.01	59275.26	111654.29	-202275.56	-0.2112	-1.3632
合计	18587706.27	6445878.36	12141827.91	-0.00	86.4561	1.2125
均值	251185.22	87106.46	164078.80	—	—	—

从表5-20中可以看出，2010—2017年广西县市工业产业结构分量P_{ij}合计为12141800万元，均值为164000万元，有岑溪市、桂平市、武鸣县等24个县市高于均值，表明这24个县市工业经济的结构高级化水平好，其中德保县、平南县、扶绥县、柳江区、藤县、苍梧县、鹿寨县、田东县、桂平市、合浦县10个县市的工业的产业结构分量超过了300000万元。

从表5-20中可以看出，2010—2017年广西县市中有44个县市的工业区域竞争力分量D_{ij}小于0。与全区平均水平相比，仅永福县、武鸣县、阳朔县、田林县、荔浦县、平南县、蒙山县、岑溪市、横县、资源县、东兴市、龙州县、灵山县、北流市等30个县市的工业区域竞争力分量大于 0。竞争力分量大于 0，说明区域工业经济竞争力强。

2. 区域增长分量、产业结构分量和区域竞争力分量排序

（1）区域增长分量。

表 5-21 显示出，工业基础好的县市、增长强劲的县市拥有较强的工业经济增长分量，如靖西县、平果县、田阳县、德保县、田东县，岑溪县、藤县，以及北流市、陆川县、容县等。而另一些地区则显示出工业增加值缓慢的特征，如苍梧县，宜州区、凤山县、东兰县、都安瑶族自治县、罗城仫佬族、巴马瑶族自治县等和金秀瑶族自治县、合山市、忻城县等，这些县域工业经济增长缓慢。

表 5-21　2010—2017 年广西 74 个县域工业经济增加值 G_{ij} 排名前 20 名和排名后 20 名

排名	县市	增加值 G_{ij}	排名	县市名称	增加值 G_{ij}
1	靖西县	1387447.21	74	苍梧县	-450365.93
2	平果县	1136553.96	73	宜州区	-106274.57
3	岑溪市	1075369.25	72	都安瑶族自治县	-74644.52
4	藤县	857594.58	71	昭平县	-58423.21
5	田阳县	853833.75	70	罗城仫佬族自治县	-58382.86
6	容县	801001.98	69	三江侗族自治县	-55481.00
7	桂平市	779215.39	68	东兰县	-49739.93
8	武鸣县	745048.87	67	凤山县	-39135.82
9	北流市	727504.23	66	马山县	-38979.85
10	浦北县	653319.85	65	合山市	-38251.38
11	陆川县	619294.46	64	凭祥市	-31346.01
12	田东县	613291.05	63	环江毛南族自治县	-30099.48
13	扶绥县	578871.43	62	金秀瑶族自治县	-28981.67
14	平南县	561529.27	61	乐业县	-28829.33
15	灵山县	549338.36	60	西林县	-16097.36
16	横县	504927.21	59	上林县	-14710.62
17	柳江区	501639.88	58	那坡县	496.86
18	德保县	470152.26	57	隆安县	1499.16
19	大新县	400813.56	56	巴马瑶族自治县	4233.31
20	宁明县	393996.38	55	忻城县	23470.73

（2）产业结构分量。

表 5-22 显示出，有的县市拥有较合理的工业产业结构分量，如德保县、田阳县、田东县，平南县、桂平县，柳江区、鹿寨县等具有较好工业产业结构优势。而另一些地区则

显示出工业产业结构需要进一步调整的特征，诸如西林县、乐业县、凌云县、田林县、那坡县，凤山县、东兰县、天峨县、巴马瑶族自治县、环江毛南族自治县、大化瑶族自治县等和金秀瑶族自治县、合山市等，这些县域工业产业结构有进一步优化的空间。

表 5-22　2010—2017 年广西 74 个县市工业经济产业结构分量 P_{ij} 排名前 20 名和排名后 20 名

排名	县市名称	产业结构分量 P_{ij}	排名	县市名称	产业结构分量 P_{ij}
1	德保县	662960.69	74	西林县	30927.48
2	平南县	560095.13	73	乐业县	36302.34
3	扶绥县	476941.73	72	那坡县	36889.12
4	柳江区	424283.45	71	凌云县	37292.19
5	藤县	417778.13	70	凤山县	39953.69
6	苍梧县	407384.90	69	东兰县	47883.28
7	鹿寨县	381142.97	68	上林县	50134.44
8	田东县	361046.26	67	金秀瑶族自治县	53505.53
9	桂平市	340924.47	66	马山县	54212.24
10	合浦县	335793.14	65	巴马瑶族自治县	54306.92
11	宾阳县	292294.36	64	天峨县	54454.12
12	田阳县	288838.64	63	资源县	58652.50
13	浦北县	286411.74	62	田林县	59630.10
14	兴安县	270079.34	61	三江侗族自治县	66298.50
15	全州县	268124.39	60	大化瑶族自治县	68091.47
16	博白县	267591.33	59	富川瑶族自治县	68887.94
17	容县	254133.93	58	合山市	69313.17
18	永福县	220987.17	57	环江毛南族自治县	70518.70
19	灵川县	218560.05	56	岑溪市	72354.92
20	荔浦县	216764.27	55	阳朔县	73298.44

（3）区域竞争力分量

表 5-23 显示出，有些县市体现出较大的工业经济区域竞争力分量，如崇左市的宁明县、大新县、龙州县，南宁市的横县、武鸣县，钦州市的灵山县、浦北县，以及玉林市的北流市、陆川县、容县等工业经济增长势头大，具有很强的竞争能力。而另一些地区则显示出经济增长势头不强，竞争力较弱的特征，诸如梧州市的苍梧县、藤县和柳州市的鹿寨县、三江侗族自治县，河池市的宜州区、东兰县、都安瑶族自治县、罗城仫佬族自治县、环江毛南族自治县等。

表 5-23 2010—2017 年广西 74 个县市工业经济区域竞争力分量 D_{ij} 排名前 20 名和排名后 20 名

排名	县市名称	区域竞争力分量 D_{ij}	排名	县市名称	区域竞争力分量 D_{ij}
1	宁明县	1204738.16	74	苍梧县	-1074024.16
2	大新县	928230.08	73	鹿寨县	-509907.41
3	横县	685151.35	72	合浦县	-465100.10
4	灵山县	543870.40	71	宜州区	-401000.36
5	北流市	408881.56	70	宾阳县	-381910.47
6	陆川县	375028.12	69	兴安县	-371990.05
7	岑溪市	359385.41	68	全州县	-333851.19
8	武鸣县	337497.76	67	灵川县	-262821.06
9	天峨县	246167.85	66	都安瑶族自治县	-202780.07
10	平果县	239777.53	65	凭祥市	-202275.56
11	靖西县	232180.28	64	昭平县	-199983.12
12	柳江区	208066.67	63	罗城仫佬族自治县	-174520.19
13	象州县	185313.70	62	博白县	-173518.74
14	浦北县	180831.87	61	平乐县	-167837.35
15	武宣县	178341.63	60	三江侗族自治县	-156976.18
16	南丹县	176013.57	59	合山市	-144361.67
17	田东县	174785.00	58	环江毛南族自治县	-138055.29
18	容县	160289.28	57	藤县	-137929.16
19	龙州县	87807.29	56	恭城瑶族自治县	-131780.70
20	东兴市	65592.73	55	东兰县	-123043.58

四、县市服务业增加值的偏离—份额分析

1. 总体排名

从表 5-24 可以看出，2010—2017 年广西县市服务业的增量 G_{ij} 合计为 18858000 万元，均值为 254800 万元，其中高于服务业的增量 G_{ij} 均值的有武鸣县、北流市、横县等 30 个县市，低于服务业的增量 G_{ij} 均值的有平果县、鹿寨县、钟山县等 44 个县市。区域增长分量 N_{ij} 合计为 5286400 万元，均值为 71400 万亿元，有平乐县、钟山县、靖西县等 28 个县市高于均值，这说明这 24 个县市服务业经济的增长性高于广西县市整体平均水平，其中北流市、平南县、桂平市、横县、合浦县、陆川县、宾阳县等 7 个县市的服务业区域增长性较好，区域增长分量超过了 150000 万元。与此同时，广西县市中有 30 个县市的 $r_{ij}-R_j$

大于 0，说明同期有 30 个县市的服务业增长率高于广西县市服务业的整体平均水平。

表 5-24　2010—2017 年广西 74 个县市服务业偏离一份额分析　（单位：万元）

名称	G_{ij}	N_{ij}	P_{ij}	D_{ij}	r_{ij}	$r_{ij}-R_j$
武鸣县	784714.60	126423.57	324561.23	333729.80	2.5156	1.0699
隆安县	146072.47	44002.54	112965.64	−10895.71	1.3454	−0.1004
马山县	131053.89	46447.04	119241.27	−34634.42	1.1435	−0.3022
上林县	131612.52	44049.94	113087.32	−25524.74	1.2109	−0.2348
宾阳县	619775.81	153980.67	395307.25	70487.89	1.6313	0.1855
横县	679811.20	173626.17	445742.23	60442.81	1.5868	0.1411
柳江区	556462.86	137366.90	352655.53	66440.43	1.6418	0.1960
柳城县	284063.02	66805.54	171506.69	45750.80	1.7233	0.2776
鹿寨县	233416.27	110762.37	284354.98	−161701.09	0.8541	−0.5917
融安县	172196.92	46202.64	118613.84	7380.44	1.5105	0.0647
融水苗族自治县	267697.97	47210.56	121201.42	99285.99	2.2981	0.8523
三江侗族自治县	158097.31	31020.19	79636.67	47440.44	2.0656	0.6198
阳朔县	309428.99	103092.52	264664.52	−58328.05	1.2164	−0.2293
灵川县	272496.61	82718.71	212359.83	−22581.94	1.3351	−0.1106
全州县	338634.53	119143.51	305871.48	−86380.45	1.1519	−0.2938
兴安县	290402.31	83205.99	213610.78	−6414.45	1.4145	−0.0312
永福县	119548.97	47135.58	121008.93	−48595.54	1.0279	−0.4178
灌阳县	112485.15	39390.15	101124.47	−28029.47	1.1574	−0.2884
龙胜各族自治县	108585.74	35472.45	91066.75	−17953.46	1.2406	−0.2051
资源县	109417.29	33838.94	86873.11	−11294.76	1.3105	−0.1353
平乐县	182554.51	62382.90	160152.65	−39981.04	1.1860	−0.2597
荔浦县	321123.46	96584.30	247956.29	−23417.13	1.3475	−0.0983
恭城瑶族自治县	135106.80	49170.17	126232.23	−40295.60	1.1136	−0.3321
苍梧县	−85946.95	79586.92	204319.72	−369853.59	−0.4377	−1.8834
藤县	371693.44	91492.34	234883.94	45317.16	1.6465	0.2007
蒙山县	164547.00	40870.30	104924.39	18752.30	1.6317	0.1860
岑溪市	408290.38	100968.27	259211.05	48111.06	1.6389	0.1931
合浦县	491267.46	162205.20	416421.72	−87359.47	1.2275	−0.2183
上思县	139398.42	37934.67	97387.89	4075.86	1.4893	0.0435
东兴市	197643.87	82917.60	212870.43	−98144.16	0.9660	−0.4797
灵山县	646795.21	131058.54	336460.36	179276.31	2.0001	0.5544

续表

名称	G_{ij}	N_{ij}	P_{ij}	D_{ij}	r_{ij}	$r_{ij}-R_j$
浦北县	348375.33	106902.03	274444.52	-32971.22	1.3207	-0.1250
平南县	536466.12	188964.52	485119.65	-137618.05	1.1506	-0.2952
桂平市	667126.36	188543.74	484039.40	-5456.78	1.4340	-0.0117
容县	417001.98	90465.54	232247.89	94288.56	1.8682	0.4224
陆川县	614965.46	154262.48	396030.74	64672.24	1.6157	0.1699
博白县	585975.02	144125.73	370007.15	71842.14	1.6478	0.2020
兴业县	344619.14	80845.28	207550.26	56223.59	1.7276	0.2819
北流市	746457.23	194460.92	499230.29	52766.02	1.5557	0.1100
田阳县	203305.75	59346.83	152358.30	-8399.38	1.3884	-0.0574
田东县	183312.05	71916.54	184627.93	-73232.42	1.0330	-0.4127
平果县	237099.96	73293.73	188163.51	-24357.28	1.3111	-0.1347
德保县	121232.26	38970.64	100047.48	-17785.86	1.2608	-0.1850
靖西县	213969.21	64281.77	165027.53	-15340.09	1.3490	-0.0967
那坡县	78396.86	19868.62	51007.78	7520.46	1.5991	0.1534
凌云县	65762.20	20085.72	51565.11	-5888.63	1.3269	-0.1188
乐业县	76358.67	19552.58	50196.41	6609.68	1.5827	0.1370
田林县	110056.03	32117.00	82452.46	-4513.43	1.3888	-0.0570
西林县	60562.64	16657.66	42764.42	1140.56	1.4735	0.0277
隆林各族自治县	108449.83	45087.74	115751.62	-52389.54	0.9748	-0.4709
昭平县	159319.79	49804.44	127860.57	-18345.21	1.2965	-0.1493
钟山县	218549.72	69180.61	177604.11	-28235.00	1.2803	-0.1654
富川瑶族自治县	132603.74	37103.31	95253.57	246.86	1.4484	0.0027
南丹县	316795.90	56508.98	145072.82	115214.10	2.2721	0.8263
天峨县	103587.69	29329.20	75295.47	-1036.98	1.4314	-0.0143
凤山县	70812.18	21519.21	55245.25	-5952.28	1.3336	-0.1121
东兰县	88338.07	25790.12	66209.75	-3661.81	1.3882	-0.0575
罗城仫佬族自治县	112137.14	40860.12	104898.24	-33621.21	1.1123	-0.3335
环江毛南族自治县	129753.52	37981.65	97508.48	-5736.60	1.3845	-0.0612
巴马瑶族自治县	129987.31	29249.92	75091.93	25645.46	1.8011	0.3553
都安瑶族自治县	155091.48	45081.40	115735.34	-5725.26	1.3943	-0.0515
大化瑶族自治县	139463.21	36674.33	94152.27	8636.61	1.5412	0.0954
宜州区	313144.43	103692.16	266203.95	-56751.67	1.2239	-0.2218

续表

名称	G_{ij}	N_{ij}	P_{ij}	D_{ij}	r_{ij}	$r_{ij}-R_j$
忻城县	130773.73	47271.45	121357.74	−37855.45	1.1212	−0.3246
象州县	149855.24	49167.15	126224.49	−25536.40	1.2352	−0.2105
武宣县	209481.00	58963.33	151373.76	−856.09	1.4399	−0.0059
金秀瑶族自治县	95587.33	28818.29	73983.82	−7214.78	1.3443	−0.1015
合山市	76968.62	37332.34	95841.55	−56205.28	0.8356	−0.6102
扶绥县	277670.43	84921.50	218014.93	−25266.00	1.3252	−0.1206
宁明县	273735.38	56931.09	146156.49	70647.81	1.9487	0.5029
龙州县	269374.03	63130.84	162072.80	44170.39	1.7293	0.2836
大新县	284743.56	56656.64	145451.90	82635.01	2.0369	0.5911
天等县	166767.80	43519.31	111725.07	11523.42	1.5531	0.1073
凭祥市	335588.99	60137.44	154387.99	121063.56	2.2616	0.8159
合计	18858070.42	5286441.09	13571629.33	−0.00	105.9377	−1.0475
均值	254838.79	71438.39	183400.40			

从表 5-24 可以看出，2010—2017 年广西县市服务业产业结构分量 P_{ij} 合计为 13571600 万元，均值为 183400 万元，有北流市、平南县、桂平市等 28 个县市高于均值，表明这 28 个县市服务业经济结构高级化水平好，其中北流市、平南县、桂平市、横县、合浦县、陆川县、宾阳县、博白县、柳江区、灵山县、武鸣县、全州县 12 个县市的服务业的产业结构分量超过了 300000 万元。

从表 5-24 可以看出，2010—2017 年广西县市中有 44 个县市的服务业区域竞争力分量 D_{ij} 小于 0。与全区平均水平相比，仅富川瑶族自治县、西林县、上思县、乐业县、融安县、那坡县、大化瑶族自治县、天等县、蒙山县、巴马瑶族自治县、龙州县、藤县、柳城县等 30 个县市的农业区域竞争力分量大于 0。这说明从整体上看，广西各县市的服务业经济竞争力不强。

2. 区域增长分量、产业结构分量和区域竞争力分量排序

（1）区域增长分量。

表 5-25 显示出，经济基础好、增长强劲的县市拥有较强的服务业增长分量，如武鸣县、宾阳县、横县，北流市、陆川县、博白县、容县等，这些县市具有较强的增长潜力。而另一些地区则显示出增加值缓慢的特征，如西林县、凌云县、乐业县、德保县、田林县、凤山县、东兰县、罗城仫佬族自治县、巴马瑶族自治县、环江毛南族自治县等和灌阳县、资源县、龙胜各族自治县等。

表 5-25　2010—2017 年广西 74 个县市服务业经济增加值 G_{ij} 排名前 20 名和排名后 20 名

排名	县市名称	增加值 G_{ij}	排名	县市名称	增加值 G_{ij}
1	武鸣县	784714.60	74	苍梧县	-85946.95
2	北流市	746457.23	73	西林县	60562.64
3	横县	679811.20	72	凌云县	65762.20
4	桂平市	667126.36	71	凤山县	70812.18
5	灵山县	646795.21	70	乐业县	76358.67
6	宾阳县	619775.81	69	合山市	76968.62
7	陆川县	614965.46	68	那坡县	78396.86
8	博白县	585975.02	67	东兰县	88338.07
9	柳江区	556462.86	66	金秀瑶族自治县	95587.33
10	平南县	536466.12	65	天峨县	103587.69
11	合浦县	491267.46	64	隆林各族自治县	108449.83
12	容县	417001.98	63	龙胜各族自治县	108585.74
13	岑溪市	408290.38	62	资源县	109417.29
14	藤县	371693.44	61	田林县	110056.03
15	浦北县	348375.33	60	罗城仫佬族自治县	112137.14
16	兴业县	344619.14	59	灌阳县	112485.15
17	全州县	338634.53	58	永福县	119548.97
18	凭祥市	335588.99	57	德保县	121232.26
19	荔浦县	321123.46	56	环江毛南族自治县	129753.52
20	南丹县	316795.90	55	巴马瑶族自治县	129987.31

（2）产业结构分量。

表 5-26 显示出，经济基础好、增长强劲的县市拥有较合理的服务业产业结构，如武鸣县、横县、宾阳县和北流市、陆川县、博白县、容县等具有较好产业结构优势。而经济基础落后地区则显示出产业结构需要进一步调整的特征，如西林县、乐业县、那坡县、凌云县、德保县，凤山县、东兰县、天峨县、巴马瑶族自治县、环江毛南族自治县等和金秀瑶族自治县、合山市等，这些县域服务业产业结构有待进一步调整。

表 5-26　2010—2017 年广西 74 个县市服务业经济产业结构分量 P_{ij} 排名前 20 名和排名后 20 名

排名	县市名称	产业结构分量 P_{ij}	排名	县市名称	产业结构分量 P_{ij}
1	北流市	499230.29	74	西林县	42764.42
2	平南县	485119.65	73	乐业县	50196.41
3	桂平市	484039.40	72	那坡县	51007.78

续表

排名	县市名称	产业结构分量 P_{ij}	排名	县市名称	产业结构分量 P_{ij}
4	横县	445742.23	71	凌云县	51565.11
5	合浦县	416421.72	70	凤山县	55245.25
6	陆川县	396030.74	69	东兰县	66209.75
7	宾阳县	395307.25	68	金秀瑶族自治县	73983.82
8	博白县	370007.15	67	巴马瑶族自治县	75091.93
9	柳江区	352655.53	66	天峨县	75295.47
10	灵山县	336460.36	65	三江侗族自治县	79636.67
11	武鸣县	324561.23	64	田林县	82452.46
12	全州县	305871.48	63	资源县	86873.11
13	鹿寨县	284354.98	62	龙胜各族自治县	91066.75
14	浦北县	274444.52	61	大化瑶族自治县	94152.27
15	宜州区	266203.95	60	富川瑶族自治县	95253.57
16	阳朔县	264664.52	59	合山市	95841.55
17	岑溪市	259211.05	58	上思县	97387.89
18	荔浦县	247956.29	57	环江毛南族自治县	97508.48
19	藤县	234883.94	56	德保县	100047.48
20	容县	232247.89	55	灌阳县	101124.47

（3）区域竞争力分量。

表 5-27 显示出，有些县市体现出较大的服务业竞争力分量，如武鸣县、宾阳县、灵山县、凭祥县、宁明县、龙州县、大新县、南丹县等经济增长势头强劲，具有很强的竞争能力。而另一些地区则显示出经济增长势头不强，竞争力较弱的特征，诸如苍梧县和鹿寨县，平南县、东兴市，以及阳朔县、全州县、平乐县、灌阳县、永福县、恭城瑶族自治县等。

表 5-27　2010—2017 年广西 74 个县市服务业经济区域竞争力分量 D_{ij} 排名前 20 名和排名后 20 名

排名	县市名称	区域竞争力分量 D_{ij}	排名	县市名称	区域竞争力分量 D_{ij}
1	武鸣县	333729.80	74	苍梧县	-369853.59
2	灵山县	179276.31	73	鹿寨县	-161701.09
3	凭祥市	121063.56	72	平南县	-137618.05
4	南丹县	115214.10	71	东兴市	-98144.16
5	融水苗族自治县	99285.99	70	合浦县	-87359.47
6	容县	94288.56	69	全州县	-86380.45

续表

排名	县市名称	区域竞争力分量 D_{ij}	排名	县市名称	区域竞争力分量 D_{ij}
7	大新县	82635.01	68	田东县	-73232.42
8	博白县	71842.14	67	阳朔县	-58328.05
9	宁明县	70647.81	66	宜州区	-56751.67
10	宾阳县	70487.89	65	合山市	-56205.28
11	柳江区	66440.43	64	隆林各族自治县	-52389.54
12	陆川县	64672.24	63	永福县	-48595.54
13	横县	60442.81	62	恭城瑶族自治县	-40295.60
14	兴业县	56223.59	61	平乐县	-39981.04
15	北流市	52766.02	60	忻城县	-37855.45
16	岑溪市	48111.06	59	马山县	-34634.42
17	三江侗族自治县	47440.44	58	罗城仫佬族自治县	-33621.21
18	柳城县	45750.80	57	浦北县	-32971.22
19	藤县	45317.16	56	钟山县	-28235.00
20	龙州县	44170.39	55	灌阳县	-28029.47

第三节　广西城区经济偏离—份额分析

一、城区 GDP 的偏离—份额结果

1. 总体排名

从表 5-28 中可以看出，2015—2017 年广西城区 GDP 的增量 G_{ij} 合计为 18742800 万元，均值为 520600 万元，其中高于 GDP 的增量 G_{ij} 均值的有江南区、青秀区、铁山港区等 15 个城区，低于 GDP 的增量 G_{ij} 均值的有柳北区、兴宾区、港北区等 21 个县域。区域增长分量 N_{ij} 合计为 9917200 万元，均值为 275400 万元，有西乡塘区、青秀区、柳南区等 12 个城区高于均值，这说明这 12 个城区经济的增长性高于广西城区整体平均水平，其中西乡塘区、青秀区、柳南区、柳北区、江南区、海城区、鱼峰区、兴宁区、港口区、玉州区、城中区 11 个城区的 GDP 区域增长性较好，区域增长分量超过了 300000 万元。2015—2017 年广西城区中有 18 个城区的 $r_{ij}-R_j$ 大于 0，说明同期有 18 个城区的增长率高于广西城区平均水平。

表 5-28　2015—2017 年广西 36 城区 GDP 偏离－份额分析　（单位：万元）

名称	G_{ij}	N_{ij}	P_{ij}	D_{ij}	r_{ij}	$r_{ij}-R_j$
兴宁区	570530.99	401937.75	357697.28	−189104.04	0.1600	−0.0530
青秀区	1585558.73	851693.91	757949.68	−24084.86	0.2099	−0.0032
江南区	1810290.08	475722.43	423360.62	911207.02	0.4290	0.2160
西乡塘区	784368.29	913218.59	812702.47	−941552.77	0.0968	−0.1162
良庆区	294639.65	142900.69	127171.90	24567.05	0.2325	0.0194
邕宁区	236339.98	75819.09	67473.83	93047.06	0.3514	0.1384
城中区	272325.02	316623.27	281773.18	−326071.43	0.0970	−0.1161
鱼峰区	735532.24	411557.82	366258.48	−42284.06	0.2015	−0.0116
柳南区	1364384.93	636573.24	566506.91	161304.78	0.2417	0.0286
柳北区	477394.10	539146.95	479804.14	−541556.99	0.0998	−0.1133
叠彩区	151670.29	80071.74	71258.40	340.15	0.2136	0.0005
象山	340371.76	216162.45	192369.89	−68160.58	0.1775	−0.0356
七星区	150255.80	202267.46	180004.29	−232015.94	0.0838	−0.1293
雁山区	26125.82	26112.33	23238.20	−23224.71	0.1128	−0.1003
临桂区	−580429.98	266184.43	236886.05	−1083500.46	−0.2459	−0.4589
万秀区	298558.69	220227.31	195987.33	−117655.94	0.1528	−0.0602
长洲区	58.66	270041.53	240318.61	−510301.48	0.0000	−0.2131
龙圩区	569606.36	118577.47	105525.89	345502.99	0.5416	0.3285
海城区	1123676.89	445164.99	396166.58	282345.32	0.2846	0.0715
银海区	261891.28	113733.78	101215.33	46942.16	0.2596	0.0465
铁山港区	1446922.85	209915.61	186810.62	1050196.62	0.7771	0.5641
港口区	692573.73	390163.89	347219.34	−44809.50	0.2001	−0.0129
防城区	233271.89	143334.40	127557.87	−37620.39	0.1835	−0.0296
钦南区	686852.42	240435.57	213971.31	232445.54	0.3221	0.1090
钦北区	780939.17	261368.45	232600.15	286970.57	0.3369	0.1238
港北区	469336.19	194518.34	173108.10	101709.74	0.2720	0.0590
港南区	179716.69	92659.16	82460.36	4597.17	0.2187	0.0056
覃塘区	360673.41	117357.44	104440.14	138875.83	0.3465	0.1334
玉州区	841146.00	372704.05	331681.27	136760.68	0.2545	0.0414
福绵区	127558.17	73775.54	65655.21	−11872.58	0.1949	−0.0181
右江区	816956.21	231705.74	206202.36	379048.11	0.3975	0.1844
八步区	153452.50	177166.40	157666.05	−181379.95	0.0977	−0.1154
平桂区	319099.00	123795.65	110169.71	85133.64	0.2906	0.0775

续表

名称	G_{ij}	N_{ij}	P_{ij}	D_{ij}	r_{ij}	$r_{ij}-R_j$
金城江区	154865.09	128636.18	114477.46	−88248.55	0.1357	−0.0773
兴宾区	471464.67	277956.67	247362.54	−53854.54	0.1912	−0.0218
江州区	534894.18	157989.72	140600.11	236304.35	0.3817	0.1686
总计	18742871.76	9917220.06	8825651.70	0.00	8.3010	0.6300
均值	520635.30	275478.30	245157.00	—	—	—

从表 5-28 中可以看出，2015—2017 年广西城区产业结构分量 P_{ij} 合计为 8825600 万元，均值为 245100 万元，有西乡塘区、青秀区、柳南区等 12 个城区高于均值，表明这 12 个城区经济的发展势头好，其中西乡塘区、青秀区、柳南区、柳北区、江南区、海城区、鱼峰区、兴宁区、港口区、玉州区 10 个城区的产业结构分量超过了 300000 万元。

从表 5-28 中可以看出，2015—2017 广西城区中有 18 个县市的区域竞争力分量 D_{ij} 小于 0。与全区平均水平相比，仅叠彩区、港南区、良庆区、银海区、平桂区、邕宁区、港北区、玉州区、覃塘区、柳南区、钦南区等 18 个县市的区域竞争力分量大于 0。竞争力分量大于 0，说明区域经济竞争力强。

2. 区域增长分量、产业结构分量和区域竞争力分量排序

（1）区域增长分量。

表 5-29 显示出，经济基础好的城区、增长强劲的城区拥有较强的增长分量，如江南区、青秀区、柳南区，西乡塘区、鱼峰区等，这些城区具有较强的潜力。而另一些地区则显示出增加值缓慢的特征，如临桂区、雁山区、七星区、叠彩区等，这些城区 GDP 增加值增长较为缓慢。

表 5-29　2015—2017 年广西 36 个城区 GDP 增加值 G_{ij} 排名前 10 名和排名后 10 名

排名	县市名称	增加值 G_{ij}	排名	县市名称	增加值 G_{ij}
1	江南区	1810290.08	36	临桂区	-580429.98
2	青秀区	1585558.73	35	长洲区	58.66
3	铁山港区	1446922.85	34	雁山区	26125.82
4	柳南区	1364384.93	33	福绵区	127558.17
5	海城区	1123676.89	32	七星区	150255.80
6	玉州区	841146.00	31	叠彩区	151670.29
7	右江区	816956.21	30	八步区	153452.50
8	西乡塘区	784368.29	29	金城江区	154865.09

续表

排名	县市名称	增加值 G_{ij}	排名	县市名称	增加值 G_{ij}
9	钦北区	780939.17	28	港南区	179716.69
10	鱼峰区	735532.24	27	防城区	233271.89

（2）产业结构分量。

表 5-30 显示出，经济基础好的城区、增长强劲的城区拥有较合理的产业结构分量，如西乡塘区、青秀区、江南区和柳南区、柳北区、鱼峰区等具有较好产业结构优势。而经济基础落后地区则显示出产业结构需要进一步调整的特征，如雁山区、叠彩区，福绵区等，这些城区产业结构调整的空间较大。

表 5-30　2015—2017 年广西 36 个城区 GDP 产业结构分量 P_{ij} 排名前 10 名和排名后 10 名

排名	县市名称	产业结构分量 P_{ij}	排名	县市名称	产业结构分量 P_{ij}
1	西乡塘区	812702.47	36	雁山区	23238.20
2	青秀区	757949.68	35	福绵区	65655.21
3	柳南区	566506.91	34	邕宁区	67473.83
4	柳北区	479804.14	33	叠彩区	71258.40
5	江南区	423360.62	32	港南区	82460.36
6	海城区	396166.58	31	银海区	101215.33
7	鱼峰区	366258.48	30	覃塘区	104440.14
8	兴宁区	357697.28	29	龙圩区	105525.89
9	港口区	347219.34	28	平桂区	110169.71
10	玉州区	331681.27	27	金城江区	114477.46

（3）区域竞争力分量。

表 5-31 显示出，有些城区体现出较大的竞争力分量，如铁山港区、海城区、右江区、龙圩区、钦南区、钦北区等经济增长势头大，具有很强的竞争能力。而另一些地区则显示出经济增长势头不强，竞争力较弱的特征，如临桂区、七星区、西乡塘区等。

表 5-31　2015—2017 年广西 36 个城区 GDP 区域竞争力分量 D_{ij} 排名前 10 名和排名后 10 名

排名	县市名称	区域竞争力分量 D_{ij}	排名	县市名称	区域竞争力分量 D_{ij}
1	铁山港区	1050196.62	36	临桂区	−1083500.46
2	江南区	911207.02	35	西乡塘区	−941552.77
3	右江区	379048.11	34	柳北区	−541556.99
4	龙圩区	345502.99	33	长洲区	−510301.48
5	钦北区	286970.57	32	城中区	−326071.43

续表

排名	县市名称	区域竞争力分量 D_{ij}	排名	县市名称	区域竞争力分量 D_{ij}
6	海城区	282345.32	31	七星区	-232015.94
7	江州区	236304.35	30	兴宁区	-189104.04
8	钦南区	232445.54	29	八步区	-181379.95
9	柳南区	161304.78	28	万秀区	-117655.94
10	覃塘区	138875.83	27	金城江区	-88248.55

二、城区农业经济增加值的偏离—份额结果

1. 总体排名

从表 5-32 中可以看出，2015—2017 年广西城区农业的增量 G_{ij} 合计为 785700 万元，均值为 21800 万元，其中高于农业的增量 G_{ij} 均值的有江南区、钦南区、兴宾区等 16 个城区，低于农业的增量 G_{ij} 均值的有临桂区、港北区、金城江区等 20 个城区。区域增长分量 N_{ij} 合计为 62700 万元，均值为 1700 万元，有钦南区、兴宾区、钦北区等 18 个城区高于均值，这说明这 18 个城区农业经济的增长性高于广西城区整体平均水平，其中钦南区、兴宾区、钦北区、临桂区、平桂区、银海区 6 个城区的农业区域增长性较好，区域增长分量超过了 3000 万元。2015—2017 年广西城区中有 19 个城区的 $r_{ij}-R_j$ 大于 0，说明同期有 19 个城区的农业增长率高于 36 个城区整体平均水平。

表 5-32　2015—2017 年广西 36 个城区农业经济偏离－份额分析　　　（单位：万元）

名称	G_{ij}	N_{ij}	P_{ij}	D_{ij}	r_{ij}	$r_{ij}-R_j$
兴宁区	2165.00	961.86	11078.56	-9875.42	0.0201	-0.0917
青秀区	16927.00	1445.97	16654.47	-1173.44	0.1046	-0.0072
江南区	120352.00	1606.46	18503.02	100242.52	0.6692	0.5574
西乡塘区	-1697.00	1796.54	20692.23	-24185.76	-0.0084	-0.1203
良庆区	24706.00	1838.24	21172.60	1695.15	0.1201	0.0082
邕宁区	28493.00	2215.79	25521.18	756.02	0.1149	0.0030
城中区	582.00	89.21	1027.52	-534.73	0.0583	-0.0535
鱼峰区	-3518.00	228.14	2627.71	-6373.85	-0.1377	-0.2496
柳南区	-776.00	241.30	2779.26	-3796.56	-0.0287	-0.1405
柳北区	9881.00	763.28	8791.40	326.31	0.1156	0.0038
叠彩区	917.00	120.58	1388.86	-592.44	0.0679	-0.0439
象山区	665.00	101.93	1174.03	-610.96	0.0583	-0.0535

续表

名称	G_{ij}	N_{ij}	P_{ij}	D_{ij}	r_{ij}	$r_{ij}-R_j$
七星区	-959.00	150.24	1730.44	-2839.68	-0.0570	-0.1688
雁山区	2538.00	450.93	5193.79	-3106.72	0.0503	-0.0615
临桂区	21589.00	3433.00	39540.74	-21384.74	0.0562	-0.0556
万秀区	3525.00	317.91	3661.61	-454.52	0.0990	-0.0128
长洲区	5604.00	371.49	4278.72	953.79	0.1348	0.0229
龙圩区	9585.00	730.02	8408.26	446.72	0.1173	0.0055
海城区	42104.00	1974.57	22742.85	17386.58	0.1905	0.0787
银海区	70722.00	3011.23	34682.87	33027.90	0.2098	0.0980
铁山港区	52841.00	2225.62	25634.36	24981.02	0.2121	0.1003
港口区	34502.00	1270.75	14636.26	18595.00	0.2425	0.1307
防城区	41108.00	2422.52	27902.27	10783.20	0.1516	0.0398
钦南区	104057.00	5362.11	61760.00	36934.89	0.1733	0.0615
钦北区	72991.00	4015.06	46244.90	22731.04	0.1624	0.0506
港北区	19136.00	1730.67	19933.65	-2528.32	0.0988	-0.0130
港南区	23279.00	1820.26	20965.49	493.25	0.1142	0.0024
覃塘区	31582.00	2077.09	23923.67	5581.23	0.1358	0.0240
玉州区	8874.00	1453.58	16742.13	-9321.71	0.0545	-0.0573
福绵区	11121.00	1998.75	23021.36	-13899.12	0.0497	-0.0621
右江区	37786.00	2274.07	26192.41	9319.52	0.1484	0.0366
八步区	30816.00	2535.29	29201.11	-920.40	0.1086	-0.0032
平桂区	-182618.00	3431.07	39518.52	-225567.58	-0.4754	-0.5873
金城江区	18525.00	1038.85	11965.33	5520.81	0.1593	0.0475
兴宾区	85689.00	5093.57	58666.94	21928.49	0.1503	0.0385
江州区	42633.00	2170.54	24999.96	15462.50	0.1755	0.0636
合计	785727.00	62768.51	722958.49	0.00	3.6164	-0.4091
均值	21825.75	1743.57	20082.18			

从表 5-32 中可以看出，2015—2017 年广西城区农业产业结构分量 P_{ij} 合计为 722900 万元，均值为 20000 万元，有钦南区、兴宾区、钦北区等 18 个城区高于均值，表明这 18 个城区农业经济结构高级化水平好，其中钦南区、兴宾区、钦北区、临桂区、平桂区、银海区 6 个城区的农业的产业结构分量超过了 30000 万元。

从表 5-32 中可以看出，2015—2017 年广西城区中有 17 个城区的农业区域竞争力分量 D_{ij} 小于 0。与全区平均水平相比，仅柳北区、龙圩区、港南区、邕宁区、长洲区、良庆区、金城江区、覃塘区、右江区、防城区、江州区、海城区、港口区、兴宾区等 19 个城区的农业区域竞争力分量大于 0。竞争力分量大于 0，说明区域农业经济竞争力强。

2. 区域增长分量、产业结构分量和区域竞争力分量排序

（1）区域增长分量。

表 5-33 显示出，有些城区拥有较强的农业经济增长分量，如江南区、钦南区、钦北区、兴宾区等，这些城区具有较强的潜力。而另一些地区则显示出增加值缓慢的特征，如平桂区、鱼峰区、柳南区、七星区、象山区、叠彩区、雁山区等，这些城区农业经济增长较为缓慢。

表 5-33　2015—2017 年广西 36 个城区农业增加值 G_{ij} 排名前 10 名和排名后 10 名

排名	县市名称	增加值 G_{ij}	排名	县市名称	增加值 G_{ij}
1	江南区	120352.00	36	平桂区	−182618.00
2	钦南区	104057.00	35	鱼峰区	−3518.00
3	兴宾区	85689.00	34	西乡塘区	−1697.00
4	钦北区	72991.00	33	七星区	−959.00
5	银海区	70722.00	32	柳南区	−776.00
6	铁山港区	52841.00	31	城中区	582.00
7	江州区	42633.00	30	象山区	665.00
8	海城区	42104.00	29	叠彩区	917.00
9	防城区	41108.00	28	兴宁区	2165.00
10	右江区	37786.00	27	雁山区	2538.00

（2）产业结构分量。

表 5-34 显示出，有些城区拥有较合理的产业结构分量，如钦南区、钦北区，来宾市的兴宾区，临桂区等具有较好产业结构优势。而另一些地区则显示出产业结构需要进一步调整的特征，如城中区、鱼峰区、柳南区，象山区、叠彩区、七星区、雁山区，万秀区等，这些城区农业产业结构调整的空间较大。

表 5-34　2015—2017 年广西 36 个城区农业产业结构分量 P_{ij} 排名前 10 名和排名后 10 名

排名	县市名称	产业结构分量 P_{ij}	排名	县市名称	产业结构分量 P_{ij}
1	钦南区	61760.00	36	城中区	1027.52
2	兴宾区	58666.94	35	象山区	1174.03
3	钦北区	46244.90	34	叠彩区	1388.86
4	临桂区	39540.74	33	七星区	1730.44

续表

排名	县市名称	产业结构分量 P_{ij}	排名	县市名称	产业结构分量 P_{ij}
5	平桂区	39518.52	32	鱼峰区	2627.71
6	银海区	34682.87	31	柳南区	2779.26
7	八步区	29201.11	30	万秀区	3661.61
8	防城区	27902.27	29	长洲区	4278.72
9	右江区	26192.41	28	雁山区	5193.79
10	铁山港区	25634.36	27	龙圩区	8408.26

（3）区域竞争力分量。

表 5-35 显示出，有些城区体现出较大的竞争力，如江南区、钦南区、钦北区、银海区、铁山港区、海城区，以及江州区等经济增长势头大，具有很强的竞争能力。而另一些地区则显示出经济增长势头不强，竞争力较弱的特征，如平桂区，西乡塘区、兴宁区，鱼峰区、柳南区，桂林市的临桂区、雁山区、七星区等，这些地区的农业区域竞争力有待加强。

表 5-35　2015—2017 年广西 36 个城区农业区域竞争力分量 D_{ij} 排名前 10 名和排名后 10 名

排名	县市名称	区域竞争力分量 D_{ij}	排名	县市名称	区域竞争力分量 D_{ij}
1	江南区	100242.52	36	平桂区	−225567.58
2	钦南区	36934.89	35	西乡塘区	−24185.76
3	银海区	33027.90	34	临桂区	−21384.74
4	铁山港区	24981.02	33	福绵区	−13899.12
5	钦北区	22731.04	32	兴宁区	−9875.42
6	兴宾区	21928.49	31	玉州区	−9321.71
7	港口区	18595.00	30	鱼峰区	−6373.85
8	海城区	17386.58	29	柳南区	−3796.56
9	江州区	15462.50	28	雁山区	−3106.72
10	防城区	10783.20	27	七星区	−2839.68

三、城区工业经济增加值的偏离—份额结果

1. 总体排名

从表 5-36 中可以看出，2015—2017 年广西城区工业的增量 G_{ij} 合计为 6469100 万元，

均值为 179600 万元，其中高于工业的增量 G_{ij} 均值的有江南区、铁山港区、柳南区等 13 个城区，低于工业的增量 G_{ij} 均值的有钦南区、平桂区、万秀区等 23 个城区。区域增长量 N_{ij} 合计为 2573600 万元，均值为 71400 万元，有西乡塘区、柳南区、柳北区等 10 个城区高于均值，这说明这 10 个城区工业经济的增长性高于广西城区整体平均水平，其中西乡塘区、柳南区、柳北区、江南区、鱼峰区、港口区 6 个城区的工业区域增长性较好，区域增长分量超过了 150000 万元。广西城区中有 17 个城区的 $r_{ij}-R_j$ 大于 0，说明同期有 17 个城区的工业增长率高于广西城区整体平均水平。

表 5-36　2015—2017 年广西 36 个城区工业经济偏离—份额分析　　（单位：万元）

名称	G_{ij}	N_{ij}	P_{ij}	D_{ij}	r_{ij}	$r_{ij}-R_j$
兴宁区	10617.50	8136.31	12314.85	−9833.66	0.0960	−0.0889
青秀区	−38050.14	12423.67	18804.04	−69277.85	−0.2253	−0.4101
江南区	1420021.72	183150.84	277210.88	959660.01	0.5702	0.3854
西乡塘区	191009.40	290761.20	440086.26	−539838.05	0.0483	−0.1365
良庆区	62661.72	32429.07	49083.54	−18850.90	0.1421	−0.0428
邕宁区	72042.58	4755.90	7198.37	60088.31	1.1141	0.9292
城中区	−187154.00	69216.68	104764.01	−361134.69	−0.1989	−0.3837
鱼峰区	342119.00	182492.36	276214.22	−116587.58	0.1379	−0.0470
柳南区	904264.00	281079.30	425432.07	197752.63	0.2366	0.0517
柳北区	−46462.00	191155.96	289327.16	−526945.12	−0.0179	−0.2027
叠彩区	8364.09	5489.34	8308.48	−5433.73	0.1121	−0.0728
象山区	5539.41	38790.70	58712.29	−91963.58	0.0105	−0.1744
七星区	−61576.22	66476.73	100616.92	−228669.86	−0.0681	−0.2530
雁山区	−10188.77	2780.47	4208.43	−17177.67	−0.2695	−0.4544
临桂区	−794775.00	96431.52	145955.47	−1037161.99	−0.6062	−0.7910
万秀区	116101.19	70380.98	106526.25	−60806.04	0.1213	−0.0635
长洲区	−215321.37	118599.50	179508.17	−513429.04	−0.1335	−0.3184
龙圩区	447811.01	35051.12	53052.19	359707.69	0.9396	0.7548
海城区	605435.86	148618.79	224944.35	231872.71	0.2996	0.1147
银海区	47489.79	15770.84	23870.20	7848.75	0.2215	0.0366
铁山港区	1337748.08	100786.04	152546.33	1084415.70	0.9762	0.7913
港口区	422536.59	154030.35	233135.09	35371.15	0.2018	0.0169
防城区	39182.34	33446.76	50623.88	−44888.31	0.0862	−0.0987
钦南区	147548.00	22480.45	34025.64	91041.91	0.4827	0.2978
钦北区	302942.00	46067.92	69726.83	187147.25	0.4836	0.2988

续表

名称	G_{ij}	N_{ij}	P_{ij}	D_{ij}	r_{ij}	r_{ij}-R_j
港北区	87298.24	19495.04	29507.03	38296.17	0.3293	0.1445
港南区	61244.32	16860.53	25519.53	18864.26	0.2672	0.0823
覃塘区	231573.20	27772.53	42035.56	161765.11	0.6132	0.4284
玉州区	225767.00	69198.07	104735.85	51833.08	0.2400	0.0551
福绵区	16162.13	9445.54	14296.45	-7579.86	0.1258	-0.0590
右江区	425878.77	57029.05	86317.23	282532.49	0.5492	0.3644
八步区	-137119.73	31756.16	48065.04	-216940.93	-0.3176	-0.5024
平桂区	125314.00	29925.98	45294.94	50093.08	0.3080	0.1231
金城江区	-70203.57	20880.49	31604.00	-122688.06	-0.2473	-0.4321
兴宾区	88709.28	42122.06	63754.52	-17167.31	0.1549	-0.0300
江州区	284625.13	38408.06	58133.14	188083.93	0.5450	0.3602
合计	6469155.54	2573696.33	3895459.20	0.00	7.3287	0.6736
均值	179698.80	71491.56	108207.20			

从表 5-36 中可以看出，2015—2017 年广西城区工业产业结构分量 P_{ij} 合计为 3895400 万元，均值为 108200 万元，有西乡塘区、柳南区、柳北区等 10 个城区高于均值，表明这 10 个城区工业经济结构高级化水平好，其中西乡塘区、柳南区、柳北区、江南区、鱼峰区、港口区、海城区 7 个城区的工业的产业结构分量超过了 200000 万元。

从表 5-36 中可以看出，2015—2017 年广西城区中有 19 个城区的工业区域竞争力分量 D_{ij} 小于 0。与全区平均水平相比，仅银海区、港南区、港口区、港北区、平桂区、玉州区、邕宁区、钦南区、覃塘区、钦北区、江州区、柳南区、海城区、右江区、龙圩区、江南区等 17 个城区的工业区域竞争力分量大于 0。竞争力分量大于 0，说明区域工业经济竞争力强。

2. 区域增长分量、产业结构分量和区域竞争力分量排序

（1）区域增长分量。

表 5-37 显示出，经济基础好的城区、增长强劲的城区拥有较强的增长分量，如江南区，柳南区、鱼峰区等，这些城区具有较强的潜力。而另一些地区则显示出增加值缓慢的特征，如临桂区、七星区、雁山区、象山区，长洲区等，这些城区工业增长较为缓慢。

表 5-37　2015—2017 年广西 36 个城区工业增加值 G_{ij} 排名前 10 名和排名后 10 名

排名	县市名称	增加值 G_{ij}	排名	县市名称	增加值 G_{ij}
1	江南区	1420021.72	36	临桂区	-794775.00

续表

排名	县市名称	增加值 G_{ij}	排名	县市名称	增加值 G_{ij}
2	铁山港区	1337748.08	35	长洲区	-215321.37
3	柳南区	904264.00	34	城中区	-187154.00
4	海城区	605435.86	33	八步区	-137119.73
5	龙圩区	447811.01	32	金城江区	-70203.57
6	右江区	425878.77	31	七星区	-61576.22
7	港口区	422536.59	30	柳北区	-46462.00
8	鱼峰区	342119.00	29	青秀区	-38050.14
9	钦北区	302942.00	28	雁山区	-10188.77
10	江州区	284625.13	27	象山区	5539.41

（2）产业结构分量。

表 5-38 显示出，经济基础好的城区、增长强劲的城区拥有较合理的产业结构分量，如西乡塘区、江南区和柳南区、柳北区、鱼峰区等具有较好工业产业结构优势。而经济基础落后地区则显示出工业产业结构需要进一步调整的特征，如雁山区、叠彩区，邕宁区、兴宁区、青秀区，福绵区等，这些城区工业产业结构调整的空间较大。

表 5-38　2015—2017 年广西 36 个城区工业产业结构分量 P_{ij} 排名前 10 名和排名后 10 名

排名	县市名称	产业结构分量 P_{ij}	排名	县市名称	产业结构分量 P_{ij}
1	西乡塘区	440086.26	36	雁山区	4208.43
2	柳南区	425432.07	35	邕宁区	7198.37
3	柳北区	289327.16	34	叠彩区	8308.48
4	江南区	277210.88	33	兴宁区	12314.85
5	鱼峰区	276214.22	32	福绵区	14296.45
6	港口区	233135.09	31	青秀区	18804.04
7	海城区	224944.35	30	银海区	23870.20
8	长洲区	179508.17	29	港南区	25519.53
9	铁山港区	152546.33	28	港北区	29507.03
10	临桂区	145955.47	27	金城江区	31604.00

（3）区域竞争力分量。

表 5-39 显示出，有些城区体现出较大的竞争力分量，如铁山港区、海城区，江南区、柳南区、右江区、钦南区、钦北区等经济增长势头大，在工业发展中具有很强的竞争能力。而另一些地区则显示出经济增长势头不强，竞争力较弱的特征，如临林区、七星区、

象山区，西乡塘区，柳北区、鱼峰区等，这些城区的工业竞争力有待进一步提高。

表 5-39　2015—2017 年广西 36 个城区工业区域竞争力分量 D_{ij} 排名前 10 名和排名后 10 名

排名	县市名称	区域竞争力分量 D_{ij}	排名	县市名称	区域竞争力分量 D_{ij}
1	铁山港区	1084415.70	36	临桂区	−1037161.99
2	江南区	959660.01	35	西乡塘区	−539838.05
3	龙圩区	359707.69	34	柳北区	−526945.12
4	右江区	282532.49	33	长洲区	−513429.04
5	海城区	231872.71	32	城中区	−361134.69
6	柳南区	197752.63	31	七星区	−228669.86
7	江州区	188083.93	30	八步区	−216940.93
8	钦北区	187147.25	29	金城江区	−122688.06
9	覃塘区	161765.11	28	鱼峰区	−116587.58
10	钦南区	91041.91	27	象山区	−91963.58

四、城区服务业经济增加值的偏离—份额结果

1. 总体排名

从表 5-40 中可以看出，2015—2017 年广西城区服务业的增量 G_{ij} 合计为 9825300 万元，均值为 272900 万元，其中高于服务业的增量 G_{ij} 均值的有青秀区、柳北区、玉州区等 12 个城区，低于服务业的增量 G_{ij} 均值的有港北区、钦北区、兴宾区等 24 个城区。区域增长分量 N_{ij} 合计为 4359500 万元，均值为 121000 万元，有青秀区、西乡塘区、兴宁区等 11 个城区高于均值，这说明这 11 个城区服务业经济的增长性高于广西城区整体平均水平，其中青秀区、西乡塘区、兴宁区、柳北区、玉州区 5 个城区的服务业区域增长性较好，区域增长分量超过了 200000 万元。广西城区中有 25 个城区的 $r_{ij}-R_j$ 大于 0，说明同期有 25 个城区的服务业增长率高于 36 个城区整体平均水平。

表 5-40　2015—2017 年广西 36 个城区服务业经济偏离—份额分析　（单位：万元）

名称	G_{ij}	N_{ij}	P_{ij}	D_{ij}	r_{ij}	$r_{ij}-R_j$
兴宁区	482149.72	317410.25	397959.03	−233219.56	0.1697	−0.0821
青秀区	1468959.78	719818.48	902485.87	−153344.57	0.2280	−0.0238
江南区	257967.91	138801.49	174024.96	−54858.53	0.2076	−0.0441
西乡塘区	447455.29	365638.58	458426.20	−376609.48	0.1367	−0.1151
良庆区	118102.66	39087.49	49006.67	30008.50	0.3375	0.0858

续表

名称	G_{ij}	N_{ij}	P_{ij}	D_{ij}	r_{ij}	$r_{ij}-R_j$
邕宁区	139984.45	29618.73	37135.03	73230.69	0.5279	0.2762
城中区	434414.62	172813.33	216667.94	44933.35	0.2808	0.0290
鱼峰区	397399.23	123501.91	154842.83	119054.48	0.3594	0.1077
柳南区	452692.25	181578.54	227657.49	43456.21	0.2785	0.0267
柳北区	502164.47	216373.14	271281.86	14509.47	0.2592	0.0075
叠彩区	132126.11	60506.15	75860.71	−4240.75	0.2439	−0.0078
象山区	310282.99	136630.77	171303.38	2348.85	0.2537	0.0019
七星区	211131.55	88261.34	110659.31	12210.89	0.2672	0.0155
雁山区	32320.84	13982.70	17531.07	807.08	0.2582	0.0064
临桂区	131211.74	50692.91	63557.18	16961.65	0.2891	0.0374
万秀区	169650.51	100673.04	126220.71	−57243.24	0.1882	−0.0635
长洲区	205221.36	78899.81	98922.11	27399.43	0.2905	0.0388
龙圩区	112274.05	48419.62	60707.00	3147.43	0.2590	0.0073
海城区	436809.15	162302.74	203490.10	71016.31	0.3006	0.0489
银海区	136510.55	44108.63	55302.03	37099.89	0.3457	0.0940
铁山港区	53535.24	23242.00	29140.09	1153.15	0.2573	0.0055
港口区	215563.05	110214.82	138183.90	−32835.67	0.2185	−0.0333
防城区	110261.36	50259.10	63013.29	−3011.02	0.2451	−0.0067
钦南区	367281.21	110867.71	139002.46	117411.04	0.3700	0.1183
钦北区	267312.52	102287.70	128245.12	36779.71	0.2919	0.0402
港北区	268476.51	115654.46	145003.94	7818.11	0.2593	0.0076
港南区	70296.35	35092.27	43997.58	−8793.50	0.2238	−0.0280
覃塘区	81188.63	39006.51	48905.14	−6723.02	0.2325	−0.0193
玉州区	488164.01	212290.58	266163.28	9710.16	0.2569	0.0051
福绵区	48873.02	22688.09	28445.62	−2260.69	0.2406	−0.0111
右江区	294149.75	93929.43	117765.78	82454.53	0.3498	0.0981
八步区	214247.37	75337.62	94455.95	44453.80	0.3177	0.0659
平桂区	148393.00	34292.63	42995.02	71105.35	0.4834	0.2316
金城江区	188451.39	71495.39	89638.69	27317.31	0.2944	0.0427
兴宾区	260062.61	111725.54	140077.98	8259.09	0.2600	0.0083
江州区	170293.46	62029.39	77770.51	30493.55	0.3067	0.0549
合计	9825378.72	4359532.87	5465845.84	0.00	10.0893	1.0263
均值	272927.20	121098.10	151829.10			

从表 5-40 中可以看出，2015—2017 年广西城区服务业产业结构分量 P_{ij} 合计为 5465800 万元，均值为 151800 万元，有青秀区、西乡塘区、兴宁区等 11 个城区高于均值，表明这 11 个城区服务业经济结构高级化水平好，其中青秀区、西乡塘区、兴宁区、柳北区、玉州区、柳南区、城中区、海城区 8 个城区的工业的产业结构分量超过了 200000 万元。

从表 5-40 中可以看出，2015—2017 年广西城区中有 11 个城区的服务业区域竞争力 D_{ij} 小于 0。与全区平均水平相比，仅雁山区、铁山港区、象山区、龙圩区、港北区、兴宾区、七星区、柳北区、临桂区、金城江区、长洲区、良庆区、江州区、钦北区、银海区等 25 个城区的服务业区域竞争力大于 0，说明区域竞争力强。

2. 区域增长分量、产业结构分量和区域竞争力分量排序

（1）区域增长分量。

表 5-41 显示出，经济基础好的城区、增长强劲的城区在服务业发展中拥有较强的增长分量，如青秀区、兴宁区、西乡塘区，柳北区、柳南区、鱼峰区等，这些城区具有较强的潜力。而另一些地区则显示出服务业增加值缓慢的特征，如雁山区、临桂区、叠彩区，福绵区、铁山港区等，这些城区服务业增长较为缓慢。

表 5-41　2015—2017 年广西 36 个城区服务业增加值 G_{ij} 排名前 10 名和排名后 10 名

排名	县市名称	增加值 G_{ij}	排名	县市名称	增加值 G_{ij}
1	青秀区	1468959.78	36	雁山区	32320.84
2	柳北区	502164.47	35	福绵区	48873.02
3	玉州区	488164.01	34	铁山港区	53535.24
4	兴宁区	482149.72	33	港南区	70296.35
5	柳南区	452692.25	32	覃塘区	81188.63
6	西乡塘区	447455.29	31	防城区	110261.36
7	海城区	436809.15	30	龙圩区	112274.05
8	城中区	434414.62	29	良庆区	118102.66
9	鱼峰区	397399.23	28	临桂区	131211.74
10	钦南区	367281.21	27	叠彩区	132126.11

（2）产业结构分量。

表 5-42 显示出，经济基础好的城区、增长强劲的城区拥有较合理的服务业产业结构，如青秀区、西乡塘区、兴宁区、江南区和柳州市的柳南区、柳北区、鱼峰区等具有较好产业结构优势。而另一些地区则显示出服务业产业结构需要进一步调整的特征，如雁山区，福绵区、铁山港区、银海区，港南区、覃塘区等，这些城区服务业产业结构调整的空间

较大。

表 5-42　2015—2017 年广西 36 个城区服务业产业结构分量 P_{ij} 排名前 10 名和排名后 10 名

排名	县市名称	产业结构分量 P_{ij}	排名	县市名称	产业结构分量 Pij
1	青秀区	902485.87	36	雁山区	17531.07
2	西乡塘区	458426.20	35	福绵区	28445.62
3	兴宁区	397959.03	34	铁山港区	29140.09
4	柳北区	271281.86	33	邕宁区	37135.03
5	玉州区	266163.28	32	平桂区	42995.02
6	柳南区	227657.49	31	港南区	43997.58
7	城中区	216667.94	30	覃塘区	48905.14
8	海城区	203490.10	29	良庆区	49006.67
9	江南区	174024.96	28	银海区	55302.03
10	象山区	171303.38	27	龙圩区	60707.00

（3）区域竞争力分量。

表 5-43 显示出，有些城区体现出较大的竞争力分量，如鱼峰区、城中区、柳南区，钦南区，南宁市的邕宁区，海城区、银海区等经济增长势头大，在服务业发展中具有很强的竞争能力。而另一些地区则显示出服务业经济增长势头不强，竞争力较弱的特征，如西乡塘区、兴宁区、青秀区、江南区，万秀区，港口区，港南区、覃塘区等，这些城区的服务业竞争力有待进一步提高。

表 5-43　2015—2017 年广西 36 个城区服务业区域竞争力分量 D_{ij} 排名前 10 名和排名后 10 名

排名	县市名称	区域竞争力分量 D_{ij}	排名	县市名称	区域竞争力分量 D_{ij}
1	鱼峰区	119054.48	36	西乡塘区	-376609.48
2	钦南区	117411.04	35	兴宁区	-233219.56
3	右江区	82454.53	34	青秀区	-153344.57
4	邕宁区	73230.69	33	万秀区	-57243.24
5	平桂区	71105.35	32	江南区	-54858.53
6	海城区	71016.31	31	港口区	-32835.67
7	城中区	44933.35	30	港南区	-8793.50
8	八步区	44453.80	29	覃塘区	-6723.02
9	柳南区	43456.21	28	叠彩区	-4240.75
10	银海区	37099.89	27	防城区	-3011.02

第六章

广西县域经济高质量发展的营商环境评价

第一节 广西县域经济高质量发展营商环境的整体评价

表6-1给出了2014—2017年广西县域营商环境的整体评价值，其中排在前36名的县域中，2014年有26个城区，2015年有26个城区，2016年有22个城区和2017年有24个城区，并且每年排在前15名的均为城区，其中青秀区、兴宁区、柳南区、西乡塘区、城中区、柳北区6个城区表现最突出，排名每年均进入前10名。可见，广西县域营商环境较好的地区主要集中在城区。

表6-1 2014—2017年广西110个县域营商环境的整体评价值和排名

地区	2014年		2015年		2016年		2017年	
	评价值	排名	评价值	排名	评价值	排名	评价值	排名
青秀区	0.70026	2	0.75192	1	0.74926	1	0.75583	1
兴宁区	0.62070	4	0.66664	3	0.66937	2	0.70284	2
西乡塘区	0.71913	1	0.71412	2	0.57957	5	0.60237	5
柳南区	0.62496	3	0.60286	4	0.64305	3	0.66326	3
鱼峰区	0.49551	6	0.46494	11	0.61348	4	0.61699	4
玉州区	0.45931	11	0.50556	8	0.55048	6	0.55467	6
城中区	0.51067	5	0.51189	7	0.52198	9	0.51818	7
柳北区	0.48232	8	0.49630	9	0.53468	7	0.50076	9
象山区	0.33170	16	0.52951	6	0.52984	8	0.50471	8
叠彩区	0.46721	10	0.47806	10	0.46693	11	0.44578	11
七星区	0.43855	12	0.46277	12	0.46708	10	0.45885	10
江南区	0.48327	7	0.56413	5	0.37490	12	0.40051	12
海城区	0.47252	9	0.35992	15	0.34016	13	0.36762	14
港口区	0.42615	13	0.38314	14	0.30077	17	0.34959	15
长洲区	0.40449	14	0.44266	13	0.26263	24	0.27750	20

续表

地区	2014 年		2015 年		2016 年		2017 年	
	评价值	排名	评价值	排名	评价值	排名	评价值	排名
港北区	0.30148	22	0.32397	17	0.33762	14	0.38591	13
良庆区	0.28304	27	0.31865	19	0.31649	15	0.30364	16
临桂区	0.30781	18	0.29364	23	0.31297	16	0.30244	17
东兴市	0.29773	23	0.28830	25	0.29274	18	0.28440	19
北流市	0.27336	29	0.30625	20	0.28241	19	0.28632	18
岑溪市	0.30371	21	0.29375	22	0.27243	21	0.27027	22
万秀区	0.27384	28	0.32181	18	0.27104	22	0.26055	24
宾阳县	0.30965	17	0.29970	21	0.25069	29	0.25676	25
平果县	0.28502	26	0.28460	26	0.28010	20	0.25286	26
银海区	0.27233	32	0.33805	16	0.25209	27	0.23071	36
右江区	0.27016	33	0.27225	30	0.26335	23	0.27306	21
雁山区	0.26243	35	0.27802	29	0.26115	25	0.26797	23
凭祥市	0.30448	19	0.26700	32	0.24885	30	0.22510	38
灵川县	0.27323	30	0.25910	35	0.25245	26	0.24579	29
兴安县	0.28546	25	0.23340	45	0.24493	32	0.23453	34
藤县	0.25168	40	0.24225	42	0.25157	28	0.24870	27
柳江区	0.25324	38	0.25214	38	0.24039	33	0.24700	28
武鸣县	0.28724	24	0.29106	24	0.21774	42	0.18956	54
荔浦县	0.27307	31	0.26036	34	0.22578	39	0.22223	39
桂平市	0.25151	41	0.25318	36	0.23228	35	0.24367	30
龙圩区	0.36056	15	0.23418	44	0.19109	56	0.19303	51
钦南区	0.25592	36	0.24961	40	0.23097	37	0.23844	31
钦北区	0.26356	34	0.25299	37	0.21891	41	0.23711	33
横县	0.25208	39	0.24350	41	0.23463	34	0.23840	32
防城区	0.23461	47	0.26841	31	0.22973	38	0.21684	41
博白县	0.22728	50	0.25185	39	0.23125	36	0.23357	35
平南县	0.24764	42	0.27817	28	0.20467	47	0.21098	43
江州区	0.30381	20	0.28252	27	0.17354	67	0.15896	72
八步区	0.23361	48	0.26171	33	0.21588	43	0.19582	50
容县	0.23015	49	0.22231	48	0.22173	40	0.22825	37
灵山县	0.23925	44	0.23526	43	0.20884	46	0.21509	42

续表

地区	2014 年		2015 年		2016 年		2017 年	
	评价值	排名	评价值	排名	评价值	排名	评价值	排名
田阳县	0.21375	56	0.19834	61	0.24639	31	0.20681	45
扶绥县	0.24055	43	0.21320	51	0.19934	52	0.20545	47
上思县	0.25581	37	0.21035	52	0.19947	51	0.19179	52
金城江区	0.21144	58	0.20902	55	0.21073	45	0.22219	40
浦北县	0.22118	54	0.23232	46	0.19399	55	0.20125	48
阳朔县	0.23504	46	0.23180	47	0.18564	61	0.18268	61
合浦县	0.21053	59	0.20152	59	0.20144	49	0.20959	44
陆川县	0.20143	65	0.20209	58	0.20342	48	0.20636	46
兴宾区	0.20625	62	0.20843	56	0.19536	53	0.19976	49
柳城县	0.23734	45	0.19128	64	0.19017	58	0.18944	55
南丹县	0.22186	53	0.20221	57	0.19000	59	0.18960	53
港南区	0.22401	51	0.22104	49	0.17052	69	0.18006	63
靖西县	0.20318	64	0.20137	60	0.21449	44	0.17458	66
田东县	0.21637	55	0.18771	68	0.19036	57	0.18562	59
兴业县	0.19537	67	0.21019	53	0.19405	54	0.18022	62
宜州区	0.20377	63	0.21735	50	0.17587	65	0.17906	64
平桂区	0.17295	78	0.20907	54	0.20015	50	0.18942	56
福绵区	0.21264	57	0.18774	67	0.18350	64	0.17757	65
铁山港区	0.22393	52	0.19396	63	0.15418	76	0.17322	67
鹿寨县	0.18334	71	0.18601	70	0.18636	60	0.18809	57
覃塘区	0.19058	68	0.18603	69	0.17504	66	0.18666	58
德保县	0.18434	70	0.18543	71	0.18527	63	0.16703	69
永福县	0.17366	76	0.17221	77	0.18538	62	0.18327	60
融安县	0.20673	60	0.18901	65	0.15586	75	0.15145	76
恭城瑶族自治县	0.18098	72	0.18172	73	0.16431	70	0.17062	68
武宣县	0.17302	77	0.17134	79	0.17161	68	0.16466	71
苍梧县	0.19984	66	0.17629	74	0.15712	72	0.14588	79
宁明县	0.20634	61	0.18890	66	0.14640	81	0.13429	87
平乐县	0.17493	75	0.17449	75	0.15619	74	0.15712	74
隆林各族自治县	0.16735	83	0.18477	72	0.14040	86	0.15725	73
龙胜各族自治县	0.15435	88	0.19825	62	0.15637	73	0.13252	90
龙州县	0.17744	73	0.17077	80	0.15346	77	0.13557	84

续表

地区	2014年		2015年		2016年		2017年	
	评价值	排名	评价值	排名	评价值	排名	评价值	排名
象州县	0.17566	74	0.17203	78	0.13889	87	0.14202	82
融水苗族自治县	0.17008	81	0.15547	87	0.15134	78	0.15158	75
钟山县	0.15207	90	0.15037	90	0.16037	71	0.16483	70
蒙山县	0.17276	79	0.15942	84	0.14861	80	0.14514	80
全州县	0.17038	80	0.16381	83	0.14352	85	0.14790	78
天峨县	0.14869	92	0.16508	82	0.14994	79	0.14847	77
大化瑶族自治县	0.16126	84	0.16821	81	0.13604	90	0.13702	83
富川瑶族自治县	0.13857	100	0.17317	76	0.14461	83	0.14316	81
隆安县	0.18714	69	0.14224	100	0.12866	95	0.12947	95
资源县	0.15596	86	0.14853	92	0.13441	92	0.13487	86
都安瑶族自治县	0.15996	85	0.15891	85	0.12455	99	0.12492	98
大新县	0.16811	82	0.14844	93	0.12679	96	0.11981	100
三江侗族自治县	0.14742	94	0.15189	88	0.13091	93	0.13252	91
田林县	0.14873	91	0.14443	96	0.13586	91	0.13193	92
邕宁区	0.13526	103	0.14831	94	0.14610	82	0.12970	94
巴马瑶族自治县	0.15313	89	0.15064	89	0.12646	97	0.12905	96
昭平县	0.13704	102	0.14944	91	0.13655	89	0.13412	88
灌阳县	0.12838	105	0.15704	86	0.13797	88	0.12984	93
合山市	0.15584	87	0.11861	106	0.14423	84	0.13302	89
西林县	0.14197	99	0.14005	102	0.12926	94	0.13535	85
乐业县	0.14300	97	0.14229	99	0.12160	101	0.12855	97
那坡县	0.14771	93	0.14677	95	0.11728	104	0.11515	105
上林县	0.14309	96	0.14391	97	0.12014	102	0.11564	104
罗城仫佬族自治县	0.13782	101	0.14152	101	0.11454	106	0.11892	101
环江毛南族自治县	0.11702	109	0.13761	103	0.12490	98	0.12325	99
天等县	0.14739	95	0.14371	98	0.10862	109	0.10177	110
凌云县	0.12521	106	0.12718	104	0.12251	100	0.11769	102
忻城县	0.13485	104	0.11536	108	0.11669	105	0.11712	103
金秀瑶族自治县	0.14236	98	0.11404	109	0.11064	107	0.10907	109
马山县	0.12432	107	0.11705	107	0.11768	103	0.11267	106
凤山县	0.11991	108	0.12180	105	0.10740	110	0.10986	108
东兰县	0.11098	110	0.10490	110	0.10886	108	0.11104	107

第二节　广西县市经济高质量发展的营商环境评价

一、县市营商环境的综合评价

表 6-2 给出了 2010—2017 年广西 74 个县市的营商环境的综合评价值和排名。2010—2017 年营商环境综合评价值排在前 20 名的县市变动不大，其中桂平市、北流市、宾阳县、横县、博白县、岑溪市、藤县、武鸣县、灵山县、平南县、灵川县、平果县、东兴市、合浦县、容县、兴安县 16 个县在 2010—2017 年的排名均进入前 20 名。桂平市、北流市、宾阳县 3 个县市的营商环境综合评价值相对较高，8 年间排名始终处于前 5 名。此外，横县、藤县发展也较稳定，8 年间排名稳定在前 10 名。浦北县在部分年份排名有所波动，2012 年和 2013 年跌出前 20 名行列，2 年都排在第 21 名，柳江区则在 2014 年排在第 21 名，其他年份均排在前 20 名。荔浦县自 2014 年进入前 20 名行列，最高排名是 2014 年排在第 14 名。陆川县在 2010—2014 年的排名在 20 ～ 24 名，2015 年以后排名有所上升，均排在 18 名左右。

凤山县、凌云县、那坡县、金秀瑶族自治县、西林县、东兰县、乐业县、巴马瑶族自治县、罗城仫佬族自治县这 9 个县市在 2010—2017 年都处于县市营商环境综合评价值排名的后 20 名。田林县除了 2010 年排在第 54 名，其余年份均排在最后 20 名。凤山县、凌云县在 2010—2017 年的排名均在最后 5 名，营商环境的综合评价值较低。

二、县市人口活力评价

（一）小学在校人数占比和排名

表 6-3 给出了 2010—2017 年广西 74 个县市的小学在校人数占比和排名，其中东兴市、西林县、北流市、隆林各族自治县、田林县、博白县 6 个县市在 2010—2017 年排名始终排在前 20 名；东兴市小学在校人数占比较高，在 2010—2017 年始终排在前 3 名；乐业县 2010—2015 年小学在校人数占比较高，但 2016 年及以后有所下降，排名掉出前 20 名；天峨县在 2016 年及以前排名均在前 20 名，2017 年排在第 25 名；巴马瑶族自治县、大化瑶族自治县小学在校人数占比不断上升，2014—2017 年均进入前 10 名；灵山县 2014 年、2015 年波动较大，在校人数占比下降明显，其他年份均处于前 20 名；凌云县在 2017 年跌出前 20 名行列，位列第 38 名；都安瑶族自治县 2016—2017 年占比提升明显，排名从 20 名左右跃升至前 10 名。

表 6-2　2010—2017 年广西 74 个县市的营商环境综合评价值和排名

地区	2010 年		2011 年		2012 年		2013 年		2014 年		2015 年		2016 年		2017 年	
	评价值	排名	评价值	排名	评价值	排名	评价值	排名	评价值	排名	评价值	排名	评价值	排名	评价值	排名
武鸣县	0.329778	10	0.347976	12	0.401660	11	0.434872	11	0.559329	4	0.594737	4	0.522849	9	0.520422	12
隆安县	0.189433	47	0.190359	49	0.201464	47	0.219782	47	0.287655	36	0.241266	52	0.229786	50	0.239548	48
马山县	0.162708	58	0.171003	55	0.186462	51	0.191314	54	0.209360	59	0.212948	61	0.224501	53	0.226831	54
上林县	0.149626	64	0.164583	59	0.184506	52	0.195516	52	0.208972	57	0.219627	58	0.220300	55	0.222062	55
宾阳县	0.371890	2	0.389792	4	0.443148	3	0.487333	3	0.581345	1	0.596827	3	0.595062	3	0.633680	3
横县	0.353601	7	0.383443	5	0.447030	4	0.487319	4	0.522697	6	0.536642	8	0.577996	5	0.623844	5
柳江区	0.294752	16	0.318696	18	0.364987	15	0.391030	20	0.416208	21	0.432271	17	0.429137	19	0.465467	15
柳城县	0.207337	38	0.222186	36	0.255430	31	0.279710	32	0.433202	13	0.302694	27	0.317343	28	0.328891	25
鹿寨县	0.278516	23	0.268726	27	0.290629	26	0.304866	28	0.326958	30	0.343587	25	0.355462	27	0.373631	22
融安县	0.177502	50	0.184940	50	0.195793	49	0.213184	48	0.279437	35	0.263681	39	0.246475	43	0.251629	43
融水苗族自治县	0.186863	49	0.191483	51	0.215627	45	0.230945	45	0.261897	43	0.269699	43	0.280984	40	0.301201	37
三江侗族自治县	0.152923	63	0.171098	56	0.179743	56	0.185769	57	0.203093	61	0.212394	59	0.222204	54	0.235036	50
阳朔县	0.260661	25	0.272253	24	0.274024	28	0.467364	5	0.339043	24	0.342846	23	0.306506	30	0.311868	29
灵川县	0.351835	6	0.361883	8	0.422701	5	0.445999	9	0.463256	12	0.448805	14	0.468984	14	0.483524	13
全州县	0.234975	33	0.250701	33	0.275454	32	0.276702	37	0.302774	37	0.305251	34	0.328235	35	0.353604	28
兴安县	0.300630	14	0.323454	15	0.363209	13	0.389021	16	0.466239	10	0.403614	19	0.429868	15	0.433916	17
永福县	0.212370	35	0.227160	32	0.244005	35	0.258762	33	0.262201	38	0.265552	36	0.295262	31	0.298683	31
灌阳县	0.165316	55	0.163215	58	0.171677	58	0.186304	55	0.194022	62	0.233323	50	0.218270	49	0.219171	53
龙胜各族自治县	0.150800	62	0.154046	64	0.172450	54	0.185274	50	0.198473	56	0.252824	40	0.197570	58	0.173539	67
资源县	0.143105	65	0.148890	65	0.152753	65	0.162658	64	0.208676	53	0.205189	60	0.190190	62	0.196019	60
平乐县	0.178888	52	0.188466	48	0.204991	46	0.217699	46	0.245154	45	0.249707	48	0.256108	42	0.266483	40

续表

地区	2010 年		2011 年		2012 年		2013 年		2014 年		2015 年		2016 年		2017 年	
	评价值	排名	评价值	排名	评价值	排名	评价值	排名	评价值	排名	评价值	排名	评价值	排名	评价值	排名
荔浦县	0.274985	21	0.271170	25	0.317982	22	0.337466	24	0.439026	14	0.427691	15	0.399820	21	0.415609	20
恭城瑶族自治县	0.190376	44	0.211534	40	0.234357	37	0.232579	43	0.254202	42	0.274279	33	0.259194	41	0.273881	36
苍梧县	0.277513	26	0.312419	21	0.359355	19	0.390775	19	0.311600	33	0.298999	35	0.307273	38	0.311375	39
藤县	0.348454	8	0.376423	6	0.422812	6	0.460865	7	0.497320	9	0.507563	9	0.544382	7	0.575653	7
蒙山县	0.175420	51	0.191608	44	0.222400	40	0.231184	41	0.223508	48	0.212522	56	0.201194	56	0.203849	56
岑溪市	0.339123	9	0.365517	11	0.412059	10	0.463310	8	0.543192	5	0.550971	7	0.556482	6	0.582846	6
合浦县	0.319343	17	0.356000	13	0.393150	14	0.429381	14	0.461740	17	0.471032	16	0.495925	11	0.538131	9
上思县	0.219349	34	0.223727	37	0.239137	38	0.260362	35	0.328817	25	0.272561	31	0.286004	33	0.283470	33
东兴市	0.367232	4	0.375035	7	0.422990	7	0.426800	13	0.425063	20	0.424870	18	0.445179	16	0.447589	18
灵山县	0.335563	12	0.351398	14	0.394361	12	0.441774	12	0.491956	11	0.506459	10	0.540067	8	0.580508	8
浦北县	0.297530	18	0.312966	20	0.337476	21	0.371797	21	0.434952	18	0.455829	13	0.438858	17	0.469879	14
平南县	0.335349	13	0.346216	17	0.382692	17	0.424606	15	0.540855	7	0.597562	5	0.503492	12	0.536958	11
桂平市	0.423797	1	0.458122	2	0.500391	1	0.563652	1	0.621640	2	0.672540	2	0.684709	2	0.753728	1
容县	0.300857	20	0.325462	19	0.372525	16	0.410907	17	0.464874	16	0.478083	12	0.500037	10	0.537907	10
陆川县	0.281413	24	0.308879	22	0.343034	20	0.367430	22	0.404769	22	0.421162	20	0.444600	18	0.475483	16
博白县	0.339848	11	0.383802	10	0.432144	9	0.479784	6	0.531938	8	0.580275	6	0.600994	4	0.643022	4
兴业县	0.231935	31	0.247955	31	0.269995	30	0.297701	29	0.342045	27	0.343184	24	0.355462	25	0.352105	23
北流市	0.392008	3	0.426939	3	0.473948	2	0.530023	2	0.601684	3	0.664215	1	0.683560	1	0.736221	2
田阳县	0.214743	36	0.229272	35	0.272010	27	0.281928	30	0.300720	31	0.292388	28	0.353558	23	0.332103	26
田东县	0.257101	28	0.256145	29	0.292068	23	0.325964	25	0.325302	28	0.293193	30	0.314248	32	0.320517	30
平果县	0.356650	5	0.355563	9	0.404777	8	0.421188	10	0.437510	15	0.444898	11	0.454612	13	0.430369	19

续表

地区	2010 年		2011 年		2012 年		2013 年		2014 年		2015 年		2016 年		2017 年	
	评价值	排名	评价值	排名	评价值	排名	评价值	排名	评价值	排名	评价值	排名	评价值	排名	评价值	排名
德保县	0.193662	43	0.211895	41	0.211121	43	0.241508	38	0.238108	46	0.240644	47	0.260227	39	0.243663	44
那坡县	0.101128	74	0.113104	74	0.117181	74	0.136212	72	0.161453	69	0.173307	67	0.165208	69	0.162253	71
凌云县	0.123064	72	0.128370	71	0.128901	71	0.140770	70	0.141634	73	0.141893	74	0.152483	70	0.151947	72
乐业县	0.148964	67	0.146333	68	0.148355	69	0.149606	69	0.150750	71	0.168153	68	0.145339	73	0.166090	69
田林县	0.174119	54	0.165340	62	0.174162	60	0.166277	67	0.173971	68	0.163860	71	0.188008	65	0.179601	68
西林县	0.142928	69	0.138707	69	0.137359	70	0.144298	71	0.150444	72	0.166478	62	0.150576	71	0.177421	66
隆林各族自治县	0.195284	46	0.166887	63	0.182221	55	0.194416	56	0.211496	60	0.265547	46	0.213633	20	0.268761	41
靖西县	0.242726	29	0.258971	28	0.273249	29	0.287265	31	0.300352	32	0.265338	37	0.356994	24	0.296932	38
昭平县	0.161692	59	0.169303	57	0.177437	57	0.190365	53	0.211039	55	0.234283	51	0.227834	47	0.242040	46
钟山县	0.192375	45	0.201544	45	0.213276	44	0.233303	44	0.257083	44	0.261477	45	0.292037	37	0.314140	32
富川瑶族自治县	0.176958	53	0.174994	53	0.180715	53	0.193075	51	0.208162	58	0.255727	44	0.225402	48	0.232956	49
宜州区	0.281105	27	0.288440	26	0.302405	25	0.322774	27	0.349810	26	0.380913	22	0.369681	26	0.382852	21
南丹县	0.283361	22	0.287451	1	0.263085	33	0.313068	26	0.314938	29	0.293819	29	0.300299	34	0.305468	35
天峨县	0.225382	32	0.196287	46	0.171023	61	0.172732	63	0.170186	67	0.190312	63	0.190401	61	0.193577	63
凤山县	0.123195	73	0.122558	72	0.120949	73	0.125555	74	0.138361	74	0.144474	73	0.147981	74	0.154962	73
东兰县	0.124277	71	0.121483	73	0.125407	72	0.135046	73	0.168988	70	0.162248	70	0.179741	67	0.197863	62
罗城仫佬族自治县	0.137210	68	0.143955	67	0.151299	68	0.167713	65	0.185036	66	0.194482	65	0.194001	64	0.210901	58
环江毛南族自治县	0.158308	61	0.164450	60	0.161291	63	0.172432	62	0.192153	65	0.226990	55	0.226137	51	0.237819	51
巴马瑶族自治县	0.144840	66	0.150163	66	0.156367	66	0.160707	68	0.193887	63	0.197031	64	0.184448	66	0.196550	65
都安瑶族自治县	0.165978	60	0.167086	61	0.172572	62	0.183069	61	0.228636	50	0.236398	54	0.235475	52	0.247749	42
大化瑶族自治县	0.206164	41	0.191203	47	0.162666	64	0.181788	60	0.231960	49	0.253461	49	0.219753	57	0.226685	57

续表

地区	2010 年		2011 年		2012 年		2013 年		2014 年		2015 年		2016 年		2017 年	
	评价值	排名	评价值	排名	评价值	排名	评价值	排名	评价值	排名	评价值	排名	评价值	排名	评价值	排名
忻城县	0.180612	48	0.176375	52	0.180651	50	0.194478	49	0.212527	52	0.188072	66	0.194809	60	0.202317	59
象州县	0.197486	42	0.215138	38	0.235918	39	0.236661	42	0.273500	39	0.256427	41	0.228912	46	0.245250	45
武宣县	0.212871	37	0.217674	39	0.247106	36	0.241108	40	0.263870	41	0.275533	38	0.291568	36	0.304540	34
金秀瑶族自治县	0.125310	70	0.125571	70	0.144014	67	0.154138	66	0.181783	64	0.145812	72	0.143417	72	0.144868	74
合山市	0.160508	57	0.233850	30	0.188432	48	0.172587	59	0.199324	54	0.161155	69	0.177547	63	0.171125	64
扶绥县	0.286239	19	0.277249	23	0.290059	24	0.343116	23	0.359160	23	0.323335	26	0.329226	29	0.348768	24
宁明县	0.207303	39	0.214510	42	0.227426	41	0.242656	39	0.291930	34	0.286951	32	0.238942	45	0.230061	52
龙州县	0.199937	40	0.206965	43	0.218313	42	0.251131	36	0.263458	40	0.255079	42	0.246603	44	0.230131	47
大新县	0.231680	30	0.227969	34	0.249983	34	0.261856	34	0.246942	47	0.228631	53	0.205424	59	0.201687	61
天等县	0.168192	56	0.171993	54	0.170423	59	0.183257	58	0.222395	51	0.221888	57	0.181653	68	0.178793	70
凭祥市	0.289258	15	0.317312	16	0.342902	18	0.373448	18	0.410220	19	0.366026	21	0.349574	22	0.323873	27

表 6-3　2010—2017 年广西 74 个县市的小学在校人数占比及排名

地区	2010 年		2011 年		2012 年		2013 年		2014 年		2015 年		2016 年		2017 年	
	指标值	排名	指标值	排名	指标值	排名	指标值	排名	指标值	排名	指标值	排名	指标值	排名	指标值	排名
武鸣县	0.055850	57	0.051102	66	0.049537	72	0.048706	73	0.062310	62	0.064062	61	0.064206	69	0.071737	65
隆安县	0.065089	44	0.069177	37	0.067229	40	0.068904	37	0.090826	30	0.099223	15	0.101699	24	0.101928	22
马山县	0.068617	36	0.067721	39	0.066337	41	0.065292	46	0.091139	29	0.091674	28	0.092171	35	0.090226	35
上林县	0.059012	52	0.056561	55	0.055175	63	0.054973	65	0.066526	59	0.067079	59	0.08501	45	0.084813	45
宾阳县	0.069720	34	0.067261	40	0.064783	43	0.062856	49	0.060608	66	0.026528	73	0.083577	49	0.084454	48
横县	0.061245	50	0.059570	49	0.059584	52	0.059327	58	0.011868	74	0.012171	74	0.090969	37	0.094596	29

续表

地区	2010年		2011年		2012年		2013年		2014年		2015年		2016年		2017年	
	指标值	排名	指标值	排名	指标值	排名	指标值	排名	指标值	排名	指标值	排名	指标值	排名	指标值	排名
柳江区	0.055991	56	0.057994	54	0.061149	50	0.065055	47	0.060222	67	0.062086	65	0.061965	73	0.061865	72
柳城县	0.049524	69	0.048834	71	0.049854	71	0.051256	70	0.057427	71	0.058255	68	0.060278	74	0.059701	73
鹿寨县	0.051480	64	0.046584	73	0.055553	61	0.059467	57	0.072054	51	0.071415	53	0.073068	61	0.072384	63
融安县	0.060031	51	0.058911	51	0.058802	56	0.058456	60	0.055112	73	0.055337	72	0.062098	72	0.059593	74
融水苗族自治县	0.075936	28	0.075624	30	0.076770	29	0.076954	31	0.077633	45	0.089872	31	0.094301	30	0.090919	33
三江侗族自治县	0.074346	29	0.077601	27	0.079014	28	0.081255	23	0.087316	33	0.085465	35	0.112183	11	0.111417	13
阳朔县	0.049027	71	0.049739	70	0.051395	68	0.061531	52	0.055560	72	0.057781	70	0.067718	66	0.068654	68
灵川县	0.048203	72	0.058925	50	0.062629	47	0.067987	42	0.062016	63	0.056535	71	0.081399	53	0.070290	67
全州县	0.054591	60	0.056074	57	0.057695	57	0.058219	62	0.057763	70	0.057946	69	0.071947	64	0.080554	53
兴安县	0.041522	74	0.042486	74	0.044193	74	0.047051	74	0.057821	69	0.061890	66	0.063409	71	0.071539	66
永福县	0.049165	70	0.050597	67	0.052817	66	0.055450	64	0.066427	60	0.069855	55	0.078980	55	0.075707	58
灌阳县	0.046631	73	0.047714	72	0.047297	73	0.050557	72	0.064843	61	0.073289	51	0.072472	63	0.073614	61
龙胜各族自治县	0.049988	68	0.050366	69	0.050972	70	0.051233	71	0.060823	65	0.062937	64	0.063601	70	0.062439	71
资源县	0.053854	61	0.055789	58	0.059492	53	0.062750	50	0.078485	44	0.081248	40	0.083103	50	0.083090	50
平乐县	0.050076	67	0.052914	64	0.055399	62	0.058303	61	0.061262	64	0.063089	63	0.075441	59	0.080416	54
荔浦县	0.050907	66	0.050491	68	0.051421	67	0.053287	69	0.059824	68	0.060747	67	0.064429	68	0.065436	70
恭城瑶族自治县	0.055197	58	0.055022	60	0.056722	60	0.060448	55	0.067930	56	0.079895	41	0.081526	52	0.082301	51
苍梧县	0.105855	6	0.102270	5	0.099931	7	0.092217	11	0.081170	40	0.082225	39	0.093904	31	0.092099	31
藤县	0.101216	12	0.098889	9	0.093260	13	0.084734	21	0.101746	16	0.099087	16	0.099091	27	0.101559	23
蒙山县	0.067830	38	0.066734	42	0.067704	38	0.068146	41	0.077159	47	0.077777	44	0.077147	58	0.079095	57
岑溪市	0.098532	14	0.092106	16	0.089422	17	0.087049	16	0.094206	23	0.093593	26	0.103710	22	0.105398	17

续表

地区	2010 年		2011 年		2012 年		2013 年		2014 年		2015 年		2016 年		2017 年	
	指标值	排名	指标值	排名	指标值	排名	指标值	排名	指标值	排名	指标值	排名	指标值	排名	指标值	排名
合浦县	0.091976	20	0.088432	21	0.087922	18	0.079791	28	0.087086	34	0.084871	36	0.084196	47	0.084654	46
上思县	0.090810	21	0.093322	14	0.094606	11	0.092964	10	0.080226	42	0.077649	45	0.089103	38	0.090503	34
东兴市	0.120806	2	0.124083	1	0.128109	1	0.132915	1	0.125942	3	0.129048	1	0.135436	2	0.141646	2
灵山县	0.107477	5	0.101400	6	0.096770	9	0.090126	14	0.082570	38	0.082226	38	0.116479	7	0.118344	8
浦北县	0.093042	19	0.088321	22	0.084524	23	0.080184	27	0.094234	22	0.100869	13	0.092651	34	0.094784	28
平南县	0.094112	16	0.089797	18	0.087275	19	0.082324	22	0.096101	19	0.095724	21	0.100272	25	0.100958	24
桂平市	0.101287	11	0.095335	13	0.092146	16	0.086855	18	0.091913	25	0.106611	7	0.105679	19	0.105389	18
容县	0.084090	25	0.081565	25	0.081502	26	0.080721	24	0.104135	14	0.106200	8	0.109378	15	0.121823	5
陆川县	0.097806	15	0.092164	15	0.086699	21	0.080213	26	0.108985	10	0.108611	6	0.111550	13	0.114737	10
博白县	0.102953	7	0.098757	11	0.092829	14	0.086965	17	0.111393	7	0.098321	17	0.110097	14	0.112247	12
兴业县	0.079030	27	0.076289	29	0.073776	32	0.070092	34	0.100361	17	0.075707	49	0.086199	42	0.089952	37
北流市	0.101591	9	0.098774	10	0.095571	10	0.091726	12	0.131124	1	0.118192	2	0.139684	1	0.142537	1
田阳县	0.051708	63	0.054025	63	0.057321	59	0.060986	54	0.071064	52	0.075756	48	0.083626	48	0.083805	49
田东县	0.067526	39	0.071466	33	0.074984	30	0.078010	29	0.093449	24	0.091587	29	0.094913	29	0.092761	30
平果县	0.066315	41	0.066979	41	0.067369	39	0.069125	35	0.080816	41	0.083352	37	0.084207	46	0.084623	47
德保县	0.065561	42	0.065394	44	0.066190	42	0.066067	45	0.072631	50	0.072093	52	0.077699	56	0.079299	56
那坡县	0.068247	37	0.071090	34	0.074794	31	0.077079	30	0.077437	46	0.078201	43	0.105718	18	0.102026	20
凌云县	0.101042	13	0.098203	12	0.096837	8	0.095397	9	0.103743	15	0.101204	12	0.108593	16	0.089657	38
乐业县	0.129173	1	0.120327	2	0.112388	4	0.106057	6	0.105964	13	0.096424	19	0.104061	21	0.099756	26
田林县	0.093798	17	0.099187	8	0.105031	5	0.108755	4	0.107688	11	0.104254	10	0.113013	10	0.103243	19
西林县	0.119775	3	0.117711	3	0.116545	2	0.117113	2	0.113716	4	0.111567	5	0.117228	6	0.108033	15

续表

地区	2010年		2011年		2012年		2013年		2014年		2015年		2016年		2017年	
	指标值	排名	指标值	排名	指标值	排名	指标值	排名	指标值	排名	指标值	排名	指标值	排名	指标值	排名
隆林各族自治县	0.101847	8	0.101169	7	0.101067	6	0.108618	5	0.130088	2	0.105655	9	0.121405	4	0.126402	4
靖西县	0.073924	30	0.070369	35	0.069085	35	0.068172	40	0.068830	55	0.070538	54	0.088712	39	0.088798	40
昭平县	0.070769	33	0.071986	32	0.073330	34	0.075203	32	0.095876	20	0.097073	18	0.099783	26	0.101971	21
钟山县	0.064686	45	0.072673	31	0.060360	51	0.060447	56	0.089592	32	0.095992	20	0.102825	23	0.107578	16
富川瑶族自治县	0.066818	40	0.062463	48	0.062330	48	0.064223	48	0.084937	36	0.090872	30	0.095048	28	0.099557	27
宜州区	0.061530	49	0.062467	47	0.064357	45	0.068931	36	0.070493	53	0.073911	50	0.085833	43	0.086604	44
南丹县	0.089572	23	0.088956	20	0.092172	15	0.095446	8	0.100347	18	0.101553	11	0.112182	12	0.114225	11
天峨县	0.116052	4	0.115125	4	0.115192	3	0.113134	3	0.106454	12	0.099967	14	0.108230	17	0.100921	25
凤山县	0.101398	10	0.089351	19	0.087166	20	0.087353	15	0.094640	21	0.093809	25	0.114334	9	0.116505	9
东兰县	0.082541	26	0.081310	26	0.081512	25	0.080381	25	0.111274	8	0.094339	22	0.104682	20	0.109029	14
罗城仫佬族自治县	0.057395	53	0.056275	56	0.058936	55	0.062220	51	0.068861	54	0.067768	58	0.086888	41	0.087845	42
环江毛南族自治县	0.065308	43	0.063783	46	0.064666	44	0.067708	43	0.091833	27	0.092633	27	0.093346	32	0.091553	32
巴马瑶族自治县	0.089751	22	0.090333	17	0.094439	12	0.099920	7	0.111764	6	0.112298	4	0.129383	3	0.130675	3
都安瑶族自治县	0.084990	24	0.083453	24	0.082987	24	0.085731	19	0.091835	26	0.089504	32	0.114856	8	0.119109	6
大化瑶族自治县	0.093707	18	0.086782	23	0.085565	22	0.090403	13	0.113558	5	0.114422	3	0.118079	5	0.118454	7
忻城县	0.057094	54	0.054805	61	0.054385	64	0.054567	67	0.076845	48	0.079236	42	0.079042	54	0.081417	52
象州县	0.056866	55	0.058072	53	0.059317	54	0.058674	59	0.110944	9	0.068696	56	0.074678	60	0.074531	60
武宣县	0.069689	35	0.067991	38	0.068811	36	0.068492	39	0.085325	35	0.086419	33	0.086945	40	0.087818	43
金秀瑶族自治县	0.063830	47	0.058210	52	0.061408	49	0.061142	53	0.078627	43	0.077142	46	0.077228	57	0.075118	59
合山市	0.050946	65	0.051135	65	0.051098	69	0.054967	66	0.067612	57	0.064060	62	0.072513	62	0.073373	62

续表

地区	2010 年		2011 年		2012 年		2013 年		2014 年		2015 年		2016 年		2017 年	
	指标值	排名	指标值	排名	指标值	排名	指标值	排名	指标值	排名	指标值	排名	指标值	排名	指标值	排名
扶绥县	0.061581	48	0.065478	43	0.067742	37	0.068861	38	0.081476	39	0.076041	47	0.083044	51	0.079851	55
宁明县	0.071994	32	0.069920	36	0.073606	33	0.074894	33	0.090110	31	0.094205	23	0.091742	36	0.089051	39
龙州县	0.052801	62	0.054775	62	0.057358	58	0.057127	63	0.067284	58	0.066343	60	0.065853	67	0.066131	69
大新县	0.054842	59	0.055757	59	0.053527	65	0.053706	68	0.073035	49	0.068515	57	0.070396	65	0.071852	64
天等县	0.064473	46	0.065376	45	0.064336	46	0.067685	44	0.091451	28	0.093854	24	0.093280	33	0.090054	36
凭祥市	0.073815	31	0.077216	28	0.081029	27	0.085692	20	0.084625	37	0.085545	34	0.085821	44	0.088719	41

2010—2017年，兴安县、柳城县、龙胜各族自治县、荔浦县、武鸣县、合山市、龙州县、永福县8个县市小学在校人数占比一直处于县市中的最后20名。横县排名波动较大，2014年排在第74名，2017年跃升至第29名；阳朔县只有2013年排在第52名；其他年份均排在最后20名；融安县排名逐年下降，2017年下降至第74名；灌阳县只有2015年排在第51名；柳江区排名逐年下降，2016年和2017年排名分别为第73名和第72名；柳江区、全州县、平乐县、鹿寨县、灵川县、上林县6个县市小学在校人数占比虽有上升的趋势，但上升速度不快，排名维持在较低的位置；宾阳县排名最低为2015年的第73名，最高为2010年的第34名。

（二）人口流动性指标和排名

表6-4给出了2010—2017年广西74个县市的人口流动性指标值和排名，其中东兴市、柳江区、凭祥市、阳朔县、天峨县、融安县、西林县、田林县、宜州区、乐业县这10个县市的排名始终保持在前20名；东兴市、柳江区的人口流动性指标值最高，2010—2017年始终排在前2位；灵川县2014年评价值有所下降，排名降至第27名，其余年份均排在前10名以内；荔浦县、南丹县、田阳县、上思县、蒙山县、柳城县、龙胜各族自治县、平乐县、兴安县评价值也相对较高，排名多次进入前20名。但排在前20名的县市中，只有东兴市、柳江区、凭祥市的人口流动性指标值保持在正数，其余的县市该指标值普遍为负数，说明广西绝大多数县市存在人口外流的现象。

东兰县、马山县、陆川县、天等县、隆安县、环江毛南族自治县、忻城县、容县这8个县市在2010—2017年，其人口流动性指标值一直处于74个县市中的最后20名。苍梧县虽在2010—2013年该指标排在74名，但近几年排名逐步上升，2017年排在第40名；钟山县在2010—2013年排在第70名以后，2016年和2017年排名均提升至38名；上林县、博白县、横县、兴业县、武鸣县、宁明县、昭平县、那坡县、大新县该指标值也相对较低；灵山县在2014—2015年人口流动性指标值一度达到正数，但总体来看，相对较低。

三、县市经济活力评价

（一）年末金融机构各项存款余额和排名分析

表6-5给出了2010—2017年广西74个县市年末金融机构各项存款余额及排名的整体数据，其中前20名的县市排名波动不大，桂平市、北流市、博白县、平南县、横县、合浦县、武鸣县、灵山县、容县、宾阳县、全州县、岑溪市、藤县、柳江区、灵川县、陆川县、宜州区17个县市的年末金融机构各项存款余额排名始终排在前20名，桂平市除2011年排第2名，其余各年均排第1名。北流市、博白县、平南县、横县、合浦县、灵山县年

表 6-4　2010—2017 年广西 74 个县市的人口流动性指标值及排名

地区	2010 年		2011 年		2012 年		2013 年		2014 年		2015 年		2016 年		2017 年	
	指标值	排名	指标值	排名	指标值	排名	指标值	排名	指标值	排名	指标值	排名	指标值	排名	指标值	排名
武鸣县	−0.210300	48	−0.20899	49	−0.207670	49	−0.206350	49	−0.207260	63	−0.221860	66	−0.210220	51	−0.201060	47
隆安县	−0.265460	64	−0.26374	64	−0.262010	64	−0.260280	64	−0.209970	64	−0.260610	70	−0.259480	65	−0.253310	66
马山县	−0.292110	70	−0.29044	70	−0.288750	70	−0.287070	69	−0.278470	71	−0.282980	74	−0.283860	72	−0.280290	72
上林县	−0.297450	71	−0.29403	71	−0.290600	71	−0.287140	70	−0.066530	31	−0.081250	37	−0.281420	71	−0.273160	71
宾阳县	−0.245280	59	−0.24215	60	−0.239010	59	−0.235860	58	0.027778	5	0.007419	8	−0.230360	58	−0.223130	57
横县	−0.298780	72	−0.29644	72	−0.294100	72	−0.291740	72	−0.041750	28	−0.04803	26	−0.289550	74	−0.282240	73
柳江区	0.036074	2	0.040322	2	0.044587	2	0.048869	2	0.060247	2	0.061203	2	0.060372	2	0.066176	1
柳城县	−0.130430	17	−0.12535	17	−0.120240	17	−0.115090	14	−0.082390	33	−0.080610	36	−0.106330	13	−0.094220	11
鹿寨县	−0.176220	35	−0.17125	34	−0.166260	31	−0.161230	30	−0.166430	50	−0.163500	54	−0.148590	27	−0.140830	27
融安县	−0.092130	10	−0.09097	10	−0.089800	10	−0.088630	9	0.040196	4	0.048743	3	−0.096720	9	−0.083940	9
融水苗族自治县	−0.170300	32	−0.17338	35	−0.176460	34	−0.179520	36	−0.015100	22	−0.152090	48	−0.198920	43	−0.191650	42
三江侗族自治县	−0.213050	50	−0.21507	51	−0.217070	51	−0.219070	53	−0.055920	30	−0.013080	21	−0.230500	59	−0.227020	60
阳朔县	−0.003440	4	−0.02146	4	−0.039150	4	−0.056530	5	0	11	0	10	−0.127550	18	−0.122950	18
灵川县	−0.050740	5	−0.05029	5	−0.049840	5	−0.049390	4	−0.030400	27	0.004930	9	−0.055200	4	−0.047580	4
全州县	−0.226540	54	−0.22404	53	−0.221540	53	−0.219030	52	−0.008050	19	−0.012080	20	−0.216280	54	−0.208910	53
兴安县	−0.119440	16	−0.11915	15	−0.118860	15	-0.118570	16	-0.119270	40	-0.118090	43	-0.124010	15	-0.117420	15
永福县	-0.175150	34	-0.17097	33	−0.166780	32	−0.162560	31	−0.158120	48	−0.157360	51	−0.153660	28	−0.145480	28
灌阳县	−0.189580	42	−0.18787	42	−0.186160	39	−0.184450	38	−0.187370	55	−0.159760	52	−0.186570	37	−0.177540	37
龙胜各族自治县	−0.162900	28	−0.14971	22	−0.136310	20	−0.122700	18	−0.127070	42	−0.077640	35	−0.076340	6	−0.066090	6
资源县	−0.165350	30	−0.16182	27	−0.158280	28	−0.154710	28	−0.148760	47	−0.150780	47	−0.148500	26	−0.140320	26
平乐县	−0.151650	22	−0.15313	25	−0.154600	26	−0.156080	29	0.002220	9	0	10	−0.169690	32	−0.161940	31

续表

地区	2010年		2011年		2012年		2013年		2014年		2015年		2016年		2017年	
	指标值	排名	指标值	排名	指标值	排名	指标值	排名	指标值	排名	指标值	排名	指标值	排名	指标值	排名
荔浦县	−0.076240	7	−0.07319	7	−0.070120	6	−0.067050	6	−0.074410	32	−0.040770	24	−0.065070	5	−0.054650	5
恭城瑶族自治县	−0.151660	23	−0.15080	23	−0.149930	24	−0.149060	24	−0.045800	29	−0.154000	50	−0.154580	29	−0.145590	29
苍梧县	−0.643250	74	−0.59886	74	−0.548960	74	−0.492840	74	0	11	−0.056400	28	−0.190930	40	−0.189340	40
藤县	−0.182140	38	−0.18554	40	−0.188920	42	−0.192290	44	−0.196190	60	−0.198630	59	−0.203160	46	−0.205620	50
蒙山县	−0.103430	12	−0.10244	12	−0.101450	12	−0.100460	12	−0.104380	39	−0.104670	41	−0.102590	12	−0.096470	12
岑溪市	−0.135580	19	−0.13863	20	−0.141680	21	−0.144710	22	−0.084780	35	−0.073160	33	−0.154850	30	−0.156730	30
合浦县	−0.154790	24	−0.15221	24	−0.149620	23	−0.147030	23	−0.139960	45	−0.143340	46	−0.144780	23	−0.136570	23
上思县	−0.130760	18	−0.13163	18	−0.132490	19	−0.133360	20	0.007034	8	0.012505	7	−0.146310	24	−0.136820	24
东兴市	0.108831	1	0.102338	1	0.095883	1	0.089466	1	0.081387	1	0.075433	1	0.065807	1	0.064171	2
灵山县	−0.276300	67	−0.27485	67	−0.273390	67	−0.271930	67	0.040595	3	0.031797	4	−0.270800	68	−0.266050	68
浦北县	−0.196580	44	−0.19358	43	−0.190570	43	−0.187550	40	−0.184660	54	−0.103610	40	−0.184730	36	−0.175340	36
平南县	−0.222930	52	−0.22229	52	−0.221660	54	−0.221020	54	−0.029650	26	−0.045140	25	−0.225500	56	−0.218470	56
桂平市	−0.213680	51	−0.21386	50	−0.214050	50	−0.214230	50	−0.004780	17	−0.218340	65	−0.221130	55	−0.214980	55
容县	−0.230080	56	−0.22960	56	−0.229120	56	−0.228640	56	−0.226830	66	−0.227750	67	−0.227970	57	−0.226710	59
陆川县	−0.289330	68	−0.28673	68	−0.284110	68	−0.281490	68	−0.283880	72	−0.274220	73	−0.272880	70	−0.270910	70
博白县	−0.238360	58	−0.23987	58	−0.241370	60	−0.242870	60	−0.242630	67	−0.160980	53	−0.245830	62	−0.248840	63
兴业县	−0.257800	62	−0.25328	62	−0.248740	61	−0.244170	61	−0.294330	74	−0.065880	32	−0.230880	60	−0.225600	58
北流市	−0.194230	43	−0.19592	44	−0.197610	44	−0.199300	47	−0.170820	51	−0.065630	31	−0.203020	45	−0.206010	51
田阳县	−0.101370	11	−0.09820	11	−0.095010	11	−0.091810	11	−0.028530	24	−0.053320	27	−0.087360	8	−0.078910	8
田东县	−0.158390	26	−0.15561	26	−0.152840	25	−0.150050	25	−0.147690	46	−0.116310	42	−0.143740	22	−0.138800	25
平果县	−0.139660	20	−0.13509	19	−0.130500	18	−0.125880	19	−0.119700	41	−0.119480	44	−0.118360	14	−0.107170	14

续表

地区	2010 年		2011 年		2012 年		2013 年		2014 年		2015 年		2016 年		2017 年	
	指标值	排名	指标值	排名	指标值	排名	指标值	排名	指标值	排名	指标值	排名	指标值	排名	指标值	排名
德保县	−0.182120	37	−0.17953	36	−0.17693	35	−0.174330	33	−0.09935	38	−0.08918	38	−0.16995	33	−0.163820	33
那坡县	−0.272640	65	−0.27051	65	−0.26837	65	−0.266230	65	0.000938	10	0	10	−0.26599	67	−0.257590	67
凌云县	−0.150960	21	−0.14752	21	−0.14406	22	−0.140590	21	−0.09423	37	−0.06103	29	−0.13006	20	−0.126570	22
乐业县	−0.118290	15	−0.11920	16	−0.12011	16	−0.121020	17	−0.0069	18	−0.01197	19	−0.12683	17	−0.124650	19
田林县	−0.109040	13	−0.11058	13	−0.11212	13	−0.113650	13	−0.00192	16	−0.0053	18	−0.12486	16	−0.119770	16
西林县	−0.085170	9	−0.08636	9	−0.08755	9	−0.088750	10	0	11	0	10	−0.09714	10	−0.09350	10
隆林各族自治县	−0.182050	36	−0.17988	37	−0.17771	36	−0.175530	34	0	11	0	10	−0.16405	31	−0.166740	35
靖西县	−0.247140	60	−0.24159	59	−0.236	58	−0.230360	57	−0.01488	21	−0.00305	15	−0.21252	52	−0.207400	52
昭平县	−0.202390	46	−0.20265	47	−0.20291	48	−0.203160	48	−0.21085	65	−0.20425	62	−0.20751	49	−0.204200	49
钟山县	−0.381100	73	−0.35581	73	−0.32949	73	−0.302090	73	−0.17998	53	−0.18418	57	−0.18658	38	−0.180820	38
富川瑶族自治县	−0.182440	39	−0.18458	39	−0.18672	40	−0.188850	41	−0.19616	59	−0.19928	60	−0.20107	44	−0.197330	45
宜州区	−0.112960	14	−0.11420	14	−0.11544	14	−0.116680	15	0.008357	7	−0.00528	17	−0.12772	19	−0.121620	17
南丹县	−0.059600	6	−0.06528	6	−0.07093	7	−0.076550	8	−0.02952	25	−0.03336	23	−0.1013	11	−0.098670	13
天峨县	−0.077970	8	−0.07717	8	−0.07637	8	−0.075570	7	0	11	0.027382	5	−0.0821	7	−0.072360	7
凤山县	−0.223770	53	−0.22472	54	−0.22566	55	−0.226610	55	−0.08793	36	−0.0751	34	−0.23161	61	−0.230390	61
东兰县	−0.290290	69	−0.28931	69	−0.28834	69	−0.287360	71	−0.28613	73	−0.27105	72	−0.28938	73	−0.283420	74
罗城仫佬族自治县	−0.184660	41	−0.18623	41	−0.1878	41	−0.189370	42	−0.00813	20	−0.00496	16	−0.19699	41	−0.195610	43
环江毛南族自治县	−0.250990	61	−0.25107	61	−0.25114	62	−0.251220	63	−0.25243	68	−0.25407	69	−0.2561	64	−0.251530	64
巴马瑶族自治县	−0.156280	25	−0.16326	30	−0.17018	33	−0.177050	35	−0.08449	34	−0.08961	39	−0.20398	48	−0.203940	48
都安瑶族自治县	−0.228690	55	−0.23211	57	−0.23551	57	−0.238890	59	−0.02222	23	−0.02164	22	−0.2531	63	−0.252290	65

续表

地区	2010年		2011年		2012年		2013年		2014年		2015年		2016年		2017年	
	指标值	排名	指标值	排名	指标值	排名	指标值	排名	指标值	排名	指标值	排名	指标值	排名	指标值	排名
大化瑶族自治县	−0.163440	29	−0.17088	32	−0.17827	37	−0.185580	39	−0.19978	61	−0.20713	63	−0.21332	53	−0.214200	54
忻城县	−0.258380	63	−0.25532	63	−0.25225	63	−0.249170	62	−0.25246	69	−0.25198	68	−0.26134	66	−0.236710	62
象州县	−0.202800	47	−0.20108	46	−0.19936	47	−0.197630	45	−0.20386	62	−0.12686	45	−0.19757	42	−0.190680	41
武宣县	−0.183910	40	−0.18389	38	−0.18387	38	−0.183850	37	−0.18774	56	−0.18717	58	−0.18793	39	−0.183780	39
金秀瑶族自治县	−0.212620	49	−0.20573	48	−0.19879	46	−0.191790	43	−0.18938	57	−0.18403	56	−0.17621	35	−0.163160	32
合山市	−0.174690	33	−0.16782	31	−0.16089	29	−0.153900	27	−0.16185	49	−0.15217	49	−0.14804	25	−0.125370	20
扶绥县	−0.168170	31	−0.16234	28	−0.15648	27	−0.150570	26	−0.13017	43	−0.06342	30	−0.14024	21	−0.126520	21
宁明县	−0.230310	57	−0.22578	55	−0.22123	52	−0.216650	51	−0.1373	44	−0.2095	64	−0.20759	50	−0.198050	46
龙州县	−0.161970	27	−0.1625	29	−0.16302	30	−0.163540	32	−0.17345	52	−0.16532	55	−0.17296	34	−0.165630	34
大新县	−0.198380	45	−0.19816	45	−0.19793	45	−0.197710	46	−0.19614	58	−0.20262	61	−0.2037	47	−0.196810	44
天等县	−0.275690	66	−0.27435	66	−0.27302	66	−0.271680	66	−0.2694	70	−0.27009	71	−0.27257	69	−0.266300	69
凭祥市	0.029030	3	0.03111	3	0.033202	3	0.035294	3	0.026834	6	0.024626	6	0.030702	3	0.0437060	3

表 6-5　2010—2017 年广西 74 个县市年末金融机构各项存款余额及排名

地区	2010年		2011年		2012年		2013年		2014年		2015年		2016年		2017年	
	余额（元）	排名	余额（元）	排名	余额（元）	排名	余额（元）	排名	余额（元）	排名	余额（元）	排名	余额（元）	排名	余额（元）	排名
武鸣县	807581	11	1026389	10	1278234	8	1441407.0	8	1673947	8	1912524	7	2229671	6	2572166	5
隆安县	369799	41	439341	41	531795	42	640505.1	38	778259	31	826796	33	891952	38	978390	38
马山县	308500	53	389715	50	487995	46	576517.4	46	654492	46	781641	37	897664	37	979908	37
上林县	307300	54	459972	38	571269	35	685099.7	32	758470	34	829547	32	876939	40	944504	40
宾阳县	860706	9	1029100	9	1210433	9	1395293.0	10	1586848	10	1760427	10	1981895	11	2127211	10

续表

地区	2010 年		2011 年		2012 年		2013 年		2014 年		2015 年		2016 年		2017 年	
	余额（元）	排名	余额（元）	排名	余额（元）	排名	余额（元）	排名	余额（元）	排名	余额（元）	排名	余额（元）	排名	余额（元）	排名
横县	1051483	6	1256972	6	1484963	5	1783198.0	3	1948676	4	2082775	5	2148577	8	2490014	6
柳江区	735358	14	877614	15	1097205	13	1280792.0	13	1412606	14	1563989	14	1653542	16	1936525	14
柳城县	410034	33	485943	33	619130	31	670225.9	33	735720	35	812527	34	916400	36	1049253	34
鹿寨县	680087	20	764261	20	895418	21	1037542.0	21	1183616	19	1301284	19	1412975	21	1560441	20
融安县	316652	52	395815	47	491669	45	572879.1	47	633898	48	702745	45	769382	48	864175	46
融水苗族自治县	424276	29	532749	30	636057	29	748523.0	30	838278	28	968086	26	1141994	26	1372153	24
三江侗族自治县	303113	56	362840	55	446478	53	518642.0	53	598907	52	679629	48	738525	51	850283	48
阳朔县	491935	27	591724	27	686281	25	1386029.0	11	824343	29	950831	28	1006534	32	1079339	33
灵川县	795301	13	892053	14	1046307	15	1227603.0	16	1348082	15	1489295	15	1676306	15	1921029	15
全州县	862898	8	993324	12	1128482	11	1275131.0	14	1424412	13	1576665	13	1837551	12	2047129	11
兴安县	688054	18	792629	19	937975	19	1036101.0	22	1143573	21	1222397	21	1336417	22	1484762	21
永福县	353492	44	394976	48	458895	51	530041.1	52	576753	53	612401	54	735012	52	784477	55
灌阳县	317401	50	388000	51	467558	49	540482.5	49	616901	51	639242	52	723280	53	840421	50
龙胜各族自治县	265875	60	298658	62	360272	62	403297.9	62	461926	62	494200	63	526913	64	578212	65
资源县	261797	63	309757	61	372168	60	421557.0	60	487143	59	547003	58	602243	59	659616	60
平乐县	413027	32	478377	35	559172	36	643372.9	37	703716	37	769279	39	842133	43	932345	41
荔浦县	512766	26	604238	25	718775	24	808178.3	26	882279	25	961733	27	1054950	30	1230278	29
恭城瑶族自治县	316686	51	374955	54	439040	54	508413.6	54	575321	54	611374	55	672784	57	718266	58
苍梧县	654306	21	763997	21	909892	20	1070930.0	19	1197576	18	1355000	17	1560900	19	1770400	17
藤县	708315	17	874778	16	1049729	14	1253049.0	15	1429029	12	1580989	12	1760840	14	2012606	12
蒙山县	223997	66	268103	65	320959	64	362665.1	65	397639	66	462355.5	67	498598	66	556039	66

续表

地区	2010年		2011年		2012年		2013年		2014年		2015年		2016年		2017年	
	余额（元）	排名	余额（元）	排名	余额（元）	排名	余额（元）	排名	余额（元）	排名	余额（元）	排名	余额（元）	排名	余额（元）	排名
岑溪市	807001	12	949135	13	1116137	12	1329665.0	12	1478830	11	1635679	11	1807500	13	1992798	13
合浦县	1164826	3	1300367	5	1494882	4	1664843.0	6	1858261	6	2001370	6	2180437	7	2437786	7
上思县	279107	58	330047	58	370265	61	411402.7	61	454090	63	490628	64	539790	63	617553	63
东兴市	590547	23	722865	24	961541	18	1038934.0	20	1081755	22	1197233	22	1329268	23	1461186	22
灵山县	970504	7	1127683	8	1316608	7	1521120.0	7	1758063	7	1887819	8	2035803	10	2289017	9
浦北县	601278	22	732690	23	887740	23	1027545.0	23	1177286	20	1322662	18	1478477	20	1615400	18
平南县	1066411	5	1223462	7	1479181	6	1738593.0	4	1960455	3	2129596	4	2389615	5	2631837	4
桂平市	1432294	1	1693193	2	2075718	1	2478331.0	1	2798705	1	3049600	1	33829024	1	3832830	1
容县	832560	10	1006297	11	1201798	10	1429988.0	9	1630001	9	1851703	9	2044800	9	2314229	8
陆川县	719579	15	859083	17	1006179	16	1124969.0	17	1279956	16	1435255	16	1651288	17	1892528	16
博白县	1076426	4	1304178	4	1542592	3	1715989.0	5	1918627	5	2147577	3	2475912	4	2799705	3
兴业县	404857	35	491395	32	618284	32	846540.9	25	959732	24	1085200	24	1202814	25	1342981	26
北流市	1280569	2	1494502	3	1714311	2	1954161.0	2	2225037	2	2505003	2	2753568	3	3193221	2
田阳县	415077	31	507389	31	593142	34	656376.0	35	707861	36	769105	40	932927	35	1031826	36
田东县	537454	25	600331	26	674467	26	759084.4	29	819711	30	937082	30	1137524	27	1215394	30
平果县	680814	19	749678	22	890824	22	972848.5	24	1041486	23	1090851	23	1289892	24	1387776	23
德保县	324646	46	377030	53	396068	57	428740.1	59	466736	60	479246	66	590205	61	678032	59
那坡县	169837	72	199897	70	250609	70	289925.3	71	333603	71	385469	69	409329	70	456185	69
凌云县	157415	73	184452	74	238286	72	259243.6	73	313855	72	321947	74	442276	67	504133	67
乐业县	171292.8	71	193004	72	221896	74	254425.0	74	274436	74	518734	60	347203	74	404236	72
田林县	262439	62	289940	63	328027	63	369076.0	63	437856	64	337435	73	595629	60	652791	61

续表

地区	2010年		2011年		2012年		2013年		2014年		2015年		2016年		2017年	
	余额（元）	排名	余额（元）	排名	余额（元）	排名	余额（元）	排名	余额（元）	排名	余额（元）	排名	余额（元）	排名	余额（元）	排名
西林县	154926	74	184862	73	232594	73	259311.8	72	310187	73	568964	57	348316	73	371317	74
隆林各族自治县	306882	55	318781	60	385626	59	445835.7	58	535147	56	940132	29	7044274	2	774848	57
靖西县	423445	30	544100	29	654854	28	765421.4	28	863643	27	370298	72	1085182	29	1314485	27
昭平县	300418	57	361701	56	420903	55	480164.7	55	535485	55	603052	56	703900	56	905601	44
钟山县	404922	34	485709	34	552544	37	666046.4	34	775999	32	799455	35	977832	34	1118845	31
富川瑶族自治县	320958	48	405243	46	466710	50	532660.8	50	654273	47	635549	53	716096	55	830096	51
宜州区	717495	16	823843	18	981600	17	1099021	18	1207473	17	1278703	20	1585286	18	1596938	19
南丹县	542458	24	5958100	1	621941	30	698018.4	31	692317	40	707620	44	843291	42	859676	47
天峨县	229435	64	252667	66	284044	68	305444.8	69	343715	69	374543	70	420136	69	480466	68
凤山县	173547.3	70	195578	71	245505	71	309204.5	68	365028	67	420686	68	424720	68	450087	71
东兰县	193065	68	231565	68	293415	67	353550	66	462725	61	495339	62	613375	58	795893	54
罗城仫佬族自治县	322813	47	391043	49	468448	48	583286.7	45	671391	44	717908	42	809315	46	932012	42
环江毛南族自治县	355402	42	418273	43	483482	47	545263.8	48	619682	49	679703	47	877697	39	1034300	35
巴马瑶族自治县	198208	67	248196	67	315080	66	364754.5	64	422289	65	485540	65	516636	65	597654	64
都安瑶族自治县	354106	43	413645	45	538100	41	638974.7	39	763400	33	864718	31	1012221	31	1113383	32
大化瑶族自治县	275629.9	59	321293	59	408770	56	472292.3	56	517561	58	650194	51	743205	49	775444	56
忻城县	265302	61	335482	57	389486	58	460623.8	57	532875	57	534845	59	554402	62	640693	62
象州县	390201	37	421688	42	519233	43	600667.9	43	688971	41	666714	50	722959	54	846841	49
武宣县	370193	40	453385	39	541341	40	608863.4	41	693630	39	795466	36	980952	33	1238400	28
金秀瑶族自治县	184006	69	216715	69	253384	69	294438.4	70	340551	70	371092	71	395441	71	455896	70

续表

地区	2010年		2011年		2012年		2013年		2014年		2015年		2016年		2017年	
	余额（元）	排名	余额（元）	排名	余额（元）	排名	余额（元）	排名	余额（元）	排名	余额（元）	排名	余额（元）	排名	余额（元）	排名
合山市	228595	65	268741	64	319240	65	344885	67	364236	68	509510	61	349029	72	371582	73
扶绥县	491769	28	588332	28	671703	27	782434.3	27	872758	26	973107	25	1125538	28	1346195	25
宁明县	372979	39	461686	37	541842	39	608081.5	42	685031	43	771970	38	873013	41	957620	39
龙州县	337149	45	414616	44	499134	44	597751.3	44	687826	42	682105	46	841021	44	919863	43
大新县	377776	38	453078	40	550848	38	649802	36	699674	38	756934	41	814496	45	873522	45
天等县	320320	49	385950	52	447652	52	531933.3	51	616997	50	674915	49	740872	50	823668	53
凭祥市	403934	36	477418	36	593232	33	626866.9	40	669550	45	707792	43	782995	47	829847	52

末金融机构各项存款余额相对较高，排名保持在前10名。武鸣县除了2010年排在第11名，其余各年均排在前10名。苍梧县排名保持在20名左右，并有升高的趋势。

乐业县、凌云县、西林县、那坡县、金秀瑶族自治县、凤山县、天峨县、合山市、蒙山县、巴马瑶族自治县、田林县、龙胜各族自治县、上思县、资源县、忻城县15个县市年末金融机构各项存款余额排名始终在55～74名；东兰县的排名虽较靠后，但有上升的趋势，2017年上升至第54名；德保县2010年排在第46名，2011年排在第53名，2011年以后均排在最后20名以内；大化瑶族自治县、恭城瑶族自治县、昭平县3个县域的排名较为靠后，基本在50～60名波动。

（二）社会消费品零售总额和排名分析

表6-6给出2010—2017年广西74个县市社会消费品零售总额及排名的整体数据，其中广西县市社会消费品零售总额排在前20名的县市变动不大。桂平市、宾阳县、博白县、北流市、灵山县、横县、平南县、合浦县、藤县、浦北县、武鸣县、岑溪市、容县、陆川县、荔浦县、灵川县、宜州区、柳江区18个县市的排名始终保持在前20位；桂平市社会消费品零售总额最高，2010—2017年始终排在广西县市中的首位；宾阳县、博白县、北流市3个县市社会消费品零售总额的排名始终在前5位；柳城县在2014年排在第7名，其余各年排名在21～24名波动；兴安县的排名在20名左右波动。

2010—2017年广西县市社会消费品零售总额排名靠后的20个县市变动不大，其中凌云县、乐业县、西林县、凤山县、那坡县、金秀瑶族自治县、龙胜各族自治县、田林县、天等县、合山市、德保县、资源县、天峨县、大新县、巴马瑶族自治县、东兰县、宁明县、富川瑶族自治县、蒙山县19个县市的社会消费品零售总额较低，始终排在最后20名。西林县在2017年以前均排在最后1名，2017年社会消费品零售总额有所提升，排名升至第56名，但仍处在最后20名；凌云县、凤山县2个县市的排名较低，始终在最后5名；乐业县只有2017年排在第66名，其余各年均排在最后5名；那坡县只有2015年排在第60名，其余各年均排在最后5名；隆林各族自治县2017年以前一直排在第58名，2017年排名明显提升，排在第27名。

（三）全社会用电量增长率和排名分析

表6-7给出了2010—2017年广西74个县市全社会用电量增长率及排名，其中广西县市全社会用电量增长率的排名波动很大，因而排在前20名的县市变动频繁，如田阳县在2016年排在第1名、在2011年排在第5名，而2015年排在第70名。根据各县市全社会用电增长率的统计数据可知，田阳县、靖西县、平果县、合山市、田东县5个县市平均排名比较靠前；扶绥县、东兴市、柳城县、东兰县、平南县、博白县、武鸣县、乐业县、北流市、西林县、浦北县、灵山县、柳江区、凤山县、荔浦县、上思县、岑溪市、容县18个县市8年间全社会用电量始终保持正增长。

表 6-6　2010—2017 年广西 74 个县市社会消费品零售总额及排名

地区	2010 年		2011 年		2012 年		2013 年		2014 年		2015 年		2016 年		2017 年	
	总额（万元）	排名	总额（万元）	排名	总额（万元）	排名	总额（万元）	排名	总额（万元）	排名	总额（万元）	排名	总额（万元）	排名	总额（万元）	排名
武鸣县	361242.0	11	423341.5	11	495710	11	565505.5	11	650220.0	12	721724.0	9	758400	10	837300	10
隆安县	96147.9	48	112538.5	48	125545	50	140162.2	50	157235.0	51	174340.3	50	191800	50	212200	50
马山县	106163.3	45	124396.0	45	144399	44	165019.6	43	188390.2	40	210183.0	38	230400	38	253400	39
上林县	95117.4	49	111406.5	50	129292	49	144806.5	49	165082.0	49	182432.0	49	199900	49	219700	49
宾阳县	459080.5	4	542386.6	4	637404	4	727419.1	3	830784.0	4	929505.0	2	1030400	2	1158200	2
横县	417667.3	6	494022.6	6	580627	6	662088.5	6	752073.5	8	838212.1	7	929400	6	1040200	6
柳江区	215529.3	20	255667.5	20	293924	20	334662.5	19	371201.7	20	414747.0	18	456600	18	510000	18
柳城县	169775.1	23	200059.1	23	229257	23	258913.5	24	789725.9	7	317271.0	21	354100	21	395600	21
鹿寨县	227184.4	18	268547.9	19	230431	22	262355.0	23	298946.6	21	334236.6	20	368900	20	413500	20
融安县	124725.4	34	147580.2	34	173257	33	197422.5	33	221081.0	32	247631.0	29	273600	28	305500	29
融水苗族自治县	125416.1	33	147692.6	33	169851	34	193324.8	34	279903.0	24	279615.0	25	270200	30	302300	30
三江侗族自治县	100382.2	47	118458.7	46	136016	47	153437.4	47	172787.1	47	189638.0	47	211200	46	237000	46
阳朔县	133027.8	32	157772.5	31	181212	31	308060.3	21	230936.0	29	236412.0	32	264400	31	294500	31
灵川县	250862.1	17	296400.1	16	346970	16	391393.4	16	442488.0	17	445747.0	17	489700	17	543500	17
全州县	167599.0	24	197431.7	24	227634	24	254351.4	25	288032.2	22	286076.0	24	318500	24	355200	24
兴安县	211642.4	21	251431.5	21	294230	19	331477.8	20	374783.0	19	385503.0	19	409500	19	453700	19
永福县	141941.0	29	167618.1	28	194201	29	219445.8	30	247966.8	26	261475.2	26	289800	26	321100	26
灌阳县	89922.7	50	105749.7	51	123781	51	139728.2	51	158000.2	50	167169.6	52	185200	52	204800	52
龙胜各族自治县	48852.4	68	57401.8	68	67217	68	75587.8	68	85377.0	68	80735.0	69	90000	68	99700	68
资源县	59893.2	61	70374.9	62	82356	62	92109.8	62	104139.0	62	105650.0	65	117700	64	130800	64

续表

地区	2010年		2011年		2012年		2013年		2014年		2015年		2016年		2017年	
	总额（万元）	排名	总额（万元）	排名	总额（万元）	排名	总额（万元）	排名	总额（万元）	排名	总额（万元）	排名	总额（万元）	排名	总额（万元）	排名
平乐县	119700.9	36	141354.8	36	163509	36	184141.7	35	208111.0	33	208111.0	40	226500	40	252600	40
荔浦县	267587.9	15	315754.6	15	362845	15	410376.3	15	463592.7	16	492500.0	15	548700	15	610700	15
恭城瑶族自治县	137135.9	31	161683.8	30	185657	30	200348.9	32	226486.0	31	236417.0	31	264400	31	293800	32
苍梧县	227017.4	19	271148.9	18	306319	18	346998.6	18	179733.9	44	197200.0	43	214400	45	238200	45
藤县	394510.6	10	454301.2	10	518413	10	589539.0	10	666179.0	9	739120.0	8	814200	7	926400	7
蒙山县	71940.6	57	87842.6	56	102708	56	116525.9	55	129576.9	56	144015.0	55	157400	55	177400	55
岑溪市	349963.5	12	422352.8	12	469898	12	534555.6	12	588606.0	13	664458.6	12	733500	11	836700	11
合浦县	401970.2	8	480117.6	7	554536	7	608990.5	8	651646.0	10	720561.6	10	801300	8	892100	8
上思县	84624.9	53	112005.6	49	130063	48	147442.2	48	165469.7	48	182513.0	48	201000	48	222800	48
东兴市	115017.7	39	134377.8	39	156846	39	178725.8	38	201924.4	36	223691.9	34	249000	34	275500	34
灵山县	461832.9	3	549105.0	3	642266	3	723423.3	4	800191.0	6	860694.0	6	968300	5	1065500	5
浦北县	398923.2	9	469859.4	8	545127	8	610705.1	7	650553.0	11	693817.0	11	773700	9	855700	9
平南县	413914.3	7	459535.2	9	540326	9	605545.7	9	886117.0	2	899649.0	5	655500	12	722700	12
桂平市	627729.1	1	765788.0	1	837907	1	963081.6	1	1020750.0	1	1031078.0	1	1165300	1	1292400	1
容县	298452.2	13	352262.8	13	409400	13	466382.0	13	526320.0	14	578988.0	13	638200	13	704100	13
陆川县	274950.3	14	324853.8	14	378910	14	432410.1	14	486837.0	15	528267.0	14	580700	14	640800	14
博白县	479399.9	2	566411.0	2	658849	2	749598.7	2	837594.0	3	908873.0	3	995200	4	1096800	4
兴业县	155412.3	25	183434.2	25	213377	25	244359.8	26	277348.0	25	304334.0	23	330100	23	363100	23
北流市	457738.3	5	540624.7	5	629558	5	718927.5	5	813131.0	5	900380.0	4	995400	3	1100000	3
田阳县	141572.0	30	167345.3	29	195041	28	222580.8	29	203665.0	35	224341.0	33	250600	33	282900	33

续表

地区	2010年		2011年		2012年		2013年		2014年		2015年		2016年		2017年	
	总额（万元）	排名	总额（万元）	排名	总额（万元）	排名	总额（万元）	排名	总额（万元）	排名	总额（万元）	排名	总额（万元）	排名	总额（万元）	排名
田东县	110381.2	41	130459.8	40	153682	40	175568.9	40	179040.5	45	196182.6	44	219000	43	244600	44
平果县	154656.3	26	182234.2	26	212339	26	242191.4	27	233817.0	27	257235.0	27	290800	25	329200	25
德保县	54875.4	64	64807.7	64	75640	64	86364.9	64	97331.9	64	107242.2	64	119700	63	135200	62
那坡县	39170.7	70	45978.2	71	53427	71	60531.9	71	67970.0	70	122346.0	60	82700	70	70400	73
凌云县	29637.8	73	34971.6	73	40661	73	46085.0	73	51859.8	73	56806.3	73	62600	73	77100	72
乐业县	33094.6	72	39050.4	72	45411	72	51527.7	72	56188.0	72	61579.9	72	68500	72	121400	66
田林县	50693.2	67	59677.9	67	69389	67	78636.7	67	86144.2	67	94973.8	68	107300	67	69300	74
西林县	29339.5	74	34477.0	74	40117	74	45513.5	74	51165.0	74	56356.1	74	62300	74	171600	56
隆林各族自治县	70774.8	58	83210.0	58	96862	58	109967.2	58	123638.6	58	136563.0	58	152300	58	315300	27
靖西县	144037.7	28	169467.6	27	197008	27	223474.6	28	231865.8	28	255126.3	28	282400	27	91800	71
昭平县	119010.3	37	139694.0	37	160341	37	179181.2	37	198131.2	37	218261.0	36	240200	36	265600	36
钟山县	177836.2	22	208726.0	22	239764	21	268559.7	22	285437.0	23	314380.0	22	345800	22	392600	22
富川瑶族自治县	76344.5	55	89598.0	55	102826	55	115212.1	56	130051.0	55	143075.0	56	154200	56	168600	58
宜州区	252794	16	295718.5	17	322612	17	364674.1	17	411123.0	18	448326.0	16	490900	16	548400	16
南丹县	145804.5	27	156113.0	32	181071	32	203250.0	31	227436.8	30	247215.0	30	271300	29	307700	28
天峨县	60283.5	60	72149.0	60	81568	63	90540.4	63	102116.0	63	110240.9	63	120300	62	134100	63
凤山县	39092.0	71	46464.9	70	55628	70	62080.8	70	65677.0	71	74877.1	71	82400	71	92300	70
东兰县	68885.2	59	80684.1	59	94699	59	106536.3	59	119018.8	59	129905.0	59	142900	59	160300	59
罗城仫佬族自治县	87761.6	51	101019.0	53	116311	53	129994.6	53	145834.0	53	157507.0	53	173700	53	192800	53
环江毛南族自治县	103759.8	46	116358.6	47	143565	46	159643.9	46	177954.0	46	192685.0	46	210700	47	234900	47

续表

地区	2010 年		2011 年		2012 年		2013 年		2014 年		2015 年		2016 年		2017 年	
	总额（万元）	排名	总额（万元）	排名	总额（万元）	排名	总额（万元）	排名	总额（万元）	排名	总额（万元）	排名	总额（万元）	排名	总额（万元）	排名
巴马瑶族自治县	59421.3	63	69986.9	63	85121	60	96036.3	60	108650.0	60	118961.0	61	132000	60	149600	61
都安瑶族自治县	111202.1	40	129890.7	41	144364	45	161399.2	45	181089.9	43	195880.0	45	216400	44	245000	43
大化瑶族自治县	83519.2	54	97406.0	54	112548	54	125874.6	54	140853.7	54	153511.4	54	168200	54	188300	54
忻城县	116792.9	38	138116.1	38	160153	38	176569.1	39	195521.0	38	203830.0	42	221000	42	249500	41
象州县	121163.6	35	144003.9	35	167046	35	183282.5	36	203782.0	34	212405.0	37	230000	39	261400	37
武宣县	107500.6	42	128419.4	42	149169	41	163787.5	44	181977.0	42	222303.0	35	244400	35	274800	35
金秀瑶族自治县	42717.9	69	50689.6	69	58850	69	64953.0	69	72064.0	69	77312.0	70	85000	69	96900	69
合山市	54274.5	65	64199.5	65	74491	65	82513.3	65	91564.0	65	99632.0	67	108900	66	121900	65
扶绥县	106247.5	44	125376.6	44	145437	43	165697.8	42	186242.8	41	204122.9	41	225100	41	247600	42
宁明县	72102.6	56	85283.2	57	99041	57	112795.8	57	126613.0	57	139016.0	57	152700	57	169900	57
龙州县	86449.8	52	102270.2	52	120289	52	138199.5	52	157100.0	52	174160.0	51	191600	51	209100	51
大新县	59879.4	62	71395.2	61	83430	61	95305.5	61	106751.0	61	117867.9	62	129300	61	152900	60
天等县	51685.2	66	61207.0	66	71058	66	81201.5	66	91042.5	66	99918.0	66	109900	65	118900	67
凭祥市	107410	43	127093.6	43	148182	42	169079.9	41	190315.0	39	209911.0	39	231400	37	257700	38

表 6-7 2010—2017 年广西 74 个县市全社会用电量增长率及排名

地区	2010 年		2011 年		2012 年		2013 年		2014 年		2015 年		2016 年		2017 年	
	增长率（%）	排名	增长率（%）	排名	增长率（%）	排名	增长率（%）	排名	增长率（%）	排名	增长率（%）	排名	增长率（%）	排名	增长率（%）	排名
武鸣县	0.316309	13	0.086506	49	0.065709	33	0.056364	43	0.254491	3	0.101584	11	0.085360	45	0.015255	59
隆安县	0.255235	18	0.487240	6	0.073458	27	0.159954	16	0.117156	16	-0.034230	49	0.098783	42	0.003478	62

地区	2010 年		2011 年		2012 年		2013 年		2014 年		2015 年		2016 年		2017 年	
	增长率(%)	排名	增长率(%)	排名	增长率(%)	排名	增长率(%)	排名	增长率(%)	排名	增长率(%)	排名	增长率(%)	排名	增长率(%)	排名
马山县	0.001035	60	0.138457	35	−0.101530	62	0.153302	18	0.096843	25	−0.035710	50	0.134764	28	0.061369	42
上林县	−0.031870	64	−0.439130	73	0.090142	24	0.008224	60	0.009524	49	0.034986	31	0.350059	9	0.031728	55
宾阳县	0.127608	35	0.080204	52	−0.283190	71	0.631502	3	−0.183860	68	−0.003040	45	0.277196	16	−0.092970	70
横县	0.199070	24	0.147419	34	0.129892	16	0.113332	25	0.522176	1	0.031187	34	0.117409	33	−0.077900	69
柳江区	0.238061	19	0.042500	59	0.051665	39	0.253351	9	0.098482	24	0.011543	39	0.094887	43	0.002439	63
柳城县	0.228622	20	0.173877	28	0.079982	25	0.196694	11	0.107223	22	0.033327	33	0.137182	27	0.563589	2
鹿寨县	0.750309	6	−0.179810	69	0.548672	3	0.155971	17	−0.010970	56	0.045000	26	−0.018160	66	0.060531	43
融安县	0.263773	17	0.086604	48	0.059629	36	0.044488	50	0.034665	38	−0.010960	47	0.391923	7	0.033820	54
融水苗族自治县	0.092883	47	0	63	−0.092430	61	0.083232	32	0.018846	45	0.143257	4	0.191908	22	0.189419	9
三江侗族自治县	−0.116030	68	0.279030	17	−0.170590	67	0.031876	53	0.268294	2	0.002958	42	−0.078320	71	0.089942	29
阳朔县	0.104653	43	0.164135	32	0.115754	18	0.840167	2	−0.410780	73	0.017522	36	0.126655	31	0.080568	35
灵川县	0.418227	9	0.362175	10	0.264035	8	0.168588	13	−0.249370	71	0.003889	41	−0.130610	73	0.038903	51
全州县	0.047515	51	0.066770	55	0.093828	22	0.131852	22	−0.023720	58	−0.162490	65	0.121523	32	0.109134	24
兴安县	0.985410	4	−0.030840	65	0.052223	38	−0.047720	68	−0.096780	66	−0.075630	57	0.388209	8	−0.018360	65
永福县	0.205273	22	0.018310	60	0.009266	48	0.053529	44	0.157715	9	−0.043430	51	0.109673	38	0.362843	5
灌阳县	0.106919	42	0.387355	9	0.010157	46	−0.007780	62	0.209360	5	−0.216820	67	0.287947	15	−0.214080	71
龙胜各族自治县	0.000849	61	0.328121	11	−0.383060	74	0.167990	14	0.179921	8	−0.045350	52	0.742432	5	−0.437520	74
资源县	0.059292	49	−0.021160	64	−0.027750	57	0.543484	5	0.181629	7	−0.303480	71	0.132066	30	0.051504	46
平乐县	0.064312	48	0.284659	15	−0.141090	65	0.077874	33	−0.009400	55	−0.084990	58	0.011364	62	0.090621	28

续表

地区	2010年		2011年		2012年		2013年		2014年		2015年		2016年		2017年	
	增长率(%)	排名	增长率(%)	排名	增长率(%)	排名	增长率(%)	排名	增长率(%)	排名	增长率(%)	排名	增长率(%)	排名	增长率(%)	排名
荔浦县	0.020794	55	0.218331	22	0.129236	17	0.095745	30	0.050106	37	0.005016	40	0.083000	48	0.066711	40
恭城瑶族自治县	0.007715	59	0.564871	3	−0.013970	53	0.058443	40	−0.085000	64	−0.109030	63	0.051207	59	0.136337	18
苍梧县	−0.111950	67	−0.118080	68	−0.028640	58	0.052386	45	−0.765300	74	−0.090150	59	0.337524	10	0.007792	61
藤县	0.402659	10	0.222609	21	0.352428	6	0.236849	10	0.116832	17	−0.056250	53	0.081075	50	0.167146	12
蒙山县	−0.172730	69	0.194678	25	0.093615	23	0.017901	58	0.015701	47	0	44	0.330266	11	0.058360	44
岑溪市	0.112469	40	0.101887	42	0.059904	35	0.104907	29	0.025984	43	0.046408	25	0.052793	58	0.070666	37
合浦县	0.226228	21	0.058440	56	0.139945	15	−0.001100	61	0.104526	23	0.040842	27	0.109579	39	0.009842	60
上思县	0.046319	52	0.301898	14	0.010201	45	0.056428	42	0.088758	27	0.052502	23	0.083368	46	0.029009	56
东兴市	0.790096	5	0.202161	24	0.223527	10	0.036199	51	0.073115	30	0.035445	30	0.088937	44	0.116181	21
灵山县	0.101681	44	0.099714	44	0.153571	12	0.109135	28	0.113187	19	0.065164	18	0.073715	55	0.100903	26
浦北县	0.194167	25	0.155120	33	0.096696	21	0.049698	46	0.113586	18	0.128416	6	0.078422	52	0.027732	57
平南县	0.009679	58	0.086896	47	0.056899	37	0.851833	1	0.017673	46	0.023397	35	0.002212	64	0.375839	4
桂平市	0.281850	15	0.074903	53	0.068660	31	0.142394	20	0.019015	44	−0.100460	60	−0.036000	69	0.125376	20
容县	0.017195	57	0.164792	31	0.037931	40	0.029710	55	0.051705	36	0.073153	16	0.080321	51	0.066804	39
陆川县	0.156985	29	0.165015	30	0.386650	5	0.046537	48	−0.185270	69	−0.069480	55	0.322247	12	0.034375	53
博白县	0.151357	30	0.235206	19	0.037750	41	0.067202	37	0.131811	11	0.176615	2	0.112375	36	0.079109	36
兴业县	−0.310540	71	0.084082	50	0.522203	4	0.062113	39	0.030423	39	0.039969	28	0.303631	14	0.051849	45
北流市	0.126359	36	0.082689	51	0.294954	7	0.019342	56	0.120003	14	0.100955	12	0.110001	37	0.070000	38
田阳县	0.159678	28	0.517511	5	−0.018240	54	0.072410	36	0.083857	28	−0.283780	70	6.255978	1	0.451282	3
田东县	1.869710	2	−0.220840	71	−0.191110	68	0.029793	54	−0.064010	62	0.017067	37	1.060172	4	−0.041040	67
平果县	3.088445	1	0.013304	62	0.107234	20	−0.008200	63	−0.223300	70	−0.455320	74	0.429860	6	0.180402	11

续表

地区	2010 年		2011 年		2012 年		2013 年		2014 年		2015 年		2016 年		2017 年	
	增长率（%）	排名	增长率（%）	排名	增长率（%）	排名	增长率（%）	排名	增长率（%）	排名	增长率（%）	排名	增长率（%）	排名	增长率（%）	排名
德保县	−0.010500	63	1.606983	1	0.001842	51	0.174305	12	−0.041830	60	−0.057270	54	0.198598	21	0.166067	13
那坡县	−0.316340	72	0.561137	4	−0.001040	52	0.112744	26	0.066894	32	−0.168600	66	0.052954	56	0.106217	25
凌云县	0.107122	41	0.122107	39	−0.152460	66	0.582810	4	−0.112110	67	−0.347580	72	0.189415	23	0.110811	23
乐业县	0.204106	23	0.096745	46	0.070994	28	0.035451	52	0.129834	12	0.078666	15	0.117383	34	0.227611	7
田林县	0.018592	56	0.130917	37	−0.140520	64	0.491295	6	0.074722	29	−0.154770	64	0.009039	63	0.063437	41
西林县	0.093182	46	0.135436	36	0.016600	44	0.134166	21	0.089235	26	0.099856	13	0.232296	17	0.048746	49
隆林各族自治县	−0.342850	73	−0.218450	70	1.214724	2	−0.025030	66	0.150959	10	−0.225890	68	0.165696	24	−0.291580	73
靖西县	1.225227	3	0.101064	43	−0.350450	73	−0.135250	72	−0.046100	61	0.121293	7	2.473562	2	0.198038	8
昭平县	0.101631	45	0.282196	16	−0.048430	60	0.160167	15	−0.018190	57	0.069258	17	0.106916	40	0.126095	19
钟山县	0.121080	38	−0.055470	67	0.228776	9	0.018146	57	0	52	0.062412	19	0.221909	19	0.306515	6
富川瑶族自治县	0.332929	12	0.660092	2	0.077491	26	0.268628	8	0.030006	41	0.035625	29	−0.021180	67	0.049825	47
宜州区	0.349086	11	−0.032940	66	−0.024270	55	0.062418	38	−0.005830	54	−0.072730	56	0.074283	54	0.111087	22
南丹县	0.500428	7	0.189117	27	−0.26640	70	0.472584	7	0.124235	13	4.29E−06	43	−0.049370	70	0.184376	10
天峨县	−0.010420	62	0.125543	38	0.024918	42	0.126712	23	−0.079930	63	0.292837	1	0.133930	29	0.048943	48
凤山县	0.145452	33	0.017181	61	0.009817	47	0.057732	41	0.117956	15	0.102315	10	0.219252	20	0.080873	34
东兰县	0.307852	14	0.192280	26	0.150649	13	0.147080	19	0.070758	31	0.105237	9	0.309894	13	0.152548	15
罗城仫佬族自治县	−0.555550	74	0.097760	45	0.063383	34	0.049186	47	0.004659	50	0.033832	32	−0.035330	68	0.040543	50
环江毛南族自治县	0.032522	53	0.448691	8	−0.307400	72	−0.010370	65	0.063032	33	−0.104580	62	0.083244	47	0.100594	27
巴马瑶族自治县	0.173313	27	0.457937	7	−0.106970	63	−0.162510	73	−0.003380	53	0.058193	20	0.160452	25	0.089867	30
都安瑶族自治县	0.055972	50	0.307075	13	0.207570	11	−0.055540	69	0.111959	20	0.117814	8	0.223930	18	0.137245	17

续表

地区	2010 年		2011 年		2012 年		2013 年		2014 年		2015 年		2016 年		2017 年	
	增长率（%）	排名	增长率（%）	排名	增长率（%）	排名	增长率（%）	排名	增长率（%）	排名	增长率（%）	排名	增长率（%）	排名	增长率（%）	排名
大化瑶族自治县	0.030325	54	0.051869	57	−0.206570	69	−0.086710	70	0.026638	42	0.015911	38	0.112842	35	0.083919	32
忻城县	0.121147	37	0.106916	41	0.068839	30	0.114619	24	0.030293	40	−0.018050	48	0.082106	49	0.143454	16
象州县	0.148201	32	0.172624	29	0.067744	32	−0.010140	64	0.009761	48	0.170798	3	0.050688	60	0.164830	14
武宣县	0.474188	8	0.118573	40	0.069784	29	−0.028990	67	0.059071	35	−0.101940	61	0.100747	41	0.035234	52
金秀瑶族自治县	0.143309	34	0.312868	12	0.016922	43	−0.089420	71	−0.087580	65	−0.010300	46	−0.100150	72	0.089596	31
合山市	−0.064590	66	−0.535890	74	1.437683	1	0.110800	27	0.248167	4	−0.233150	69	1.978530	3	−0.268440	72
扶绥县	0.266483	16	0.043963	58	0.005591	50	0.086246	31	0.107831	21	0.056931	21	0.050134	61	1.585598	1
宁明县	−0.047660	65	−0.287020	72	0.149291	14	0.045548	49	0.195043	6	0.053590	22	0.052911	57	0.018223	58
龙州县	0.180804	26	0.070427	54	−0.041490	59	0.073069	34	−0.040570	59	0.131024	5	0.151254	26	0.083778	33
大新县	0.118792	39	0.222924	20	0.008691	49	0.073044	35	0.004426	51	−0.424340	73	−0.359760	74	0.000887	64
天等县	−0.230030	70	0.275456	18	−0.026150	56	−0.284480	74	−0.267780	72	0.049427	24	−0.016610	65	−0.04250	68
凭祥市	0.150243	31	0.205309	23	0.114343	19	0.013125	59	0.061709	34	0.095132	14	0.077188	53	−0.029150	66

全社会用电量增长率排在最后20名的县市变动频繁，其中苍梧县、天等县、大新县、罗城仫佬族自治县、大化瑶族自治县5个县市的平均排名靠后，天等县8年间连续6年全社会用电量负增长，苍梧县、隆林各族自治县、兴安县3个县市连续5年全社会用电量负增长；金秀瑶族自治县、宜州区、宾阳县、田东县、合山市5个县市连续4年全社会用电量负增长。

四、县市政府活力评价

表6-8给出了2010—2017年广西74个县市财政收支平衡程度及排名的整体数据。由表6-8可知，广西绝大多数县市存在财政收支不平衡的问题，其中平果县、东兴市、凭祥市、灵川县、兴安县、岑溪市、扶绥县、柳江区、宾阳县、藤县、横县11个县市的排名始终保持在前20名。平果县、东兴市、凭祥市、灵川县、兴安县5个县市排名保持在前10名。平果县财政收支平衡程度较高，2010—2017年的排名稳定在第1名或第2名，但其平均财政收支平衡程度的指标指数仅为0.531419，可见，但广西各县市财政收支平衡程度并不高。

凤山县、东兰县、凌云县、西林县、罗城仫佬族自治县、乐业县、那坡县、都安瑶族自治县、巴马瑶族自治县、三江侗族自治县10个县市的排名始终在最后20名。环江毛南族自治县仅在2015年排在第54位，其余各年均排在最后20名。马山县、田林县、金秀瑶族自治县、昭平县、上林县、忻城县、钟山县、隆林各族自治县、资源县的财政收支平衡程度也较差。

第三节　广西城区经济高质量发展的营商环境评价

一、城区营商环境的综合评价

表6-9给出了2014—2017年广西36个城区的营商环境评价值及排名，其中广西营商环境排名前10名的城区变动不大，青秀区、兴宁区、西乡塘区、柳南区、城中区、玉州区、柳北区7个城区营商环境较好，2014—2017年的排名保持在广西城区前10名。其中，青秀区营商环境最好，2014年排第2名，2015—2017年均排在广西城区第1名，兴宁区、柳南区营商环境也较好，排名稳定在前5名。鱼峰区2015年排名有所波动，跌出前10名行列，其他年份均进入前10名。象山区2014年排名靠后，2015年及以后不断提升，进入前10名行列。七星区在2016—2017年进入前10名。

表 6-8　2010—2017 年广西 74 个县市财政收支平衡程度及排名

地区	2010 年		2011 年		2012 年		2013 年		2014 年		2015 年		2016 年		2017 年	
	指标值	排名	指标值	排名	指标值	排名	指标值	排名	指标值	排名	指标值	排名	指标值	排名	指标值	排名
武鸣县	0.300401	12	0.274071	18	0.317616	15	0.325661	17	0.523048	4	0.523247	2	0.259641	20	0.131133	37
隆安县	0.201366	37	0.171666	42	0.183557	41	0.197330	40	0.305752	23	0.165745	52	0.108162	54	0.104446	54
马山县	0.140238	59	0.132887	57	0.146372	50	0.125553	58	0.113479	64	0.087260	68	0.078835	65	0.057460	71
上林县	0.126469	61	0.135598	54	0.146403	49	0.144914	56	0.120857	62	0.123565	58	0.096923	59	0.080746	61
宾阳县	0.320854	10	0.282143	16	0.328116	14	0.331499	14	0.458163	9	0.434251	6	0.274358	16	0.262718	14
横县	0.282492	16	0.271611	19	0.332647	13	0.326307	16	0.348079	16	0.308687	18	0.271763	18	0.249970	17
柳江区	0.305855	11	0.314500	11	0.362749	7	0.360266	12	0.382500	13	0.365839	12	0.312020	9	0.318616	6
柳城县	0.194548	43	0.199091	37	0.239712	35	0.267704	31	0.268446	31	0.252744	32	0.244314	23	0.213913	25
鹿寨县	0.280510	17	0.232993	29	0.269409	24	0.260409	32	0.254960	33	0.251487	33	0.235978	25	0.223993	24
融安县	0.151377	55	0.144627	52	0.137996	56	0.151573	53	0.285042	27	0.214539	42	0.139452	44	0.121506	48
融水苗族自治县	0.147959	57	0.127408	60	0.155642	47	0.155540	49	0.144581	55	0.137973	56	0.140968	40	0.132729	36
三江侗族自治县	0.109510	65	0.122454	62	0.123771	59	0.108623	62	0.100633	65	0.101256	64	0.091488	61	0.084214	59
阳朔县	0.332546	8	0.327008	8	0.299216	17	0.556240	2	0.406166	12	0.380215	11	0.257237	21	0.236573	19
灵川县	0.428035	3	0.394207	4	0.483628	3	0.475821	5	0.474950	8	0.410141	8	0.378322	6	0.343591	5
全州县	0.192492	45	0.186638	39	0.202257	38	0.159826	48	0.161654	52	0.145155	55	0.132413	50	0.124731	44
兴安县	0.347904	6	0.375903	5	0.418104	5	0.438979	7	0.574686	3	0.390153	10	0.410994	3	0.362130	3
永福县	0.241030	30	0.254642	23	0.265032	26	0.268452	30	0.235123	36	0.227613	38	0.248869	22	0.225752	23
灌阳县	0.170017	50	0.135312	55	0.137005	57	0.146815	55	0.121338	61	0.206199	44	0.135527	46	0.110231	53
龙胜各族自治县	0.166675	52	0.156162	48	0.195395	39	0.203752	39	0.209841	45	0.342266	13	0.176164	34	0.120046	49
资源县	0.135272	60	0.133216	56	0.119554	60	0.115698	59	0.200819	46	0.185866	49	0.120321	51	0.116641	50
平乐县	0.160756	53	0.151852	50	0.168799	43	0.165179	46	0.192362	49	0.191902	47	0.181864	33	0.166831	31

续表

地区	2010年		2011年		2012年		2013年		2014年		2015年		2016年		2017年	
	指标值	排名	指标值	排名	指标值	排名	指标值	排名	指标值	排名	指标值	排名	指标值	排名	指标值	排名
荔浦县	0.277332	19	0.215133	35	0.281121	20	0.280098	27	0.481458	7	0.415763	7	0.286702	15	0.251299	16
恭城瑶族自治县	0.189952	46	0.206954	36	0.244742	33	0.212577	36	0.223028	40	0.257157	30	0.184411	32	0.190183	28
苍梧县	0.277460	18	0.316246	10	0.381914	6	0.407325	8	0.285157	26	0.205830	45	0.170255	35	0.134918	35
藤县	0.288733	14	0.294793	14	0.341318	11	0.364236	11	0.356400	15	0.311191	17	0.318884	8	0.272234	13
蒙山县	0.198774	38	0.215880	34	0.274805	22	0.280869	26	0.236849	35	0.187346	48	0.137988	45	0.122760	46
岑溪市	0.282677	15	0.281828	17	0.341298	12	0.390866	10	0.517889	5	0.456885	5	0.388689	5	0.349439	4
合浦县	0.140848	58	0.162173	45	0.169500	42	0.204702	38	0.212853	44	0.167322	50	0.142692	39	0.142007	33
上思县	0.265080	22	0.241275	25	0.264322	27	0.299852	21	0.454532	10	0.296956	19	0.309973	10	0.273445	12
东兴市	0.498248	1	0.488369	1	0.548196	2	0.527615	4	0.507288	6	0.469281	3	0.472987	2	0.430567	2
灵山县	0.169830	51	0.128407	59	0.143465	53	0.179237	41	0.193305	48	0.167280	51	0.139940	43	0.127686	41
浦北县	0.189188	47	0.161614	46	0.149181	48	0.171352	44	0.260707	32	0.243797	36	0.134853	47	0.130270	38
平南县	0.197353	39	0.169088	43	0.163833	44	0.171171	45	0.214866	43	0.321003	15	0.217545	29	0.205600	26
桂平市	0.195672	41	0.151147	51	0.144794	52	0.152170	52	0.181787	51	0.263604	25	0.153667	38	0.148074	32
容县	0.242429	29	0.237198	27	0.284637	19	0.303282	20	0.337284	19	0.292890	21	0.270052	19	0.259644	15
陆川县	0.217000	34	0.233272	28	0.258452	29	0.274894	28	0.277345	29	0.260566	26	0.235794	26	0.231314	21
博白县	0.150851	56	0.165165	44	0.191598	40	0.224880	35	0.232685	37	0.272089	24	0.202678	30	0.180420	30
兴业县	0.255426	25	0.257312	21	0.265059	25	0.285177	25	0.326540	20	0.296152	20	0.286836	14	0.230688	22
北流市	0.260334	23	0.257772	20	0.276631	21	0.323579	18	0.345222	18	0.399483	9	0.327134	7	0.308793	7
田阳县	0.228304	33	0.222204	33	0.301344	16	0.290489	24	0.325652	21	0.282741	23	0.274242	17	0.277640	11
田东县	0.294364	13	0.297900	13	0.355153	9	0.403671	9	0.373582	14	0.257948	28	0.241394	24	0.246455	18
平果县	0.469552	2	0.486593	2	0.563146	1	0.569276	1	0.594784	2	0.589753	1	0.540249	1	0.437998	1

续表

地区	2010 年		2011 年		2012 年		2013 年		2014 年		2015 年		2016 年		2017 年	
	指标值	排名	指标值	排名	指标值	排名	指标值	排名	指标值	排名	指标值	排名	指标值	排名	指标值	排名
德保县	0.245535	28	0.248198	24	0.261489	28	0.322210	19	0.289548	24	0.286893	22	0.304790	12	0.235074	20
那坡县	0.059278	74	0.061473	73	0.063064	72	0.094819	65	0.123719	59	0.110162	62	0.101767	56	0.097037	56
凌云县	0.070439	71	0.077983	70	0.071813	70	0.083241	70	0.070647	73	0.070405	71	0.060844	70	0.060254	68
乐业县	0.096136	69	0.093074	67	0.097878	65	0.098680	64	0.083715	68	0.092976	65	0.061172	69	0.069642	63
田林县	0.172486	49	0.131601	58	0.138897	55	0.090740	67	0.091758	66	0.085511	69	0.090717	62	0.095092	58
西林县	0.095638	70	0.077795	71	0.065510	71	0.072145	72	0.071845	72	0.065739	72	0.059749	72	0.060639	67
隆林各族自治县	0.207861	35	0.123761	61	0.117067	61	0.140896	57	0.117859	63	0.207817	43	0.096843	60	0.113479	52
靖西县	0.266021	21	0.290823	15	0.297055	18	0.291705	22	0.281412	28	0.257234	29	0.303334	13	0.281504	9
昭平县	0.118552	63	0.108389	64	0.108457	63	0.112190	61	0.122859	60	0.152552	53	0.100084	57	0.080165	62
钟山县	0.158483	54	0.138300	53	0.141132	54	0.153145	51	0.140674	56	0.119952	60	0.134364	48	0.126086	42
富川瑶族自治县	0.181874	48	0.152361	49	0.157105	46	0.163142	47	0.151882	54	0.260169	27	0.158224	37	0.141000	34
宜州区	0.253277	26	0.229027	30	0.216033	36	0.211528	37	0.217655	42	0.256654	31	0.139999	42	0.129425	40
南丹县	0.326214	9	0.326507	9	0.247674	31	0.329848	15	0.315395	22	0.246687	35	0.217671	28	0.196235	27
天峨县	0.274951	20	0.187691	38	0.113322	62	0.108129	63	0.091357	67	0.129686	57	0.117906	53	0.114394	51
凤山县	0.066503	73	0.071285	72	0.054713	73	0.049823	73	0.049315	74	0.048758	74	0.040610	74	0.046847	74
东兰县	0.068545	72	0.049776	74	0.039575	74	0.046448	74	0.072160	71	0.058424	73	0.059867	71	0.059174	69
罗城仫佬族自治县	0.098553	68	0.084787	69	0.077048	68	0.085812	68	0.081484	69	0.089582	66	0.057736	73	0.063356	65
环江毛南族自治县	0.122170	62	0.112602	63	0.086189	67	0.084093	69	0.080891	70	0.150423	54	0.097378	58	0.084046	60
巴马瑶族自治县	0.109355	66	0.101893	65	0.101084	64	0.091368	66	0.133113	57	0.121669	59	0.064692	68	0.068727	64
都安瑶族自治县	0.112948	64	0.090090	68	0.074658	69	0.073522	71	0.125630	58	0.119689	61	0.067499	67	0.057805	70
大化瑶族自治县	0.232975	32	0.185310	40	0.093643	66	0.114999	60	0.197718	47	0.220014	41	0.103194	55	0.101310	55

续表

地区	2010年		2011年		2012年		2013年		2014年		2015年		2016年		2017年	
	指标值	排名	指标值	排名	指标值	排名	指标值	排名	指标值	排名	指标值	排名	指标值	排名	指标值	排名
忻城县	0.193365	44	0.158064	47	0.144999	51	0.154928	50	0.152285	53	0.082487	70	0.083507	63	0.061950	66
象州县	0.206293	36	0.227735	32	0.247550	32	0.225807	34	0.232678	38	0.224131	39	0.133979	49	0.129525	39
武宣县	0.237125	31	0.228091	31	0.272719	23	0.237623	33	0.248300	34	0.233525	37	0.222406	27	0.188949	29
金秀瑶族自治县	0.107477	67	0.099555	66	0.135090	58	0.150793	54	0.188485	50	0.088357	67	0.073476	66	0.056308	73
合山市	0.195052	42	0.373895	6	0.209069	37	0.176599	42	0.219171	41	0.102814	63	0.118918	52	0.124903	43
扶绥县	0.413370	4	0.359514	7	0.361130	8	0.458870	6	0.453613	11	0.334175	14	0.306869	11	0.278454	10
宁明县	0.257348	24	0.256861	22	0.254203	30	0.271584	29	0.347428	17	0.315067	16	0.168987	36	0.122510	47
龙州县	0.246267	27	0.239300	26	0.239868	34	0.291592	23	0.285634	25	0.251036	34	0.190554	31	0.123185	45
大新县	0.339807	7	0.306490	12	0.342785	10	0.345984	13	0.271600	30	0.220277	40	0.140528	41	0.096117	57
天等县	0.196865	40	0.178752	41	0.163287	45	0.174609	43	0.225602	39	0.200112	46	0.081821	64	0.057290	72
凭祥市	0.407565	5	0.447234	3	0.474322	4	0.527690	3	0.599583	1	0.466121	4	0.395939	4	0.302036	8

营商环境评价排在最后10名的城区变动不大，其中邕宁区、福绵区、铁山港区、港南区、平桂区、兴宾区、覃塘区7个城区的营商环境较差，2014—2017年这7个城区都排在最后10名中。邕宁区的营商环境最差，2014—2017年均排在最后1名。福绵区营商环境较差，排名始终在最后30名。覃塘区2015—2017年的排名有提升的趋势，2017年提升至第27名。金城江区、雁山区的营商环境评价值逐年提升，2017年排名已不在最后10名内。江州区营商环境评价值有下降趋势，2017年排名下降至第35名。

表6-9　2014—2017年广西36个城区的营商环境评价值及排名

地区	2014年		2015年		2016年		2017年	
	评价值	排名	评价值	排名	评价值	排名	评价值	排名
兴宁区	0.592369	4	0.640784	3	0.638532	2	0.669217	2
青秀区	0.684641	2	0.753101	1	0.735446	1	0.737170	1
江南区	0.482394	7	0.553106	5	0.352019	12	0.389210	13
西乡塘区	0.690954	1	0.686200	2	0.544631	6	0.560729	5
良庆区	0.275417	21	0.317502	18	0.315309	15	0.301644	17
邕宁区	0.129515	36	0.141119	36	0.139540	36	0.117456	36
城中区	0.519168	5	0.525200	7	0.532708	7	0.528374	7
鱼峰区	0.480810	8	0.447088	13	0.602087	4	0.602843	4
柳南区	0.613042	3	0.585176	4	0.628167	3	0.644642	3
柳北区	0.465749	10	0.475713	9	0.520751	9	0.485819	9
叠彩区	0.457715	11	0.465040	10	0.454867	11	0.430629	11
象山区	0.311606	17	0.530644	6	0.528786	8	0.500105	8
七星区	0.443680	12	0.462275	11	0.461585	10	0.450814	10
雁山区	0.217398	30	0.229036	28	0.205023	26	0.210014	26
万秀区	0.269379	22	0.315832	19	0.250828	20	0.238977	22
长洲区	0.410904	14	0.454426	12	0.245559	21	0.271133	18
龙圩区	0.382459	15	0.241227	26	0.192963	29	0.193687	30
海城区	0.490480	6	0.364094	15	0.336906	14	0.373794	14
银海区	0.276475	20	0.347357	16	0.275710	18	0.235901	23
铁山港区	0.227174	29	0.181624	34	0.151558	35	0.173199	33
港口区	0.431789	13	0.394005	14	0.295686	17	0.362595	15
防城区	0.236793	26	0.273767	22	0.228810	22	0.218572	24
钦南区	0.247714	25	0.238440	27	0.225742	23	0.240570	21

续表

地区	2014年		2015年		2016年		2017年	
	评价值	排名	评价值	排名	评价值	排名	评价值	排名
钦北区	0.259540	23	0.247950	25	0.221918	24	0.243417	20
港北区	0.313249	16	0.323572	17	0.341311	13	0.391371	12
港南区	0.229617	28	0.227548	29	0.170154	34	0.180829	32
覃塘区	0.180402	34	0.173361	35	0.181466	31	0.195723	27
玉州区	0.469883	9	0.500747	8	0.547553	5	0.536241	6
福绵区	0.202306	31	0.181864	33	0.175121	33	0.170867	34
右江区	0.258935	24	0.262344	23	0.252587	19	0.261913	19
八步区	0.231372	27	0.261607	24	0.218574	25	0.195411	28
平桂区	0.167723	35	0.208662	30	0.200167	27	0.187324	31
金城江区	0.199152	33	0.196811	31	0.198037	28	0.210854	25
兴宾区	0.201059	32	0.194390	32	0.189029	30	0.195215	29
江州区	0.310406	18	0.284823	21	0.176757	32	0.148910	35
临桂区	0.306747	19	0.288277	20	0.314598	16	0.303603	16

二、城区人口活力评价

（一）小学在校人数占比和排名

表6-10给出了2014—2017年广西36个城区的小学在校人数占比及排名。广西城区小学在校人数占比排名前10的城区变动不大，其中海城区、港北区、钦北区、龙圩区、银海区、城中区、玉州区7个城区始终保持在前10名。海城区、港北区小学在校人数占比较高，排名保持在前5名。江州区排名波动较大，2016年排在第5名，其他年份均排在20名以后。覃塘区2015—2017年小学在校人数占比不断提升，排名逐渐进入前10名行列。钦南区2017年排在第6名，其余年份均排在15名以后。

表6-10　2014—2017年广西36个城区的小学在校人数占比及排名

地区	2014年		2015年		2016年		2017年	
	占比（%）	排名	占比（%）	排名	占比（%）	排名	占比（%）	排名
兴宁区	0.076600	22	0.080434	19	0.082562	21	0.086160	20
青秀区	0.066438	30	0.072637	30	0.076958	26	0.081604	25
江南区	0.096569	6	0.099772	5	0.083516	20	0.109894	5

续表

地区	2014 年		2015 年		2016 年		2017 年	
	占比（%）	排名	占比（%）	排名	占比（%）	排名	占比（%）	排名
西乡塘区	0.075722	24	0.079652	20	0.086705	17	0.084053	22
良庆区	0.093576	9	0.094663	9	0.095594	11	0.096772	11
邕宁区	0.080650	18	0.077662	22	0.077021	25	0.078989	27
城中区	0.094326	8	0.106704	2	0.097112	9	0.103680	8
鱼峰区	0.051818	34	0.066767	31	0.058601	34	0.062530	34
柳南区	0.086420	13	0.081120	18	0.082492	22	0.083178	23
柳北区	0.060300	33	0.059789	34	0.063282	33	0.063594	33
叠彩区	0.047392	35	0.048117	35	0.053330	35	0.057051	35
象山区	0.072183	26	0.073087	28	0.073293	29	0.078329	28
七星区	0.081483	15	0.078211	21	0.073707	27	0.074658	31
雁山区	0.032797	36	0.031543	36	0.031723	36	0.031728	36
临桂区	0.062904	31	0.065753	32	0.071986	30	0.076032	30
万秀区	0.061535	32	0.072790	29	0.063613	32	0.070737	32
长洲区	0.069765	28	0.083268	15	0.073447	28	0.096332	12
龙圩区	0.104212	4	0.103665	3	0.103717	6	0.101357	10
海城区	0.118514	2	0.116171	1	0.105834	4	0.124897	1
银海区	0.098123	5	0.096665	6	0.096001	10	0.113390	4
铁山港区	0.077805	21	0.064485	33	0.079428	24	0.084277	21
港口区	0.071070	27	0.081908	17	0.080331	23	0.087027	18
防城区	0.090694	10	0.089995	12	0.092249	12	0.095171	14
钦南区	0.081182	17	0.075408	26	0.089945	16	0.108971	6
钦北区	0.094353	7	0.096199	7	0.113043	2	0.123664	2
港北区	0.119024	1	0.103435	4	0.115975	1	0.115575	3
港南区	0.089698	12	0.090132	11	0.091248	13	0.094705	15
覃塘区	0.074954	25	0.073560	27	0.101153	8	0.103089	9
玉州区	0.109180	3	0.095142	8	0.109549	3	0.086754	19
福绵区	0.066827	29	0.075478	25	0.070987	31	0.077294	29
右江区	0.080383	19	0.084997	14	0.084926	19	0.082042	24
八步区	0.090303	11	0.093160	10	0.102643	7	0.106664	7
平桂区	0.081248	16	0.085879	13	0.090774	14	0.095947	13
金城江区	0.079335	20	0.082286	16	0.085724	18	0.087912	17
兴宾区	0.085270	14	0.075687	24	0.090141	15	0.093129	16
江州区	0.076349	23	0.075990	23	0.105468	5	0.080650	26

雁山区、叠彩区、鱼峰区、柳北区、万秀区、临桂区6个城区小学在校人数占比较低，2014—2017年始终排在最后10名。雁山区小学在校人数占比最低，2014—2017年始终排在广西城区的最后1名。叠彩区、柳北区4年间排名始终在最后5名。鱼峰区、福绵区只有2015年不在最后10名。青秀区小学在校人数占比排名2016—2017年已不在最后10名。铁山港区的排名波动较大，2014—2017年的排在21～33名。

（二）人口流动性指标和排名

表6-11给出了2014—2017年广西36个城区的人口流动性指标值及排名，其中广西城区人口流动性指标值排名前10的城区变动不大，且排名靠前的城区人口流动性指标值均为正数。其中，雁山区、西乡塘区、柳南区、七星区、良庆区、兴宁区、柳北区、叠彩区8个城区人口流动性指标值较高，2014—2017年排名始终保持在前10名。雁山区人口流动性指标值最高，2014—2017年排名保持在第1名。其次是西乡塘区、柳南区，排名保持在前5名。鱼峰区2014年排名较低，仅排在第16名，2015—2017年不断提高，2017年排在第5名。江南区在2016—2017年的排名有所下降，排在第11名。港口区2015年人口流动性指标值有所下降，排在第17名，其他年份均排在前10名。

表6-11　2014—2017年广西36个城区的人口流动性指标值及排名

地区	2014年		2015年		2016年		2017年	
	指标值	排名	指标值	排名	指标值	排名	指标值	排名
兴宁区	0.354849	5	0.332071	6	0.311621	7	0.303203	7
青秀区	0.123682	17	0.116157	15	0.091534	18	0.079493	18
江南区	0.234599	8	0.225774	9	0.219218	11	0.221247	11
西乡塘区	0.558049	2	0.352412	4	0.537500	2	0.550000	2
良庆区	0.380645	4	0.361954	3	0.324034	6	0.303640	6
邕宁区	−0.212810	33	−0.214910	35	−0.217130	34	−0.210060	34
城中区	0.167129	15	0.127418	14	0.092416	17	0.068182	20
鱼峰区	0.161605	16	0.210249	10	0.382844	5	0.394699	5
柳南区	0.533333	3	0.464511	2	0.441783	3	0.449127	3
柳北区	0.220022	10	0.292513	8	0.267786	8	0.282745	8
叠彩区	0.284146	6	0.292650	7	0.229595	10	0.249668	10
象山区	0.194179	13	0.194227	12	0.192968	13	0.214521	12
七星区	0.229415	9	0.344514	5	0.422305	4	0.416321	4
雁山区	0.657821	1	0.794159	1	0.932277	1	0.995671	1

续表

地区	2014 年		2015 年		2016 年		2017 年	
	指标值	排名	指标值	排名	指标值	排名	指标值	排名
临桂区	0.020114	19	0.016997	19	−0.067560	22	−0.066810	22
万秀区	0.003073	21	−0.009190	23	0.044698	20	0.080602	17
长洲区	0.195210	12	0.039262	18	0.143097	15	0.128595	15
龙圩区	−0.080250	26	−0.080550	28	−0.080060	23	−0.079640	23
海城区	0.204827	11	0.208237	11	0.198577	12	0.191144	13
银海区	0.181301	14	0.180197	13	0.166667	14	0.160652	14
铁山港区	−0.175920	32	0	21	−0.175070	32	−0.164590	32
港口区	0.241742	7	0.092551	17	0.246377	9	0.251969	9
防城区	−0.107250	28	−0.110670	31	−0.114940	27	−0.110000	27
钦南区	−0.000170	23	−0.020260	25	−0.117360	28	−0.113350	28
钦北区	0	22	−0.009570	24	−0.176790	33	−0.172910	33
港北区	−0.232850	35	−0.126460	34	−0.122710	29	−0.124720	30
港南区	−0.230660	34	−0.227130	36	−0.233470	35	−0.221140	35
覃塘区	−0.051140	25	−0.039850	27	−0.29270	36	−0.283120	36
玉州区	−0.338160	36	−0.023570	26	0.076958	19	0.076957	19
福绵区	−0.001600	24	−0.085320	29	−0.087130	24	−0.084630	25
右江区	0.101216	18	0.101506	16	0.095448	16	0.101900	16
八步区	−0.111390	29	−0.113570	32	−0.125310	30	−0.122530	29
平桂区	−0.118720	30	−0.114380	33	−0.110020	26	−0.105640	26
金城江区	0.005324	20	0.004981	20	0.003778	21	0.013097	21
兴宾区	−0.153650	31	0	21	−0.145200	31	−0.144580	31
江州区	−0.106810	27	−0.086660	30	−0.088860	25	−0.081410	24

2014—2017 年港南区、邕宁区、港北区、八步区、防城区 5 个城区均排在最后 10 名内，人口流动性指标值较低，且人口流动性指标值多为负数，这说明广西排名靠后的城区存在人口外流的问题。港南区、邕宁区的人口流动性指标值较差，始终排在最后 5 名。覃塘区 2014 年排在第 25 名，但 2016—2017 年都排在最后 1 名。平桂区、江州区人口流动性指标值不断提高，2016—2017 年排名已不在最后 10 名，但指标值仍是负数，存在一定的人口外流现象。

三、城区经济活力评价

（一）社会消费品零售总额和排名分析

表 6-12 给出了 2014—2017 年广西 36 个城区社会消费品零售总额及排名，其中社会消费品零售总额排名前 10 的城区变动不大，兴宁区、青秀区、西乡塘区、玉州区、柳南区、江南区、鱼峰区、柳北区、港北区、城中区 10 个城区的社会消费品零售总额较高，排名始终保持在前 10 名。其中，兴宁区城区社会消费品零售总额最高，排名稳定在第 1 名或者第 2 名。其次，青秀区、西乡塘区、玉州区的社会消费品零售总额排名也稳定在前 5 名，社会消费品零售总额较高。

表 6-12　2014—2017 年广西 36 个城区社会消费品零售总额及排名

地区	2014 年		2015 年		2016 年		2017 年	
	零售总额（万元）	排名	零售总额（万元）	排名	零售总额（万元）	排名	零售总额（万元）	排名
兴宁区	3427533	2	3732228	2	4157900	1	4649300	1
青秀区	3329100	3	3672242	3	4068800	2	4486400	2
江南区	1637280	7	2889465	4	1845600	8	2067600	7
西乡塘区	3625557	1	4026821	1	3540400	3	3913600	3
良庆区	287041	26	303264	28	333300	28	371400	28
邕宁区	168667	30	186429	31	205600	32	232100	32
城中区	1352881	9	1475927	10	1627500	10	1792100	9
鱼峰区	1577047	8	1834836	7	1946500	7	2146700	6
柳南区	2330564	5	2548056	6	2816300	5	3103100	5
柳北区	1651000	6	1811552	8	2005100	6	1633600	10
叠彩区	711479	15	993900	13	1104200	13	1221200	13
象山区	1240861	11	1314254	11	1462800	11	1622800	11
七星区	592569	19	754995	17	839600	16	929000	16
雁山区	34728	36	31740	36	35200	36	39100	36
临桂区	348258	24	368228.7	26	409700	26	457200	26
万秀区	56032	35	781891	16	941100	14	1054000	15
长洲区	61600	33	685069	20	737300	19	827300	19
龙圩区	308695	25	340021	27	361600	27	398600	27
海城区	1058500	12	1066111	12	1183600	12	1296600	12
银海区	61048	34	156800	33	172600	33	198500	33
铁山港区	79107	32	86401	35	95800	35	114200	35

续表

地区	2014年		2015年		2016年		2017年	
	零售总额（万元）	排名	零售总额（万元）	排名	零售总额（万元）	排名	零售总额（万元）	排名
港口区	181715	29	185963	32	222300	31	247200	31
防城区	367572	21	403028	23	446600	23	494700	23
钦南区	670341	16	717538	18	806500	17	889200	17
钦北区	790187	13	848977	14	935900	15	1120900	14
港北区	1247500	10	1505946	9	1658000	9	1864600	8
港南区	354448	22	385848	24	424800	24	468600	24
覃塘区	349863	23	370191	25	415400	25	458800	25
玉州区	2374668	4	2629470	5	2898200	4	3200200	4
福绵区	141191	31	153044	34	166600	34	183600	34
右江区	627896	17	690723	19	770100	18	864800	18
八步区	722696	14	793702	15	564800	22	626500	22
平桂区	216395	28	276975	29	304700	29	335200	29
金城江区	555262	20	604713	22	670600	21	758600	21
兴宾区	596836	18	647194	21	701800	20	798600	20
江州区	226256	27	248889	30	273300	30	304800	30

社会消费品零售总额排在最后10名的城区变动不大。雁山区、铁山港区、银海区、福绵区、邕宁区、港口区、江州区、平桂区8个城区社会消费品零售总额较低，2014—2017年排名都在最后10名。其中，雁山区社会消费品零售总额最低，2014—2017年都排在最后1名。铁山港区、银海区的社会消费品零售总额也偏低，排名始终在最后5名。福绵区仅在2014年排在第31位，其余各年均排在最后5名。2014年良庆区、龙圩区分别排在第26名和第25名，2015—2017年社会消费品零售总额指标值虽然有所提升，但提升幅度较小，排名均在最后10名。万秀区、长洲区只有2014年排名靠后，其后排名有所上升。

（二）全社会用电量增长率和排名分析

表6-13给出了2014—2017年广西36个城区全社会用电量增长率及排名，其中排名前10的城区波动很大。其中，鱼峰区、城中区全社会用电量增长率排名较稳定，2014—2017年都排在前10名。银海区全社会用电量增长率波动较大，2016年全社会用电量增长巨大，排名跃升至第1名。青秀区2014年全社会用电量负增长，但2015—2017年增长加快，增长速度较快。港口区、临桂区的全社会用电量增长率也相对较高。

表 6-13　2014—2017 年广西 36 个城区全社会用电量增长率及排名

地区	2014 年		2015 年		2016 年		2017 年	
	增长率(%)	排名	增长率(%)	排名	增长率(%)	排名	增长率(%)	排名
兴宁区	0.052095	14	0.043661	19	0.074819	18	0.038174	23
青秀区	−0.400420	35	2.664050	1	0.266924	8	0.038553	21
江南区	0.073297	11	0.073297	15	−0.257900	34	0.038214	22
西乡塘区	0.129584	5	−0.261610	34	0.566910	3	0.245730	6
良庆区	0.019992	19	0.379248	3	0.140000	12	0.140000	14
邕宁区	0.007020	25	−0.305650	35	−0.000001	30	−0.880390	36
城中区	0.081968	7	0.086282	10	0.436120	5	0.205438	9
鱼峰区	0.081968	6	0.086282	9	0.436120	4	0.205438	10
柳南区	0.076494	10	0.080520	13	0.382266	7	0.109386	16
柳北区	−0.051830	33	−0.054560	31	0.656316	2	−0.005340	29
叠彩区	0.158435	4	0.150891	8	0.041132	23	0.127952	15
象山区	0.051067	15	0.053755	17	0.079010	17	0.207011	8
七星区	0.026844	17	0.028257	22	0.184978	10	0.016265	25
雁山区	−0.725160	36	−0.763320	36	−0.803500	36	−0.845790	35
临桂区	1.011375	1	0.190634	6	0.139618	13	0.099114	18
万秀区	0.009496	23	0.009996	24	0	29	0	27
长洲区	0.012495	21	0.013152	23	0.034706	24	0.107631	17
龙圩区	−0.042640	32	−0.044890	30	−0.047250	32	−0.003990	28
海城区	0.076786	9	0.080828	12	0.246259	9	0.226060	7
银海区	0.001696	27	0.001786	27	5.298277	1	0.170283	12
铁山港区	0.046622	16	0.049076	18	0.386495	6	0.190683	11
港口区	0.006711	26	0.007064	25	0.048935	22	2.355922	1
防城区	−0.034730	31	0.002917	26	−0.517940	35	0.330853	5
钦南区	0.020001	18	0.070003	16	0.019997	26	0.020997	24
钦北区	−0.030530	30	−0.030530	29	−0.030530	31	−0.030530	30
港北区	0.000112	28	0.033242	21	0.019653	27	0.000075	26
港南区	0.019992	20	0.397655	2	0.110810	15	0.065813	19
覃塘区	0.182880	3	0.041057	20	0.056475	21	0.411425	3
玉州区	0.052701	13	0.328911	5	0.102119	16	−0.184680	32
福绵区	0	29	0.151383	7	0.158952	11	0.166900	13
右江区	−0.250440	34	−0.209770	33	0.070561	20	0.417300	2
八步区	0.323065	2	0.077235	14	0.002768	28	−0.317250	33

续表

地区	2014年		2015年		2016年		2017年	
	增长率(%)	排名	增长率(%)	排名	增长率(%)	排名	增长率(%)	排名
平桂区	0.081242	8	0.081242	11	0.074430	19	-0.464350	34
金城江区	0.010551	22	-0.010930	28	-0.249250	33	-0.035000	31
兴宾区	0.007169	24	0.332699	4	0.023289	25	0.391422	4
江州区	0.059206	12	-0.083530	32	0.122843	14	0.044591	20

全社会用电量增长率排在最后10名的城区波动同样很大，其中雁山区、钦北区、龙圩区3个城区增长率较低，2014—2017年始终排在最后10名，且这3个城区的全社会用电量始终是负增长，这表明其经济活力偏弱。邕宁区、平桂区、八步区、玉州区、金城江区的全社会用电量增长率也相对较低。

四、城区政府活力评价

表6-14给出了2014—2017年广西36个城区财政收支平衡程度及排名，其中财政收支平衡程度排名前10的城区变动不大。玉州区、铁山港区、城中区、右江区、叠彩区、柳南区、银海区、临桂区8个城区财政收支平衡程度较高，2014—2017年排名保持在前10名。玉州区财政收支平衡程度最高，排名稳定在前2名。平桂区2014年财政收支平衡程度较弱，排在第20名，其后财政收支平衡程度有所提升，排名稳定在前5名。八步区财政收支平衡程度也有所提升，排名逐步进入前10行列。

表6-14　2014—2017年广西36个城区财政收支平衡程度及排名

地区	2014年		2015年		2016年		2017年	
	指标值	排名	指标值	排名	指标值	排名	指标值	排名
兴宁区	0.233717	7	0.275409	7	0.694494	15	0.722064	15
青秀区	0.764877	26	0.772387	25	0.751131	21	0.774248	20
江南区	0.660832	19	0.547615	14	0.542371	11	0.589611	11
西乡塘区	0.617500	17	0.634161	19	0.687980	14	0.681384	14
良庆区	0.879143	34	0.876435	34	0.903077	34	0.919254	35
邕宁区	0.790159	27	0.657734	20	0.823836	26	0.879954	30
城中区	0.188948	6	0.404874	10	0.009836	1	0.060293	1
鱼峰区	0.899367	36	0.898744	35	0.908512	35	0.915786	34
柳南区	0.168132	5	0.272513	6	0.215452	7	0.228703	5

续表

地区	2014年		2015年		2016年		2017年	
	指标值	排名	指标值	排名	指标值	排名	指标值	排名
柳北区	0.858624	32	0.807669	28	0.827134	27	0.872663	27
叠彩区	0.148311	4	0.160272	5	0.203416	6	0.251740	7
象山区	0.651921	18	0.691313	21	0.728237	18	0.750030	18
七星区	0.593834	16	0.619785	18	0.742763	20	0.763427	19
雁山区	0.525050	14	0.589859	16	0.621678	13	0.656409	13
临桂区	0.420195	10	0.348919	9	0.459889	10	0.491221	10
万秀区	0.886521	35	0.912740	36	0.921165	36	0.942540	36
长洲区	0.692611	21	0.694962	22	0.811201	24	0.815260	23
龙圩区	0.325060	9	0.421552	11	0.724770	16	0.739437	17
海城区	0.745040	25	0.748513	24	0.764022	23	0.776007	21
银海区	0.285623	8	0.316202	8	0.255115	8	0.249486	6
铁山港区	0.117301	3	0.145421	4	0.140425	4	0.192386	3
港口区	0.878662	33	0.793801	27	0.864473	30	0.889769	32
防城区	0.807638	29	0.808098	29	0.818136	25	0.833169	24
钦南区	0.425314	11	0.609847	17	0.589006	12	0.637870	12
钦北区	0.476952	13	0.476753	13	0.740359	19	0.868867	26
港北区	0.799181	28	0.814134	30	0.879679	32	0.883359	31
港南区	0.838346	30	0.854845	32	0.867587	31	0.875269	28
覃塘区	0.731554	24	0.747256	23	0.755686	22	0.786087	22
玉州区	0.000953	1	0.010408	1	0.068442	2	0.163495	2
福绵区	0.714958	23	0.785461	26	0.860548	29	0.878494	29
右江区	0.078350	2	0.129369	3	0.175230	5	0.296070	8
八步区	0.435399	12	0.469528	12	0.385359	9	0.438462	9
平桂区	0.677638	20	0.031176	2	0.074347	3	0.224397	4
金城江区	0.855419	31	0.862027	33	0.859032	28	0.867271	25
兴宾区	0.694248	22	0.834255	31	0.891838	33	0.895554	33
江州区	0.541837	15	0.565749	15	0.725642	17	0.737282	16

财政收支平衡程度排在最后10名的城区变动同样不大。万秀区、鱼峰区、良庆区、港南区、港口区、港北区、柳北区7个城区的财政收支平衡程度偏低，2014—2017年都排在最后10名。万秀区财政收支平衡程度最低，2015—2017年始终排在最后1名。鱼峰区、良庆区同样偏低，排名始终在最后3名内。金城江区2017年财政收支平衡程度有所提升，排名上升至第25名。兴宾区只有2014年不在最后10名，以后排名不断下降，2016—2017年排名下降至第33名。

第七章

广西县域经济高质量发展的影响途径分析

第一节　广西县域经济高质量发展影响因素的模型设计

一、变量设计及数据处理

识别县域经济高质量发展的要素、结构、环境、功能的显变量和潜变量，编制相关的量表，并构建测量模型。要素、结构、环境、功能的测量模型的具体研究内容可以做如下区分：第一，功能模型中将剔除区域要素投入、结构特征、环境因素等，只研究县域经济高质量发展功效的显著性能力的维度及其测量方法，主要以“创新、协调、绿色、开放、共享”的 5 大发展理念为准则对经济发展质量进行衡量；第二，因为在县域经济发展中要素投入以及流向对功能都有影响，本项目将区分要素投入和在什么样的结构投入，分别设立资本、劳动力、技术要素和基础设施要素投入模型和基于技术结构和产业结构的结构测量模型；第三，将县域经济高质量发展的环境根据营商环境构成，建立县域开放环境、县域经济活力程度和县域政府能力等环境测量模型。测量变量从前面章节中功能维度、要素投入与产业维度和营商环境维度的二级指标中选取。本章利用 2015—2018 年《广西统计年鉴》《中国县域统计年鉴》、广西各地市的统计年鉴及广西各地市的《国民经济和社会发展统计公报》获得广西县域经济高质量发展的要素、结构、环境、功能数据。

表 7-1　县域经济高质量发展影响因素的测量表

潜变量	测量变量	数据来源
发展功能（1F）	GDP（f_1）	统计年鉴直接获取
	GDP 增长速度（f_2）	［T 期 GDP-（T-1）期 GDP］/（T-1）期 GDP
	社会固定资产投资增长率（f_3）	［T 期社会固定资产投资 -（T-1）期社会固定资产投资］/（T-1）期社会固定资产投资 ×100
	单位投资收益率（f_4）	GDP/ 社会固定资产投资
	能源消耗率（f_5）	GDP/ 全社会用电量
	社会福利收养性单位床位数（f_6）	统计年鉴直接获取
	医院、卫生院技术人员（f_7）	统计年鉴直接获取

续表

潜变量	测量变量	数据来源
发展要素（2F）	社会固定投资（f_8）	固定资本投资（不含农户）
	规上工业企业从业人员比值（f_9） 专业技术人员（f_{10}） 农村专业技术人员（f_{11}）	规模以上工业企业从业人员年平均数 / 常住人口 统计年鉴直接获取 统计年鉴直接获取
	公路里程（f_{12}）	统计年鉴直接获取
发展结构（3F）	专业技术单位农业 GDP（f_{13}）	第一产业增加值 / 农村专业技术人员
	规上工业企业产值比值（f_{14}） 服务业增加值比值（f_{15}）	规模以上工业总产值 / 工业增加值 第三产业增加值 / 地区生产总值
营商环境（4F）	人口流动性（f_{16}） 小学在校人数占比（f_{17}）	（常驻人口 − 户籍人口）/ 户籍人口 小学在校人数 / 人口数
	社会零售商品总额（f_{18}） 全社会用电量增长率（f_{19}）	统计年鉴直接获取 ［T 期全社会用电量 −（T−1）期全社会用电量］/（T−1）期全社会用电量
	财政收支平衡程度（f_{20}）	财政收入 / 财政支出 −1

由于表 7-1 中各观测变量的数据单位不同，数值差异比较大，因此，在进行模型运算分析之前，需要对原始数据进行无量纲化处理，即标准化处理。无量纲化处理的方法有很多，在此本书用正规化法对相关数据进行无量纲化处理，计算方法如下：

对序列 x_1，x_2，…，x_n 进行变换：

$$y_i=\frac{x_i-\bar{x}}{s}，\quad 这里\ \bar{x}=\frac{1}{n}\sum_{i=1}^{n}x_i，\ S=\sqrt{\frac{1}{n-1}\sum_{i=1}^{n}(x_i-\bar{x})^2} \tag{15}$$

则新序列 y_1，y_2，…，y_n 的均值为 0，而方差为 1，且无量纲。

这种方法基于原始数据的均值（mean）和标准差（standard deviation）进行数据的标准化处理。将指标的原始值 x 使用 z-score 标准化到 x'。z-score 标准化方法适用于指标的最大值和最小值未知的情况，或有超出取值范围的离群数据的情况。

二、模型假设及研究假设

本章假设县域经济的高质量发展程度主要体现在 4 个方面：发展功能、发展要素、发展结构和发展环境（见图 7-1）。也就是说，如果一个县域在经济发展过程中，投入合理的资本、劳动力和基础设施等要素进行产业结构和技术结构的优化，并且维持良好的营商环境，可以有效提升县域经济的发展功能，从而提升县域经济发展的质量。

从图 7-1 可以看出，在县域经济高质量发展的过程中，发展功能受发展要素、发展环境和发展结构的影响，而发展结构由发展要素和发展环境决定，发展要素和发展环境互为因果关系。

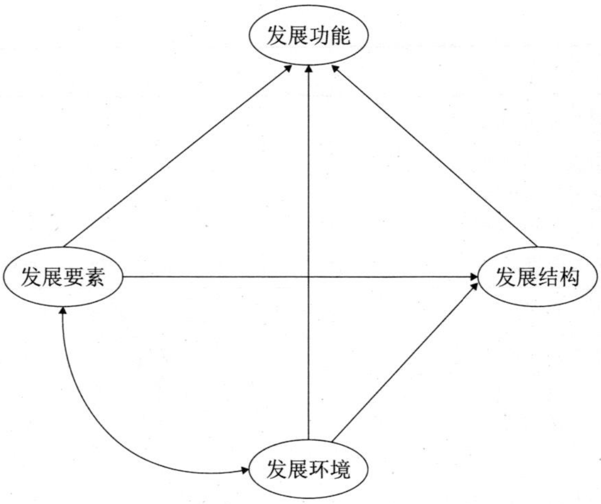

图 7-1　县域经济高质量发展的结构方程模型因果关系

根据图 7-1 提出本章研究的具体假设，如表 7-2 所示：

表 7-2　结构方程模型的具体假设

H1：发展要素对发展功能有直接的正向影响
H2：发展环境对发展功能有直接的正向影响
H3：发展结构对发展功能有直接的正向影响
H4：发展要素对发展结构有直接的正向影响
H5：发展环境对发展结构有直接的正向影响

第二节　县域经济高质量发展的结构方程模型分析

一、初始模型的构建与检验

（一）初始模型的构建

在进行模型实证检验之前，需要先构建结构方程初始模型。在本章中所构建的初始模型可以分为结构模型和测量模型，其中最为关键的是构建结构模型，确定初始模型所包含的潜变量。构建初始模型前，需先确定各个潜变量之间的关系和相互作用，这种关系和相互作用先根据经验判断进行假设，再进一步验证。本书共设置 4 个潜变量："发展功能""发展结构""发展要素""发展环境"。根据前面的假设，设置"发展功能""发展结构"为内生潜变量，"发展要素""发展环境"为外生潜变量。外生潜变量和内生潜变量之间的关系和作用的假设，是构建初始模型的关键，也是构造结构模型的必要步骤。构建结构模型之后，需要构建测量模型，也就是预先确定每个潜变量与其所属观测变量之间的关系。本章通过 20 个观察变量形成测量模型，结构方程初始模型如图 7-2 所示。

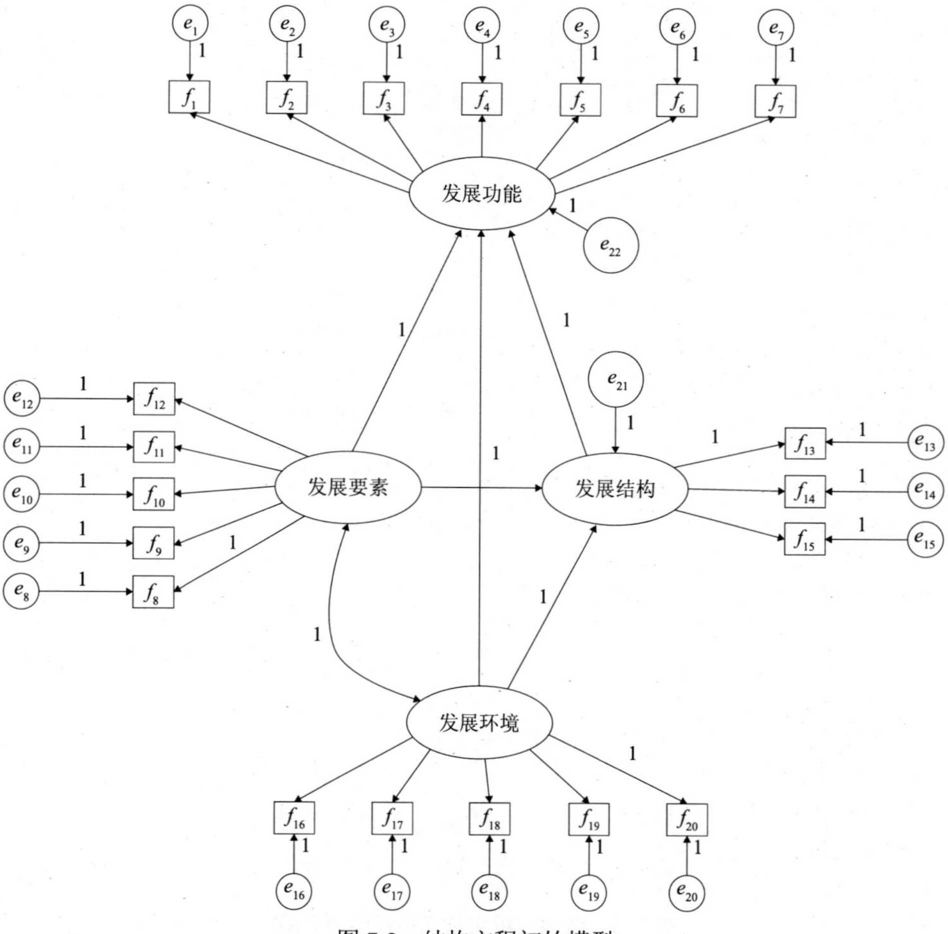

图 7-2　结构方程初始模型

（二）初始模型的检验

采用 AMOS21.0 分析了构建结构方程初始模型和样本之间的拟合程度，并根据拟合程度对模型不断修正，获得拥有最佳拟合度的模型。AMOS21.0 软件运行结果中包括潜变量之间路径系数的估计值及其相应显著性水平、潜变量与可观测变量之间负荷系数的估计值及其相应显著性水平。此外，模型结果中还包含了衡量模型整体拟合程度的指标，以及模型和数据之间整体的拟合程度，同时还给出了修正指数，使我们可以对初始模型进一步修正。初始模型的路径系数如图 7-3 所示。从表 7-3 可以看出初始模型的拟合效果并不好，检验结果为 1275.173，虽然存在显著性但是卡方值较大，同时 NFI、CFI、IFI 等拟合系数没有达到标准，而 GFI、RMSEA 和 TLI 等拟合系数也仅仅达到可接受的程度，所以综合来看，需对初始模型进行修正。

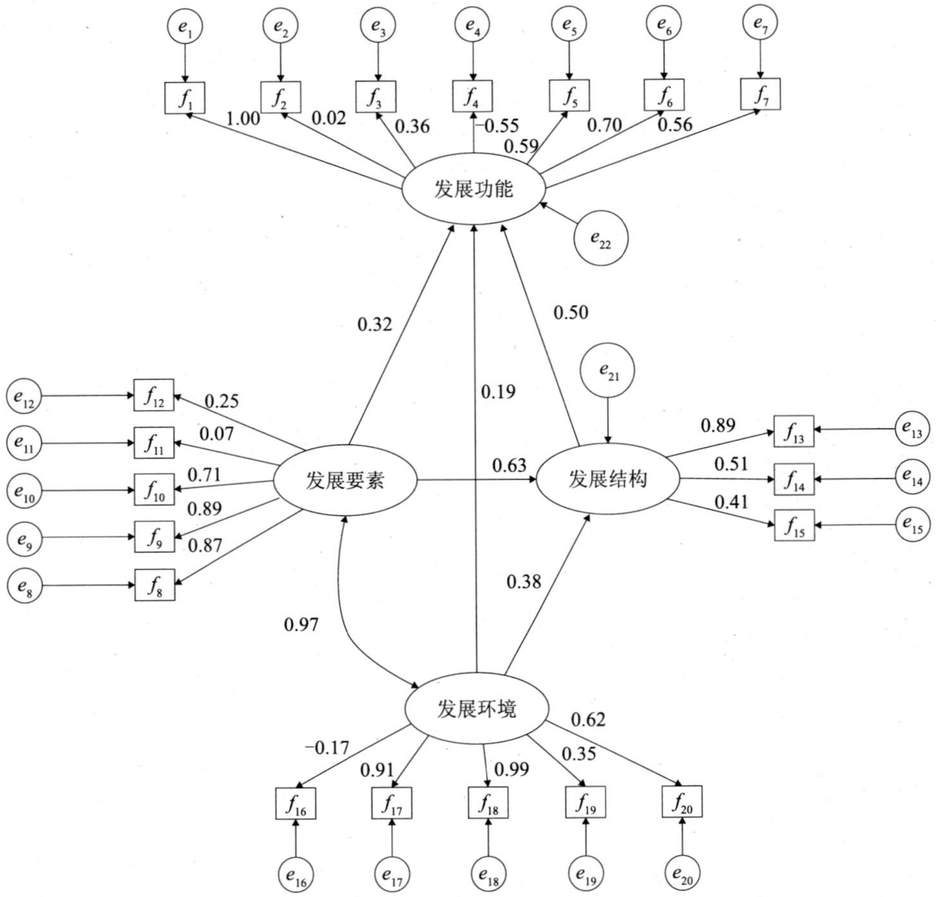

图 7-3　结构方程初始模型及路径系数

表 7-3　结构方程初始模型拟合度系数

拟合度指标	拟合度的标准或临界值	检验结果	拟合情况判断
χ^2	越小越好	1275.173（p=0.000）	否
χ^2/df	小于 3，小于 5 也可接受	3.383	良好
GFI	大于 0.90，大于 0.85 也可接受	0.812	可接受
NFI	大于 0.90，大于 0.85 也可接受	0.530	不可接受
CFI	大于 0.90，大于 0.85 也可接受	0.670	不可接受
RMSEA	小于 0.10，大于 0.05 也可接受	0.068	可接受
RFI	大于 0.90，大于 0.85 也可接受	0.940	良好
IFI	大于 0.90，大于 0.85 也可接受	0.570	不可接受
TLI	大于 0.90，大于 0.85 也可接受	0.880	可接受

（三）修正模型的构建与检验

根据 AMOS21.0 提供的修正指数及建议对结构方程初始模型进行了修正，主要是在初始模型的基础上增加了与残差相关的路径，降低了模型的卡方值，提高模型与数据的拟合程度。图 7-4 为本章对初始模型进行修正后的城市生态效率影响因素的结构方程模型。

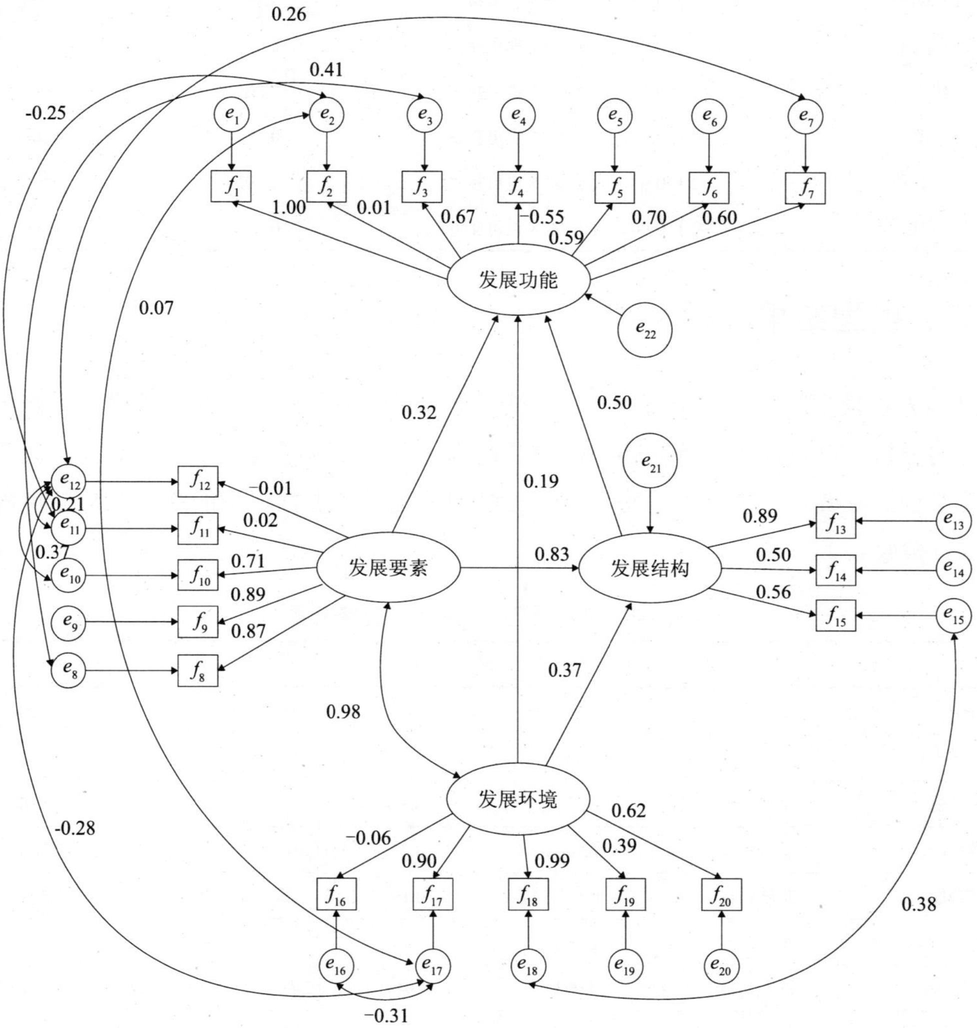

图 7-4　结构方程修正模型及路径系数

修正后模型的拟合度系数如表 7-4 所示。修正后模型的路径系数中卡方值为 816.621，自由度为 40，卡方值（x^2）与自由度（df）的比值为 2.041 低于临界值 3，模型拟合较好，其他指标在经过模型修正后拟合程度也比较好，可以进步一对结构方程模型中的路径系数进行分析，从而得出各潜变量之间的关系。

表 7-4　结构方程修正模型拟合度系数

拟合度指标	拟合度的标准或临界值	检验结果	拟合情况判断
χ^2	越小越好	816.621（p=0.000）	良好
χ^2/df	小于 3，小于 5 也可接受	2.041	良好
GFI	大于 0.90，大于 0.8 也可接受	0.842	可接受
NFI	大于 0.90，大于 0.85 也可接受	0.860	可接受
CFI	大于 0.90，大于 0.85 也可接受	0.950	良好
RMSEA	小于 0.10，大于 0.05 也可接受	0.065	可接受
RFI	大于 0.90，大于 0.85 也可接受	0.950	良好
IFI	大于 0.90，大于 0.85 也可接受	0.893	可接受
TLI	大于 0.90，大于 0.85 也可接受	0.912	良好

二、模型结果分析

结构方程模型的路径系数可以解释潜变量之间的关系。从上文对初始模型和修正模型拟合度的分析可以发现，本章的初始模型经过修正后拟合程度较好（见表 7-5），大多数因素载荷量也满足要求，因此本章将进一步对结构方程模型进行模型的路径系数分析以及对假设进行检验。

表 7-5　结构方程修正模型的路径系数

路径			未标准化估计路径系数	SE	CR	P	标准化估计路径系数
发展结构	<---	发展要素	0.593	0.35	12.395	***	0.629
发展结构	<---	发展环境	0.352	0.27	11.596	***	0.368
发展功能	<---	发展要素	0.271	0.35	12.395	***	0.318
发展功能	<---	发展环境	0.164	0.27	11.596	***	0.186
发展功能	<---	发展结构	0.467	0.19	21.725	***	0.504
f_1	<---	发展功能	1.000				1.000
f_2	<---	发展功能	0.003	0.011	0.244	.807	0.012
f_3	<---	发展功能	−0.225	0.012	−19.523	***	−0.670
f_4	<---	发展功能	−0.156	0.011	−13.799	***	−0.550
f_5	<---	发展功能	0.175	0.011	15.464	***	0.594
f_6	<---	发展功能	0.228	0.011	20.359	***	0.698
f_7	<---	发展功能	0.180	0.011	15.950	***	0.606
f_8	<---	发展要素	1.000				0.872
f_9	<---	发展要素	1.313	0.042	31.011	***	0.889

续表

路径			未标准化估计路径系数	SE	CR	P	标准化估计路径系数
f_{10}	<---	发展要素	0.721	0.038	18.962	***	0.701
f_{11}	<---	发展要素	0.018	0.036	0.503	0.615	0.024
f_{12}	<---	发展要素	−0.010	0.033	−0.317	0.751	−0.015
f_{13}	<---	发展结构	1.000				0.893
f_{14}	<---	发展结构	0.275	0.022	12.250	***	0.503
f_{15}	<---	发展结构	0.321	0.022	14.320	***	0.564
f_{16}	<---	发展环境	−0.077	0.062	−1.246	0.213	−0.060
f_{17}	<---	发展环境	2.290	0.092	24.854	***	0.898
f_{18}	<---	发展环境	4.429	0.159	27.848	***	0.991
f_{19}	<---	发展环境	0.525	0.064	8.181	***	0.379
f_{20}	<---	发展环境	1.000				0.617

*** 表示 0.01 水平上显著，括号中是相应的 CR 值，即 t 值。

根据表 7-5 修正模型的路径系数结果，首先，分析潜变量之间的关系，以发展结构为因变量，可以知道发展要素对发展结构的标准化路径系数为 0.629，且在 0.01 的显著性水平下具有显著性，即发展要素对发展结构有显著的正向影响，因此 H4 假设成立。发展环境对发展结构的标准化路径系数为 0.368，且在 0.01 的显著性水平下具有显著性，即发展环境对发展结构有显著的正向影响，因此 H5 假设成立。

发展要素对发展功能的标准化路径系数为 0.318，且在 0.01 的显著性水平下具有显著性，即发展要素对发展功能有显著的正向影响，因此 H1 假设成立。

发展环境对发展功能的标准化路径系数为 0.186，且在 0.01 的显著性水平下具有显著性，即发展环境对发展功能有显著的正向影响，因此 H2 假设成立。

发展结构对发展功能的标准化路径系数为 0.504，且在 0.01 的显著性水平下具有显著性，即发展结构对发展功能有显著的正向影响，因此 H3 假设成立。

其次，潜变量与观测变量之间的关系。潜变量发展功能对应 7 个观测变量，其中 GDP 对发展功能的路径系数为 1，表明两者存在共线性，而 GDP 增速对发展功能的影响不显著，此外的 5 个观测变量对发展功能存在显著性，其中社会固定资产投资增长率和单位投资收益率对发展功能的路径系数为负，说明两者对发展功能存在负向影响。而能源消耗率、社会福利收养性单位床位数和医院、卫生院技术人员对发展功能存在正向影响。说明能源贡献率和共享发展是提升经济发展功能的重要方向，通过资本投入提升经济发展功能已经不符合目前的经济发展形势；发展要素对应 5 个观测变量，其中社会固定投资对发展要素的路径系数为 1，表明两者存在高度相关的共线性，观测变量规模以上的工业企业从业人员比值和专业技术人员对发展要素都存在正向且显著的影响，其中规模以上的工业企业从业人员比重的影响最大，说明规模以上的工业企业的劳动力投入仍是县域经济发展要素投入的关键，同时也需要加大引进专业技术人员的力度。而农村专业技术人员和公路里程对发展要素不存在显著影响，表明县域经济发展中农村技术人员的投入存在不足，以及在目前村村通公路的大形势下，基础建设投入不是刺激县域经济发展的核心要素；潜变量发展结构的观测变量有 3 个，专业技术单位农业 GDP 对发展结构的路径系数为 1，而规上工业企业产值比重和服务业增加值比重对发展结构存在显著的正向影响作用，其中服务业增加值比重的影响最大，说明目前县域经济产业发展结构随着乡村振兴倾向于服务业的发展，这与广西县域旅游资源丰富有关；潜变量发展环境由 5 个观测变量进行衡量，其中财政收支平衡程度对发展环境的路径系数为 1，而人口流动性对发展环境的改善没有显著影响，这也说明目前广西县域经济的发展情况不足以吸引外出打工人员。而小学在校人数占比、社会零售商品总额和全社会用电量增长率对发展环境存在正向显著的影响，其中社会零售商品总额的系数最大为 4.429，说明广西县域经济的消费环境较好。

通过上述的分析得到表 7-6 的假设检验结果，可知通过县域经济高质量发展影响因素的结构方程修正模型，验证本研究的 5 个假设，假设都成立。

表 7-6　假设检验结果

假设	结果
H1：发展要素对发展功能有直接的正向影响	成立
H2：发展环境对发展功能有直接的正向影响	成立
H3：发展结构对发展功能有直接的正向影响	成立
H4：发展要素对发展结构有直接的正向影响	成立
H5：发展环境对发展结构有直接的正向影响	成立

第八章

广西县域经济高质量发展战略思路与基本对策

第一节 广西县域经济高质量发展战略思路

一、效率优先、兼顾速度

效率是经济质量的根本表现，低效率将导致竞争力低下和投资撤离，只有提高经济效率，才能吸纳资本持续投入。广西县域经济发展的效率虽然有所提高，但投入产出率提升速度不快，尤其是城区的效率低于县市发展效率。因此，围绕效率来配置经济发展资本、劳动力是效率优先的重要方面。

同时，经济高质量发展效率应该伴随一定的发展规模和适度的发展速度。经济高质量发展战略需要效率优先，兼顾发展速度和发展规模。质量发展前列、规模发展前列和速度发展前列的县域可以作为优先发展的对象。

本书的建议是，在整体上，广西经济高质量发展需要发展效率超过全国平均，发展速度跟上全国平均。

二、产业核心、分类提升

产业是县域经济发展的龙头。高质量发展需要以产业为核心，按照“专”“精”“特”的思路，通过县域经济产业特色化、专业化，分类提升产业质量，培育经济实力强、技术实力雄厚、关联性强、辐射带动作用大的产业。广西大部分县域具有原产地标志的特色产业，围绕地方特色产业塑造经济高效发展路径是县域经济发展的重要手段。同时，工业发展是广西县域经济的短板，需要大力强化工业在提质增效中的地位和作用。

三、链接网络、增长转型

落实“互联网 +”行动，实现供给与需求的对接，促进县域经济向市场导向型的增长模式转型，避免产能过剩。

建设“宽带广西”，加强县级网络信息平台建设，打造网络设施衔接完善、专业特色明显的区域基础设施网络体系，促进信息资源共享。

依托微信、淘宝、京东等大电商平台，强化县级物流基地建设，形成网上订单、实体生产的协调格局，实现产品上网、电商下乡。

四、创新增长、局部突破

创新要素投入是创新活动的源泉，必须随着创新的持续而不断追加投入，从而形成“要素投入—创新产出—系统发展—投入加大—二次创新—更优发展”的循环发展模式。

县域经济高质量必须强化技术引进与创新，但创新具有风险，不宜全面推进，需要结合优势产业，以提高科技创新成果转化率为核心，强化技术市场建设，实现产业创新局部突破。

五、体制创新、高效政府

营造“党政推动、部门联动、企业主动、各方互动”的政策环境，形成广西全区上下重视和支持经济高质量发展的浓厚氛围。大力实施质量兴桂战略，进一步增强忧患意识，拿出“改革开放再出发”的决心和勇气，敢破敢立、敢闯敢拼、敢作敢为，推动经济发展质量再上新台阶。

第二节　广西县域经济高质量发展的基本对策

一、提高“专”“精”“特”，促进经济发展模式转型

（1）“专”就是专业化。

县域产业不适合全面铺开，要找到地方性强、具有一定规模和效益的产业进行引导和扶持，将其作为县域经济发展的支柱产业。对原有的支柱产业，围绕工业园发展，强化产学研深度融合，加强集群链条的建设，促进园区规模化经营，形成规模经济。

（2）“精”就是精加工。

对原来的支柱产业进行技术打磨实现产业升级，即加强技术水平、人才培养，实现加工水平的提升和加工程度的深化，为建设广西制造大省奠定基础。工业是兴桂的基础，以价值链为核心，着力强龙头、抓创新、补链条、聚集群、创品牌，促进要素向行业龙头集

聚，提升集中度，做强、做大工业规模和提高效益，实现“工业强桂”战略，力促工业园区扩能增效，推进工业园区路网、防洪排涝工程、送变电工程、污水处理等基础建设。在工业园区中引导一批中小企业转型提质，培育规上工业企业，加快县级工业园区的提质增效。

（3）“特”就是特色化。

利用当地特色资源，依靠乡镇企业，发展特色产业。在产品层面要注重地方特色，这种特色往往是地方原料、地方商标的市场推广和凝练，主要体现为特色产品商标和品牌建设，要大力强化产品品牌建设和市场维护。围绕“一镇一品”等特色产业，发展绿色化、优质化、有特色、品牌化的地区农业，建设一批具有竞争力的县域产业集群，强化品牌建设，切实保障地理标志、商标等无形资产的累积与维护，做强、做优农业、轻工业、旅游中的特色品牌，提高市场竞争力。

二、加快商品物流体系建设，提高市场质量

农业是县域经济发展的重要组成部分，提升农业发展的质量，需要加快农村地区的商品流通体系建设。

1. 加快商贸综合体及专业市场建设

引导传统商贸经营模式创新，坚持线上线下融合发展，培育线上商贸企业，加快推进全国电子商务进农村综合示范项目建设，继续完善县级电商物流配送中心、乡镇电商物流服务站及村级电商服务点的建设。同时，加强政府对各物流节点基础设施建设的支持。解决物流“最后一千米”问题，需要政府资金的大力扶持。此外，需要建立县级统一平台整合物流资源。在资金相对缺乏的农村地区，更加要注重资源整合与效率提升，减少人力物力的重复浪费。首先，应该对所有电商物流商品先集中再配件。其次，对于某些偏远的村、组、屯，则可以根据地理位置划区，分配给平台中的各物流公司进行“一对一”处理，发挥各物流公司的智慧，并对其中见效好的方案进行及时总结与推广。

2. 增强对市场的前瞻性判断与预测能力，化被动为主动

广西农产品资源丰富，其中沙田柚、杧果、荔枝、菠萝、柑橘等亚热带水果产量居全国前列；海产品、甘蔗、木薯、桑蚕等农产品在全国占有较大份额。除了捕捉敏感的市场信息进行农产品生产的及时调整，充分利用电商平台的信息整合能力扩大销售范围同样重要。自“电商广西、电商东盟”工程实施以来，广西电子商务发展飞速，淘宝网的中国特产广西馆、钦州市的东盟国际商贸城、阿里巴巴·柳州产业带等电子商务平台的整合力量

开始发挥。

可以采取以下具体措施：一是，从乡村振兴、精准扶贫作为切入点，设立专门的“乡村振兴”“精准扶贫”板块，将其放在平台首页，集中某一时间段进行推广与销售。这样既充分利用了平台的整合力量，提高了销售业绩，打响广西老字号与特色品牌，又解决了部分落后地区的农产品滞销问题，增加了当地居民的农产品销售收入，一定程度上实现了乡村振兴与精准扶贫，推动了大企业社会责任的承担。二是，提前开拓商品市场。预判产品收成后，提前与外省供应商联系，采用预售的方式支付定金提前拿下订单，订单价格设置区间浮动，浮动范围参考历年热销时期的价格，而最终价格考虑产品具体收成与市场供给状况，覆盖的市场从广西邻近省份沿东北方向不断推进。这种化被动为主动，前瞻、预判市场的能力正是当前广西商品交易，尤其是农产品交易所需要的。

3. 建立电子商务、电子政务、电子党务三位一体平台

不论是物流的“最后一千米”问题，还是各个平台的整合，都不是某一家公司能独立承担的，需要地方政府出面建立电子商务、电子政务和电子党务的三位一体平台。这一点可以参考北海市的政务和信息平台“农事网通”与“阳光红页”。试点建设：一是打造政务服务平台；二是构建信息公开平台；三是建设农村电商平台；四是建立沟通交流平台。通过厘清村级组织小微权力清单，合法授权，依托成熟的网络技术和设备，将政务服务接件办理的窗口前移到村，涉农行政许可和便民服务事项均可在村委会办理，真正实现让“信息跑路”代替“干部跑腿”和“群众跑腿”。秉承“把公开放在网上是最阳光的公开”的理念，根据各方需求灵活搭建模块。集微信公众号、手机客户端、网站 PC 端组成，集惠民信息、权力监督、农村电商、党员教育等功能于一体，一网打通解决群众需求。这样既提高了国家与地方政策的宣传与普及力度，便于更多民众真正认识和了解政策，又将市场信号与产品供给结合，改善信息不对称情况，还提高了政府服务基层人民群众的水平，三位一体。

政府善用全媒体搭建平台，设立战略规划公众号，通过在线发布、咨询、听证与调查，全方位立体化地发布信息，公民通过政府官方网站、官方微博与公众号了解相应的政策内容，实现战略参与从阶段化参与拓展到流程化参与，加深了公众对政府战略规划的各个环节工作的认识，也搭建起更好的服务民生，连接政府、企业和民众的桥梁。

三、创新发展，经济提质增效

1. 提高要素投入水平、强化创新源泉

加强农田基础设施建设，强调科技投入，提高农业产业化、机械化和组织水平，降低

成本，提高效率。

强化“双创”融合和企业在创新中的主体地位，加强企业家精神培养，引导创新要素向规上企业集聚，加强科技骨干企业认定，大幅提升自主创新能力。

加强县域层面的科技公共服务平台和支撑体系建设，全面推进工业产品研发设计、生产过程控制，以及工业企业在管理、市场营销、人力资源开发、技术改造等方面，多途径促进知识传递和利用。

要保持创新资源与产业结构发展的协调一致性，引导创新要素流向重点优势产业、高技术产业和新兴产业。

2. 以科技人员为核心的激励，加强区域创新系统制度整合，释放正能量

建立科技人员激励机制，加快实施创新人才推进计划、企业经营管理人才素质提升工程，大力培养各领域骨干专业技术人才，提高人才质量。

在项目资助、项目监督、项目验收、奖项评定、项目财会等方面加大制度创新力度，真正落实“以人为本”，释放科技人员潜力，获得正能量。

弘扬大国工匠精神，培育企业家精神、创新精神和工匠精神，精心评选广西工匠，让人才冒出来、干出来、留下来、用起来，充分发挥人才潜力。

3. 优化区域创新环境

一是构建市场导向型发展战略，强化知识市场在创新系统与环境互动中的决定性作用。加强知识市场建设，强化广西科技信息网的信息中介作用，增加知识供给与需求之间的联系，包括建立专家信息库、成果信息库，并对社会开放，减少社会的搜寻成本，提高社会专业团体质量监督的水平，防止重复研究，扩大知识市场规模，提高科技转化率，盘活专利资产，促进新专利生产与转化。

二是利用信息技术，提高管理效率。管理部门应该适当简化行政手续，优化申请流程，提高知识成果产出效率。

四、统筹县域，提高协调发展质量

1. 统筹县域投资

城区发展基础好，但是县市发展效益高，因此，从投资回报率来说，县市高于城区，因此，需要统筹城区和县市的投资，对县市投资给予一定倾斜。

以县域为单元进行基础规划，包括国土、城镇、产业、旅游等，实现“多规合一”，以统筹县域内城乡发展空间，获取空间效益。

强化核心集聚，兼顾全域均衡，发展壮大乡镇经济。构建以县市为中心、重点乡镇为辐射、一般乡镇为纽带，布局合理、统筹发展的新型小城镇体系，着力推动以县市和中心镇为中心，辐射集镇和中心村的“城镇圈”建设，统筹个人消费和公共服务空间布局，打造县域内高效通勤的交通系统。

加大用地报批储备力度，在特色产业、基础设施、生态保护、乡村振兴等方面用好“城乡建设用地增减挂钩”政策，盘活存量土地，全力保障重点项目用地需求，精准补齐基础设施短板，集中财力和物力，优先安排深度贫困村的基础设施和产业扶贫项目，统筹推进贫困村和非贫困村水、电、路、网等基础设施建设，着力打造农村基础设施体系和社会化服务体系。

2. 推动农村基础设施建设升级

加快农村公路、供水、供气、环保、电网、物流、信息和广播电视等基础设施建设，推动城乡基础设施互联互通。首先，是道路与道路安全的建设，继续推进道路“村村通”工程，特别是偏远的村镇更要将其与周边的道路网络连接起来，减少偏远村镇“孤岛”现象的出现。其次，是医疗基础设施建设投入应适度向乡村倾斜，增加农村的医疗卫生网点和农村医护人员与城镇医护人员的交流，并定期组织培训，提高农村医疗卫生网点工作者的专业能力。最后，农村的环境卫生工作也应受到重视。对于农村日常生活产生的各类垃圾，可以采用“村收集，镇运输，县处理”的处理流程，将废品集中到县市统一处理，通过科学环保的处理方式，将其转化为再生能源供给周边的村落。此外，农村的供水、供电设施也应得到系统性的加固升级。

3. 推动城乡医疗均等化发展

首先，加大对改善新农合发展的财政拨款，建立专项资金重点发展基层卫生服务水平。其次，创新医疗保险制度，统一城乡医疗保险登记系统，建立完善的管理和监管；根据户籍管理辖区内人群入保情况，保障医疗保险覆盖到位。最后，提高农村医疗卫生服务水平，完善农村医疗队伍和设施建设，加大对新型农村合作医疗的宣传力度。

4. 防范涉农产业风险

政府建立健全农业保险机制，投资和扶持农业保险、积极扶持农业保险工作；多元化的筹资建立农业结构调整风险保障基金并展开专业运作；完善农产品质量标准体系、农产品质量检测和检验体系，以及完善农产品市场信息体系，提高我国农民素质，减少市场风险；加强农业基础设施建设，强化公共性的农业病虫害控制，提高农业抵御自然灾害的能力。

五、着力解决贫困问题，提高共享发展质量

县域是贫困人口集中地区，经济高质量发展需要解决民生艰难问题，提高共享发展质量。

（1）深化产业就业扶贫，实现永续脱贫。落实村级集体经济发展基金，发挥发展基金效应，因村、因户选好产业，建立健全扶贫全产业链，完善加工基地区域布局，形成“乡有特色产业、村有特色产品、人有脱贫路径”的产业扶贫新格局。全面加强对外劳务协作，扎实推进技能培训和就业提升工程，年内完成农村劳动力转移就业职业技能培训，推动青壮年劳动力外出务工并做好他们的后勤保障工作。

（2）加大“第一书记扶贫”的政策支持。“第一书记扶贫”制度是国家在扶贫领域进行创新的一种方式，指国家通过设置第一书记实现对贫困村和贫困户脱贫致富的一项新制度。需要赋予第一书记以更多的资源和资源配置权，从而使得第一书记在治贫方面占有更多的主动性和拥有更多的发挥空间，同时也充分发挥第一书记的平台和中介作用，使国家的政策表达与农民的需求在第一书记这个扶贫层面上得到有效对接。

（3）加强对农村低端人才职业技能培训。低端人才职业技能培训是解决失业问题的一个重要渠道，从以下两方面展开：一是鼓励培训并扩大培训力度；二是增强培训针对性。针对不同的部门开展不同的培训，加强地方职业培训协调，减少农民的负担。

（4）关注农村的特有社会问题，健全农村留守儿童和妇女、老年人以及困境儿童关爱服务体系，以服务站的形式定期对困难家庭进行访问，提供帮助。

（5）加大“农民工”共享城市发展机会。深化户籍制度改革，特别是对租购同权政策落实，促进有条件、有意愿，在城镇有稳定就业和住所的农业转移人口在城镇有序落户，依法平等享受城镇公共服务与发展机会。

六、保护环境，提高绿色发展质量

践行“绿水青山就是金山银山”的发展理念，加快推进生态文明示范区建设，推进石漠化综合治理、水土流失综合治理工程，提高绿色发展质量。

（1）严格管控各类开发活动，提升空间开发质量和效率，坚决打好蓝天、碧水、净土三大保卫战。

（2）加大农村面源污染治理、畜禽养殖污染防治力度，加快推进农村改厨、改厕、改圈，实施禽畜粪污资源化利用，整县推进项目，持续改善农村环境质量。

（3）降低生态风险。严守生态红线，打造一批生态保护、科学研究、环境质量、生态旅游等功能于一体的自然保护地体系，增强绿色安全农产品供给能力，建设绿色产品

基地。

（4）控制产业准入，推动制造业绿色发展，建立资源环境承载力监控预警长效机制，制定实施重点生态功能区、农产品主产区的产业准入负面清单，

七、提高政府服务质量

（1）增强大局意识，深化机构改革。稳步推进政府机构改革，厘清事权、理顺职责，有序开展转隶移交，构建完备、运行高效的机构职能体系。坚持工作项目化、项目责任化、责任清单化，面对问题不回避，面对困难不退缩，深入推进政务信息公开，做好新媒体环境下的政策宣传、舆情引导和回应，全力推动政府履职提速、提质和提效。

（2）以开展重大项目建设，优化营商环境，产业大招商和“三个攻坚突破年”等活动为抓手，稳步推进重点领域和关键环节改革创新，以创新增活力，以改革促发展。持续加大“放管服”改革力度，进一步精简行政审批事项。扎实推进“一事通办”改革，推动线上“一网通办”，线下“只进一扇门”，现场办理“最多跑一次”，让企业和群众办事像“网购”一样方便。落实减税降费政策，降低企业成本。加大对民营企业的扶持服务力度，构建“亲清”政商关系，实现产业大招商。

（3）深化行政审批制度改革。针对市场准入、企业开办、施工许可、电力和信贷获得、纳税、投资者保护、产权登记、合同执行、跨境贸易等各环节，联合相关部门制订专门工作方案，进一步清理行政事业性收费，减轻企业负担。全面对标世界银行营商环境指标体系，深化“放管服”改革，在营造便利投资环境、良好生产经营环境、精细服务人才发展环境等方面下功夫。

（4）培育县市级政府具有自我发展能力。积极推进财政“省直管县”和县域政府的“扩权改革”，让县域政府在经济高质量发展中具有更大的自主性和控制能力。建立质量导向的行政考核评估机制，以要素—结构—环境—功能的经济高质量发展指标体系作为政府绩效考核体系的基础，重构“政府 + 市场”的双层锦标赛，实现考核导向的转变。

（5）设置广西经济高质量发展基金，发挥杠杆作用，做好高质量发展的重点产业集群发展规划与项目库建设。

（6）地方债务风险控制。通过经济持续和平稳增长，逐步化解高杠杆，控制债务规模过度上涨。分类处理地方性政府债务，缓释短期债务风险。实施积极财政政策，避免债务收缩对经济产生负面影响；发展消费信贷，刺激消费，带动经济增长。

第九章

基于雷达图的广西各县域经济高质量发展综合分析

第一节　基于雷达图的县市经济高质量发展综合分析

一、武鸣县

武鸣县位于南宁市北部，被誉为“中国壮乡”，是全国商品粮大区，全国生态农业建设试点区、广西蔗糖生产基地及广西木薯生产基地。县内有都南高速公路，210 国道线和省道 20321 线过境，有南宁至武鸣的一级公路。

从经济高质量发展功能表现来看（见表 9-1），武鸣县 2010 年和 2017 年的增长规模的得分分别为 0.17052 和 0.29371，排名均为第 1 名，规模等级排名前列。武鸣县 2010 年和 2017 年的增长速度得分分别为 0.01474 分和 0.01202 分，排名分别为第 51 名和第 67 名，增长速度逐渐变慢。武鸣县 2010 年和 2017 年的发展效益评价得分分别为 0.00361 分和 0.00337 分，排名分别为第 58 名和第 59 名，发展效益一般。武鸣县 2010 年和 2017 年的绿色发展得分分别为 0.02735 分和 0.03491 分，排名分别为第 37 名和第 20 名，绿色发展良好。武鸣县 2010 年和 2017 年的共享发展得分分别为 0.08171 分和 0.13156 分，排名分别为第 12 名和第 13 名，表现优秀（见图 9-1）。

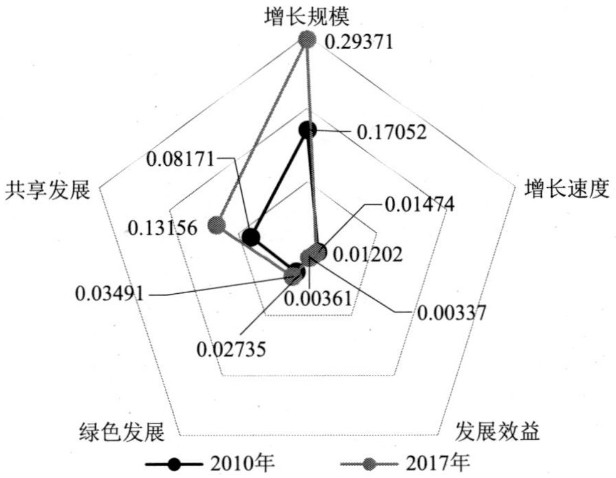

图 9-1　武鸣县经济高质量发展功能表现评价结果分析

表 9-1　2010 年和 2017 年广西 74 个县市经济高质量发展功能表现评价结果及排名

地区	年份	增长规模		增长速度		发展效益		绿色发展		共享发展	
		评价值	排名	评价值	排名	评价值	排名	评价值	排名	评价值	排名
武鸣县	2010	0.17052	1	0.01474	51	0.00361	58	0.02735	37	0.08171	12
	2017	0.29371	1	0.01202	67	0.00337	59	0.03491	20	0.13156	13
隆安县	2010	0.06384	51	0.01541	38	0.00396	43	0.02012	49	0.06257	28
	2017	0.07963	52	0.01236	54	0.00420	25	0.01713	64	0.08673	37
马山县	2010	0.04802	64	0.01669	17	0.00411	39	0.01941	52	0.05920	33
	2017	0.05297	65	0.01217	62	0.00391	33	0.02275	55	0.11303	18
上林县	2010	0.05349	59	0.01531	41	0.00414	38	0.01396	62	0.06046	32
	2017	0.05773	60	0.01214	63	0.00398	31	0.02782	46	0.10534	20
宾阳县	2010	0.13537	11	0.01864	4	0.00337	67	0.01699	56	0.09487	5
	2017	0.16123	23	0.01235	56	0.00315	71	0.02766	47	0.16673	6
横县	2010	0.13940	10	0.01541	38	0.00336	70	0.03542	14	0.08497	9
	2017	0.21830	4	0.01224	61	0.00324	64	0.03426	23	0.21972	3
柳江区	2010	0.15529	6	0.01492	45	0.00367	56	0.03761	6	0.06891	19
	2017	0.20485	6	0.01316	8	0.00329	61	0.04621	12	0.09320	30
柳城县	2010	0.10262	28	0.01783	7	0.00438	32	0.04430	3	0.06478	23
	2017	0.13650	31	0.01255	47	0.00373	41	0.02970	37	0.08953	33
鹿寨县	2010	0.14105	9	0.01424	55	0.00337	67	0.02278	42	0.07250	18
	2017	0.16658	20	0.01276	29	0.00353	53	0.02175	57	0.08920	34
融安县	2010	0.06111	52	0.01597	25	0.00415	36	0.03066	28	0.06205	29
	2017	0.08309	50	0.01305	13	0.00351	54	0.03405	24	0.07701	51
融水苗族自治县	2010	0.05358	58	0.01726	12	0.00415	36	0.01972	51	0.05258	46
	2017	0.09330	49	0.01292	19	0.00348	55	0.02867	42	0.10349	22
三江侗族自治县	2010	0.04828	63	0.01909	2	0.00377	50	0.02072	46	0.04587	58
	2017	0.05691	61	0.01578	2	0.00360	47	0.02692	49	0.08814	36
阳朔县	2010	0.09470	34	0.01722	13	0.00392	46	0.03757	7	0.05137	49
	2017	0.14580	27	0.01870	1	0.00343	57	0.04923	9	0.07777	49
灵川县	2010	0.11094	22	0.01373	62	0.00382	48	0.02206	43	0.06359	25
	2017	0.13240	34	0.00852	74	0.00363	46	0.02935	39	0.09523	27
全州县	2010	0.10802	26	0.01439	53	0.00376	51	0.01572	59	0.07905	13
	2017	0.13493	32	0.01256	46	0.00322	66	0.01961	62	0.13184	12
兴安县	2010	0.12472	14	0.01488	46	0.00402	40	0.01706	55	0.07580	17
	2017	0.14142	29	0.01159	73	0.00344	56	0.02580	51	0.08657	38

续表

地区	年份	增长规模		增长速度		发展效益		绿色发展		共享发展	
		评价值	排名	评价值	排名	评价值	排名	评价值	排名	评价值	排名
永福县	2010	0.10439	27	0.01560	30	0.00489	16	0.03179	26	0.05350	43
	2017	0.16538	21	0.01271	34	0.00411	28	0.03775	18	0.08110	43
灌阳县	2010	0.07706	46	0.01338	63	0.00577	8	0.01344	63	0.04625	57
	2017	0.09766	48	0.01238	53	0.00430	23	0.01961	62	0.07818	47
龙胜各族自治县	2010	0.06950	49	0.01399	58	0.00594	6	0.01656	58	0.03590	70
	2017	0.10830	43	0.01255	47	0.00534	4	0.03305	26	0.07383	58
资源县	2010	0.05857	56	0.01695	14	0.00565	9	0.01270	66	0.04469	61
	2017	0.10050	45	0.01275	30	0.00461	13	0.02171	58	0.06160	66
平乐县	2010	0.09668	31	0.01542	37	0.00476	22	0.02933	33	0.05820	35
	2017	0.11261	39	0.01232	58	0.00365	45	0.04615	13	0.09732	25
荔浦县	2010	0.12179	16	0.01550	35	0.00474	24	0.03925	4	0.06302	27
	2017	0.16895	18	0.01295	16	0.00370	42	0.04804	10	0.10278	23
恭城瑶族自治县	2010	0.08383	42	0.01488	46	0.00472	26	0.02682	39	0.05457	41
	2017	0.09890	47	0.01288	25	0.00398	31	0.02887	41	0.07978	45
苍梧县	2010	0.12328	15	0.01607	23	0.00350	61	0.01997	50	0.06511	21
	2017	0.04434	68	0.01261	41	0.00403	29	0.03250	28	0.06474	62
藤县	2010	0.12104	17	0.02092	1	0.00337	67	0.03730	9	0.08415	10
	2017	0.19582	7	0.01271	34	0.00320	67	0.03135	34	0.12119	15
蒙山县	2010	0.08984	36	0.01307	65	0.00578	7	0.03616	12	0.04164	64
	2017	0.12396	37	0.01295	16	0.00499	8	0.04381	14	0.06451	64
岑溪市	2010	0.16423	3	0.01558	31	0.00335	71	0.03650	10	0.07657	16
	2017	0.23124	2	0.01263	38	0.00324	64	0.05067	7	0.12628	14
合浦县	2010	0.15392	7	0.01669	17	0.00348	63	0.02725	38	0.09394	6
	2017	0.17696	14	0.01289	24	0.00317	69	0.03140	33	0.15656	8
上思县	2010	0.07754	45	0.01533	40	0.00465	28	0.04601	2	0.05829	34
	2017	0.10940	42	0.01231	59	0.00513	6	0.04953	8	0.07639	53
东兴市	2010	0.16013	5	0.01672	16	0.00479	20	0.02818	35	0.04896	54
	2017	0.17034	16	0.01200	68	0.00455	14	0.03152	31	0.06986	60
灵山县	2010	0.11295	20	0.01400	57	0.00356	59	0.03233	25	0.10053	3
	2017	0.19018	8	0.01291	21	0.00317	69	0.04108	16	0.24633	2
浦北县	2010	0.09897	29	0.01573	28	0.00396	43	0.03734	8	0.07821	14
	2017	0.16758	19	0.01307	12	0.00326	63	0.05486	5	0.27469	1

续表

地区	年份	增长规模		增长速度		发展效益		绿色发展		共享发展	
		评价值	排名	评价值	排名	评价值	排名	评价值	排名	评价值	排名
平南县	2010	0.13265	13	0.01777	8	0.00338	66	0.03358	18	0.09204	7
	2017	0.17990	13	0.01275	30	0.00319	68	0.02319	54	0.18742	5
桂平市	2010	0.14762	8	0.01636	20	0.00321	74	0.02082	45	0.12642	1
	2017	0.22646	3	0.01263	38	0.00311	73	0.03523	19	0.21224	4
容县	2010	0.11077	23	0.01635	21	0.00350	61	0.03021	30	0.08380	11
	2017	0.17003	17	0.01271	34	0.00340	58	0.04673	11	0.11478	17
陆川县	2010	0.16392	4	0.01829	5	0.00348	63	0.03301	22	0.07731	15
	2017	0.18517	11	0.01200	68	0.00329	61	0.04068	17	0.11751	16
博白县	2010	0.13308	12	0.01820	6	0.00324	73	0.03449	16	0.11457	2
	2017	0.16478	22	0.01236	54	0.00304	74	0.02839	43	0.15849	7
兴业县	2010	0.11901	18	0.01562	29	0.00386	47	0.03630	11	0.06386	24
	2017	0.13413	33	0.01246	52	0.00337	59	0.03018	36	0.09586	26
北流市	2010	0.16951	2	0.01545	36	0.00334	72	0.03253	23	0.09657	4
	2017	0.21683	5	0.01258	45	0.00315	71	0.03285	27	0.13476	11
田阳县	2010	0.08184	43	0.01607	23	0.00399	41	0.02144	44	0.05212	47
	2017	0.18602	9	0.01254	49	0.00388	35	0.00555	74	0.07944	46
田东县	2010	0.11062	24	0.01460	52	0.00365	57	0.00950	70	0.06051	31
	2017	0.15896	24	0.01274	33	0.00356	51	0.01583	66	0.10435	21
平果县	2010	0.11409	19	0.01585	26	0.00354	60	0.00456	74	0.05035	52
	2017	0.18235	12	0.01282	27	0.00354	52	0.01422	68	0.13940	10
德保县	2010	0.07096	48	0.01380	61	0.00397	42	0.01868	53	0.03899	67
	2017	0.10942	41	0.01259	43	0.00385	36	0.01100	70	0.08078	44
那坡县	2010	0.02810	74	0.01286	66	0.00453	31	0.01275	65	0.04060	65
	2017	0.04384	70	0.01247	51	0.00482	9	0.01695	65	0.05481	73
凌云县	2010	0.03468	70	0.01267	68	0.00481	19	0.01096	69	0.03600	69
	2017	0.04940	67	0.01293	18	0.00421	24	0.02138	59	0.05553	72
乐业县	2010	0.03034	73	0.01230	69	0.00432	34	0.03307	21	0.03020	74
	2017	0.04213	71	0.01270	37	0.00451	18	0.03341	25	0.05384	74
田林县	2010	0.03860	67	0.01196	71	0.00369	55	0.01435	61	0.03355	72
	2017	0.07266	53	0.01287	26	0.00511	7	0.02509	53	0.06459	63
西林县	2010	0.03157	72	0.01206	70	0.00631	4	0.03252	24	0.03358	71
	2017	0.04423	69	0.01209	65	0.00467	10	0.03242	29	0.06141	67

续表

地区	年份	增长规模		增长速度		发展效益		绿色发展		共享发展	
		评价值	排名	评价值	排名	评价值	排名	评价值	排名	评价值	排名
隆林各族自治县	2010	0.05971	53	0.00664	74	0.00608	5	0.00931	71	0.05174	48
	2017	0.05522	64	0.01230	60	0.00400	30	0.00960	71	0.08472	41
靖西市	2010	0.08846	37	0.01494	44	0.00342	65	0.00611	73	0.04555	60
	2017	0.18549	10	0.01560	3	0.00377	38	0.00669	73	0.10196	24
昭平县	2010	0.05535	57	0.01513	43	0.00374	52	0.03063	29	0.05324	44
	2017	0.06968	54	0.01213	64	0.00381	37	0.02937	38	0.09015	31
钟山县	2010	0.09552	32	0.01481	48	0.00379	49	0.03505	15	0.06742	20
	2017	0.09962	46	0.01235	56	0.00358	49	0.03174	30	0.08171	42
富川瑶族自治县	2010	0.06419	50	0.01742	10	0.00374	52	0.03010	31	0.05379	42
	2017	0.08297	51	0.01199	70	0.00369	43	0.02598	50	0.07396	56
南丹县	2010	0.09278	35	0.01392	59	0.00479	20	0.00729	72	0.05276	45
	2017	0.12602	36	0.01290	22	0.00524	5	0.00774	72	0.07791	48
天峨县	2010	0.08792	39	0.01171	73	0.00672	1	0.09110	1	0.04663	56
	2017	0.11070	40	0.01310	10	0.00947	1	0.08090	1	0.06291	65
凤山县	2010	0.03556	68	0.01279	67	0.00662	3	0.02844	34	0.04394	62
	2017	0.03622	74	0.01259	43	0.00455	14	0.02576	52	0.06517	61
东兰县	2010	0.03201	71	0.01195	72	0.00482	18	0.03159	27	0.04321	63
	2017	0.03776	73	0.01333	7	0.00377	38	0.01988	61	0.05868	69
罗城仫佬族自治县	2010	0.05013	60	0.01338	63	0.00473	25	0.02303	41	0.05059	51
	2017	0.05102	66	0.01315	9	0.00462	11	0.02702	48	0.09344	29
环江毛南族自治县	2010	0.04416	66	0.01480	49	0.00487	17	0.01842	54	0.04692	55
	2017	0.05957	59	0.01279	28	0.00462	11	0.02795	44	0.07394	57
巴马瑶族自治县	2010	0.04871	62	0.01522	42	0.00531	12	0.02396	40	0.03984	66
	2017	0.05532	63	0.01410	4	0.00412	27	0.02891	40	0.07309	59
都安瑶族自治县	2010	0.03471	69	0.01889	3	0.00370	54	0.02016	48	0.06357	26
	2017	0.04183	72	0.01168	72	0.00359	48	0.01397	69	0.10982	19
大化瑶族自治县	2010	0.04983	61	0.01417	56	0.00496	15	0.01565	60	0.04924	53
	2017	0.05623	62	0.01299	15	0.00452	17	0.02787	45	0.08487	40
宜州区	2010	0.08809	38	0.01390	60	0.00394	45	0.01328	64	0.09121	8
	2017	0.10499	44	0.01292	19	0.00448	20	0.01990	60	0.15593	9
忻城县	2010	0.05942	54	0.01728	11	0.00464	29	0.03402	17	0.05114	50
	2017	0.06813	55	0.01263	38	0.00446	21	0.03468	21	0.07630	54

续表

地区	年份	增长规模		增长速度		发展效益		绿色发展		共享发展	
		评价值	排名	评价值	排名	评价值	排名	评价值	排名	评价值	排名
象州县	2010	0.09752	30	0.01685	15	0.00555	11	0.03895	5	0.05520	39
	2017	0.12781	35	0.01362	5	0.00454	16	0.04376	15	0.07669	52
武宣县	2010	0.08623	40	0.01556	32	0.00466	27	0.01672	57	0.05785	36
	2017	0.11928	38	0.01275	30	0.00417	26	0.03098	35	0.09014	32
金秀瑶族自治县	2010	0.04459	65	0.01429	54	0.00669	2	0.02020	47	0.03169	73
	2017	0.06079	58	0.01308	11	0.00733	3	0.03441	22	0.05674	71
合山市	2010	0.10976	25	0.01648	19	0.00559	10	0.02761	36	0.04587	58
	2017	0.06693	56	0.01182	71	0.00791	2	0.01535	67	0.05881	68
扶绥县	2010	0.11177	21	0.01621	22	0.00435	33	0.03554	13	0.06511	21
	2017	0.17694	15	0.01350	6	0.00358	49	0.02230	56	0.08539	39
宁明县	2010	0.07573	47	0.01554	33	0.00476	22	0.03338	19	0.05677	38
	2017	0.14134	30	0.01304	14	0.00376	40	0.07244	2	0.09420	28
龙州县	2010	0.08171	44	0.01579	27	0.00531	12	0.03324	20	0.05689	37
	2017	0.15834	25	0.01261	41	0.00435	22	0.05922	3	0.07719	50
大新县	2010	0.08617	41	0.01552	34	0.00462	30	0.01199	67	0.05503	40
	2017	0.14150	28	0.01251	50	0.00391	33	0.05601	4	0.08862	35
天等县	2010	0.05925	55	0.01765	9	0.00426	35	0.01158	68	0.06159	30
	2017	0.06543	57	0.01203	66	0.00367	44	0.03147	32	0.07501	55
凭祥市	2010	0.09495	33	0.01480	49	0.00516	14	0.02958	32	0.03848	68
	2017	0.15298	26	0.01290	22	0.00449	19	0.05413	6	0.05709	70

从经济高质量发展要素投入情况来看（见表 9-2），武鸣县 2013 年和 2017 年的社会资本投入的得分分别为 0.07913 分和 0.13080 分，排名分别为第 2 名和第 1 名，表现均优秀；劳动力及其质量得分分别为 0.17649 分和 0.16777 分，排名分别为第 4 名和第 5 名，表现均优秀；交通与技术基础设施得分分别为 0.12685 和 0.05750，排名分别为第 7 名和第 60 名，表现均优秀。

表 9-2　2013 年和 2017 年广西 36 个县市经济高质量发展要素投入评价值和排名

地区	年份	社会资本投入		劳动力及其质量		交通与技术基础设施	
		评价值	排名	评价值	排名	评价值	排名
武鸣县	2013	0.07913	2	0.17649	4	0.12685	7
	2017	0.13080	1	0.16777	5	0.05750	60

续表

地区	年份	社会资本投入		劳动力及其质量		交通与技术基础设施	
		评价值	排名	评价值	排名	评价值	排名
隆安县	2013	0.02172	49	0.07587	40	0.06694	38
	2017	0.02456	50	0.06761	45	0.03478	74
马山县	2013	0.01988	51	0.05028	70	0.06955	36
	2017	0.01951	60	0.04909	63	0.08260	36
上林县	2013	0.01941	53	0.05745	57	0.07038	34
	2017	0.02082	55	0.05530	56	0.08665	29
宾阳县	2013	0.05328	11	0.09656	23	0.12630	8
	2017	0.09512	6	0.10191	19	0.25625	2
横县	2013	0.06192	5	0.11557	15	0.14363	5
	2017	0.09331	8	0.11278	15	0.27673	1
柳江区	2013	0.05646	8	0.12581	10	0.08805	19
	2017	0.10326	3	0.12386	11	0.09401	22
柳城县	2013	0.02902	31	0.08801	30	0.07614	27
	2017	0.05080	30	0.09269	24	0.08404	32
鹿寨县	2013	0.11737	1	0.16094	5	0.08116	23
	2017	0.07739	15	0.14468	9	0.08813	26
融安县	2013	0.02620	37	0.07882	38	0.05914	51
	2017	0.04536	34	0.07041	43	0.08325	34
融水苗族自治县	2013	0.02579	40	0.07497	43	0.08900	18
	2017	0.04535	35	0.08037	37	0.10385	17
三江侗族自治县	2013	0.02352	45	0.04808	71	0.06363	44
	2017	0.02952	47	0.04409	72	0.08179	37
阳朔县	2013	0.07372	3	0.11678	14	0.08095	24
	2017	0.08668	11	0.12070	12	0.05924	59
灵川县	2013	0.04622	17	0.11881	12	0.07576	28
	2017	0.05435	26	0.04536	70	0.09114	24
全州县	2013	0.03959	21	0.06602	51	0.08215	22
	2017	0.07667	16	0.06511	48	0.10176	18
兴安县	2013	0.04873	15	0.10748	21	0.04361	70
	2017	0.07642	17	0.08040	36	0.08130	38
永福县	2013	0.02873	32	0.11518	17	0.05017	61
	2017	0.05235	28	0.10469	18	0.06317	52

续表

地区	年份	社会资本投入		劳动力及其质量		交通与技术基础设施	
		评价值	排名	评价值	排名	评价值	排名
灌阳县	2013	0.02007	50	0.06346	52	0.04920	62
	2017	0.02987	46	0.06478	49	0.05507	64
龙胜各族自治县	2013	0.01535	59	0.11541	16	0.05246	59
	2017	0.02410	51	0.11404	14	0.05936	58
资源县	2013	0.01751	56	0.09560	25	0.04088	73
	2017	0.02997	44	0.07769	38	0.04650	69
平乐县	2013	0.02597	38	0.07587	41	0.06443	43
	2017	0.04527	36	0.08300	33	0.06903	46
荔浦县	2013	0.03120	29	0.21128	1	0.07519	29
	2017	0.06388	23	0.22800	3	0.07984	39
恭城瑶族自治县	2013	0.02465	42	0.09272	28	0.05822	53
	2017	0.03601	41	0.07764	39	0.06878	47
苍梧县	2013	0.05457	10	0.06936	48	0.09855	16
	2017	0.01736	64	0.04459	71	0.09965	19
藤县	2013	0.05523	9	0.20890	2	0.12427	9
	2017	0.09590	4	0.25288	1	0.13947	10
蒙山县	2013	0.01912	54	0.15109	6	0.04365	69
	2017	0.02818	48	0.08799	27	0.04416	70
岑溪市	2013	0.06257	4	0.13384	8	0.11250	12
	2017	0.10559	2	0.16068	7	0.15214	8
合浦县	2013	0.05033	12	0.08273	36	0.16141	3
	2017	0.08853	10	0.09809	20	0.18632	5
上思县	2013	0.02233	47	0.07853	39	0.06313	45
	2017	0.02397	52	0.06673	46	0.03840	73
东兴市	2013	0.03378	26	0.09056	29	0.05510	55
	2017	0.04773	33	0.08705	29	0.06008	57
灵山县	2013	0.03333	27	0.08390	34	0.16670	2
	2017	0.07880	12	0.13463	10	0.17769	7
浦北县	2013	0.03274	28	0.11413	19	0.10145	15
	2017	0.07776	14	0.11819	13	0.13333	12
平南县	2013	0.03839	23	0.09309	27	0.11933	11
	2017	0.07239	20	0.16208	6	0.13045	13

续表

地区	年份	社会资本投入		劳动力及其质量		交通与技术基础设施	
		评价值	排名	评价值	排名	评价值	排名
桂平市	2013	0.04591	18	0.11835	13	0.13575	6
	2017	0.09237	9	0.24288	2	0.23296	3
容县	2013	0.03951	22	0.12654	9	0.10298	14
	2017	0.06689	22	0.15328	8	0.13416	11
陆川县	2013	0.04763	16	0.10556	22	0.11110	13
	2017	0.07805	13	0.08853	26	0.12559	14
博白县	2013	0.05715	6	0.12539	11	0.17437	1
	2017	0.09373	7	0.10704	17	0.19750	4
兴业县	2013	0.03687	24	0.05844	56	0.08355	21
	2017	0.06157	24	0.05525	57	0.10685	15
北流市	2013	0.05688	7	0.20142	3	0.14747	4
	2017	0.09560	5	0.18620	4	0.08754	28
田阳县	2013	0.04066	20	0.07302	44	0.06501	41
	2017	0.06154	25	0.08275	34	0.06349	50
田东县	2013	0.04955	14	0.10933	20	0.07371	31
	2017	0.06952	21	0.08766	28	0.06163	55
平果县	2013	0.04966	13	0.11459	18	0.08464	20
	2017	0.07244	19	0.11258	16	0.10418	16
德保县	2013	0.02850	33	0.08453	32	0.06055	49
	2017	0.04039	39	0.08302	32	0.07247	44
那坡县	2013	0.01401	61	0.04067	73	0.04815	66
	2017	0.01509	69	0.05242	58	0.04247	71
凌云县	2013	0.01318	63	0.05330	65	0.04882	63
	2017	0.01985	59	0.05681	54	0.06388	49
乐业县	2013	0.01334	62	0.03774	74	0.04806	67
	2017	0.01645	66	0.04601	68	0.05638	62
田林县	2013	0.01202	67	0.05099	67	0.06574	40
	2017	0.01756	63	0.06524	47	0.07941	40
西林县	2013	0.01213	65	0.05136	66	0.04236	71
	2017	0.01624	67	0.04653	67	0.05030	67
隆林各族自治县	2013	0.01411	60	0.04678	72	0.07170	33
	2017	0.01995	58	0.04830	64	0.09122	23

续表

地区	年份	社会资本投入		劳动力及其质量		交通与技术基础设施	
		评价值	排名	评价值	排名	评价值	排名
靖西市	2013	0.04237	19	0.07208	45	0.07940	25
	2017	0.05376	27	0.07244	42	0.09823	20
昭平县	2013	0.02596	39	0.05379	62	0.06288	46
	2017	0.02716	49	0.05732	53	0.08974	25
钟山县	2013	0.03009	30	0.06638	50	0.06497	42
	2017	0.04510	37	0.07439	41	0.07623	42
富川瑶族自治县	2013	0.02657	35	0.06697	49	0.05391	56
	2017	0.03869	40	0.05982	51	0.06982	45
宜州区	2013	0.02191	48	0.08783	31	0.11954	10
	2017	0.02039	57	0.08331	31	0.14154	9
南丹县	2013	0.01718	57	0.09629	24	0.07909	26
	2017	0.02338	53	0.09108	25	0.08398	33
天峨县	2013	0.01071	72	0.05343	63	0.05367	57
	2017	0.01291	72	0.04586	69	0.06228	54
凤山县	2013	0.01032	74	0.06117	53	0.04750	68
	2017	0.01450	71	0.04306	73	0.05381	65
东兰县	2013	0.01077	71	0.05085	68	0.06237	48
	2017	0.02071	56	0.04730	66	0.06257	53
罗城仫佬族自治县	2013	0.01151	69	0.07507	42	0.06024	50
	2017	0.01504	70	0.05664	55	0.04719	68
环江毛南族自治县	2013	0.01176	68	0.08444	33	0.06868	37
	2017	0.01711	65	0.08178	35	0.17815	6
巴马瑶族自治县	2013	0.01086	70	0.05337	64	0.05611	54
	2017	0.02154	54	0.05115	61	0.05642	61
都安瑶族自治县	2013	0.01566	58	0.05985	54	0.09068	17
	2017	0.01888	62	0.05776	52	0.09761	21
大化瑶族自治县	2013	0.01211	66	0.05635	59	0.07187	32
	2017	0.01559	68	0.05237	59	0.08318	35
忻城县	2013	0.01809	55	0.05445	61	0.06984	35
	2017	0.01905	61	0.05223	60	0.07253	43
象州县	2013	0.02406	43	0.09519	26	0.05911	52
	2017	0.03057	43	0.09333	23	0.08452	31

续表

地区	年份	社会资本投入		劳动力及其质量		交通与技术基础设施	
		评价值	排名	评价值	排名	评价值	排名
武宣县	2013	0.02297	46	0.07096	46	0.06651	39
	2017	0.03214	42	0.06972	44	0.08788	27
金秀瑶族自治县	2013	0.01056	73	0.05608	60	0.05069	60
	2017	0.01193	74	0.04270	74	0.05571	63
合山市	2013	0.01214	64	0.14879	7	0.02705	74
	2017	0.01195	73	0.07530	40	0.04088	72
扶绥县	2013	0.03652	25	0.07037	47	0.04822	65
	2017	0.07264	18	0.09571	21	0.06008	56
宁明县	2013	0.02631	36	0.05951	55	0.07415	30
	2017	0.05189	29	0.06203	50	0.08471	30
龙州县	2013	0.02373	44	0.08122	37	0.04864	64
	2017	0.04448	38	0.08519	30	0.06410	48
大新县	2013	0.02672	34	0.08282	35	0.06276	47
	2017	0.04829	32	0.09475	22	0.07653	41
天等县	2013	0.01965	52	0.05038	69	0.05315	58
	2017	0.02990	45	0.04935	62	0.06338	51
凭祥市	2013	0.02521	41	0.05666	58	0.04204	72
	2017	0.04834	31	0.04805	65	0.05153	66

从经济高质量发展的结构状况来看（见表 9-3），武鸣县 2013 年和 2017 年的农业技术结构的得分分别为 0.06122 分和 0.06781 分，排名为第 37 名和第 25 名，农业技术结构表现一般；工业规模结构得分分别为 0.03483 分和 0.04123 分，排名分别为第 16 名和第 13 名，工业规模结构合理；县城总体产业结构得分分别为 0.01490 分和 0.02223 分，排名分别为第 68 名和第 53 名，总体产业结构合理性有所提高。

9-3　2013 年和 2017 年广西 74 个县市经济高质量发展的结构状况评价结果及排名

地区	年份	农业技术结构		工业规模结构		总体产业结构	
		评价值	排名	评价值	排名	评价值	排名
武鸣县	2013	0.06122	37	0.03483	16	0.01490	68
	2017	0.06781	25	0.04123	13	0.02223	53
隆安县	2013	0.06152	35	0.05016	1	0.01950	41
	2017	0.06885	23	0.05487	1	0.02460	40

续表

地区	年份	农业技术结构		工业规模结构		总体产业结构	
		评价值	排名	评价值	排名	评价值	排名
马山县	2013	0.05840	49	0.02849	50	0.02657	9
	2017	0.05736	62	0.02918	59	0.03077	14
上林县	2013	0.06698	21	0.04069	5	0.02501	14
	2017	0.06910	22	0.04288	8	0.02939	18
宾阳县	2013	0.06198	33	0.03498	13	0.02520	13
	2017	0.06116	46	0.04234	11	0.03157	11
横县	2013	0.06333	29	0.03351	22	0.01808	52
	2017	0.06455	32	0.03721	25	0.02561	34
柳江县	2013	0.05292	66	0.03695	8	0.02084	36
	2017	0.05789	59	0.03573	31	0.02507	38
柳城县	2013	0.05526	61	0.02703	57	0.01829	51
	2017	0.05854	57	0.02897	60	0.02341	47
鹿寨县	2013	0.05989	42	0.03303	24	0.01875	47
	2017	0.06923	20	0.03593	27	0.02231	52
融安县	2013	0.05359	62	0.02858	49	0.02259	26
	2017	0.05737	61	0.03031	52	0.02694	29
融水苗族自治县	2013	0.05131	69	0.02431	63	0.01979	38
	2017	0.05583	63	0.02881	61	0.02725	26
三江侗族自治县	2013	0.06470	27	0.01618	70	0.02168	32
	2017	0.06767	26	0.01503	72	0.03125	12
阳朔县	2013	0.05159	68	0.03495	14	0.01398	70
	2017	0.06399	37	0.02826	62	0.03042	16
灵川县	2013	0.07556	12	0.03779	7	0.01850	50
	2017	0.06711	28	0.04447	5	0.02536	36
全州县	2013	0.05789	51	0.03396	20	0.02161	33
	2017	0.05855	56	0.03583	28	0.02600	33
兴安县	2013	0.07153	15	0.02911	46	0.01626	63
	2017	0.09211	2	0.03279	43	0.02557	35
永福县	2013	0.05682	55	0.03647	9	0.01290	73
	2017	0.06433	34	0.04015	15	0.01377	73
灌阳县	2013	0.06033	39	0.03538	11	0.01750	58
	2017	0.06027	51	0.02478	68	0.01961	62

续表

地区	年份	农业技术结构		工业规模结构		总体产业结构	
		评价值	排名	评价值	排名	评价值	排名
龙胜各族自治县	2013	0.07975	6	0.02392	67	0.01902	45
	2017	0.08140	6	0.02577	65	0.02120	58
资源县	2013	0.07343	13	0.02877	48	0.01920	42
	2017	0.07396	11	0.03106	50	0.02289	48
平乐县	2013	0.06525	25	0.03354	21	0.01772	56
	2017	0.06451	33	0.03224	44	0.02113	59
荔浦县	2013	0.07099	17	0.03218	27	0.02133	34
	2017	0.07089	15	0.03860	19	0.02379	43
恭城瑶族自治县	2013	0.08489	4	0.03481	17	0.01799	53
	2017	0.08849	4	0.03363	39	0.02239	51
苍梧县	2013	0.05685	54	0.00662	74	0.01218	74
	2017	0.07191	12	0.03844	21	0.01939	63
藤县	2013	0.04906	70	0.03107	37	0.01351	71
	2017	0.05098	71	0.03543	32	0.01654	68
蒙山县	2013	0.04861	71	0.03320	23	0.01952	40
	2017	0.05416	65	0.02478	67	0.02153	55
岑溪市	2013	0.04756	73	0.03416	19	0.01290	72
	2017	0.05270	69	0.03759	23	0.01588	70
合浦县	2013	0.07104	16	0.04411	3	0.02297	25
	2017	0.06064	48	0.04405	7	0.02528	37
上思县	2013	0.12045	1	0.03461	18	0.01528	66
	2017	0.04947	73	0.04441	6	0.02081	60
东兴市	2013	0.09675	3	0.04483	2	0.02813	6
	2017	0.10536	1	0.05096	2	0.02707	28
灵山县	2013	0.05647	57	0.04032	6	0.02191	30
	2017	0.05250	70	0.03994	16	0.02413	41
浦北县	2013	0.06470	26	0.03483	15	0.02001	37
	2017	0.06092	47	0.04476	4	0.01994	61
平南县	2013	0.07961	7	0.02847	51	0.02563	12
	2017	0.07688	8	0.03441	35	0.02625	31
桂平市	2013	0.06440	28	0.02835	52	0.01904	44
	2017	0.07945	7	0.03098	51	0.02263	50

续表

地区	年份	农业技术结构		工业规模结构		总体产业结构	
		评价值	排名	评价值	排名	评价值	排名
容县	2013	0.04004	74	0.03203	28	0.01783	54
	2017	0.07097	14	0.03452	34	0.02133	57
陆川县	2013	0.06901	19	0.03647	10	0.02198	27
	2017	0.07186	13	0.04253	10	0.02787	24
博白县	2013	0.06292	30	0.02999	40	0.01914	43
	2017	0.06053	50	0.04560	3	0.02600	32
兴业县	2013	0.07175	14	0.03132	36	0.01894	46
	2017	0.08953	3	0.03723	24	0.02373	45
北流市	2013	0.06028	40	0.03189	30	0.02120	35
	2017	0.06406	36	0.04103	14	0.02654	30
田阳县	2013	0.06195	34	0.02677	59	0.01976	39
	2017	0.07030	17	0.03165	47	0.01521	72
田东县	2013	0.05821	50	0.03197	29	0.01703	60
	2017	0.06724	27	0.03341	41	0.01683	67
平果县	2013	0.06572	23	0.03135	34	0.01468	69
	2017	0.06652	30	0.03111	49	0.01572	71
德保县	2013	0.05526	60	0.02980	42	0.01580	64
	2017	0.06669	29	0.02960	57	0.01637	69
那坡县	2013	0.06949	18	0.02701	58	0.02938	2
	2017	0.06232	42	0.02603	64	0.03270	8
凌云县	2013	0.05553	59	0.02792	54	0.02198	28
	2017	0.06063	49	0.03138	48	0.02387	42
乐业县	2013	0.06536	24	0.00845	73	0.02807	7
	2017	0.06301	40	0.01836	70	0.03392	7
田林县	2013	0.06051	38	0.02930	45	0.02571	11
	2017	0.05971	53	0.03219	45	0.02378	44
西林县	2013	0.06270	31	0.03086	39	0.02623	10
	2017	0.06829	24	0.02772	63	0.02802	23
隆林各族自治县	2013	0.06636	22	0.01571	71	0.02467	17
	2017	0.06935	19	0.02491	66	0.02833	22
靖西市	2013	0.05181	67	0.03187	31	0.01518	67
	2017	0.05356	67	0.02928	58	0.01350	74

续表

地区	年份	农业技术结构		工业规模结构		总体产业结构	
		评价值	排名	评价值	排名	评价值	排名
昭平县	2013	0.05963	44	0.02511	62	0.02434	19
	2017	0.05876	55	0.03895	18	0.02881	19
钟山县	2013	0.05926	46	0.02898	47	0.02408	22
	2017	0.07077	16	0.04282	9	0.02750	25
富川瑶族自治县	2013	0.10482	2	0.04205	4	0.01693	61
	2017	0.05759	60	0.03669	26	0.02276	49
宜州区	2013	0.05605	58	0.03532	12	0.02454	18
	2017	0.05800	58	0.03824	22	0.03095	13
南丹县	2013	0.05734	52	0.02719	55	0.01772	55
	2017	0.06118	45	0.03899	17	0.02847	20
天峨县	2013	0.06136	36	0.01792	69	0.01866	48
	2017	0.06333	38	0.01474	73	0.01882	65
凤山县	2013	0.06784	20	0.03132	35	0.02723	8
	2017	0.07546	9	0.01702	71	0.03691	3
东兰县	2013	0.07707	10	0.02430	64	0.02915	4
	2017	0.07532	10	0.03003	55	0.03647	4
罗城仫佬族自治县	2013	0.05342	64	0.02553	61	0.02432	20
	2017	0.05038	72	0.03577	30	0.03161	10
环江毛南族自治县	2013	0.06024	41	0.03186	32	0.02335	23
	2017	0.06158	43	0.03469	33	0.03004	17
巴马瑶族自治县	2013	0.04848	72	0.02718	56	0.02482	15
	2017	0.04833	74	0.03020	53	0.03238	9
都安瑶族自治县	2013	0.05652	56	0.02798	53	0.02920	3
	2017	0.06001	52	0.04179	12	0.03719	2
大化瑶族自治县	2013	0.05340	65	0.01523	72	0.02409	21
	2017	0.05362	66	0.01372	74	0.02845	21
忻城县	2013	0.05907	47	0.02628	60	0.02197	29
	2017	0.06302	39	0.03217	46	0.02709	27
象州县	2013	0.05358	63	0.02950	43	0.01532	65
	2017	0.06259	41	0.03320	42	0.01755	66

续表

地区	年份	农业技术结构		工业规模结构		总体产业结构	
		评价值	排名	评价值	排名	评价值	排名
武宣县	2013	0.05974	43	0.02996	41	0.01853	49
	2017	0.05538	64	0.03378	37	0.02142	56
金秀瑶族自治县	2013	0.05732	53	0.02406	65	0.02853	5
	2017	0.05324	68	0.03017	54	0.03534	5
合山市	2013	0.05845	48	0.03274	25	0.02476	16
	2017	0.05887	54	0.03349	40	0.03502	6
扶绥县	2013	0.07996	5	0.03224	26	0.01771	57
	2017	0.06556	31	0.03389	36	0.01936	64
宁明县	2013	0.07776	9	0.03104	38	0.01715	59
	2017	0.06152	44	0.03582	29	0.02156	54
龙州县	2013	0.07603	11	0.02933	44	0.02184	31
	2017	0.07008	18	0.03375	38	0.02471	39
大新县	2013	0.07959	8	0.02371	68	0.01652	62
	2017	0.08687	5	0.02990	56	0.02345	46
天等县	2013	0.06216	32	0.02394	66	0.02300	24
	2017	0.06918	21	0.02399	69	0.03063	15
凭祥市	2013	0.05948	45	0.03153	33	0.03772	1
	2017	0.06408	35	0.03851	20	0.04293	1

从经济高质量发展的营商环境来看（见表 9-4），武鸣县 2010 年和 2017 年的人口活力得分分别为 0.03764 分和 0.04478 分，排名分别为第 60 名和第 71 名，人口活力由一般转为较弱；武鸣县 2010 年和 2017 年的经济活力得分分别为 0.17739 分和 0.42781 分，排名分别为第 10 名和第 8 名，经济活力强；武鸣县 2010 年和 2017 年的政府活力评价值分别为 0.11475 分和 0.04784 分，排名分别为第 12 名和第 37 名，政府活力由强转为较强。

表 9-4　2010 年和 2017 年广西 74 个县市经济高质量发展营商环境评价结果及排名

地区	年份	开放程度		经济活力		政府活力	
		评价值	排名	评价值	排名	评价值	排名
武鸣县	2010	0.03764	60	0.17739	10	0.11475	12
	2017	0.04478	71	0.42781	8	0.04784	37

续表

地区	年份	开放程度		经济活力		政府活力	
		评价值	排名	评价值	排名	评价值	排名
隆安县	2010	0.03977	51	0.07406	44	0.07560	37
	2017	0.05602	27	0.14624	46	0.03729	54
马山县	2010	0.0404	48	0.07087	47	0.05144	59
	2017	0.05008	51	0.15803	39	0.01872	71
上林县	2010	0.03609	70	0.06754	51	0.04600	61
	2017	0.04799	60	0.14614	47	0.02792	61
宾阳县	2010	0.04243	43	0.20663	8	0.12283	10
	2017	0.04951	53	0.48432	4	0.09985	14
横县	2010	0.03700	64	0.20893	6	0.10767	16
	2017	0.05190	42	0.47713	5	0.09481	17
柳江区	2010	0.04592	30	0.13193	19	0.11690	11
	2017	0.04945	54	0.29407	16	0.12195	6
柳城县	2010	0.03758	62	0.09685	29	0.07291	43
	2017	0.04317	74	0.20517	26	0.08056	25
鹿寨县	2010	0.03689	65	0.13474	17	0.10688	17
	2017	0.04706	64	0.24202	21	0.08454	24
融安县	2010	0.04338	39	0.07828	41	0.05584	55
	2017	0.04346	73	0.16413	37	0.04404	48
融水苗族自治县	2010	0.04761	26	0.08476	35	0.05449	57
	2017	0.05334	37	0.19939	27	0.04847	36
三江侗族自治县	2010	0.04550	31	0.06813	49	0.03929	65
	2017	0.06097	14	0.14477	48	0.02929	59
阳朔县	2010	0.04161	44	0.09160	30	0.12745	8
	2017	0.04606	68	0.17629	31	0.08952	19
灵川县	2010	0.03967	52	0.14697	14	0.16520	3
	2017	0.04928	55	0.30243	15	0.13182	5
全州县	2010	0.03655	69	0.12633	23	0.07209	45
	2017	0.04831	58	0.25999	19	0.04531	44
兴安县	2010	0.03451	73	0.13260	18	0.13352	6
	2017	0.04748	63	0.24729	20	0.13915	3
永福县	2010	0.03593	71	0.08516	34	0.09128	30
	2017	0.04834	57	0.16510	36	0.08524	23

续表

地区	年份	开放程度		经济活力		政府活力	
		评价值	排名	评价值	排名	评价值	排名
灌阳县	2010	0.03436	74	0.06774	50	0.06321	50
	2017	0.04637	66	0.13322	54	0.03958	53
龙胜各族自治县	2010	0.0367	67	0.05221	66	0.06189	52
	2017	0.04528	69	0.0848	68	0.04346	49
资源县	2010	0.03828	58	0.05535	60	0.04948	60
	2017	0.05169	45	0.10222	64	0.04211	50
平乐县	2010	0.03711	63	0.08223	36	0.05955	53
	2017	0.04981	52	0.15472	42	0.06195	31
荔浦县	2010	0.03998	50	0.12937	21	0.10563	19
	2017	0.04695	65	0.27332	18	0.09534	16
恭城瑶族自治县	2010	0.03931	54	0.07997	38	0.07109	46
	2017	0.05117	48	0.15153	44	0.07118	28
苍梧县	2010	0.04469	32	0.12714	22	0.10568	18
	2017	0.05392	34	0.20811	23	0.04934	35
藤县	2010	0.05808	8	0.18024	9	0.11013	14
	2017	0.05745	24	0.41459	9	0.10361	13
蒙山县	2010	0.04635	28	0.05449	63	0.07458	38
	2017	0.05143	47	0.10789	61	0.04453	46
岑溪市	2010	0.05848	6	0.1729	11	0.10774	15
	2017	0.06073	17	0.38799	11	0.13413	4
合浦县	2010	0.05502	18	0.21264	5	0.05168	58
	2017	0.05248	38	0.43351	7	0.05214	33
上思县	2010	0.05532	17	0.06324	55	0.10079	22
	2017	0.05499	31	0.12439	56	0.10409	12
东兴市	2010	0.07622	1	0.09807	26	0.19295	1
	2017	0.08369	1	0.1977	28	0.1662	2
灵山县	2010	0.05764	10	0.21479	4	0.06314	51
	2017	0.06265	11	0.47138	6	0.04648	41
浦北县	2010	0.05409	19	0.17265	12	0.07079	47
	2017	0.05555	30	0.36683	13	0.0475	38
平南县	2010	0.05367	21	0.20766	7	0.07401	39
	2017	0.05676	26	0.40292	10	0.07727	26

续表

地区	年份	开放程度		经济活力		政府活力	
		评价值	排名	评价值	排名	评价值	排名
桂平市	2010	0.05706	13	0.29338	1	0.07335	41
	2017	0.05878	21	0.64041	1	0.05454	32
容县	2010	0.04912	25	0.1599	13	0.09183	29
	2017	0.06546	6	0.37381	12	0.09864	15
陆川县	2010	0.05304	23	0.14659	15	0.08178	34
	2017	0.06094	15	0.32711	14	0.08744	21
博白县	2010	0.05696	14	0.22726	3	0.05563	56
	2017	0.0606	18	0.5151	3	0.06732	30
兴业县	2010	0.04602	29	0.08895	32	0.09697	25
	2017	0.05179	44	0.21312	22	0.08719	22
北流市	2010	0.05784	9	0.23526	2	0.09891	23
	2017	0.07506	2	0.5431	2	0.11806	7
田阳县	2010	0.03949	53	0.089	31	0.08625	33
	2017	0.05404	33	0.17231	32	0.10575	11
田东县	2010	0.04439	35	0.10035	25	0.11236	13
	2017	0.05589	29	0.1712	33	0.09342	18
平果县	2010	0.04449	33	0.13055	20	0.18161	2
	2017	0.05345	36	0.20778	24	0.16913	1
德保县	2010	0.04275	42	0.05785	59	0.09306	28
	2017	0.04927	56	0.10547	62	0.08892	20
那坡县	2010	0.04089	47	0.0408	72	0.01944	74
	2017	0.05592	28	0.07197	74	0.03436	56
凌云县	2010	0.05905	5	0.04016	73	0.02385	71
	2017	0.05497	32	0.07715	73	0.01982	68
乐业县	2010	0.07224	2	0.04272	71	0.03401	69
	2017	0.05938	20	0.08318	69	0.02353	63
田林县	2010	0.05733	11	0.0526	65	0.06419	49
	2017	0.06104	13	0.08497	67	0.03359	58
西林县	2010	0.0693	3	0.03982	74	0.03381	70
	2017	0.06397	8	0.09347	65	0.01998	67
隆林各族自治县	2010	0.05836	7	0.05876	58	0.07817	35
	2017	0.06943	4	0.15847	38	0.04086	52

续表

地区	年份	开放程度		经济活力		政府活力	
		评价值	排名	评价值	排名	评价值	排名
靖西市	2010	0.04418	37	0.09739	28	0.10116	21
	2017	0.0519	41	0.13775	51	0.10728	9
昭平县	2010	0.04432	36	0.07451	43	0.04287	63
	2017	0.05767	23	0.15667	41	0.02769	62
钟山县	2010	0.03574	72	0.09799	27	0.05865	54
	2017	0.06086	16	0.20743	25	0.04585	42
富川瑶族自治县	2010	0.04328	41	0.06578	52	0.0679	48
	2017	0.05686	25	0.12435	57	0.05174	34
宜州区	2010	0.04333	40	0.14166	16	0.09612	26
	2017	0.05382	35	0.28187	17	0.04716	40
南丹县	2010	0.05717	12	0.10125	24	0.12495	9
	2017	0.06646	5	0.16543	35	0.07357	27
天峨县	2010	0.06794	4	0.05275	64	0.10469	20
	2017	0.06162	12	0.09073	66	0.04122	51
凤山县	2010	0.05677	15	0.04413	70	0.02229	73
	2017	0.06305	10	0.07739	72	0.01452	74
东兰县	2010	0.04645	27	0.05473	62	0.0231	72
	2017	0.05807	22	0.1204	59	0.0194	69
罗城仫佬族自治县	2010	0.03916	56	0.06309	56	0.03496	68
	2017	0.05189	43	0.13797	50	0.02105	65
环江毛南族自治县	2010	0.04035	49	0.07366	45	0.0443	62
	2017	0.05161	46	0.15698	40	0.02923	60
巴马瑶族自治县	2010	0.05402	20	0.05159	67	0.03923	66
	2017	0.07003	3	0.10335	63	0.02317	64
都安瑶族自治县	2010	0.04955	24	0.07577	42	0.04065	64
	2017	0.06344	9	0.16545	34	0.01886	70
大化瑶族自治县	2010	0.05548	16	0.06259	57	0.08809	32
	2017	0.06443	7	0.1262	55	0.03605	55
忻城县	2010	0.03657	68	0.07161	46	0.07244	44
	2017	0.04775	61	0.13407	52	0.02049	66
象州县	2010	0.03832	57	0.08161	37	0.07755	36
	2017	0.04632	67	0.15172	43	0.0472	39

续表

地区	年份	开放程度		经济活力		政府活力	
		评价值	排名	评价值	排名	评价值	排名
武宣县	2010	0.04447	34	0.07867	40	0.08974	31
	2017	0.05227	40	0.18158	30	0.07069	29
金秀瑶族自治县	2010	0.04099	46	0.04583	69	0.03849	67
	2017	0.0475	62	0.07911	70	0.01826	73
合山市	2010	0.03672	66	0.05069	68	0.07311	42
	2017	0.04801	59	0.07774	71	0.04538	43
扶绥县	2010	0.04151	45	0.08533	33	0.1594	4
	2017	0.05075	49	0.19194	29	0.10607	10
宁明县	2010	0.04391	38	0.06566	53	0.09773	24
	2017	0.05232	39	0.13331	53	0.04443	47
龙州县	2010	0.03794	59	0.06865	48	0.09335	27
	2017	0.04355	72	0.14188	49	0.0447	45
大新县	2010	0.0376	61	0.06376	54	0.13032	7
	2017	0.04497	70	0.12272	58	0.034	57
天等县	2010	0.03916	55	0.05521	61	0.07382	40
	2017	0.05048	50	0.10966	60	0.01865	72
凭祥市	2010	0.05335	22	0.07881	39	0.1571	5
	2017	0.06025	19	0.14823	45	0.11539	8

综上所述，武鸣县经济高质量发展具有较好的基础，投入水平高，经济活力不错，但增长速度逐渐变慢，发展效益、产业结构合理化仍需提升，绿色发展显著提升，社会发展方面表现非常好。武鸣县的资本优势最为突出，因此，武鸣县应该借助其资本优势，加快新旧动能转换，全力以赴推进工业转型升级，让发展质量更优，精准发力，优化营商环境，招商引资继续发挥潜力，各级领导加强与重大项目和重点企业之间的沟通交流，以突破瓶颈加速重点项目落地。落实各项支农惠农政策，巩固农业发展基础，通过以广西壮族自治区“10+3”特色产业提升行动为抓手，进一步调整优化农业产业结构，做强现代特色农业。同时，也要落实服务业高质量发展3年行动计划，加快发展旅游、现代物流、电子商务等现代服务业，加快形成经济新增长极，通过协调三大产业之间的关系，优化产业结构。

二、隆安县

隆安县位于广西西南部，有南昆高速铁路、南宁至百色高速公路、324 国道和右江河过境，入选 2018 年年度全国“平安农机”示范县。

从经济高质量发展功能表现来看，隆安县 2010 年和 2017 年的增长规模的评价得分分别为 0.06384 分和 0.07963 分，排名分别为第 51 名和第 52 名，表明其增长规模一般。隆安县 2010 年和 2017 年的增长速度评价得分分别为 0.01541 分和 0.01236 分，排名分别为第 38 名和第 54 名，表明隆安县的增长速度有所下降。隆安县 2010 年和 2017 年的发展效益分别为 0.00396 分和 0.00420 分，排名分别为第 43 名和第 25 名，表明其发展效益有所提升，表现从一般变为良好。隆安县 2010 年和 2017 年的绿色发展评价得分分别为 0.02012 分和 0.01713 分，排名分别为第 49 名和第 64 名从一般转变为较差。隆安县 2010 年和 2017 年的共享发展评价得分分别为 0.06257 分和 0.08673 分，排名分别为第 28 名和第 37 名，表现良好（见图 9-2）。

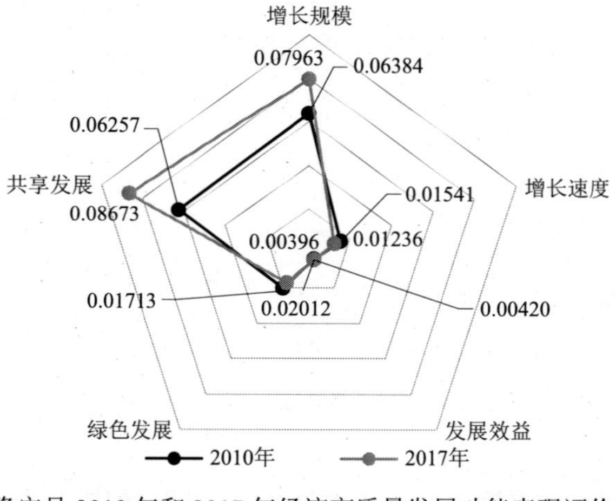

图 9-2 隆安县 2010 年和 2017 年经济高质量发展功能表现评价结果分析

从经济高质量发展要素投入情况来看，隆安县 2013 年和 2017 年的社会资本投入的得分分别为 0.02172 分和 0.02456 分，排名分别为第 49 名和第 50 名，表现均一般；劳动力及其质量得分分别为 0.07587 分和 0.06761 分，排名分别为第 40 名和第 45 名，表现由良好转为一般，交通与技术基础设施得分分别为 0.06694 分和 0.03478 分，排名分别为第 38 名和第 74 名，表现从良好转为一般。

从经济高质量发展的结构状况来看，隆安县 2013 年和 2017 年的农业技术结构的得分分别为 0.06152 分和 0.06885 分，排名分别为第 35 名和第 23 名，农业技术结构合理性表现一般；工业规模结构得分分别为 0.05016 分和 0.05487 分，排名均为第 1 名，工业规模结构十分合理；总体产业结构得分分别为 0.01950 分和 0.02460 分，排名分别为第 41 名和第40名，总体产业结构表现较为合理。

从经济高质量发展的营商环境来看，隆安县2010年和2017年的人口活力得分分别为0.03977分和0.05602分，排名分别为第51名和第27名，人口活力由一般转为较强。隆安县2010年和2017年的经济活力得分分别为0.07406分和0.14624分，排名分别为第44名和第46名，经济活力一般。隆安县2010年和2017年的政府活力评价值分别为0.07560分和0.03729分，排名分别为第37名和第54名，政府活力由较强转为一般。

综上所述，隆安县无论是经济高质量发展基础，还是投入水平、产业结构合理性、经济活力水平都不具有突出优势，虽然发展效益有所提升，但发展速度逐渐下降，绿色发展和共享发展也出现退步现象。因此，隆安县应该以园区为依托，以重点企业为龙头，大力振兴实体经济，通过政府的宏观调控，加大对重点行业、特色产业的补贴力度，促进重点行业和特色产业的发展。要坚持“绿水青山就是金山银山”，在生态产业、生态基础设施、生态城乡建设等方面推进一批项目建设，严格项目准入条件，严格控制高耗能、高污染产业。加快传统产业改造升级，培育发展绿色产业。做好社会共享发展，着力改善生产生活条件，夯实村屯发展基础。加大投入完善县乡村基本医疗设施建设，提高“一站式”服务水平，实现全县所有人基本医疗有保障。重点扶持贫困群众发展产业或转移就业增加收入，缩小城乡收入差距，促进共享发展。

三、马山县

马山县位于广西中部，是“国家扶贫开发工作重点县”“中国黑山羊之乡”“中国民间文化艺术之乡”。对外交通主要依靠公路，境内有都南高速公路、210国道、马山—大化、马山—上林高等级公路穿境而过；另有红水河由南向北，境内的80千米，水运可达柳州、梧州等地。

从经济高质量发展功能表现来看，马山县2010年和2017年的增长规模评价得分分别为0.04802分和0.05297分，排名分别为第64名和第65名，增长规模较小；马山县2010年和2017年的增长速度评价得分分别为0.01669分和0.01217分，排名分别为第17名和62名，增长速度迅速下降；马山县2010年和2017年的发展效益评价得分分别为0.00411分和0.00391分，排名分别为第39名和第33名，发展效益良好；马山县2010年和2017年的绿色发展评价得分分别为0.01941分和0.02275分，排名分别为第52名和第55名，表现一般；马山县2010年和2017年的共享发展的评价得分分别为0.05920分和0.11303分，排名分别为第33名和第18名，共享发展趋好发展（见图9-3）。

从经济高质量发展要素投入情况来看，马山县2013年和2017年的社会资本投入的得分分别为0.01988分和0.01951分，排名分别为第51名和第60名，表现均一般；劳动力及其质量得分分别为 0.05028 分和 0.04909 分，排名分别为第 70 名和第 63 名，表现均较差；交通与技术基础设施得分分别为 0.06955 分和 0.08260 分，排名分别为第 36 名和第 36 名，表现均良好。

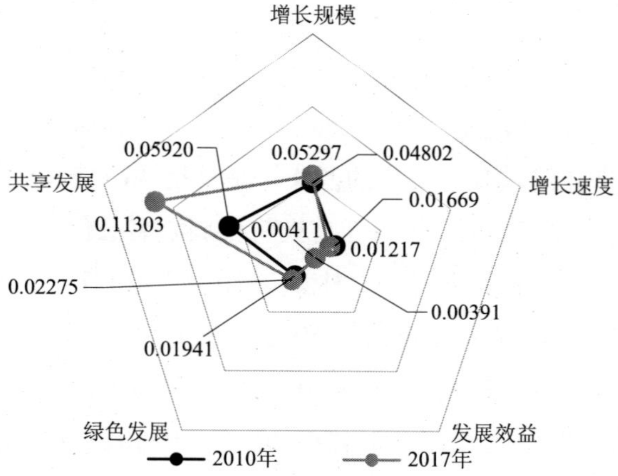

图 9-3　马山县 2010 年和 2017 年经济高质量发展功能表现评价结果分析

从经济高质量发展的结构状况来看，马山县 2013 年和 2017 年的农业技术结构的得分分别为 0.05840 分和 0.05736 分，排名为第 49 名和第 62 名，农业技术结构合理性较差；工业规模结构得分分别为 0.02849 分和 0.02918 分，排名分别为第 50 名和第 59 名，工业规模结构合理性表现一般；总体产业结构得分分别为 0.02657 分和 0.03077 分，排名分别为第 9 名和第 14 名，总体产业结构较为合理。

从经济高质量发展的营商环境来看，马山县 2010 年和 2017 年的人口活力得分分别为 0.04040 分和 0.05008 分，排名分别为第 48 名和第 51 名，人口活力一般；马山县 2010 年和 2017 年的经济活力得分分别为 0.07087 分和 0.15803 分，排名分别为第 47 名和第 39 名，经济活力由一般转为较强。马山县 2010 年和 2017 年的政府活力评价值分别为 0.05143 分和 0.01872 分，排名分别为第 59 名和第 71 名，政府活力由一般转为较弱。

综上所述，马山县经济高质量发展基础、投入水平、经济活力都比较差，但产业结构还比较合理，增长速度明显下降，效益方面有明显提高，绿色发展一般，但社会发展方面比较好。

马山县应该紧紧围绕“二产补短板、三产强优势、一产显特色”的总体思路，提质增效兴产业，在融合发展上谋求新进步。首先，坚持农业农村优先发展，做好农旅互动文章，推动特色农业提质增效。其次，要按照高质量发展要求，努力“做好平台、做大增量、做活存量”，提高工业发展质量和效益。最后，强化体育旅游的龙头带动作用，持续深化服务业对经济发展的推动作用。深挖广西特色旅游名县品牌价值，加快推进马山县全域旅游发展。突出抓好“三区一带一中心”的提质升级和深度开发，加快推进大弄拉石漠化国家公园、中国玄河景区、红水河旅游区、弄尧生态康养度假区等项目建设，推动生态旅游集聚区建设。充分发挥旅游产业、星级农家乐、乡村民宿奖补政策的撬动作用，推动旅游景区、景点提档升级，力争年内四星级酒店项目成功落地。

四、上林县

上林县是明代游圣徐霞客出游最久的地方，有“南宁后花园”之称，是广西传统节日“三月三”的发祥地和珠江流域龙母文化的源头，是首批46个国家生态文明建设示范市县、“国家生态示范区”“中国长寿之乡”“广西首批特色旅游名县创建单位”。

从经济高质量发展功能表现来看，上林县2010年和2017年的增长规模评价得分分别为0.05349分和0.05773分，排名分别为第59名和第60名，增长规模较小；上林县2010年和2017年的增长速度评价得分分别为0.01531分和0.01214分，排名分别为第41名和第63名，增长速度从一般转为较差。上林县2010年和2017年的发展效益评价得分分别为0.00414分和0.00398分，排名分别为第38名和第31名，发展效益良好；2010年和2017年的绿色发展评价得分分别为0.01396分和0.02782分，排名分别为第62名和第46名，绿色发展从差转为一般；上林县2010年和2017年的共享发展评价得分分别为0.06046分和0.10534分，排名分别为第32名和第20名，表现良好（见图9-4）。

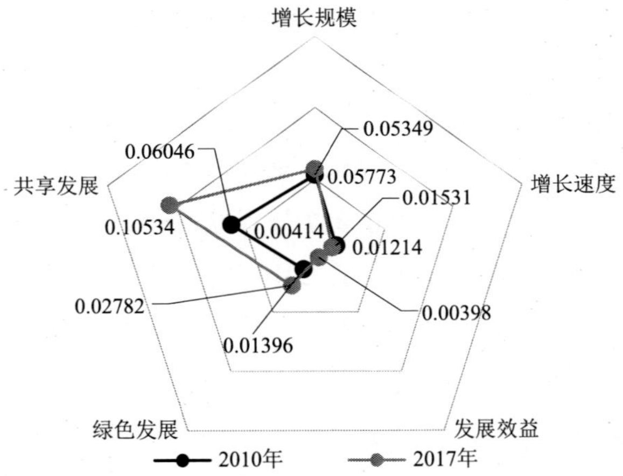

图9-4　上林县2010年和2017年经济高质量发展功能表现评价结果分析

从经济高质量发展要素投入情况来看，上林县2013年和2017年的社会资本投入的得分分别为0.01941分和0.02082分，排名为第53名和第55名，表现均一般；劳动力及其质量得分分别为0.05745分和0.05530分，排名分别为第57名和第56名，表现均一般；交通与技术基础设施得分分别为0.07038分和0.08665分，排名分别为第34名和第29名，表现均良好。

从经济高质量发展的结构状况来看，上林县2013年和2017年的农业技术结构的得分分别为 0.06698 分和 0.06910 分，排名分别为第 21 名和第 22 名，农业技术结构比较合理；工业规模结构得分分别为 0.04069 分和 0.04288 分，排名分别为第 5 名和第 8 名，上林县工业规模结构合理；总体产业结构得分分别为 0.02501 分和 0.02939 分，排名分别为第 14 名和第 18 名，总体产业结构合理。

从经济高质量发展的营商环境来看，上林县 2010 年和 2017 年的人口活力得分分别为 0.03609 分和 0.04799 分，排名分别为第 70 名和第 60 名，人口活力由较弱转为一般；上林县 2010 年和 2017 年的经济活力得分分别为 0.06754 分和 0.14614 分，排名分别为第 51 名和第 47 名，经济活力一般；上林县 2010 年和 2017 年的政府活力评价值分别为 0.045600 分和 0.02792 分，排名均为第 61 名，政府能力需要大幅度提升。

综上所述，上林县经济高质量发展基础、投入水平、经济活力都比较差，但产业结构还比较合理，增长速度明显下降，发展效益良好，绿色发展一般，但社会发展方面比较好。因此，上林县应该抓特色，促升级，力争在提升发展能力上实现新突破。持续推进优势资源向优势产业转化，推进产业融合发展，提升实体经济质量、效益。重点加大对广西洋浦南华糖业集团股份有限公司、广西上林大染坊茧丝绸有限公司、上林县中兴丝业、广西上林县斯尔顿丝绸有限公司等规模以上企业的服务，努力“保存量，促增量”；加快推进象山工业园区水、电、路、污垃处理等基础设施建设，完善园区功能，提升园区吸纳能力。积极出台民营经济扶持政策，全力帮助民营企业降本减负，解决融资难题；鼓励民营企业通过技术、机制等创新转型发展，提升市场竞争力。大力发展低碳循环绿色工业，重点发展农产品深加工、天然饮用水、生物制药、新型能源等产业。抓改革，促开放，力争在提升发展质量上迈出新步伐。并借助“南宁渠道”影响力，主动融入“一带一路”倡议，充分利用好中国—东盟博览会和商务与投资峰会、粤桂扶贫协作、“中国旅游日”上林生态旅游养生节活动等平台，结合开展“产业大招商攻坚突破年”活动，围绕优势资源做好项目策划包装工作，精心谋划重点产业招商。

五、宾阳县

宾阳县位于广西中南部，有湘桂铁路、黎湛铁路、黎钦铁路，南柳、南广高速铁路，桂海高速公路、国道 324 线、国道 322 线过境。

从经济高质量发展功能表现来看，宾阳县 2010 年和 2017 年的增长规模评价得分分别为 0.13537 分和 0.16123 分，排名分别为第 11 名和第 23 名，增长规模有所下降。宾阳县 2010 年和 2017 年的增长速度评价得分分别为 0.01864 分和 0.01235 分，排名分别为第 4 名和第 56 名，增长速度下降很快。宾阳县 2010 年和 2017 年的发展效益评价得分分别为 0.00337 分和 0.00315 分，排名分别为第 67 名和第 71 名，发展效益差。宾阳县 2010 年和

2017年的绿色发展评价得分分别为0.01699分和0.02766分，排名分别为第56名和第47名，表现一般。宾阳县2010年和2017年的共享发展评价得分分别为0.09487分和0.16673分，排名分别为第5名和第6名，共享发展表现优秀（见图9-5）。

从经济高质量发展要素投入情况来看，宾阳县2013年和2017年的社会资本投入的得分分别为0.05328分和0.09512分，排名分别为第11名和第6名，表现均优秀；劳动力及其质量得分分别为0.09656分和0.10191分，排名分别为第23名和第19名，表现由良好转为优秀；交通与技术基础设施得分分别为0.12630分和0.25625分，排名分别为第8名和第2名，表现均优秀。

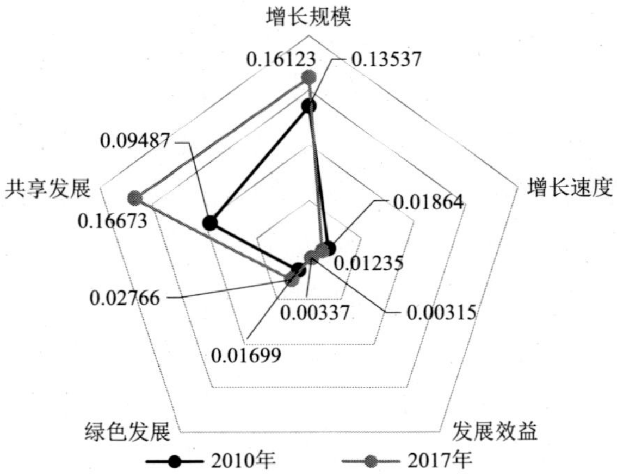

图9-5　宾阳县2010年和2017年经济高质量发展功能表现评价结果分析

从经济高质量发展的结构状况来看，宾阳县2013年和2017年的农业技术结构的得分分别为0.06198分和0.06116分，排名分别为第33名和第46名，农业技术结构合理性表现一般；工业规模结构得分分别为0.03498分和0.04234分，排名分别为第13名和第11名，工业规模结构合理性很好；总体产业结构得分分别为0.02520分和0.03157分，排名分别为第13名和第11名，总体产业结构合理性很好。

从经济高质量发展的营商环境来看，宾阳县2010年和2017年的人口活力得分分别为0.04243分和0.04951分，排名分别为第43名和第53名，人口活力一般。宾阳县2010年和2017年的经济活力得分分别为0.20663分和0.48432分，排名分别为第8名和第4名，经济活力强。宾阳县2010年和2017年的政府活力评价值分别为0.12283分和0.09985分，排名分别为第10名和第14名，政府活力较强。

综上所述，宾阳县经济高质量发展具有较好的基础、投入水平高、产业结构比较合理，经济活力强，开放水平有待提升，且增长速度明显下降，效益方面不尽如人意，绿色发展一般，但社会发展方面很好。为促进经济高质量发展，宾阳县应该充分发挥其现有的经济基础和资本投入优势，增强自主创新能力。实施创新驱动发展战略，组织开发新产品、引进先进技术，配合完善科技企业孵化器建设，落实高新技术企业培育创建工作。大力推行政府与社会资本开展PPP、EPC合作模式，鼓励民间资本进入市政、教育、医疗等领域，激发市场活力。加强与国内知名高校、科研院所交流，推行“政产学研用”合作模式。

六、横县

横县位于广西东南部，南宁市东部。有湘桂铁路、黎钦铁路穿越横县境内，设有六景站、芦村站、横州站、新福站4个车站；桂海高速公路、南广高速公路、六钦高速公路，209国道，G324国道贯通横县东西南北。

从经济高质量发展功能表现来看，横县2010年和2017年的增长规模评价得分分别为0.13940分和0.21830分，排名分别为第10名和第4名，增长规模大。横县2010年和2017年的增长速度评价得分分别为0.01541分和0.01224分，排名分别为第38名和第61名，增长速度下降很快。横县2010年和2017年的发展效益评价得分分别为0.00336分和0.00324分，排名分别为第70名和第64名，发展效益较差。横县2010年和2017年的绿色发展评价得分分别为0.03542分和0.03426分，排名分别为第14名和第23名，表现良好。横县2010年和2017年的共享发展评价得分分别为0.08497分和0.21972分，排名分别为第9名和第3名，表现优秀（见图9-6）。

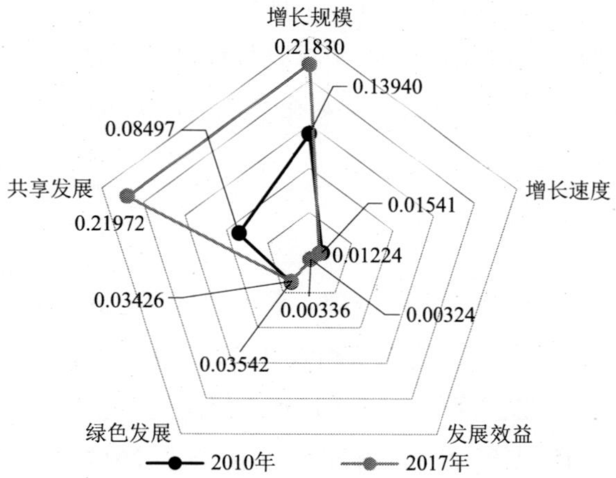

图9-6 横县2010年和2017年经济高质量发展功能表现评价结果分析

从经济高质量发展要素投入情况来看，横县2013年和2017年的社会资本投入的得分分别为0.06192分和0.09331分，排名分别为第5名和第8名，表现均优秀；劳动力及其质量得分分别为0.11557分和0.11278分，排名分别为第15名和第15名，表现均优秀；交通与技术基础设施得分分别为0.14363分和0.27673分，排名分别为第5名和第1名，表现均优秀。

从经济高质量发展的结构状况来看，横县2013年和2017年的农业技术结构的得分分别为0.06333分和0.06455分，排名为第29名和第32名，农业技术结构比较合理；工业规模结构得分分别为0.03351分和0.03721分，排名分别为第22名和第25名，工业规模结构比较合理；总体产业结构得分分别为0.01808分和0.02561分，排名分别为第52名和第34名，总体产业结构比较合理。

从经济高质量发展的营商环境来看，横县2010年和2017年的人口活力得分分别为0.03700分和0.05190分，排名分别为第64名和第42名，人口活力由较弱转为一般。横县2010年和2017年的经济活力得分分别为0.20893分和0.47713分，排名分别为第6名和第5名，经济活力强。横县2010年和2017年的政府活力评价值分别为0.10767分和0.09481分，排名分别为第16名和第17名，政府活力强。

综上所述，横县经济高质量发展具有较好的基础、投入水平高、产业结构比较合理，经济活力强，开放水平有待提升，绿色发展和社会发展方面较好，但增长速度明显下降，效益方面不尽如人意。为促进经济高质量发展，横县应该坚持创新驱动，不断激发经济社会发展动力和活力。在建材、茉莉花等重点产业领域，投入科技专项资金，依靠技术创新打造竞争新优势，不断提升产业链上产品和服务的附加值。继续实施质量强县战略和商标品牌战略，培育一批具有市场竞争力的品牌产品。另外，积极融入北部湾城市群建设，加大招商引资力度，突出装配式建筑、装备制造等新兴主导产业的招商方向，不断充实招商引资项目库，坚持以商招商、产业链招商、小分队招商，深化与中国建筑一局(集团)、阿里巴巴集团等大型企业合作，引进培育一批优势企业和项目落户横县，力争年内直接利用外资有新突破。创新政府融资方式，推动政府与社会资本合作，加快县市经济投融资金融体系建设步伐。继续办好中国(横县)茉莉花文化节，扩大“中国茉莉之乡”品牌效应。

七、柳江区

柳江区位于广西中部、桂中盆地东南部，曾获“广西经济发展十佳县”和“中国西部百强县”荣誉称号。湘桂、黔桂、枝柳铁路及332、209国道过境，柳州白莲机场在柳江区境内，距城区仅7千米，柳江河航运已开升到5级航道，全年可通250吨级船只。

从经济高质量发展功能表现来看，柳江区2010年和2017年的增长规模评价得分分别为0.15529分和0.20485分，排名均为第6名，表明增长规模很大。柳江区2010年和2017年的增长速度评价得分分别为0.01492分和0.01316分，排名分别为第45名和第8名，表明增长速度从一般转为快速。柳江区2010年和2017年的发展效益评价得分分别为0.00367分和0.00329分，排名分别为第56名和第61名，发展效益从一般转为较差。柳江区2010年和2017年的绿色发展评价得分分别为0.03761分和0.04621分，排名分别为第6名和第

12 名，绿色发展表现优秀。柳江区 2010 年和 2017 年的共享发展评价得分分别为 0.06891 分和 0.09320 分，排名分别为第 19 名和第 30 名，共享发展从优秀转为良好（见图 9-7）。

从经济高质量发展要素投入情况来看，柳江区 2013 年和 2017 年的社会资本投入的得分分别为 0.05646 分和 0.10326 分，排名分别为第 8 名和第 3 名，表现均优秀；劳动力及其质量得分分别为 0.12581 分和 0.12386 分，排名分别为第 10 名和第 11 名，表现均优秀；交通与技术基础设施得分分别为 0.08805 分和 0.09401 分，排名分别为第 19 名和第 22 名，表现由优秀转为良好。

从经济高质量发展的结构状况来看，柳江区 2013 年和 2017 年的农业技术结构的得分分别为 0.05292 分和 0.05789 分，排名分别为第 66 名和第 59 名，农业技术结构合理性表现一般；工业规模结构得分分别为 0.03695 和 0.03573 分，排名分别为第 8 名和第 31 名，工业规模结构比较合理；总体产业结构得分分别为 0.02084 分和 0.02507 分，排名分别为第 36 名和第 38 名，总体产业结构比较合理。

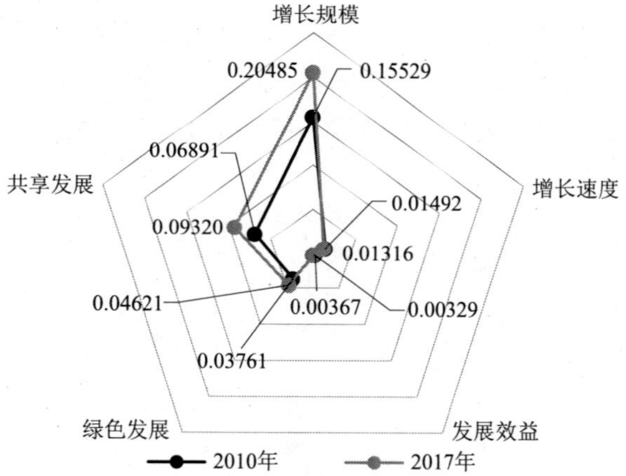

图 9-7　柳江区 2010 年和 2017 年经济高质量发展功能表现评价结果分析

从经济高质量发展的营商环境来看，柳江区 2010 年和 2017 年的人口活力得分分别为 0.04592 分和 0.04945 分，排名分别为第 30 名和第 54 名，人口活力由较强转为一般。柳江区 2010 年和 2017 年的经济活力得分分别为 0.13193 分和 0.29407 分，排名分别为第 19 名和第 16 名，经济活力强。柳江区 2010 年和 2017 年的政府活力评价值分别为 0.11690 分和 0.12195 分，排名分别为第 11 名和第 6 名，政府活力强。

综上所述，柳江区经济高质量发展具有较好的基础、投入水平高、产业结构比较合理，经济活力强，开放水平有待提升，增长速度显著提升，效益方面不尽如人意，但绿色发展和社会发展方面较好。为促进经济高质量发展，柳江区应该开展经济高质量发展攻坚行动，打造工业发展新平台，推动工业经济提质增效。认真落实国家、自治区高质量发展要求和市委“打造万亿工业强市”、柳州市工业高质量发展建设现代制造城、开展“经济发展提质年”活动的安排部署，坚持工业强区战略不动摇，加快推进柳江工业发展。高新技术开发区创建，深入实施工业发展“三次创业”战略，研究出台推进工业高质量发展实施方案，以创新驱动为引领，以深化改革为动力，坚持做大做强存量，引进增量，不断壮大工业经济规模，增强园区发展后劲。

八、柳城县

柳城县，隶属于广西壮族自治区柳州市，位于广西壮族自治区中部偏北。

从经济高质量发展功能表现来看，柳城县 2010 年和 2017 年的增长规模评价得分分别为 0.10262 分和 0.13650 分，排名分别为第 28 名和第 31 名，增长规模较大；柳城县 2010 年和 2017 年的增长速度评价得分分别为 0.01783 分和 0.01255 分，排名分别为第 7 名和第 47 名，增长速度从快下降到一般。柳城县 2010 年和 2017 年的发展效益评价得分分别为 0.00438 分和 0.00373 分，排名分别为第 32 名和第 41 名，发展效益从良好转为一般。柳城县 2010 年和 2017 年的绿色发展评价得分分别为 0.04430 分和 0.02970 分，排名分别为第 3 名和第 37 名，表现从优秀转为良好。柳城县 2010 年和 2017 年的共享发展评价得分分别为 0.06478 分和 0.08953 分，排名分别为第 23 名和第 33 名，表现良好（见图 9-8）。

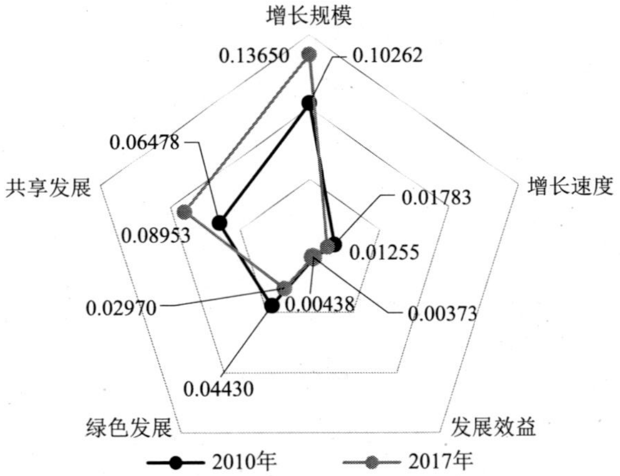

图 9-8　柳城县 2010 年和 2017 年经济高质量发展功能表现评价结果分析

从经济高质量发展要素投入情况来看，柳城县 2013 年和 2017 年的社会资本投入的得分分别为 0.02902 分和 0.05080 分，排名分别为第 31 名和第 30 名，表现均良好；劳动力及其质量得分分别为 0.08801 分和 0.09269 分，排名分别为第 30 名和第 24 名，表现均良好；交通与技术基础设施得分分别为 0.07614 分和 0.08404 分，排名分别为第 27 名和第 32 名，表现均良好。

从经济高质量发展的结构状况来看，柳城县 2013 年和 2017 年的农业技术结构的得分分别为 0.05526 分和 0.05854 分，排名分别为第 61 名和第 57 名，农业技术结构合理性表现一般；工业规模结构得分分别为 0.02703 分和 0.02897 分，排名分别为第 57 名和第 60 名，工业规模结构合理性表现一般；总体产业结构得分分别为 0.01829 分和 0.02341 分，排名分别为第 51 名和第 47 名，总体产业结构合理性表现一般。

从经济高质量发展的营商环境来看，柳城县 2010 年和 2017 年的人口活力得分分别为 0.03758 分和 0.04317 分，排名分别为第 62 名和第 74 名，人口活力较弱。柳城县 2010 年和 2017 年的经济活力得分分别为 0.09685 分和 0.20517 分，排名分别为第 29 名和第 26 名，经济活力较强。柳城县 2010 年和 2017 年的政府活力评价值分别为 0.07291 分和 0.08056 分，排名分别为第 43 名和第 25 名，政府活力由一般转为较强。

综上所述，柳城区经济高质量发展的产业结构一般，经济活力较强，开放水平有待提升，增长速度有所下降，效益方面表现一般，但绿色发展和社会发展方面一般。为促进经济高质量发展，柳城县应该充分利用好资本优势，首先，大力实施“要素集聚战略”，坚持内外并重，对内抓改革，对外促开放，向改革要动力，向开放要空间，集聚发展要素，释放发展活力；其次，大力实施“县城提质战略”和“乡村振兴战略”，建设特色城镇、宜居乡村，促进城乡一体化发展；最后，大力实施“生态优先战略”，牢固树立“绿水青山就是金山银山”发展理念，保持绿色发展定力，全力创建自治区生态县。

九、鹿寨县

鹿寨县位于柳州市中部偏北，湘桂铁路、衡柳高速铁路、泉南高速公路、柳梧高速公路，322 国道、323 国道和洛清江过境。

从经济高质量发展功能表现来看，鹿寨县 2010 年和 2017 年的增长规模评价得分分别为 0.14105 分和 0.16658 分，排名分别为第 9 名和第 20 名，增长规模从大变为较大。鹿寨县 2010 年和 2017 年的增长速度评价得分分别为 0.01424 分和 0.01276 分，排名分别为第 55 名和第 29 名，增长速度从一般上升为较快。鹿寨县 2010 年和 2017 年的发展效益评价得分分别为 0.00337 分和 0.00353 分，排名分别为第 67 名和第 53 名，发展效益从较差变为一般。鹿寨县 2010 年和 2017 年的绿色发展评价得分分别为 0.02278 分和 0.02175 分，排名分别为第 42 名和第 57 名，表现一般。鹿寨县 2010 年和 2017 年的共享发展评价得分分别为 0.07250 分和 0.08920 分，排名分别为第 18 名和第 34 名，表现从优秀转为良好（见图 9-9）。

从经济高质量发展要素投入情况来看，鹿寨县 2013 年和 2017 年的社会资本投入的得分分别为 0.11737 分和 0.07739 分，排名分别为第 1 名和第 15 名，表现均优秀；劳动力及其质量得分分别为 0.16094 分和 0.14468 分，排名分别为第 5 名和第 9 名，表现均优秀；交通与技术基础设施得分分别为 0.08116 分和 0.08813 分，排名分别为第 23 名和第 26 名，表现均良好。

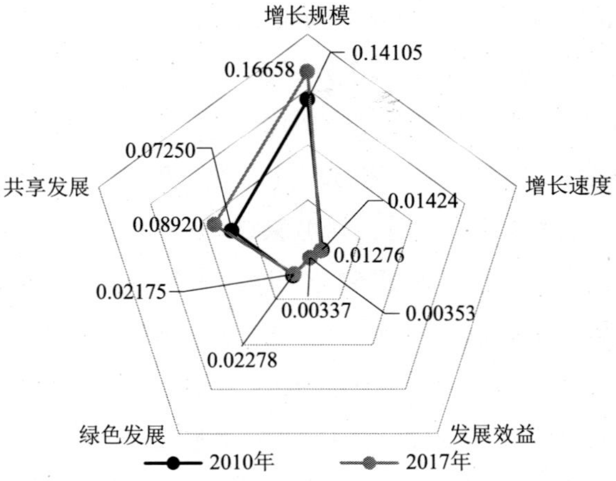

图 9-9 鹿寨县 2010 年和 2017 年经济高质量发展功能表现评价结果分析

从经济高质量发展的结构状况来看，鹿寨县 2013 年和 2017 年的农业技术结构的得分分别为 0.05989 分和 0.06923 分，排名分别为第 42 名和第 20 名，农业技术结构很合理；工业规模结构得分分别为 0.03303 分和 0.03593 分，排名分别为第 24 名和第 27 名，工业规模结构比较合理；总体产业结构得分分别为 0.01875 分和 0.02231 分，排名分别为第 47 名和第 52 名，总体产业结构合理性表现一般。

从经济高质量发展的营商环境来看，鹿寨县 2010 年和 2017 年的人口活力得分分别为 0.03689 分和 0.04706 分，排名分别为第 65 名和第 64 名，人口活力较弱。鹿寨县 2010 年和 2017 年的经济活力得分分别为 0.13474 分和 0.24202 分，排名分别为第 17 名和第 21 名，经济活力由强转为较强。鹿寨县 2010 年和 2017 年的政府活力评价值分别为 0.10688 分和 0.08454 分，排名分别为第 17 名和第 24 名，政府活力由强转为较强。

综上所述，鹿寨县经济高质量发展具有较好的基础、投入水平较高、产业结构一般，经济活力较强，开放水平有待提升，增长速度有所下降，效益方面表现一般，绿色发展和社会发展方面一般。为促进经济高质量发展，鹿寨县应该充分利用好原有的经济基础，深入推进工业转型升级，促进实体经济高质量发展，通过注重产业发展促工业结构优化，注重产业发展促工业结构优化，注重科技创新促工业发展动能培育，通过 3 个“注重”来不断提升工业发展质量。并且要按照“产业兴旺、生态宜居、乡风文明、治理有效、生活富裕”的要求，深化农业供给侧结构性改革，大力实施乡村振兴发展十大工程，加快农业农村现代化发展进程。在绿色发展方面，应该牢固树立“绿水青山就是金山银山”的理念，坚守生态“底线”、筑牢生态“防线”，做到在发展中保护、在保护中发展。

十、融安县

融安县位于广西北部，焦柳铁路、209 国道和融江过境。

从经济高质量发展功能表现来看，融安县 2010 年和 2017 年的增长规模评价得分分别为 0.06111 分和 0.08309 分，排名分别为第 52 名和第 50 名，增长规模一般。融安县 2010 年和 2017 年的增长速度评价得分分别为 0.01597 分和 0.01305 分，排名分别为第 25 名和第 13 名，增长速度从较快提升到快。融安县 2010 年和 2017 年的发展效益评价得分分别为 0.00415 分和 0.00351 分，排名分别为第 36 名和第 54 名，发展效益从良好转变为一般。融安县 2010 年和 2017 年的绿色发展评价得分分别为 0.03066 分和 0.03405 分，排名分别为第 28 名和第 24 名，表现良好。融安县 2010 年和 2017 年的共享发展评价得分分别为 0.06205 分和 0.07701 分，排名分别为第 29 名和第 51 名，表现从良好转为一般（见图 9-10）。

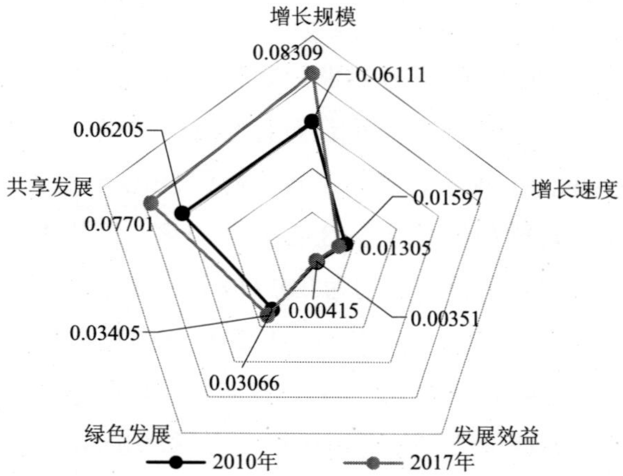

图 9-10 融安县 2010 年和 2017 年经济高质量发展功能表现评价结果分析

从经济高质量发展要素投入情况来看，融安县 2013 年和 2017 年的社会资本投入得分分别为 0.02620 分和 0.04536 分，排名为第 37 名和第 34 名，表现均良好；劳动力及其质量得分分别为 0.07882 分和 0.07041 分，排名分别为第 38 名和第 43 名，表现由良好转为一般；交通与技术基础设施得分分别为 0.05914 分和 0.08325 分，排名分别为第 51 名和第 34 名，表现由一般转为良好。

从经济高质量发展的结构状况来看，融安县 2013 年和 2017 年的农业技术结构得分分别为 0.05359 分和 0.05737 分，排名分别为第 62 名和第 61 名，农业技术结构合理性较差；工业规模结构得分分别为 0.02858 分和 0.03031 分，排名分别为第 49 名和第 52 名，工业规模结构合理性表现一般；总体产业结构得分分别为 0.02259 分和 0.02694 分，排名分别为第 26 名和第 29 名，总体产业结构比较合理。

从经济高质量发展的营商环境来看，融安县 2010 年和 2017 年的人口活力得分分别为 0.04338 分和 0.04346 分，排名分别为第 39 名和第 73 名，人口活力由较强转为较弱。融安县 2010 年和 2017 年的经济活力得分分别为 0.07828 分和 0.16413 分，排名分别为第 41 名和第 37 名，经济活力由一般转为较强。融安县 2010 年和 2017 年的政府活力评价值分别为 0.05584 分和 0.04404 分，排名分别为第 55 名和第 48 名，政府活力一般。

综上所述，融安县经济高质量发展基础一般、投入水平一般、产业结构比较合理，经济活力逐渐变强，开放水平有待提升，绿色发展和社会发展方面表现比较好，增长速度明显提升，效益方面表现一般。为促进经济高质量发展，融安县应该稳步推进传统农业。稳定粮油生产，确保粮食安全。提升糖料蔗生产全程机械化水平。重点建设工业园区产业集群。以“工业发展突破年”为载体，力争全县生态工业“质”与“量”双提升、双突破。加快推进制糖、制药、制丝、建材、竹制品加工等传统产业规划与转型升级。

十一、融水苗族自治县

融水苗族自治县位于广西北部，焦柳铁路、融江过境。2017 年获国家质检总局授予“生态原产地产品保护示范区”的称号，被广西壮族自治区评为广西科学发展先进县。

从经济高质量发展功能表现来看，融水苗族自治县 2010 年和 2017 年的增长规模评价得分分别为 0.05358 和 0.09330，排名分别为第 58 名和第 49 名，增长规模一般；融水苗族自治县 2010 年和 2017 年的增长速度评价得分分别为 0.01726 分和 0.01292 分，排名分别为第 12 名和第 19 名，增长速度很快。融水苗族自治县 2010 年和 2017 年的发展效益评价得分分别为 0.00415 分和 0.00348 分，排名分别为第 36 名和第 55 名，发展效益从良好转为一般。融水苗族自治县 2010 年和 2017 年的绿色发展评价得分分别为 0.01972 分和 0.02867 分，排名分别为第 51 名和第 42 名，表现一般。融水苗族自治县 2010 年和 2017 年的共享发展评价得分分别为 0.05258 分和 0.10349 分，排名分别为第 46 名和第 22 名，表现从一般转为良好（见图 9-11）。

从经济高质量发展要素投入情况来看，融水苗族自治县 2013 年和 2017 年的社会资本投入得分分别为 0.02579 分和 0.04535 分，排名分别为第 40 名和第 35 名，表现均良好；劳动力及其质量得分分别为 0.07497 分和 0.08037 分，排名分别为第 43 名和第 37 名，表现由一般转为良好；交通与技术基础设施得分分别为 0.08900 分和 0.10385 分，排名分别为第 18 名和第 17 名，表现均优秀。

从经济高质量发展的结构状况来看，融水苗族自治县 2013 年和 2017 年的农业技术结构的得分分别为 0.05131 分和 0.05583 分，排名分别为第 69 名和第 63 名，农业技术结构合理性较差；工业规模结构得分分别为 0.02431 分和 0.02881 分，排名分别为第 63 名和第 61 名，工业规模结构合理性较差，总体产业结构得分分别为 0.01979 分和 0.02725 分，排名分别为第 38 名和第 26 名，总体产业结构比较合理。

从经济高质量发展的营商环境来看，融水苗族自治县 2010 年和 2017 年的人口活力得分分别为 0.04761 分和 0.05334 分，排名分别为第 26 名和第 37 名，人口活力较强。融水苗族自治县 2010 年和 2017 年的经济活力得分分别为 0.08476 分和 0.19939 分，排名分别为第 35 名和第 27 名，经济活力较强。融水苗族自治县 2010 年和 2017 年的政府活力评价值分别为 0.05449 分和 0.04847 分，排名分别为第 57 名和第 36 名，政府活力由一般转为较强。

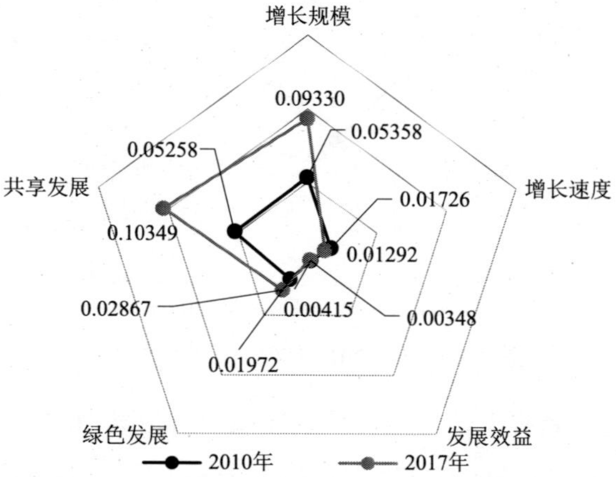

图 9-11 融水苗族自治县 2010 年和 2017 年经济高质量发展功能表现评价结果分析

综上所述，融水苗族自治县经济高质量发展基础较差、投入水平较高、产业结构比较合理，经济活力逐渐变强，开放水平较高，增长速度很快，效益方面表现一般，绿色发展表现一般，社会发展方面稳中向好。为促进经济高质量发展，融水苗族自治县应该深入推进供给侧结构性改革，改造提升传统产业、加快发展特色产业和培育壮大新兴产业，着力提升绿色发展水平，加快乡村振兴步伐，推动县市经济高质量发展。

十二、三江侗族自治县

三江侗族自治县位于广西北部，是“中国名茶之乡”、拥有中国保存最完好、数量最多、分布最集中的侗族木构建筑群，被誉为世界“楼桥之乡”。贵广高铁、焦柳铁路、209 国道、321 国道和榕江、浔江和融江过境。

从经济高质量发展功能表现来看，三江侗族自治县 2010 年和 2017 年的增长规模评价得分分别为 0.04828 分和 0.05691 分，排名分别为第 63 名和第 61 名，增长规模小。三江侗族自治县 2010 年和 2017 年的增长速度评价得分分别为 0.01909 分和 0.01578 分，排名均为第 2 名，增长速度快；三江侗族自治县 2010 年和 2017 年的发展效益评价得分分别为 0.0377 分和 0.00360 分，排名分别为第 50 名和第 47 名，发展效益一般。三江侗族自治县 2010 年和 2017 年的绿色发展评价得分分别为 0.02072 分和 0.02692 分，排名分别为第 46 名和第 49 名，表现一般。三江侗族自治县 2010 年和 2017 年的共享发展评价得分分别为 0.0487 分和 0.08814 分，排名分别为第 58 名和第 36 名，表现从一般转为良好(见图 9-12)。

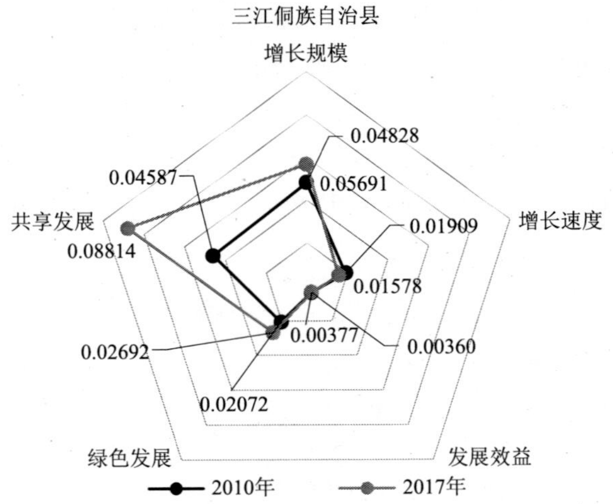

图 9-12　三江侗族自治县 2010 年和 2017 年经济高质量发展功能表现评价结果分析

从经济高质量发展要素投入情况来看，三江侗族自治县 2013 年和 2017 年的社会资本投入的得分分别为 0.02352 分和 0.02952 分，排名分别为第 45 名和第 47 名，表现均一般；劳动力及其质量得分分别为 0.04808 分和 0.04409 分，排名分别为第 71 名和第 72 名，表现均较差；交通与技术基础设施得分分别为 0.06363 分和 0.08179 分，排名分别为第 44 名和第 37 名，表现均一般。

从经济高质量发展的结构状况来看，三江侗族自治县 2013 年和 2017 年的农业技术结构的得分分别为 0.06470 分和 0.06767 分，排名分别为第 27 名和第 26 名，农业技术结构比较合理；工业规模结构得分分别为 0.01618 分和 0.01503 分，排名分别为第 70 名和第 72 名，工业规模结构合理性较差；总体产业结构得分分别为 0.02168 分和 0.03125 分，排名分别为第 32 名和第 12 名，总体产业结构较合理。

从经济高质量发展的营商环境来看，三江侗族自治县 2010 年和 2017 年的人口活力得分分别为 0.04550 分和 0.06097 分，排名分别为第 31 名和第 14 名，人口活力由较强转为强；三江侗族自治县 2010 年和 2017 年的经济活力得分分别为 0.06813 分和 0.14477 分，排名分别为第 49 名和第 48 名，经济活力一般。三江侗族自治县 2010 年和 2017 年的政府活力评价值分别为 0.03929 分和 0.02929 分，排名分别为第 65 名和第 59 名，政府活力由较差转为一般。

综上所述，三江侗族自治县经济高质量发展基础较差、投入水平较高、产业结构比较合理，经济活力逐渐变强，开放水平较高，增长速度很快，效益方面表现一般，绿色发展表现一般，社会发展方面稳中向好。为促进经济高质量发展，三江侗族自治县应该充分发挥资本优势，通过加大新品种推广种植力度，壮大产业规模，做优生态主导产业；围绕一产形态、三产功能的目标，找准生态农业与旅游业的契合点，积极发展观光农业、体验农业、创意农业等新型业态，实现生态农业与旅游业融合发展，增强叠加效应。围绕提高附加值、延伸产业链的目标，做强农产品精、深加工，真正变资源优势为经济优势，带动和促进农民持续增收致富。认真谋划工业布局，发挥工业园区平台作用，加大招商引资力度，逐步壮大二产经济，夯实经济基础。

十三、阳朔县

阳朔县位于广西东北部。有贵广高速铁路、321 国道、305 省道和漓江过境。

从经济高质量发展功能表现来看，阳朔县 2010 年和 2017 年的增长规模评价得分分别为 0.09470 分和 0.14580 分，排名分别为第 34 名和第 27 名，增长规模较大。阳朔县 2010 年和 2017 年的增长速度评价得分分别为 0.01722 分和 0.01870 分，排名分别为第 13 名和第 1 名，增长速度快。阳朔县 2010 年和 2017 年的发展效益评价得分分别为 0.00392 分和 0.00343 分，排名分别为第 46 名和第 57 名，发展效益一般。阳朔县 2010 年和 2017 年的绿色发展评价得分分别为 0.03757 分和 0.04923 分，排名分别为第 7 名和第 9 名，表现良好。阳朔县 2010 年和 2017 年的共享发展评价得分分别为 0.05137 分和 0.7777 分，排名均为第 49 名，表现一般（见图 9-13）。

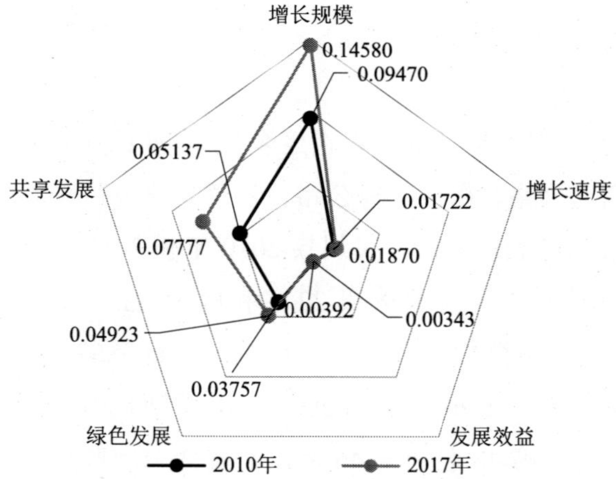

图 9-13　阳朔县 2010 年和 2017 年经济高质量发展功能表现评价结果分析

从经济高质量发展要素投入情况来看，阳朔县 2013 年和 2017 年的社会资本投入的得分分别为 0.07372 分和 0.08668 分，排名分别为第 3 名和第 11 名，表现均优秀；劳动力及其质量得分分别为 0.11678 分和 0.12070 分，排名分别为第 14 名和第 12 名，表现均优秀；交通与技术基础设施得分分别为 0.08095 分和 0.05924 分，排名分别为第 24 名和第 59 名，表现由良好转为一般。

从经济高质量发展的结构状况来看，阳朔县 2013 年和 2017 年的农业技术结构的得分分别为 0.05159 分和 0.06399 分，排名分别为第 68 名和第 37 名，农业技术结构合理性表现一般；工业规模结构得分分别为0.03495分和0.02826分，排名分别为第14名和第62名，工业规模结构合理变差；总体产业结构得分分别为0.01398分和0.03042分，排名分别为第70名和第16名，总体产业结构合理性由差变为较好。

从经济高质量发展的营商环境来看，阳朔县2010年和2017年的人口活力得分分别为0.04161分和0.04606分，排名分别为第44名和第68名，人口活力由一般转为较弱。阳朔县2010年和2017年的经济活力得分分别为0.09160分和0.17629分，排名分别为第30名和第31名，经济活力较强。阳朔县2010年和2017年的政府活力评价值分别为0.12745分和0.08952分，排名分别为第8名和第19名，政府活力强。

综上所述，阳朔县经济高质量发展具有较好的基础，投入水平较高、产业结构比较合理，经济活力较强，开放水平有待提升，增长速度显著提升，效益方面表现一般，绿色发展很好，但社会发展方面仍需提升。阳朔县是著名的旅游之地，因此，应该以打造“全球最佳旅居目的地”和“桂林国际旅游胜地南部全域旅游集散地”为目标，发挥阳朔多年来在吃、住、游等旅游要素中形成的优势，补齐行、购、娱、研、养、体等方面的短板，延伸阳朔旅游产业链，拓展市场和服务半径，打造品质、融合、秩序、规范、智慧的阳朔旅游产业链，做全域旅游的“领头羊”。

十四、灵川县

灵川县位于广西东北部，是“中国银杏之乡”。有湘桂铁路、贵广高速铁路、322国道和漓江过境，泉南高速公路、衡昆高速公路、包茂高速公路在县内交汇。

从经济高质量发展功能表现来看，灵川县2010年和2017年的增长规模评价得分分别为0.11094分和0.13240分，排名分别为第22名和第34名，增长规模较大；灵川县2010年和2017年的增长速度评价得分分别为0.01373分和0.00852分，排名分别为第62名和第74名，增长速度慢。灵川县2010年和2017年的发展效益评价得分分别为0.00382分和0.00363分，排名分别为第48名和第46名，发展效益一般。灵川县2010年和2017年的绿色发展评价得分分别为0.02206分和0.02935分，排名分别为第43名和第39名，表现一般。灵川县2010年和2017年的共享发展评价得分分别为0.06359分和0.09523分，排名分别为第25名和第27名，表现良好（见图9-14）。

从经济高质量发展要素投入情况来看，灵川县2013年和2017年的社会资本投入的得分分别为0.04622分和0.05435分，排名分别为第17名和第26名，表现由优秀转为良好；劳动力及其质量得分分别为0.11881分和0.04536分，排名分别为第12名和第70名，表现由优秀转为较差；交通与技术基础设施得分分别为0.07576分和0.09114分，排名分别为第28名和第24名，表现均良好。

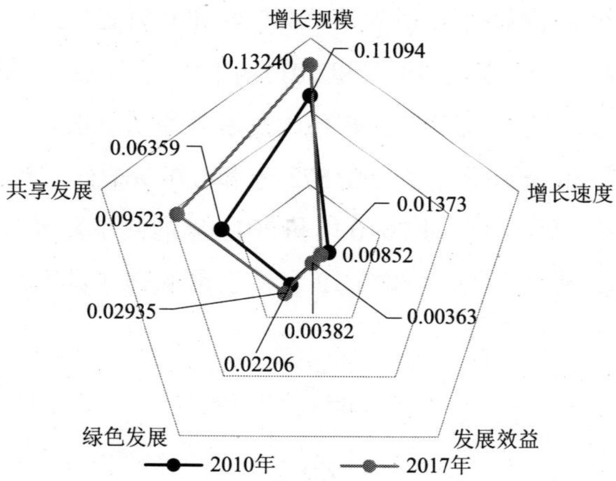

图 9-14　灵川县 2010 年和 2017 年经济高质量发展功能表现评价结果分析

从经济高质量发展的结构状况来看，灵川县 2013 年和 2017 年的农业技术结构的得分分别为 0.07556 分和 0.06711 分，排名分别为第 12 名和第 28 名，农业技术结构比较合理；工业规模结构得分分别为 0.03779 分和 0.04447 分，排名分别为第 7 名和第 5 名，工业规模结构很合理；总体产业结构得分分别为 0.01850 分和 0.02536 分，排名分别为 50 名和第 36 名，总体产业结构比较合理。

从经济高质量发展的营商环境来看，灵川县 2010 年和 2017 年的人口活力得分分别为 0.03967 分和 0.04928 分，排名分别为第 52 名和第 55 名，人口活力一般。灵川县 2010 年和 2017 年的经济活力得分分别为 0.14697 分和 0.30243 分，排名分别为第 14 名和第 15 名，经济活力强。灵川县 2010 年和 2017 年的政府活力评价值分别为 0.16520 分和 0.13182 分，排名分别为第 3 名和第 5 名，政府活力强。

综上所述，灵川县经济高质量发展具有较好的基础，投入水平较高、产业结构比较合理，经济活力强，开放水平有待提升，增长速度不断下滑，效益方面表现一般，绿色发展一般，但社会发展方面表现较好。灵川县应该树立高质量、高标准工业发展目标，坚持工业主导地位，围绕“强龙头、补链条、聚集群”，加速改造提升传统产业，大力发展新兴产业，培育壮大特色集群。绿水青山就是金山银山，突出综合整治，提升可持续发展能力。

十五、全州县

全州县位于广西东北部，是“中国金槐之乡”，全国粮食生产先进县和广西科学发展进步县。有湘桂铁路、322 国道、湘江过境。

从经济高质量发展功能表现来看，全州县 2010 年和 2017 年的增长规模评价得分分别为 0.10802 分和 0.13493 分，排名分别为第 26 名和第 32 名，增长规模较大。全州县 2010

年和 2017 年的增长速度评价得分分别为 0.01439 分和 0.01256 分，排名分别为第 53 名和第 46 名，增长速度一般。全州县 2010 年和 2017 年的发展效益评价得分分别为 0.00376 分和 0.00322 分，排名分别为第 51 名和第 66 名，发展效益从一般转为较差。全州县 2010 年和 2017 年的绿色发展评价得分分别为 0.01572 分和 0.01961 分，排名分别为第 59 名和第 62 名，表现从一般转为较差。全州县 2010 年和 2017 年的共享发展评价得分分别为 0.07905 分和 0.13184 分，排名分别为第 13 名和第 12 名，表现优秀（见图 9-15）。

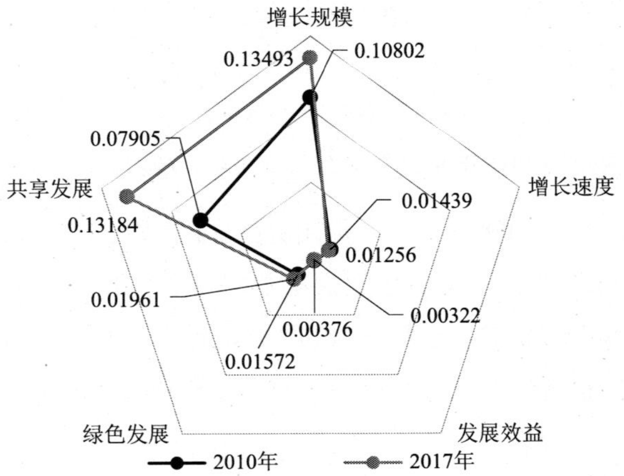

图 9-15　全州县 2010 年和 2017 年经济高质量发展功能表现评价结果分析

从经济高质量发展要素投入情况来看，全州县 2013 年和 2017 年的社会资本投入的得分分别为 0.03959 分和 0.07667 分，排名分别为第 21 名和第 16 名，表现由良好转为优秀；劳动力及其质量得分分别为 0.06602 分和 0.06511 分，排名分别为第 51 名和第 48 名，表现均一般；交通与技术基础设施得分分别为 0.08215 分和 0.10176 分，排名分别为第 22 名和第 18 名，表现由良好转为优秀。

从经济高质量发展的结构状况来看，全州县 2013 年和 2017 年的农业技术结构的得分分别为 0.05789 分和 0.05855 分，排名分别为第 51 名和第 56 名，农业技术结构合理性表现一般；工业规模结构得分分别为 0.03396 分和 0.03583 分，排名分别为第 20 名和第 28 名，工业规模结构比较合理；总体产业结构得分分别为 0.02161 分和 0.02600 分，排名均为 33 名，总体产业结构比较合理。

从经济高质量发展的营商环境来看，全州县 2010 年和 2017 年的人口活力得分分别为 0.03655 分和 0.04831 分，排名分别为第 69 名和第 58 名，人口活力由较弱转为一般。全州县 2010 年和 2017 年的经济活力得分分别为 0.12633 分和 0.25999 分，排名分别为第 23 名和第 19 名，经济活力由较强转为强。全州县 2010 年和 2017 年的政府活力评价值分别为 0.07209 分和 0.04531 分，排名分别为第 45 名和第 44 名，政府活力一般。

综上所述，全州县经济高质量发展具有较好的基础、投入水平较高、产业结构比较合理，经济活力不断增强，开放水平有待提升，增长速度一般，效益和环境保护方面不尽如人意，但社会发展方面表现好。全州县的高质量发展关键在于提升经济效益，因此，应该加快传统产业转型升级，推动冶炼、酿酒等传统优势产业与新业态、新模式、新技术融合发展，实现“二次创业”。积极引导冶炼企业加强技改、提升产能，努力打造品牌特色，在压力和困境中谋求发展，在抓好以湘山酒业为龙头的酿酒企业高端酒研发、销售的同时，加大清雅、柔和、低度白酒的创新、营销力度，不断扩大市场占有率，做强唱响“湘山酒”品牌。抢抓桂林市米粉百亿元产业工程机遇，出台加快全州米粉产业发展的决定，制定米粉产业发展规划，积极申报全州干米粉原产地品牌保护和地理标志商标认证，争取制定地方标准，推动米粉产业标准化、品牌化、规模化经营，将全州打造成为全国乃至亚洲“干米粉之都”。发挥政府部门的作用，健全完善环保目标责任制和实绩考核保证金奖惩机制，加大环境监管执法力度，畅通群众环境权益诉求渠道，引导全社会共同保护好全州的碧水青山，持续巩固生态县成果。

十六、兴安县

兴安县位于广西东北部，是“中国白果之乡”“中国柑橘之乡”“中国毛竹之乡”和全国绿化模范县，是湘江和漓江发源地。有湘桂铁路和 322 国道过境。

从经济高质量发展功能表现来看，兴安县 2010 年和 2017 年的增长规模评价得分分别为 0.12472 分和 0.14142 分，排名分别为第 14 名和第 29 名，增长规模有所下降。兴安县 2010 年和 2017 年的增长速度评价得分分别为 0.01488 分和 0.01159 分，排名分别为第 46 名和第 73 名，增长速度从一般转为慢。兴安县 2010 年和 2017 年的发展效益评价得分分别为 0.00402 分和 0.00344 分，排名分别为第 40 名和第 56 名，发展效益一般；兴安县 2010 年和 2017 年的绿色发展评价得分分别为 0.01706 分和 0.02580 分，排名分别为第 55 名和第 51 名，表现一般。兴安县 2010 年和 2017 年的共享发展评价得分分别为 0.07580 分和 0.08657 分，排名分别为第 17 名和第 38 名，表现从优秀转为良好（见图 9-16）。

从经济高质量发展要素投入情况来看，兴安县 2013 年和 2017 年的社会资本投入的得分分别为 0.04873 分和 0.07642 分，排名分别为第 15 名和第 17 名，表现均优秀；劳动力及其质量得分分别为 0.10748 分和 0.08040 分，排名分别为第 21 名和第 36 名，表现均良好；交通与技术基础设施得分分别为 0.04361 分和 0.08130 分，排名分别为第 70 名和第 38 名，表现由较差转为良好。

从经济高质量发展的结构状况来看，兴安县 2013 年和 2017 年的农业技术结构的得分分别为 0.07153 分和 0.09211 分，排名分别为第 15 名和第 2 名，农业技术结构很合理；工业规模结构得分分别为 0.02911 分和 0.03279 分，排名分别为第 46 名和第 43 名，工业规模结构合理性表现一般；总体产业结构得分分别为 0.01626 分和 0.02557 分，排名分别为第 63 名和第 35 名，总体产业结构逐渐趋向于合理化。

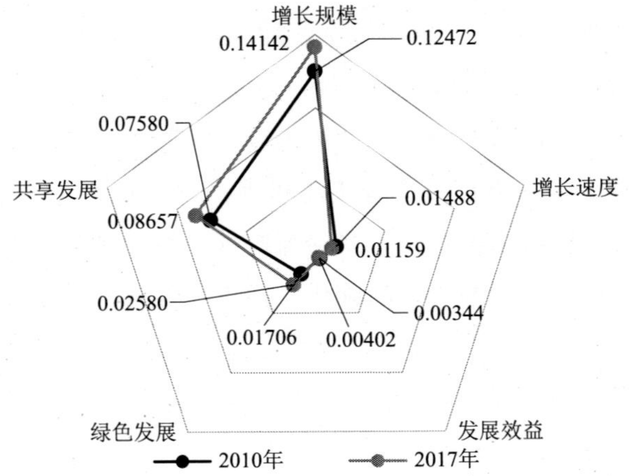

图 9-16　兴安县 2010 年和 2017 年经济高质量发展功能表现评价结果分析

从经济高质量发展的营商环境来看，兴安县 2010 年和 2017 年的人口活力得分分别为 0.03451 分和 0.04748 分，排名分别为第 73 名和第 63 名，人口活力较弱。兴安县 2010 年和 2017 年的经济活力得分分别为 0.13260 分和 0.24729 分，排名分别为第 18 名和 20 名，经济活力强。兴安县 2010 年和 2017 年的政府活力评价值分别为 0.13352 分和 0.13915 分，排名分别为第 6 名和第 3 名，政府活力强。

综上所述，兴安县经济高质量发展具有较好的基础、投入水平较高、产业结构比较合理，经济活力较强，开放水平有待提升，增长速度显著下降，效益和环境保护方面表现并不突出，社会发展方面近年来也有所下降，但总体上表现良好。兴安县的高质量发展关键在于提升经济效益，因此，应该坚持聚焦实体经济，推动传统产业转型升级、新兴产业快速发展，不断优化产业结构，提高产业发展质量和效益。

十七、永福县

永福县位于广西东北部，是“中国罗汉果之乡”。有湘桂铁路和桂海高速公路过境。

从经济高质量发展功能表现来看，永福县 2010 年和 2017 年的增长规模评价得分分别为 0.10439 分和 0.16538 分，排名分别为第 27 名和第 21 名，增长规模较大。永福县 2010 年和 2017 年的增长速度评价得分分别为 0.01560 分和 0.01271 分，排名分别为第 30 名和第 34 名，增长速度较快；永福县 2010 年和 2017 年的发展效益评价得分分别为 0.00489 分和 0.00411 分，排名分别为第 16 名和第 28 名，发展效益从好转为良好。永福县 2010 年和 2017 年的绿色发展评价得分分别为 0.03179 分和 0.03775 分，排名分别为第 26 名和第 18 名，表现从良好转为优秀。永福县 2010 年和 2017 年的共享发展评价得分分别为 0.05350 分和 0.08110 分，排名均为第 43 名，表现一般（见图 9-17）。

从经济高质量发展要素投入情况来看，永福县 2013 年和 2017 年的社会资本投入的得分分别为 0.02873 分和 0.05235 分，排名分别为第 32 名和第 28 名，表现均良好；劳动力及其质量得分分别为 0.11518 分和 0.10469 分，排名分别为第 17 名和第 18 名，表现均优秀；交通与技术基础设施得分分别为 0.05017 分和 0.06317 分，排名分别为第 61 名和第 52 名，表现由较差转为一般。

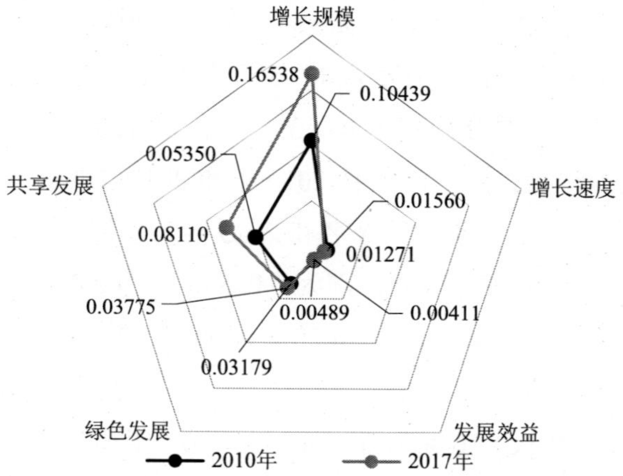

图 9-17　永福县 2010 年和 2017 年经济高质量发展功能表现评价结果分析

从经济高质量发展的结构状况来看，永福县 2013 年和 2017 年的农业技术结构的得分分别为 0.05682 分和 0.06433 分，排名分别为第 55 名和第 34 名，农业技术结构合理程度显著提升；工业规模结构得分分别为 0.03647 分和 0.04015 分，排名分别为第 9 名和第 15 名，工业规模结构很合理；总体产业结构得分分别为 0.01290 分和 0.01377 分，排名均为第 73 名，总体产业结构合理性较差。

从经济高质量发展的营商环境来看，永福县 2010 年和 2017 年的人口活力得分分别为 0.03593 分和 0.04834 分，排名分别为第 71 名和 57 名，人口活力由较弱转为一般。永福县 2010 年和 2017 年的经济活力得分分别为 0.85160 分和 0.16510 分，排名分别为第 34 名和 36 名，经济活力较强。永福县 2010 年和 2017 年的政府活力评价值分别为 0.09128 分和 0.08524 分，排名分别为第 30 名和第 23 名，政府活力较强。

综上所述，永福县经济高质量发展具有较好的基础、投入水平较高、产业结构比较合理，经济活力较强，开放水平有所提升，但仍然比较低，增长速度较快，近年来发展效益有所下降，绿色发展优势突出，但社会发展方面没有进步。为推动经济高质量发展，永福县全面贯彻落实全市工业振兴计划，强园区协调服务，加快新旧动能转换，加快工业高质量发展；全力深入实施乡村振兴战略，推动永福乡村振兴发展；完善旅游设施，建立智慧旅游服务平台，强化旅游宣传推介和市场监管，提升旅游服务质量。

十八、灌阳县

灌阳县位于广西东北部，是全国粮食生产先进县、国家休闲农业与乡村旅游示范县、“中国绿色生态雪梨之乡”“中国绿色生态黑李之乡”“中国南方红豆杉之乡”“全国最美生态旅游示范县”“美丽中国示范县”“中国民间文化艺术之乡”（中国桂剧之乡）。有省道201、省道302线、灌阳至凤凰高速公路和灌江过境。

从经济高质量发展功能表现来看，灌阳县2010年和2017年的增长规模评价得分分别为0.07706分和0.09766分，排名分别为第46名和第48名，增长规模一般；灌阳县2010年和2017年的增长速度评价得分分别为0.01338分和0.01238分，排名分别为第63名和第53名，增长速度从差转为一般；灌阳县2010年和2017年的发展效益评价得分分别为0.00577分和0.00430分，排名分别为第8名和第23名，发展效益从好转为良好；灌阳县2010年和2017年的绿色发展评价得分分别为0.01344分和0.01961分，排名分别为第63名和第62名，表现较差。灌阳县2010年和2017年的共享发展评价得分分别为0.04625分和0.07818分，排名分别为第57名和第47名，表现一般（见图9-18）。

从经济高质量发展要素投入情况来看，灌阳县2013年和2017年的社会资本投入的得分分别为0.02007分和0.02987分，排名分别为第50名和第46名，表现均一般；劳动力及其质量得分分别为0.06346分和0.06478分，排名分别为第52名和第49名，表现均一般；交通与技术基础设施得分分别为0.04920分和0.05507分，排名分别为第62名和第64名，表现均较差。

从经济高质量发展的结构状况来看，灌阳县2013年和2017年的农业技术结构的得分分别为0.06033分和0.06027分，排名分别为第39名和第51名，农业技术结构合理性表现一般；工业规模结构得分分别为0.03538分和0.02478分，排名分别为第11名和第68名，工业规模结构合理性变差；总体产业结构得分分别为0.01750分和0.01961分，排名分别为第58名和第62名，总体产业结构合理性较差。

从经济高质量发展的营商环境来看，灌阳县2010年和2017年的人口活力得分分别为0.03436分和0.04637分，排名分别为第74名和第66名，人口活力较弱。灌阳县2010年和2017年的经济活力得分分别为0.06774分和0.13322分，排名分别为第50名和54名，经济活力一般。灌阳县2010年和2017年的政府活力评价值分别为0.06321分和0.03958分，排名分别为第50名和第53名，政府活力一般。

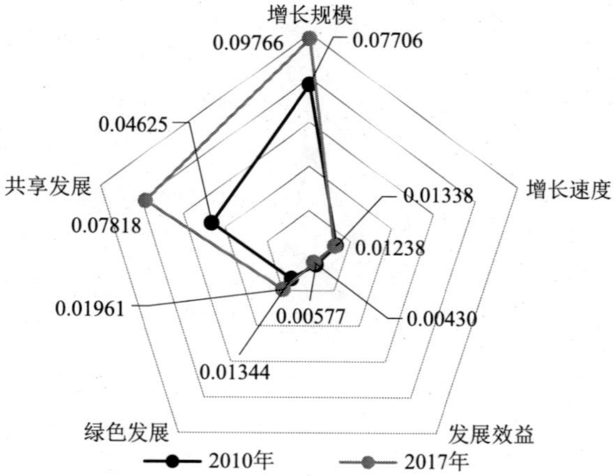

图 9-18　灌阳县 2010 年和 2017 年经济高质量发展功能表现评价结果分析

综上所述，灌阳县经济高质量发展的发展基础一般、投入水平一般、产业结构合理性降低，经济活力一般，开放水平很低，增长速度有所提升，但仍然比较慢，近年来发展效益有所下降，绿色发展处于劣势地位，社会发展方面提升空间比较大。为推动经济高质量发展，灌阳县应该持续推动第一产业、第二产业和第三产业深度融合，不断优化产业结构，以提高产业发展质量和效益为中心。另外，加快绿色发展新步伐。健全完善常态长效的生态保护体制机制及责任清单，切实担起重点生态功能区环境保护和管理的主体责任。

十九、龙胜各族自治县

龙胜各族自治县位于广西东北部，是中国道地药材（罗汉果）之乡。贵广高速铁路、321 国道、包茂高速公路和桑江过境。

从经济高质量发展功能表现来看，龙胜各族自治县 2010 年和 2017 年的增长规模评价得分分别为 0.06950 分和 0.10830 分，排名分别为第 49 名和第 43 名，增长规模一般；龙胜各族自治县 2010 年和 2017 年的增长速度评价得分分别为 0.01399 分和 0.01255 分，排名分别为第 58 名和第 47 名，发展速度一般。龙胜各族自治县 2010 年和 2017 年的发展效益评价得分分别为 0.00594 分和 0.00534 分，排名分别为第 6 名和第 4 名，发展效益好。龙胜各族自治县 2010 年和 2017 年的绿色发展评价得分分别为 0.01656 分和 0.03305 分，排名分别为第 58 名和第 26 名，表现从一般转为良好。龙胜各族自治县 2010 年和 2017 年的共享发展评价得分分别为 0.03590 分和 0.07383 分，排名分别为第 70 名和第 58 名，表现从较差转为一般（见图 9-19）。

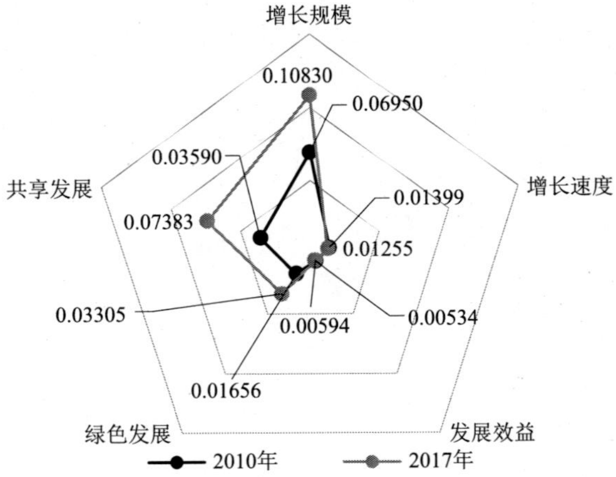

图 9-19　龙胜各族自治县 2010 年和 2017 年经济高质量发展功能表现评价结果分析

从经济高质量发展要素投入情况来看，龙胜各族自治县 2013 年和 2017 年的社会资本投入的得分分别为 0.01535 分和 0.02410 分，排名分别为第 59 名和第 51 名，表现均一般；劳动力及其质量得分分别为 0.11541 分和 0.11404 分，排名分别为第 16 名和第 14 名，表现均优秀；交通与技术基础设施得分分别为 0.05246 分和 0.05936 分，排名分别为第 59 名和第 58 名，表现均一般。

从经济高质量发展的结构状况来看，龙胜各族自治县 2013 年和 2017 年的农业技术结构的得分分别为 0.07975 分和 0.08140 分，排名均为第 6 名，农业技术结构很合理；工业规模结构得分分别为 0.02392 分和 0.02577 分，排名分别为第 67 名和第 65 名，工业规模结构合理性较差；总体产业结构得分分别为 0.01902 分和 0.02120 分，排名分别为第 45 名和第 58 名，总体产业结构合理性表现一般。

从经济高质量发展的营商环境来看，龙胜各族自治县 2010 年和 2017 年的人口活力得分分别为 0.03670 分和 0.04528 分，排名分别为第 67 名和第 69 名，人口活力较弱。龙胜各族自治县 2010 年和 2017 年的经济活力得分分别为 0.05221 分和 0.08480 分，排名分别为第 66 名和第 68 名，经济活力较弱。龙胜各族自治县 2010 年和 2017 年的政府活力评价值分别为 0.06189 分和 0.04346 分，排名分别为第 52 名和第 49 名，政府活力一般。

综上所述，龙胜各族自治县经济高质量发展的发展基础一般、投入水平一般、产业结构合理性降低，经济活力一般，开放水平很低，增长速度一般，发展效益很好，绿色发展显著提升，社会发展方面有所进步，但提升空间仍比较大。为推动经济高质量发展，龙胜各族自治县应该加快推进科技创新，大力发展生态经济和旅游经济。

二十、资源县

资源县位于广西东北部，是中国最美生态休闲旅游名县、中国最具国际影响力旅游目的地，资江、浔江发源地。

从经济高质量发展功能表现来看，资源县2010年和2017年的增长规模评价得分分别为0.05857分和0.10050分，排名分别为第56名和第45名，增长规模一般。资源县2010年和2017年的增长速度评价得分分别为0.01695分和0.01275分，排名分别为第14名和第30名，发展速度从快转为较快；资源县2010年和2017年的发展效益评价得分分别为0.00565分和0.04610分，排名分别为第9名和第13名，发展效益好。资源县2010年和2017年的绿色发展评价得分分别为0.00534分和0.00534分，排名分别为第66名和第58名，表现从较差转为一般。资源县2010年和2017年的共享发展评价得分分别为0.04469分和0.06160分，排名分别为第61名和第66名，表现较差（见图9-20）。

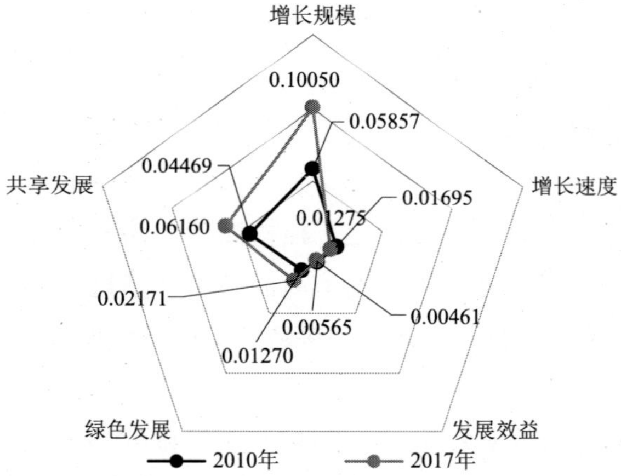

图9-20　资源县2010年和2017年经济高质量发展功能表现评价结果分析

从经济高质量发展要素投入情况来看，资源县2013年和2017年的社会资本投入的得分分别为0.01751分和0.02997分，排名分别为第56名和第44名，表现均一般；劳动力及其质量得分分别为0.09560分和0.07769分，排名分别为第25名和第38名，表现均良好；交通与技术基础设施得分分别为0.04088分和0.04650分，排名分别为第73名和第69名，表现均较差。

从经济高质量发展的结构状况来看，资源县2013年和2017年的农业技术结构的得分分别为0.07343分和0.07396分，排名分别为第13名和第11名，农业技术结构很合理；工业规模结构得分分别为0.02877分和0.03106分，排名分别为第48名和第50名，工业规模结构合理性表现一般；总体产业结构得分分别为0.01920分和0.02289分，排名分别为42名和第48名，总体产业结构合理性表现一般。

从经济高质量发展的营商环境来看，资源县2010年和2017年的人口活力得分分别为0.03828分和0.05169分，排名分别为第58名和第45名，人口活力一般。资源县2010年和2017年的经济活力得分分别为0.05535分和0.10222分，排名分别为第60名和第64名，经济活力由一般转为较弱。资源县2010年和2017年的政府活力评价值分别为0.04948分和0.04211分，排名分别为第60名和第50名，政府活力一般。

综上所述，资源县经济高质量发展的发展基础一般、投入水平一般、产业结构较为合理，经济活力逐渐变弱，开放水平一般，增长速度有所下降，但仍然保持较快的速度，发展效益很好，绿色发展不断提升，社会发展方面出现质量退化。为推动经济高质量发展，资源县应该坚定不移推进项目建设，持续扩大有效投资。紧紧牵住项目建设“牛鼻子”，力扩投资、强基础、增后劲。推进全域旅游，提升发展质量效益。充分发挥广西特色旅游名县优势，着力实施“旅游+”，“+旅游”融合发展战略，大力发展乡村旅游、红色旅游、健康旅游、文化旅游等特色产业，努力打响全域旅游新品牌。坚持绿色工业发展路径，不断优化产业结构，推动传统产业转型升级、新兴产业快速发展，提升工业对经济发展的带动作用。

二十一、平乐县

平乐县位于广西东北部，有323国道、桂梧高速公路和桂江过境，是中国沙田柚之乡、全国安全优质农产品基地、全国瘦肉型商品猪生产基地县、国家级生态示范区、广西绿色食品水果生产示范基地县、广西无公害蔬菜生产基地县和广西绿色食品稻米生产基地县。

从经济高质量发展功能表现来看，平乐县2010年和2017年的增长规模评价得分分别为0.09668分和0.11261分，排名分别为第31名和第39名，增长规模较大。平乐县2010年和2017年的增长速度评价得分分别为0.01542分和0.01232分，排名分别为第37名和第58名，增长速度从较快转为一般。资源县2010年和2017年的发展效益评价得分分别为0.00476分和0.00365分，排名分别为第22名和第45名，发展效益从较好转为一般。平乐县2010年和2017年的绿色发展评价得分分别为0.02933分和0.04615分，排名分别为第33名和第13名，表现从良好转为优秀。平乐县2010年和2017年的共享发展评价得分分别为0.05820分和0.09732分，排名分别为第35名和第25名，表现良好（见图9-21）。

从经济高质量发展要素投入情况来看，平乐县2013年和2017年的社会资本投入的得分分别为0.02597分和0.04527分，排名分别为第38名和第36名，表现均良好；劳动力及其质量得分分别为0.07587分和0.08300分，排名分别为第41名和第33名，表现由一般转为良好；交通与技术基础设施得分分别为0.06443分和0.06903分，排名分别为第43名和第46名，表现均一般。

从经济高质量发展的结构状况来看，平乐县2013年和2017年的农业技术结构的得分分别为0.06525分和0.06451分，排名分别为第25名和第33名，农业技术结构比较合理；

工业规模结构得分分别为 0.03354 和 0.03224，排名分别为第 21 名和第 44 名，工业规模结构合理性表现由较合理转为一般；总体产业结构得分分别为 0.01772 分和 0.02113 分，排名分别为 56 名和第 59 名，总体产业结构合理性表现一般。

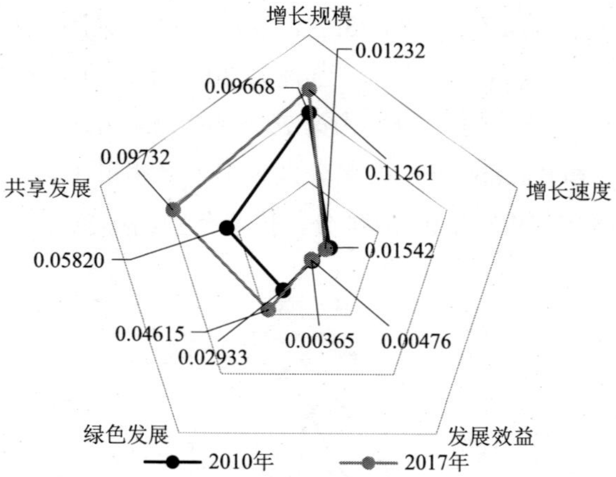

图 9-21　平乐县 2010 年和 2017 年经济高质量发展功能表现评价结果分析

从经济高质量发展的营商环境来看，平乐县 2010 年和 2017 年的人口活力得分分别为 0.03711 分和 0.04981 分，排名分别为第 63 名和第 52 名，人口活力由较弱转为一般。平乐县 2010 年和 2017 年的经济活力得分分别为 0.08223 分和 0.15472 分，排名分别为第 36 名和第 42 名，经济活力由较强转为一般。平乐县 2010 年和 2017 年的政府活力评价值分别为 0.05955 分和 0.06195 分，排名分别为第 53 名和第 31 名，政府活力由一般转为较强。

综上所述，平乐县经济高质量发展具有较好的基础、投入水平一般、产业结构较为合理，经济活力逐渐变弱，开放水平一般，增长速度逐渐下降，发展效益也不是特别好，绿色发展不断提升，表现很好，社会发展方面向好发展。为推动经济高质量发展，平乐县应该把工业作为全县工作工作重点；强化旅游带动，构筑发展新优势；扎实推动乡村振兴，做大做强现代农业；深化改革创新，打造营商环境新高地；全面推进民生社会事业，实现共享发展。

二十二、荔浦县

荔浦县位于广西东北部，是“中国衣架之都”“中国曲艺之乡”。有国道 321 线、过道 323 线，荔江过境。

从经济高质量发展功能表现来看，荔浦县 2010 年和 2017 年的增长规模评价得分分别为 0.12179 分和 0.16895 分，排名分别为第 16 名和第 18 名，增长规模大。荔浦县 2010 年和 2017 年的增长速度评价得分分别为 0.01550 分和 0.01295 分，排名分别为第 35 名和第 16 名，发展速度从较快转为快。荔浦县 2010 年和 2017 年的发展效益评价得分分别为 0.00474 分和 0.0037 分，排名分别为第 24 名和第 42 名，发展效益从较好转为一般。荔浦县 2010 年和 2017 年的绿色发展评价得分分别为 0.03925 分和 0.04804 分，排名分别为第 4 名和第 10 名，表现优秀。荔浦县 2010 年和 2017 年的共享发展评价得分分别为 0.06302 分和 0.10278 分，排名分别为第 27 名和第 23 名，表现良好（见图 9-22）。

从经济高质量发展要素投入情况来看，荔浦县 2013 年和 2017 年的社会资本投入的得分分别为 0.03120 分和 0.06388 分，排名分别为第 29 名和第 23 名，表现均良好；劳动力及其质量得分分别为 0.21128 分和 0.22800 分，排名分别为第 1 名和第 3 名，表现均优秀；交通与技术基础设施得分分别为 0.07519 分和 0.07984 分，排名分别为第 29 名和第 39 名，表现均良好。

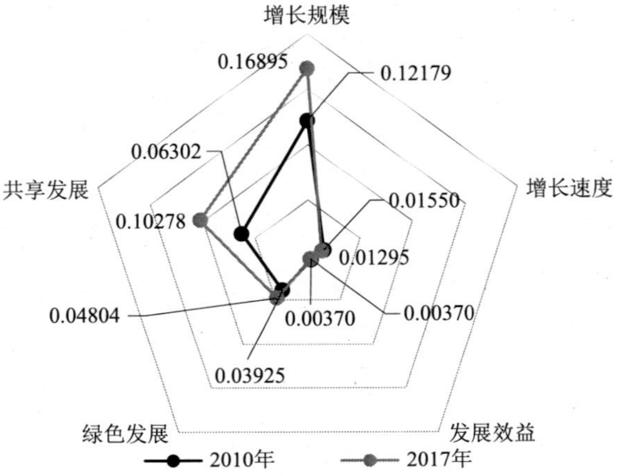

图 9-22　荔浦县 2010 年和 2017 年经济高质量发展功能表现评价结果分析

从经济高质量发展的结构状况来看，荔浦县 2013 年和 2017 年的农业技术结构的得分分别为 0.07099 分和 0.07089 分，排名分别为第 17 名和第 15 名，农业技术结构很合理；工业规模结构得分分别为 0.03218 分和 0.03860 分，排名分别为第 27 名和第 19 名，工业规模结构很合理；总体产业结构得分分别为 0.02133 分和 0.02379 分，排名分别为第 34 名和第 43 名，总体产业结构合理性表现一般。

从经济高质量发展的营商环境来看，荔浦县 2010 年和 2017 年的人口活力得分分别为 0.03998 分和 0.04695 分，排名分别为第 55 名和第 65 名，人口活力由一般转为较弱。荔浦县 2010 年和 2017 年的经济活力得分分别为 0.12937 分和 0.27332 分，排名分别为第 21 名和第 18 名，经济活力由较强转为强。荔浦县 2010 年和 2017 年的政府活力评价值分别为 0.10563 分和 0.09534 分，排名分别为第 19 名和第 16 名，政府活力强。

综上所述，荔浦县经济高质量发展具有很好的基础、投入水平较高、产业结构较为合理，经济活力不断增强，开放水平逐渐变弱，增长速度显著提升，但发展效益逐渐下降，绿色发展表现很好，社会发展方面向好发展。为推动经济高质量发展，荔浦县应该以新旧产业融合为契机，激发民营经济活力。以创新转型为着力点，构筑特色工业新体系。坚持

"产科融"、三核驱动、"产城融合"的发展理念，科学编制荔浦市工业发展规划。加大招商引智力度，大力培育高新技术企业，推动产业链条式发展。

二十三、恭城瑶族自治县

恭城瑶族自治县位于广西东北部，是"中国月柿之乡""中国椪柑之乡""中国长寿之乡"。有贵广高速铁路过境。

从经济高质量发展功能表现来看，恭城瑶族自治县2010年和2017年的增长规模评价得分分别为0.08383分和0.09890分，排名分别为第42名和第47名，增长规模一般。恭城瑶族自治县2010年和2017年的增长速度评价得分分别为0.01488分和0.01288分，排名分别为第46名和第25名，增长速度从一般转为较快。恭城瑶族自治县2010年和2017年的发展效益评价得分分别为0.00472分和0.00398分，排名分别为第26名和第31名，发展效益从良好转为一般。恭城瑶族自治县2010年和2017年的绿色发展评价得分分别为0.02682分和0.02887分，排名分别为第39名和第41名，表现从良好转为一般。恭城瑶族自治县2010年和2017年的共享发展评价得分分别为0.05457分和0.07978分，排名分别为第41名和第45名，表现一般（见图9-23）。

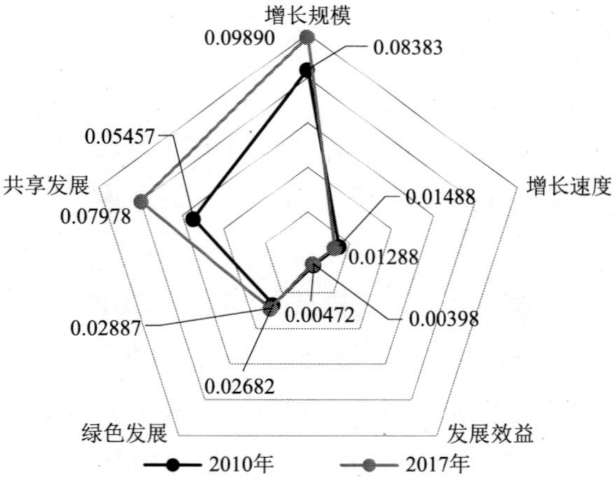

图9-23 恭城瑶族自治县2010年和2017年经济高质量发展功能表现评价结果分析

从经济高质量发展要素投入情况来看，恭城瑶族自治县2013年和2017年的社会资本投入的得分分别为0.02465分和0.03601分，排名分别为第42名和第41名，表现均一般；劳动力及其质量得分分别为0.09272分和0.07764分，排名分别为第28名和第39名，表现均良好；交通与技术基础设施得分分别为0.05822分和0.06878分，排名分别为第53名和第47名，表现均一般。

从经济高质量发展的结构状况来看，恭城瑶族自治县2013年和2017年的农业技术结构的得分分别为 0.08489 分和 0.08849 分，排名均为第 4 名，农业技术结构很合理；工业规模结构得分分别为 0.03481 和 0.03363 分，排名分别为第 17 名和第 39 名，工业规模结构比较合理；总体产业结构得分分别为 0.01799 分和 0.02239 分，排名分别为第 53 名和第 51 名，总体产业结构合理性表现一般。

从经济高质量发展的营商环境来看，恭城瑶族自治县 2010 年和 2017 年的人口活力得分分别为 0.03931 分和 0.05117 分，排名分别为第 54 名和 48 名，人口活力一般。恭城瑶族自治县 2010 年和 2017 年的经济活力得分分别为 0.07997 分和 0.15153 分，排名分别为第 38 名和第 44 名，经济活力由较强转为一般。恭城瑶族自治县 2010 年和 2017 年的政府活力评价值分别为 0.07109 分和 0.07118 分，排名分别为第 46 名和第 28 名，政府活力由一般转为较强。

综上所述，恭城瑶族自治县经济高质量发展的基础一般、投入水平一般、产业结构合理性一般，经济活力逐渐下降，开放水平一般，增长速度显著提升，但发展效益逐渐下降，绿色发展出现退化现象，社会发展方面表现一般。为推动经济高质量发展，恭城瑶族自治县应该狠抓提质增效，通过精准施策、分类指导，实现强化支柱、盘活存量、培育增量、特色发展，来推动生态工业高质量发展；加强核心示范，深入推进生态农业“二次创业”。用好特色品牌，做大做强恭城油茶产业。

二十四、苍梧县

苍梧县位于广西东部，是“中国八角之乡”“全国诗词之县”“全国十大魅力茶乡”全国八大产脂县之一和广西商品粮基地。洛湛铁路，桂梧高速公路，207 国道、321 国道和浔江、桂江过境。

从经济高质量发展功能表现来看，苍梧县 2010 年和 2017 年的增长规模评价得分分别为 0.12328 分和 0.04434 分，排名分别为第 15 名和第 68 名，增长规模从大转为小；苍梧县 2010 年和 2017 年的增长速度评价得分分别为 0.01607 分和 0.01261 分，排名分别为第 23 名和第 41 名，增长速度从较快转为一般；苍梧县 2010 年和 2017 年的发展效益评价得分分别为 0.00350 分和 0.00403 分，排名分别为第 61 名和第 29 名，发展效益从差转为良好。苍梧县 2010 年和 2017 年的绿色发展评价得分分别为 0.01997 分和 0.03250 分，排名分别为第 50 名和第 28 名，表现从一般转为良好。苍梧县 2010 年和 2017 年的共享发展评价得分分别为 0.06511 分和 0.06474 分，排名分别为第 21 名和第 62 名，表现从良好转为较差（见图 9-24）。

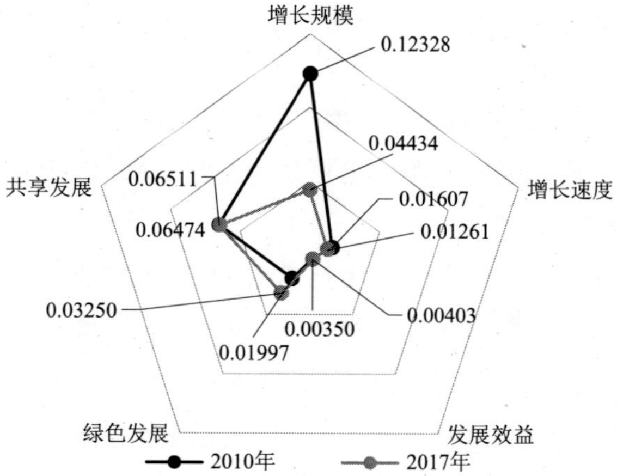

图 9-24　苍梧县 2010 年和 2017 年经济高质量发展功能表现评价结果分析

从经济高质量发展要素投入情况来看，苍梧县 2013 年和 2017 年的社会资本投入的得分分别为 0.05457 分和 0.01736 分，排名分别为第 10 名和第 64 名，表现由优秀转为较差；劳动力及其质量得分分别为 0.06936 分和 0.04459 分，排名分别为第 48 名和第 71 名，表现由一般转为较差；交通与技术基础设施得分分别为 0.09855 和 0.09965，排名分别为第 16 名和第 19 名，表现均优秀。

从经济高质量发展的结构状况来看，苍梧县 2013 年和 2017 年的农业技术结构的得分分别为 0.05685 分和 0.07191 分，排名分别为第 54 名和第 12 名，农业技术结构很合理；工业规模结构得分分别为 0.00662 分和 0.03844 分，排名分别为第 74 名和第 21 名，工业规模结构比较合理；总体产业结构得分分别为 0.01218 分和 0.01939 分，排名分别为 74 名和第 63 名，总体产业结构合理性较差。

从经济高质量发展的营商环境来看，苍梧县 2013 年和 2017 年的人口活力得分分别为 0.04469 分和 0.05392 分，排名分别为第 32 名和第 34 名，人口活力较强。苍梧县 2013 年和 2017 年的经济活力得分分别为 0.12714 分和 0.20811 分，排名分别为第 22 名和第 23 名，经济活力较强。苍梧县 2010 年和 2017 年的政府活力评价值分别为 0.10568 分和 0.04934 分，排名分别为第 18 名和第 35 名，政府活力由强转为较强。

综上所述，苍梧县经济高质量发展的基础较差、投入水平下降、产业结构合理性一般，经济活力较强，开放水平较高，增长速度不断下降，但发展效益提升，绿色发展向好发展，社会发展方面出现退化现象。为推动经济高质量发展，苍梧县应该不断筑牢工业发展的基础。加快园区基础设施建设，完善工业发展条件，推动一批工业项目实现投产和达产。设立工业发展基金，扶持工业企业健康发展。优化营商环境，积极破除制约营商环境优化的障碍，以优质的服务留住客商，促进招商引资工作新突破。

二十五、藤县

藤县位于广西东部，是“中国玉桂之乡”“中国八角之乡”“中国钛白之乡”“全国诗词之县”。有洛湛铁路、南广高速铁路、贵梧高速公路、柳梧高速公路、321国道和浔江、绣江、蒙江过境。

从经济高质量发展功能表现来看，藤县2010年和2017年的增长规模评价得分分别为0.12104分和0.19582分，排名分别为第17名和第7名，增长规模大。藤县2010年和2017年的增长速度评价得分分别为0.02092分和0.01271分，排名分别为第1名和第34名。增长速度从快转为较快；藤县2010年和2017年的发展效益评价得分分别为0.00337分和0.00320分，排名均为第67名，发展效益差。藤县2010年和2017年的绿色发展评价得分分别为0.00337分和0.03135分，排名分别为第9名和第34名，表现从优秀转为良好。藤县2010年和2017年的共享发展评价得分分别为0.08415分和0.12119分，排名分别为第10名和第15名，表现优秀（见图9-25）。

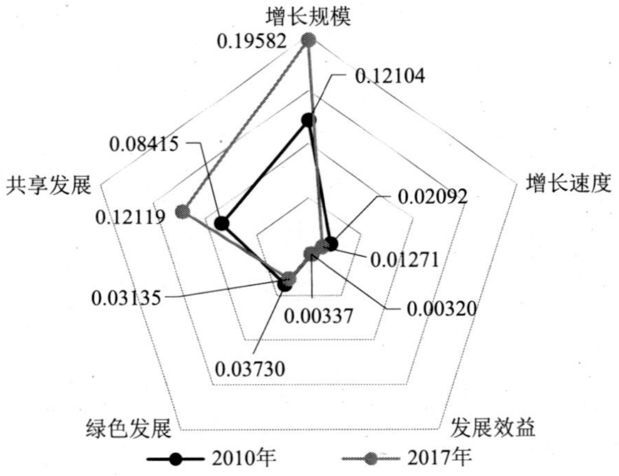

图9-25　藤县2010年和2017年经济高质量发展功能表现评价结果分析

从经济高质量发展要素投入情况来看，藤县2013年和2017年的社会资本投入的得分分别为0.05523分和0.09590分，排名分别为第9名和第4名，表现均优秀；劳动力及其质量得分分别为0.20890分和0.25288分，排名分别为第2名和第1名，表现均优秀。交通与技术基础设施得分分别为0.12427分和0.13947分，排名分别为第9名和第10名，表现均优秀。

从经济高质量发展的结构状况来看，藤县2013年和2017年的农业技术结构的得分分别为0.04906分和0.05098分，排名分别为第70名和第71名，农业技术结构合理性较差；工业规模结构得分分别为0.03107分和0.03543分，排名分别为第37名和第32名，工业规模结构比较合理；总体产业结构得分分别为0.01351分和0.01654分，排名分别为第71名和第68名，总体产业结构合理性较差。

从经济高质量发展的营商环境来看，藤县2010年和2017年的人口活力得分分别为0.05808分和0.05745分，排名分别为第8名和第24名，人口活力由强转为较强。藤县2010年和2017年的经济活力得分分别为0.18024分和0.41459分，排名均为第9名，经济活力强。藤县2010年和2017年的政府活力评价值分别为0.11013分和0.10361分，排名分别为第14名和第13名，政府活力强。

综上所述，藤县经济高质量发展的基础较差、投入水平下降、产业结构合理性一般，经济活力较强，开放水平较高，增长速度不断下降，但发展效益提升，绿色发展向好发展，社会发展方面出现退化现象。为推动经济高质量发展，藤县应该聚焦项目投资增效，不断提升合作发展活力。坚定实施“东融”求发展，改善营商环境补不足，向改革要动力、向开放要空间，激发新活力，培育新优势，促进新突破。

二十六、蒙山县

蒙山县位于广西东部，是自治区桑蚕生产基地，有321国道、湄江过境。

从经济高质量发展功能表现来看，蒙山县2010年和2017年的增长规模评价得分分别为0.08984分和0.12396分，排名分别为第36名和第37名，增长规模较大。蒙山县2010年和2017年的增长速度评价得分分别为0.01307分和0.01295分，排名分别为第65名和第16名，增长速度从慢转向快。蒙山县2010年和2017年的发展效益评价得分分别为0.00578分和0.00499分，排名分别为第7名和第8名，发展效益好。蒙山县2010年和2017年的绿色发展评价得分分别为0.03616分和0.04381分，排名分别为第12名和第14名，表现优秀。蒙山县2010年和2017年的共享发展评价得分分别为0.04164分和0.06451分，排名均为第64名，表现较差（见图9-26）。

从经济高质量发展要素投入情况来看，蒙山县2013年和2017年的社会资本投入的得分分别为0.01912分和0.02818分，排名为第54名和第48名，表现均一般。劳动力及其质量得分分别为0.15109分和0.08799分，排名分别为第6名和第27名，表现由优秀转为良好。交通与技术基础设施得分分别为0.04365分和0.04416分，排名分别为第69名和第70名，表现均较差。

从经济高质量发展的结构状况来看，蒙山县2013年和2017年的农业技术结构的得分分别为0.04861分和0.05416分，排名分别为第71名和第65名，农业技术结构合理性较差；工业规模结构得分分别为0.03320分和0.02478分，排名分别为第23名和第67名，工业规模结构合理性较差；总体产业结构得分分别为0.01952分和0.02153分，排名分别为第40名和第55名，总体产业结构合理性表现一般。

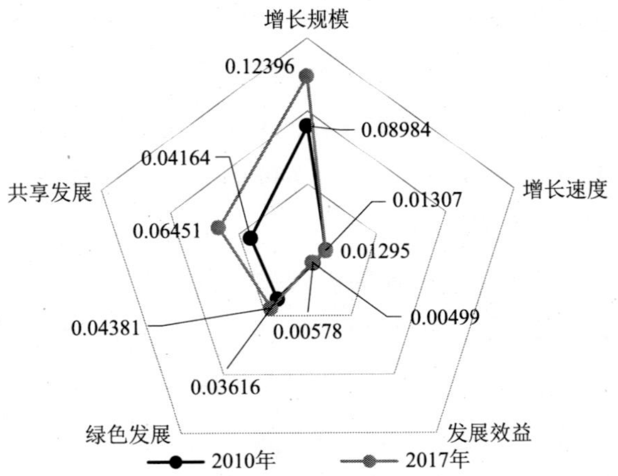

图 9-26　蒙山县 2010 年和 2017 年经济高质量发展功能表现评价结果分析

从经济高质量发展的营商环境来看，蒙山县 2010 年和 2017 年的人口活力得分分别为 0.04635 分和 0.05143 分，排名分别为第 28 名和第 47 名，人口活力由较强转为一般。蒙山县 2010 年和 2017 年的经济活力得分分别为 0.05449 分和 0.10789 分，排名分别为第 63 名和第 61 名，经济活力较弱；蒙山县 2010 年和 2017 年的政府活力评价值分别为 0.07458 分和 0.04453 分，排名分别为第 38 名和第 46 名，政府活力由较强转为一般。

综上所述，蒙山县经济高质量发展具有较好的基础、投入水平一般、产业结构合理性较差，经济活力逐渐变弱，开放水平不断下降，增长速度不断上升，发展效益好，绿色发展优势突出，但社会发展方面仍需努力。为推动经济高质量发展，蒙山县应该聚焦产业提质，着力巩固稳中向好态势。以工业发展为主攻方向，精准施策，全力以赴稳住和提升经济基本面。聚焦“东融”发展，努力打造广西“东融”的枢纽门户城市；发挥投资对稳增长基础性作用；聚焦改革创新，着力汇聚发展新动能。坚持改革创新引领，统筹推进、重点突破，破解发展难题；加强就业和社会保障，提升卫生健康文化体育事业发展水平，促进共享发展。

二十七、岑溪市

岑溪市位于广西东南部，有洛湛铁路，岑梧高速公路、岑兴高速公路、岑罗高速公路，国道 207、国道 324 线和黄华河、义昌江过境。

从经济高质量发展功能表现来看，岑溪市 2010 年和 2017 年的增长规模评价得分分别为 0.16423 分和 0.23124 分，排名分别为第 3 名和第 2 名，增长规模大。岑溪市 2010 年和 2017 年的增长速度评价得分分别为 0.01558 分和 0.01263 分，排名分别为第 31 名和第 38 名，增长速度较快。岑溪市 2010 年和 2017 年的发展效益评价得分分别为 0.00335 分和 0.00324 分，排名分别为第 71 名和第 64 名，发展效益差。岑溪市 2010 年和 2017 年的绿色发展评价得分分别为 0.03650 分和 0.05067 分，排名分别为第 10 名和第 7 名，表现优秀。岑溪市 2010 年和 2017 年的共享发展评价得分分别为 0.07657 分和 0.12628 分，排名分别为第 16 名和第 14 名，表现优秀（见图 9-27）。

从经济高质量发展要素投入情况来看，岑溪市 2013 年和 2017 年的社会资本投入的得分分别为 0.06257 分和 0.10559 分，排名分别为第 4 名和第 2 名，表现均优秀；劳动力及其质量得分分别为 0.13384 分和 0.16068 分，排名分别为第 8 名和第 7 名，表现均优秀；交通与技术基础设施得分分别为 0.11250 分和 0.15214 分，排名分别为第 12 名和第 8 名，表现均优秀。

从经济高质量发展的结构状况来看，岑溪市 2013 年和 2017 年的农业技术结构的得分分别为 0.04756 分和 0.05270 分，排名分别为第 73 名和第 69 名，农业技术结构合理性较差；工业规模结构得分分别为 0.03416 分和 0.03759 分，排名分别为第 19 名和第 23 名，工业规模结构比较合理；总体产业结构得分分别为 0.01290 分和 0.01588 分，排名分别为第 72 名和第 70 名，总体产业结构合理性较差。

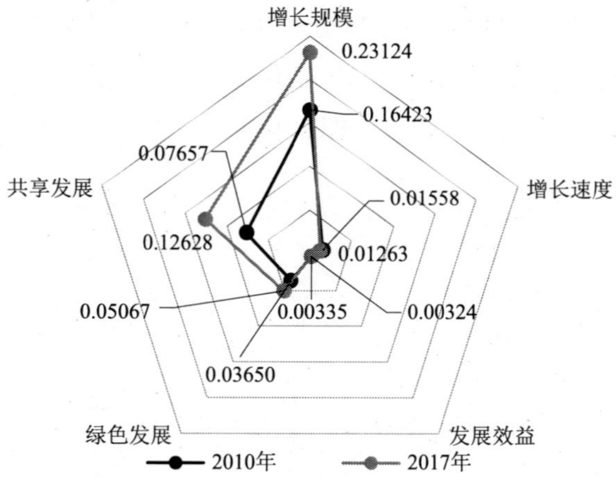

图 9-27　岑溪市 2010 年和 2017 年经济高质量发展功能表现评价结果分析

从经济高质量发展的营商环境来看，岑溪市 2010 年和 2017 年的人口活力得分分别为 0.05848 分和 0.06073 分，排名分别为第 6 名和第 17 名，人口活力强。岑溪市 2010 年和 2017 年的经济活力得分分别为 0.17290 分和 0.38799 分，排名均为第 11 名，经济活力强。岑溪市 2010 年和 2017 年的政府活力评价值分别为 0.10774 分和 0.13413 分，排名分别为第 15 名和第 14 名，政府活力强。

综上所述，岑溪市经济高质量发展具有很好的基础、投入水平高、产业结构合理性较差，经济活力强，开放水平高，增长速度较快，但发展效益方面不尽如人意，绿色发展和社会发展方面优势突出。岑溪市推动经济高质量发展的关键在于提升经济发展效益，应该全力振兴实体经济，推进工业优化升级。牢固树立“工业树”“产业林”理念，系统谋划好石材、稀土新材料、电子信息等三大主导产业发展。打造石材产业“升级版”。持续推进石材企业“退城进园”和技改升级，积极引进国内外高端石材制造企业，加快发展高附加值石材工艺品。按照“一区三园多基地”规划，吸引新兴主导产业进园集聚发展。提升园区运营效率和服务质量，做好入园项目综合服务，提升园区综合承载能力。

二十八、合浦县

合浦县位于广西南部，是著名的“中国南珠之乡”。有钦州至北海铁路、玉林至铁山港铁路、兰海高速公路、玉林至铁山港高速公路及 325 国道、209 国道过境。

从经济高质量发展功能表现来看，合浦县 2010 年和 2017 年的增长规模评价得分分别为 0.15392 分和 0.17696 分，排名分别为第 7 名和第 14 名，增长规模大。合浦县 2010 年和 2017 年的增长速度评价得分分别为 0.01669 分和 0.01289 分，排名分别为第 17 名和第 24 名，增长速度从快转为较快。合浦县 2010 年和 2017 年的发展效益评价得分分别为 0.00348 分和 0.00317 分，排名分别为第 63 名和第 69 名，发展效益差。合浦县 2010 年和 2017 年的绿色发展评价得分分别为 0.02725 分和 0.03140 分，排名分别为第 38 名和第 33 名，表现良好。合浦县 2010 年和 2017 年的共享发展评价得分分别为 0.09394 分和 0.15656 分，排名分别为第 6 名和第 8 名，表现优秀（见图 9-28）。

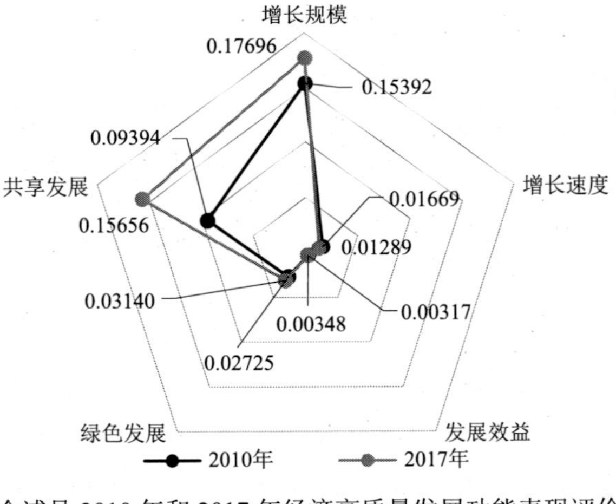

图 9-28　合浦县 2010 年和 2017 年经济高质量发展功能表现评价结果分析

从经济高质量发展要素投入情况来看，合浦县 2013 年和 2017 年的社会资本投入的得分分别为 0.05033 分和 0.08853 分，排名分别为第 12 名和第 10 名，表现均优秀；劳动力及其质量得分分别为 0.08273 分和 0.09809 分，排名分别为第 36 名和第 20 名，表现由良好转为优秀；交通与技术基础设施得分分别为 0.16141 分和 0.18632 分，排名分别为第 3 名和第 5 名，表现均优秀。

从经济高质量发展的结构状况来看，合浦县2013年和2017年的农业技术结构的得分分别为0.07104分和0.06064分，排名分别为第16名和第48名，农业技术结构合理性表现一般；工业规模结构得分分别为0.04411分和0.04405分，排名分别为第3名和第7名，工业规模结构很合理；总体产业结构得分分别为0.02297分和0.02528分，排名分别为第25名和第37名，总体产业结构比较合理。

从经济高质量发展的营商环境来看，合浦县2010年和2017年的人口活力得分分别为0.05502分和0.05248分，排名分别为第18名和第38名，人口活力由强转为较强。合浦县2010年和2017年的经济活力得分分别为0.21264分和0.43351分，排名分别为第5名和第7名，经济活力强。合浦县2010年和2017年的政府活力评价值分别为0.05168分和0.05214分，排名分别为第58名和第33名，政府活力由一般转为较强。

综上所述，合浦县经济高质量发展具有很好的基础、投入水平高、产业结构比较合理，经济活力强，开放水平较高，增长速度较快，但发展效益方面不尽人意，绿色发展向好发展，社会发展方面优势突出。合浦县推动经济高质量发展的关键在于提升经济发展效益，因此，合浦县应该按照强龙头、补链条、聚集群的要求，大力补好“短板”，发展壮大工业经济，从加快营造“产业林”，打造产业平台，推进工业转型升级三个方面着手。

二十九、上思县

上思县位于广西南部，是“中国氧都”“中国老年人宜居宜游县”“中华诗词之乡”全国“十佳生态休闲旅游名县”，有S311省道、钦州至崇左高速公路过境。

从经济高质量发展功能表现来看，上思县2010年和2017年的增长规模评价得分分别为0.07754分和0.1094分，排名分别为第45名和第42名，增长规模一般；上思县2010年和2017年的增长速度评价得分分别为0.01533分和0.01231分，排名分别为第40名和第59名，发展速度由良好转为一般；上思县2010年和2017年的发展效益评价得分分别为0.00465分和0.00513分，排名分别为第28名和第6名，发展效益从良好转为好。上思县2010年和2017年的绿色发展评价得分分别为0.04601分和0.04953分，排名分别为第2名和第8名，表现优秀；上思县2010年和2017年的共享发展评价得分分别为0.05829分和0.07639分，排名分别为第34名和第53名，表现由良好转为一般（见图9-29）。

从经济高质量发展要素投入情况来看，上思县2013年和2017年的社会资本投入的得分分别为0.02233分和0.02397分，排名分别为第47名和第52名，表现均一般；劳动力及其质量得分分别为0.07853分和0.06673分，排名分别为第39名和第46名，表现由良好转为一般。交通与技术基础设施得分分别为0.06313分和0.03840分，排名分别为第45名和第73名，表现由一般转为较差。

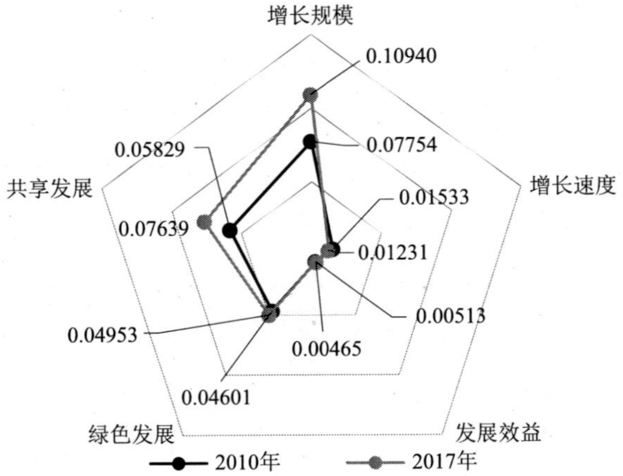

图 9-29　上思县 2010 年和 2017 年经济高质量发展功能表现评价结果分析

从经济高质量发展的结构状况来看，上思县 2013 年和 2017 年的农业技术结构的得分分别为 0.12045 分和 0.04947 分，排名分别为第 1 名和第 73 名，农业技术结构合理性由优转为较差；工业规模结构得分分别为 0.03461 分和 0.04441 分，排名分别为第 18 名和第 6 名，工业规模结构很合理；总体产业结构得分分别为 0.01528 分和 0.02081 分，排名分别为第 66 名和第 60 名，总体产业结构合理性表现由较差转为一般。

从经济高质量发展的营商环境来看，上思县 2010 年和 2017 年的人口活力得分分别为 0.05532 分和 0.05499 分，排名分别为第 17 名和第 31 名，人口活力由强转为较强。上思县 2010 年和 2017 年的经济活力得分分别为 0.06324 分和 0.12439 分，排名分别为第 55 名和第 56 名，经济活力一般。上思县 2010 年和 2017 年的政府活力评价值分别为 0.10079 分和 0.10409 分，排名分别为第 22 名和第 12 名，政府活力由较强转为强。

综上可知，上思县的经济增长规模一般，增长速度一般，发展效益好，绿色发展表现优秀，共享发展表现一般，资本投入水平一般，劳动力及其质量一般，交通与技术基础设施建设水平一般，农业技术结构优秀，工业规模结构优秀，总体产业结构一般，人口活力较强，经济活力一般，政府活力强。基于此，上思县应加快新旧动能转换，推动工业提质增效。做强制糖产业、做大碳酸钙产业、拓展木材加工业和发展壮大民营经济。提升第三产业，培育经济发展新动能。打好生态、资源、旅游“三张牌”，开展特色旅游产业，大力推进农旅融合发展。

三十、东兴市

东兴市位于广西南部，中国大陆海岸线西南端，有一级滨海公路、防城至东兴高速公路、江平江、罗浮江过境，南有中越界河北仑河。

从经济高质量发展功能表现来看，东兴市2010年和2017年的增长规模评价得分分别为0.16013分和0.17034分，排名分别为第5名和第16名，增长规模大。东兴市2010年和2017年的增长速度评价得分分别为0.01672分和0.012分，排名分别为第16名和第68名，增长速度从快转为慢。东兴县2010年和2017年的发展效益评价得分分别为0.00479分和0.00455分，排名分别为第20名和第14名，发展效益从良好转为好。东兴市2010年和2017年的绿色发展评价得分分别为0.02818分和0.03152分，排名分别为第35名和第31名，表现良好。东兴市2010年和2017年的共享发展评价得分分别为0.04896分和0.06986分，排名分别为第54名和第60名，表现从一般转为较差（见图9-30）。

从经济高质量发展要素投入情况来看，东兴市2013年和2017年的社会资本投入的得分分别为0.03378分和0.04773分，排名分别为第26名和第33名，表现均良好；劳动力及其质量得分分别为0.09056分和0.08705分，排名均为第29名，表现均良好；交通与技术基础设施得分分别为0.05510分和0.06008分，排名分别为第55名和第57名，表现均一般。

从经济高质量发展的结构状况来看，东兴市2013年和2017年的农业技术结构的得分分别为0.09675和0.10536，排名分别为第3名和第1名，农业技术结构很合理；工业规模结构得分分别为0.04483分和0.05096分，排名均为第2名，工业规模结构很合理；总体产业结构得分分别为0.02813分和0.02707分，排名分别为第6名和第28名，总体产业结构由优转为比较合理。

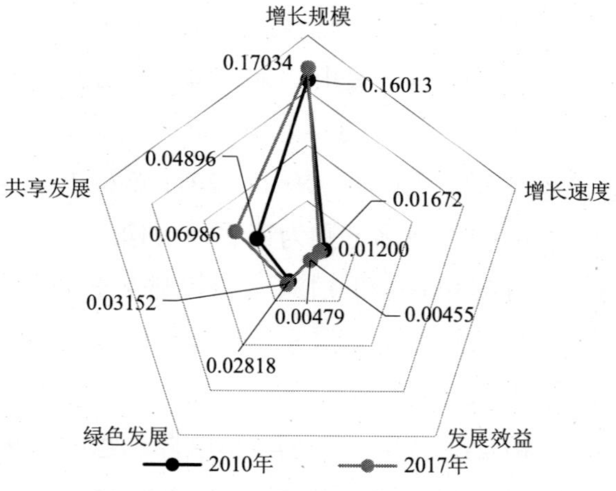

图9-30　东兴市2010年和2017年经济高质量发展功能表现评价结果分析

从经济高质量发展的营商环境来看，东兴市2010年和2017年的人口活力得分分别为0.07622分和0.08369分，排名均为第1名，人口活力强。2010年和2017年的经济活力得分分别为0.09807分和0.19770分，排名分别为第26名和第28名，经济活力较强。东兴市2010年和2017年的政府活力评价值分别为0.19295分和0.16620分，排名分别为第1名和第2名，政府活力强。

综上可知，东兴市的经济增长规模大，增长速度慢，发展效益好，绿色发展表现良好，共享发展表现较差，资本投入水平较高，劳动力及其质量良好，交通与交通技术基础设施建设水平一般，农业技术水平高，工业规模结构表现优秀，总体产业结构表现良好，人口活力较强，经济活力较强，政府活力强。基于此，东兴市应全面推动改革开放，不断完善对外开放平台，积极融入西部陆海新通道建设，加快重大领域改革创新，强化对外交流与合作。全面发展六大跨境产业，深入发展跨境贸易、跨境旅游、跨境加工、跨境金融、跨境电商、跨境物流。围绕六大跨境产业，谋划储备一批重点项目，抓好要素保障，落实绿色发展理念，创建国家现代农业产业园，抓好生态环境建设管理。

三十一、灵山县

灵山县位于广西南部，是“中国荔枝之乡”“中国奶水牛之乡”“中国养蛇之乡”“中国名茶之乡”。有黎钦铁路、六景至钦州港高速公路、209 国道、钦江过境。

从经济高质量发展功能表现来看，灵山县 2010 年和 2017 年的增长规模评价得分分别为 0.11295 分和 0.19018 分，排名分别为第 20 名和第 8 名，增长规模从较大转为大。灵山县 2010 年和 2017 年的增长速度评价得分分别为 0.01400 分和 0.01291 分，排名分别为第 57 名和第 21 名，增长速度从一般转为较快。灵山县 2010 年和 2017 年的发展效益评价得分分别为 0.00356 分和 0.00317 分，排名分别为第 59 名和第 69 名，发展效益从一般转为较差。灵山县 2010 年和 2017 年的绿色发展评价得分分别为 0.03233 分和 0.04108 分，排名分别为第 25 名和第 16 名，表现从良好转为优秀。灵山县 2010 年和 2017 年的共享发展评价得分分别为 0.10053 分和 0.24633 分，排名分别为第 3 名和第 2 名，表现优秀（见图 9-31）。

从经济高质量发展要素投入情况来看，灵山县 2013 年和 2017 年的社会资本投入的得分分别为 0.03333 分和 0.07880 分，排名分别为第 27 名和第 12 名，表现由良好转为优秀；劳动力及其质量得分分别为 0.08390 分和 0.13463 分，排名分别为第 34 名和第 10 名，表现由良好转为优秀；交通与技术基础设施得分分别为 0.16670 分和 0.17769 分，排名分别为第 2 名和第 7 名，表现均优秀。

从经济高质量发展的结构状况来看，灵山县 2013 年和 2017 年的农业技术结构的得分分别为 0.05647 分和 0.05250 分，排名分别为第 57 名和第 70 名，农业技术结构合理性由一般转为较差；工业规模结构得分分别为 0.04032 分和 0.03994 分，排名分别为第 6 名和第 16 名，工业规模结构很合理；总体产业结构得分分别为 0.02191 分和 0.02413 分，排名分别为第 30 名和第 41 名，总体产业结构合理性表现由良好转为一般。

从经济高质量发展的营商环境来看，灵山县 2010 年和 2017 年的人口活力得分分别为 0.05764 分和 0.06265 分，排名分别为第 10 名和第 11 名，人口活力强。灵山县 2010 年和 2017 年的经济活力得分分别为 0.21479 分和 0.47138 分，排名分别为第 4 名和第 6 名，经济活力强。灵山县 2010 年和 2017 年的政府活力评价值分别为 0.06314 分和 0.04648 分，排名分别为第 51 名和第 41 名，政府活力一般。

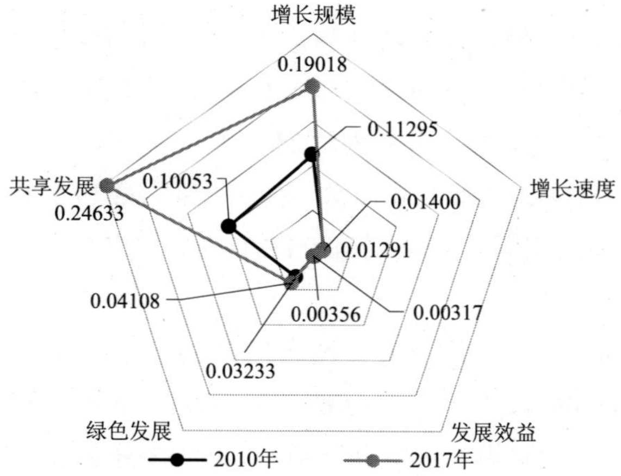

图 9-31　灵山县 2010 年和 2017 年经济高质量发展功能表现评价结果分析

综上可知，灵山县的经济增长规模大，增长速度较快，发展效益较差，绿色发展表现优秀，共享发展表现优秀，资本投入水平高，劳动力及其质量高，交通与技术基础设施建设水平高，农业技术水平较低，工业规模结构表现高，总体产业结构表现一般，人口活力强，经济活力强，政府活力一般。基于此，灵山县以项目建设和产业发展为支撑，从空间、交通、产业等方面全方位统筹考虑，扩大县城规模，重点规划建设特色小镇。积极融入中新互联互通南向通道建设，完善增强城市综合承载力。坚持绿色发展，重点做好南流江支流武利江、钦江（灵山段）水环境综合整治。落实高质量发展要求，培育壮大工业产业体系。围绕灵山荔枝、茶叶、优质稻、柑桔、奶水牛、梅花鹿、养蛇、香鸡、生猪等特色优势产业，推动现代特色农业（核心）示范区提质升级，做强特色农业品牌，增加农民收入。发展壮大服务业，办好灵山荔枝文化旅游节，以“互联网 +”引领节庆经济。加强政府自身建设，不断提高政府执行力。

三十二、浦北县

浦北县位于广西南部，是“世界长寿之乡”“中国红椎菌之乡”“中华蜜蜂之乡”。贵合高速公路、国道 209 线、玉林至铁山港铁路和南流江过境。

从经济高质量发展功能表现来看，浦北县 2010 年和 2017 年的增长规模评价得分分别为 0.09897 分和 0.16758 分，排名分别为第 29 名和第 19 名，增长规模从较大转为大。浦北县 2010 年和 2017 年的增长速度评价得分分别为 0.01573 分和 0.01307 分，排名分别为第 28 名和第 12 名，发展速度从较快转为快，浦北县 2010 年和 2017 年的发展效益评价得分分别为 0.00396 分和 0.00326 分，排名分别为第 43 名和第 63 名，发展效益从一般转为较差。浦北县 2010 年和 2017 年的绿色发展评价得分分别为 0.03734 分和 0.05486 分，排名分别为第 8 名和第 5 名，表现优秀。浦北县 2010 年和 2017 年的共享发展评价得分分别为 0.07821 分和 0.27469 分，排名分别为第 14 名和第 1 名，表现优秀（见图 9-32）。

从经济高质量发展要素投入情况来看，浦北县 2013 年和 2017 年的社会资本投入的得分分别为 0.03274 分和 0.07776 分，排名分别为第 28 名和第 14 名，表现由良好转为优秀；劳动力及其质量得分分别为 0.11413 分和 0.11819 分，排名分别为第 19 名和第 13 名，表现均优秀；交通与技术基础设施得分分别为 0.10145 分和 0.13333 分，排名分别为第 15 名和第 12 名，表现均优秀。

从经济高质量发展的结构状况来看，浦北县 2013 年和 2017 年的农业技术结构的得分分别为 0.06470 分和 0.06092 分，排名分别为第 26 名和第 47 名，农业技术结构合理性表现由良好转为一般。工业规模结构得分分别为 0.03483 分和 0.04476 分，排名分别为第 15 名和第 4 名，工业规模结构很合理；总体产业结构得分分别为 0.02001 分和 0.01994 分，排名分别为第 37 名和第 61 名，总体产业结构合理性由良好转为较差。

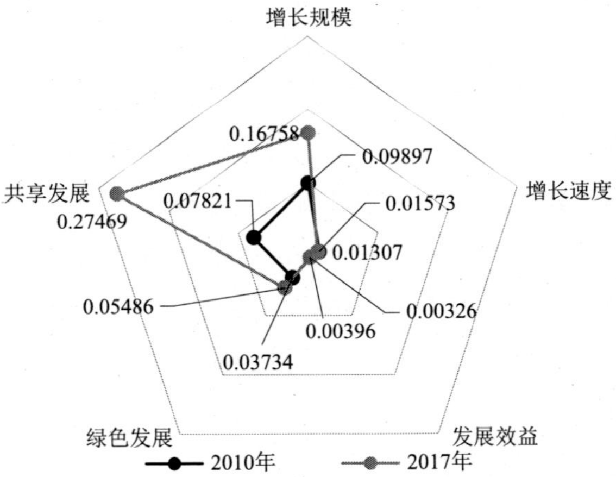

图 9-32　浦北县 2010 年和 2017 年经济高质量发展功能表现评价结果分析

从经济高质量发展的营商环境来看，浦北县 2010 年和 2017 年的人口活力得分分别为 0.05409 分和 0.05555 分，排名分别为第 19 名和第 30 名，人口活力由强转为较强；浦北县 2010 年和 2017 年的经济活力得分分别为 0.17265 分和 0.36683 分，排名分别为第 12 名和第 13 名，经济活力强。浦北县 2010 年和 2017 年的政府活力评价值分别为 0.07079 分和 0.04751 分，排名分别为第 47 名和第 38 名，政府活力由一般转为较强。

综上可知，浦北县的经济增长规模大，增长速度快，发展效益较差，绿色发展表现优秀，共享发展表现优秀，资本投入水平高，劳动力及其质量高，交通与技术基础设施建设水平高，农业技术水平一般，工业规模结构表现优秀，总体产业结构表现较差，人口活力较强，经济活力强，政府活力较强。基于此，浦北县应加快构建城市健康产业园、泉水新型木业工业园、新材料产业园，利用贵港到合浦高速公路开通，大塘到浦北到北流高速公路的开工建设，交通条件产生根本性好转的新契机，围绕“五大”发展要求，主动谋划工作。“大开发”方面，利用作为北部湾城市群的中心位置，积极利用、整合周边的资源，谋求木业产业、加工贸易产业的发展壮大。在大物流方面，打造大型优质农产品物流、加工基地。在大产业方面，注重做好传统的木材加工、医药、农产品加工等产业的提升，同时进行新材料、新能源生产制造等新兴产业的布局。在服务和融入大港口战略方面，利用钦州市的交通条件的改善，进一步挖掘作为东部产业转移承接地的潜力，大力引进加工贸易型的产业，同时，围绕临港产业的布局，引进新材料、新能源生产制造的项目。

三十三、平南县

平南县位于贵港市东北部。2017 年，被评为全国地质灾害防治高标准“十有县”、全国生猪调出大县。境内通过南宁至梧州二级公路、省道容县至太平公路与广西公路网连通。横向的南广高铁穿过境内，设有平南火车站。

从经济高质量发展功能表现来看，平南县 2010 年和 2017 年的增长规模评价得分分别为 0.13265 分和 0.1799 分，排名均为第 13 名，增长规模大。平南县 2010 年和 2017 年的增长速度评价得分分别为 0.01777 分和 0.01275 分，排名分别为第 8 名和第 30 名，增长速度由快转为较快，平南县 2010 年和 2017 年的发展效益评价得分分别为 0.00338 分和 0.00319 分，排名分别为第 66 名和第 68 名，发展效益较差。平南县 2010 年和 2017 年的绿色发展评价得分分别为 0.03358 分和 0.02319 分，排名分别为第 18 名和第 54 名，表现从优秀转为一般。平南县 2010 年和 2017 年的共享发展评价得分分别为 0.09204 分和 0.18742 分，排名分别为第 7 名和第 5 名，表现优秀（见图 9-33）。

从经济高质量发展要素投入情况来看，平南县 2013 年和 2017 年的社会资本投入的得分分别为 0.03839 分和 0.07239 分，排名分别为第 23 名和第 20 名，表现由良好转为优秀；劳动力及其质量得分分别为 0.09309 分和 0.16208 分，排名分别为第 27 名和第 6 名，表现由良好转为优秀；交通与技术基础设施得分分别为 0.11933 分和 0.13045 分，排名分别为第 11 名和第 13 名，表现均优秀。

从经济高质量发展的结构状况来看，平南县 2013 年和 2017 年的农业技术结构的得分分别为 0.07961 分和 0.07688 分，排名分别为第 7 名和第 8 名，农业技术结构很合理；工业规模结构得分分别为 0.02847 分和 0.03441 分，排名分别为第 51 名和第 35 名，工业规模结构由一般转为比较合理；总体产业结构得分分别为 0.02563 分和 0.02625 分，排名分别为第 12 名和第 31 名，总体产业结构由很合理转为比较合理。

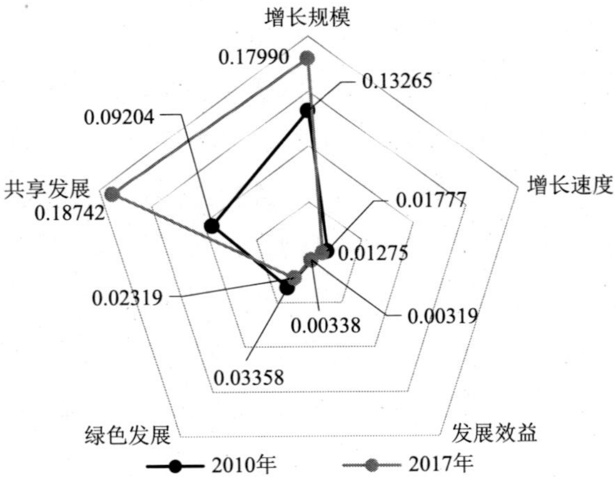

图 9-33 平南县 2010 年和 2017 年经济高质量发展功能表现评价结果分析

从经济高质量发展的营商环境来看，平南县 2010 年和 2017 年的人口活力得分分别为 0.05367 分和 0.05676 分，排名分别为第 21 名和第 26 名，人口活力较强。平南县 2010 年和 2017 年的经济活力得分分别为 0.20766 分和 0.40292 分，排名分别为第 7 名和第 10 名，经济活力强。平南县 2010 年和 2017 年的政府活力评价值分别为 0.07401 分和 0.07727 分，排名分别为第 39 名和第 26 名，政府活力较强。

综上可知，平南县的经济增长规模大，增长速度快，发展效益较差，绿色发展表现一般，共享发展表现优秀，资本投入水平高，劳动力及其质量优秀，交通与技术基础设施建设水平高，农业技术水平高，工业规模结构表现良好，总体产业结构表现良好，人口活力较强，经济活力强，政府活力较强。基于此，平南县应补齐工业高质量发展和城市化建设短板，构建现代农业体系，加快发展第三产业。扩大对外开放与合作，加强科技创新驱动。大力提升城市功能品质，抓好生态建设和可持续发展，持续开展生态环境专项整治，建设乡村振兴工程。推进大数据建设和智慧城市建设。转变作风，建设廉洁有活力的政府。

三十四、桂平市

桂平市位于贵港市东北部，是“全国荔枝之乡”“全国淮山之乡”“全国腐竹之乡”“全国武术之乡”中国优秀旅游城市，有南广高速铁路、贵港至梧州高速公路、桂平至来宾高速公路、黔江、郁江、浔江过境。

从经济高质量发展功能表现来看，桂平市 2010 年和 2017 年的增长规模评价得分分别为 0.14762 分和 0.22646 分，排名分别为第 8 名和第 3 名，增长规模大。桂平市 2010 年和 2017 年的增长速度评价得分分别为 0.01636 分和 0.01263 分，排名分别为第 20 名和第 38 名，发展速度由快转为较快。桂平市2010年和2017年的发展效益评价得分分别为0.00321分和0.00311分，排名分别为第74名和第73名，发展效益较差。桂平市2010年和2017年的绿色发展评价得分分别为0.02082分和0.03523分，排名分别为第45名和第19名，表现从一般转为优秀。桂平市2010年和2017年的共享发展评价得分分别为0.12642分和0.21224分，排名分别为第1名和第4名，表现均优秀（见图9-34）。

从经济高质量发展要素投入情况来看，桂平市2013年和2017年的社会资本投入的得分分别为0.04591分和0.09237分，排名分别为第18名和第9名，表现均优秀；劳动力及其质量得分分别为0.11835分和0.24288分，排名分别为第13名和第2名，表现均优秀；交通与技术基础设施得分分别为0.13575分和0.23296分，排名分别为第6名和第3名，表现均优秀。

从经济高质量发展的结构状况来看，桂平市2013年和2017年的农业技术结构的得分分别为0.06440分和0.07945分，排名分别为第28名和第7名，农业技术结构由此较合理转为合理。工业规模结构得分分别为0.02835分和0.03098分，排名分别为第52名和第51名，工业规模结构合理性表现一般；总体产业结构得分分别为0.01904分和0.02263分，排名分别为第44名和第50名，总体产业结构合理性表现一般。

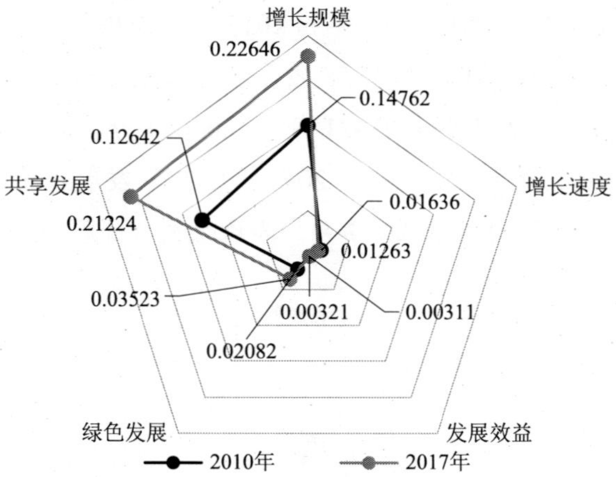

图9-34　桂平市2010年和2017年经济高质量发展功能表现评价结果分析

从经济高质量发展的营商环境来看，桂平市2010年和2017年的人口活力得分分别为0.05706分和0.05878分，排名分别为第13名和21名，人口活力由强转为较强。桂平市2010年和2017年的经济活力得分分别为0.29338分和0.64041分，排名均为第1名，经济活力强。桂平市2010年和2017年的政府活力评价值分别为0.07335分和0.05454分，排名分别为第41名和第32名，政府活力由一般转为较强。

综上可知，桂平市的经济增长规模大，增长速度快，发展效益较差，绿色发展表现优秀，共享发展表现优秀，资本投入水平高，劳动力及其质量优秀，交通与技术基础设施建设水平高，农业技术水平高，工业规模结构表现一般，总体产业结构表现一般，人口活力较强，经济活力强，政府活力较强。基于此，桂平市应强化承载平台建设，推动工业高质量发展；发展商贸服务业，做强做大旅游产业；积极推动现代特色农业转型升级。做大特色农产品品牌，推进农业农村现代化；抓好项目建设，构建大交通格局，统筹推进城乡发展；深化重点领域改革和扩大开放，优化营商环境，发展民营经济，增强创新发展活力；聚焦生态环保，提升绿色发展水平；促进就业、优先发展教育，加强文体工作，深化建设“健康桂平”，持续改善民生福祉；防范金融风险、安全风险和稳定风险，确保社会和谐稳定。加强政府自身建设，转变政府职能，高水平做好政府各项工作。

三十五、容县

容县位于广西东南部，有洛湛铁路、南广高速公路、324 国道和北流河过境，西江黄金水道的绣江复航工程起点设在县市。

从经济高质量发展功能表现来看，容县 2010 年和 2017 年的增长规模评价得分分别为 0.11077 分和 0.17003 分，排名分别为第 23 名和第 17 名，增长规模从较大转为大。容县 2010 年和 2017 年的增长速度评价得分分别为 0.01635 分和 0.01271 分，排名分别为第 21 名和第 34 名，发展速度较快。容县 2010 年和 2017 年的发展效益评价得分分别为 0.00350 分和 0.0034 分，排名分别为第 61 名和第 58 名，发展效益从差转为一般。容县 2010 年和 2017 年的绿色发展评价得分分别为 0.03021 分和 0.04673 分，排名分别为第 30 名和第 11 名，表现从良好转为优秀。容县 2010 年和 2017 年的共享发展评价得分分别为 0.08380 分和 0.11478 分，排名分别为第 11 名和第 17 名，表现优秀（见图 9-35）。

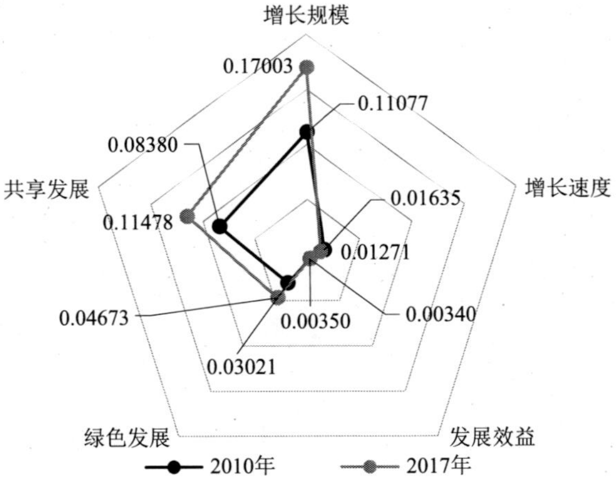

图 9-35　容县 2010 年和 2017 年经济高质量发展功能表现评价结果分析

从经济高质量发展要素投入情况来看，容县 2013 年和 2017 年的社会资本投入的得分分别为 0.03951 分和 0.06689 分，排名分别为第 22 名，表现均良好；劳动力及其质量得分分别为 0.12654 分和 0.15328 分，排名分别为第 9 名和第 8 名，表现均优秀；交通与技术基础设施得分分别为 0.10298 分和 0.13416 分，排名分别为第 14 名和第 11 名，表现均优秀。

从经济高质量发展的结构状况来看，容县 2013 年和 2017 年的农业技术结构的得分分别为 0.04004 分和 0.07097 分，排名分别为第 74 名和第 14 名，农业技术结构由较差转为合理。工业规模结构得分分别为 0.03203 分和 0.03452 分，排名分别为第 28 名和第 34 名，工业规模结构比较合理。总体产业结构得分分别为 0.01783 分和 0.02133 分，排名分别为第 54 名和第 57 名，总体产业结构合理性表现一般。

从经济高质量发展的营商环境来看，容县 2010 年和 2017 年的人口活力得分分别为 0.04912 分和 0.06546 分，排名分别为第 25 名和第 6 名，人口活力由较强转为强。容县 2010 年和 2017 年的经济活力得分分别为 0.15990 分和 0.37381 分，排名分别为第 13 名和第 12 名，经济活力强。容县 2010 年和 2017 年的政府活力评价值分别为 0.09183 分和 0.09864 分，排名分别为第 29 名和第 15 名，政府活力由较强转为强。

综上可知，容县的经济增长规模大，增长速度慢，发展效益较差，绿色发展表现优秀，共享发展表现优秀，资本投入水平高，劳动力及其质量良好，交通与技术基础设施建设水平高，农业技术水平高，工业规模结构表现良好，总体产业结构表现良好，人口活力强，经济活力强，政府活力较强。基于此，容县应围绕“强龙头、补链条、聚集群”，着力打造健康食品、机械制造、林产工业三大百亿产业，加快创建民营经济示范县步伐，完善园区基础设施。充分发挥毗邻广东的区位优势、“广西第一侨乡”的人脉优势和基础设施完善的平台优势，主动融入粤港澳大湾区经济圈。完善项目推进机制，深化重点领域改革，优化营商环境。解决环境突出问题，大力实施水、大气、土壤污染防治计划。加强政府自身建设，着力提升基层组织力。促进城市扩容提质，提升交通支撑能力，发展全域旅游。发展现代特色农业和农产品加工业，完善农村基础设施建设。

三十六、陆川县

陆川县位于广西东南部，有黎湛铁路、玉铁高速公路、九洲江过境，2017 年获评为全国首批畜牧业绿色发展示范县、陆川猪中国特色农产品优势区、全国县级防震减灾工作先进单位。

从经济高质量发展功能表现来看，陆川县 2010 年和 2017 年的增长规模评价得分分别为 0.16392 分和 0.18517 分，排名分别为第 4 名和第 11 名，增长规模大；陆川县 2010 年和 2017 年的增长速度评价得分分别为 0.01829 分和 0.012 分，排名分别为第 5 名和第 68 名，增长速度从快转为慢。陆川县 2010 年和 2017 年的发展效益评价得分分别为 0.00348 分和 0.00329 分，排名分别为第 63 名和第 61 名，发展效益较差。陆川县 2010 年和 2017

年的绿色发展评价得分分别为0.03301分和0.04068分，排名分别为第22名和第17名，表现从良好转为优秀。陆川县2010年和2017年的共享发展评价得分分别为0.07731分和0.11751分，排名分别为第15名和第16名，表现均优秀（见图9-36）。

从经济高质量发展要素投入情况来看，陆川县2013年和2017年的社会资本投入的得分分别为0.04763分和0.07805分，排名分别为第16名和第13名，表现均优秀；劳动力及其质量得分分别为0.10556分和0.08853分，排名分别为第22名和第26名，表现均良好；交通与技术基础设施得分分别为0.11110分和0.12559分，排名分别为第13名和第14名，表现均优秀。

从经济高质量发展的结构状况来看，陆川县2013年和2017年的农业技术结构的得分分别为0.06901分和0.07186分，排名分别为第19名和第13名，农业技术结构很合理；工业规模结构得分分别为0.03647分和0.04253分，排名均为第10名，工业规模结构很合理；总体产业结构得分分别为0.02198分和0.02787分，排名分别为第27名和第24名，总体产业结构比较合理。

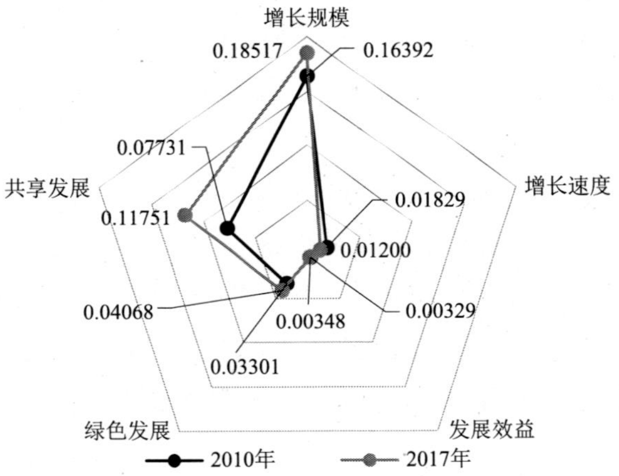

图9-36 陆川县2010年和2017年经济高质量发展功能表现评价结果分析

从经济高质量发展的营商环境来看，陆川县2010年和2017年的人口活力得分分别为0.05304分和0.06094分，排名分别为第23名和第15名，人口活力由较强转为强。陆川县2010年和2017年的经济活力得分分别为0.14659分和0.32711分，排名分别为第15名和第14名，经济活力强。陆川县2010年和2017年的政府活力评价值分别为0.08178分和0.08744分，排名分别为第34名和第21名，政府活力较强。

综上可知，陆川县的经济增长规模大，增长速度慢，发展效益较差，绿色发展表现优秀，共享发展表现优秀，资本投入水平较高，劳动力及其质量良好，交通与技术基础设施建设水平高，农业技术水平高，工业规模结构表现优秀，总体产业结构表现良好，人口活力强，经济活力强，政府活力强。基于此，陆川县应强化招商引资，破解项目瓶颈，促进项目推进。以园区提升为重点，促进产业集群发展，积极引进相关领域的龙头企业，改造提升传统产业，延伸产业链，补齐产业短板。以现代特色农业示范区为重点，增加优质绿色农产品供给，推动农业融合发展，补齐农村基础设施短板。发展休闲旅游、商贸物流、电子商务，扩大消费需求。以接通基础设施建设为重点，加快城市规划建设。以优化营商环境为重点，发展民营经济。

三十七、博白县

博白县位于广西东南部，有黎湛铁路和南流江过境。

从经济高质量发展功能表现来看，博白县 2010 年和 2017 年的增长规模评价得分分别为 0.13308 分和 0.16478 分，排名分别为第 12 名和第 22 名，增长规模从大转为较大。博白县 2010 年和 2017 年的增长速度评价得分分别为 0.01820 分和 0.01236 分，排名分别为第 6 名和第 54 名，发展速度从快转为一般。博白县 2010 年和 2017 年的发展效益评价得分分别为 0.00324 分和 0.00304 分，排名分别为第 73 名和第 74 名，发展效益较差。博白县 2010 年和 2017 年的绿色发展评价得分分别为 0.03449 分和 0.02839 分，排名分别为第 16 名和第 43 名，表现从优秀转为一般。博白县 2010 年和 2017 年的共享发展评价得分分别为 0.1145 分 7 和 0.15849 分，排名分别为第 2 名和第 7 名，表现优秀（见图 9-37）。

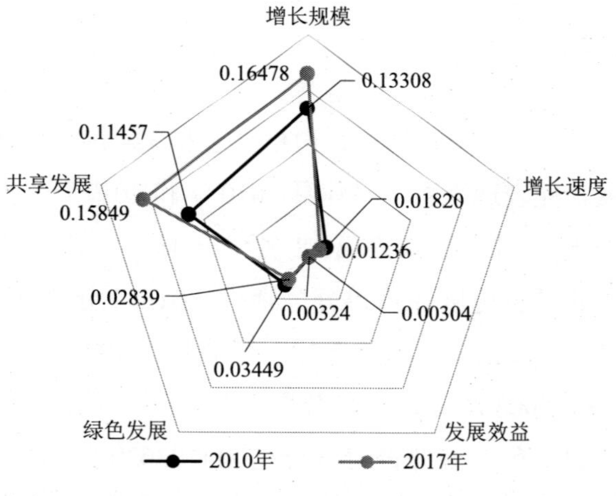

图 9-37　博白县 2010 年和 2017 年经济高质量发展功能表现评价结果分析

从经济高质量发展要素投入情况来看，博白县 2013 年和 2017 年的社会资本投入的得分分别为 0.05715 分和 0.09373 分，排名分别为第 6 名和第 7 名，表现均优秀；劳动力及其质量得分分别为 0.12539 分和 0.10704 分，排名分别为第 11 名和第 17 名，表现均优秀；交通与技术基础设施得分分别为 0.17437 分和 0.19750 分，排名分别为第 1 名和第 4 名，表现均优秀。

从经济高质量发展的结构状况来看，博白县 2013 年和 2017 年的农业技术结构的得分分别为0.06292分和0.06053分，排名分别为第30名和第50名，农业技术结构合理性表现由较好转为一般；工业规模结构得分分别为0.02999分和0.04560分，排名分别为第40名和第3名，工业规模结构由较合理转为很合理；总体产业结构得分分别为0.01914分和0.02600分，排名分别为第43名和第32名，总体产业结构由一般转为比较合理。

从经济高质量发展的营商环境来看，博白县2010年和2017年的人口活力得分分别为0.05696分和0.06060分，排名分别为第14名和第18名，人口活力强。博白县2010年和2017年的经济活力得分分别为0.22726分和0.51510分，排名均为第3名，经济活力强；博白县2010年和2017年的政府活力评价值分别为0.05563分和0.06732分，排名分别为第56名和第30名，政府活力由一般转为较强。

综上可知，博白县的经济增长规模一般，增长速度一般，发展效益较差，绿色发展表现一般，共享发展表现优秀，资本投入水平高，劳动力及其质量高，交通与技术基础设施建设水平高，农业技术水平一般，工业规模结构表现优秀，总体产业结构表现良好，人口活力强，经济活力强，政府活力较强。基于此，博白县应主动融入“一带一路”倡议，以龙港新区开发建设为平台，大力打造向海经济。实施大产业战略，培育新动能新供给，推动产业集群集聚发展。强化基础设施建设，完善城镇总体规划，实行差异化发展，建设特色小镇。深化改革，优化营商环境。发展特色农业，推进农业农村现代化，促进农业融合发展，推动绿色发展，发展生态经济。

三十八、兴业县

兴业县位于广西东南部，有黎湛铁路、南梧高速和324国道过境。

从经济高质量发展功能表现来看，兴业县2010年和2017年的增长规模评价得分分别为0.11901分和0.13413分，排名分别为第18名和第33名，增长规模从大转为较大。兴业县2010年和2017年的增长速度评价得分分别为0.01562分和0.01246分，排名分别为第29名和第52名，增长速度由较快转为一般。兴业县2010年和2017年的发展效益评价得分分别为0.00386分和0.00337分，排名分别为第47名和第59名，发展效益一般。兴业县2010年和2017年的绿色发展评价得分分别为0.03630分和0.03018分，排名分别为第11名和第36名，表现从优秀转为良好。兴业县2010年和2017年的共享发展评价得分分别为0.06386分和0.09586分，排名分别为第24名和第26名，表现良好（见图9-38）。

从经济高质量发展要素投入情况来看，兴业县2013年和2017年的社会资本投入的得分分别为0.03687分和0.06157分，排名均为第24名，表现均良好；劳动力及其质量得分分别为0.05844分和0.05525分，排名分别为第56名和第57名，表现均一般；交通与技术基础设施得分分别为0.08355分和0.10685分，排名分别为第21名和第15名，表现由良好转为优秀。

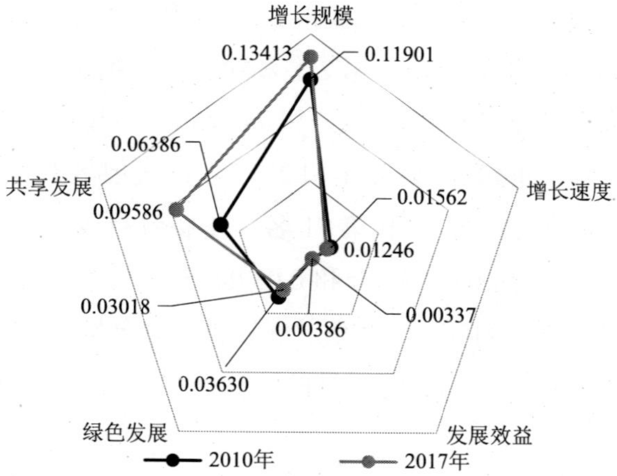

图 9-38　兴业县 2010 年和 2017 年经济高质量发展功能表现评价结果分析

从经济高质量发展的结构状况来看，兴业县 2013 年和 2017 年的农业技术结构的得分分别为 0.07175 分和 0.08953 分，排名分别为第 14 名和第 3 名，农业技术结构很合理；工业规模结构得分分别为 0.03132 分和 0.03723 分，排名分别为第 36 名和第 24 名，工业规模结构比较合理；总体产业结构得分分别为 0.01894 分和 0.02373 分，排名分别为第 46 名和第 45 名，总体产业结构合理性表现一般。

从经济高质量发展的营商环境来看，兴业县 2010 年和 2017 年的人口活力得分分别为 0.04602 分和 0.051791 分，排名分别为第 29 名和第 44 名，人口活力由较强转为一般。兴业县 2010 年和 2017 年的经济活力得分分别为 0.08895 分和 0.21312 分，排名分别为第 32 名和第 22 名，经济活力较强。兴业县 2010 年和 2017 年的政府活力评价值分别为 0.09697 分和 0.08719 分，排名分别为第 25 名和第 22 名，政府活力较强。

综上可知，兴业县的经济增长规模较大，增长速度较快，发展效益一般，绿色发展表现良好，共享发展表现良好，资本投入水平较高，劳动力及其质量一般，交通与技术基础设施建设水平高，农业技术水平高，工业规模结构表现良好，总体产业结构表现一般，人口活力一般，经济活力较强，政府活力较强。基于此，兴业县应实施创新驱动发展战略，打造品牌企业，发展民营经济。以增量提质为导向，创建全域旅游，发展商贸物流业和其他新型服务形态。发展现代特色高效农业，加强农村基础设施建设，发展生态经济。推进基础设施建设，优化城镇功能布局，深化区域合作发展，以共建共享为根本，持续改善和保障民生，以创新治理为抓手，持续开创和谐稳定新局面。

三十九、北流市

北流市位于广西东南部，有洛湛铁路、南广高速公路、玉林至北海铁山港高速公路、玉容一级公路、324 国道和圭江过境，北宝二级公路纵贯南北。

从经济高质量发展功能表现来看，北流市 2010 年和 2017 年的增长规模评价得分分别为 0.16951 分和 0.21683 分，排名分别为第 2 名和第 5 名，增长规模大。北流市 2010 年和 2017 年的增长速度评价得分分别为 0.01545 分和 0.01258 分，排名分别为第 36 名和第 45 名，增长速度从较快转为一般。北流市 2010 年和 2017 年的发展效益评价得分分别为 0.00334 分和 0.00315 分，排名分别为第 72 名和第 71 名，发展效益较差。北流市 2010 年和 2017 年的绿色发展评价得分分别为 0.03253 分和 0.03285 分，排名分别为第 23 名和第 27 名，表现良好。北流市 2010 年和 2017 年的共享发展评价得分分别为 0.09657 分和 0.13476 分，排名分别为第 4 名和第 11 名，表现优秀（见图 9-39）。

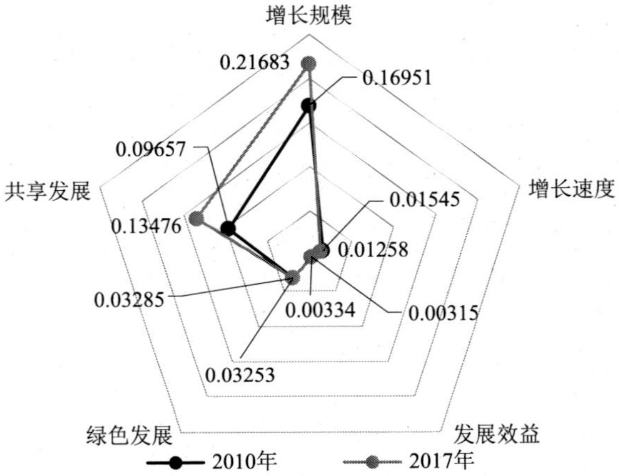

图 9-39　北流市 2010 年和 2017 年经济高质量发展功能表现评价结果分析

从经济高质量发展要素投入情况来看，北流市 2013 年和 2017 年的社会资本投入的得分分别为 0.05688 分和 0.09560 分，排名分别为第 7 名和第 5 名，表现均优秀；劳动力及其质量得分分别为 0.20142 分和 0.18620 分，排名分别为第 3 名和第 4 名，表现均优秀；交通与技术基础设施得分分别为 0.14747 分和 0.08754 分，排名分别为第 4 名和第 28 名，表现由优秀转为良好。

从经济高质量发展的结构状况来看，北流市 2013 年和 2017 年的农业技术结构的得分分别为 0.06028 分和 0.06406 分，排名分别为第 40 名和第 36 名，农业技术结构比较合理；工业规模结构得分分别为 0.03189 分和 0.04103 分，排名分别为第 30 名和第 14 名，工业规模结构由比较合理转为很合理；总体产业结构得分分别为 0.02120 分和 0.02654 分，排名分别为第 35 名和第 30 名，总体产业结构比较合理。

从经济高质量发展的营商环境来看，北流市 2010 年和 2017 年的人口活力得分分别为 0.057843 分和 0.075057 分，排名分别为第 9 名和第 2 名，人口活力强。北流市 2010 年和 2017 年的经济活力得分分别为 0.235256 分和 0.5431 分，排名均为第 2 名，经济活力强。北流市 2010 年和 2017 年的政府活力评价值分别为 0.09891 分和 0.11806 分，排名分别为第23名和第7名，政府活力由较强转为强。

综上可知，北流市的经济增长规模较大，增长速度一般，发展效益较差，绿色发展表现良好，共享发展表现优秀，资本投入水平高，劳动力及其质量高，交通与技术基础设施建设水平较高，农业技术水平较高，工业规模结构表现良好，总体产业结构表现良好，人口活力强，经济活力强，政府活力强。基于此，北流市应把工业转型升级作为推动高质量发展的核心驱动力，培强民营企业主力军，完善园区主阵地，积极对接粤港澳大湾区，加快承接东部沿海地区新一轮产业转移，延伸壮大产业链。建设特色小镇，促进农民就地城镇化，促进“产城融合”发展。加强交通运输体系谋划，提升综合交通基础设施供给能力，推进现代综合交通运输体系建设。深化改革，优化营商环境。展新型生态工业，培育发展新能源、再生资源开发、生物医药等产业，积极发展生态农业，突出打好“绿色牌”“有机牌”“富硒牌”。深化政府职能转变，切实抓好自身建设。

四十、田阳县

田阳县位于广西西部，是中国杧果之乡，有南昆铁路、云贵高铁、云桂高速公路、广昆高速公路、银百高速公路，323国道、324国道和右江河过境。

从经济高质量发展功能表现来看，田阳县2010年和2017年的增长规模评价得分分别为0.08184分和0.18602分，排名分别为第43名和第9名，增长规模从一般转为大；田阳县2010年和2017年的增长速度评价得分分别为0.01607分和0.01254分排名分别为第23名和第49名，增长速度从较快转为一般。田阳县2010年和2017年的发展效益评价得分分别为0.00399分和0.00388分，排名分别为第41名和第35名，发展效益一般。田阳县2010年和2017年的绿色发展评价得分分别为0.02144分和0.00555分，排名分别为第44名和第74名，表现从一般转为较差。田阳县2010年和2017年的共享发展评价得分分别为0.05212分和0.07944分，排名分别为第47名和第46名，表现一般（见图9-40）。

从经济高质量发展要素投入情况来看，田阳县2013年和2017年的社会资本投入的得分分别为0.04066分和0.06154分，排名为第20名和第25名，表现由优秀转为良好；劳动力及其质量得分分别为0.07302分和0.08275分，排名分别为第44名和第34名，表现由一般转为良好；交通与技术基础设施得分分别为0.06501分和0.06349分，排名分别为第41名和第50名，表现均一般。

从经济高质量发展的结构状况来看，田阳县2013年和2017年的农业技术结构的得分分别为0.06195分和0.07030分，排名为第34名和第17名，农业技术结构由一般转为很合理；工业规模结构得分分别为0.02677分和0.03165分，排名分别为第59名和第47名，工业规模结构合理性表现一般；总体产业结构得分分别为0.01976分和0.01521分，排名分别为第 39 名和第 72 名，总体产业结构合理性由较好转为较差。

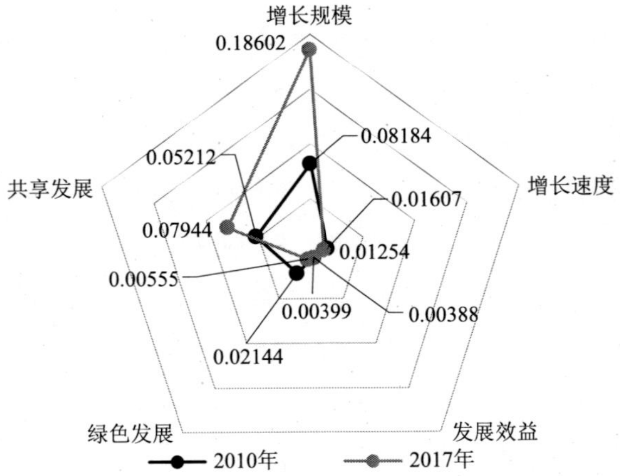

图 9-40　田阳县 2010 年和 2017 年经济高质量发展功能表现评价结果分析

从经济高质量发展的营商环境来看，田阳县 2010 年和 2017 年的人口活力得分分别为 0.03949 分和 0.05404 分，排名分别为第 53 名和 33 名，人口活力一般转为较强。田阳县 2010 年和 2017 年的经济活力得分分别为 0.08900 分和 0.17231 分，排名分别为第 31 名和第 32 名，经济活力较强。田阳县 2010 年和 2017 年的政府活力评价值分别为 0.08625 分和 0.10575 分，排名分别为第 33 名和第 11 名，政府活力由较强转为强。

综上可知，田阳县的经济增长规模大，增长速度一般，发展效益一般，绿色发展表现较差，共享发展表现一般，资本投入水平较高，劳动力及其质量良好，交通与技术基础设施建设水平一般，农业技术水平较高，工业规模结构表现一般，总体产业结构表现较差，人口活力较强，经济活力较强，政府活力强。基于此，田阳县应推进铝产业“二次创业”，建设重点工业项目，打造产业集群，优化发展环境，培育新的经济增长点。发展现代特色农业，完善农村基础设施。壮大现代商贸物流业，完善交通路网，发展旅游业和其他新产业和新业态。建设新型城镇化，推动城乡持续健康发展，发展民生事业，增进群众获得感和幸福感，建设生态文明，保障经济社会可持续发展。加强政府自身建设，提高政府工作能力和水平。

四十一、田东县

田东县位于广西西南部，是中国杧果之乡。有南昆铁路、南百高速公路、国道 324 线和右江河过境。

从经济高质量发展功能表现来看，田东县 2010 年和 2017 年的增长规模评价得分分别为 0.11062 分和 0.15896 分，排名均为第 24 名，增长规模较大。田东县 2010 年和 2017 年的增长速度评价得分分别为0.01460分和0.01274分，排名分别为第52名和第33名，增长速度由一般转为较快。田东县2010年和2017年的发展效益评价得分分别为0.00365分和0.00356分，排名分别为第57名和第51名，发展效益一般。田东县2010年和2017年的绿色发展评价得分分别为0.00950分和0.01583分，排名分别为第70名和第66名，表现较差。田东县2010年和2017年的共享发展评价得分分别为0.06051分和0.10435分，排名分别为第31名和第21名，表现良好（见图9-41）。

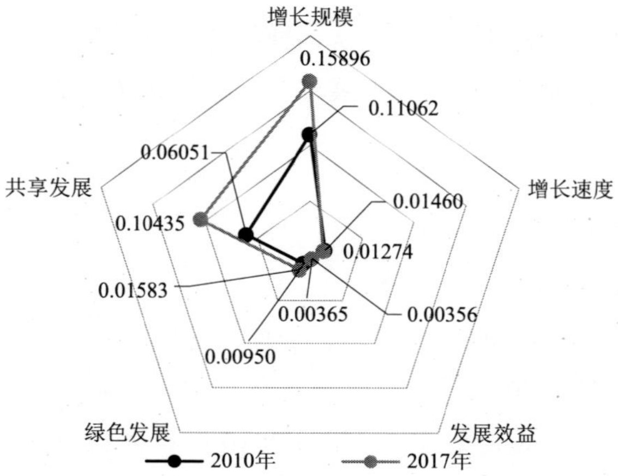

图9-41　田东县2010年和2017年经济高质量发展功能表现评价结果分析

从经济高质量发展要素投入情况来看，田东县2013年和2017年的社会资本投入的得分分别为0.04955分和0.06952分，排名分别为第14名和第21名，表现由优秀转为良好。劳动力及其质量得分分别为0.10933分和0.08766分，排名分别为第20名和第28名，表现由优秀转为良好。交通与技术基础设施得分分别为0.07371分和0.06163分，排名分别为第31名和第55名，表现由良好转为一般。

从经济高质量发展的结构状况来看，田东县2013年和2017年的农业技术结构的得分分别为0.05821分和0.06724分，排名分别为第50名和第27名，农业技术结构由一般转为比较合理；工业规模结构得分分别为0.03197分和0.03341分，排名分别为第29名和第41名，工业规模结构合理性表现由较好转为一般；总体产业结构得分分别为0.01703分和0.01683分，排名分别为第60名和第67名，总体产业结构合理性由一般转为较差。

从经济高质量发展的营商环境来看，田东县2010年和2017年的人口活力得分分别为0.04439分和0.05589分，排名分别为第35名和第29名，人口活力较强；田东县2010年和2017年的经济活力得分分别为0.10035分和0.17120分，排名分别为第25名和第33名，经济活力较强。田东县2010年和2017年的政府活力评价值分别为0.11236分和0.09342分，排名分别为第13名和第18名，政府活力强。

综上可知，田东县的经济增长规模大，增长速度快，发展效益一般，绿色发展表现较差，共享发展表现良好，资本投入水平较高，劳动力及其质量良好，交通与技术基础设施建设水平一般，农业技术水平较高，工业规模结构表现一般，总体产业结构表现较差，人口活力较强，经济活力较强，政府活力强。基于此，田东县应推广资源开发型、资产盘活型、产业带动型等村集体经济发展模式，激发村级集体经济活力。加快推进产业转型升级，实现三次产业良性互动、协调发展，增强创新发展的驱动力。完善城市基础，打造特色城镇，建设美丽乡村，增强协调发展凝聚力。进行环境治理和生态建设，增强绿色发展承载力。优化营商环境，发展壮大民营经济，增强开放发展的吸引力。增进民生保障，优先发展教育，创新社会管理，增强共享发展的向心力。深化改革，加强政府自身建设，焕发执政新活力。

四十二、平果县

平果县位于广西西南部，有南昆铁路、云桂高速铁路、南百高速公路、马（山）平（果）高速公路，324 国道、208 省道、313 省道和右江河过境。

从经济高质量发展功能表现来看，平果县 2010 年和 2017 年的增长规模评价得分分别为 0.11409 分和 0.18235 分，排名分别为第 19 名和第 12 名，增长规模大。平果县 2010 年和 2017 年的增长速度评价得分分别为 0.01585 分和 0.01282 分，排名分别为第 26 名和第 27 名，增长速度较快。平果县 2010 年和 2017 年的发展效益评价得分均为 0.00354 分，排名分别为第 60 名和第 52 名，发展效益一般。平果县 2010 年和 2017 年的绿色发展评价得分分别为 0.00456 分和 0.01422 分，排名分别为第 74 名和第 68 名，表现较差。平果县 2010 年和 2017 年的共享发展评价得分分别为 0.05035 分和 0.01394 分，排名分别为第 52 名和第 10 名，表现从一般转为优秀（见图 9-42）。

从经济高质量发展要素投入情况来看，平果县 2013 年和 2017 年的社会资本投入的得分分别为 0.04966 分和 0.07244 分，排名分别为第 13 名和第 19 名，表现均优秀。劳动力及其质量得分分别为 0.11459 分和 0.11258 分，排名分别为第 18 名和第 16 名，表现均优秀。交通与技术基础设施得分分别为 0.08464 分和 0.10418 分，排名分别为第 20 名和第 16 名，表现均优秀。

从经济高质量发展的结构状况来看，平果县 2013 年和 2017 年的农业技术结构的得分分别为 0.06572 分和 0.06652 分，排名分别为第 23 名和第 30 名，农业技术结构比较合理；工业规模结构得分分别为 0.03135 和 0.03111，排名分别为第 34 名和第 49 名，工业规模结构合理性表现一般。总体产业结构得分分别为 0.01468 分和 0.01572 分，排名分别为第 69 名和第 71 名，总体产业结构合理性较差。

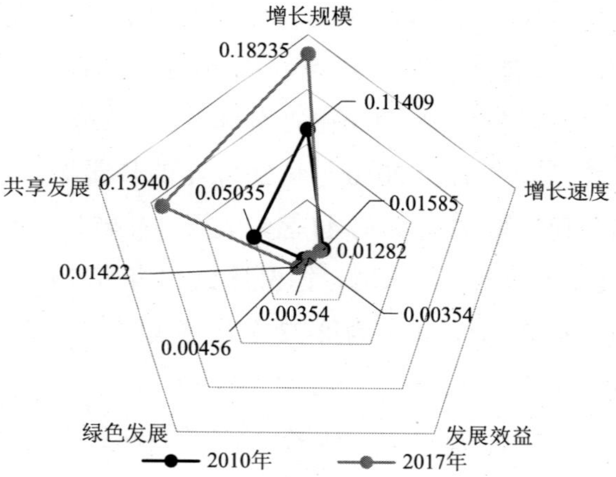

图 9-42　平果县 2010 年和 2017 年经济高质量发展功能表现评价结果分析

从经济高质量发展的营商环境来看，平果县 2010 年和 2017 年的人口活力得分分别为 0.04449 分和 0.05345 分，排名分别为第 33 名和第 36 名，人口活力较强。平果县 2010 年和 2017 年的经济活力得分分别为 0.13055 分和 0.20778 分，排名分别为第 20 名和第 24 名，经济活力由强转为较强。平果县 2010 年和 2017 年的政府活力评价值分别为 0.18161 分和 0.16913 分，排名分别为第 2 名和第 1 名，政府活力强。

综上可知，平果县的经济增长规模大，增长速度较快，发展效益一般，绿色发展表现较差，共享发展表现优秀，资本投入水平高，劳动力及其质量高，交通与技术基础设施建设水平高，农业技术水平较高，工业规模结构表现一般，总体产业结构表现较差，人口活力较强，经济活力较强，政府活力强。基于此，平果县应大力支持民营经济发展，全力推动工业高质量发展，加快发展现代服务业，打造火龙果、桑蚕、油茶、林下养鸡等现代特色农业示范园，全力推进特色农业规模化、标准化发展，推进现代特色农业示范区建设，增点扩面提质升级。挖掘红色旅游、绿色旅游等特色资源优势，推进“旅游 +”融合发展。健全城乡融合发展机制，促进土地、资本、人才等要素在城乡间双向流动，释放发展活力。坚持生态严管严治，夯实绿色发展根基，加快城镇化步伐，着力提升城市品位，持续改善民生福祉，实现改革发展成果共建共享。

四十三、德保县

德保县位于广西西南部，有田靖铁路、312 国道、201 省道过境。

从经济高质量发展功能表现来看，德保县 2010 年和 2017 年的增长规模评价得分分别为 0.07096 分和 0.10942 分，排名分别为第 48 名和第 41 名，增长规模一般。德保县 2010 年和 2017 年的增长速度评价得分分别为 0.01380 分和 0.01259 分，排名分别为第 61 名和第 43 名，增长速度从慢转为一般；德保县 2010 年和 2017 年的发展效益评价得分分别为 0.00397 分和 0.00385 分，排名分别为第 42 名和第 36 名，发展效益一般；德保县 2010 年和 2017 年的绿色发展评价得分分别为 0.01868 分和 0.01100 分，排名分别为第 53 名和第 70 名，表现从一般转为较差。德保县 2010 年和 2017 年的共享发展评价得分分别为 0.03899 分和 0.08078 分，排名分别为第 67 名和第 44 名，表现从差转为一般（见图 9-43）。

从经济高质量发展要素投入情况来看，德保县 2013 年和 2017 年的社会资本投入的得分分别为 0.02850 分和 0.04039 分，排名为第 33 名和第 39 名，表现均良好；劳动力及其质量得分分别为 0.08453 分和 0.08302 分，排名均为第 32 名，表现均良好；交通与技术基础设施得分分别为 0.06055 分和 0.07247 分，排名分别为第 49 名和第 44 名，表现均一般。

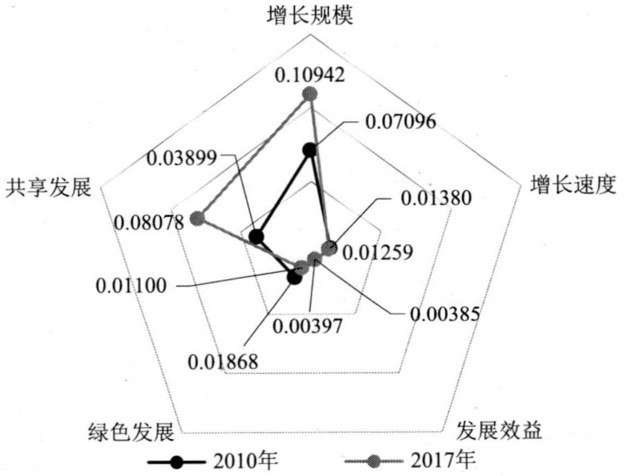

图 9-43　德保县 2010 年和 2017 年经济高质量发展功能表现评价结果分析

从经济高质量发展的结构状况来看，德保县 2013 年和 2017 年的农业技术结构的得分分别为 0.05526 分和 0.06669 分，排名分别为第 60 名和第 29 名，农业技术结构由一般转为比较合理；工业规模结构得分分别为 0.02980 分和 0.02960 分，排名分别为第 42 名和第 57 名，工业规模结构合理性表现一般；总体产业结构得分分别为 0.01580 分和 0.01637 分，排名分别为第 64 名和第 69 名，总体产业结构合理性较差。

从经济高质量发展的营商环境来看，德保县 2010 年和 2017 年的人口活力得分分别为 0.04275 分和 0.04927 分，排名分别为第 42 名和第 56 名，人口活力一般。德保县 2010 年和 2017 年的经济活力得分分别为 0.05785 分和 0.10547 分，排名分别为第 59 名和第 62 名，经济活力由一般转为较弱。德保县 2010 年和 2017 年的政府活力评价值分别为 0.09306 分和 0.08892 分，排名分别为第 28 名和第 20 名，政府活力由较强转为强。

综上可知，德保县的经济增长规模一般，增长速度一般，发展效益一般，绿色发展表现较差，共享发展表现一般，资本投入水平较高，劳动力及其质量良好，交通与技术基础设施建设水平一般，农业技术水平较高，工业规模结构表现一般，总体产业结构表现较差，人口活力一般，经济活力较弱，政府活力强。基于此，德保县应以“铝二次创业”为核心，强化龙头带动，延伸产业链条，扶持中小微企业，壮大民营经济，积极谋划推进新项目。持续提升农业发展水平，加快培育新型农业经营主体，致力于打造特色农业核心示范区，推动乡村建设力度。优化营商环境，打造高质量发展新引擎。加快数字德保建设，壮大现代商贸物流业。完善基础设施，增加城市功能，提升城市品位。加强生态系统保护和修复。加大民生投入，化解地方隐性债务和金融风险，推进金融行业新发展。抓廉政建设，焕发政府新活力。

四十四、那坡县

那坡县位于广西西南部，与越南社会主义共和国接壤，边境线长 207 千米。

从经济高质量发展功能表现来看，那坡县 2010 年和 2017 年的增长规模评价得分分别为 0.02810 分和 0.04384 分，排名分别为第 74 名和第 70 名，增长规模小；那坡县 2010 年和 2017 年的增长速度评价得分分别为 0.01286 分和 0.01247 分，排名分别为第 66 名和第 51 名，增长速度从慢转为一般；那坡县 2010 年和 2017 年的发展效益评价得分分别为 0.00453 分和 0.00482 分，排名分别为第 31 名和第 9 名，发展效益由良好转为优秀；那坡县 2010 年和 2017 年的绿色发展评价得分分别为 0.01275 分和 0.01695 分，排名均为第 65 名，表现较差；那坡县 2010 年和 2017 年的共享发展评价得分分别为 0.04060 分和 0.05481 分，排名分别为第 65 名和第 73 名，表现较差。（见图 9-44）。

从经济高质量发展要素投入情况来看，那坡县 2013 年和 2017 年的社会资本投入的得分分别为 0.01401 分和 0.01509 分，排名分别为第 61 名和第 69 名，表现均较差；劳动力及其质量得分分别为 0.04067 分和 0.05242 分，排名分别为第 73 名和第 58 名，表现由较差转为一般；交通与技术基础设施得分分别为 0.04815 分和 0.04247 分，排名分别为第 66 名和第 71 名，表现均较差。

从经济高质量发展的结构状况来看，那坡县 2013 年和 2017 年的农业技术结构的得分分别为 0.06949 分和 0.06232 分，排名分别为第 18 名和第 42 名，农业技术结构合理性表现由优秀转为一般；工业规模结构得分分别为 0.02701 分和 0.02603 分，排名分别为第 58 名和第 64 名，工业规模结构合理性较差；总体产业结构得分分别为 0.02938 分和 0.03270 分，排名分别为第 2 名和第 8 名，总体产业结构很合理。

从经济高质量发展的营商环境来看，那坡县 2010 年和 2017 年的人口活力得分分别为 0.04089 分和 0.05592 分，排名分别为第 47 名和第 28 名，人口活力由一般转为较强。那坡县 2010 年和 2017 年的经济活力得分分别为 0.04080 分和 0.07197 分，排名分别为第 72 名和第 74 名，经济活力较弱。那坡县 2010 年和 2017 年的政府活力评价值分别为 0.01944 分和 0.03436 分，排名分别为第 74 名和第 56 名，政府活力由较弱转为一般。

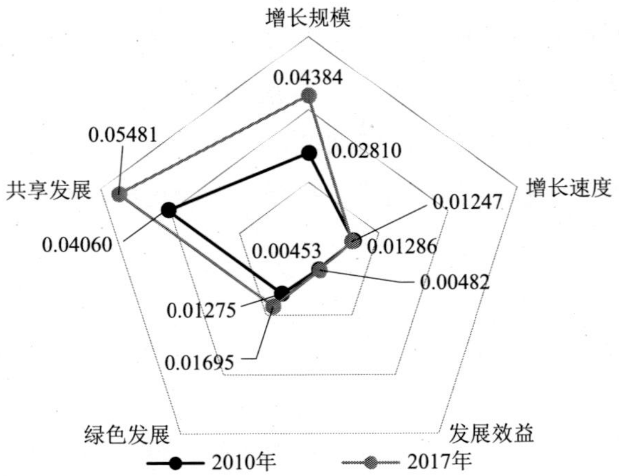

图 9-44　那坡县 2010 年和 2017 年经济高质量发展功能表现评价结果分析

综上可知，那坡县的经济增长规模小，增长速度一般，发展效益一般，绿色发展表现优秀，共享发展表现较差，资本投入水平较低，劳动力及其质量一般，交通与技术基础设施建设水平较差，农业技术水平一般，工业规模结构表现较差，总体产业结构表现优秀，人口活力较强，经济活力弱，政府活力一般。基于此，那坡县应着力缓解企业融资难融资贵问题，做好稳定和扩大就业。激发市场活力，优化营商环境。坚持创新引领发展，提升科技支撑能力，促进新型产业加快发展。优化区域发展格局，提高新型城镇化质量。加强污染防治和生态建设，壮大绿色环保产业，大力推动绿色发展。加快国企改革，深化财税金融提质改革，推动全方位对外开放，培育国际经济合作和竞争新优势。发展社会事业，保障和改善民生。

四十五、凌云县

凌云县位于广西西北部，有 318 省道、206 省道过境。

从经济高质量发展功能表现来看，凌云县 2010 年和 2017 年的增长规模评价得分分别为 0.03468 分和 0.04940 分，排名分别为第 70 名和第 67 名，增长规模小。凌云县 2010 年和 2017 年的增长速度评价得分分别为 0.01267 分和 0.01293 分，排名分别为第 68 名和第 18 名，增长速度从慢转为快。凌云县 2010 年和 2017 年的发展效益评价得分分别为 0.00481 分和 0.00421 分，排名分别为第 19 名和第 24 名，发展效益从好转为良好。凌云县 2010 年和 2017 年的绿色发展评价得分分别为 0.01096 分和 0.02138 分，排名分别为第 69 名和第 59 名，表现从较差转为一般。凌云县 2010 年和 2017 年的共享发展评价得分分别为 0.03600 分和 0.05553 分，排名分别为第 69 名和第 72 名，表现较差（见图 9-45）。

从经济高质量发展要素投入情况来看，凌云县2013年和2017年的社会资本投入的得分分别为0.01318分和0.01985分，排名分别为第63名和第59名，表现由较差转为一般；劳动力及其质量得分分别为0.05330分和0.05681分，排名分别为第65名和第54名，表现由较差转为一般；交通与技术基础设施得分分别为0.04882分和0.06388分，排名分别为第63名和第49名，表现由较差转为一般。

从经济高质量发展的结构状况来看，凌云县2013年和2017年的农业技术结构的得分分别为0.05553分和0.06063分，排名分别为第59名和第49名，农业技术结构合理性表现一般；工业规模结构得分分别为0.02792分和0.03138分，排名分别为第54名和第48名，工业规模结构合理性表现一般；总体产业结构得分分别为0.02198分和0.02387分，排名分别为第28名和第42名，总体产业结构合理性表现由较好转为一般。

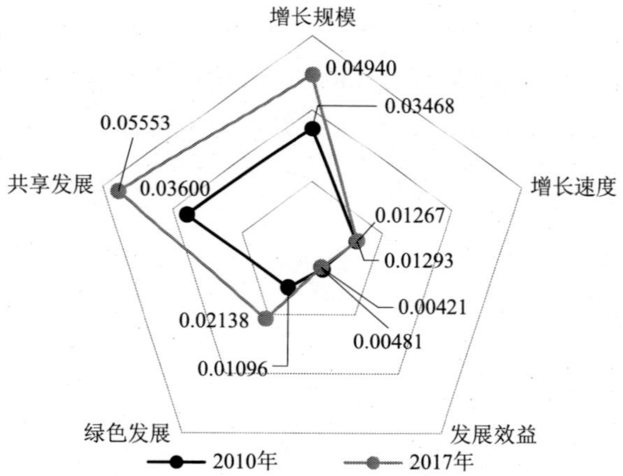

图9-45　凌云县2010年和2017年经济高质量发展功能表现评价结果分析

从经济高质量发展的营商环境来看，凌云县2010年和2017年的人口活力得分分别为0.05905分和0.05497分，排名分别为第5名和32名，人口活力由强转为较强。凌云县2010年和2017年的经济活力得分分别为0.04016分和0.07715分，排名均是73名，经济活力较弱。凌云县2010年和2017年的政府活力评价值分别为0.02385分和0.01982分，排名分别为第71名和第68名，政府活力较弱。

综上可知，凌云县的经济增长规模小，增长速度快，发展效益良好，绿色发展表现一般，共享发展表现较差，资本投入水平一般，劳动力及其质量一般，交通与技术基础设施建设水平较低，农业技术水平一般，工业规模结构表现一般，总体产业结构表现一般，人口活力较强，经济活力较弱，政府活力较弱。基于此，凌云县应加快农业农村现代化步伐，做大现代特色农业，推动产业融合发展，培育新型农业经营主体。着力构建现代工业新格局，加快工业项目建设，着力提升工业园区承载力，强化服务意识。激活全域旅游，发展电商与物流，建设数字凌云，提升县城功能，彰显城镇特色，培植壮大财源，优化支出结构。防治结合，筑牢生态屏障，绿色引领，增添生态符号。不断推动公共服务均等化，坚持改革开放，支持民营经济发展，推进财税金融体制改革、农村综合改革和政府机构改革。

四十六、乐业县

乐业县位于广西西北部，有省道206和南盘江、红水河过境。

从经济高质量发展功能表现来看，乐业县2010年和2017年的增长规模评价得分分别为0.03034分和0.04213分，排名分别为第73名和第71名，增长规模小。乐业县2010年和2017年的增长速度评价得分分别为0.01230分和0.01270分，排名分别为第69名和第37名，增长速度从慢转为较快。乐业县2010年和2017年的发展效益评价得分分别为0.00432分和0.00451分，排名分别为第34名和第18名，发展效益从良好转为好。乐业县2010年和2017年的绿色发展评价得分分别为0.03307分和0.03341分，排名分别为第21名和第25名，表现良好。乐业县2010年和2017年的共享发展评价得分分别为0.03020分和0.05384分，排名均为第74名，表现较差（见图9-46）。

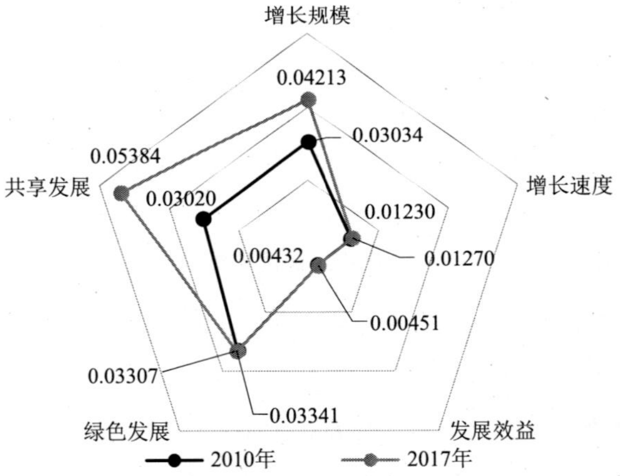

图9-46　乐业县2010年和2017年经济高质量发展功能表现评价结果分析

从经济高质量发展要素投入情况来看，乐业县2013年和2017年的社会资本投入的得分分别为0.01334分和0.01645分，排名分别为第62名和第66名，表现均较差；劳动力及其质量得分分别为0.03774分和0.04601分，排名分别为第74名和第68名，表现均较差；交通与技术基础设施得分分别为0.04806分和0.05638分，排名分别为第67名和第62名，表现均较差。

从经济高质量发展的结构状况来看，乐业县2013年和2017年的农业技术结构的得分分别为0.06536分和0.06301分，排名分别为第24名和第40名，农业技术结构比较合理；

工业规模结构得分分别为0.00845分和0.01836分，排名分别为第73名和第70名，工业规模结构合理性较差；总体产业结构得分分别为0.02807分和0.03392分，排名均为第7名，总体产业结构很合理。

从经济高质量发展的营商环境来看，乐业县2010年和2017年的人口活力得分分别为0.07224分和0.05938分，排名分别为第2名和第20名，人口活力强。乐业县2010年和2017年的经济活力得分分别为0.04272分和0.08318分，排名分别为第71名和第69名，经济活力较弱。乐业县2010年和2017年的政府活力评价值分别为0.03401分和0.02353分，排名分别为第69名和第63名，政府活力较弱。

综上可知，乐业县的经济增长规模小，增长速度较快，发展效益好，绿色发展表现良好，共享发展表现较差，资本投入水平较低，劳动力及其质量较差，交通与技术基础设施建设水平较差，农业技术水平较高，工业规模结构表现较差，总体产业结构表现优秀，人口活力强，经济活力较弱，政府活力较弱。基于此，乐业县应加大基础设施建设力度，加强产业扶贫力度，突出抓好民生工程，加强金融扶持力度，加快农业产业结构调整，强化生态环境建设。加快基础设施建设工作。

四十七、田林县

田林县位于广西西北部，有南（宁）昆（明）铁路、324国道、G78高速公路和南盘江、驮娘江、西洋江过境。

从经济高质量发展功能表现来看，田林县2010年和2017年的增长规模评价得分分别为0.03860分和0.07266分，排名分别为第67名和第53名，增长规模从小转为一般。田林县2010年和2017年的增长速度评价得分分别为0.01196分和0.01287分，排名分别为第71名和第26名，增长速度从慢转为较快。田林县2010年和2017年的发展效益评价得分分别为0.00369分和0.00511分，排名分别为第55名和第7名，发展效益从一般转为好。田林县2010年和2017年的绿色发展评价得分分别为0.01435分和0.02509分，排名分别为第61名和第53名，表现从较差转为一般。田林县2010年和2017年的共享发展评价得分分别为0.03355分和0.06459分，排名分别为第72名和第63名，表现较差（见图9-47）。

从经济高质量发展要素投入情况来看，田林县2013年和2017年的社会资本投入的得分分别为0.01202分和0.01756分，排名分别为第67名和第63名，表现均较差；劳动力及其质量得分分别为0.05099分和0.06524分，排名分别为第67名和第47名，表现由较差转为一般；交通与技术基础设施得分分别为0.06574分和0.07941分，排名均为第40名，表现均良好。

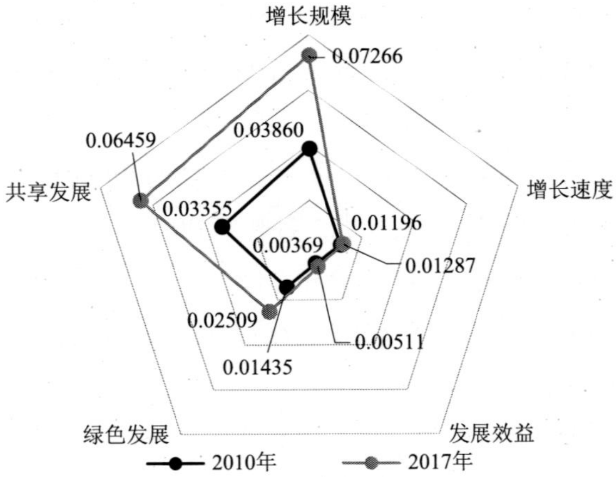

图 9-47　田林县 2010 年和 2017 年经济高质量发展功能表现评价结果分析

从经济高质量发展的结构状况来看，田林县 2013 年和 2017 年的农业技术结构的得分分别为 0.06051 分和 0.05971 分，排名分别为第 38 名和第 53 名，农业技术结构合理性表现一般；工业规模结构得分分别为 0.02930 分和 0.03219 分，排名均为第 45 名，工业规模结构合理性表现一般；总体产业结构得分分别为 0.02571 和 0.02378，排名分别为第 11 名和第 44 名，总体产业结构合理性表现由优秀转为一般。

从经济高质量发展的营商环境来看，田林县 2010 年和 2017 年的人口活力得分分别为 0.05733 分和 0.06104 分，排名分别为第 11 名和第 13 名，人口活力强。田林县 2010 年和 2017 年的经济活力得分分别为 0.05260 分和 0.08497 分，排名分别为第 65 名和第 67 名，经济活力较弱。田林县 2010 年和 2017 年的政府活力评价值分别为 0.06419 分和 0.03359 分，排名分别为第 49 名和第 58 名，政府活力一般。

综上可知，田林县的经济增长规模一般，增长速度较快，发展效益好，绿色发展表现一般，共享发展表现较差，资本投入水平较低，劳动力及其质量一般，交通与技术基础设施建设水平良好，农业技术水平一般，工业规模结构表现一般，总体产业结构表现一般，人口活力强，经济活力较弱，政府活力一般。基于此，田林县应统筹推进传统产业改造升级和新兴产业引进培育，推动工业向高质迈进。深化农业供给侧结构性改革，推动乡村振兴。把发展现代服务业作为扩大内需、调整结构和转变发展的重要抓手，逐步将第三产业培育成拉动经济增长的新引擎。加强城乡公共基础设施建设，抓好源头治理、过程治理、专项治理、系统治理，推动绿色可持续发展。深化重点领域改革，扩大对外开放，推动创新发展。提高行政能力，推行阳光政府建设。

四十八、西林县

西林县位于广西西部，地处桂、滇、黔三省（自治区）交界处，有 321 省道和驮娘江、南盘江、西洋江过境。

从经济高质量发展功能表现来看，西林县 2010 年和 2017 年的增长规模评价得分分别为 0.03157 分和 0.04423 分，排名分别为第 72 名和第 69 名，增长规模小。西林县 2010 年和 2017 年的增长速度评价得分分别为 0.01206 分和 0.01209 分，排名分别为第 70 名和第 65 名，增长速度慢，西林县 2010 年和 2017 年的发展效益评价得分分别为 0.00631 分和 0.00467 分，排名分别为第 4 名和第 10 名，发展效益好。西林县 2010 年和 2017 年的绿色发展评价得分分别为 0.03252 分和 0.03242 分，排名分别为第 24 名和第 29 名，表现良好。西林县 2010 年和 2017 年的共享发展评价得分分别为 0.03358 分和 0.06141 分，排名分别为第 71 名和第 67 名，表现较差（见图 9-48）。

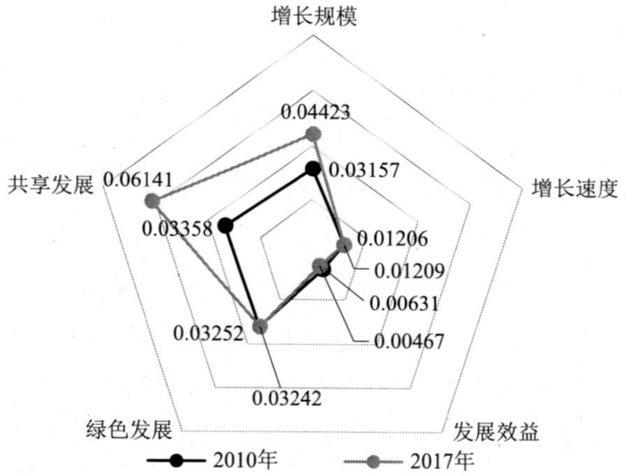

图 9-48　西林县 2010 年和 2017 年经济高质量发展功能表现评价结果分析

从经济高质量发展要素投入情况来看，西林县 2013 年和 2017 年的社会资本投入的得分分别为 0.01213 分和 0.01624 分，排名分别为第 65 名和第 67 名，表现均较差；劳动力及其质量得分分别为 0.05136 分和 0.04653 分，排名分别为第 66 名和第 67 名，表现均较差；交通与技术基础设施得分分别为 0.04236 分和 0.05030 分，排名分别为第 71 名和第 67 名，表现均较差。

从经济高质量发展的结构状况来看，西林县 2013 年和 2017 年的农业技术结构的得分分别为 0.06270 分和 0.06829 分，排名分别为第 31 名和第 24 名，农业技术结构比较合理；工业规模结构得分分别为 0.03086 分和 0.02772 分，排名分别为第 39 名和第 63 名，工业规模结构合理性由一般转为较差；总体产业结构得分分别为 0.02623 分和 0.02802 分，排名分别为第 10 名和第 23 名，总体产业结构由很合理转为比较合理。

从经济高质量发展的营商环境来看，西林县 2010 年和 2017 年的人口活力得分分别为 0.06930 分和 0.06397 分，排名分别为第 3 名和第 8 名，人口活力强。西林县 2010 年和 2017 年的经济活力得分分别为 0.03982 分和 0.09347 分，排名分别为第 74 名和第 65 名，经济活力较弱。西林县2010年和2017年的政府活力评价值分别为0.03381分和0.01998分，排名分别为第70名和第67名，政府活力较弱。

综上可知，西林县的经济增长规模小，增长速度慢，发展效益好，绿色发展表现良好，共享发展表现较差，资本投入水平较低，劳动力及其质量较差，交通与技术基础设施建设水平较低，农业技术水平较高，工业规模结构表现较差，总体产业结构表现良好，人口活力强，经济活力较弱，政府活力较弱。基于此，西林县应推进项目建设，加快工业发展，激活民营经济。建设生态文明建设，推进环境综合整治。发展服务业，持续扩大消费。促进产业发展、基础设施建设和乡风文明建设。做好民生建设，统筹推进教育、医疗、就业创业、文化体育事业发展。推进机构改革、公立医院改革、综合执法改革，农业产权制度等改革，打造清政廉洁务实高效型政府。

四十九、隆林各族自治县

隆林各族自治县位于广西西北部，滇、黔、桂三省（自治区）交汇处，有324国道和南盘江过境。

隆林各族自治县从经济高质量发展功能表现来看，隆林各族自治县2010年和2017年的增长规模评价得分分别为0.05971分和0.05522分，排名分别为第53名和第64名，表现从一般转为小。隆林各族自治县2010年和2017年的增长速度评价得分分别为0.00664分和0.01230分，排名分别为第74名和第60名，增长速度由慢转为较慢。隆林各族自治县2010年和2017年的发展效益评价得分分别为0.00608分和0.00400分，排名分别为第5名和第30名，发展效益从好转为良好。隆林各族自治县2010年和2017年的绿色发展评价得分分别为0.00931分和0.00960分，排名均为第71名，表现较差。隆林各族自治县2010年和2017年的共享发展评价得分分别为0.05174分和0.08472分，排名分别为第48名和第41名，表现一般。

从经济高质量发展要素投入情况来看，2013年和2017年的社会资本投入的得分分别为0.01411分和0.01995分，排名分别为第60名和第58名，表现均一般；劳动力及其质量得分分别为0.04678分和0.04830分，排名分别为第72名和第64名，表现均较差；交通与技术基础设施得分分别为0.07170分和0.09122分，排名分别为第33名和第23名，表现均良好（见图9-49）。

从经济高质量发展的结构状况来看，隆林各族自治县2013年和2017年的农业技术结构的得分分别为0.06636分和0.06935分，排名分别为第22名和第19名，农业技术结构由一般转为很合理；工业规模结构得分分别为0.01571分和0.02491分，排名分别为第71名和第66名，工业规模结构合理性较差；总体产业结构得分分别为0.02467分和0.02833分，排名分别为第17名和第22名，总体产业结构由很合理转为比较合理。

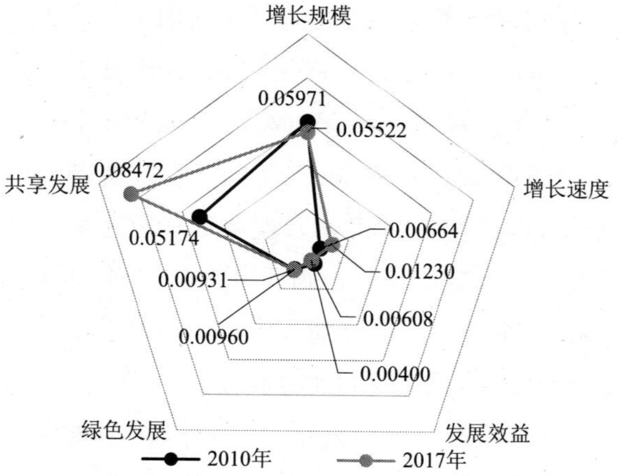

图 9-49　隆林各族自治县 2010 年和 2017 年经济高质量发展功能表现评价结果分析

从经济高质量发展的营商环境来看，隆林各族自治县 2010 年和 2017 年的人口活力得分分别为 0.05836 分和 0.06943 分，排名分别为第 7 名和第 4 名，人口活力强。隆林各族自治县 2010 年和 2017 年的经济活力得分分别为 0.05876 分和 0.15847 分，排名分别为第 58 名和第 38 名，经济活力由一般转为较强。隆林各族自治县 2010 年和 2017 年的政府活力评价值分别为 0.07817 分和 0.04086 分，排名分别为第 35 名和第 52 名，政府活力由较强转为一般。

综上可知，隆林各族自治县的经济增长规模小，增长速度慢，发展效益良好，绿色发展表现较差，共享发展表现一般，资本投入水平一般，劳动力及其质量较差，交通与技术基础设施建设水平较高，农业技术水平较高，工业规模结构表现较差，总体产业结构表现良好，人口活力强，经济活力较强，政府活力一般。基于此，隆林各族自治县应加强重点园区建设，加快推进铝二次创业。实施通乡 (镇) 公路提级改造，推进城乡风貌改造。发展现代特色农业、特色旅游业和生产消费商务服务业，推进重点领域改革，激发发展内生动力，推进重点领域改革，激发发展内生动力。拓展城镇发展空间格局，改善提升城镇功能，激发财税金融活力，有效服务实体经济。

五十、靖西市

靖西市位于广西西南部，与越南社会主义共和国接壤，边境线长 152.5 千米，有德靖铁路、银川至百色高速公路、合浦至那坡高速公路过境，有龙邦国家一类口岸、岳圩国家二类口岸和龙邦、新兴、岳圩、孟麻 4 个边民互市点。

从经济高质量发展功能表现来看，靖西市 2010 年和 2017 年的增长规模评价得分分别为 0.08846 分和 0.18549 分，排名分别为第 37 名和第 10 名，增长规模从较大转为大。靖西市 2010 年和 2017 年的增长速度评价得分分别为 0.01494 分和 0.01560 分，排名分别为第 44 名和第 3 名，增长速度从一般转为快。靖西市 2010 年和 2017 年的发展效益评价得分分别为 0.00342 分和 0.00377 分，排名分别为第 65 名和第 38 名，发展效益从差转为较好。靖西市 2010 年和 2017 年的绿色发展评价得分分别为 0.00611 分和 0.00669 分，排名均为 73 名，表现较差。靖西市 2010 年和 2017 年的共享发展评价得分分别为 0.04555 分和 0.10196 分，排名分别为第 60 名和第 24 名，表现从较差转为良好（见图 9-50）。

从经济高质量发展要素投入情况来看，靖西市 2013 年和 2017 年的社会资本投入的得分分别为 0.04237 分和 0.05376 分，排名分别为第 19 名和第 27 名，表现由优秀转为良好；劳动力及其质量得分分别为 0.07208 分和 0.07244 分，排名分别为第 45 名和第 42 名，表现均一般；交通与技术基础设施得分分别为 0.07940 分和 0.09823 分，排名分别为第 25 名和第 20 名，表现由良好转为优秀。

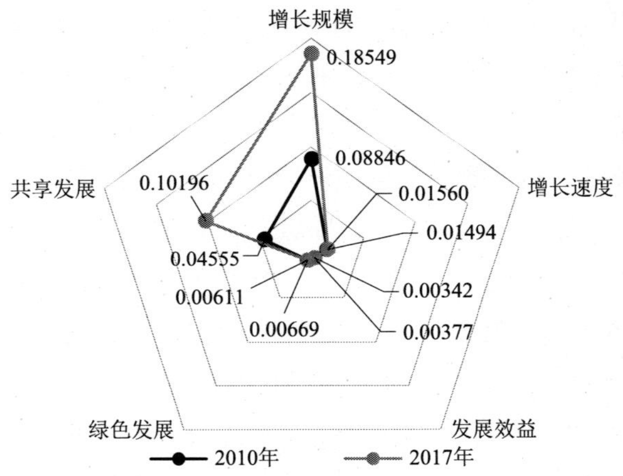

图 9-50　靖西市 2010 年和 2017 年经济高质量发展功能表现评价结果分析

从经济高质量发展的结构状况来看，靖西市 2013 年和 2017 年的农业技术结构的得分分别为 0.05181 分和 0.05356 分，排名均为第 67 名，农业技术结构合理性较差；工业规模结构得分分别为 0.03187 分和 0.02928 分，排名分别为第 31 名和第 58 名，工业规模结构合理性表现由较好转为一般；总体产业结构得分分别为 0.01518 分和 0.01350 分，排名分别为第 67 名和第 74 名，总体产业结构合理性较差。

从经济高质量发展的营商环境来看，靖西市 2010 年和 2017 年的人口活力得分分别为 0.04418 分和 0.05190 分，排名分别为第 37 名和第 41 名，人口活力由较强转为一般。靖西市 2010 年和 2017 年的经济活力得分分别为 0.09739 分和 0.13775 分，排名分别为第 28 名和第 51 名，经济活力由较强转为一般。靖西市 2010 年和 2017 年的政府活力评价值分别为 0.10116 分和 0.10728 分，排名分别为第 21 名和第 9 名，政府活力由较强转为强。

综上可知，靖西市的经济增长规模大，增长速度快，发展效益良好，绿色发展表现较差，共享发展表现良好，资本投入水平较高，劳动力及其质量一般，交通与技术基础设施建设水平高，农业技术水平较低，工业规模结构表现一般，总体产业结构表现较差，人口活力一般，经济活力一般，政府活力强。基于此，靖西市应注重项目建设，持续扩大有效投资，加强要素保障，建立民营企业经济长效平稳发展机制。注重沿边开发开放，抓好平台载体建设。发展全域旅游，打造特色景区景点。注重城市品质，完善公共服务体系，助推铝锰“二次创业”，打造园区平台。注重乡村振兴，增强农业综合生产能力，发展现代特色农业，推动农村基础设施提档升级。注重改革创新，推动重点领域和关键环节改革。推动绿色低碳发展，强化环境综合治理。注重政府自身建设。

五十一、昭平县

昭平县位于广西东部，有桂梧高速公路、20141 省道和桂江过境。

从经济高质量发展功能表现来看，昭平县 2010 年和 2017 年的增长规模评价得分分别为 0.05535 分和 0.06968 分，排名分别为第 57 名和第 54 名，增长规模一般；昭平县 2010 年和 2017 年的增长速度评价得分分别为 0.01513 分和 0.01213 分，排名分别为第 43 名和第 64 名，增长速度从一般转为慢；昭平县 2010 年和 2017 年的发展效益评价得分分别为 0.00374 分和 0.00381 分，排名分别为第 52 名和第 37 名，发展效益从一般转为较好；昭平县 2010 年和 2017 年的绿色发展评价得分分别为 0.03063 分和 0.02937 分，排名分别为第 29 名和第 38 名，表现良好；昭平县 2010 年和 2017 年的共享发展评价得分分别为 0.05324 分和 0.09015 分，排名分别为第 44 名和第 31 名，表现从一般转为良好（见图 9-51）。

从经济高质量发展要素投入情况来看，昭平县 2013 年和 2017 年的社会资本投入的得分分别为 0.02596 分和 0.02716 分，排名分别为第 39 名和第 49 名，表现由良好转为一般；劳动力及其质量得分分别为 0.05379 分和 0.05732 分，排名分别为第 62 名和第 53 名，表现由较差转为一般；交通与技术基础设施得分分别为 0.06288 分和 0.08974 分，排名分别为第 46 名和第 25 名，表现由一般转为良好。

从经济高质量发展的结构状况来看，昭平县 2013 年和 2017 年的农业技术结构的得分分别为 0.05963 分和 0.05876 分，排名分别为第 44 名和第 55 名，农业技术结构合理性表现一般。工业规模结构得分分别为 0.02511 分和 0.03895 分，排名分别为第 62 名和第 18 名，工业规模结构由较差转为很合理；总体产业结构得分分别为 0.02434 分和 0.02881 分，排名均为 19 名，总体产业结构很合理。

从经济高质量发展的营商环境来看，昭平县 2010 年和 2017 年的人口活力得分分别为 0.04432 分和 0.05767 分，排名分别为第 36 名和 23 名，人口活力较强。昭平县 2010 年和 2017 年的经济活力得分分别为 0.07451 分和 0.15667 分，排名分别为第 43 名和第 41 名，经济活力一般。昭平县2010年和2017年的政府活力评价值分别为0.04287分和0.02769分，排名分别为第63名和第62名，政府活力较弱。

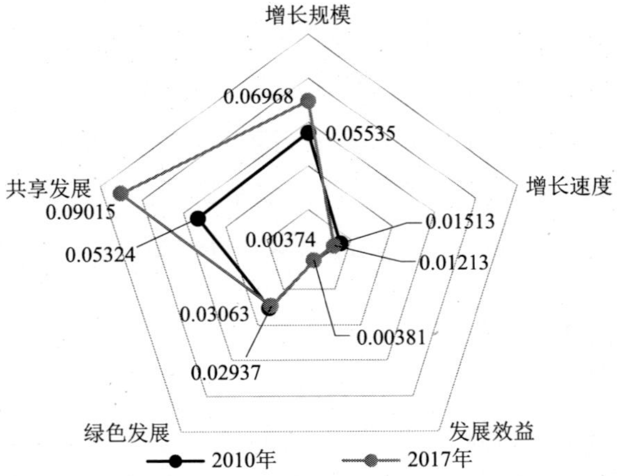

图 9-51　昭平县 2010 年和 2017 年经济高质量发展功能表现评价结果分析

综上可知，昭平县的经济增长规模一般，增长速度慢，发展效益较好，绿色发展表现良好，共享发展表现良好，资本投入水平一般，劳动力及其质量一般，交通与技术基础设施建设水平较高，农业技术水平较高，工业规模结构表现优秀，总体产业结构表现优秀，人口活力较强，经济活力一般，政府活力较弱。基于此，昭平县应围绕蓝天、碧水、净土3大目标打好保卫战，围绕打造“东融”先行示范区，突出交通、引资和平台建设，打造贺州东融发展新阵地，深化拓展开放发展新空间。突出资源禀赋，构筑生态健康产业集群。突出优化产业结构，强化重点领域和关键环节改革，不断提高产业发展质量和效益。扩大有效投资，保障要素供给，强化服务保障，发展现代特色优势农业，促进农村产业融合发展。提升公共服务水平，保障和改善民生事业，增强政府执行力。

五十二、钟山县

钟山县位于广西东北部，是中国西南地区东进粤港澳的主要通道之一，有桂梧高速公路、323国道、贵广铁路、永贺高速公路和富江过境。

从经济高质量发展功能表现来看，钟山县2010年和2017年的增长规模评价得分分别为0.09552分和0.09962分，排名分别为第32名和第46名，增长规模从较大转为一般。钟山县2010年和2017年的增长速度评价得分分别为0.01481分和0.01235分，排名分别为第48名和第56名，增长速度一般。钟山县2010年和2017年的发展效益评价得分分别为0.00379分和0.00358分，排名均为第49名，发展效益一般。钟山县2010年和2017年的绿色发展评价得分分别为0.03505分和0.03174分，排名分别为第15名和第30名，表现从优秀转为良好。钟山县2010年和2017年的共享发展评价得分分别为0.06742分和0.08171分，排名分别为第20名和第42名，表现由优良转为一般（见图9-52）。

从经济高质量发展要素投入情况来看，钟山县2013年和2017年的社会资本投入的得分分别为0.03009分和0.04510分，排名分别为第30名和第37名，表现均良好；劳动力及其质量得分分别为0.06638分和0.07439分，排名分别为第50名和第41名，表现均一般；交通与技术基础设施得分分别为0.06497分和0.07623分，排名均为第42名，表现均一般。

从经济高质量发展的结构状况来看，钟山县2013年和2017年的农业技术结构的得分分别为0.05926分和0.07077分，排名分别为第46名和第16名，农业技术结构由一般转为很合理；工业规模结构得分分别为0.02898分和0.04282分，排名分别为第47名和第9名，工业规模结构由一般转为很合理；总体产业结构得分分别为0.02408分和0.02750分，排名分别为第22名和第25名，总体产业结构比较合理。

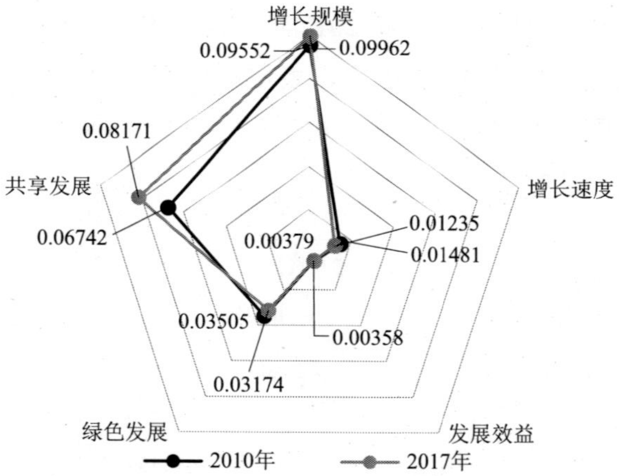

图9-52　钟山县2010年和2017年经济高质量发展功能表现评价结果分析

从经济高质量发展的营商环境来看，钟山县2010年和2017年的人口活力得分分别为0.03574分和0.06086分，排名分别为第72名和第16名，人口活力由较弱转为强。钟山县2010年和2017年的经济活力得分分别为0.09799分和0.20743分，排名分别为第27名和第25名，经济活力较强。钟山县2010年和2017年的政府活力评价值分别为0.05865分和0.04585分，排名分别为第54名和第42名，政府活力一般。

综上可知，钟山县的经济增长规模一般，增长速度一般，发展效益一般，绿色发展表现良好，共享发展表现一般，资本投入水平较高，劳动力及其质量一般，交通与技术基础设施建设水平一般，农业技术水平高，工业规模结构表现优秀，总体产业结构表现良好，人口活力强，经济活力较强，政府活力一般。基于此，钟山县应以东融统揽工作全局，强规划、优平台、夯基础、抓项目，全面融入大湾区发展、接受大湾区辐射、承接大湾区产业、服务大湾区市场。以工业发展“提升工程”为引擎，发展壮大实体经济，加快发展现代特色农业，以全域旅游“创建工程”为动能，加速服务业提质升级，城市发展“提质工程”为载体，优化环境，推进各项事业均衡发展，提高政府行政效能。

五十三、富川瑶族自治县

富川瑶族自治县位于广西东北部，有洛湛铁路、永贺高速公路、207 国道、203 省道和富江河过境。

从经济高质量发展功能表现来看，富川瑶族自治县 2010 年和 2017 年的增长规模评价得分分别为 0.06419 分和 0.08297 分，排名分别为第 50 名和第 51 名，增长规模小。富川瑶族自治县 2010 年和 2017 年的增长速度评价得分分别为 0.01742 分和 0.01199 分，排名分别为第 10 名和第 70 名，增长速度从快转为慢。富川瑶族自治县 2010 年和 2017 年的发展效益评价得分分别为 0.00374 分和 0.00369 分，排名分别为第 52 名和第 43 名，发展效益一般；富川瑶族自治县 2010 年和 2017 年的绿色发展评价得分分别为 0.03010 分和 0.02598 分，排名分别为第 31 名和第 50 名，表现从良好转为一般。富川瑶族自治县 2010 年和 2017 年的共享发展评价得分分别为 0.05379 分和 0.07396 分，排名分别为第 42 名和第 56 名，表现一般（见图 9-53）。

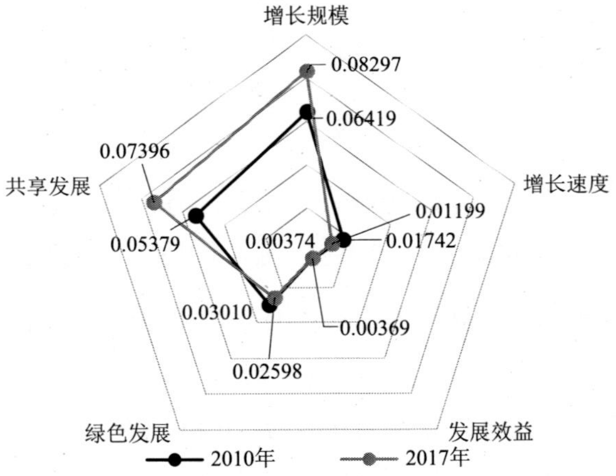

图 9-53　富川瑶族自治县 2010 年和 2017 年经济高质量发展功能表现评价结果分析

从经济高质量发展的结构状况来看富川瑶族自治县 2013 年和 2017 年的农业技术结构的得分分别为 0.10482 和 0.05759，排名分别为第 2 名和第 60 名；农业技术结构合理性表现由优良转为一般；工业规模结构得分分别为 0.04205 和 0.03669，排名分别为第 4 名和第 26 名；工业规模结构由很合理转为比较合理；总体产业结构得分分别为 0.01693 和 0.02276，排名分别为第 61 名和第 49 名，总体产业结构合理性表现由较差转为一般。

从经济高质量发展的要素投入情况来看，富川瑶族自治县 2013 年和 2017 年的社会资本投入的得分分别为0.02657分和0.03869分，排名分别为第35名和第40名，表现均良好；劳动力及其质量得分分别为0.06697分和0.05982分，排名分别为第49名和第51名，表现均一般；交通与技术基础设施得分分别为0.05391分和0.06982分，排名分别为第56名和第45名，表现均一般。

从经济高质量发展的营商环境来看，富川瑶族自治县2010年和2017年的人口活力得分分别为0.04328分和0.05686分，排名分别为第41名和25名，人口活力由一般转为较强。富川瑶族自治县2010年和2017年的经济活力得分分别为0.06578分和0.12435分，排名分别为第52名和第57名，经济活力一般。富川瑶族自治县2010年和2017年的政府活力评价值分别为0.06790分和0.05174分，排名分别为第48名和第34名，政府活力由一般转为较强。

综上可知，富川瑶族自治县的经济增长规模小，增长速度慢，发展效益一般，绿色发展表现一般，共享发展表现一般，资本投入水平较高，劳动力及其质量良好，交通与技术基础设施建设水平一般，农业技术水平一般，工业规模结构表现良好，总体产业结构表现一般，人口活力较强，经济活力一般，政府活力较强。基于此，富川瑶族自治县应推动产业融合发展，推动工业高质量发展，培育现代农业，发展以旅游业为主导的服务业，加快电子商务产业发展。加大重大项目建设，优化营商环境，全力加快东融步伐，加强环境保护，促进生态宜居，切实保障民生，加强政府自身建设。

五十四、宜州区

宜州区位于河池市东部，有323国道线、黔桂铁路贯穿东西部。

从经济高质量发展功能表现来看，宜州区2010年和2017年的增长规模评价得分分别为0.08809分和0.10499分，排名分别为第38名和第44名，增长规模较大。宜州区2010年和2017年的增长速度评价得分分别为0.01390分和0.01292分，排名分别为第60名和第19名，增长速度从慢转为快，宜州区2010年和2017年的发展效益评价得分分别为0.00394分和0.00448分，排名分别为第45名和第20名，发展效益从一般转为优良。宜州区2010年和2017年的绿色发展评价得分分别为0.01328分和0.01990分，排名分别为第64名和第60名，表现由较差转为一般。宜州区2010年和2017年的共享发展评价得分分别为0.09121分和0.15593分，排名分别为第8名和第9名，表现优秀（见图9-54）。

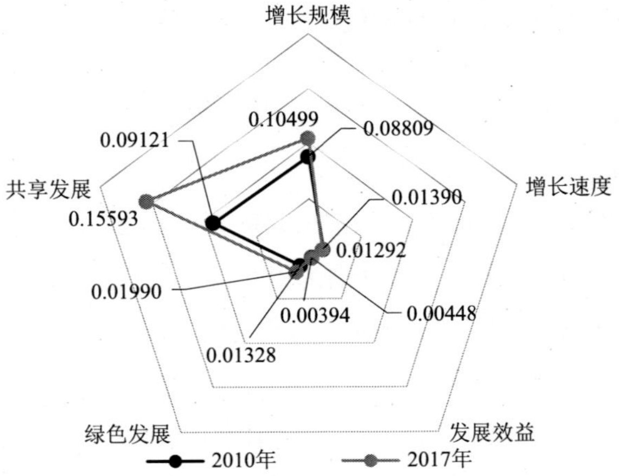

图 9-54　宜州区 2010 年和 2017 年经济高质量发展功能表现评价结果分析

从经济高质量发展要素投入情况来看，宜州区 2013 年和 2017 年的社会资本投入的得分分别为 0.02191 分和 0.02039 分，排名分别为第 48 名和第 57 名，表现均一般；劳动力及其质量得分分别为 0.08783 分和 0.08331 分，排名均为第 31 名，表现均良好；交通与技术基础设施得分分别为 0.11954 分和 0.14154 分，排名分别为第 10 名和第 9 名，表现均优秀。

从经济高质量发展的结构状况来看，宜州区 2013 年和 2017 年的农业技术结构的得分分别为 0.05605 分和 0.05800 分，排名均为第 58 名，农业技术结构合理性表现一般；工业规模结构得分分别为 0.03532 分和 0.03824 分，排名分别为第 12 名和第 22 名，工业规模结构由很合理转为比较合理；总体产业结构得分分别为 0.02454 分和 0.03095 分，排名分别为第 18 名和第 13 名，总体产业结构很合理。

从经济高质量发展的营商环境来看，宜州区 2010 年和 2017 年的人口活力得分分别为 0.04333 分和 0.05382 分，排名分别为第 40 名和 35 名，人口活力较强。宜州区 2010 年和 2017 年的经济活力得分分别为 0.14166 和 0.28187 分，排名分别为第 16 名和第 17 名，经济活力强。宜州区 2010 年和 2017 年的政府活力评价值分别为 0.09612 分和 0.04716 分，排名分别为第 26 名和第 40 名，政府活力较强。

综上可知，宜州区的经济增长规模较大，增长速度快，发展效益良好，绿色发展表现较差，共享发展表现优秀，资本投入水平一般，劳动力及其质量良好，交通与技术基础设施建设水平高，农业技术水平一般，工业规模结构表现良好，总体产业结构表现优秀，人口活力较强，经济活力强，政府活力较强。基于此，宜州区应加快农业产业示范基地建设，健全乡村治理体系，实施产业转型升级攻坚行动，紧盯实体经济发展，充分挖掘宜州的产业优势和潜力，全力推动产业融合发展，把旅游业作为高质量发展的潜在动力，以全域旅游带动，培育新的经济增长点。加大投入，把项目建设作为支撑高质量发展的关键举措，加强生态文明建设，建设美丽宜居宜州。深化改革开放，增强经济社会发展动力活力，加强财税金融工作，提高社会保障水平，创新社会治理体系，加快转变政府职能，不断提高行政效能。

五十五、南丹县

南丹县位于广西西北部，有黔桂铁路、六河高速公路、210国道、红水河过境。

从经济高质量发展功能表现来看，南丹县2010年和2017年的增长规模评价得分分别为0.09278分和0.12602分，排名分别为第35名和第36名，增长规模较大。南丹县2010年和2017年的增长速度评价得分分别为0.01392分和0.01290分，排名分别为第59名和第22名，发展速度从一般转为较快；南丹县2010年和2017年的发展效益评价得分分别为0.00479分和0.00524分，排名分别为第20名和第5名，发展效益好。南丹县2010年和2017年的绿色发展评价得分分别为0.00479分和0.00774分，排名均为第72名，表现较差。南丹县2010年和2017年的共享发展评价得分分别为0.05276分和0.07791分，排名分别为第45名和第48名，表现一般（见图9-55）。

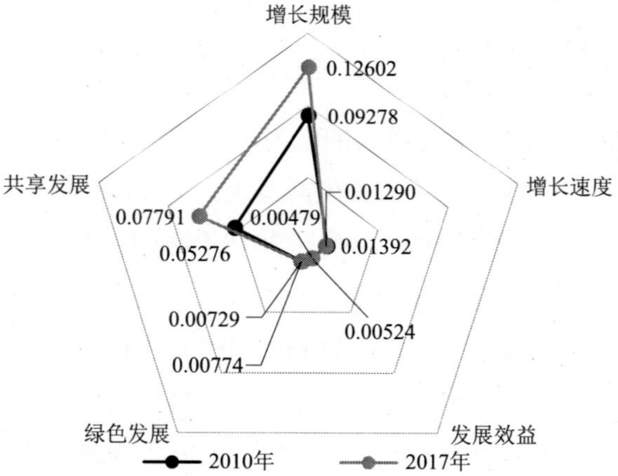

图9-55 南丹县2010年和2017年经济高质量发展功能表现评价结果分析

南丹县2013年和2017年的社会资本投入的得分分别为0.01718分和0.02338分，排名分别为第57名和第53名，表现均一般；劳动力及其质量得分分别为0.09629分和0.09108分，排名分别为第24名和第25名，表现均良好；交通与技术基础设施得分分别为0.07909分和0.08398分，排名分别为第26名和第33名，表现均良好。

南丹县2013年和2017年的农业技术结构的得分分别为0.05734分和0.06118分，排名分别为第52名和第45名，农业技术结构合理性表现一般；工业规模结构得分分别为0.02719分和0.03899分，排名分别为第55名和第17名，工业规模结构由较差转为很合理；总体产业结构得分分别为0.01772分和0.02847分，排名分别为第55名和第20名，总体产业结构很合理。

南丹县2010年和2017年的人口活力得分分别为0.05717分和0.06646分，排名分别为第12名和第5名，人口活力强。南丹县2010年和2017年的经济活力得分分别为0.10125分和0.16543分，排名分别为第24名和35名，经济活力较强。南丹县2010年和2017年的政府活力评价值分别为0.12495分和0.07357分，排名分别为第9名和第27名，政府活力由强转为较强。

综上可知，南丹县的经济增长规模较大，增长速度较快，发展效益好，绿色发展表现较差，共享发展表现一般，资本投入水平一般，劳动力及其质量良好，交通与技术基础设施建设水平较高，农业技术水平一般，工业较强，人口活力强，经济活力较强，政府活力较强。基于此，南丹县应突出重点，全力加快推进工业项目建设、推动工业经济高质量发展，以景区提质升级为核心，带动全域旅游发展。加快城乡协调统筹发展，交通路网与农田水利项目建设、城镇项目建设，改善农村人居环境。以优化营商环境作为体制机制改革为突破口，优化服务，最大限度激发市场活力和社会创造力，全面提升南丹发展软实力。确保生态环境持续稳定向好。

五十六、天峨县

天峨县位于广西西北部，是华南最大的电力生产基地、“中国山鸡之乡”“中国油桐之乡”“中国金花茶之乡”和广西无公害水果生产基地，有317省道和红水河过境。

从经济高质量发展功能表现来看，天峨县2010年和2017年的增长规模评价得分分别为0.08792分和0.11070分，排名分别为第39名和第40名，增长规模较大。天峨县2010年和2017年的增长速度评价得分分别为0.01171分和0.01310分，排名分别为第73名和第10名，增长速度从慢转为快。天峨县2010年和2017年的发展效益评价得分分别为0.00672分和0.00947分，排名均为第1名，发展效益好。天峨县2010年和2017年的绿色发展评价得分分别为0.09110分和0.08090分，排名均为第1名，表现优秀。天峨县2010年和2017年的共享发展评价得分分别为0.04663分和0.06291分，排名分别为第56名和第65名，表现从一般转为较差（见图9-56）。

从经济高质量发展要素投入情况来看，天峨县2013年和2017年的社会资本投入的得分分别为0.01071分和0.01291分，排名均为第72名，表现均较差；劳动力及其质量得分分别为0.05343分和0.04586分，排名分别为第63名和第69名，表现均较差；交通与技术基础设施得分分别为0.05367分和0.06228分，排名分别为第57名和第54名，表现均一般。

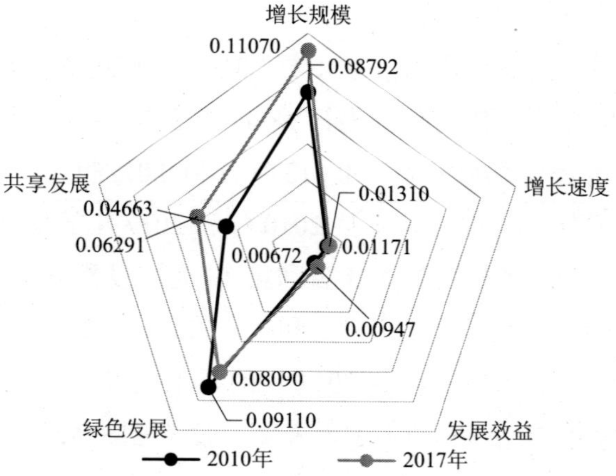

图 9-56 天峨县 2010 年和 2017 年经济高质量发展功能表现评价结果分析

从经济高质量发展的结构状况来看，天峨县 2013 年和 2017 年的农业技术结构的得分分别为 0.06136 分和 0.06333 分，排名分别为第 36 名和第 38 名，农业技术结构比较合理；工业规模结构得分分别为 0.01792 分和 0.01474 分，排名分别为第 69 名和第 73 名，工业规模结构合理性较差；总体产业结构得分分别为 0.01866 分和 0.01882 分，排名分别为第 48 名和第 65 名，总体产业结构合理性由一般转为较差。

从经济高质量发展的营商环境来看，天峨县 2010 年和 2017 年的人口活力得分分别为 0.06794 分和 0.06162 分，排名分别为第 4 名和第 12 名，人口活力强。天峨县 2010 年和 2017 年的经济活力得分分别为 0.05275 分和 0.09073 分，排名分别为第 64 名和第 66 名，经济活力较弱。天峨县 2010 年和 2017 年的政府活力评价值分别为 0.10469 分和 0.04122 分，排名分别为第 20 名和第 51 名，政府活力由强转为一般。

综上可知，天峨县的经济增长规模一般，增长速度快，发展效益一般，绿色发展表现优秀，共享发展表现较差，资本投入水平较低，劳动力及其质量较差，交通与技术基础设施建设水平一般，农业技术水平较高，工业规模结构表现较差，总体产业结构表现较差，人口活力强，经济活力较弱，政府活力一般。基于此，天峨县应巩固“中国龙滩珍珠李之乡”品牌成果，加快创建现代特色农业名县步伐，推动特色农业增点扩面提质升级，打造一批有名气、有品牌、叫得响的优势特色农产品。推动生态工业健康发展、生态旅游加速发展，强力推进交通基础设施建设、农田水利基础设施建设、文化教育卫生基础设施建设。坚持绿色发展理念，全面建成“智慧天峨”，促进城乡融合发展。积极引入社会资本，扩大融资规模，营造浓厚营商环境，深化农业农村综合改革和财税金融改革。

五十七、凤山县

凤山县位于广西西北部，是“中国长寿之乡”，广西茶油生产基地和核桃良种繁育基地。有 318 国道、208 国道过境。

从经济高质量发展功能表现来看，凤山县 2010 年和 2017 年的增长规模评价得分分别为 0.03556 分和 0.03622 分，排名分别为第 68 名和第 74 名，增长规模小。凤山县 2010 年和 2017 年的增长速度评价得分分别为 0.01279 分和 0.01259 分，排名分别为第 67 名和第 43 名，增长速度从慢转为一般。凤山县 2010 年和 2017 年的发展效益评价得分分别为 0.00662 分和 0.00455 分，排名分别为第 3 名和第 14 名，发展效益好。凤山县 2010 年和 2017 年的绿色发展评价得分分别为 0.02844 分和 0.02576 分，排名分别为第 34 名和第 52 名，表现从良好转为一般；凤山县 2010 年和 2017 年的共享发展评价得分分别为 0.04394 分和 0.06517 分，排名分别为第 62 名和第 61 名，表现一般（见图 9-57）。

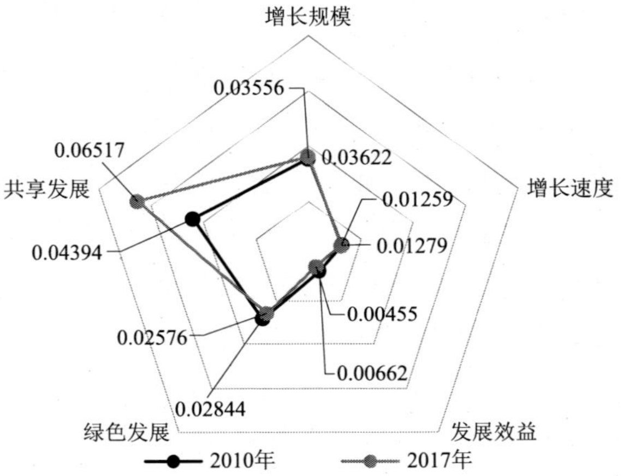

图 9-57　凤山县 2010 年和 2017 年经济高质量发展功能表现评价结果分析

从经济高质量发展要素投入情况来看，凤山县 2013 年和 2017 年的社会资本投入的得分分别为 0.01032 分和 0.01450 分，排名分别为第 74 名和第 71 名，表现均较差；劳动力及其质量得分分别为 0.06117 分和 0.04306 分，排名分别为第 53 名和第 73 名，表现由一般转为较差；交通与技术基础设施得分分别为 0.04750 分和 0.05381 分，排名分别为第 68 名和第 65 名，表现均较差。

从经济高质量发展的结构状况来看，凤山县 2013 年和 2017 年的农业技术结构的得分分别为 0.06784 分和 0.07546 分，排名分别为第 20 名和第 9 名，农业技术结构很合理；工业规模结构得分分别为 0.03132 分和 0.01702 分，排名分别为第 35 名和第 71 名，工业规模结构合理性表现由较好转为较差；总体产业结构得分分别为 0.02723 分和 0.03691 分，排名分别为第 8 名和第 3 名，总体产业结构很合理。

从经济高质量发展的营商环境来看，凤山县 2010 年和 2017 年的人口活力得分分别为 0.05677 分和 0.06305 分，排名分别为第 15 名和第 10 名，人口活力强。凤山县 2010 年和 2017 年的经济活力得分分别为 0.04413 分和 0.07739 分，排名分别为第 70 名和 72 名，经济活力较弱。凤山县2010年和2017年的政府活力评价值分别为0.02229分和0.01452分，排名分别为第73名和第74名，政府活力较弱。

综上所述，凤山县经济高质量发展基础较差，发展效益虽有上升趋势，但增长速度提升缓慢，增长规模小，投入水平、经济活力均较差，绿色发展出现退步现象。但是，凤山县总体产业结构较合理，开放程度不错，具有一定的发展潜力，社会保障水平不断提高，存在很大提升空间。凤山县应该发挥优势，着力抓好结构调整，因地制宜发展特色农业及服务业，同时补齐短板，加大投入，加大招商引资工作力度，尤其加大旅游重大项目的招商引资工作，凤山县有三门海、鸳鸯泉、万寿谷等优秀旅游点，应继续以打造广西特色旅游县为总目标，打造特色旅游品牌。同时，大力发展生态工业，深入实施绿色发展战略。

五十八、东兰县

东兰县位于广西西北部，有323国道和红水河过境。

从经济高质量发展功能表现来看，东兰县2010年和2017年的增长规模评价得分分别为0.03201分和0.03776分，排名分别为第71名和第73名，增长规模小。东兰县2010年和2017年的增长速度评价得分分别为0.01195分和0.01333分，排名分别为第72名和第7名，增长速度从慢转为快。东兰县2010年和2017年的发展效益评价得分分别为0.00482分和0.00377分，排名分别为第18名和第38名，发展效益从好转为良好。东兰县2010年和2017年的绿色发展评价得分分别为0.03159分和0.01988分，排名分别为第27名和第61名，表现从良好转为较差。东兰县2010年和2017年的共享发展评价得分分别为0.04321分和0.05868分，排名分别为第63名和第69名，表现较差（见图9-58）。

从经济高质量发展要素投入情况来看，东兰县2013年和2017年的社会资本投入的得分分别为0.01077分和0.02071分，排名分别为第71名和第56名，表现由较差转为一般；劳动力及其质量得分分别为0.05085分和0.04730分，排名分别为第68名和第66名，表现均较差；交通与技术基础设施得分分别为0.06237分和0.06257分，排名分别为第48名和第53名，表现均一般。

从经济高质量发展的结构状况来看，东兰县2013年和2017年的农业技术结构的得分分别为0.07707分和0.07532分，排名均为第10名，农业技术结构很合理；工业规模结构得分分别为0.02430分和0.03003分，排名分别为第64名和第55名，工业规模结构合理性表现一般；总体产业结构得分分别为0.02915分和0.03647分，排名均为第4名，总体产业结构很合理。

从经济高质量发展的营商环境来看，东兰县2010年和2017年的人口活力得分分别为0.04645分和0.05807分，排名分别为第27名和第22名，人口活力较强。东兰县2010年和 2017 年的经济活力得分分别为 0.05473 分和 0.12040 分，排名分别为第 62 名和第 59 名，经济活力由较弱转为一般。东兰县 2010 年和 2017 年的政府活力评价值分别为 0.02310 分和 0.01940 分，排名分别为第 72 名和第 69 名，政府活力较弱。

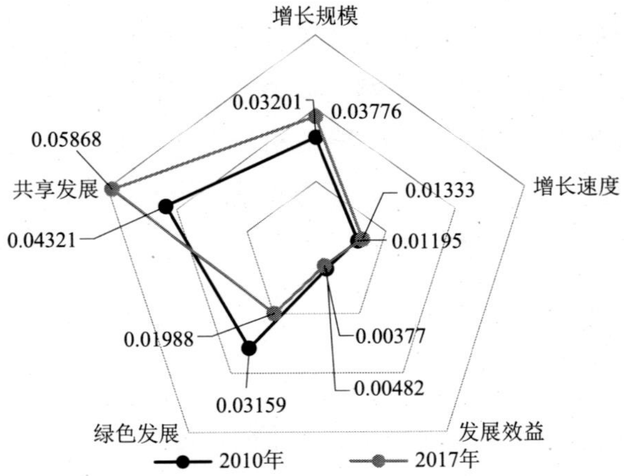

图 9-58　东兰县 2010 年和 2017 年经济高质量发展功能表现评价结果分析

综上所述，东兰县经济高质量发展基础较差，发展效益有所波动，增长速度提升显著，但增长规模仍旧不高，社会资本投入、工业规模结构、经济活力有小幅提升，但仍处于一般水平。东兰县总体产业结构较合理，开放程度不错，具有一定的发展潜力。东兰县需要加大招商力度，强化工业招商，壮大工业经济。由于几年来东兰县绿色发展出现明显退步，生态环境保护面临不小的挑战，在提高发展效益，增快发展速度的同时，应提高绿色发展质量。

五十九、罗城仫佬族自治县

罗城仫佬族自治县位于广西北部，有枝柳铁路、20251 省道、武阳江、天河过境。

从经济高质量发展功能表现来看，罗城仫佬族自治县 2010 年和 2017 年的增长规模评价得分分别为 0.05013 分和 0.05102 分，排名分别为第 60 名和第 66 名，增长规模小；罗城仫佬族自治县 2010 年和 2017 年的增长速度评价得分分别为 0.01338 分和 0.01315 分，排名分别为第 63 名和第 9 名，增长速度从慢转为快；罗城仫佬族自治县 2010 年和 2017 年的发展效益评价得分分别为 0.00473 分和 0.00462 分，排名分别为第 25 名和第 11 名，发展效益从良好转为好。罗城仫佬族自治县 2010 年和 2017 年的绿色发展评价得分分别为 0.02303 分和 0.02702 分，排名分别为第 41 名和第 48 名，表现一般；罗城仫佬族自治县 2010 年和 2017 年的共享发展评价得分分别为 0.05059 分和 0.09344 分，排名分别为第 51 名和第 29 名，表现从一般转为良好（见图 9-59）。

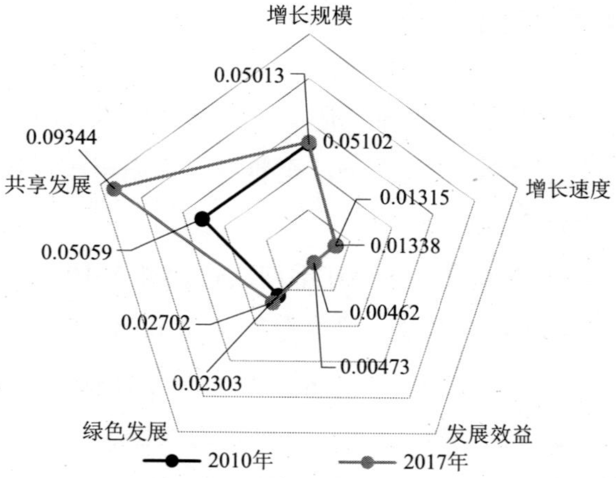

图 9-59　罗城仫佬族自治县 2010 年和 2017 年经济高质量发展功能表现评价结果分析

从经济高质量发展要素投入情况来看，罗城仫佬族自治县 2013 年和 2017 年的社会资本投入的得分分别为 0.01151 分和 0.01504 分，排名分别为第 69 名和第 70 名，表现均较差；劳动力及其质量得分分别为 0.07507 分和 0.05664 分，排名分别为第 42 名和第 55 名，表现均一般；交通与技术基础设施得分分别为 0.06024 分和 0.04719 分，排名分别为第 50 名和第 68 名，表现由一般转为较差。

从经济高质量发展的结构状况来看，罗城仫佬族自治县 2013 年和 2017 年的农业技术结构的得分分别为 0.05342 分和 0.05038 分，排名分别为第 64 名和第 72 名，农业技术结构合理性较差；工业规模结构得分分别为 0.02553 分和 0.03577 分，排名分别为第 61 名和第 30 名，工业规模结构比较合理；总体产业结构得分分别为 0.02432 分和 0.03161 分，排名分别为 20 名和第 10 名，总体产业结构很合理。

从经济高质量发展的营商环境来看，罗城仫佬族自治县 2010 年和 2017 年的人口活力得分分别为 0.03916 分和 0.05189 分，排名分别为第 56 名和第 43 名，人口活力一般。罗城仫佬族自治县 2010 年和 2017 年的经济活力得分分别为 0.06309 分和 0.13797 分，排名分别为第 56 名和第 50 名，经济活力一般。罗城仫佬族自治县 2010 年和 2017 年的政府活力评价值分别为 0.03496 分和 0.02105 分，排名分别为第 68 名和第 65 名，政府活力较弱。

综上所述，罗城仫佬族自治县经济高质量发展基础较差，投入水平差，产业结构合理性不够，营商环境一般，发展效益有上升趋势，增长速度提升显著，但增长规模仍旧不高，交通与技术基础设施投入，政府效力有待提高。工业规模结构合理性提升较显著，特色酒业及饮用水品牌建设具有成效，需要加快工业项目建设及工业升级，注重产业结构合理化，促进各产业相互协调。罗城仫佬族自治县的开放程度及经济活力变化不大，仍有许多提升空间，应多举行产业招商活动，大力发展罗城仫佬族自治县特色旅游业和现代服务业。

六十、环江毛南族自治县

环江毛南族自治县位于广西西北部，是喀斯特世界自然遗产地、国家级生态示范区、“中国兰花之乡”“中国菜牛之乡”，有金城江至雅脉、洛阳至茂兰铁路、205 省道、309 省道、大环江、小环江（中洲河）过境。

从经济高质量发展功能表现来看，环江毛南族自治县 2010 年和 2017 年的增长规模评价得分分别为 0.04416 分和 0.05957 分，排名分别为第 66 名和第 59 名，增长规模小。环江毛南族自治县 2010 年和 2017 年的增长速度评价得分分别为 0.01480 分和 0.01279 分，排名分别为第 49 名和第 28 名，增长速度从一般转为较快。环江毛南族自治县 2010 年和 2017 年的发展效益评价得分分别为 0.00487 分和 0.00462 分，排名分别为第 17 名和第 11 名，发展效益好。环江毛南族自治县 2010 年和 2017 年的绿色发展评价得分分别为 0.01842 分和 0.02795 分，排名分别为第 54 名和第 44 名，表现一般。环江毛南族自治县 2010 年和 2017 年的共享发展评价得分分别为 0.04692 分和 0.07394 分，排名分别为第 55 名和第 57 名，表现一般（见图 9-60）。

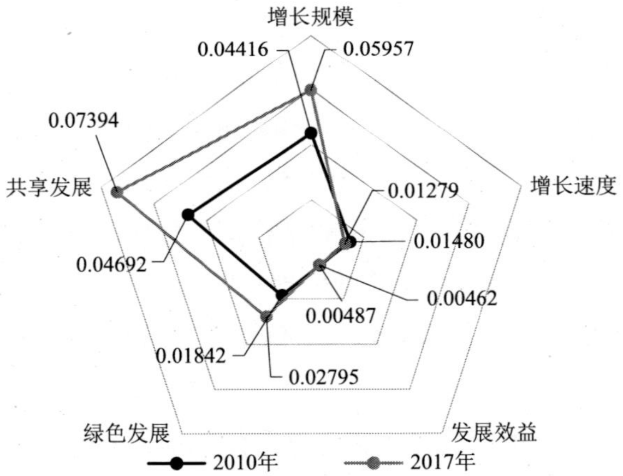

图 9-60　环江毛南族自治县 2010 年和 2017 年经济高质量发展功能表现评价结果分析

从经济高质量发展要素投入情况来看，环江毛南族自治县 2013 年和 2017 年的社会资本投入的得分分别为 0.01176 分和 0.01711 分，排名分别为第 68 名和第 65 名，表现均较差；劳动力及其质量得分分别为 0.08444 分和 0.08178 分，排名分别为第 33 名和第 35 名，表现均良好；交通与技术基础设施得分分别为 0.06868 分和 0.17815 分，排名分别为第 37 名和第 6 名，表现由良好转为优秀。

从经济高质量发展的结构状况来看，环江毛南族自治县 2013 年和 2017 年的农业技术结构的得分分别为 0.06024 分和 0.06158 分，排名分别为第 41 名和第 43 名，农业技术结构合理性表现一般；工业规模结构得分分别为 0.03186 分和 0.03469 分，排名分别为第 32

名和第 33 名，工业规模结构比较合理；总体产业结构得分分别为 0.02335 分和 0.03004 分，排名分别为 23 名和第 17 名，总体产业结构很合理。

从经济高质量发展的营商环境来看，环江毛南族自治县 2010 年和 2017 年的人口活力得分分别为 0.04035 分和 0.05161 分，排名分别为第 49 名和第 46 名，人口活力一般；环江毛南族自治县 2010 年和 2017 年的经济活力得分分别为 0.07366 分和 0.15698 分，排名分别为第 45 名和第 40 名，经济活力由一般转为较强。环江毛南族自治县 2010 年和 2017 年的政府活力评价值分别为 0.04430 分和 0.02923 分，排名分别为第 62 名和第 60 名，政府活力由较弱转为一般。

综上所述，环江毛南族自治县经济高质量发展基础较差，但发展效益较好。增长速度有所提升，增长速度较快，但增长规模仍旧不高，社会资本投入仍旧较差，交通与技术基础设施投入水平较好且有所提升，总体产业结构合理性、营商环境有所提升，但绿色发展、共享发展、开放程度变化不大，还有很大提升空间。环江毛南族自治县要大力发展工业，采取“新型农业经营主体 + 产业基地 + 脱贫户”模式大力推广产业促脱贫，但农业技术结构合理性一般，后续应着重加大农业技术人员投入，并加快提升农业机械化程度。

六十一、巴马瑶族自治县

巴马瑶族自治县位于广西西北部，是“世界长寿之乡”“中国香猪之乡”“中国十大富硒之乡”有 323 国道过境。

从经济高质量发展功能表现来看，巴马瑶族自治县 2010 年和 2017 年的增长规模评价得分分别为 0.04871 分和 0.05532 分，排名分别为第 62 名和第 63 名，增长规模小。巴马瑶族自治县 2010 年和 2017 年的增长速度评价得分分别为 0.01522 分和 0.01410 分，排名分别为第 42 名和第 4 名，增长速度从一般转为快。巴马瑶族自治县 2010 年和 2017 年的发展效益评价得分分别为 0.00531 分和 0.00412 分，排名分别为第 12 名和第 27 名，发展效益从优秀转为良好。巴马瑶族自治县 2010 年和 2017 年的绿色发展评价得分分别为 0.02396 分和 0.02891 分，排名均为第 40 名，表现一般。巴马瑶族自治县 2010 年和 2017 年的共享发展评价得分分别为 0.03984 分和 0.07309 分，排名分别为第 66 名和第 59 名，表现从差转为一般（见图 9-61）。

从经济高质量发展要素投入情况来看，巴马瑶族自治县 2013 年和 2017 年的社会资本投入的得分分别为 0.01086 分和 0.02154 分，排名分别为第 70 名和第 54 名，表现由较差转为一般；劳动力及其质量得分分别为 0.05337 分和 0.05115 分，排名分别为第 64 名和第 61 名，表现均较差；交通与技术基础设施得分分别为 0.05611 分和 0.05642 分，排名分别为第 54 名和第 61 名，表现由一般转为较差。

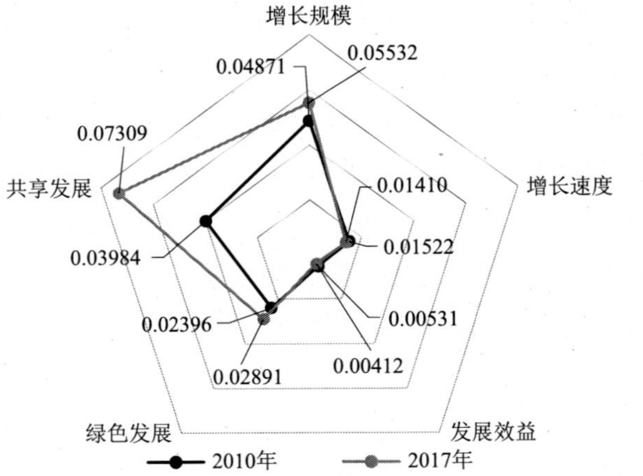

图 9-61　巴马瑶族自治县 2010 年和 2017 年经济高质量发展功能表现评价结果分析

从经济高质量发展的结构状况来看，巴马瑶族自治县 2013 年和 2017 年的农业技术结构的得分分别为 0.04848 分和 0.04833 分，排名分别为第 72 名和第 74 名，农业技术结构合理性较差；工业规模结构得分分别为 0.02718 分和 0.03020 分，排名分别为第 56 名和第 53 名，工业规模结构合理性表现一般；总体产业结构得分分别为 0.02482 分和 0.03238 分，排名分别为 15 名和第 9 名，总体产业结构很合理。

从经济高质量发展的营商环境来看，巴马瑶族自治县 2010 年和 2017 年的人口活力得分分别为 0.05402 分和 0.07003 分，排名分别为第 20 名和第 3 名，人口活力强。巴马瑶族自治县 2010 年和 2017 年的经济活力得分分别为 0.05159 分和 0.10335 分，排名分别为第 67 名和第 63 名，经济活力较弱。巴马瑶族自治县 2010 年和 2017 年的政府活力评价值分别为 0.03923 分和 0.02317 分，排名分别为第 66 名和第 64 名，政府活力较弱。

综上所述，巴马瑶族自治县经济高质量发展基础较差。增长速度有所提升，但发展效益有所下降，增长规模仍旧不大，交通与技术基础设施水平有所下降，共享发展、社会资本投入有所上升，但水平仍旧不尽如人意，绿色发展、产业结构、营商环境变化不大，还有很大提升空间。旅游业发展较为突出，需要进一步突出品牌优势，带动相关产业的发展。在生态保护方面，要着重加强景区的生态保护和城区的卫生综合治理。此外，需要提高政府财政能力。

六十二、都安瑶族自治县

都安瑶族自治县位于广西西北部，是世界地下河天窗之都，“中国都安山羊之乡”“中国竹藤草芒编织工艺品之乡”、中国野生山葡萄红酒基地，有 210 国道、红水河、刁江河过境。

从经济高质量发展功能表现来看，都安瑶族自治县 2010 年和 2017 年的增长规模评价得分分别为 0.03471 分和 0.04183 分，排名分别为第 69 名和第 72 名，增长规模小。都安瑶族自治县 2010 年和 2017 年的增长速度评价得分分别为 0.01889 分和 0.01168 分，排名分别为第 3 名和第 72 名，增长速度从快转为慢。都安瑶族自治县 2010 年和 2017 年的发展效益评价得分分别为 0.00370 分和 0.00359 分，排名分别为第 54 名和第 48 名，发展效益一般。都安瑶族自治县 2010 年和 2017 年的绿色发展评价得分分别为 0.02016 分和 0.01397 分，排名分别为第 48 名和第 69 名，表现一般。都安瑶族自治县 2010 年和 2017 年的共享发展评价得分分别为 0.06357 分和 0.10982 分，排名分别为第 26 名和第 19 名，表现从良好转为优秀（见图 9-62）。

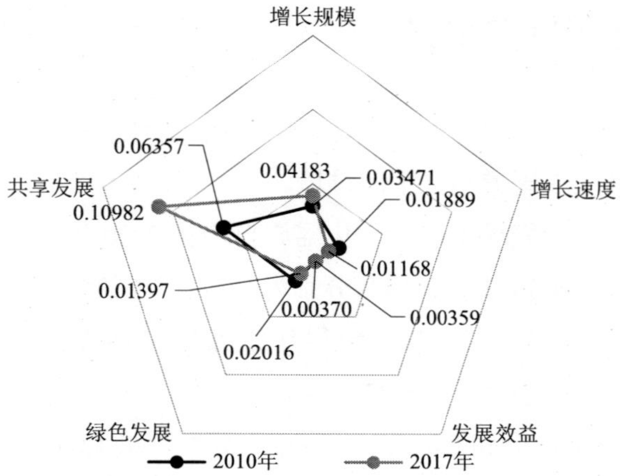

图 9-62　都安瑶族自治县 2010 年和 2017 年经济高质量发展功能表现评价结果分析

从经济高质量发展要素投入情况来看，都安瑶族自治县 2013 年和 2017 年的社会资本投入的得分分别为 0.01566 分和 0.01888 分，排名分别为第 58 名和第 62 名，表现由较差转为一般；劳动力及其质量得分分别为 0.05985 分和 0.05776 分，排名分别为第 54 名和第 52 名，表现均一般；交通与技术基础设施得分分别为 0.09068 分和 0.09761 分，排名分别为第 17 名和第 21 名，表现由优秀转为良好。

从经济高质量发展的结构状况来看，都安瑶族自治县 2013 年和 2017 年的农业技术结构的得分分别为 0.05652 分和 0.06001 分，排名为第 56 名和第 52 名，农业技术结构合理性表现一般；工业规模结构得分分别为 0.02798 分和 0.04179 分，排名分别为第 53 名和第 12 名，工业规模结构很合理；总体产业结构得分分别为 0.02920 分和 0.03719 分，排名分别为第 3 名和第 2 名，总体产业结构很合理。

从经济高质量发展的营商环境来看，都安瑶族自治县 2010 年和 2017 年的人口活力得分分别为 0.04955 分和 0.06344 分，排名分别为第 24 名和第 9 名，人口活力由较强转为强。都安瑶族自治县 2010 年和 2017 年的经济活力得分分别为 0.07577 分和 0.16545 分，排名分别为第 42 名和第 34 名，经济活力由一般转为较强。都安瑶族自治县 2010 年和 2017 年的政府活力评价值分别为 0.04065 分和 0.01886 分，排名分别为第 64 名和第 70 名，政府活力较弱。

综上所述，都安瑶族自治县经济高质量发展基础较差，发展效益变化不大，然而增长速度大幅度下降。共享发展水平、经济活力有所提升。社会资本投入提高，但水平仍一般。绿色发展水平、劳动力及其质量、农业技术结构、政府活力均变化不大，有很大的提升空间。因此，都安瑶族自治县要继续着力项目建设，加大基础设施建设，提高社会资本融资。推动农业产业新发展，提高农业技术人员水平及农业机械化程度。强调工业上规模和出效益。加强旅游业为龙头的现代服务业建设。

六十三、大化瑶族自治县

大化瑶族自治县位于广西中部偏西，是“中国观赏石之乡”“中国长寿之乡”“中国长寿特色美食之乡”。有 G355 国道和红水河过境。

从经济高质量发展功能表现来看，大化瑶族自治县 2010 年和 2017 年的增长规模评价得分分别为 0.04983 分和 0.05623 分，排名分别为第 61 名和第 62 名，增长规模小。大化瑶族自治县 2010 年和 2017 年的增长速度评价得分分别为 0.01417 分和 0.01299 分，排名分别为第 56 名和第 15 名，增长速度从一般转为快。大化瑶族自治县 2010 年和 2017 年的发展效益评价得分分别为 0.00496 分和 0.00452 分，排名分别为第 15 名和第 17 名，发展效益好。大化瑶族自治县 2010 年和 2017 年的绿色发展评价得分分别为 0.01565 分和 0.02787 分，排名分别为第 60 名和第 45 名。大化瑶族自治县 2010 年和 2017 年的共享发展评价得分分别为 0.04924 和 0.08487 分，排名分别为第 53 名和第 40 名，表现一般（见图 9-63）。

从经济高质量发展要素投入情况来看，大化瑶族自治县 2013 年和 2017 年的社会资本投入的得分分别为 0.01211 分和 0.01559 分，排名分别为第 66 名和第 68 名，表现均较差；劳动力及其质量得分分别为 0.05635 分和 0.05237 分，排名分别为第 59 名和第 59 名，表现均一般；交通与技术基础设施得分分别为 0.07187 分和 0.08318 分，排名分别为第 32 名和第 35 名，表现均良好。

从经济高质量发展的结构状况来看，大化瑶族自治县 2013 年和 2017 年的农业技术结构的得分分别为 0.05340 分和 0.05362 分，排名分别为第 65 名和第 66 名，农业技术结构合理性较差；工业规模结构得分分别为 0.01523 分和 0.01372 分，排名分别为第 72 名和第 74 名，工业规模结构合理性较差；总体产业结构得分分别为 0.02409 分和 0.02845 分，排名均为 21 名，总体产业结构比较合理。

从经济高质量发展的营商环境来看，大化瑶族自治县 2010 年和 2017 年的人口活力得分分别为 0.05548 分和 0.06443 分，排名分别为第 16 名和第 7 名，人口活力强。大化瑶族自治县 2010 年和 2017 年的经济活力得分分别为 0.06259 分和 0.12620 分，排名分别为第 57 名和 55 名，经济活力一般。大化瑶族自治县 2010 年和 2017 年的政府活力评价值分别为 0.08809 分和 0.03605 分，排名分别为第 32 名和第 55 名，政府活力由较强转为一般。

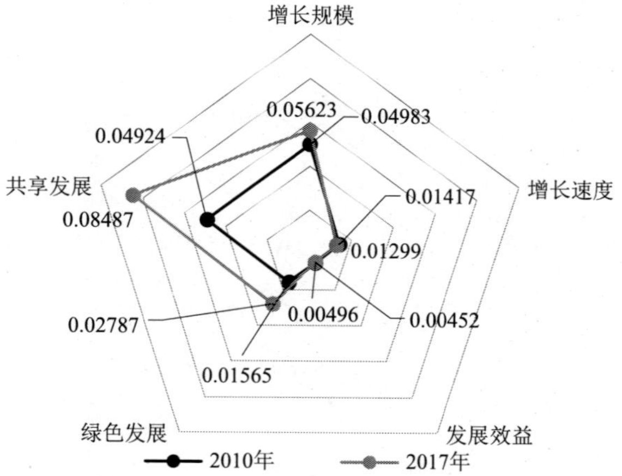

图 9-63　大化瑶族自治县 2010 年和 2017 年经济高质量发展功能表现评价结果分析

综上所述，大化瑶族自治县经济高质量发展基础较差，但发展效益好，增长速度有所提升。共享发展水平、绿色发展水平、投入水平、产业结构合理性、营商环境变化均不大，有很大的提升空间。大化瑶族自治县应继续狠抓工业项目建设，持续扩大有效投入，逐步提高交通、水利基础设施建设。围绕“中国长寿特色美食之乡”这个牌子，发展特色产业，促进三产融合发展。发挥自身优势，提升第三产业发展质量。

六十四、忻城县

忻城县位于广西中部，是“中国大理石之乡”“金银花之乡”“珍珠糯玉米之乡”“老土司元春酒乳鸽酒之乡”，有 322 国道、323 国道、红水河过境。

从经济高质量发展功能表现来看，忻城县 2010 年和 2017 年的增长规模评价得分分别 0.05942 分和 0.06813 分，排名分别为第 54 名和第 55 名，增长规模一般。忻城县 2010 年和 2017 年的增长速度评价得分分别为 0.01728 分和 0.01263 分，排名分别为第 11 名和第 38 名，增长速度从快转为较快。忻城县 2010 年和 2017 年的发展效益评价得分分别为 0.00464 分和 0.00446 分，排名分别为第 29 名和第 21 名，发展效益良好。忻城县 2010 年和 2017 年的绿色发展评价得分分别为 0.03402 分和 0.03468 分，排名分别为第 17 名和第 21 名，表现从优秀转为良好。忻城县 2010 年和 2017 年的共享发展评价得分分别为 0.05114 分和 0.07630 分，排名分别为第 50 名和第 54 名，表现一般（见图 9-64）。

从经济高质量发展要素投入情况来看，忻城县 2013 年和 2017 年的社会资本投入的得分分别为 0.01809 分和 0.01905 分，排名分别为第 55 名和第 61 名，表现由一般转为较差；劳动力及其质量得分分别为 0.05445 分和 0.05223 分，排名分别为第 61 名和第 60 名，表现由较差转为一般；交通与技术基础设施得分分别为 0.06984 分和 0.07253 分，排名分别为第 35 名和第 43 名，表现由良好转为一般。

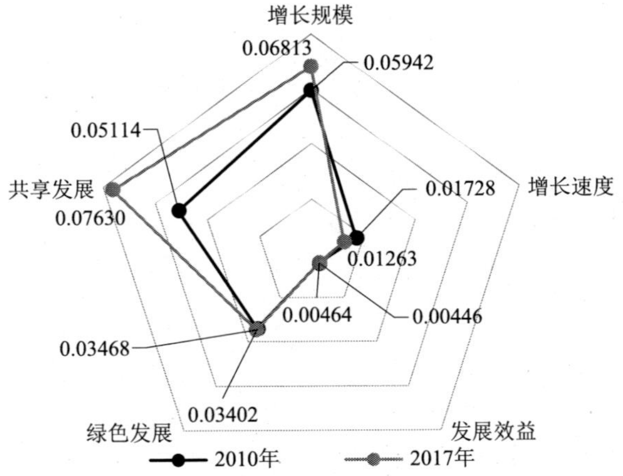

图 9-64 忻城县 2010 年和 2017 年经济高质量发展功能表现评价结果分析

从经济高质量发展的结构状况来看，忻城县 2013 年和 2017 年的农业技术结构的得分分别为 0.05907 分和 0.06302 分，排名分别为第 47 名和第 39 名，农业技术结构比较合理；工业规模结构得分分别为 0.02628 分和 0.03217 分，排名分别为第 60 名和第 46 名，工业规模结构合理性表现一般；总体产业结构得分分别为 0.02197 分和 0.02709 分，排名分别为第 29 名和第 27 名，总体产业结构比较合理。

从经济高质量发展的营商环境来看，忻城县 2010 年和 2017 年的人口活力得分分别为 0.03657 分和 0.04775 分，排名分别为第 68 名和第 61 名，人口活力较弱忻城县 2010 年和 2017 年的经济活力得分分别为 0.07161 分和 0.13407 分，排名分别为第 46 名和第 52 名，经济活力一般。忻城县 2010 年和 2017 年的政府活力评价值分别为 0.07244 分和 0.02049 分，排名分别为第 44 名和第 66 名，政府活力由一般转为较弱。

综上所述，忻城县经济高质量发展基础一般，发展效益良好，增长速度较快，但近年来增长速度有下降趋势。绿色发展、社会资本投入、政府活力均有所退步。劳动力及其质量、产业结构合理性有所提升。营商环境整体有待提高。忻城县集中优势抓规模初见成效，产业升级步伐加快，应继续充分发挥资源与生态特色，扩大规模、提升效益，推动产业优化升级，提升竞争力。加大精准招商力度，推动实施重大招商引资项目。优化产业结构，除了继续发展碳酸钙、石材、蚕茧丝绸等优势产业，还需加快农业现代化的发展，合理规划农业技术结构。忻城县绿色发展水平、交通与技术基础设施投入均有少许下降，应树立绿水青山就是金山银山的可持续发展观念，加快生态美丽忻城建设，园区基础设施建设以及旅游开发建设。

六十五、象州县

象州县位于广西中东部，是“中国重晶石之乡”，有209国道、307省道、梧柳高速公路和柳江过境。

从经济高质量发展功能表现来看，象州县2010年和2017年的增长规模评价得分分别为0.09752分和0.12781分，排名分别为第30名和第35名，增长规模较大。象山县2010年和2017年的增长速度评价得分分别为0.01685分和0.01362分，排名分别为第15名和第5名，增长速度快象山县2010年和2017年的发展效益评价得分分别为0.00555分和0.00454分，排名分别为第11名和第16名，发展效益好。象山县2010年和2017年的绿色发展评价得分分别为0.03895分和0.04376分，排名分别为第5名和第15名，表现优秀。象山县2010年和2017年的共享发展评价得分分别为0.05520分和0.07669分，排名分别为第39名和第52名，表现从良好转为一般（见图9-65）。

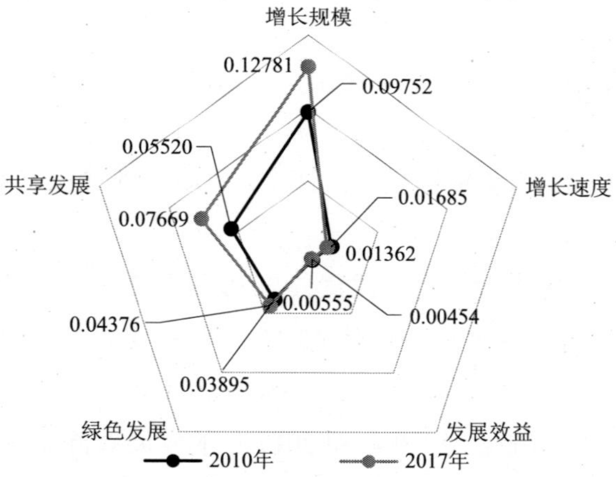

图9-65　象州县2010年和2017年经济高质量发展功能表现评价结果分析

从经济高质量发展要素投入情况来看，象州县2013年和2017年的社会资本投入的得分分别为0.02406分和0.03057分，排名分别为第43名和第43名，表现均一般；劳动力及其质量得分分别为0.09519分和0.09333分，排名分别为第26名和第23名，表现均良好；交通与技术基础设施得分分别为0.05911分和0.08452分，排名分别为第52名和第31名，表现由一般转为良好。

从经济高质量发展的结构状况来看，象州县2013年和2017年的农业技术结构的得分分别为0.05358分和0.06259分，排名分别为第63名和第41名，农业技术结构合理性表现一般。工业规模结构得分分别为0.02950分和0.03320分，排名分别为第43名和第42名，工业规模结构合理性表现一般；总体产业结构得分分别为0.01532分和0.01755分，排名分别为第65名和第66名，总体产业结构合理性较差。

从经济高质量发展的营商环境来看，象州县2010年和2017年的人口活力得分分别为0.03832分和0.04632分，排名分别为第57名和第67名，人口活力由一般转为较弱。象州县2010年和2017年的经济活力得分分别为0.08161分和0.15172分，排名分别为第37名和第43名，经济活力由较强转为一般。象州县2010年和2017年的政府活力评价值分别为0.07755分和0.04720分，排名分别为第36名和第39名，政府活力较强。

综上所述，象州县经济高质量发展基础较好，增长速度快，发展效益好，绿色发展表现优秀，农业农业机械研发推广初见成效。但共享发展水平、交通与技术基础设施投入、经济活力均有所下降。投入水平、开放程度近年来变化不大，有很大的提升空间。象州县应继续牢固产业基础，并向中高端产业迈进，大力推动传统服务业转型升级，以“互联网+”和大数据等新思维新技术打造一批现代服务业，优化总体产业结构。象州县开放程度始终较弱，积极引进投资，提升外贸和招商引资水平，深度融入“一带一路”倡议，构建开放新格局。在提升经济活力的同时更加注重民生，补齐民生短板，进一步增福祉促共享。

六十六、武宣县

武宣县位于广西中部。有209国道，三江至北海、桂平至来宾高速公路及黔江河穿过县境。

从经济高质量发展功能表现来看，武宣县2010年和2017年的增长规模评价得分分别为0.08623分和0.11928分，排名分别为第40名和第38名，增长规模较大。武宣县2010年和2017年的增长速度评价得分分别为0.01556分和0.01275分，排名分别为第32名和第30名，增长速度较快。武宣县2010年和2017年的发展效益评价得分分别为0.00466分和0.00417分，排名分别为第27名和第26名，表现良好。武宣县2010年和2017年的绿色发展评价得分分别为0.01672分和0.03098分，排名分别为第57名和第35名，表现从一般转为良好。武宣县2010年和2017年的共享发展评价得分分别为0.05785分和0.09014分，排名分别为第36名和第32名，表现良好（见图9-66）。

从经济高质量发展要素投入情况来看，武宣县2013年和2017年的社会资本投入的得分分别为0.02297分和0.03214分，排名分别为第46名和第42名，表现均一般；劳动力及其质量得分分别为0.07096分和0.06972分，排名分别为第46名和第44名，表现均一般；交通与技术基础设施得分分别为0.06651分和0.08788分，排名分别为第39名和第27名，表现均良好。

从经济高质量发展要素投入情况来看，武宣县2013年和2017年的农业技术结构的得分分别为0.05974分和0.05538分，排名分别为第43名和第64名，农业技术结构合理性较差；工业规模结构得分分别为0.02996分和0.03378分，排名分别为第41名和第37名，工业规模结构比较合理；总体产业结构得分分别为0.01853分和0.02142分，排名分别为49名和第56名，总体产业结构合理性表现一般。

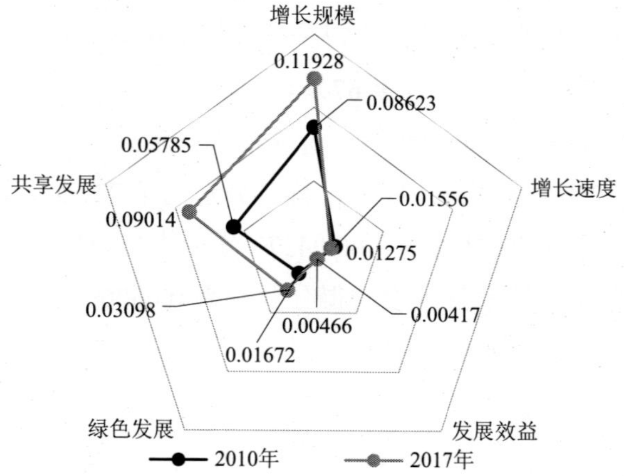

图9-66　武宣县2010年和2017年经济高质量发展功能表现评价结果分析

从经济高质量发展的营商环境来看，武宣县2010年和2017年的人口活力得分分别为0.04447分和0.05227分，排名分别为第34名和第40名，人口活力较强。武宣县2010年和2017年的经济活力得分分别为0.07867分和0.18158分，排名分别为第40名和第30名，经济活力较强。武宣县2010年和2017年的政府活力评价值分别为0.08974分和0.07069分，排名分别为第31名和第29名，政府活力较强。

综上所述，武宣县高质量发展基础较好，增长速度较快，发展效益不错，绿色发展水平、工业规模结构合理性均有所提升，但需要加大调整农业技术结构。武宣县保持不错的营商环境，经济活力、政府活力、开放水平表现均较好，不过仍有一定的进步空间。近年来，武宣县投入水平提升不大，总体产业结构也有待提高。需要优化调整农业结构，推进农业和农村现代化，加快实现“一村一示范点”的目标。武宣县还需加大项目投资力度，做大工业，做强第三产业。

六十七、金秀瑶族自治县

金秀瑶族自治县位于广西中东部，“中国八角之乡”“中国长寿之乡”，有323国道，307省道过境。

从经济高质量发展功能表现来看，金秀瑶族自治县2010年和2017年的增长规模评价得分分别为0.04459分和0.06079分，排名分别为第65名和第58名，增长规模从一般转为较小。金秀瑶族自治县2010年和2017年的增长速度评价得分分别为0.01429分和 0.01308 分，排名分别为第 54 名和第 11 名，增长速度从一般转为快。金秀瑶族自治县 2010 年和 2017 年的发展效益评价得分分别为 0.00669 分和 0.00733 分，排名分别为第 2 名和第 3 名，表现优秀。金秀瑶族自治县 2010 年和 2017 年的绿色发展评价得分分别为 0.02020 分和 0.03441 分，排名分别为第 47 名和第 22 名，表现从一般转为良好。金秀瑶族自治县 2010 年和 2017 年的共享发展评价得分分别为 0.03169 分和 0.05674 分，排名分别为第 73 名和第 71 名，表现较差（见图 9-67）。

从经济高质量发展要素投入情况来看，金秀瑶族自治县 2013 年和 2017 年的社会资本投入的得分分别为 0.01056 分和 0.01193 分，排名分别为第 73 名和第 74 名，表现均较差；劳动力及其质量得分分别为 0.05608 分和 0.04270 分，排名分别为第 60 名和第 74 名，表现由一般转为较差；交通与技术基础设施得分分别为 0.05069 分和 0.05571 分，排名分别为第 60 名和第 63 名，表现由一般转为较差。

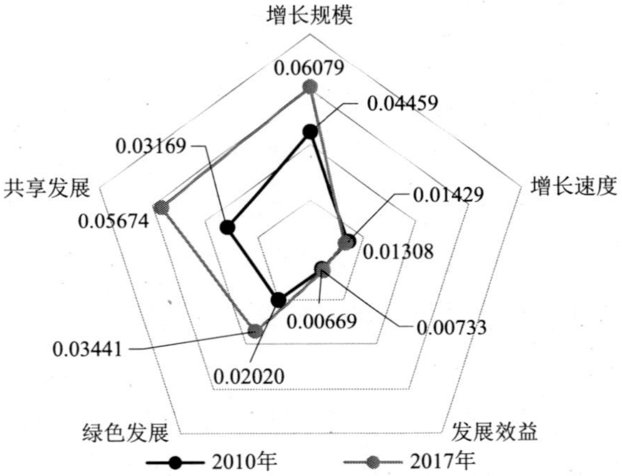

图 9-67　金秀瑶族自治县 2010 年和 2017 年经济高质量发展功能表现评价结果分析

从经济高质量发展的结构状况来看，金秀瑶族自治县 2013 年和 2017 年的农业技术结构的得分分别为 0.05732 分和 0.05324 分，排名分别为第 53 名和第 68 名，农业技术结构合理性较差；工业规模结构得分分别为 0.02406 分和 0.03017 分，排名分别为第 65 名和第 54 名，工业规模结构合理性表现一般；总体产业结构得分分别为 0.02853 分和 0.03534 分，排名分别为第 5 名和第 5 名，总体产业结构很合理。

从经济高质量发展的营商环境来看，金秀瑶族自治县 2010 年和 2017 年的人口活力得分分别为 0.04099 分和 0.04750 分，排名分别为第 46 名和第 62 名，人口活力由一般转为较弱；金秀瑶族自治县 2010 年和 2017 年的经济活力得分分别为 0.04583 分和 0.07911 分，排名分别为第 69 名和第 70 名，经济活力较弱；金秀瑶族自治县 2010 年和 2017 年的政府活力评价值分别为 0.03849 分和 0.01826 分，排名分别为第 67 名和第 73 名，政府活力较弱。

综上所述，金秀瑶族自治县经济高质量发展基础较差，但发展效益不错，增长速度提升显著。绿色发展水平、工业规模结构合理性均有所提升，但近年来，金秀瑶族自治县投入水平下降，营商环境较差，农业技术结构仍需调整。金秀瑶族自治县重视特色种植业、养殖业发展以及示范区建设，但农业技术人员产出及农业现代化程度依旧不高，必须进一步加快现代特色农业发展。为优化营商环境，金秀瑶族自治县应着手推进项目建设，重点实施“以重大项目建设引领金秀加快发展”工程，扩大招商引资范围，促进开放合作。为提升共享发展水平，金秀瑶族自治县需关注民生，重视卫生、社保、就业政策的落实。近年，交通与技术基础设施建设出现退步现象，必须完善功能、综合整治，加强城镇基础设施建设。

六十八、合山市

合山市位于广西中部，是“中国观赏石之乡”，有来合铁路、322 国道及红水河过境。

从经济高质量发展功能表现来看，合山市 2010 年和 2017 年的增长规模评价得分分别为 0.10976 分和 0.06693 分，排名分别为第 25 名和第 56 名，增长规模从较大转为一般。合山市 2010 年和 2017 年的增长速度评价得分分别为 0.01648 分和 0.01182 分，排名分别为第 19 名和第 71 名，增长速速从快转为慢；合山市 2010 年和 2017 年的发展效益评价得分分别为 0.00559 分和 0.00791 分，排名分别为第 10 名和第 2 名，表现优秀。合山市 2010 年和 2017 年的绿色发展评价得分分别为 0.02020 分和 0.01535 分，排名分别为第 36 名和第 67 名，表现从良好转为一般；合山市 2010 年和 2017 年的共享发展评价得分分别为 0.04587 分和 0.05881 分，排名分别为第 58 名和第 68 名表现从一般转为较差（见图 9-68）。

从经济高质量发展要素投入情况来看，合山市 2013 年和 2017 年的社会资本投入的得分分别为 0.01214 分和 0.01195 分，排名分别为第 64 名和第 73 名，表现均较差；劳动力及其质量得分分别为 0.14879 分和 0.07530 分，排名分别为第 7 名和第 40 名，表现由优秀转为良好；交通与技术基础设施得分分别为 0.02705 分和 0.04088 分，排名分别为第 74 名和第 72 名，表现均较差。

从经济高质量发展的结构状况来看，合山市 2013 年和 2017 年的农业技术结构的得分分别为 0.05845 分和 0.05887 分，排名分别为第 48 名和第 54 名，农业技术结构合理性表现一般；工业规模结构得分分别为 0.03274 分和 0.03349 分，排名分别为第 25 名和第 40 名，工业规模结构比较合理；总体产业结构得分分别为 0.02476 分和 0.03502 分，排名分别为第 16 名和第 6 名，总体产业结构很合理。

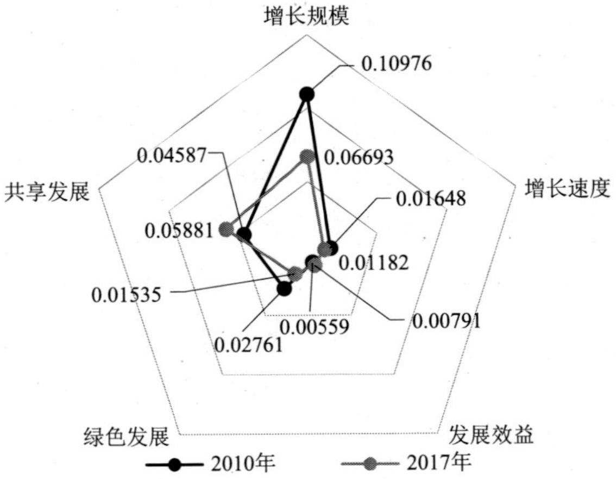

图 9-68 合山市 2010 年和 2017 年经济高质量发展功能表现评价结果分析

从经济高质量发展的营商环境来看，合山市 2010 年和 2017 年的人口活力得分分别为 0.03672 分和 0.04801 分，排名分别为第 66 名和第 59 名，人口活力由较弱转为一般。合山市 2010 年和 2017 年的经济活力得分分别为 0.05069 分和 0.07774 分，排名分别为第 68 名和第 71 名，经济活力较弱。合山市 2010 年和 2017 年的政府活力评价值分别为 0.07311 分和 0.04538 分，排名分别为第 42 名和第 43 名，政府活力一般。

综上所述，合山市的发展存在明显的下降趋势。增长速度回落明显，增长规模、绿色发展、共享发展、投入水平都有所下降。开放程度有小幅提升，但整体营商环境还有待优化。合山市服务业发展较好，成功进入广西特色旅游名县创建县行列。产业结构较为合理，但近年来变化不大，仍有一定的调整空间。应坚持壮大产业，进一步强化第三产业，提高农业发展质量。为优化营商环境，增加招商引资项目，着力推动项目建设实施，发挥政府效力，加快壮大经济规模。为提升绿色发展及共享发展水平，需重视市民日益增长的对美好生活的需求，完善社会福利、公共服务等保障体系，重视生态文明建设，防治污染，优化宜居环境。

六十九、扶绥县

扶绥县位于广西西南部，有湘桂铁路、南友高速公路、322 国道和左江过境。

从经济高质量发展功能表现来看，扶绥县 2010 年和 2017 年的增长规模评价得分分别为 0.11177 分和 0.17694 分，排名分别为第 21 名和第 15 名，增长规模从较大转为大。扶绥县 2010 年和 2017 年的增长速度评价得分分别为 0.01621 分和 0.01350 分，排名分别为第 22 名和第 6 名，增长速度从较快转为快。扶绥县 2010 年和 2017 年的发展效益评价得分分别为 0.00435 分和 0.00358 分，排名分别为第 33 名和第 49 名，表现一般。扶绥县 2010 年和 2017 年的绿色发展评价得分分别为 0.03554 分和 0.02230 分，排名分别为第 13 名和第

56名，表现从优秀转为一般。扶绥县2010年和2017年的共享发展评价得分分别为0.06511分和0.08539分，排名分别为第21名和第39名，表现良好（见图9-69）。

从经济高质量发展要素投入情况来看，扶绥县2013年和2017年的社会资本投入的得分分别为0.03652分和0.07264分，排名分别为第25名和第18名，表现由良好转为优秀；劳动力及其质量得分分别为0.07037分和0.09571分，排名分别为第47名和第21名，表现由一般转为良好；交通与技术基础设施得分分别为0.04822分和0.06008分，排名分别为第65名和第56名，表现由较差转为一般。

从经济高质量发展的结构状况来看，扶绥县2013年和2017年的农业技术结构的得分分别为0.07996分和0.06556分，排名分别为第5名和第31名，农业技术结构比较合理；工业规模结构得分分别为0.03224分和0.03389分，排名分别为第26名和第36名，工业规模结构比较合理；总体产业结构得分分别为0.01771分和0.01936分，排名分别为57名和第64名，总体产业结构合理性较差。

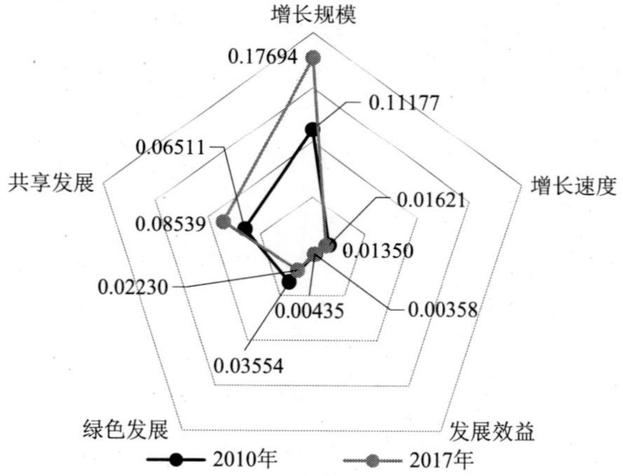

图9-69　扶绥县2010年和2017年经济高质量发展功能表现评价结果分析

从经济高质量发展的营商环境来看，扶绥县2010年和2017年的人口活力得分分别为0.04151分和0.05075分，排名分别为第45名和第49名，人口活力一般。扶绥县2010年和2017年的经济活力得分分别为0.08533分和0.19194分，排名分别为第33名和第29名，经济活力较强。扶绥县2010年和2017年的政府活力评价值分别为0.15940分和0.10607分，排名分别为第4名和第10名，政府活力强。

综上所述，扶绥县经济高质量发展基础较好，增长速度、增长规模提升显著，社会资本投入、交通与技术基础设施也都有所提升，但扶绥县发展效益一般，绿色发展水平、农业技术结构合理性有所下降。营商环境不错，但近年来变化不大，仍有许多进步空间。扶绥县政府效能表现优异，不断压实责任、转变作风，引导全县广大干部特别是领导干部到一线服务企业和项目，推动县域经济综合实力得到大幅增强。为提升扶绥县营商环境，需加大项目建设，积极拉动项目投资，精准招商，利用好发展后劲。抓好生态环境保护，深入落实“水十条”“土十条”，全面落实“河长制”。扶绥县共享发展存在潜力，要重视民生福祉，不断满足人民日益增长的对美好生活的需要。

七十、宁明县

宁明县位于广西西南部，有湘桂铁路、322国道、南友高速公路、明江过境。

从经济高质量发展功能表现来看，宁明县2010年和2017年的增长规模评价得分分别为0.07573分和0.14134分，排名分别为第47名和第30名，增长规模从一般转为较大。宁明县2010年和2017年的增长速度评价得分分别为0.01554分和0.01304分，排名分别为第33名和第14名，增长速度从较快转为快，宁明县2010年和2017年的发展效益评价得分分别为0.00476分和0.00376分，排名分别为第22名和第40名，表现从良好转为一般。宁明县2010年和2017年的绿色发展评价得分分别为0.03338分和0.07244分，排名分别为第19名和第2名，表现优秀。宁明县2010年和2017年的共享发展评价得分分别为0.05677分和0.09420分，排名分别为第38名和第28名，表现良好（见图9-70）。

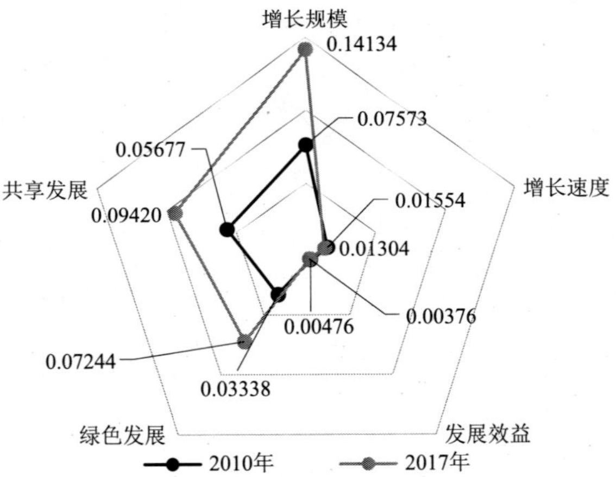

图9-70　宁明县2010年和2017年经济高质量发展功能表现评价结果分析

从经济高质量发展要素投入情况来看，宁明县2013年和2017年的社会资本投入的得分分别为0.02631分和0.05189分，排名分别为第36名和第29名，表现均良好；劳动力及其质量得分分别为0.05951分和0.06203分，排名分别为第55名和第50名，表现均一般；交通与技术基础设施得分分别为0.07415分和0.08471分，排名均为第30名，表现均良好。

从经济高质量发展的结构状况来看，宁明县2013年和2017年的农业技术结构的得分分别为0.07776分和0.06152分，排名分别为第9名和第44名，农业技术结构合理性表现一般；工业规模结构得分分别为0.03104和0.03582分，排名分别为第38名和第29名，工业规模结构比较合理；总体产业结构得分分别为0.01715分和0.02156分，排名分别为59名和第54名，总体产业结构合理性表现一般。

从经济高质量发展的营商环境来看，宁明县2010年和2017年的人口活力得分分别为0.04391分和0.05232分，排名分别为第38名和第39名，人口活力较强。宁明县2010年和2017年的经济活力得分分别为0.06566分和0.13331分，排名均为第53名，经济活力一般；宁明县2010年和2017年的政府活力评价值分别为0.09773分和0.04443分，排名分别为第24名和第47名，政府活力由较强转为一般。

综上所述，宁明县经济高质量发展基础一般，增长速度、增长规模均有所提升，但发展效益、农业技术结构合理性、政府活力有所下降。共享发展、投入水平、经济活力近年来变化不大，仍有较大提升空间。宁明县人口活力较强，开放程度较高，口岸功能进一步完善和提升，开放合作平台建设得到进一步加快。宁明县应继续实行领导联系服务企业制度，并且大力加强政府建设，提高行政效能，抓好产业招商，尤其是工业项目招商。宁明县还应发展好现代农业，抓好示范区，夯实现代农业发展基础，进一步调整农业技术结构。

七十一、龙州县

龙州县位于广西西南部，与越南社会主义共和国接壤，边境线长184千米。有国家一类口岸水口口岸、国家二类口岸科甲口岸和水口、科甲、那花、布局4个边贸互市点，有319省道、325省道和左江过境。

从经济高质量发展功能表现来看，龙州县2010年和2017年的增长规模评价得分分别为0.08171分和0.15834分，排名分别为第44名和第25名，增长规模从一般转为较大；龙州县2010年和2017年的增长速度评价得分分别为0.01579分和0.01261分，排名分别为第27名和第41名，增长速度从较快转为一般，龙州县2010年和2017年的发展效益评价得分分别为0.00531分和0.00435分，排名分别为第12名和第22名，表现从优秀转为良好。龙州县2010年和2017年的绿色发展评价得分分别为0.03324分和0.05922分，排名分别为第20名和第3名，表现从良好转为优秀。龙州县2010年和2017年的共享发展评价得分分别为0.05689分和0.07719分，排名分别为第37名和第50名，表现从良好转为一般(见图9-71)。

从经济高质量发展要素投入情况来看，龙州县2013年和2017年的社会资本投入的得分分别为0.02373分和0.04448分，排名分别为第44名和第38名，表现由一般转为良好；劳动力及其质量得分分别为0.08122分和0.08519分，排名分别为第37名和第30名；表现均良好；交通与技术基础设施得分分别为0.04864分和0.06410分，排名分别为第64名和第48名，表现由较差转为一般。

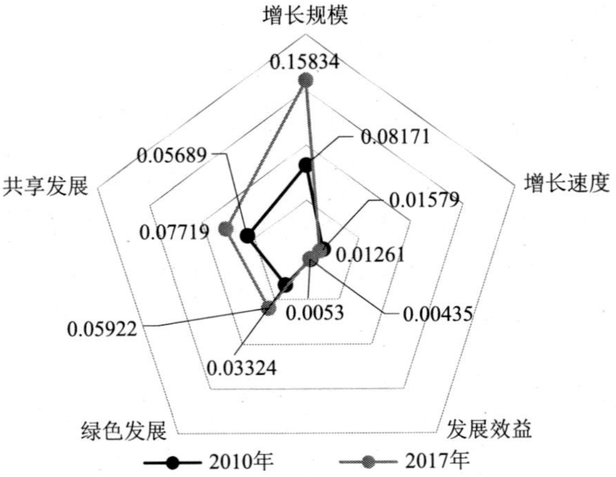

图 9-71　州县 2010 年和 2017 年经济高质量发展功能表现评价结果分析

从经济高质量发展的结构状况来看，龙州县 2013 年和 2017 年的农业技术结构的得分分别为 0.07603 分和 0.07008 分，排名分别为第 11 名和第 18 名，农业技术结构很合理；工业规模结构得分分别为 0.02933 分和 0.03375 分，排名分别为第 44 名和第 38 名，工业规模结构比较合理；总体产业结构得分分别为 0.02184 分和 0.02471 分，排名分别为 31 名和第 39 名，总体产业结构比较合理。

从经济高质量发展的营商环境来看，龙州县 2010 年和 2017 年的人口活力得分分别为 0.03794 分和 0.04355 分，排名分别为第 59 名和第 72 名，人口活力由一般转为较弱。龙州县 2010 年和 2017 年的经济活力得分分别为 0.06865 分和 0.14188 分，排名分别为第 48 名和第 49 名，经济活力一般。龙州县 2010 年和 2017 年的政府活力评价值分别为 0.09335 分和 0.04470 分，排名分别为第 27 名和第 45 名，政府活力由较强转为一般。

综上所述，龙州县经济高质量发展基础一般，近年来增长规模有所上升，但增长速度不快，发展效益还需增进。绿色发展、社会资本投入水平都有所提升，工业规模结构较为合理，但共享发展水平、开放程度、政府活力不尽人意。经济活力变化不大，有很大的提升空间，需要深化改革创新，加速释放发展活力。龙州县“营商环境仍需进一步优化，首先要加大开放合作，提升口岸经济发展，增强口岸管理机制，其次提升政府效能，着力政府建设。为提升共享发展水平，龙州县应加大民生投入，以满足人民对美好生活的向往为目标，提高教育、卫生、就业、保障等方面的质量。

七十二、大新县

大新县位于广西西南部，与越南社会主义共和国接壤，边境线长 43 千米。有国家一类口岸硕龙口岸和岩应、硕龙、德天 3 个边贸互市点，有崇左至靖西高速公路，358 国道、

359 国道、219 国道、243 国道和 311 省道过境。

从经济高质量发展功能表现来看，大新县 2010 年和 2017 年的增长规模评价得分分别为 0.08171 分和 0.1415 分，排名分别为第 41 名和第 28 名，增长规模从一般转为较大。大新县 2010 年和 2017 年的增长速度评价得分分别为 0.01552 分和 0.01251 分，排名分别为第 34 名和第 50 名，增长速度从较快转为一般，大新县 2010 年和 2017 年的发展效益评价得分分别为 0.00462 分和 0.00391 分，排名分别为第 30 名和第 33 名，发展效益良好。大新县 2010 年和 2017 年的绿色发展评价得分分别为 0.01199 分和 0.05601 分，排名分别为第 67 名和第 4 名，表现从差转为优秀。大新县 2010 年和 2017 年的共享发展评价得分分别为 0.05503 分和 0.08862 分，排名分别为第 40 名和第 35 名，表现从一般转为良好（见图 9-72）。

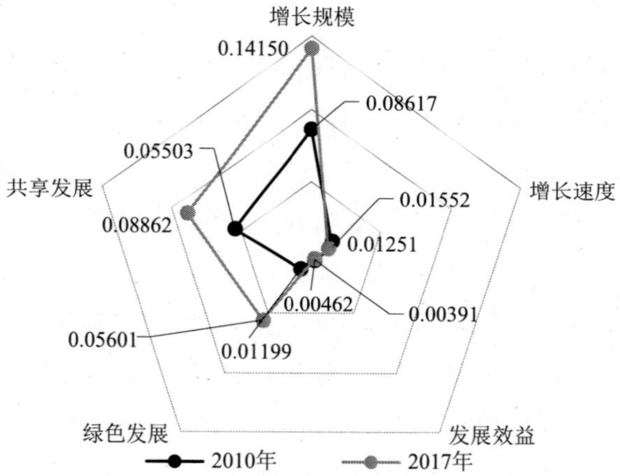

图 9-72　大新县 2010 年和 2017 年经济高质量发展功能表现评价结果分析

从经济高质量发展要素投入情况来看，大新县 2013 年和 2017 年的社会资本投入的得分分别为 0.02672 分和 0.04829 分，排名分别为第 34 名和第 32 名，表现均良好；劳动力及其质量得分分别为 0.08282 分和 0.09475 分，排名分别为第 35 名和第 22 名，表现均良好；交通与技术基础设施得分分别为 0.06276 分和 0.07653 分，排名分别为第 47 名和第 41 名，表现均一般。

从经济高质量发展的结构状况来看，大新县 2013 年和 2017 年的农业技术结构的得分分别为 0.07959 分和 0.08687 分，排名分别为第 8 名和第 5 名，农业技术结构很合理；工业规模结构得分分别为 0.02371 分和 0.02990 分，排名分别为第 68 名和第 56 名，工业规模结构合理性表现一般；总体产业结构得分分别为 0.01652 分和 0.02345 分，排名分别为 62 名和第 46 名，总体产业结构合理性表现一般。

从经济高质量发展的营商环境来看，大新县 2010 年和 2017 年的人口活力得分分别为 0.03760 分和 0.04497 分，排名分别为第 61 名和第 70 名，人口活力较弱；大新县 2010 年和 2017 年的经济活力得分分别为 0.06376 分和 0.12272 分，排名分别为第 54 名和第 58 名，经济活力一般。大新县2010年和2017年的政府活力评价值分别为0.13032分和0.03400分，排名分别为第7名和第57名，政府活力由强转为一般。

综上所述，大新县经济高质量发展基础一般，近年来增长规模有所上升，但增长速度不快，共享发展水平、工业规模均有所提升，投入水平、总体产业结构、经济活力几乎没有改变，还有待提高，大新县要加大投入基础设施建设，提升行政效力，严格执行县领导联系服务企业制度，营造良好的营商环境，从而促进实体经济发展。2017年大新县结合"美丽大新・宜居乡村"活动，全面推进山水林田湖生态保护与修复工程，加快百村示范工程和百村整治工程的建设，成效显著，绿色发展水平得到了明显提升。

七十三、天等县

天等县位于广西西南部，境内二级公路均与南宁、崇左相通。

从经济高质量发展功能表现来看，天等县2010年和2017年的增长规模评价得分分别为0.05925分和0.06543分，排名分别为第55名和第57名，增长规模一般。天等县2010年和2017年的增长速度评价得分分别为0.01765分和0.01203分，排名分别为第9名和第66名，增长速度从快转为慢。天等县2010年和2017年的发展效益评价得分分别为0.00426分和0.00367分，排名分别为第35名和第44名，表现从良好转为一般。天等县2010年和2017年的绿色发展评价得分分别为0.01158分和0.03147分，排名分别为第68名和第32名，表现从较差转为良好。天等县2010年和2017年的共享发展评价得分分别为0.06159分和0.07501分，排名分别为第30名和第55名，表现从良好转为一般（见图9-73）。

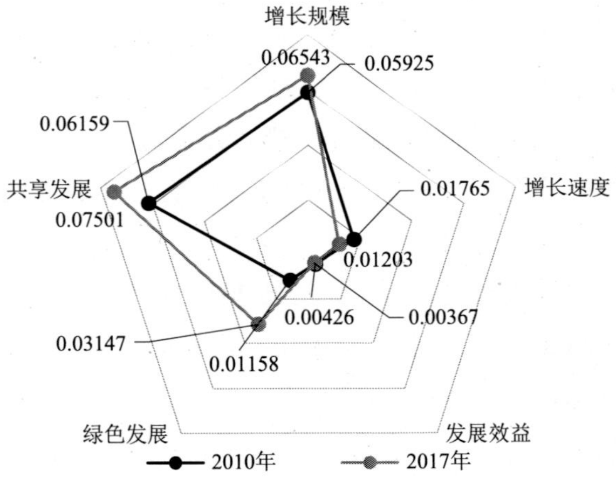

图9-73 天等县2010年和2017年经济高质量发展功能表现评价结果分析

从经济高质量发展要素投入情况来看，天等县2013年和2017年的社会资本投入的得分分别为0.01965分和0.02990分，排名分别为第52名和第45名，表现均一般；劳动力及其质量得分分别为0.05038分和0.04935分，排名分别为第69名和第62名，表现均较差；交通与技术基础设施得分分别为0.05315分和0.06338分，排名分别为第58名和第51名，表现均一般。

从经济高质量发展的结构状况来看，天等县2013年和2017年的农业技术结构的得分分别为0.06216分和0.06918分，排名分别为第32名和第21名，农业技术结构比较合理；工业规模结构得分分别为0.02394分和0.02399分，排名分别为第66名和第69名，工业规模结构合理性较差；总体产业结构得分分别为0.02300分和0.03063分，排名分别为第24名和第15名，总体产业结构很合理。

从经济高质量发展的营商环境来看，天等县2010年和2017年的人口活力得分分别为0.03916分和0.05048分，排名分别为第55名和第50名，人口活力一般。天等县2010年和2017年的经济活力得分分别为0.05521分和0.10966分，排名分别为第61名第60名，经济活力由较弱转为一般。天等县2010年和2017年的政府活力评价值分别为0.07382分和0.01865分，排名分别为第40名和第72名，政府活力由较强转为较弱。

综上所述，天等县经济高质量发展基础一般，增长速度显著降低，发展效益表现变差，共享发展水平也有所下降。天等县产业结构较为合理，经济活力有所提升，但工业规模不大；投入水平一般，且近年改变不大，仍有待提高。天等县狠抓生态建设，推进全域旅游发展，不断加大造林绿化工作力度初见成效，绿色发展水平逐渐提高。天等县加大工业转型升级力度，坚持精准引资，坚持落实各项惠企政策，优化营商环境，应努力提升共享发展水平，增强政府活力，狠抓民生建设，增进人民福祉。

七十四、凭祥市

凭祥市位于广西西南部，西、南两面与越南社会主义共和国接壤，边界线长97千米。有湘桂铁路、322国道、南友高速公路、凭祥河、中国与越南国境界河平而河过境。

从经济高质量发展功能表现来看，凭祥市2010年和2017年的增长规模评价得分分别为0.09495分和0.15298分，排名分别为第33名和第26名，增长规模较大。凭祥市2010年和2017年的增长速度评价得分分别为0.01480分和0.01290分，排名分别为第49名和第22名，增长速度从一般转为较快。凭祥市2010年和2017年的发展效益评价得分分别为0.00516分和0.00449分，排名分别为第14名和第19名，发展效益好。凭祥市2010年和2017年的绿色发展评价得分分别为0.02958分和0.05413分，排名分别为第32名和第6名，表现从良好转为优秀。凭祥市2010年和2017年的共享发展评价得分分别为0.03848分和0.05709分，排名分别为第68名和第70名，表现较差（见图9-74）。

从经济高质量发展要素投入情况来看，凭祥县2013年和2017年的社会资本投入的得分分别为 0.02521 分和 0.04834 分，排名分别为第 41 名和第 31 名，表现由一般转为良好；劳动力及其质量得分分别为 0.05666 分和 0.04805 分，排名分别为第 58 名和第 65 名，表现由一般转为较差；交通与技术基础设施得分分别为 0.04204 分和 0.05153 分，排名分别为第 72 名和第 66 名，表现均较差。

从经济高质量发展的结构状况来看，凭祥市 2013 年和 2017 年的农业技术结构的得分分别为 0.05948 分和 0.06408 分，排名为第 45 名和第 35 名，农业技术结构比较合理；工业规模结构得分分别为 0.03153 分和 0.03851 分，排名分别为第 33 名和第 20 名，工业规模结构很合理；总体产业结构得分分别为 0.03772 分和 0.04293 分，排名均为第 1 名，总体产业结构很合理。

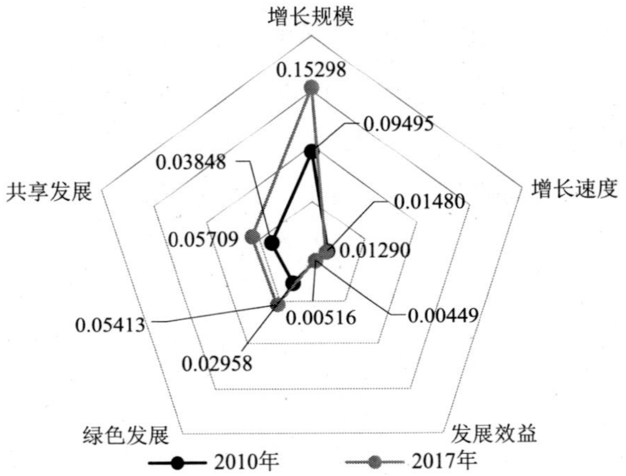

图 9-74　凭祥市 2010 年和 2017 年经济高质量发展功能表现评价结果分析

从经济高质量发展的营商环境来看，凭祥市 2010 年和 2017 年的人口活力得分分别为 0.05335 分和 0.06025 分，排名分别为第 22 名和第 19 名，人口活力由较强转为强；凭祥市 2010 年和 2017 年的经济活力得分分别为 0.07881 分和 0.14823 分，排名分别为第 39 名和第 45 名，经济活力由较强转为一般；凭祥市 2010 年和 2017 年的政府活力评价值分别为 0.15710 分和 0.11539 分，排名分别为第 5 名和第 8 名，政府活力强。

综上所述，凭祥市经济高质量发展基础较好，近年来发展效益好，增长速度、绿色发展水平都有提升，社会资本投入增加，但整体投入水平不高；产业结构合理，营商环境不错，但经济活力有所减弱。共享发展、基础设施建设、劳动力及其质量近年来进步不大，仍有很大的提升空间。凭祥市绿色发展取得新成效。边境经济合作区扩容扩区加快推进，需要进一步提高开放水平。凭祥市在共享发展及交通与技术基础设施投入等方面仍需努力，应着力改善民生，完善社会保障体系，加大基础设施建设。

第二节　基于雷达图的城区经济高质量发展综合分析

一、兴宁区

兴宁区位于南宁市东北部。向东北方向延伸是南宁市最老的城区之一，也是城市的商贸中心区。

从经济高质量发展功能表现来看（见表 9-5），兴宁区 2014 年和 2017 年的增长规模的得分分别为 0.08697 分和 0.11096 分，排名分别为第 13 名和第 19 名，增长规模大。兴宁区 2014 年和 2017 年的增长速度得分分别为 0.0109 分和 0.00959 分，排名分别为第 9 名和第 25 名，增长速度从快转为一般；兴宁区 2014 年和 2017 年的发展效益评价得分分别为 0.03168 分和 0.03372 分，排名分别为第 10 名和第 7 名，发展效益从良好转为好；兴宁区 2014 年和 2017 年的绿色发展得分分别为 0.02501 分和 0.02884 分，排名分别为第 12 名和第 6 名，表现从良好转为优秀；兴宁区 2014 年和 2017 年的共享发展得分分别为 0.06501 分和 0.05065 分，排名分别为第 23 名和第 35 名，表现从一般转为较差（见图 9-75）。

表 9-5　2014 年和 2017 年广西 36 个城区经济高质量发展功能表现评价结果及排名

地区	年份	增长规模		增长速度		发展效益		绿色发展		共享发展	
		评价值	排名	评价值	排名	评价值	排名	评价值	排名	评价值	排名
兴宁区	2014	0.08697	13	0.01090	9	0.03168	10	0.02501	12	0.06501	23
	2017	0.11096	19	0.00959	25	0.03372	7	0.02884	6	0.05065	35
青秀区	2014	0.13587	8	0.01094	8	0.02246	24	0.08608	2	0.05092	30
	2017	0.18129	8	0.01008	19	0.02151	23	0.02880	7	0.10036	12
江南区	2014	0.11949	10	0.01111	5	0.02765	19	0.01413	22	0.08539	13
	2017	0.16527	11	0.01039	10	0.02551	17	0.02355	13	0.08579	19
西乡塘区	2014	0.14921	6	0.01070	11	0.02832	15	0.01921	17	0.05825	28
	2017	0.18532	7	0.01010	17	0.02869	13	0.01730	23	0.07610	23
良庆区	2014	0.06713	22	0.01086	10	0.01232	32	0.02169	14	0.07638	19
	2017	0.08154	23	0.01141	2	0.00428	36	0.01739	22	0.06417	27
邕宁区	2014	0.03553	34	0.01334	3	0.01123	33	0.00745	33	0.09966	8
	2017	0.04453	34	0.01169	1	0.00558	35	0.06123	2	0.10036	12
城中区	2014	0.06402	24	0.01068	12	0.07639	3	0.02669	9	0.11029	6
	2017	0.13245	15	0.01003	20	0.02757	14	0.02020	18	0.09976	14
鱼峰区	2014	0.23391	2	0.00592	36	0.00466	36	0.01951	16	0.09265	10
	2017	0.33457	1	0.01046	9	0.00743	33	0.02314	14	0.09704	15

续表

地区	年份	增长规模		增长速度		发展效益		绿色发展		共享发展	
		评价值	排名	评价值	排名	评价值	排名	评价值	排名	评价值	排名
柳南区	2014	0.25656	1	0.00995	24	0.08489	2	0.03017	5	0.15098	2
	2017	0.31470	3	0.01011	15	0.05732	1	0.02789	8	0.15347	3
柳北区	2014	0.23090	3	0.00972	28	0.08567	1	0.01192	26	0.04386	35
	2017	0.27329	4	0.00992	21	0.04263	2	0.00998	32	0.07706	22
叠彩区	2014	0.07197	20	0.01043	17	0.02992	14	0.00551	35	0.07733	15
	2017	0.10458	20	0.01029	13	0.02149	24	0.00532	36	0.08189	21
象山区	2014	0.08263	16	0.00894	35	0.03898	4	0.01737	20	0.08969	11
	2017	0.12347	16	0.01059	7	0.03024	10	0.01597	24	0.14735	5
七星区	2014	0.08342	15	0.01161	4	0.03392	7	0.00934	31	0.09478	9
	2017	0.07296	24	0.00864	30	0.03496	6	0.02390	11	0.12797	6
雁山区	2014	0.02581	36	0.01931	1	0.01634	27	0.00513	36	0.04659	33
	2017	0.03282	36	0.00988	23	0.00974	32	0.01595	25	0.05083	34
临桂区	2014	0.06422	23	0.01107	6	0.01959	26	0.03078	4	0.07843	14
	2017	0.05647	29	0.00767	35	0.02533	18	0.01901	19	0.09274	17
万秀区	2014	0.14269	7	0.00976	27	0.03101	12	0.02788	8	0.16316	1
	2017	0.17357	9	0.00781	34	0.02334	21	0.03308	4	0.19492	1
长洲区	2014	0.12754	9	0.01051	15	0.03840	5	0.01909	18	0.07525	20
	2017	0.18977	6	0.01075	5	0.02686	15	0.01864	20	0.11249	8
龙圩区	2014	0.08230	17	0.00971	29	0.03161	11	0.02336	13	0.03254	36
	2017	0.11457	18	0.01054	8	0.02914	12	0.03022	5	0.03838	36
海城区	2014	0.11609	11	0.00985	25	0.02695	20	0.02890	6	0.11079	5
	2017	0.14798	13	0.01038	11	0.03051	9	0.02471	10	0.10977	9
银海区	2014	0.04373	31	0.00943	31	0.01052	34	0.09714	1	0.07128	21
	2017	0.06504	27	0.01090	3	0.00722	34	0.02120	17	0.09580	16
铁山港区	2014	0.06079	25	0.00943	31	0.02813	17	0.01353	23	0.05926	27
	2017	0.15184	12	0.01078	4	0.03530	5	0.01288	29	0.06863	25
港口区	2014	0.09455	12	0.00977	26	0.03065	13	0.02503	11	0.05939	26
	2017	0.17132	10	0.01011	15	0.02559	16	0.01185	30	0.05948	30

续表

地区	年份	增长规模		增长速度		发展效益		绿色发展		共享发展	
		评价值	排名	评价值	排名	评价值	排名	评价值	排名	评价值	排名
防城区	2014	0.04404	30	0.01035	18	0.02447	21	0.01325	24	0.07711	16
	2017	0.05323	31	0.01031	12	0.02290	22	0.02304	15	0.08528	20
钦南区	2014	0.21706	4	0.01016	23	0.01611	28	0.01956	15	0.10908	7
	2017	0.31735	2	0.00989	22	0.01909	26	0.02384	12	0.12556	7
钦北区	2014	0.08679	14	0.01068	12	0.02771	18	0.03907	3	0.05640	29
	2017	0.13252	14	0.00951	26	0.02957	11	0.06332	1	0.06003	29
港北区	2014	0.06909	21	0.00916	34	0.02394	22	0.01274	25	0.08601	12
	2017	0.09532	22	0.00938	27	0.01924	25	0.01565	27	0.07078	24
港南区	2014	0.04843	27	0.01032	21	0.01326	30	0.01768	19	0.07653	18
	2017	0.06540	26	0.00561	36	0.01175	31	0.01575	26	0.06321	28
覃塘区	2014	0.04461	29	0.01107	6	0.03568	6	0.01028	28	0.07680	17
	2017	0.05823	28	0.01064	6	0.02381	20	0.01018	31	0.06559	26
玉州区	2014	0.07528	19	0.01045	16	0.02057	25	0.01619	21	0.06015	25
	2017	0.09930	21	0.00812	32	0.01883	27	0.01853	21	0.08589	18
福绵区	2014	0.03355	35	0.01034	20	0.01435	29	0.02574	10	0.04516	34
	2017	0.03913	35	0.00833	31	0.01340	29	0.02640	9	0.05849	32
右江区	2014	0.17397	5	0.00962	30	0.03228	8	0.00824	32	0.06818	22
	2017	0.24175	5	0.00804	33	0.03603	4	0.00961	33	0.15992	2
八步区	2014	0.04586	28	0.01463	2	0.00678	35	0.00695	34	0.14095	3
	2017	0.05403	30	0.01009	18	0.01453	28	0.00870	34	0.14965	4
平桂区	2014	0.04112	33	0.01060	14	0.01317	31	0.01190	27	0.04881	31
	2017	0.05222	32	0.00935	28	0.01255	30	0.02169	16	0.05730	33
金城江区	2014	0.04281	32	0.01035	18	0.02818	16	0.00974	29	0.06214	24
	2017	0.05136	33	0.00896	29	0.03784	3	0.01416	28	0.10110	11
兴宾区	2014	0.08011	18	0.00924	33	0.02325	23	0.00940	30	0.11506	4
	2017	0.11735	17	0.01026	14	0.03349	8	0.00750	35	0.10636	10
江州区	2014	0.05065	26	0.01022	22	0.03171	9	0.02864	7	0.04681	32
	2017	0.07145	25	0.00969	24	0.02511	19	0.04000	3	0.05919	31

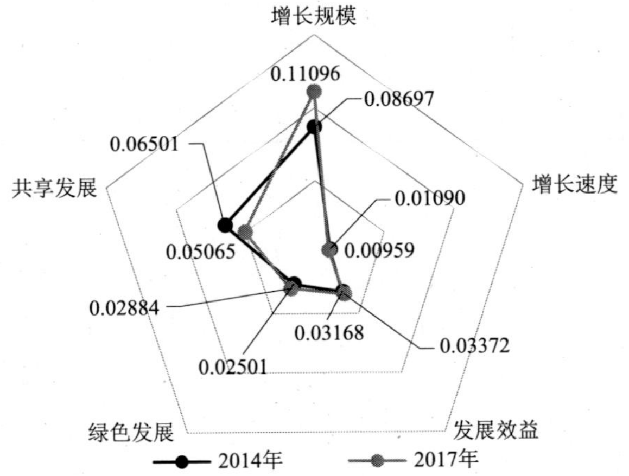

图 9-75 兴宁区 2014 年和 2017 年经济高质量发展功能表现评价结果分析

从经济高质量发展要素投入情况来看（见表 9-6），兴宁区 2014 年和 2017 年的社会资本投入的得分分别为0.01962 分和 0.02522 分，排名分别为第 12 名和第 12 名，表现均良好；劳动力及其质量得分分别为 0.03283 分和 0.03299 分，排名分别为第 30 名和第 29 名，表现均一般；交通与技术基础设施得分分别为 0.03407 分和 0.04229 分，排名分别为第 26 名和第 25 名，表现均一般。

表 9-6 2014 年和 2017 年广西 36 个城区要素投入评价值和排名

地区	年份	社会资本投入		劳动力及其质量		交通与技术基础设施	
		评价值	排名	评价值	排名	评价值	排名
兴宁区	2014	0.01962	12	0.03283	30	0.03407	26
	2017	0.02522	12	0.03299	29	0.04229	25
青秀区	2014	0.05287	1	0.03978	28	0.04503	23
	2017	0.07812	2	0.03704	27	0.04478	24
江南区	2014	0.02667	6	0.07402	8	0.02301	34
	2017	0.04542	4	0.10446	3	0.02301	36
西乡塘区	2014	0.04873	2	0.09429	2	0.04613	22
	2017	0.06016	3	0.13706	2	0.04716	22
良庆区	2014	0.01630	13	0.05527	22	0.05951	14
	2017	0.03855	6	0.05262	21	0.07413	11
邕宁区	2014	0.00942	27	0.07341	10	0.11244	9
	2017	0.02040	18	0.04872	22	0.09075	10
城中区	2014	0.00777	32	0.03197	31	0.02548	31
	2017	0.02249	14	0.03901	26	0.02550	32

续表

地区	年份	社会资本投入		劳动力及其质量		交通与技术基础设施	
		评价值	排名	评价值	排名	评价值	排名
鱼峰区	2014	0.04438	3	0.09118	3	0.02301	34
	2017	0.07953	1	0.06959	13	0.03105	29
柳南区	2014	0.01295	17	0.07363	9	0.02478	32
	2017	0.02652	10	0.06248	17	0.02487	34
柳北区	2014	0.01264	19	0.09013	4	0.02871	28
	2017	0.02604	11	0.09393	6	0.02872	30
叠彩区	2014	0.00550	34	0.02505	35	0.02428	33
	2017	0.00867	34	0.02360	36	0.02448	35
象山区	2014	0.01078	24	0.04902	25	0.02567	29
	2017	0.01570	26	0.04743	23	0.02497	33
七星区	2014	0.01101	23	0.06737	14	0.02557	30
	2017	0.01227	30	0.05708	20	0.02557	31
雁山区	2014	0.00398	35	0.03428	29	0.03270	27
	2017	0.00530	36	0.02805	32	0.03348	27
临桂区	2014	0.02093	11	0.08317	5	0.15823	5
	2017	0.01450	28	0.09515	5	0.11766	8
万秀区	2014	0.01272	18	0.02530	34	0.23341	3
	2017	0.01911	21	0.02569	35	0.22786	4
长洲区	2014	0.01235	20	0.06111	18	0.05736	16
	2017	0.01817	23	0.09936	4	0.06150	18
龙圩区	2014	0.00868	29	0.03104	32	0.06967	11
	2017	0.01201	32	0.02759	33	0.03309	28
海城区	2014	0.02726	5	0.07287	11	0.13964	7
	2017	0.03324	7	0.08130	8	0.15009	6
银海区	2014	0.01501	15	0.03090	33	0.03778	24
	2017	0.02445	13	0.03495	28	0.04740	21
铁山港区	2014	0.01525	14	0.04187	27	0.03484	25
	2017	0.01972	19	0.04293	25	0.03680	26
港口区	2014	0.02171	8	0.06865	13	0.05302	18
	2017	0.03165	8	0.07373	10	0.05827	20
防城区	2014	0.00981	26	0.05430	23	0.12921	8
	2017	0.01343	29	0.04653	24	0.13997	7

续表

地区	年份	社会资本投入		劳动力及其质量		交通与技术基础设施	
		评价值	排名	评价值	排名	评价值	排名
钦南区	2014	0.02162	9	0.06150	17	0.05120	19
	2017	0.02745	9	0.07349	11	0.06321	17
钦北区	2014	0.01207	21	0.06059	19	0.06099	12
	2017	0.02139	16	0.07190	12	0.06447	16
港北区	2014	0.01330	16	0.06668	15	0.05061	20
	2017	0.02156	15	0.06359	15	0.04593	23
港南区	2014	0.01004	25	0.06873	12	0.06037	13
	2017	0.01469	27	0.06238	18	0.06455	15
覃塘区	2014	0.00646	33	0.05790	21	0.07040	10
	2017	0.01226	31	0.06252	16	0.07355	13
玉州区	2014	0.02664	7	0.07973	6	0.23104	4
	2017	0.04012	5	0.02974	30	0.24027	3
福绵区	2014	0.00829	30	0.04476	26	0.05870	15
	2017	0.01086	33	0.02822	31	0.05870	19
右江区	2014	0.01196	22	0.06337	16	0.15333	6
	2017	0.01703	24	0.06598	14	0.17740	5
八步区	2014	0.02739	4	0.05849	20	0.29545	1
	2017	0.02104	17	0.08133	7	0.34277	1
平桂区	2014	0.00143	36	0.01684	36	0.02301	34
	2017	0.01935	20	0.02624	34	0.07413	11
金城江区	2014	0.00806	31	0.07548	7	0.05398	17
	2017	0.00817	35	0.07472	9	0.11617	9
兴宾区	2014	0.02115	10	0.22520	1	0.27368	2
	2017	0.01843	22	0.24118	1	0.29941	2
江州区	2014	0.00887	28	0.05152	24	0.04667	21
	2017	0.01574	25	0.05938	19	0.07200	14

从经济高质量发展的结构状况来看（见表9-7），兴宁区2014年和2017年的农业技术结构的得分分别为0.08193分和0.07518分，排名分别为第6名和第14名，农业技术结构比较合理；工业规模结构得分分别为0.01802分和0.01845分，排名分别为第21名和第22名，工业规模结构合理性表现一般；总体产业结构得分分别为0.00849分和0.09257分，排名分别为34名和第2名，总体产业结构很合理。

表 9-7　2014 年和 2017 年广西 36 个城区经济高质量发展的结构状况评价结果及排名

地区	年份	农业技术结构		工业规模结构		总体产业结构	
		评价值	排名	评价值	评价值	排名	评价值
兴宁区	2014	0.08193	6	0.01802	21	0.00849	34
	2017	0.07518	14	0.01845	22	0.09257	2
青秀区	2014	0.04361	19	0.00686	33	0.10613	1
	2017	0.05879	30	0.02298	13	0.10005	1
江南区	2014	0.04068	30	0.01976	19	0.02910	26
	2017	0.05269	36	0.02100	16	0.02575	35
西乡塘区	2014	0.08731	5	0.01766	24	0.04508	12
	2017	0.08349	11	0.01507	31	0.04622	17
良庆区	2014	0.04147	27	0.02001	18	0.02522	29
	2017	0.06334	21	0.01962	20	0.03187	32
邕宁区	2014	0.05251	17	0.01782	23	0.03898	16
	2017	0.05809	33	0.02410	9	0.04947	15
城中区	2014	0.04089	29	0.01067	29	0.05182	7
	2017	0.07557	13	0.01119	32	0.07324	5
鱼峰区	2014	0.04134	28	0.04311	2	0.03314	23
	2017	0.08126	12	0.01731	27	0.03705	26
柳南区	2014	0.04037	31	0.01165	28	0.02439	31
	2017	0.06446	20	0.01042	34	0.03148	33
柳北区	2014	0.07400	8	0.09222	1	0.02719	27
	2017	0.07355	17	0.02706	6	0.05164	14
叠彩区	2014	0.04181	26	0.02291	11	0.08255	2
	2017	0.05851	32	0.02857	5	0.08993	3
象山区	2014	0.11813	2	0.01752	27	0.07024	3
	2017	0.08848	9	0.01817	23	0.07758	4
七星区	2014	0.09157	4	0.02022	17	0.04511	11
	2017	0.09049	8	0.02261	14	0.05780	11
雁山区	2014	0.09278	3	0.02417	6	0.04626	10
	2017	0.09236	5	0.02054	18	0.06938	7
临桂区	2014	0.05784	14	0.01911	20	0.01785	33
	2017	0.05963	29	0.02572	7	0.03535	28
万秀区	2014	0.04258	22	0.00525	34	0.06070	6
	2017	0.10005	3	0.01614	29	0.05305	13

续表

地区	年份	农业技术结构		工业规模结构		总体产业结构	
		评价值	排名	评价值	评价值	排名	评价值
长洲区	2014	0.03929	33	0.02256	12	0.03150	24
	2017	0.06136	26	0.02355	12	0.04162	22
龙圩区	2014	0.03759	34	0.00732	32	0.01857	32
	2017	0.06322	22	0.00811	35	0.03632	27
海城区	2014	0.40251	1	0.02341	10	0.03984	15
	2017	0.26092	1	0.02880	4	0.04065	24
银海区	2014	0.07196	9	0.00818	30	0.04445	13
	2017	0.09780	4	0.00540	36	0.04615	18
铁山港区	2014	0.03759	35	0.02372	9	0.00742	35
	2017	0.09060	7	0.02068	17	0.00531	36
港口区	2014	0.04272	21	0.02393	8	0.02912	25
	2017	0.12396	2	0.02936	3	0.03065	34
防城区	2014	0.04354	20	0.02108	16	0.03541	22
	2017	0.06301	23	0.02396	10	0.04062	25
钦南区	2014	0.04578	18	0.02715	5	0.05096	9
	2017	0.06048	27	0.02954	2	0.05387	12
钦北区	2014	0.06837	10	0.02231	13	0.02626	28
	2017	0.06837	19	0.02159	15	0.04175	21
港北区	2014	0.04207	24	0.03110	3	0.06336	5
	2017	0.09082	6	0.02992	1	0.06733	8
港南区	2014	0.05635	15	0.02411	7	0.03839	18
	2017	0.08532	10	0.02395	11	0.04201	20
覃塘区	2014	0.04192	25	0.01799	22	0.03653	21
	2017	0.07425	16	0.01927	21	0.03276	31
玉州区	2014	0.03955	32	0.02195	15	0.06339	4
	2017	0.06840	18	0.01530	30	0.06515	9
福绵区	2014	0.04238	23	0.00786	31	0.02513	30
	2017	0.06143	25	0.01078	33	0.03459	29
右江区	2014	0.06057	13	0.00461	35	0.03840	17
	2017	0.05865	31	0.01726	28	0.04338	19
八步区	2014	0.06519	11	0.02943	4	0.03821	19
	2017	0.05984	28	0.01794	24	0.05783	10

续表

地区	年份	农业技术结构		工业规模结构		总体产业结构	
		评价值	排名	评价值	评价值	排名	评价值
平桂区	2014	0.03759	36	0.00408	36	0.00721	36
	2017	0.05579	35	0.02019	19	0.03448	30
金城江区	2014	0.07498	7	0.01756	25	0.05123	8
	2017	0.07431	15	0.01743	26	0.07278	6
兴宾区	2014	0.05327	16	0.02219	14	0.04314	14
	2017	0.05763	34	0.02505	8	0.04746	16
江州区	2014	0.06157	12	0.01754	26	0.03686	20
	2017	0.06259	24	0.01768	25	0.04092	23

从经济高质量发展的营商环境来看（见表 9-8），兴宁区 2014 年和 2017 年的人口活力得分分别为 0.11693 分和 0.11885 分，排名分别为第 6 名和第 9 名，人口活力强；兴宁区 2014 年和 2017 年的经济活力得分分别为 0.30960 分和 0.40786 分，排名分别为第 2 名和第 1 名，经济活力强；兴宁区 2014 年和 2017 年的政府活力评价值分别为 0.16584 分和 0.14250 分，排名分别为第 16 名和第 12 名，政府活力较强。

表 9-8　2014 年和 2017 年广西 36 个城区营商环境评价结果及排名

地区	年份	活力评价		经济活力		政府活力	
		评价值	排名	评价值	排名	评价值	排名
兴宁区	2014	0.11693	6	0.30960	2	0.16584	16
	2017	0.11885	9	0.40786	1	0.14250	12
青秀区	2014	0.08529	20	0.29577	3	0.30358	1
	2017	0.09225	21	0.39474	2	0.25018	2
江南区	2014	0.11966	5	0.16563	6	0.19710	13
	2017	0.12841	5	0.19985	7	0.06095	18
西乡塘区	2014	0.13728	2	0.32657	1	0.22711	11
	2017	0.14278	2	0.35129	3	0.06666	16
良庆区	2014	0.1325	4	0.05614	26	0.08678	24
	2017	0.12696	6	0.06451	29	0.11018	14
邕宁区	2014	0.06129	36	0.04644	30	0.02179	36
	2017	0.06031	36	0.03997	35	0.01718	34
城中区	2014	0.11098	9	0.14283	9	0.26536	5
	2017	0.10786	13	0.17983	9	0.24069	3

续表

地区	年份	活力评价		经济活力		政府活力	
		评价值	排名	评价值	排名	评价值	排名
鱼峰区	2014	0.0781	25	0.16089	8	0.24182	8
	2017	0.11035	11	0.20840	6	0.28409	1
柳南区	2014	0.14285	1	0.22154	5	0.24866	7
	2017	0.13168	4	0.28421	5	0.22876	5
柳北区	2014	0.09059	17	0.16511	7	0.21005	12
	2017	0.09958	15	0.16431	11	0.22193	6
叠彩区	2014	0.08741	19	0.09215	15	0.27815	3
	2017	0.09119	22	0.13282	13	0.20662	8
象山区	2014	0.09695	12	0.13340	10	0.08126	27
	2017	0.10372	14	0.16621	10	0.23017	4
七星区	2014	0.10766	10	0.08085	18	0.25517	6
	2017	0.12181	8	0.10782	17	0.22119	7
雁山区	2014	0.11497	8	0.02609	36	0.07634	29
	2017	0.1491	1	0.02487	36	0.03604	30
临桂区	2014	0.07189	28	0.07401	21	0.16084	18
	2017	0.07288	31	0.07089	27	0.15984	10
万秀区	2014	0.06909	32	0.03739	35	0.16290	17
	2017	0.0841	26	0.11768	15	0.03720	29
长洲区	2014	0.09522	13	0.03788	33	0.27781	4
	2017	0.10852	12	0.10082	20	0.06180	17
龙圩区	2014	0.09291	16	0.05707	25	0.23248	10
	2017	0.0908	23	0.06482	28	0.03807	28
海城区	2014	0.13326	3	0.11904	12	0.23817	9
	2017	0.13670	3	0.14018	12	0.09692	15
银海区	2014	0.11533	7	0.03770	34	0.12345	20
	2017	0.12480	7	0.05097	32	0.06013	19
铁山港区	2014	0.06294	35	0.03974	32	0.12450	19
	2017	0.06903	35	0.04444	34	0.05972	20
港口区	2014	0.10102	11	0.04748	29	0.28328	2
	2017	0.11421	10	0.08341	22	0.16497	9
防城区	2014	0.07984	23	0.06192	23	0.09504	22
	2017	0.08296	28	0.07693	24	0.05868	22

续表

地区	年份	活力评价		经济活力		政府活力	
		评价值	排名	评价值	排名	评价值	排名
钦南区	2014	0.08369	21	0.08703	16	0.07700	28
	2017	0.09310	20	0.10468	18	0.04279	26
钦北区	2014	0.09371	14	0.09602	13	0.06980	30
	2017	0.09811	16	0.12267	14	0.02264	33
港北区	2014	0.08838	18	0.13327	11	0.09160	23
	2017	0.09694	17	0.18299	8	0.11143	13
港南区	2014	0.06632	34	0.06157	24	0.10172	21
	2017	0.07111	33	0.07137	26	0.03835	27
覃塘区	2014	0.07368	26	0.06333	22	0.04339	34
	2017	0.07107	34	0.07509	25	0.04956	24
玉州区	2014	0.07001	31	0.22478	4	0.17510	15
	2017	0.0959	18	0.28820	4	0.15215	11
福绵区	2014	0.07263	27	0.04413	31	0.08555	25
	2017	0.07199	32	0.04973	33	0.04915	25
右江区	2014	0.09356	15	0.08008	19	0.08529	26
	2017	0.0949	19	0.10788	16	0.05914	21
八步区	2014	0.07911	24	0.09520	14	0.05706	31
	2017	0.09040	24	0.07909	23	0.02592	32
平桂区	2014	0.07147	29	0.05125	28	0.04500	33
	2017	0.08400	27	0.05370	31	0.04962	23
金城江区	2014	0.08285	22	0.07763	20	0.03867	35
	2017	0.09017	25	0.09342	21	0.02726	31
兴宾区	2014	0.07092	30	0.08094	17	0.04920	32
	2017	0.07783	29	0.10221	19	0.01518	36
江州区	2014	0.06898	33	0.05176	27	0.18967	14
	2017	0.07488	30	0.05790	30	0.01614	35

综上所述，兴宁区经济高质量发展基础较好，增长规模大，但增速不快，近年来发展效益、绿色发展水平都有所提升。营商环境较好，投入水平、工业规模一般，且近年变化不大，仍有许多提升空间。最近几年，兴宁区农旅结合发展成效显著，驿站（标准园）等农旅项目相继建成，“十里花卉长廊”（核心）示范区被自治区授予“广西现代特色农业（核心）示范区”称号，兴宁区应继续因地制宜发展现代农业，大力推进涵盖农业项目推进，

持续改善农业基础设施。兴宁区应全力以赴发展新型工业，加大各领域专业技术人员投入。兴宁区共享发展水平有所下降，应致力于提高人民生活质量，改善和保障民生，使城区人民共享经济社会发展成果，并努力营造“大众创业，万众创新”的社会氛围。

二、青秀区

青秀区位于南宁市东南部，其自治区、南宁市党政军领导机关及中国-东盟博览会会址所在地。有湘桂铁路、高速公路、邕江航道以及南宁境内的高速铁路过境。

从经济高质量发展功能表现来看，青秀区 2014 年和 2017 年的增长规模的得分分别为 0.13587 分和 0.18129 分，排名均为第 8 名，增长规模大。青秀区 2014 年和 2017 年的增长速度得分分别为 0.01094 分和 0.01008 分，排名分别为第 8 名和第 19 名，增长速度从快转为较快。青秀区 2014 年和 2017 年的发展效益评价得分分别为 0.02246 分和 0.02151 分，排名分别为第 24 名和第 23 名，发展效益一般。青秀区 2014 年和 2017 年的绿色发展得分分别为 0.08608 分和 0.0288 分，排名分别为第 2 名和第 7 名，表现优秀；青秀区 2014 年和 2017 年的共享发展得分分别为 0.05092 分和 0.10036 分，排名分别为第 30 名和第 12 名，表现从一般转为较好（见图 9-76）。

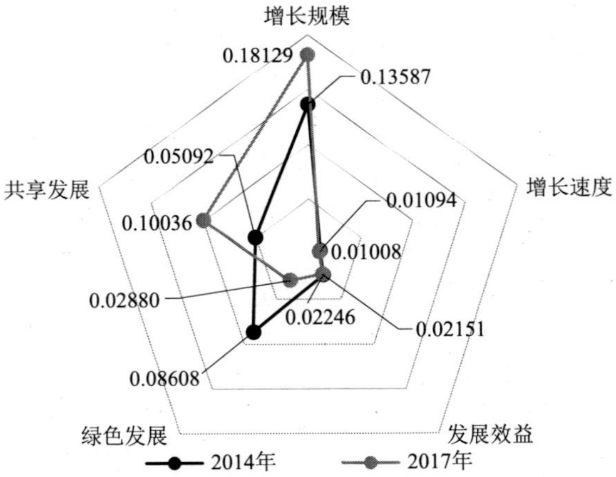

图 9-76　青秀区 2014 年和 2017 年经济高质量发展功能表现评价结果分析

从经济高质量发展要素投入情况来看，青秀区 2014 年和 2017 年的社会资本投入的得分分别为 0.05287 分和 0.07812 分，排名分别为第 1 名和第 2 名，表现均优秀；劳动力及其质量得分分别为 0.03978 分和 0.03704 分，排名分别为第 28 名和第 27 名，表现均一般；交通与技术基础设施得分分别为 0.04503 分和 0.04478 分，排名分别为第 23 名和第 24 名，表现均一般。

从经济高质量发展的结构状况来看，青秀区 2014 年和 2017 年的农业技术结构的得分分别为 0.04361 分和 0.05879 分，排名分别为第 19 名和第 30 名，农业技术结构合理性表现一般；工业规模结构得分分别为 0.00686 分和 0.02298 分，排名分别为第 33 名和第 13 名，工业规模结构比较合理；总体产业结构得分分别为 0.10613 分和 0.10005 分，排名均为第 1，总体产业结构合理。

从经济高质量发展的营商环境来看，青秀区 2014 年和 2017 年的人口活力得分分别为 0.08529 分和 0.09225 分，排名分别为第 20 名和第 21 名，人口活力一般；青秀区 2014 年和 2017 年的经济活力得分分别为 0.29577 分和 0.39474 分，排名分别为第 3 名和第 2 名，经济活力强；青秀区 2014 年和 2017 年的政府活力评价值分别为 0.30358 分和 0.25018 分，排名分别为第 1 名和第 2 名，政府活力强。

综上所述，青秀区经济高质量发展基础较好，增长规模大，但发展效益一般，增长速度有所下降，绿色发展水平优异，共享发展水平提升。青秀区整体营商环境较好，服务业增加值大，资本要素投入优势最明显，入选 2014 年、2015 年“全国最具投资潜力百强区”，跻身 2015 年“全国科学发展百强区”，是广西唯一的全国“双百强区”。在肯定成绩的同时，也发现一些不足。青秀区开放程度一般，交通与技术基础设施建设和劳动力及其质量仍存在很大的提升空间。产业结构仍需优化，尤其应优化现代农业技术结构，凸显农业特色。要进一步提高现代服务业层次，提升青秀区服务业品牌。同时，加大东盟开放步伐，加大开放创新，进一步迸发发展活力。

三、江南区

江南区位于南宁市西南部。南宁国际机场和西南最大铁路编组站——南宁火车南站坐落辖区内，桂海高速、南北公路、快速环道、高速外环和南宁至友谊关高速公路贯穿辖区，白沙大桥、中兴大桥、清川大桥、邕江大桥、永和大桥、葫芦顶大桥、北大桥、桃源桥和正在建设的凌铁大桥 9 座桥梁横跨邕江两岸。

从经济高质量发展功能表现来看，江南区 2014 年和 2017 年增长规模的得分分别为 0.11949 分和 0.16527 分，排名分别为第 10 名和第 11 名，增长规模大。江南区 2014 年和 2017 年的增长速度得分分别为 0.01111 分和 0.01039 分，排名分别为第 5 名和第 10 名，增长速度从快转为较快；江南区 2014 年和 2017 年的发展效益评价得分分别为 0.02765 分和 0.02551 分，排名分别为第 19 名和第 17 名，发展效益良好。江南区 2014 年和 2017 年的绿色发展得分分别为 0.01413 分和 0.02355 分，排名分别为第 22 名和第 13 名，表现从一般转为良好；江南区 2014 年和 2017 年的共享发展得分分别为 0.08539 分和 0.08579 分，排名分别为第 13 名和第 19 名，表现良好（见图 9-77）。

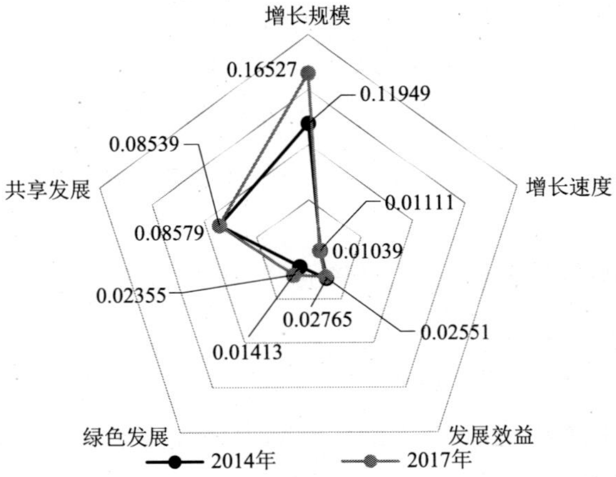

图 9-77 江南区 2014 年和 2017 年经济高质量发展功能表现评价结果分析

从经济高质量发展要素投入情况来看，江南区 2014 年和 2017 年的社会资本投入的得分分别为 0.02667 分和 0.04542 分，排名分别为第 6 名和第 4 名，表现均优秀；劳动力及其质量得分分别为 0.07402 分和 0.10446 分，排名分别为第 8 名和第 3 名，表现均优秀；交通与技术基础设施得分分别为 0.02301 分和 0.02301 分，排名分别为第 34 名和第 36 名，表现均较差。

从经济高质量发展的结构状况来看，江南区 2014 年和 2017 年的农业技术结构的得分分别为 0.04068 分和 0.05269 分，排名为第 30 名和第 36 名，农业技术结构合理性较差；工业规模结构得分分别为 0.01976 分和 0.02100 分，排名分别为第 19 名和第 16 名，工业规模结构比较合理；总体产业结构得分分别为 0.02910 分和 0.02575 分，排名分别为第 26 名和第 35 名，总体产业结构合理性较差。

从经济高质量发展的营商环境来看，江南区 2014 年和 2017 年的人口活力得分分别为 0.11966 分和 0.12841 分，排名均为第 5 名，人口活力强；江南区 2014 年和 2017 年的经济活力得分分别为 0.16563 分和 0.19985 分，排名分别为第 6 名和第 7 名，经济活力强；江南区 2014 年和 2017 年的政府活力评价值分别为 0.19710 分和 0.06095 分，排名分别为第 13 名和第 18 名，政府活力较强。

综上所述，江南区高质量发展基础较好，增长规模大，近年来增长速度有所下降；绿色发展水平提升，投入水平较高，劳动力及社会资本投入优势明显，基础设施建设仍需增强；产业结构需进一步优化，协推动产业集聚，推进实体经济发展，加快现代服务业升级提挡，提高农业技术产出，提升农业机械化程度。江南区共享发展良好，但仍有一定的进步空间，应着力项目建设，拉动民生事业，以满足人民美好生活需要为目标，强化保障体系。

四、西乡塘区

西乡塘区位于南宁市西北部。有北京至南宁、南宁至昆明铁路，南昆、兰海高速公路，南宁市外环高速公路和快速环城路通过辖区。

从经济高质量发展功能表现来看，西乡塘区 2014 年和 2017 年的增长规模的得分分别为 0.14921 分和 0.18532 分，排名分别为第 6 名和第 7 名，增长规模大。西乡塘区 2014 年和 2017 年的增长速度得分分别为 0.0107 分和 0.0101 分，排名分别为第 11 名和第 17 名，增长速度较快。西乡塘区 2014 年和 2017 年的发展效益评价得分分别为 0.02832 分和 0.02869 分，排名分别为第 15 名和第 13 名，发展效益较好。西乡塘区 2014 年和 2017 年的绿色发展得分分别为 0.01921 分和 0.0173 分，排名分别为第 17 名和第 23 名，表现从良好转为一般。西乡塘区 2014 年和 2017 年的共享发展得分分别为 0.05825 分和 0.0761 分，排名分别为第 28 名和第 23 名，表现一般（见图 9-78）。

从经济高质量发展要素投入情况来看，西乡塘区 2014 年和 2017 年的社会资本投入的得分分别为 0.04873 分和 0.06016 分，排名分别为第 2 名和第 3 名，表现均优秀；劳动力及其质量得分分别为 0.09429 分和 0.13706 分，排名均为第 2 名，表现均优秀；交通与技术基础设施得分分别为 0.04613 分和 0.04716 分，排名均为第 22 名，表现均一般。

从经济高质量发展的结构状况来看，西乡塘区 2014 年和 2017 年的农业技术结构的得分分别为 0.08731 分和 0.08349 分，排名为第 5 名和第 11 名，农业技术结构比较合理；工业规模结构得分分别为 0.01766 分和 0.01507 分，排名分别为第 24 名和第 31 名，工业规模结构合理性较差；总体产业结构得分分别为 0.04508 分和 0.04622 分，排名分别为 12 名和第 17 名，总体产业结构比较合理。

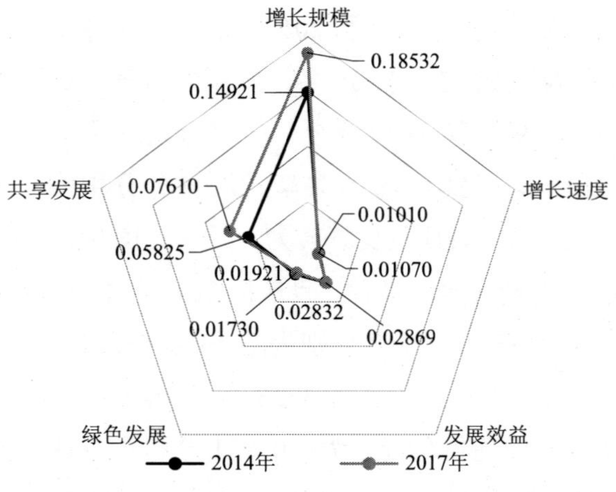

图 9-78 西乡塘区 2014 年和 2017 年经济高质量发展功能表现评价结果分析

从经济高质量发展的营商环境来看，西乡塘区 2014 年和 2017 年的人口活力得分分别为 0.13728 分和 0.14278 分，排名均为第 2 名，人口活力强。西乡塘区 2014 年和 2017 年的经济活力得分分别为 0.32657 和 0.35129 分，排名分别为第 1 名和第 3 名，经济活力强。西乡塘区 2014 年和 2017 年的政府活力评价值分别为 0.22711 分和 0.06666 分，排名分别为第 11 名和第 16 名，政府活力较强但有所退步。

综上所述，西乡塘区经济高质量发展基础较好，增长规模大，增长速度较快，发展效益稳定；但绿色发展水平有所下降，产业结构还需进一步调整；交通与技术基础设施建设、共享发展水平近年来变化不大，仍有很大的提升空间。为进一步提升发展速度，打破发展瓶颈，西乡塘区应牢牢抓住关键环节，推动重点区域建设，着力项目建设，全面深化改革，掀起新一轮发展高潮；继续按照“三产强优势、二产补短板、一产显特色”的思路，构建现代化产业结构，促进产业高质量发展。同时，完善交通与技术基础设施建设，科学布局建设交通路网，加快推进地铁线等重点交通工程。为解决绿色发展出现退步的问题，应加强生态保护，深入践行绿水青山就是金山银山的理念，坚持“治水、建城、为民”的城市工作理念，建设环境友好型社会。为进一步提升共享发展水平，应牢固树立以人民为中心的发展思想，完善教育、卫生、就业、保障等体系，也要提高文化软实力。

五、良庆区

良庆区位于南宁市南部，与广西沿海“金三角”的钦州市相连，区内有南北高速公路、二级公路穿境而过，贯穿辖区的四个镇和两个开发区。

从经济高质量发展功能表现来看，良庆区 2014 年和 2017 年的增长规模的得分分别为 0.06713 分和 0.08154 分，排名分别为第 22 名和第 23 名，增长规模一般。良庆区 2014 年和 2017 年的增长速度得分分别为 0.01086 分和 0.01141 分，排名分别为第 10 名和第 2 名，增长速度从较快转为快。良庆区 2014 年和 2017 年的发展效益评价得分分别为 0.01232 分和 0.01141 分，排名分别为第 32 名和第 36 名，发展效益差。良庆区 2014 年和 2017 年的绿色发展得分分别为 0.02169 分和 0.01739 分，排名分别为第 14 名和第 22 名，表现从良好转为一般。良庆区 2010 年和 2017 年的共享发展得分分别为 0.07638 分和 0.06417 分，排名分别为第 19 名和第 27 名，表现从良好转为一般（见图 9-79）。

从经济高质量发展要素投入情况来看，良庆区 2014 年和 2017 年的社会资本投入的得分分别为 0.01630 分和 0.03855 分，排名分别为第 13 名和第 6 名，表现由良好转为优秀；劳动力及其质量得分分别为 0.05527 分和 0.05262 分，排名分别为第 22 名和第 21 名，表现均一般；交通与技术基础设施得分分别为 0.05951 分和 0.07413 分，排名分别为第 14 名和第 11 名，表现均良好。

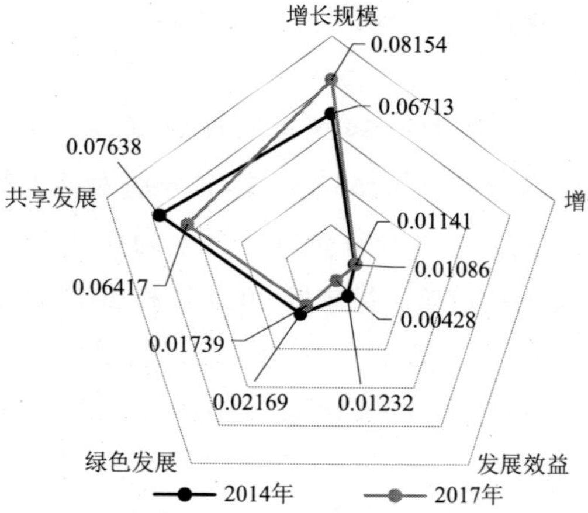

图 9-79　良庆区 2014 年和 2017 年经济高质量发展功能表现评价结果分析

从经济高质量发展的结构状况来看，良庆区 2014 年和 2017 年的农业技术结构的得分分别为 0.04147 分和 0.06334 分，排名分别为第 27 名和第 21 名，农业技术结构合理性表现一般。工业规模结构得分分别为 0.02001 分和 0.01962 分，排名分别为第 18 名和第 20 名，工业规模结构比较合理；总体产业结构得分分别为 0.02522 分和 0.03187 分，排名分别为第 29 名和第 32 名，总体产业结构合理性较差。

从经济高质量发展的营商环境来看，良庆区 2014 年和 2017 年的人口活力得分分别为 0.13250 分和 0.12696 分，排名分别为第 4 名和第 6 名，人口活力强。良庆区 2014 年和 2017 年的经济活力得分分别为 0.05614 分和 0.06451 分，排名分别为第 26 名和第 29 名，经济活力一般。良庆区 2014 年和 2017 年的政府活力评价值分别为 0.08678 分和 0.11018 分，排名分别为第 24 名和第 14 名，政府活力由一般转为较强。

综上所述，良庆区经济高质量发展基础一般，增长速度有所提升，但发展效益较差，绿色发展、共享发展水平都有所下降；社会资本投入有所提升，产业结构有待调整；社会劳动力质量、交通与技术基础设施建设、经济活力仍有很大的提升空间。良庆区应继续以五象新区发展为龙头，助推新区建设，围绕“建设五象新区，再造一个新南宁”的战略决策，促进中国-东盟信息港和中国-东盟金融开放门户聚集区发展。同时，应优化产业结构，发展特色农业，升级工业创新，优化现代服务业。也要坚持绿色发展，打好污染防治攻坚战，必须坚定不移践行绿色发展理念。坚持共享发展，保障和改善民生，不断增强人民群众的幸福感和安全感。

六、邕宁区

邕宁区位于南宁市东南部。区内有南北高速公路、南宁外环绕城高速公路、湘桂铁路和广西沿海铁路、邕北高速铁路，地铁 1 号线、2 号线、4 号线、疏港大道经过。2018 年其被命名为第二批“绿水青山就是金山银山”实践创新基地。

从经济高质量发展功能表现来看，邕宁区 2014 年和 2017 年的增长规模的得分分别为 0.03553 分和 0.04453 分，排名均为第 34 名，增长规模小。邕宁区 2014 年和 2017 年的增长速度得分分别为 0.01334 分和 0.01169 分，排名分别为第 3 名和第 1 名，增长速度快。邕宁区 2014 年和 2017 年的发展效益评价得分分别为 0.01123 分和 0.01169 分，排名分别为第 33 名和第 35 名，发展效益差。邕宁区 2014 年和 2017 年的绿色发展得分分别为 0.00745 分和 0.06123 分，排名分别为第 33 名和第 2 名，表现从差转为优秀。邕宁区 2014 年和 2017 年的共享发展得分分别为 0.09966 分和 0.10036 分，排名分别为第 8 名和第 12 名，表现从优秀转为良好（见图 9-80）。

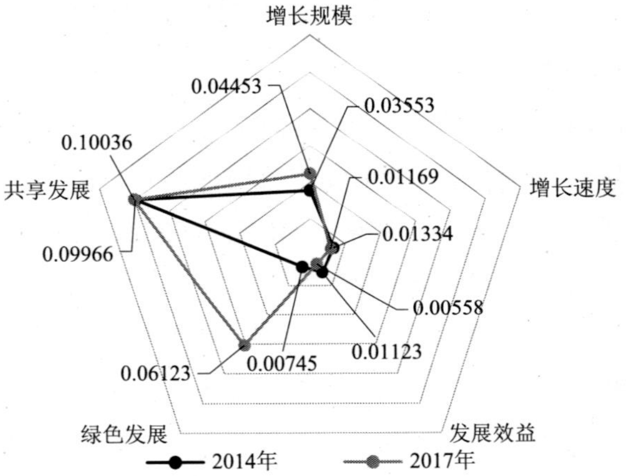

图 9-80 邕宁区 2014 年和 2017 年经济高质量发展功能表现评价结果分析

从经济高质量发展要素投入情况来看，邕宁区 2014 年和 2017 年的社会资本投入的得分分别为 0.00942 分和 0.02040 分，排名分别为第 27 名和第 18 名，表现由一般转为良好；劳动力及其质量得分分别为 0.07341 分和 0.04872 分，排名分别为第 10 名和第 22 名，表现由优秀转为一般；交通与技术基础设施得分分别为 0.11244 分和 0.09075 分，排名分别为第 9 名和第 10 名，表现均优秀。

从经济高质量发展的结构状况来看，邕宁区 2014 年和 2017 年的农业技术结构的得分分别为 0.05251 分和 0.05809 分，排名分别为第 17 名和第 33 名，农业技术结构合理性较差；工业规模结构得分分别为 0.01782 分和 0.02410 分，排名分别为第 23 名和第 9 名，工业规模结构很合理；总体产业结构得分分别为 0.03898 分和 0.04947 分，排名分别为第 16 名和第 15 名，总体产业结构比较合理。

从经济高质量发展的营商环境来看，邕宁区 2014 年和 2017 年的人口活力得分分别为 0.06129 分和 0.06031 分，排名均为第 36 名，人口活力较弱。邕宁区 2014 年和 2017 年的经济活力得分分别为 0.04644 分和 0.03997 分，排名分别为第 30 名和第 35 名，经济活力由一般转为较弱。邕宁区 2014 年和 2017 年的政府活力评价值分别为 0.02179 分和 0.01718 分，排名分别为第 36 名和第 34 名，政府活力较弱。

综上所述，邕宁区增长速度快，但高质量发展基础较差，增长规模仍较小，发展效益差，营商环境差，人口活力、经济活力、政府活力均较弱。近年来，邕宁区绿色发展水平、社会资本投入水平、工业规模有所提升，但共享发展水平，农业技术结构合理性呈后退趋势。邕宁区交通与技术基础设施建设较完善，园区开发建设取得新突破，新区发展势头强劲。旅游等服务业快速发展，但还需实现产业扶贫全覆盖，提升劳动力水平，调整农业技术结构，以农民增收为核心，建设现代化特色农业。必须加大力度优化邕宁区营商环境，全面深化改革开放，推进大众创业、万众创新，积极实施对外开放，增强经济社会发展活力。提升共享发展水平，保障和改善民生，让人民群众共享发展成果。

七、城中区

城中区位于柳州市区中部，有湘桂线铁路、209 国道、322 国道和水路穿城而过。

从经济高质量发展功能表现来看，城中区 2014 年和 2017 年的增长规模的得分分别为 0.06402 分和 0.13245 分，排名分别为第 24 名和第 15 名，增长规模从一般转为较大。城中区 2014 年和 2017 年的增长速度得分分别为 0.01068 分和 0.01003 分，排名分别为第 12 名和第 20 名，增长速度从较快转为慢。城中区 2014 年和 2017 年的发展效益评价得分分别为 0.07639 分和 0.02757 分，排名分别为第 3 名和第 14 名，发展效益从好转为良好；城中区 2014 年和 2017 年的绿色发展得分分别为 0.02669 分和 0.0202 分，排名分别为第 9 名和第 18 名，表现从优秀转为良好。城中区 2014 年和 2017 年的共享发展得分分别为 0.11029 分和 0.09976 分，排名分别为第 6 名和第 14 名，表现从优秀转为良好（见图 9-81）。

从经济高质量发展要素投入情况来看，城中区 2014 年和 2017 年的社会资本投入的得分分别为 0.00777 分和 0.02249 分，排名分别为第 32 名和第 14 名，表现由较差转为良好；劳动力及其质量得分分别为 0.03197 分和 0.03901 分，排名分别为第 31 名和第 26 名，表现由较差转为一般；交通与技术基础设施得分分别为 0.02548 分和 0.02550 分，排名分别为第 31 名和第 32 名，表现均较差。

从经济高质量发展的结构状况来看，城中区 2014 年和 2017 年的农业技术结构的得分分别为 0.04089 分和 0.07557 分，排名分别为第 29 名和第 13 名，农业技术结构比较合理；工业规模结构得分分别为 0.01067 分和 0.01119 分，排名分别为第 29 名和第 32 名，工业规模结构合理性较差；总体产业结构得分分别为 0.05182 分和 0.07324 分，排名分别为 7 名和第 5 名，总体产业结构很合理。

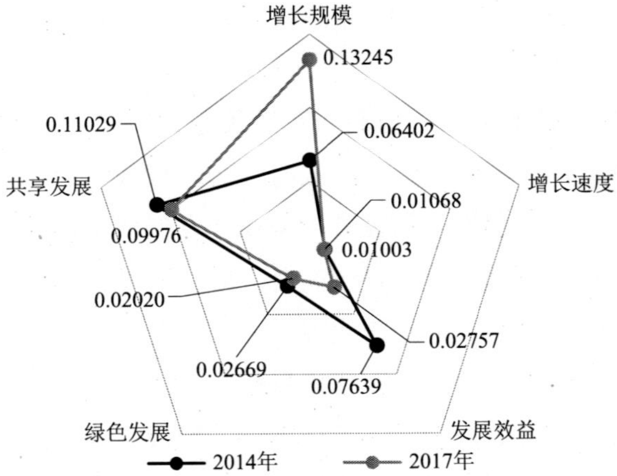

图 9-81　城中区 2014 年和 2017 年经济高质量发展功能表现评价结果分析

从经济高质量发展的营商环境来看，城中区 2014 年和 2017 年的人口活力得分分别为 0.11098 分和 0.10786 分，排名分别为第 9 名和第 13 名，人口活力由强转为较强。城中区 2014 年和 2017 年的经济活力得分分别为 0.14283 分和 0.17983 分，排名均为第 9 名，经济活力强。城中区 2014 年和 2017 年的政府活力评价值分别为 0.26536 分和 0.24069 分，排名分别为第 5 名和第 3 名，政府活力强。

综上所述，城中区经济高质量发展基础较好，营商环境好，增长规模有所提升，但增长速度减缓，发展效益、绿色发展、共享发展水平均有所下降，投入水平较差。近年来，社会资本投入和劳动力及其质量有所进步，交通与技术基础设施仍较差。总体产业结构合理，工业规模有待提高。城中区第三产业发展较好，服务业增加值占 GDP 比重达 62.9%。社会消费品零售总额 179 亿元，增长 10%，服务业发展保持平稳较快增长，应继续发挥第三产业的引领作用。2017 年，城中区用网络招商等新模式，但开放程度仍需进一步扩大。同时，也要坚持绿色发展，坚定不移践行绿色发展理念。进一步优化营商环境，坚持共享发展，保障和改善民生，不断增强人民群众的幸福感和安全感。

八、鱼峰区

鱼峰区位于柳州市区东南部，区内有桂柳、柳南、宜柳高速公路交会，柳江水运网可直通粤港澳地区，白莲机场沟通鱼峰区与外界。

从经济高质量发展功能表现来看，鱼峰区 2014 年和 2017 年的增长规模的得分分别为 0.23391 分和 0.33457 分，排名分别为第 2 名和第 1 名，增长规模大。鱼峰区 2014 年和 2017 年的增长速度得分分别为 0.00592 分和 0.01046 分，排名分别为第 36 名和第 9 名，增长速度从慢转为快；鱼峰区 2014 年和 2017 年的发展效益评价得分分别为 0.00466 分和 0.01046 分，排名分别为第 36 名和第 33 名，发展效益差。鱼峰区 2014 年和 2017 年的绿色发展得分分别为 0.01951 分和 0.02314 分，排名分别为第 16 名和第 14 名，表现一般。鱼峰区 2014 年和 2017 年的共享发展得分分别为 0.09265 分和 0.09704 分，排名分别为第 10 名和第 15 名，表现一般（见图 9-82）。

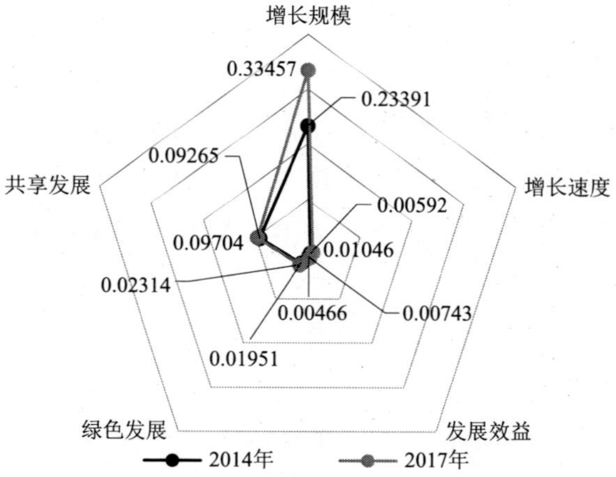

图 9-82　鱼峰区 2014 年和 2017 年经济高质量发展功能表现评价结果分析

从经济高质量发展要素投入情况来看，鱼峰区 2014 年和 2017 年的社会资本投入的得分分别为 0.04438 分和 0.07953 分，排名分别为第 3 名和第 1 名，表现均优秀；劳动力及其质量得分分别为 0.09118 分和 0.06959 分，排名分别为第 3 名和第 13 名，表现由优秀转为良好；交通与技术基础设施得分分别为 0.02301 分和 0.03105 分，排名分别为第名 34 和第 29 名，表现由较差转为一般。

从经济高质量发展的结构状况来看，鱼峰区 2014 年和 2017 年的农业技术结构的得分分别为 0.04134 分和 0.08126 分，排名为第 28 名和第 12 名，农业技术结构比较合理；工业规模结构得分分别为 0.04311 分和 0.01731 分，排名分别为第 2 名和第 27 名，工业规模结构合理性表现一般；总体产业结构得分分别为 0.03314 分和 0.03705 分，排名分别为 23 名和第 26 名，总体产业结构合理性表现一般。

从经济高质量发展的营商环境来看，鱼峰区 2014 年和 2017 年的人口活力得分分别为 0.07810 分和 0.11035 分，排名分别为第 25 名和第 11 名，人口活力由一般转为较强。鱼峰区 2014 年和 2017 年的经济活力得分分别为 0.16089 分和 0.20840 分，排名分别为第 8 名和第 6 名，经济活力强。鱼峰区 2014 年和 2017 年的政府活力评价值分别为 0.24182 分和 0.28409 分，排名分别为第 8 名和第 1 名，政府活力强。

综上所述，鱼峰区经济高质量发展基础较好，增长规模大，增长速度显著提升，但发展效益较差，绿色发展、共享发展水平一般；鱼峰区整体投入水平较高，基础设施建设不尽如人意，但呈现提升趋势；营商环境强，开放开放程度有所提升；鱼峰区总体产业结构一般，面临发展空间不足、企业外迁及经济下行压力等多重不利因素影响，需加大企业扶持力度，促进创新驱动发展战略实施。鱼峰区需优化升级产业结构，继续扩大服务业在三次产业中的比重，突出发展食品医药等大健康产业；坚持绿色发展，坚持共享发展，保障和改善民生，完善基础设施，协调社会事业，完善社会保障体系。

九、柳南区

柳南区位于柳州市区西南部。水路循柳江而上，通至柳城、融水、三江、龙江，下直达珠江三角洲；公路有国道 3 条，区（省）道 1 条，会合于此，通往全国各省市（自治区）和各县，区道 3 条通往市郊；铁路有焦柳、湘桂、黔桂 3 条干线，在辖区内建有 3 个车站可通全国各主要城市。

从经济高质量发展功能表现来看，柳南区 2014 年和 2017 年的增长规模的得分分别为 0.25656 分和 0.3147 分，排名分别为第 1 名和第 3 名，增长规模大。柳南区 2014 年和 2017 年的增长速度得分分别为 0.00995 分和 0.01011 分，排名分别为第 24 名和第 15 名，增长速度从一般转为较快；柳南区 2014 年和 2017 年的发展效益评价得分分别为 0.08489 分和 0.01011 分，排名分别为第 2 名和第 1 名，发展效益好。柳南区 2014 年和 2017 年的绿色发展得分分别为 0.03017 分和 0.02789 分，排名分别为第 5 名和第 8 名，表现优秀。柳南区 2014 年和 2017 年的共享发展得分分别为 0.15098 和 0.15347 分，排名分别为第 2 名和第 3 名，表现优秀（见图 9-83）。

从经济高质量发展要素投入情况来看，柳南区 2014 年和 2017 年的社会资本投入的得分分别为 0.01295 分和 0.02652 分，排名为第 17 名和第 10 名，表现由良好转为优秀；劳动力及其质量得分分别为 0.07363 分和 0.06248 分，排名分别为第 9 名和第 17 名，表现由优秀转为良好；交通与技术基础设施得分分别为 0.02478 分和 0.02487 分，排名分别为第 32 名和第 34 名，表现均较差。

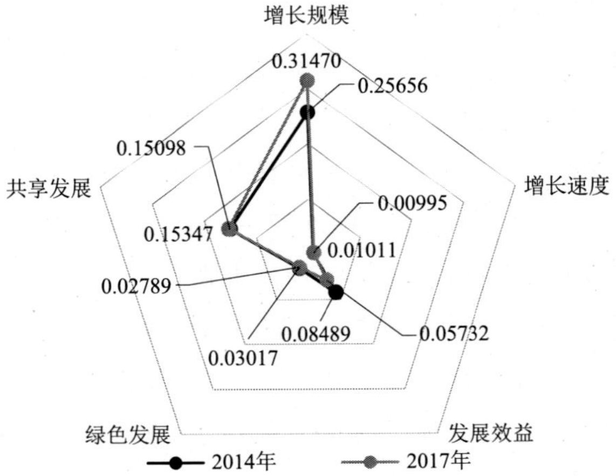

图 9-83　柳南区 2014 年和 2017 年经济高质量发展功能表现评价结果分析

从经济高质量发展的结构状况来看，柳南区 2014 年和 2017 年的农业技术结构的得分分别为 0.04037 分和 0.06446 分，排名分别为第 31 名和第 20 名，农业技术结构比较合理；工业规模结构得分分别为 0.01165 分和 0.01042 分，排名分别为第 28 名和第 34 名，工业规模结构合理性较差；总体产业结构得分分别为 0.02439 分和 0.03148 分，排名分别为第 31 名和第 33 名，总体产业结构合理性较差。

从经济高质量发展的营商环境来看，柳南区 2014 年和 2017 年的人口活力得分分别为 0.14285 分和 0.13168 分，排名分别为第 1 名和第 4 名，人口活力强。柳南区 2014 年和 2017 年的经济活力得分分别为 0.22154 分和 0.28421 分，排名均为第 5 名，经济活力强。柳南区 2014 年和 2017 年的政府活力评价值分别为 0.24866 分和 0.22876 分，排名分别为第 7 名和第 5 名，政府活力强。

综上所述，柳南区经济高质量发展基础较好，增长规模大，增长速度有所提升，发展效益好，绿色发展、共享发展表现好；社会资本投入有所提升，劳动力及其质量有所下降，产业结构仍需进一步调整；营商环境好，人口活力、经济活力、政府活力均表现优秀。柳南区应加快工业转型升级，持续进“123”工业发展战略。同时，需拓宽融资渠道，推广政府和社会资本（PPP）模式，引导社会力量参与基础设施建设。

十、柳北区

柳北区位于柳州市区北部，辖区内有火车北站、白沙汽车客运站、铁路货运站、鹧鸪江码头等交通枢纽站点，国家一级公路 209 国道纵贯该区 4 个乡镇。

从经济高质量发展功能表现来看，柳北区 2014 年和 2017 年的增长规模的得分分别为 0.2309 分和 0.27329 分，排名分别为第 3 名和第 4 名，增长规模大。柳北区 2014 年和 2017 年的增长速度得分分别为 0.00972 分和 0.00992 分，排名分别为第 28 名和第 21 名，增长速度一般。柳北区 2014 年和 2017 年的发展效益评价得分分别为 0.08567 分和 0.04263 分，排名分别为第 1 名和第 2 名，发展效益好。柳北区 2014 年和 2017 年的绿色发展得分分别为 0.01192 分和 0.00998 分，排名分别为第 26 名和第 32 名，表现从一般转为较差。柳北区 2014 年和 2017 年的共享发展得分分别为 0.04386 分和 0.07706 分，排名分别为第 35 名和第 22 名，表现从较差转为一般（见图 9-84）。

从经济高质量发展要素投入情况来看，柳北区 2014 年和 2017 年的社会资本投入的得分分别为 0.01264 分和 0.02604 分，排名分别为第 19 名和第 11 名，表现均良好；劳动力及其质量得分分别为 0.09013 分和 0.09393 分，排名分别为第 4 名和第 6 名，表现均优秀；交通与技术基础设施得分分别为 0.02871 分和 0.02872 分，排名分别为第 28 名和第 30 名，表现均一般；以上结果表明：2014—2017 年，柳北区社会资本投入上升明显，劳动力及其质量和交通与技术基础设施建设水平无明显变动。总的来说，柳北区的劳动力及其质量优势明显。2017年，工业项目加快推进，工业投资完成129亿元。在与其他县市的对比中，交通与技术基础设施建设和社会资本投入仍存在很大的提升空间。

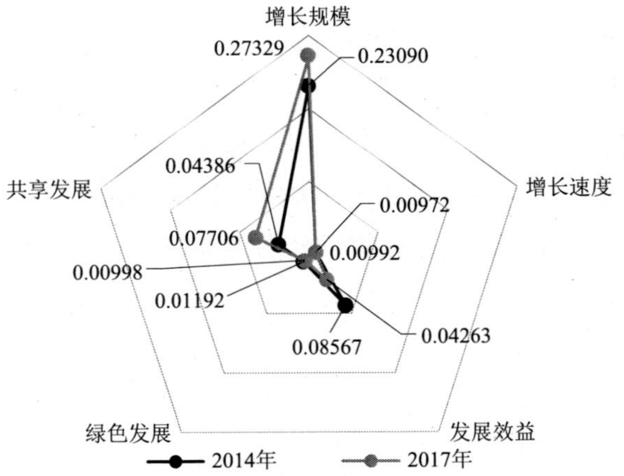

图 9-84　柳北区 2014 年和 2017 年经济高质量发展功能表现评价结果分析

从经济高质量发展的结构状况来看，柳北区 2014 年和 2017 年的农业技术结构的得分分别为 0.07400 分和 0.07355 分，排名分别为第 8 名和第 17 名，农业技术结构比较合理；工业规模结构得分分别为 0.09222 分和 0.02706 分，排名分别为第 1 名和第 6 名，工业规模结构很合理；总体产业结构得分分别为 0.02719 分和 0.05164 分，排名分别为 37 名和第 14 名，总体产业结构比较合理。

从经济高质量发展的营商环境来看，柳北区 2014 年和 2017 年的人口活力得分分别为 0.09059 分和 0.09958 分，排名分别为第 17 名和第 15 名，人口活力较强；柳北区 2014 年和 2017 年的经济活力得分分别为 0.16511 分和 0.16431 分，排名分别为第 7 名和第 11 名，经济活力由强转为较强；柳北区 2014 年和 2017 年的政府活力评价值分别为 0.21005 分和 0.22193 分。排名分别为第 12 名和第 6 名，政府活力由较强转为强。

综上所述，柳北区增长规模大，发展效益好，要素投入表现好总体产业结构比较合理，开放水平高，但是其增长速度一般，绿色发展表现较差，共享发展一般。需加强与北部生态新区的沟通协调，全方位支持北部生态新区开展各项工作，深入开展花园城市建设；推动重点骨干企业加快研发具有自主知识产权的核心技术，争创自治区创新示范企业，加快科技成果转化和技术改造升级，以科技创新促进品质提升，提高企业生产效益和管理水平；全面落实“1+13”优化营商环境政策，进一步降低企业成本。

十一、叠彩区

叠彩区位于桂林市区北部；有湘桂铁路、322 国道纵贯全境，桂柳高速公路、322 国道在区内交接，桂林港务所，铁路客运始发站、桂林市邮电、通讯中心坐落其中。

从经济高质量发展功能表现来看，叠彩区 2014 年和 2017 年的增长规模的得分分别为 0.07197 分和 0.10458 分，排名均为第 20 名，增长规模一般；叠彩区 2014 年和 2017 年的增长速度得分分别为 0.01043 分和 0.01029 分，排名分别为第 17 名和第 13 名，增长速度较快。叠彩区 2014 年和 2017 年的发展效益评价得分分别为 0.02992 分和 0.02149 分，排名分别为第 14 名和第 24 名，发展效益从较好转为一般。叠彩区 2014 年和 2017 年的绿色发展得分分别为 0.00551 分和 0.00532 分，排名分别为第 35 名和第 36 名，表现较差。叠彩区 2014 年和 2017 年的共享发展得分分别为 0.07733 分和 0.08189 分，排名分别为第 15 名和第 21 名，表现从良好转为一般（见图 9-85）。

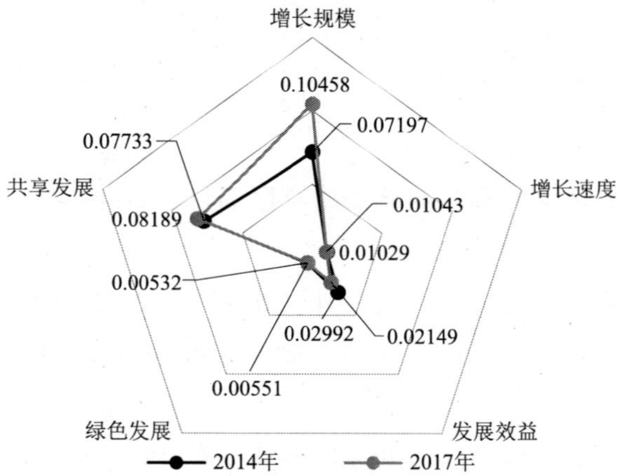

图 9-85　叠彩区 2014 年和 2017 年经济高质量发展功能表现评价结果分析

从经济高质量发展要素投入情况来看，叠彩区 2014 年和 2017 年的社会资本投入的得分分别为 0.00550 分和 0.00867 分，排名分别为第 34 名和第 34 名，表现均较差；劳动力及其质量得分分别为 0.02505 分和 0.02360 分，排名分别为第 35 名和第 36 名，表现均较差；交通与技术基础设施得分分别为 0.02428 分和 0.02448 分，排名分别为第 33 名和第 35 名，表现均较差。结果表明：2014—2017 年，叠彩区社会资本投入、劳动力及其质量和交通与技术基础设施建设水平均无明显变动。2107 年发展特色农业成效显著，实施重大项目 62 项 81 个，投资总额 447 亿元，年内完成投资 64.45 亿元。在与其他县市的对比中，社会资本投入、劳动力及其质量和交通与技术基础设施建设仍存在很大的提升空间。

从经济高质量发展的结构状况来看，叠彩区 2014 年和 2017 年的农业技术结构的得分分别为 0.04181 分和 0.05851 分，排名为第 26 名和第 32 名，农业技术结构合理较差；工业规模结构得分分别为 0.02291 分和 0.02857 分，排名分别为第 11 名和第 5 名，工业规模结构很合理；总体产业结构得分分别为 0.08255 分和 0.08993 分，排名分别为第 2 名和第 3 名，总体产业结构很合理。

从经济高质量发展的营商环境来看，叠彩区2014年和2017年的人口活力得分分别为0.08741分和0.09119分，排名分别为第19名和第22名，人口活力由较强转为一般。叠彩区2014年和2017年的经济活力得分分别为0.09215分和0.13282分，排名分别为第15名和第13名，经济活力较强。叠彩区2014年和2017年的政府活力评价值分别为0.27815分和0.20662分，排名分别为第3名和第8名，政府活力强。

综上所述，叠彩区总体产业结构很合理，经济活力和政府活力变强，增长速度较快，但是增长规模和发展效益有待加强，要素投入和绿色发展表现较差。叠彩区需要加强推动“乡村振兴”向纵深发展，纵深推进第三产业提质增效，着力提升工业产业发展质量；巩固核心产业，壮大粮油饲料、机械制造等传统优势产业，强化产业配套能力建设，拉长产业链条；加强生态保护修复，加大漓江水资源保护工作力度。

十二、象山区

象山区位于桂林市区中南部，湘桂铁路穿区而过，公路四通八达，有桂黄线、桂八线、桂柳和桂林两江国际机场高速公路。

从经济高质量发展功能表现来看，象山区2014年和2017年的增长规模的得分分别为0.08263分和0.12347分，排名均为第16名，增长规模较好。象山区2014年和2017年的增长速度得分分别为0.00894分和0.01059分，排名分别为第35名和第7名，增长速度从很慢转为快。象山区2014年和2017年的发展效益评价得分分别为0.03898分和0.03024分，分排名分别为第32名和第36名，发展效益较差。象山区2014年和2017年的绿色发展得分分别为0.01737分和0.01597分，排名分别为第20名和第24名，表现从良好转为一般。象山区2014年和2017年的共享发展得分分别为0.07638分和0.06417分，排名分别为第11名和第5名，表现从良好转为好（见图9-86）。

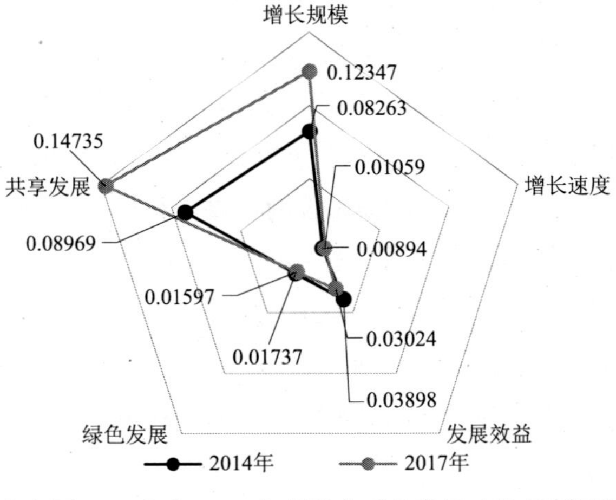

图9-86　象山区2014年和2017年经济高质量发展功能表现评价结果分析

从经济高质量发展要素投入情况来看，象山区 2014 年和 2017 年的社会资本投入的得分分别为 0.01078 分和 0.01570 分，排名分别为第 24 名和第 26 名，表现均一般。劳动力及其质量得分分别为 0.04902 分和 0.04743 分，排名分别为第 25 名和第 23 名，表现均一般。交通与技术基础设施得分分别为 0.02567 分和 0.02497 分，排名分别为第 29 名和第 33 名，表现由一般转为较差。以上结果表明：2014—2017 年，象山区社会资本投入和劳动力及其质量水平上升明显，交通与技术基础设施建设稍有下降。总的来说，象山区的劳动力优势明显。2017 年，投资 8000 万元建设特色街区村镇，瓦窑小镇入选 2017 年全国优先旅游项目名录，并被定为广西现代特色农业县级示范区——木艺产业示范区。科技创新成果丰硕，申请发明专利 595 件，发明专利万人拥有量 310 件。在与其他县市的对比中，社会资本投入、劳动力及其质量、交通与技术基础设施建设仍存在很大的提升空间。

从经济高质量发展的结构状况来看、象山区 2014 年和 2017 年的农业技术结构的得分分别为 0.11813 分和 0.08848 分，排名分别为第 2 名和第 9 名，农业技术结构很合理；工业规模结构得分分别为 0.01752 和 0.01817，排名分别为第 27 名和第 23 名，工业规模结构合理表现一般；总体产业结构得分分别为 0.07024 和 0.07758，排名分别为第 3 名和第 4 名，总体产业结构很合理。

从经济高质量发展的营商环境来看，象山区 2014 年和 2017 年的人口活力得分分别为 0.09695 分和 0.10372 分，排名分别为第 12 名和第 14 名，人口活力较强。象山区 2014 年和 2017 年的经济活力得分分别为 0.13340 分和 0.16621 分，排名均为第 10 名，经济活力强。象山区 2014 年和 2017 年的政府活力评价值分别为 0.08126 分和 0.23017 分，排名分别为第 27 名和第 4 名，政府活力由一般转为强。

综上所述，象山区开放程度高，增长速度快，总体产业结构很合理，绿色发展和共享发展表现一般，发展效益较差、要素投入和技术基础有待提升。需加强与金融机构战略合作，广泛联系社会资本，吸引民间投资，拓宽融资渠道；加强要素保障，积极盘活国有闲置土地和低效用地，切实提高土地综合利用效益；围绕先进制造业和现代服务业深度融合需要，鼓励制造企业利用智能化改造机会转型成为智能化改造方案提供商，为行业内中小微企业智能升级提供有针对性的服务，拓展制造业和服务业融合发展空间；继续保持良好的营商环境，厚植重商文化，开展“优化营商环境攻坚突破年”活动，扎实解决企业问题，坚持落小、落细、落实的原则，构建亲清新型政商关系，营造稳定公平透明、可预期营商环境，便捷高效地服务企业，激发各类市场主体活力。

十三、七星区

七星区又称“高新七星区”，位于桂林市区东部。桂林国家高新技术产业开发区是中国首批国家级高新技术产业开发区，也是中国 5 个少数民族自治区中的首家国家级高新技术产业开发区。

从经济高质量发展功能表现来看，七星区 2014 年和 2017 年的增长规模的得分分别为 0.08342 分和 0.07296 分，排名分别为第 15 名和第 24 名，增长规模从较大转为一般 . 七星区 2014 年和 2017 年的增长速度得分分别为 0.01161 分和 0.00864 分，排名分别为第 4 名和第 30 名，增长速度从快转为慢。七星区 2014 年和 2017 年的发展效益评价得分分别为 0.03392 分和 0.00864 分，排名分别为第 7 名和第 6 名，发展效益好。七星区 2014 年和 2017 年的绿色发展得分分别为 0.00934 分和 0.0239 分，排名分别为第 31 名和第 11 名，表现从从较差转为良好。七星区 2014 年和 2017 年的共享发展得分分别为 0.09478 分和 0.12797 分，排名分别为第 9 名和第 6 名，表现优秀（见图 9-87）。

从经济高质量发展要素投入情况来看，七星区 2014 年和 2017 年的社会资本投入的得分分别为 0.01101 分和 0.01227 分，排名分别为第 23 名和第 30 名，表现均一般；劳动力及其质量得分分别为 0.06737 分和 0.05708 分，排名分别为第 14 名和第 20 名，表现均良好；交通与技术基础设施得分分别为 0.02557 分和 0.02557 分，排名分别为第 30 名和第 31 名，表现由一般转为较差。以上结果表明：2014—2017 年，七星区劳动力及其质量和社会资本投入水平下降明显，交通与技术基础设施建设无明显变动。总的来说，七星区的劳动力优势明显。2017 年在第 14 届中国-东盟博览会上签约内资项目 4 个，外资项目 1 个，投资总额达 242.6 亿元。桂林市首个公用型保税仓——桂林万禾公用保税仓正式启用。在与其他县市的对比中，社会资本投入、劳动力及其质量和交通与技术基础设施建设仍存在很大的提升空间。

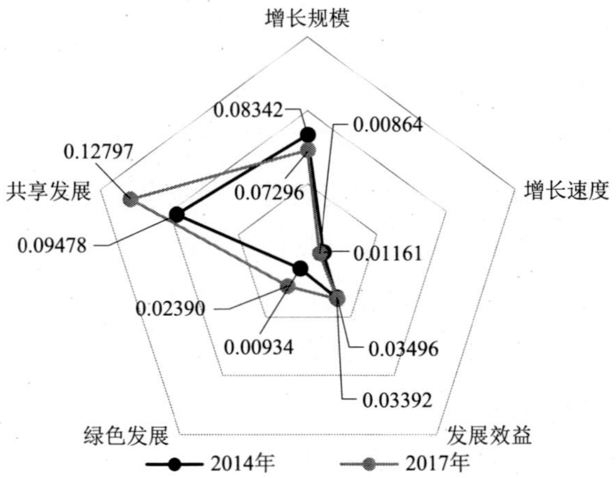

图 9-87　七星区 2014 年和 2017 年经济高质量发展功能表现评价结果分析

从经济高质量发展的结构状况来看，七星区 2014 年和 2017 年的农业技术结构的得分分别为 0.09157 分和 0.09049 分，排名分别为第 4 名和第 8 名，农业技术结构很合理；工业规模结构得分分别为 0.02022 分和 0.02261 分，排名分别为第 17 名和第 14 名，工业规模结构比较合理；总体产业结构得分分别为 0.04511 分和 0.05780 分，排名分别为第 11 名和第 11 名，总体产业结构比较合理。

从经济高质量发展的营商环境来看，七星区 2014 年和 2017 年的人口活力得分分别为 0.10766 分和 0.12181 分，排名分别为第 10 名和第 8 名，人口活力强。七星区 2014 年和 2017 年的经济活力得分分别为 0.08085 分和 0.10782 分，排名分别为第 18 名和第 7 名，经济活力由较强转为强。七星区 2014 年和 2017 年的政府活力评价值分别为 0.25517 分和 0.22119 分，排名分别为第 6 名和第 7 名，政府活力强。

综上所述，七星区发展效益好，共享发展和绿色发展表现优秀，总体产业结构比较合理，劳动力及其质量方面优势明显，总体产业结构比较合理，开放水平高，但是在增长规模、增长速度方面近几年有变差的迹象。在与其他县市的对比中，社会资本投入、劳动力及其质量和交通与技术基础设施建设仍存在很大的提升空间。七星区需不断提升发展软实力和综合竞争力，保持经济持续健康发展。同时，七星区以建设服务型政府为重点，切实简政放权、优化服务、创新政策、加大扶持，营造了良好的营商环境，经济社会保持持续健康发展的良好态势；着力构建“大招商、招大商”工作格局，实行项目和招商干部“一对一”精准服务，确保每个在谈重点项目都有招商“专员”，全程跟踪服务项目。

十四、雁山区

雁山区位于桂林市区南部。桂林至阳朔高等级旅游公路、桂林至磨盘山码头一级公路、桂林至竹江码头公路、桂林绕城高速公路，以及桂林至梧州高速公路均经过雁山区。

从经济高质量发展功能表现来看，雁山区 2014 年和 2017 年的增长规模的得分分别为 0.02581 分和 0.03282 分，排名均为第 36 名，增长规模小。雁山区 2014 年和 2017 年的增长速度得分分别为 0.01931 分和 0.00988 分，排名分别为第 1 名和第 23 名，增长速度从快转为一般；雁山区 2014 年和 2017 年的发展效益评价得分分别为 0.01634 分和 0.00974 分，排名分别为第 27 名和第 32 名，发展效益从一般转为差。雁山区 2014 年和 2017 年的绿色发展得分分别为 0.00513 分和 0.01595 分，排名分别为第 36 名和第 25 名，表现从差转为一般。雁山区 2014 年和 2017 年的共享发展得分分别为 0.04659 分和 0.05083 分，排名分别为第 33 名和第 34 名，表现较差（见图 9-88）。

从经济高质量发展要素投入情况来看，雁山区 2014 年和 2017 年的社会资本投入的得分分别为 0.00398 分和 0.00530 分，排名分别为第 35 名和第 36 名，表现均较差；劳动力及其质量得分分别为 0.03428 分和 0.02805 分，排名分别为第 29 名和第 32 名，表现由一般转为较差；交通与技术基础设施得分分别为 0.03270 和 0.03348 分，排名分别为第 27 名和第 27 名，表现均一般。以上结果表明：2014—2017 年，雁山区社会资本投入和劳动力及其质量水平稍有下降，交通与技术基础设施建设无明显变动。2017 年交通基础设施建设全面实施，桂林雁山柿里回乡休闲示范区农业（核心）示范区获得自治区人民政府授予“广西现代特色农业（核心）示范区（四星级）”称号，草坪潜经村被命名为中国少数民族特色村寨。在与其他县市的对比中，资本要素投入、劳动力及其质量和交通与技术基础设施建设、仍存在很大的提升空间。

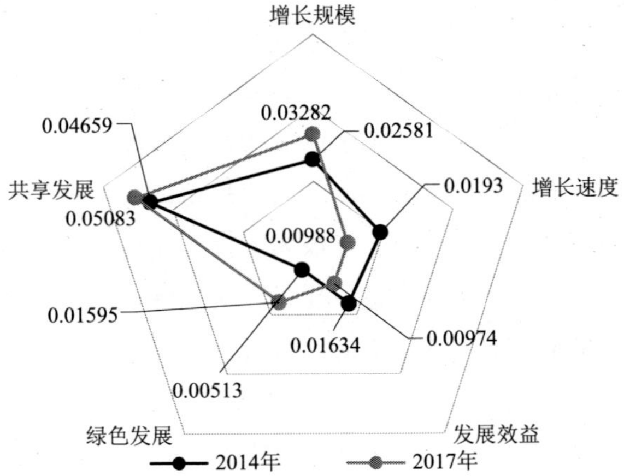

图 9-88　雁山区 2014 年和 2017 年经济高质量发展功能表现评价结果分析

从经济高质量发展的结构状况来看，雁山区 2014 年和 2017 年的农业技术结构的得分分别为 0.09278 分和 0.09236 分，排名分别为第 3 名和第 5 名，农业技术结构很合理；工业规模结构得分分别为 0.02417 分和 0.02054 分，排名分别为第 6 名和第 18 名，工业规模结构比较合理；总体产业结构得分分别为 0.04626 分和 0.06938 分，排名分别为第 10 名和第 7 名，总体产业结构很合理。

从经济高质量发展的营商环境来看，雁山区 2014 年和 2017 年的人口活力得分分别为 0.11497 分和 0.14910 分，排名分别为第 8 名和 1 名，人口活力强。雁山区 2014 年和 2017 年的经济活力得分分别为 0.02609 分和 0.02487 分，排名均为第 36 名，经济活力较弱。雁山区 2014 年和 2017 年的政府活力评价值分别为 0.07634 分和 0.03604 分，排名分别为第 29 名和第 30 名，政府活力由一般转为较弱。

综上所述，雁山区农业技术结构很合理，工业规模结构比较合理，总体产业结构很合理。雁山区增长速度一般和绿色发展表现有所改进，但发展效益不理想，要素投入需要提升。要坚持稳中求进工作总基调，坚持新发展理念，坚持推动高质量发展，坚持桂林国际旅游胜地建设“一本蓝图绘到底”，全面深化改革、扩大开放，着力推动乡村振兴、工业振兴，着力抓好基础设施、生态文明、文化旅游、城乡发展“四大建设”，推进产业大招商、重大项目建设、优化营商环境、工业振兴“四大攻坚突破年”。重视高新技术企业成长，培育一批成长性好、富有特色的创新型企业和科研服务团队，逐步形成特色产业集聚，积蓄工业发展后劲。

十五、临桂区

临桂区位于桂林市区西部，是中国著名的“状元之乡”，桂林市政府驻地、桂林市重要的工业基地和交通枢纽。

从经济高质量发展功能表现来看，临桂区 2014 年和 2017 年的增长规模的得分分别为 0.06422 分和 0.05647 分，排名分别为第 23 名和第 29 名，增长规模一般；临桂区 2014 年和 2017 年的增长速度得分分别为 0.01107 和 0.00767，排名分别为第 6 名和第 35 名，增长速度从快转为慢。临桂区 2014 年和 2017 年的发展效益评价得分分别为 0.01959 分和 0.02533 分，排名分别为第 26 名和第 18 名，发展效益从一般转为良好。临桂区 2014 年和 2017 年的绿色发展得分分别为 0.03078 和 0.02533，排名分别为第 4 名和第 19 名，表现从优秀转为良好。临桂区 2014 年和 2017 年的共享发展得分分别为 0.07843 分和 0.09274 分，排名分别为第 14 名和第 17 名，表现良好（见图 9-89）。

从经济高质量发展要素投入情况来看，临桂区 2014 年和 2017 年的社会资本投入的得分分别为 0.02093 分和 0.01450 分，排名分别为第 11 名和第 28 名，表现由良好转为一般；劳动力及其质量得分分别为 0.08317 分和 0.09515 分，排名均为第 5 名，表现均优秀；交通与技术基础设施得分分别为 0.15823 分和 0.11766 分，排名分别为第 5 名和第 8 名，表现均优秀。以上结果表明：2014—2017 年，临桂区的劳动力及其质量水平不变，社会资本投入和交通与技术基础设施建设下降明显。总的来说，临桂区的交通与技术基础设施建设优势最明显。2017 年临桂区上榜“全国投资潜力百强区”。在与其他县市的对比中，劳动力及其质量优势也明显，资本要素投入仍存在很大的提升空间。

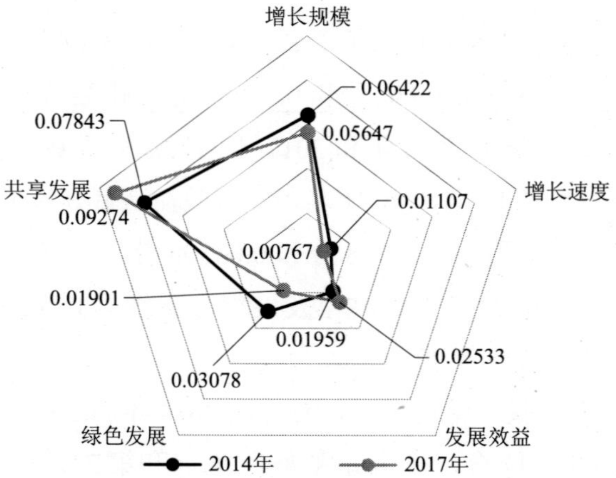

图 9-89　临桂区 2014 年和 2017 年经济高质量发展功能表现评价结果分析

从经济高质量发展的结构状况来看，临桂区 2014 年和 2017 年的农业技术结构的得分分别为 0.05784 分和 0.05963 分，排名分别为第 14 名和第 29 名，农业技术结构合理表现一般；工业规模结构得分分别为 0.01911 分和 0.02572 分，排名分别为第 20 名和第 7 名，工业规模结构很合理；总体产业结构得分分别为 0.01785 分和 0.03535 分，排名分别为第 33 名和第 28 名，总体产业结构合理表现一般。

从经济高质量发展的营商环境来看，临桂区 2014 年和 2017 年的人口活力得分分别为 0.07189 分和 0.07288 分，排名分别为第 28 名和 31 名，人口活力由一般转为较弱。临桂区 2014 年和 2017 年的经济活力得分分别为 0.07401 分和 0.07089 分，排名分别为第 21 名和第 27 名，经济活力一般。临桂区 2014 年和 2017 年的政府活力评价值分别为 0.16084 和 0.15984，排名分别为第 18 名和第 10 名，政府活力由较强转为强。

综上所述，临桂区发展效益良好，绿色发展和绿色发展表现良好，劳动力要素和交通与技术基础设施表现优秀，营商环境持续优化。但增长规模一般，增长速度从快转为慢，产业结构合理性表现一般。着力提升传统产业，实施企业技改提升工程，鼓励企业增强创新研发能力，淘汰落后产能，促进产品升级换代，不断提升产业竞争力。在技术改造、科技创新等方面对重点培育的企业给予重点支持。抓好旅游市场秩序整治，健全投诉平台。加大旅游宣传营销力度，进一步提升临桂品牌形象，实现游客人数和旅游总消费双增长。抓重大项目建设和投资，进一步增强经济发展活力。加快完善数字基础设施，推进通信基础平台建设，推动完成华为云计算数据中心主机房建设，加快推动全区行业部门数据资源整合。

十六、万秀区

万秀区位于梧州市中东部。

从经济高质量发展功能表现来看，万秀区 2014 年和 2017 年的增长规模的得分分别为 0.14269 分和 0.17357 分，排名分别为第 7 名和第 9 名，增长规模大。万秀区 2014 年和 2017 年的增长速度得分分别为 0.00976 分和 0.00781 分，排名分别为第 27 名和第 34 名，增长速度从一般转为差。万秀区 2014 年和 2017 年的发展效益评价得分分别为 0.03101 分和 0.02334 分，排名分别为第 12 名和第 21 名，发展效益从良好转为一般。万秀区 2014 年和 2017 年的绿色发展得分分别为 0.02788 分和 0.03308 分，排名分别为第 8 名和第 4 名，表现优秀。万秀区 2014 年和 2017 年的共享发展得分分别为 0.16316 分和 0.19492 分，排名均为第 1 名，表现优秀（见图 9-90）。

从经济高质量发展要素投入情况来看，万秀区 2014 年和 2017 年的社会资本投入的得分分别为 0.01272 分和 0.01911 分，排名分别为第 18 名和第 21 名，表现由良好转为一般；劳动力及其质量得分分别为 0.02530 分和 0.02569 分，排名分别为第 34 名和第 35 名，表现均较差；交通与技术基础设施得分分别为0.23341分和0.22786分，排名分别为第3名和第4名，表现均优秀。以上结果表明：2014—2017年，万秀区社会资本投入稍有下降，劳动力及其质量和交通与技术基础设施建设水平无明显变动。总的来说，万秀区的交通与技术基础设施建设优势明显。2017年，农商业协调发展。完成工业投资50.96亿元，技改投资33.28亿元。招商引资到位资金108亿元，获广西著名商标、广西名牌产品3个，获绿居材资质证书、中国环境标志产品认证企业1家，通过广西老字号认定企业3家，获广西特产行销全国核心品牌称号企业4家。在与其他县市的对比中，交通与技术基础设施建设也具备明显优势，资本要素投入和劳动力及其质量仍存在很大的提升空间。

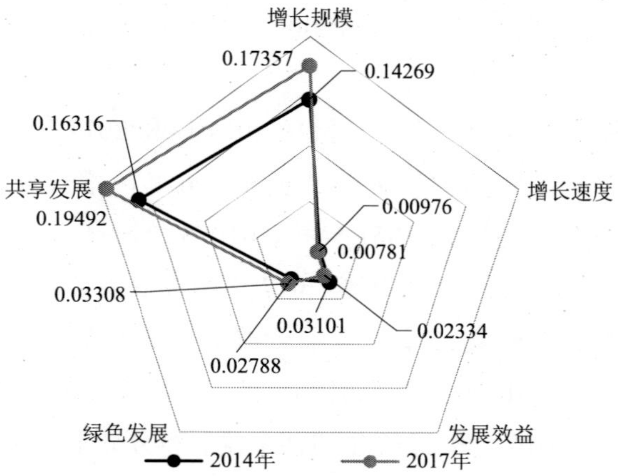

图9-90 万秀区2014年和2017年经济高质量发展功能表现评价结果分析

从经济高质量发展的结构状况来看，万秀区2014年和2017年的农业技术结构的得分分别为0.04258分和0.10005分，排名分别为第22名和第3名，农业技术结构很合理；工业规模结构得分分别为0.00525分和0.01614分，排名分别为第34名和第29名，工业规模结构合理性表现一般；总体产业结构得分分别为0.06070分和0.05305分，排名分别为第6名和第13名，总体产业结构比较合理。

从经济高质量发展的营商环境来看，万秀区2014年和2017年的人口活力得分分别为0.06909分和0.08410分，排名分别为第32名和第26名，人口活力由较弱转为一般。万秀区2014年和2017年的经济活力得分分别为0.03739分和0.11768分，排名分别为第35名和第15名，经济活力由较弱转为较强。万秀区2014年和2017年的政府活力评价值分别为0.16290分和0.03720分，排名分别为第17名和第29名，政府活力由较强转为一般。

综上所述，万秀区增长规模大，绿色发展表现优秀，共享发展表现优秀，交通与技术基础设施表现均优秀，总体产业结构比较合理。但需要在开放水平，提升增长速度，提高发展效益，劳动力要素投入方面下功夫。万秀区要做好“东融”文章，依托地处广西东大门及“东融”最前沿的区位优势，围绕“强龙头、补链条、聚集群，”加快推动传统产业技改升级和“二次创业”，服务好两园区，加快盘活松脂产业园，推进蜂产业园、志冠公司、中茶公司二期扩建等重大工业项目建设。要注重历史文化挖掘，找准定位，以旅游为载体利用好骑楼文化，做好骑楼文化这篇文章，推进六堡茶文化与骑楼文化深度融合，找准定位，用好措施，并研究好骑楼文化街区保护条例，用好政策，利用好优势资源。打造”数字经济引擎”方面，升级“万秀区云家庭服务中心”，以大数据推动健康产业发展。

十七、长洲区

长洲区位于梧州市西北部。梧州机场坐落在长洲岛；有洛湛铁路、梧州至南宁、梧州至桂林、梧州至广州等高速公路过境，南宁到广州的高铁也经过梧州；浔江、桂江流经长洲区。

从经济高质量发展功能表现来看，长洲区 2014 年和 2017 年的增长规模的得分分别为 0.12754 分和 0.18977 分，排名分别为第 9 名和第 6 名，增长规模大。长洲区 2014 年和 2017 年的增长速度得分分别为 0.01051 分和 0.01075 分，排名分别为第 15 名和第 5 名，增长速度从较快转为快。长洲区 2014 年和 2017 年的发展效益评价得分分别为 0.0384 和 0.02686，排名分别为第 5 名和第 15 名，发展效益从好转为良好。长洲区 2014 年和 2017 年的绿色发展得分分别为 0.01909 分和 0.01864 分，排名分别为第 18 名和第 20 名，表现从良好转为一般。长洲区 2014 年和 2017 年的共享发展得分分别为 0.07525 分和 0.11249 分，排名分别为第 20 名和第 8 名，表现从一般转为优秀（见图 9-91）。

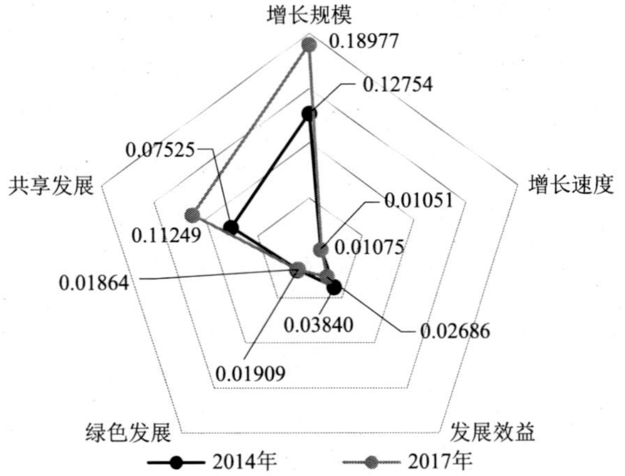

图 9-91　长洲区 2014 年和 2017 年经济高质量发展功能表现评价结果分析

从经济高质量发展要素投入情况来看，长洲区 2014 年和 2017 年的社会资本投入的得分分别为 0.01235 分和 0.01817 分，排名分别为第 20 名和第 23 名，表现由良好转为一般；劳动力及其质量得分分别为 0.06111 分和 0.09936 分，排名分别为第 18 名和第 4 名，表现由良好转为优秀；交通与技术基础设施得分分别为 0.05736 分和 0.06150 分，排名分别为第 16 名和第 18 名，表现均良好。以上结果表明：2014—2017 年，长洲区劳动力及其质量水平上升最明显，社会资本投入和交通与技术基础设施建设无明显变动。总的来说，长洲区的劳动力及其质量优势最明显。2017 年实施农业产业化，产业化组织带动农户 1.25 万户。构建商圈经济带，完成投资 2.55 亿元，统筹招商引资到位资金 22 亿元。在与其他县市的对比中，劳动力及其质量优势也明显，资本要素投入交通与技术基础设施建设都还存在很大的提升空间。

从经济高质量发展的结构状况来看，长洲区 2014 年和 2017 年的农业技术结构的得分分别为 0.03929 分和 0.06136 分，排名为第 33 名和第 26 名，农业技术结构合理性表现一般；工业规模结构得分分别为 0.02256 分和 0.02355 分，排名均为第 12 名，工业规模结构比较合理；总体产业结构得分分别为 0.03150 分和 0.04162 分，排名分别为第 24 名和第 22 名，总体产业结构合理性表现一般。

从经济高质量发展的营商环境来看，长洲区 2014 年和 2017 年的人口活力得分分别为 0.09522 分和 0.10852 分，排名分别为第 13 名和第 12 名，人口活力较强。长洲区 2014 年和 2017 年的经济活力得分分别为 0.03788 和 0.10082，排名分别为第 33 名和第 20 名，经济活力由较弱转为较强。长洲区 2014 年和 2017 年的政府活力评价值分别为 0.27781 分和 0.06180 分，排名分别为第 4 名和第 17 名，政府活力由强转为较强。

综上所述，长洲区增长规模大，增长速度快，发展效益良好，共享发展表现优秀，劳动力及其质量和交通与技术基础设施均表现良好，营商环境较好。但是利用社会资本表现一般，总体产业结构合理性有待提高。全面提升县域经济发展活力和综合竞争力，加快推进长洲区经济发展由“一枝独秀”向“多点开花”的格局转变。要坚定不移坚持工业主导地位，牢牢稳住工业发展基础，更加注重工业发展质量，大力推进产业转型升级、提质增效，努力推动我区工业发展由粗放数量型向集约质量型转变。坚定不移坚持工业主导地位，牢牢稳住工业发展基础，更加注重工业发展质量，大力推进产业转型升级、提质增效，努力推动我区工业发展由粗放数量型向集约质量型转变。

十八、龙圩区

龙圩区位于梧州市西南部。有桂梧、南梧、广梧高速公路均交汇于龙圩，南宁至广州高速铁路在城区自西向南通过，原梧州口岸河西码头位于龙圩区城下游浔江的右岸，是西江航道的重要组成部分。

从经济高质量发展功能表现来看，龙圩区 2014 年和 2017 年的增长规模的得分分别为 0.08230 分和 0.11457 分，排名分别为第 17 名和第 18 名，增长规模较大。龙圩区 2014 年和 2017 年的增长速度得分分别为 0.00971 分和 0.01054 分，排名分别为第 29 名和第 8 名，增长速度从一般转为快；龙圩区 2014 年和 2017 年的发展效益评价得分分别为 0.03161 分和 0.02914 分，排名分别为第 11 名和第 12 名，发展效益良好。龙圩区 2014 年和 2017 年的绿色发展得分分别为 0.02336 分和 0.03022 分，排名分别为第 13 名和第 5 名，表现从良好转为好。龙圩区 2014 年和 2017 年的共享发展得分分别为 0.03254 分和 0.03838 分，排名均为第 36 名，表现较差（见图 9-92）。

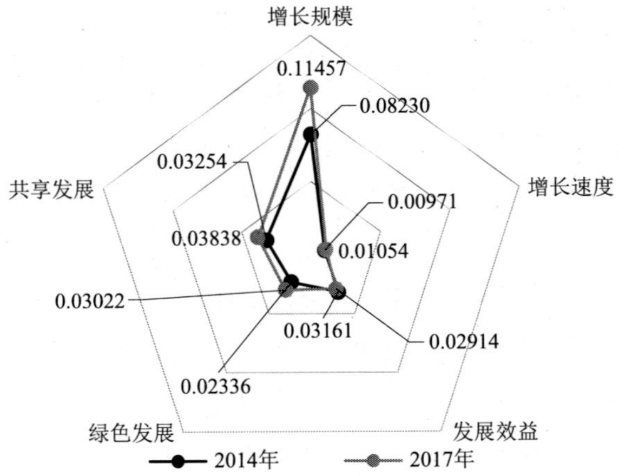

图 9-92　龙圩区 2014 年和 2017 年经济高质量发展功能表现评价结果分析

从经济高质量发展要素投入情况来看，龙圩区 2014 年和 2017 年的社会资本投入的得分分别为 0.00868 分和 0.01201 分，排名分别为第 29 名和第 32 名，表现由一般转为较差；劳动力及其质量得分分别为 0.03104 分和 0.02759 分，排名分别为第 32 名和第 33 名，表现均较差；交通与技术基础设施得分分别为 0.06967 分和 0.03309 分，排名分别为第 11 名和第 28 名，表现由良好转为一般。以上结果表明：2014—2017 年，龙圩区的社会资本投入水平、劳动力及其质量水平稍有下降，交通与技术基础设施建设下降明显。总的来说，龙圩区的交通与技术基础设施优势最明显。2017 年安排自治区级、市级重大项目 60 项，完成投资 36.94 亿元，招商引资到位资金 44 亿元。现代农业方面，重点打造簮金 14 公顷佰宝田螺养殖产业示范园，簮金村稻田养螺生态循环种养模式获全国稻渔综合种养创新大赛绿色生态奖。在与其他县市的对比中，3 个维度都还存在很大的提升空间。

从经济高质量发展的结构状况来看，龙圩区 2014 年和 2017 年的农业技术结构的得分分别为 0.03759 分和 0.06322 分，排名为第 34 名和第 22 名，农业技术结构合理性表现一般；工业规模结构得分分别为 0.00732 分和 0.00811 分，排名分别为第 32 名和第 35 名，工业规模结构合理性较差；总体产业结构得分分别为 0.01857 分和 0.03632 分，排名分别为 32 名和第 27 名，总体产业结构合理性表现一般。

从经济高质量发展的营商环境来看，龙圩区 2014 年和 2017 年的人口活力得分分别为 0.0921 分和 0.09080 分，排名分别为第 16 名和第 23 名，人口活力由较强转为一般。龙圩区 2014 年和 2017 年的经济活力得分分别为 0.05707 分和 0.06482 分，排名分别为第 25 名和第 28 名，经济活力一般。龙圩区 2014 年和 2017 年的政府活力评价值分别为 0.23248 分和 0.03807 分，排名分别为第 10 名和第 28 名，政府活力由强转为一般。

综上所述，龙圩区增长规模较大，增长速度快，发展效益良好，绿色发展表现好。龙圩区总体产业结构合理性表现一般，要素投入不太理想，开放水平一般，共享发展表现较差。全力做优服务业，提高产业结构合理性。支持发展商贸物流、特色旅游产业。巩固李济深故里文化旅游区成功创国家 4A 景区成果，利用历史、自然和人文旅游资源发展生态旅游、体验旅游、乡村旅游，创建全域旅游示范区。做强实体经济，着力提升发展质量和效益，加大向上争取力度，充分利用国家各方面利好政策、市委市政府支持龙圩加快发展等政策机遇，全力争取资金和项目。突出共享发展，着力增强群众获得感和幸福感，大力推进公共文化服务体系建设，完善三级公共文化体系网络。

十九、海城区

海城区位于北海市西南部，区域内有北海港、地角港、高德港、南湾港等深水良港，有西南出海大道桂林至北海高速公路和北海至山口高速公路、国道 209 线（北海至呼和浩特）北海段、国道 325 线（广州至南宁）北海段等干线公路及广西滨海公路北海银滩支线（1）公路。

从经济高质量发展功能表现来看，海城区 2014 年和 2017 年的增长规模的得分分别为 0.11609 分和 0.14798 分，排名分别为第 11 名和第 13 名，增长规模较大。海城区 2014 年和 2017 年的增长速度得分分别为 0.00985 分和 0.01038 分，排名分别为第 25 名和第 11 名，增长速度从一般转为较快。海城区 2014 年和 2017 年的发展效益评价得分分别为 0.02695 分和 0.03051 分，排名分别为第 20 名和第 9 名，发展效益从较差转为好。海城区 2014 年和 2017 年的绿色发展得分分别为 0.0289 分和 0.02471 分，排名分别为第 6 名和第 10 名，表现从优秀转为良好。海城区 2014 年和 2017 年的共享发展得分分别为 0.11079 分和 0.10977 分，排名分别为第 5 名和第 9 名，表现优秀（见图 9-93）。

从经济高质量发展要素投入情况来看海城区 2014 年和 2017 年的社会资本投入的得分分别为 0.02726 分和 0.03324 分，排名分别为第 5 名和第 7 名，表现均优秀；劳动力及其质量得分分别为 0.07287 分和 0.08130 分，排名分别为第 11 名和第 8 名，表现由良好转为优秀；交通与技术基础设施得分分别为 0.13964 分和 0.15009 分，排名分别为第 7 名和第 6 名，表现均优秀。以上结果表明：2014—2017 年，海城区劳动力及其质量水平上升明显，社会资本投入稍有下降，交通与技术基础设施建设衰败上升。总的来说，海城区的交通与技术基础设施建设优势最明显。2017 年新签约北部湾水上飞机枢纽港、启迪（北海）科技城、地之角特色小镇等项目 40 个，合同投资总额 228 亿元。筹措帮扶资金 464.19 万元，重点扶持产业增收脱贫和贫困村集体经济发展。在与其他县市的对比中，资本要素投入、劳动力及其质量和交通与技术基础设施建设也都具备明显优势。

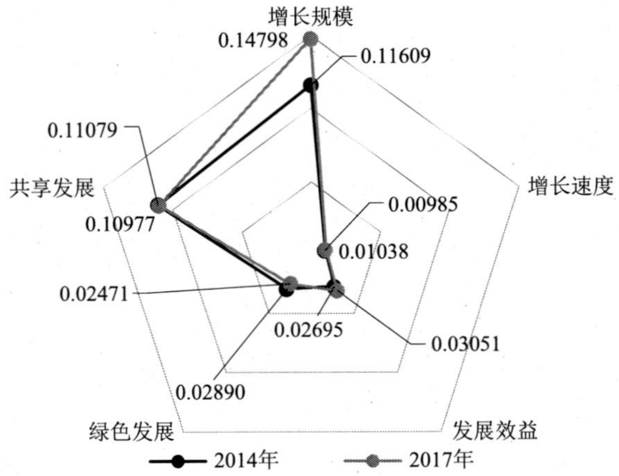

图 9-93　海城区 2014 年和 2017 年经济高质量发展功能表现评价结果分析

从经济高质量发展的结构状况来看，海城区 2014 年和 2017 年的农业技术结构的得分分别为 0.40251 分和 0.26092 分，排名均为第 1 名，农业技术结构很合理；工业规模结构得分分别为 0.02341 分和 0.02880 分，排名分别为第 10 名和第 4 名，工业规模结构很合理；总体产业结构得分分别为 0.03984 和 0.04065，排名分别为 15 名和第 24 名，总体产业结构合理性表现一般。

从经济高质量发展的营商环境来看，海城区 2014 年和 2017 年的人口活力得分分别为 0.13326 分和 0.13670 分，排名均为第 3 名，人口活力强。海城区 2014 年和 2017 年的经济活力得分分别为 0.11904 分和 0.14018 分，排名均为第 12 名，经济活力较强。海城区 2014 年和 2017 年的政府活力评价值分别为 0.23817 分和 0.09692 分，排名分别为第 9 名和第 15 名，政府活力由强转为较强。

综上所述，海城区经济高质量发展具有较好的基础，要素投入好，经济活力较强，增长规模较大，增长速度较快，发展效益好绿色发展和共享发展表现优秀，但在总体产业结构合理性表现一般。立足实现高质量发展，强力推进产业转型升级坚持强龙头、补链条、聚集群，做强电子信息产业、高端服务业、海洋产业等优势产业，加速产业优化升级、创新发展，着力构建现代向海经济体系。提速做优现代服务业。规划建设高端服务业集聚区，全面落实优惠政策，重点培育发展总部经济、金融服务等高端服务业，提升楼宇经济发展质量。创新招商引资方式，完善考核激励机制，激发全员招商积极性，加强体制机制改革，增强发展环境吸引力，激发全社会创造力和发展活力。

二十、银海区

银海区位于北海市中南部。北海机场坐落于银海区内的福成镇，钦北铁路、南北高速公路也经辖区直通港口和北海市区。

从经济高质量发展功能表现来看，银海区 2014 年和 2017 年的增长规模的得分分别为 0.04373 分和 0.06504 分，排名分别为第 31 名和第 27 名，增长规模从小转为一般。银海区 2014 年和 2017 年的增长速度得分分别为 0.00943 分和 0.01090 分，排名分别为第 31 名和第 3 名，增长速度从慢转为快。银海区 2014 年和 2017 年的发展效益评价得分分别为 0.01052 分和 0.00722 分，排名均为第 34 名，发展效益较差。银海区 2014 年和 2017 年的绿色发展得分分别为 0.09714 分和 0.02120 分，排名分别为第 1 名和第 17 名，表现从优秀转为良好。银海区 2014 年和 2017 年的共享发展得分分别为 0.07128 分和 0.0958 分，排名分别为第 21 名和第 16 名，表现从一般转为良好（见图 9-94）。

从经济高质量发展要素投入情况来看，银海区 2014 年和 2017 年的社会资本投入的得分分别为 0.01501 分和 0.02445 分，排名分别为第 15 名和第 13 名，表现均良好；劳动力及其质量得分分别为 0.03090 分和 0.03495 分，排名分别为第 33 名和第 28 名，表现由较差转为一般；交通与技术基础设施得分分别为 0.03778 分和 0.04740 分，排名分别为第 24 名和第 21 名，表现均一般。以上结果表明：2014—2017 年，银海区社会资本投入、劳动力及其质量和交通与技术基础设施建设均稍显上升。总的来说，银海区的交通与技术基础设施建设优势最明显。2107 年，银海果蔬产业（核心）示范区被评定为自治区三星级示范区，国家海洋局第四海洋研究所入驻银海区。中信国安北海第一城水乐园项目（一期）及一批高星级酒店项目相继落户银海区，希尔顿逸林、冠岭喜来登等 4 家国际品牌酒店开工建设。在与其他县市的对比中，劳动力及其质量和交通与技术基础设施建设仍存在很大的提升空间。

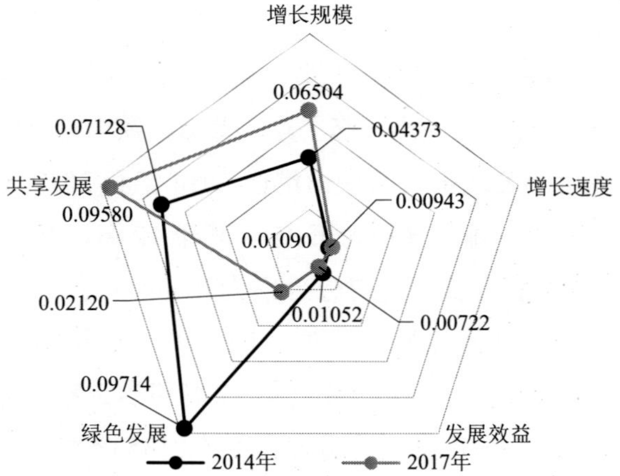

图 9-94　银海区 2014 年和 2017 年经济高质量发展功能表现评价结果分析

从经济高质量发展的结构状况来看，银海区 2014 年和 2017 年的农业技术结构的得分分别为 0.07196 分和 0.09780 分，排名分别为第 9 名和第 4 名，农业技术结构很合理；工业规模结构得分分别为 0.00818 分和 0.00540 分，排名分别为第 30 名和第 36 名，工业规模结构合理性较差；总体产业结构得分分别为 0.04445 分和 0.04615 分，排名分别为 13 名和第 18 名，总体产业结构比较合理。

从经济高质量发展的营商环境来看，银海区 2014 年和 2017 年的人口活力得分分别为 0.11533 分和 0.12480 分，排名均为第 7 名，人口活力强。银海区 2014 年和 2017 年的经济活力得分分别为 0.03770 分和 0.05097 分，排名分别为第 34 名和第 32 名，经济活力较弱。银海区 2014 年和 2017 年的政府活力评价值分别为 0.12345 分和 0.06013 分，排名分别为第 20 名和第 19 名，政府活力较强。

综上所述，银海区社会资本投入表现良好，增长速度快，绿色发展和共享发展表现良好，政府活力较强，总体产业结构比较合理。但是增长规模及劳动力及其质量表现一般，经济活力较弱。加快北海国家（海洋）农业科技园区科研创新园建设，打造科研服务平台和现代工业发展平台，促进工业经济快速发展。按照打造品牌、搭建平台、拓展远洋、规范管理的基本思路，加快发展海洋产业，着力打造经济发展新的增长点。继续扶持发展南美对虾、象鼻螺、石斑鱼等传统优势水产养殖，积极推进沙蚕、罗氏沼虾等特色养殖，新增特色名优品种养殖 1000 亩[①]。充分发挥北海高新技术创新创业服务中心的辐射带动作用，大力发展新型工业，着力构建以石基信息、北部湾科技创新港为代表的电子科技信息产业等新型工业业态。积极促进辖区高新技术产业发展，加强与广西大学、桂电北海学院、国家海洋研究所等高等院校、科研机构的交流合作，探索建立产学研平台和创新创业基地，提升科研转化成果，推动大棚种植、水产养殖等产业发展。

二十一、铁山港区

铁山港是广西的天然深水大港，位于北海市东部。有南宁－北海高速、合浦－山口高速、玉林－铁山港高速、北海－铁山港一级公路、营盘经铁山港至闸口二级公路过境。

从经济高质量发展功能表现来看，铁山港区 2014 年和 2017 年的增长规模的得分分别为 0.06079 分和 0.15184 分，排名分别为第 25 名和第 12 名，增长规模从一般转为较大。铁山港区 2014 年和 2017 年的增长速度得分分别为 0.00943 分和 0.01078 分，排名分别为第 31 名和第 4 名，增长速度从慢转为快。铁山港区 2014 年和 2017 年的发展效益评价得分分别为 0.02813 分和 0.03530 分，排名分别为第 17 名和第 5 名，发展效益从良好转为好。铁山港区 2014 年和 2017 年的绿色发展得分分别为 0.01353 分和 0.01288 分，排名分别为

① 1 亩等于 666.67 平方米

第 23 名和第 29 名，表现一般。铁山港区 2014 年和 2017 年的共享发展得分分别为 0.05926 分和 0.06863 分，排名分别为第 27 名和第 25 名，表现一般（见图 9-95）。

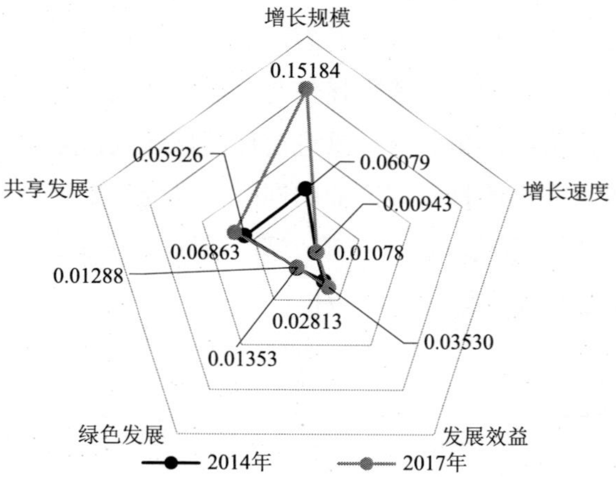

图 9-95　铁山港区 2014 年和 2017 年经济高质量发展功能表现评价结果分析

从经济高质量发展要素投入情况来看，铁山港区 2014 年和 2017 年的社会资本投入的得分分别为 0.01525 分和 0.01972 分，排名分别为第 14 名和第 19 名，表现均良好；劳动力及其质量得分分别为 0.04187 分和 0.04293 分，排名分别为第 27 名和第 25 名，表现均一般；交通与技术基础设施得分分别为 0.03484 分和 0.03680 分，排名分别为第 25 名和第 26 名，表现均一般。以上结果表明：2014—2017 年，铁山港区劳动力及其质量水平稍有上升，社会资本投入和交通与技术基础设施建设水平稍有下降。总的来说，铁山港区的劳动力优势明显。2017 年，铁山港工业转型升级，6 大产业园区扩容提质建设。发展现代农业，创建 6 个现代特色农业示范区。完成科技成果转化 7 项，申请专利 130 件，专利拥有量 61 件。在与其他县市的对比中，3 个维度都还存在很大的提升空间。

从经济高质量发展的结构状况来看，铁山港区 2014 年和 2017 年的农业技术结构的得分分别为 0.03759 分和 0.09060 分，排名为第 35 名和第 7 名，农业技术结构很合理；工业规模结构得分分别为 0.02372 分和 0.02068 分，排名分别为第 9 名和第 17 名，工业规模结构比较合理；总体产业结构得分分别为 0.00742 分和 0.00531 分，排名分别为第 35 名和第 36 名，总体产业结构合理性较差。

从经济高质量发展的营商环境来看，铁山港区 2014 年和 2017 年的人口活力得分分别为 0.06294 分和 0.06903 分，排名均为第 35 名，人口活力较弱；铁山港区 2014 年和 2017 年的经济活力得分分别为 0.03974 分和 0.04444 分，排名分别为第 32 名和 34 名，经济活力较弱；铁山港区 2014 年和 2017 年的政府活力评价值分别为 0.12450 分和 0.05972 分，排名分别为第 19 名和第 20 名，政府活力较强。

综上所述，铁山港区增长规模较大，增长速度快，发展效益好，社会资本投入表现良好，政府活力较强。但绿色发展和共享发展表现一般，经济活力较弱，总体产业结构合理性较差。保持和增强发展工业的战略定力，大力开展“项目落实年”活动，狠抓招商引资和项目建设，举全区之力攻坚克难，持续发力，确保项目建设全面落实落地，加速推进产业集群发展，提高经济活力。同时，紧紧抓住北海加快主城区和铁山港区连为一体的发展机遇，全力融入北海发展大局，争分夺秒推进南珠新城建设，全力以赴补齐工业区综合配套服务功能不足的短板。在高质量发展产业的同时，贯彻新发展理念，坚定不移地走绿色崛起之路，坚持生态立区。主动融入“一带一路”倡议，全面对接粤、港、澳、大湾区、海南自贸区建设，积极承接发达地区产业转移。

二十二、港口区

港口区位于防城港市东南部。有南昆铁路、南防铁路、桂海高速公路、钦防高速公路过境，铁路通过南防线经南昆、湘桂、黔桂、京广铁路同全国铁路干线联网。

从经济高质量发展功能表现来看，港口区2014年和2017年的增长规模的得分分别为0.09455分和0.17132分，排名分别为第12名和第10名，增长规模较大。港口区2014年和2017年的增长速度得分分别为0.00977分和0.01011分，排名分别为第26名和第15名，增长速度从一般转为较快。港口区2014年和2017年的发展效益评价得分分别为0.03065分和0.02559分，排名分别为第13名和第16名，发展效益较好。港口区2014年和2017年的绿色发展得分分别为0.02503分和0.01185分，排名分别为第11名和第30名，表现从良好转为较差。港口区2014年和2017年的共享发展得分分别为0.05939分和0.05948分，排名分别为第26名和第30名，表现从良好转为较差（见图9-96）。

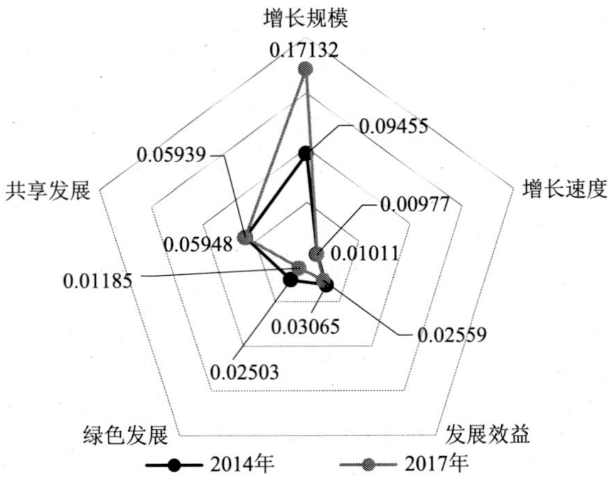

图9-96　港口区2014年和2017年经济高质量发展功能表现评价结果分析

从经济高质量发展要素投入情况来看，港口区 2014 年和 2017 年的社会资本投入的得分分别为 0.02171 分和 0.03165 分，排名均为第 8 名和第 8 名，表现均优秀；劳动力及其质量得分分别为 0.06865 分和 0.07373 分，排名分别为第 13 名和第 10 名，表现由良好转为优秀；交通与技术基础设施得分分别为 0.05302 分和 0.05827 分，排名分别为第 18 名和第 20 名，表现均良好。以上结果表明：2014—2017 年，港口区劳动力及其质量上升明显，社会资本投入和交通与技术基础设施建设水平无明显变动。总的来说，港口区的劳动力优势明显。2017 年，盛隆公司入选中国民营企业 500 强，总投资 7.6 亿元的“渔光互补”项目实现并网发电。在与其他县市的对比中，产业技术优势明显，交通与技术基础设施建设仍存在较大的提升空间。

从经济高质量发展的结构状况来看，港口区 2014 年和 2017 年的农业技术结构的得分分别为 0.04272 分和 0.12396 分，排名分别为第 21 名和第 2 名，农业技术结构很合理；工业规模结构得分分别为 0.02393 分和 0.02936 分，排名分别为第 8 名和第 3 名，工业规模结构比较合理；总体产业结构得分分别为 0.02912 分和 0.03065 分，排名分别为第 25 名和第 34 名，总体产业结构合理性较差。

从经济高质量发展的营商环境来看，港口区 2014 年和 2017 年的人口活力得分分别为 0.10102 分和 0.11421 分，排名分别为第 11 名和第 10 名，人口活力由较强转为强。港口区 2014 年和 2017 年的经济活力得分分别为 0.04748 分和 0.08341 分，排名分别为第 29 名和第 22 名，经济活力一般。港口区 2014 年和 2017 年的政府活力评价值分别为 0.28328 分和 0.16497 分，排名分别为第 2 名和第 9 名，政府活力强。

综上所述，港口区增长规模较大，增长速度较快，发展效益较好，投入水平高，政府活力强。但是，总体产业结构合理性较差，经济活力一般。推动传统服务业转型发展，促进消费扩大升级，加快培育新行业新业态新模式，实现服务业创新发展、提质发展，促进总体产业结构优化。积极融入“互联网 +”高效物流”发展趋势，加速互联网与物流业深度融合，推进东湾物流园区应用信息技术，实现物流园区智能化、信息化管理。抓好重大项目建设，持续增强经济发展后劲，提高经济活力。全面贯彻落实自治区创新驱动发展“1+8”系列政策措施，推动信息化和工业化深度融合，发展新材料、新能源、节能环保等产业。积极融入“南向、北联、东融、西合”开放发展新格局和西部陆海新通道建设。

二十三、防城区

防城区位于防城港市西北部，南防铁路、南防高速公路、南防高铁、防东高速公路贯穿境内，西部第一大海港防城港在城区，拥有全市最大的汽车站防城港市第一公路客运中心，以及广西首个城市综合交通枢纽站场，江山港、峒中两个国家级口岸和 3 个边民互市贸易点以及茅岭海关区外监管卸货点。

从经济高质量发展功能表现来看，防城区 2014 年和 2017 年的增长规模的得分分别为 0.04404 分和 0.05323 分，排名分别为第 30 名和第 31 名，增长规模小。防城区 2014 年和 2017 年的增长速度得分分别为 0.01035 分和 0.01031 分，排名分别为第 18 名和第 12 名，增长速度较快；防城区 2014 年和 2017 年的发展效益评价得分分别为 0.02447 分和 0.02290 分，排名分别为第 21 名和第 22 名，发展效益一般，防城区 2014 年和 2017 年的绿色发展得分分别为 0.01325 和 0.02304，排名分别为第 24 名和第 15 名，表现从一般转为良好。防城区 2014 年和 2017 年的共享发展得分分别为 0.07711 和 0.08528，排名分别为第 16 名和第 20 名，表现从良好转为较差（见图 9-97）。

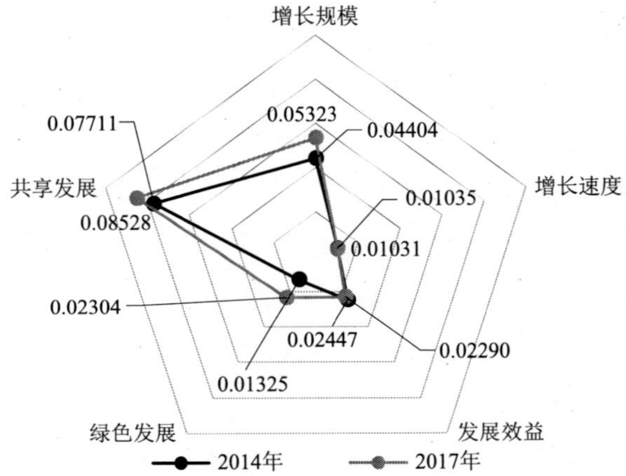

图 9-97　防城区 2014 年和 2017 年经济高质量发展功能表现评价结果分析

从经济高质量发展要素投入情况来看，防城区 2014 年和 2017 年的社会资本投入的得分分别为 0.00981 分和 0.01343 分，排名分别为第 26 名和第 29 名，表现均一般；劳动力及其质量得分分别为 0.05430 分和 0.04653 分，排名分别为第 23 名和第 24 名，表现均一般；交通与技术基础设施得分分别为 0.12921 分和 0.13997 分，排名分别为第 8 名和第 7 名，表现均优秀。以上结果表明：2014—2017 年，防城区劳动力及其质量水平和交通与技术基础设施建设稍有上升，社会资本投入稍有下降。总的来说，防城区的交通与技术基础设施建设优势明显。2017 年，峒中口岸获批为国家级双边性客货运输口岸。在与其他县市的对比中，交通与技术基础设施建设也具备一定的优势，资本要素投入、劳动力及其质量仍存在很大的提升空间。

从经济高质量发展的结构状况来看，防城区 2014 年和 2017 年的农业技术结构的得分分别为 0.04354 分和 0.06301 分，排名分别为第 20 名和第 23 名，农业技术结构合理性表现一般；工业规模结构得分分别为 0.02108 分和 0.2598 分，排名分别为第 16 名和第 10 名，工业规模结构很合理；总体产业结构得分分别为 0.03541 分和 0.04062 分，排名分别为第 22 名和第 25 名，总体产业结构合理性表现一般。

从经济高质量发展的营商环境来看，防城区 2014 年和 2017 年的人口活力得分分别为 0.07984 分和 0.08296 分，排名分别为第 23 名和第 28 名，人口活力一般。防城区 2014 年和 2017 年的经济活力得分分别为 0.06192 分和 0.07693 分，排名分别为第 23 名和第 24 名，经济活力一般。防城区 2014 年和 2017 年的政府活力评价值分别为 0.09504 分和 0.05868 分，排名均为第 22 名，政府活力一般。

综上所述，防城区增长速度较快，绿色发展表现良好，交通与技术基础设施表现均优秀，但是发展效益一般，开放水平一般，总体产业结构合理性表现一般，增长规模小，共享发展表现较差。防城区需要在扩大规模，提高开放水平，重视发展效益，提高共享水平。按“强龙头、补链条、聚集群”思路，不断突破制约产业结构优化升级的关键环节。聚焦中国-东盟数据大通道、西南多式联运物流大数据、跨境电商等重点领域，推进产业数字化，建设一批智能化工厂，培育一批“四新”企业。积极抢占 5G 时代先机，助力数字防城港发展。增加重大项目有效投资，夯实经济发展基础。主动融入西部陆海新通道建设，形成全方位开放新格局。按照“巩固、增强、提升、畅通”方针，巩固“三去一降一补”成果，增强微观主体活力，提升产业链水平，畅通经济循环，增强发展动力活力。坚持补短板强弱项，提高共享水平。

二十四、钦南区

钦南区位于钦州市西南部。区内拥有南宁-钦州、钦州-防城、钦州-北海、黎塘-钦州、钦州-钦州港等五大铁路干线和桂海高速、钦防高速、钦陆一级、南北二级、钦港一级、沿海一级、钦犀二级等七条高等级公路，以及沙井港、龙门港、康熙港等一批海港码头。

从经济高质量发展功能表现来看，钦南区 2014 年和 2017 年的增长规模的得分分别为 0.21706 分和 0.31735 分，排名分别为第 4 名和第 2 名，增长规模大。钦南区 2014 年和 2017 年的增长速度得分分别为 0.01016 分和 0.00989 分，排名分别为第 23 名和第 22 名，增长速度一般。钦南区 2014 年和 2017 年的发展效益评价得分分别为 0.01611 分和 0.01909 分，排名分别为第 28 名和第 26 名，发展效益一般。钦南区 2014 年和 2017 年的绿色发展得分分别为 0.01956 分和 0.02384 分，排名分别为第 15 名和第 12 名，表现一般。钦南区 2014 年和 2017 年的共享发展得分分别为 0.10908 分和 0.12556 分，排名均为第 7 名，表现优秀（见图 9-98）。

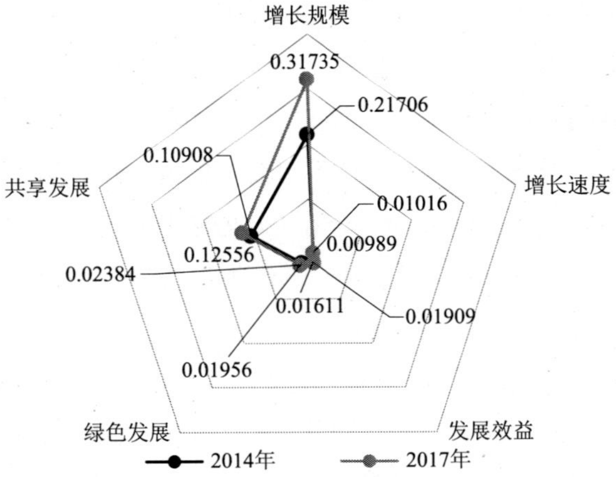

图 9-98　钦南区 2014 年和 2017 年经济高质量发展功能表现评价结果分析

从经济高质量发展要素投入情况来看，钦南区 2014 年和 2017 年的社会资本投入的得分分别为 0.02162 分和 0.02745 分，排名均为第 9 名，表现均优秀；劳动力及其质量得分分别为 0.06150 分和 0.07349 分，排名分别为第 17 名和第 11 名，表现均良好；交通与技术基础设施得分分别为 0.05120 分和 0.06321 分，排名分别为第 19 名和第 17 名，表现均良好。以上结果表明：2014—2017 年，钦南区劳动力及其质量水平和交通与技术基础设施建设上升明显，社会资本投入无明显变动。总的来说，钦南区的劳动力和交通与技术基础设施建设优势明显。2017 年，现代特色农业发展成果显著，虾虾乐示范区被认定为自治区四星级现代特色农业核心示范区，那雾山绿宇观光农业基地被认定为国家级休闲渔业示范基地。三娘湾渔村被评为国家级“最美渔村”,“中国蚝情节”被评为国家级示范性渔业文化节庆。在与其他县市的对比中，交通与技术基础设施建设仍存在一定的提升空间。

从经济高质量发展的结构状况来看，钦南区 2014 年和 2017 年的农业技术结构的得分分别为 0.04578 分和 0.06048 分，排名分别为第 18 名和第 27 名，农业技术结构合理性表现一般；工业规模结构得分分别为 0.02715 分和 0.02954 分，排名分别为第 5 名和第 2 名，工业规模结构很合理；总体产业结构得分分别为 0.05096 分和 0.05387 分，排名分别为 9 名和第 12 名，总体产业结构比较合理。

从经济高质量发展的营商环境来看，钦南区 2014 年和 2017 年的人口活力得分分别为 0.08369 分和 0.09310 分，排名分别为第 21 名和第 20 名，人口活力由一般转为较强。钦南区 2014 年和 2017 年的经济活力得分分别为 0.08703 分和 0.10468 分，排名分别为第 16 和第 20 名，经济活力较强。钦南区 2014 年和 2017 年的政府活力评价值分别为 0.07700 分和 0.04279 分，排名分别为第 28 名和第 26 名，政府活力一般。

综上所述，钦南区增长规模大，共享发展表现优秀，要素投入水平高，经济活力较强，总体产业结构比较合理，但是增长速度一般，发展效益一般绿色发展表现一般。转变工业发展理念，推动金窝工业园与中马钦州产业园、高新技术开发区等平台互补发展。持续推进现代特色农业示范区增点扩面提质升级工作，重点推进九河渡农林产业园、康熙岭渔光互补项目建设，力争打造成为自治区级核心示范区。创新运营管理模式，推进东盟农产品批发市场、北部湾建材城等重点商贸市场运营改革，加快现代服务业集聚区建设。推进犀牛脚镇深水养殖区海域使用权挂牌出让，抓好海洋养殖区、大蚝养殖区、蚝苗采集区划定工作，规范依法用海行为。大力发扬敢闯敢试、先行先试精神，全面深化改革，不断优化营商环境。坚持在发展中保障和改善民生，扎实有效推进为民办实事工程，加强和创新社会管理，统筹各项事业发展，惠及人民群众。

二十五、钦北区

钦北区位于钦州市西北部。有南防铁路、南北铁路、黎钦铁路以及南北高速公路、南北二级公路、钦陆一级公路、上大二级公路均贯穿境内。

从经济高质量发展功能表现来看，钦北区 2014 年和 2017 年的增长规模的得分分别为 0.08679 分和 0.13252 分，排名均为第 14 名，增长规模较大。钦北区 2014 年和 2017 年的增长速度得分分别为 0.01068 分和 0.00951 分，排名分别为第 12 名和第 26 名，增长速度从较快转为一般，钦北区 2014 年和 2017 年的发展效益评价得分分别为 0.02771 分和 0.02957 分，排名分别为第 18 名和第 11 名，发展效益良好。钦北区 2014 年和 2017 年的绿色发展得分分别为 0.03907 分和 0.06332 分，排名分别为第 3 名和第 1 名，表现优秀。钦北区 2014 年和 2017 年的共享发展得分分别为 0.0564 分和 0.06003 分，排名均为第 29 名，表现一般（见图 9-99）。

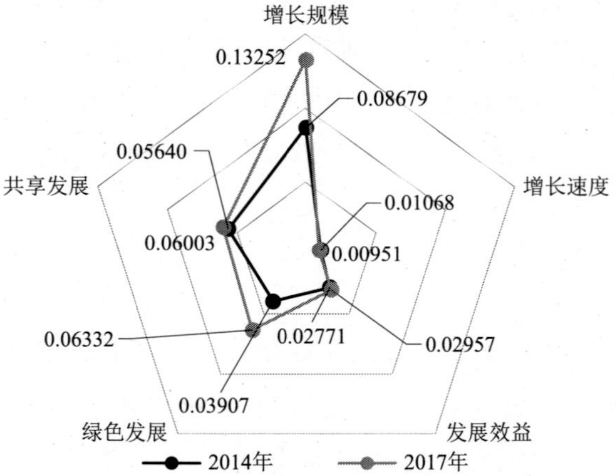

图 9-99　钦北区 2014 年和 2017 年经济高质量发展功能表现评价结果分析

从经济高质量发展要素投入情况来看，钦北区 2014 年和 2017 年的社会资本投入的得分分别为0.01207分和0.02139分，排名分别为第21名和第16名，表现由一般转为良好；劳动力及其质量得分分别为0.06059分和0.07190分，排名分别为第19名和第12名，表现均良好；交通与技术基础设施得分分别为0.06099分和0.06447分，排名分别为第12名和第16名，表现均良好；以上结果表明：2014—2017年，钦北区社会资本投入和劳动力及其质量水平上升明显，交通与技术基础设施建设稍有下降。总的来说，钦北区的劳动力优势明显。2017年，钦州市食品安全联动指挥中心（钦北）建成运行，广西首个食品小作坊集中加工区建成投产，钦州市林湖森林公园被评为国家AAAA级旅游景区。

从经济高质量发展的结构状况来看，钦北区2014年和2017年的农业技术结构的得分分别为0.06837分和0.06837分，排名分别为第10名和第19名，农业技术结构比较合理；工业规模结构得分分别为0.02231分和0.02159分，排名分别为第13名和第15名，工业规模结构比较合理；总体产业结构得分分别为0.02626分和0.04175分，排名分别为第28名和第21名，总体产业结构合理性表现一般。

从经济高质量发展的营商环境来看，钦北区2014年和2017年的人口活力得分分别为0.09371分和0.09811分，排名分别为第14名和第16名，人口活力较强；钦北区2014年和2017年的经济活力得分分别为0.09602分和0.12267分，排名分别为第13名和第14名，经济活力较强；钦北区2014年和2017年的政府活力评价值分别为0.06980分和0.02264分，排名分别为第30名和第33名，政府活力由一般转为较弱。

综上所述，钦北区增长规模较大，发展效益良好，绿色发展表现优秀，交通与技术基础设施表现均良好，经济活力较强，但是增长速度一般，共享发展表现一般，总体产业结构合理性表现一般。钦北区需要围绕强龙头、补链条、聚集群，集中人力、物力、财力，在推动重大产业项目建设上实现新突破，在引进培育重大产业项目上实现新突破，在完善开发区基础设施项目上实现新突破，形成产业发展新动力。开展优化营商环境“服务企业提升年”活动，聚焦企业关心和反映强烈的痛点、难点，优化办事流程，提升服务水平，促进全区营商环境整体提升。 把人民群众对美好生活的向往作为奋斗目标，积极解决事关人民群众切身利益的“头等大事”和“关键小事”，不断增强人民群众的获得感、幸福感和安全感。

二十六、港北区

港北区位于贵港市中部。有黎湛铁路（复线）、南宁至广州高速公路贯穿全境。

从经济高质量发展功能表现来看，港北区2014年和2017年的增长规模的得分分别为0.06909分和0.09532分，排名分别为第21名和第22名，增长规模一般。港北区2014年和2017年的增长速度得分分别为0.00916分和0.00938分，排名分别为第34名和第27名，增长速度从慢转为一般。港北区2014年和2017年的发展效益评价得分分别为0.02394分和 0.01924 分，排名分别为第 22 名和第 25 名，发展效益一般。港北区 2014 年和 2017 年的绿色发展得分分别为 0.01274 和 0.01565，排名分别为第 25 名和第 27 名，表现一般。港北区 2014 年和 2017 年的共享发展得分分别为 0.08601 分和 0.07078 分，排名分别为第 12 名和第 24 名，表现从良好转为一般（见图 9-100）。

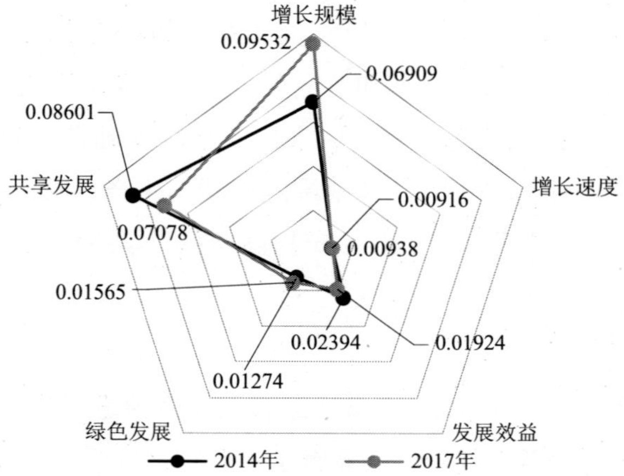

图 9-100　港北区 2014 年和 2017 年经济高质量发展功能表现评价结果分析

从经济高质量发展要素投入情况来看，港北区 2014 年和 2017 年的社会资本投入的得分分别为 0.01330 分和 0.02156 分，排名分别为第 16 名和第 15 名，表现均良好；劳动力及其质量得分分别为 0.06668 分和 0.06359 分，排名均为第 15 名，表现均良好；交通与技术基础设施得分分别为 0.05061 分和 0.04593 分，排名分别为第 20 名和第 23 名，表现由良好转为一般。以上结果表明：2014—2017 年，港北区交通与技术基础设施建设下降明显，劳动力及其质量和社会资本投入水平无明显变动。总的来说，港北区的劳动力优势明显。2017 年，港北区入选全国放心粮油供应网络建设示范县试点，广西首个新能源电动车产品质量检验中心开工，赛尔康（贵港）电子工业园投产。在与其他县市的对比中，交通与技术基础设施建设水平仍存在很大的提升空间。

从经济高质量发展的结构状况来看，港北区 2014 年和 2017 年的农业技术结构的得分分别为 0.04207 分和 0.09082 分，排名分别为第 24 名和第 6 名，农业技术结构很合理；工业规模结构得分分别为 0.03110 分和 0.02992 分，排名分别为第 3 名和第 1 名，工业规模结构很合理；总体产业结构得分分别为 0.06336 分和 0.06733 分，排名分别为第 5 名和第 8 名，总体产业结构很合理。

从经济高质量发展的营商环境来看，港北区 2014 年和 2017 年的人口活力得分分别为 0.08838 分和 0.09694 分，排名分别为第 18 名和第 17 名，人口活力较强。港北区 2014 年和 2017 年的经济活力得分分别为 0.13327 分和 0.18299 分，排名分别为第 11 名和 8 名，经济活力由较强转为强。港北区 2014 年和 2017 年的政府活力评价值分别为 0.09160 分和

0.11143 分，排名分别为第 23 名和第 13 名，政府活力由一般转为较强。

综上所述，港北区高质量发展投入水平高，经济活力强，总体产业结构很合理，但是增长规模、增长速度、发展效益等方面居于全区 36 个城区中等水平。加快推进传统产业信息化和工业化深度融合，推动产品创新、管理创新和商业模式创新。重点抓好贵钢集团、华电贵港公司等重点企业的生产运行，促进企业满负荷生产。提升服务企业水平，坚持处级领导挂点联系规模以上企业工作制度，成立规模以上企业服务工作组，深入企业开展监测服务，强化对工业经济运行协调和监测分析。突出抓好西江国际农产品物流中心、奇石高山大桥等项目建设，加快道路交通、人饮安全等基础设施建设。依托生态工业园区、港北区农产品加工产业园等平台，紧紧围绕电动车生产、农产品深加工、电子科技、铜产品深加工、休闲旅游等产业，进一步完善招商项目科学规划方案和工作推动方案。

二十七、港南区

港南区位于贵港市南部。区内有黎湛铁路和 324 线国道横贯境内，南宁至广州高速公路从区境内穿越。郁江绕西北界而过，设有东津码头，可通行千吨级货轮，直达粤港澳地区。

从经济高质量发展功能表现来看，港南区 2014 年和 2017 年的增长规模的得分分别为 0.04843 分和 0.0654 分，排名分别为第 27 名和第 26 名，增长规模一般。港南区 2014 年和 2017 年的增长速度得分分别为 0.01032 分和 0.00561 分，排名分别为第 21 名和第 36 名，增长速度从一般转为慢。港南区 2014 年和 2017 年的发展效益评价得分分别为 0.01326 分和 0.01175 分，排名分别为第 30 名和第 31 名，发展效益差。港南区 2014 年和 2017 年的绿色发展得分分别为 0.01768 分和 0.01575 分，排名分别为第 19 名和第 26 名，表现从良好转为一般。港南区 2014 年和 2017 年的共享发展得分分别为 0.07653 分和 0.06321 分，排名均为第 18 名，表现一般（见图 9-101）。

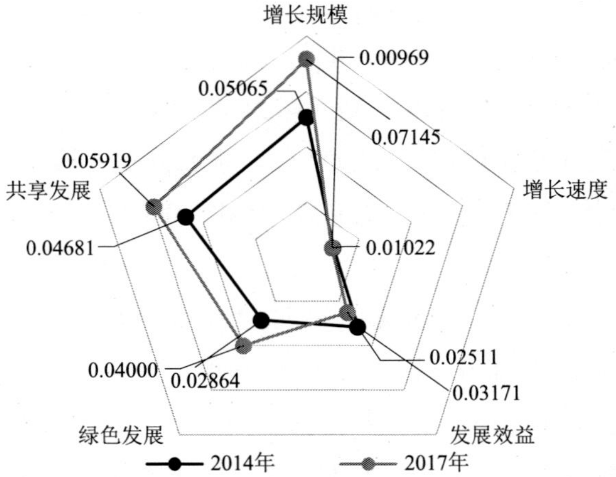

图 9-101 港南区 2014 年和 2017 年经济高质量发展功能表现评价结果分析

从经济高质量发展要素投入情况来看，港南区2014年和2017年的社会资本投入的得分分别为0.01004分和0.01469分，排名分别为第25名和第27名，表现均一般；劳动力及其质量得分分别为0.06873分和0.06238分，排名分别为第12名和第18名，表现均良好；交通与技术基础设施得分分别为0.06037分和0.06455分，排名分别为第13名和第15名，表现均良好。以上结果表明：2014—2017年，港南区社会资本投入、劳动力及其质量水平和交通与技术基础设施建设均稍有下降。总的来说，港南区的交通与技术基础设施建设和劳动力及其质量优势明显。2017年，乡村建设成果显著，湛江镇平江村获全国改善农村人居环境示范村、全国生态文化村称号，桥圩镇入选全国特色小镇。在与其他县市的对比中，交通与技术基础设施建设仍存在一定的提升空间，资本要素投入、劳动力及其质量提升的空间更大。

从经济高质量发展的结构状况来看，港南区2014年和2017年的农业技术结构的得分分别为0.05635分和0.08532分，排名分别为第15名和第10名，农业技术结构很合理；工业规模结构得分分别为0.02411分和0.02395分，排名分别为第7名和第11名，工业规模结构比较合理；总体产业结构得分分别为0.03839分和0.04201分，排名分别为第18名和第20名，总体产业结构比较合理。

从经济高质量发展的营商环境来看，港南区2014年和2017年的人口活力得分分别为0.06632分和0.07111分，排名分别为第34名和第33名，人口活力较弱。港南区2014年和2017年的经济活力得分分别为0.06157分和0.07137分，排名分别为第24名和第26名，经济活力一般。港南区2014年和2017年的政府活力评价值分别为0.10172和0.03835，排名分别为第21名和第27名，政府活力一般。

综上所述，港南区劳动力及其质量表现均良好，交通与技术基础设施表现均良好，总体产业结构比较合理，但是增长规模一般，绿色发展和共享发展表现一般，增长速度慢，发展效益差。要坚持以提高经济发展质量和效益为中心，加快产业发展，很抓招商引资上项目，强化新生财源培植。很抓传统产业升级。按照“精准定位，明确方向，规划引领，整合资源，提档升级”的思路，加强骨干企业培植，重点在政策扶持、资源配置方面，支持木业、造纸、化工等重点企业做大做强。以职能转变为方向，加强政府自身建设。推进预算公开透明，加大预算统筹力度，将政府债务分类纳入全口径预算管理，用好增量盘活存量，优化财政支出结构。

二十八、覃塘区

覃塘区位于贵港市西北部，有南广铁路横穿中部，国道324线和209线交汇于城区，黎湛铁路横穿全境，郁江流经辖区，南宁至佛山广州高速公路依境而过。

从经济高质量发展功能表现来看，覃塘区2014年和2017年的增长规模的得分分别为

0.04461 分和 0.05823 分，排名分别为第 29 名和第 28 名，增长规模一般。覃塘区 2014 年和 2017 年的增长速度得分分别为 0.01107 分和 0.01064 分，排名均为第 6 名，增长速度快。覃塘区 2014 年和 2017 年的发展效益评价得分分别为 0.03568 分和 0.02381 分，排名分别为第 6 名和第 20 名，发展速度从好转为一般。覃塘区 2014 年和 2017 年的绿色发展得分分别为 0.01028 分和 0.01018 分，排名分别为第 28 名和第 31 名，表现从一般转为差较差。覃塘区 2014 年和 2017 年的共享发展得分分别为 0.0768 和 0.06559，排名分别为第 17 名和第 26 名，表现从良好转为一般（见图 9-102）。

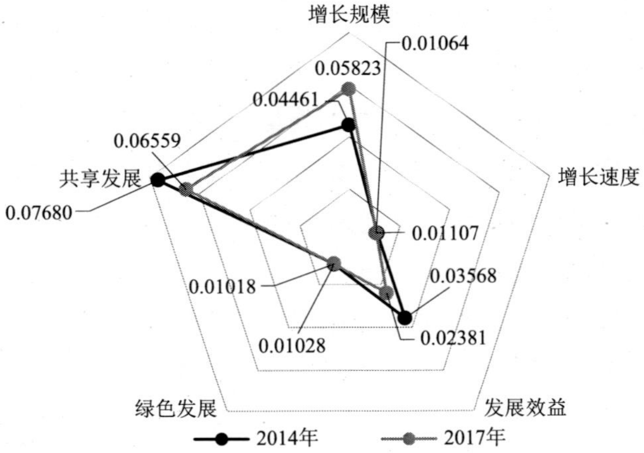

图 9-102　覃塘区 2014 年和 2017 年经济高质量发展功能表现评价结果分析

从经济高质量发展要素投入情况来看，覃塘区 2014 年和 2017 年的社会资本投入的得分分别为 0.00646 分和 0.01226 分，排名分别为第 33 名和第 31 名，表现均较差；劳动力及其质量得分分别为 0.05790 分和 0.06252 分，排名分别为第 21 名和第 16 名，表现由一般转为良好；交通与技术基础设施得分分别为 0.07040 分和 0.07355 分，排名分别为第 10 名和第 13 名，表现由优秀转为良好。以上结果表明：2014—2017 年，覃塘区劳动力及其质量水平上升最明显，社会资本投入稍有上升，交通与技术基础设施建设稍有下降。总的来说，覃塘区的交通与技术基础设施建设优势明显。绿色生态农业发展成果显著，覃塘镇龙凤村（覃塘莲藕）被认定为全国“一村一品”示范村。科技创新能力提升，发明专利申请受理量 103 件，有效发明专利拥有量 26 件，被认定为国家高新技术企业 3 家。在与其他县市的对比中，资本要素投入仍存在很大的提升空间。

从经济高质量发展的结构状况来看，覃塘区 2014 年和 2017 年的农业技术结构的得分分别为 0.04192 分和 0.07425 分，排名分别为第 25 名和第 16 名，农业技术结构比较合理；工业规模结构得分分别为 0.01799 分和 0.01927 分，排名分别为第 22 名和第 21 名，工业规模结构合理性表现一般；总体产业结构得分分别为 0.03653 分和 0.03276 分，排名分别为第 21 名和第 31 名，总体产业结构合理性较差。

从经济高质量发展的营商环境来看，覃塘区 2014 年和 2017 年的人口活力得分分别为 0.07368 分和 0.07107 分，排名分别为第 26 名和第 34 名，人口活力由一般转为较弱。覃塘区 2014 年和 2017 年的经济活力得分分别为 0.06333 分和 0.07509 分，排名分别为第 22 名和第 25 名，经济活力一般。覃塘区 2014 年和 2017 年的政府活力评价值分别为 0.04339 分和 0.04956 分，排名分别为第 34 名和第 24 名，政府活力由较弱转为一般。

综上所述，覃塘区增长速度快，劳动力及其质量和交通与技术基础设施表现良好，但是增长规模和发展速度均表现一般，绿色发展表现从一般转为差较差，总体产业结构合理性较差，开放水平有待提高。要坚持以工业为上，促进工业提质增效，推动经济发展新跨越。大力发展新能源汽车产业，积极推进整车技术研发、生产和制造，大力引进和培育汽车零部件、燃料电池配套产业，打开新能源汽车产业新局面。加快发展混合动力船舶修造产业，以西江重工企业为龙头，以柴气双燃料船舶建造为契机，积极发展内河型散货船、油轮、集装箱船等主力船型生产和维修，延长船舶修造产业链。全区上下积极主动申报项目、全力推进项目建设的良好氛围，扎实推进征地拆迁攻坚战，加快签约项目落地、竣工、见成效，以项目投资拉动产业，形成发展新引擎。发展特色农业，发展壮大黄皮、铁皮石斛、穿心莲、葡萄、砂糖橘等种植业和生猪、家禽、黑山羊等水产畜牧业规模，培育发展富硒莲藕、富硒莲子、富硒茶叶、富硒大米等富硒农产品产业，全面完成“双高”糖料蔗示范基地建设，打造“一乡一业”“一村一品”现代农业发展格局。

二十九、玉州区

玉州区位于玉林市中部。区内有黎湛铁路、洛湛铁路、岑兴高速、南广高速横穿全境。

从经济高质量发展功能表现来看，玉州区 2014 年和 2017 年增长规模的得分分别为 0.07528 分和 0.0993 分，排名分别为第 19 名和第 21 名，增长规模从较大转为一般。玉州区 2014 年和 2017 年的增长速度得分分别为 0.01045 分和 0.00812 分，排名分别为第 16 名和第 32 名，增长速度从较快转为慢。玉州区 2014 年和 2017 年的发展效益评价得分分别为 0.02057 分和 0.01883 分，排名分别为第 25 名和第 27 名，发展效益一般。玉州区 2014 年和 2017 年的绿色发展得分分别为 0.01619 分和 0.01853 分，排名均为第 21 名，表现一般。玉州区 2014 年和 2017 年的共享发展得分分别为 0.06015 分和 0.08589 分，排名分别为第 25 名和第 18 名，表现从一般转为良好（见图 9-103）。

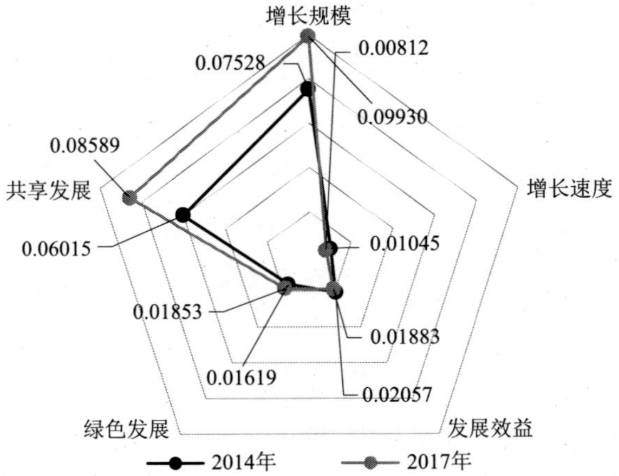

图 9-103　玉州区 2014 年和 2017 年经济高质量发展功能表现评价结果分析

从经济高质量发展要素投入情况来看，玉州区 2014 年和 2017 年的社会资本投入的得分分别为 0.02664 分和 0.04012 分，排名分别为第 7 名和第 5 名，表现均优秀；劳动力及其质量得分分别为 0.07973 分和 0.02974 分，排名分别为第 6 名和第 30 名，表现由优秀转为一般；交通与技术基础设施得分分别为 0.23104 分和 0.24027 分，排名分别为第 4 名和第 3 名，表现均优秀。以上结果表明：2014—2017 年，玉州区社会资本投入和交通与技术基础设施建设稍有上升，劳动力及其质量水平下降明显。总的来说，玉州区的交通与技术基础设施建设优势明显。2017 年，农业现代化建设成效显著，沿清湾江至大容山道路开工建设，建成常年无公害蔬菜生产基地 4 个。在与其他县市的对比中，交通与技术基础设施建设也优势明显，劳动力及其质量仍存在较大的提升空间。

从经济高质量发展的结构状况来看，玉州区 2014 年和 2017 年的农业技术结构的得分分别为 0.03955 分和 0.06840 分，排名分别为第 32 名和第 18 名，农业技术结构比较合理；工业规模结构得分分别为 0.02195 分和 0.01530 分，排名分别为第 15 名和第 30 名，工业规模结构合理性表现一般；总体产业结构得分分别为 0.06339 分和 0.06515 分，排名分别为第 4 名和第 9 名，总体产业结构很合理。

从经济高质量发展的营商环境来看，玉州区 2014 年和 2017 年的人口活力得分分别为 0.07001 分和 0.09590 分，排名分别为第 31 名和 18 名，人口活力由较弱转为较强；玉州区 2014 年和 2017 年的经济活力得分分别为 0.224778 分和 0.28820 分，排名均为第 4 名，经济活力强；玉州区 2014 年和 2017 年的政府活力评价值分别为 0.17510 分和 0.15215 分，排名分别为第 15 名和第 11 名，政府活力较强。

综上所述，玉州区高质量发展投入水平高，总体产业结构很合理，经济活力强，共享发展表现从一般转为良好，但是增长规模表现一般，增长速度从较快转为慢，发展效益一般。玉州区需要奋力推进项目扩大投资，推动发展后劲大提升。紧紧围绕玉林市“三个一百三攻坚”行动，大力推动一批重大项目开工建设和竣工投产。聚焦优势产业、基础设施、公共服务等领域，积极谋划一批强基础、补短板、增后劲的大项目、好项目。以全力推进“大产业发展百项工程”为重点，主抓先进装备制造业和健康产业，推动产业转型升级。加强“政银企”沟通合作，积极帮助企业开展融资工作，解决融资难题。以创建全域旅游示范区为目标，继续做大高山村古民居、硃砂垌客家围屋、云天文化城等现有的旅游景点，加快玉林文化旅游美食城、五彩花园、五彩稻园、五彩果园、玉云体育休闲生态旅游度假等一批旅游项目建设，谋划建设融合游乐、运动、商务、会展、度假等多种功能于一体的旅游综合体。

三十、福绵区

福绵区位于广西东南部，有玉铁铁路过境。福绵是全国最大的牛仔休闲裤生产基地之一，产业工人超过 10 万人，年产服装超过 2 亿件 (套)，被誉为“世界裤子之都”“中国休闲服装名城”。

从经济高质量发展功能表现来看，福绵区 2014 年和 2017 年的增长规模的得分分别为 0.03355 分和 0.03913 分，排名均为第 35 名，增长规模小。福绵区 2014 年和 2017 年的增长速度得分分别为 0.01034 分和 0.00833 分，排名分别为第 20 名和第 31 名，增长速度从一般转为慢。福绵区 2014 年和 2017 年的发展效益评价得分分别为 0.01435 分和 0.01340 分，排名均为第 29 名，发展效益一般。福绵区 2014 年和 2017 年的绿色发展得分分别为 0.02574 分和 0.02640 分，排名分别为第 10 名和第 9 名，表现优秀。福绵区 2014 年和 2017 年的共享发展得分分别为 0.04516 分和 0.05849 分，排名分别为第 34 名和第 32 名，表现较差（见图 9-104）。

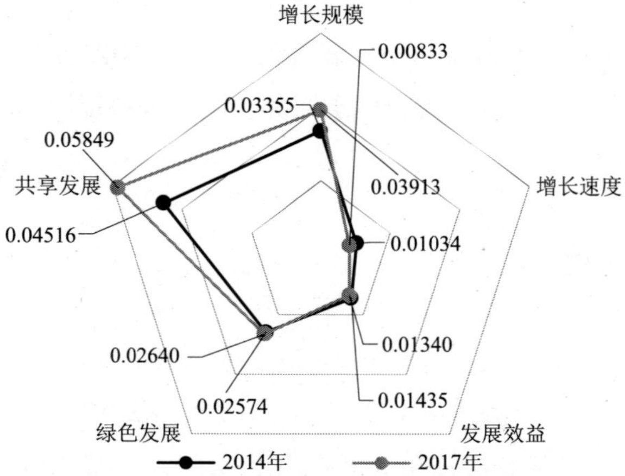

图 9-104　福绵区 2014 年和 2017 年经济高质量发展功能表现评价结果分析

从经济高质量发展要素投入情况来看，福绵区2014年和2017年的社会资本投入的得分分别为0.00829分和0.01086分，排名分别为第30名和第33名，表现由一般转为较差；劳动力及其质量得分分别为0.04476分和0.02822分，排名分别为第26名和第31名，表现由一般转为较差；交通与技术基础设施得分分别为0.05870分和0.05870分，排名分别为第15名和第19名，表现均良好。以上结果表明：2014—2017年，福绵区社会资本投入、劳动力及其质量水平和交通与技术基础设施建设均显下降。总的来说，福绵区的交通与技术基础设施建设优势最明显。2017年，节能环保产业园建成投产企业已达12家，玉林市装配式建筑与现代绿色建材产业基地已全面开工建设。在与其他县市的对比中，3个维度都还存在很大的提升空间。

从经济高质量发展的结构状况来看，福绵区2014年和2017年的农业技术结构的得分分别为0.04238分和0.06143分，排名分别为第23名和第25名，农业技术结构合理性表现一般；工业规模结构得分分别为0.00786分和0.01078分，排名分别为第31名和第33名，工业规模结构合理性较差；总体产业结构得分分别为0.02513分和0.03459分，排名分别为第30名和第29名，总体产业结构合理性表现一般。

从经济高质量发展的营商环境来看，福绵区2014年和2017年的人口活力得分分别为0.07263分和0.07199分，排名分别为第27名和第32名，人口活力一般转为较弱。福绵区2014年和2017年的经济活力得分分别为0.04413分和0.04973分，排名分别为第31名和第33名，经济活力较弱。福绵区2014年和2017年的政府活力评价值分别为0.08555分和0.04915分，排名均为第25名，政府活力一般。

综上所述，福绵区绿色发展表现优秀，交通与技术基础设施建设优势最明显，但增长规模小，增长速度从一般转为慢，发展效益一般，共享发展表现较差。社会资本投入表现由一般转为较差，劳动力及其质量表现由一般转为较差。农业技术结构合理性表现一般，工业规模结构合理性较差，总体产业结构合理性表现一般。人口活力一般转为较弱，经济活力较弱，政府活力一般。大力布局先进装备制造业，UNIZ3D打印项目开工建设，物联网、精细化工、空港经济、现代物流、电子商务、中药香料提取和农林畜牧产品深加工等产业园建设加快推进。

三十一、右江区

右江区位于百色市中部，有南昆铁路、323国道过境。

从经济高质量发展功能表现来看，右江区2014年和2017年的增长规模的得分分别为0.17397分和0.24175分，排名均为第5名，增长规模大。右江区2014年和2017年的增长速度得分分别为0.00962分和0.00804分，排名分别为第30名和第33名，增长速度慢。

右江区 2014 年和 2017 年的发展效益评价得分分别为 0.03228 分和 0.03603 分，排名分别为第 8 名和第 4 名，发展效益好。右江区 2014 年和 2017 年的绿色发展得分分别为 0.00824 分和 0.00961 分，排名分别为第 32 名和第 33 名，表现较差。右江区 2014 年和 2017 年的共享发展得分分别为 0.06818 分和 0.15992 分，排名分别为第 22 名和第 2 名，表现从一般转为优秀（见图 9-105）。

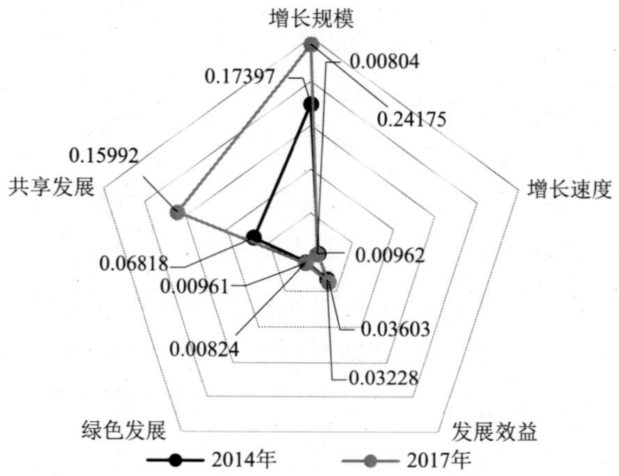

图 9-105　右江区 2014 年和 2017 年经济高质量发展功能表现评价结果分析

从经济高质量发展要素投入情况来看，右江区 2014 年和 2017 年的社会资本投入的得分分别为 0.01196 分和 0.01703 分，排名分别为第 22 名和第 24 名，表现均一般；劳动力及其质量得分分别为 0.06337 分和 0.06598 分，排名分别为第 16 名和第 14 名，表现均良好；交通与技术基础设施得分分别为 0.15333 分和 0.17740 分，排名分别为第 6 名和第 5 名，表现均优秀。以上结果表明：2014—2017 年，右江区社会资本投入稍显下降，交通与技术基础设施建设和劳动力及其质量稍有上升。总的来说，右江区的交通与技术基础设施建设优势明显；2017 年被确定为国家知识产权强县（区）工程示范县（区）试点，百色瑞成科技公司自主研制的碳块清理设备产品获国家专利权和国家工商总局商标专用权。在与其他县市的对比中，其交通与技术基础设施建设优势明显，资本要素投入仍存在很大的提升空间。

从经济高质量发展的结构状况来看，右江区 2014 年和 2017 年的农业技术结构的得分分别为 0.06057 分和 0.05865 分，排名分别为第 13 名和第 31 名，农业技术结构比较差；工业规模结构得分分别为 0.00461 分和 0.01726 分，排名分别为第 35 名和第 28 名，工业规模结构合理性表现一般；总体产业结构得分分别为 0.03840 分和 0.04338 分，排名分别为第 17 名和第 19 名，总体产业结构比较合理。

从经济高质量发展的营商环境来看，右江区 2014 年和 2017 年的人口活力得分分别为 0.09356 分和 0.09490 分，排名分别为第 15 名和第 19 名，人口活力较强；右江区 2014 年和 2017 年的经济活力得分分别为 0.08008 分和 0.10788 分，排名分别为第 19 名和 16 名，经济活力较强；右江区2014年和2017年的政府活力评价值分别为0.08529分和0.05914分，排名分别为第26名和第21名，政府活力一般。

综上所述，右江区增长规模大，发展效益好，共享发展表现从一般转为优秀，要素投入水平高，经济活力较强，总体产业结构比较合理，但是增长速度慢，绿色发展表现较差，政府活力一般。要以创建广西全域旅游示范区为抓手，进一步完善吃、住、行、游、购、娱等要素，推动旅游产业加快发展壮大。强化项目支撑，大力推进百色欢乐小镇二期、福禄河景区、特色文化街区“鹅城文创园”等项目，实现福禄大道建成通车，福禄河湿地公园建成开放，大王岭景区漂流恢复运营。积极助推中国——东盟农产品交易中心、百色高新区现代服务业基地、海升水果冷链物流、百煤物流园、亿丰国际商博城（二期）、恒宁城市广场续建项目等重大商贸物流项目建设，积极服务好乐百高速、百色民用机场等重大交通项目。加大传统产业升级改造，通过技术改造、产品升级等途径推进铝、冶金、糖纸、木材加工等传统产业向绿色化、集约化、品牌化发展，重点推进铝、糖“二次创业”。要引导明泰铁合金、新中锰业等企业加强先进适用技术引进和应用，推进铝锰综合产业建设。全面贯彻落实各项减税降费政策，推进实施降低企业税费负担和制度性交易成本相关措施。

三十二、八步区

八步区位于贺州市东部、有国道207线、323线，桂梧、广贺高速公路，洛湛铁路、贵广快速铁路和永贺高速公路过境。

从经济高质量发展功能表现来看，八步区2014年和2017年的增长规模的得分分别为0.04586分和0.05403分，排名分别为第28名和第30名，增长规模小；八步区2014年和2017年的增长速度得分分别为0.01463分和0.01009分，排名分别为第2名和第18名，增长速度从快转为较快；八步区2014年和2017年的发展效益评价得分分别为0.00678分和0.01453分，排名分别为第35名和第28名，发展效益从差转为一般；八步区2014年和2017年的绿色发展得分分别为0.00695分和0.0087分，排名均为第34名，表现较差；八步区2014年和2017年的共享发展得分分别为0.14095分和0.14965分，排名分别为第3名和第4名，表现优秀（见图9-106）。

从经济高质量发展要素投入情况来看，八步区2014年和2017年的社会资本投入的得分分别为0.02739分和0.02104分，排名分别为第4名和第17名，表现由优秀转为良好；劳动力及其质量得分分别为0.05849分和0.08133分，排名分别为第20名和第7名，表现由良好转为优秀；交通与技术基础设施得分分别为0.29545分和0.34277分，排名均为第1名，表现均优秀。以上结果表明：2014—2017年，八步区劳动力及其质量水平上升明显，社会资本投入下降明显，交通与技术基础设施建设水平不变。总的来说，八步区的交通与技术基础设施建设优势最明显。2017年，新建143条203千米村屯道路，城镇建设项目稳步实施。第三产业方面，南乡西溪森林温泉度假村一期效益凸显，二期建设加快推进。农业方面，在与其他县市的对比中，交通与技术基础设施建设优势最明显，资本要素投入仍存在很大的提升空间。

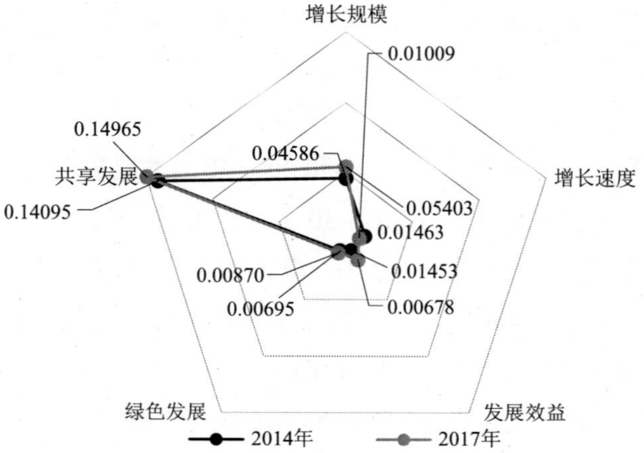

图 9-106　右江区 2014 年和 2017 年经济高质量发展功能表现评价结果分析

从经济高质量发展的结构状况来看，八步区 2014 年和 2017 年的农业技术结构的得分分别为 0.06519 分和 0.05984 分，排名分别为第 11 名和第 28 名，农业技术结构合理性表现一般；工业规模结构得分分别为 0.02943 分和 0.01794 分，排名分别为第 4 名和第 24 名，工业规模结构合理性表现一般；总体产业结构得分分别为 0.03821 分和 0.05783 分，排名分别为 19 名和第 10 名，总体产业结构很合理。

从经济高质量发展的营商环境来看，八步区 2014 年和 2017 年的人口活力得分分别为 0.07911 分和 0.09040 分，排名均为第 24 名，人口活力一般。八步区 2014 年和 2017 年的经济活力得分分别为 0.09520 分和 0.07909 分，排名分别为第 14 名和第 23 名，经济活力由较强转为一般。八步区 2014 年和 2017 年的政府活力评价值分别为 0.05706 和 0.02592，排名分别为第 31 名和第 32 名，政府活力较弱。

综上所述，八步区增长速度快，共享发展表现优秀，要素投入水平高，总体产业结构很合理，但是增长规模小，发展效益从差转为一般，经济活力一般，绿色发展表现较差。要抢抓贺州市打造广西东融先行示范区的重大机遇，充分发挥东融排头兵作用，全力开展招商引资，推动传统产业转型升级，加快培育新兴优势产业，积极打造东融产业集聚区。夯实东融基础，优先完善基础设施，畅通互联互通渠道，强化全力东融支撑。配合实施好连贺高速广西段、信梧高速八步段、柳贺韶铁路八步段等重大交通项目，争取实现“镇镇通”二级路目标。建设东融平台，大力夯实园区平台，加快完善粤桂县域经济产业合作示范区基础，强力推进 22 个基础设施续建项目。充分发挥贺融项目投资公司作用，紧扣乡村振兴、脱贫攻坚、全力东融等重大政策机遇，策划包装一批重大项目。

三十三、平桂区

平桂区位于贺州市中部，有贵广高铁、洛湛铁路，汕昆高速，国道207线、323线过境。

从经济高质量发展功能表现来看，平桂区2014年和2017年的增长规模的得分分别为0.04112分和0.05222分，排名分别为第33名和第32名，增长规模小。平桂区2014年和2017年的增长速度得分分别为0.0106分和0.00935分，排名分别为第14名和第28名，增长速度从较快转为一般。平桂区2014年和2017年的发展效益评价得分分别为0.01317分和0.01255分，排名分别为第31名和第30名，发展效益差。平桂区2014年和2017年的绿色发展得分分别为0.01190分和0.02169分，排名分别为第27名和第16名，表现从一般转为良好。平桂区2014年和2017年的共享发展得分分别为0.04881分和0.05730分，排名分别为第31名和第33名，表现较差（见图9-107）。

从经济高质量发展要素投入情况来看，平桂区2014年和2017年的社会资本投入的得分分别为0.00143分和0.01935分，排名分别为第36名和第20名，表现由较差转为良好；劳动力及其质量得分分别为0.01684分和0.02624分，排名分别为第36名和第34名，表现均较差；交通与技术基础设施得分分别为0.02301分和0.07413分，排名分别为第34名和第11名，表现由较差转为良好。以上结果表明：2014—2017年，平桂区社会资本投入和交通与技术基础设施建设上升最明显，劳动力及其质量水平稍有下降。总的来说，平桂区的交通与技术基础设施建设优势最明显，在与其他县市的对比中，劳动力及其质量仍存在很大的提升空间。

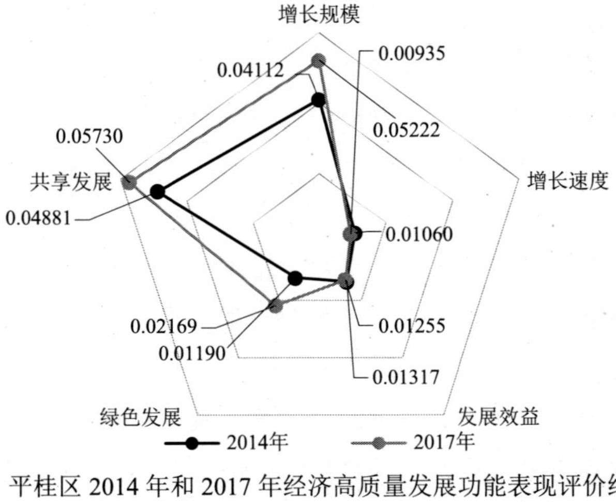

图9-107　平桂区2014年和2017年经济高质量发展功能表现评价结果分析

从经济高质量发展的结构状况来看，平桂区2014年和2017年的农业技术结构的得分分别为0.03759分和0.05579分，排名分别为第36名和第35名，农业技术结构合理性较差；

工业规模结构得分分别为0.00408分和0.02019分，排名分别为第36名和第19名，工业规模结构比较合理；总体产业结构得分分别为0.00721分和0.03448分，排名分别为36名和第30名，总体产业结构合理性表现一般。

从经济高质量发展的营商环境来看，平桂区2014年和2017年的人口活力得分分别为0.07147分和0.08400分，排名分别为第29名和第27名，人口活力一般。平桂区2014年和2017年的经济活力得分分别为0.05125分和0.05370分，排名分别为第28名和第31名，经济活力由一般转为较弱。平桂区2014年和2017年的政府活力评价值分别为0.04500分和0.04962分，排名分别为第33名和第23名，政府活力由较弱转为一般。

综上所述，平桂区绿色发展表现从一般转为良好，社会资本投入和交通与技术基础设施表现由较差转为良好，但是增长规模小，增长速度从较快转为一般，总体产业结构合理性表现一般，经济活力由一般转为较弱，发展效益差。要积极践行全力东融要求，主动融入粤港澳大湾区，加快产业转型升级，优化产业结构，加快项目建设，充分发挥资源优势、区位优势、政策优势，不断推动经济高质量发展，努力把平桂打造为贺州市“广西东融先行示范区”的主战场、主阵地；着力破解项目建设瓶颈，充分发挥项目投资对稳增长、调结构、补短板的支撑作用，为全力东融提供坚实的发展支撑；围绕“生态贺州·长寿胜地”的城市名片，统筹推进宜居城市、乡村振兴融合协调发展，建设好美丽新平桂。深入推进供给侧结构性改革，强化创新驱动发展，不断增强社会发展活力和创新活力。

三十四、金城江区

河池市金城江区位于河池市中部，是西南出海大通道便捷之地和商品流通集散地有黔桂铁路和国道050线、323线、210线3条西南出海大动脉贯穿全境。

从经济高质量发展功能表现来看，金城江区2014年和2017年的增长规模的得分分别为0.04281分和0.05136分，排名分别为第32名和第33名，增长规模小。金城江区2014年和2017年的增长速度得分分别为0.01035分和0.00896分，排名分别为第18名和第29名，增长速度从较快转为一般。金城江区2014年和2017年的发展效益评价得分分别为0.02818分和0.03784分，排名分别为第16名和第3名，发展效益从较好转为好。金城江区2014年和2017年的绿色发展得分分别为0.00974分和0.01416分，排名分别为第29名和第28名，表现一般。金城江区2014年和2017年的共享发展得分分别为0.06214分和0.10110分，排名分别为第24名和第11名，表现从一般转为良好（见图9-108）。

从经济高质量发展要素投入情况来看，金城江区2014年和2017年的社会资本投入的得分分别为0.00806分和0.00817分，排名为第31名和第35名，表现均较差；劳动力及其质量得分分别为0.07548分和0.07472分，排名分别为第7名和第9名，表现均优秀；

交通与技术基础设施得分分别为 0.05398 分和 0.11617 分，排名分别为第 17 名和第 9 名，表现由良好转为优秀。以上结果表明：2014—2017 年，金城江区交通与技术基础设施建设上升最明显，劳动力及其质量和社会资本投入水平无明显变动。总的来说，金城江区的交通与技术基础设施建优势明显，实施工业项目 30 个，完成工业投资 16.87 亿元，金城江工业集中区北区大道北一路建成通车，南段道路开工建设。在与其他县市的对比中，资本要素投入仍存在很大的提升空间。

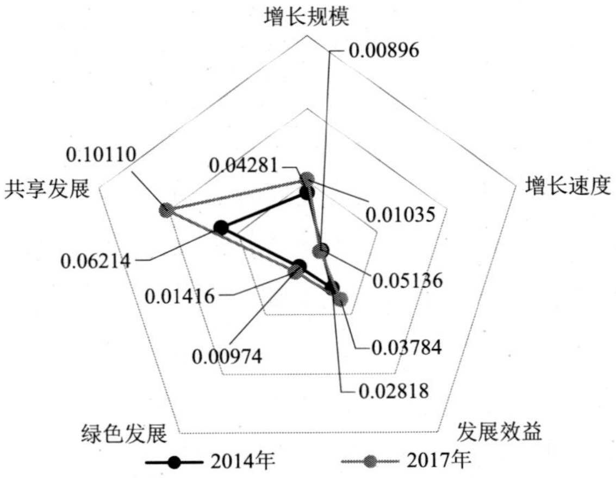

图 9-108　金城江区 2014 年和 2017 年经济高质量发展功能表现评价结果分析

从经济高质量发展的结构状况来看，金城江区 2014 年和 2017 年的农业技术结构的得分分别为 0.07498 分和 0.07431 分，排名分别为第 7 名和第 15 名，农业技术结构比较合理；工业规模结构得分分别为 0.01756 分和 0.01743 分，排名分别为第 25 名和第 26 名，工业规模结构合理性表现一般；总体产业结构得分分别为 0.05123 分和 0.07278 分，排名分别为第 8 名和第 6 名，总体产业结构很合理。

从经济高质量发展的营商环境来看，金城江区 2014 年和 2017 年的人口活力得分分别为 0.08285 分和 0.09017 分，排名分别为第 22 名和第 25 名，人口活力一般。金城江区 2014 年和 2017 年的经济活力得分分别为 0.07763 分和 0.09342 分，排名分别为第 20 名和第 21 名，经济活力由较强转为一般。金城江区 2014 年和 2017 年的政府活力评价值分别为 0.03867 分和 0.02726 分，排名分别为第 35 名和第 31 名，政府活力较弱。

综上所述，金城江区发展效益好，共享发展表现从一般转为良好，劳动力及其质量和交通与技术基础设施表现优秀，总体产业结构很合理，但是增长规模小，增长速度从较快转为一般，绿色发展表现一般，经济活力由较强转为一般。要加快发展现代商贸物流业，着力打造现代物流园区；建设河池市旅游集散中心暨河池·民族风情苑，全面推进生态养生旅游业发展；积极发展新兴服务业，全面提升服务业发展质量和水平。着力发展绿色环保型产业，推进传统产业转型升级，加快涉重金属企业整合重组、转型升级步伐，积极发展新兴产业。做强做优一批生态特色种植业，创建一批特色养殖基地，培育发展一批农业产业化经营主体。加强投融资服务，落实产业扶持政策，积极帮扶企业发展。坚持政府引导、市场运作，扩大民间投资规模。强化创新驱动，培育自主品牌，加快“互联网 +”发展，推进大众创业、万众创新。

三十五、兴宾区

兴宾区位于来宾市中部，是来宾市人民政府所在地。

从经济高质量发展功能表现来看，兴宾区 2014 年和 2017 年的增长规模的得分分别为 0.08011 分和 0.11735 分，排名分别为第 18 名和第 17 名，增长规模较大。兴宾区 2014 年和 2017 年的增长速度得分分别为 0.00924 分和 0.01026 分，排名分别为第 33 名和第 14 名，增长速度从慢转为较快。兴宾区 2014 年和 2017 年的发展效益评价得分分别为 0.02325 分和 0.03349 分，排名分别为第 23 名和第 8 名，发展效益从一般转为好。兴宾区 2014 年和 2017 年的绿色发展得分分别为 0.0094 分和 0.0075 分，排名分别为第 30 名和第 35 名，表现较差。兴宾区 2014 年和 2017 年的共享发展得分分别为 0.11506 分和 0.10636 分，排名分别为第 4 名和第 10 名，表现优秀（见图 9-109）。

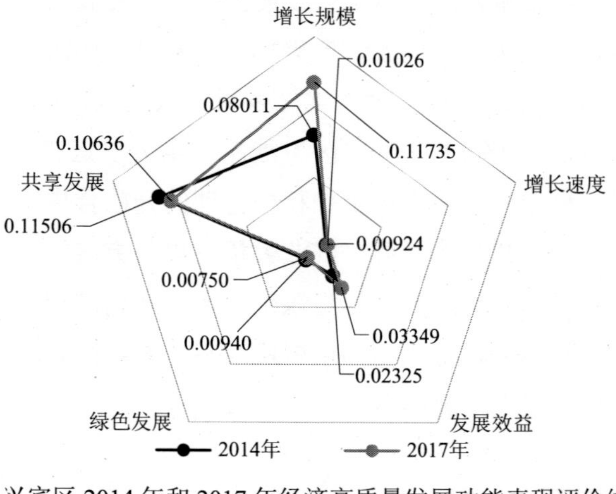

图 9-109　兴宾区 2014 年和 2017 年经济高质量发展功能表现评价结果分析

从经济高质量发展要素投入情况来看，兴宾区 2014 年和 2017 年的社会资本投入的得分分别为 0.02115 分和 0.01843 分，排名分别为第 10 名和第 22 名，表现由优秀转为一般；劳动力及其质量得分分别为 0.22520 分和 0.24118 分，排名均为第 1 名，表现均优秀；交通与技术基础设施得分分别为 0.27368 分和 0.29941 分，排名均为第 2 名，表现均优秀。以上结果表明：2014—2017 年，兴宾区社会资本投入上升明显，劳动力及其质量和交通与技术基础设施建设水平不变。总的来说，兴宾区的交通与技术基础设施建设和劳动力及其质量优势明显，2017 年投资 8.2 亿元进行城乡建设，筹措资金 21 亿元实施农村基础设施建设。在与其他县市的对比中，劳动力及其质量和交通与技术基础设施建设优势也明显，资本要素投入仍存在很大的提升空间。

从经济高质量发展的结构状况来看，兴宾区 2014 年和 2017 年的农业技术结构的得分分别为 0.05327 分和 0.05763 分，排名分别为第 16 名和第 34 名，农业技术结构合理性较差；工业规模结构得分分别为 0.02219 分和 0.02505 分，排名分别为第 14 名和第 8 名，工业规模结构很合理；总体产业结构得分分别为 0.04314 分和 0.44720 分，排名分别为第 14 名和第 16 名，总体产业结构比较合理。

从经济高质量发展的营商环境来看，兴宾区 2014 年和 2017 年的人口活力得分分别为 0.07092 分和 0.07783 分，排名分别为第 30 名和第 29 名，人口活力一般。兴宾区 2014 年和 2017 年的经济活力得分分别为 0.08094 分和 0.10221 分，排名分别为第 17 名和第 19 名，经济活力较强。兴宾区 2014 年和 2017 年的政府活力评价值分别为 0.04920 分和 0.01518 分，排名分别为第 32 名和第 36 名，政府活力较弱。

综上所述，兴宾区增长规模较大，增长速度较快，发展效益好，共享发展表现优秀，劳动力及其质量和交通与技术基础设施均表现优秀，经济活力较强，总体产业结构比较合理，但是绿色发展表现较差，人口活力一般，政府活力有待加强。兴宾区需要以优势资源为依托，着力推动工业高质量发展；将工业发展作为经济发展的重中之重，大力实施“工业强区”战略，围绕“强龙头、补链条、聚集群”的要求，加快构建多元发展多极支撑的工业体系；坚持农业农村优先发展，大力实施乡村振兴规划，加快实现农业强、农村美、农民富；大力实施“项目立区”“三产富区”战略，全力以赴抓项目、稳投资、促消费、扩内需，推动经济持续稳定发展；实施更加积极主动的开放合作带动战略，主动融入西江经济带、粤桂黔高铁经济带建设；开展“产业大招商攻坚突破年”活动，优化出台招商引资优惠政策，依托矿产、林木、农产品等资源优势，创新精准招商、以商招商、委托招商模式，加强项目策划包装推介，提高招商引资成功率；统筹抓好教育、文化等其他方面的改革，通过深化改革释放强大发展动力。

三十六、江州区

江州区位于崇左市中部，是崇左市人民政府驻地；有 322 国道南（宁）—凭（祥）公路，312 省道板（利）—德（保）线沿各旅游景区切边而过。

从经济高质量发展功能表现来看，江州区 2014 年和 2017 年的增长规模的得分分别为 0.05065 分和 0.07145 分，排名分别为第 26 名和第 25 名，增长规模一般。江州区 2014 年和 2017 年的增长速度得分分别为 0.01022 分和 0.00969 分，排名分别为第 22 名和第 24 名，增长速度一般。江州区 2014 年和 2017 年的发展效益评价得分分别为 0.03171 分和 0.02511 分，排名分别为第 9 名和第 19 名，发展效益从好转为较好。江州区 2010 年和 2017 年的绿色发展得分分别为 0.02864 分和 0.04000 分，排名分别为第 7 名和第 3 名，表现优秀。江州区 2014 年和 2017 年的共享发展得分分别为 0.04681 分和 0.05919 分，排名分别为第 32 名和第 31 名，表现较差（见图 9-110）。

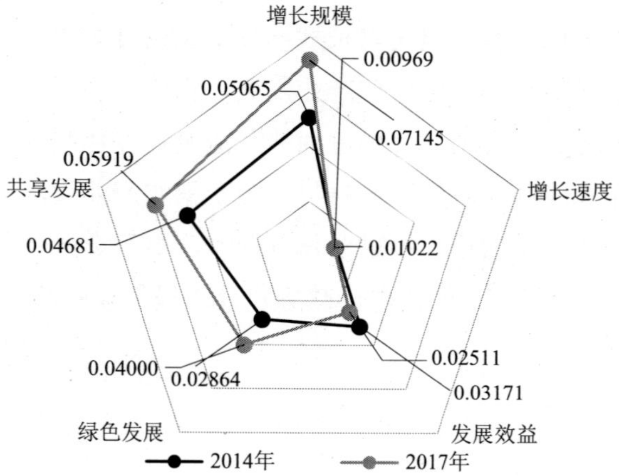

图 9-110　江州区 2014 年和 2017 年经济高质量发展功能表现评价结果分析

从经济高质量发展要素投入情况来看，江州区 2014 年和 2017 年的社会资本投入的得分分别为 0.00887 分和 0.01574 分，排名为第 28 名和第 25 名，表现均一般；劳动力及其质量得分分别为 0.05152 分和 0.05938 分，排名分别为第 24 名和第 19 名，表现由一般转为良好；交通与技术基础设施得分分别为 0.04667 分和 0.07200 分，排名分别为第 21 名和第 14 名，表现由一般转为良好。以上结果表明：2014—2017 年，江州区交通与技术基础设施建设上升最明显，劳动力及其质量水平、社会资本投入也稍有上升。总的来说，江州区的劳动力及其质量和交通与技术基础设施建设优势明显。2017 年，应继续推行“双高”基地水利化建设“三统一”模式。江州区被列为全国首个甘蔗种植综合标准化示范区，是国家认定的全国唯一的区域性甘蔗良种繁育基地，是中国第一产蔗产糖大县（区）。要大力推进重大项目 168 个。其中，自治区级重大项目 4 个，完成投资 2.9 亿元；市级重大项目 12 个，完成投资 12.3 亿元。在与其他县市的对比中，资本要素投入、劳动力及其质量仍存在很大的提升空间。

从经济高质量发展的结构状况来看，江州区 2014 年和 2017 年的农业技术结构的得分分别为 0.06157 分和 0.06259 分，排名分别为第 12 名和第 24 名，农业技术结构合理性表现一般；工业规模结构得分分别为 0.01754 分和 0.01768 分，排名分别为第 26 名和第 25 名，工业规模结构合理性表现一般；总体产业结构得分分别为 0.03686 分和 0.04092 分，排名分别为 20 名和第 23 名，总体产业结构合理性表现一般。

从经济高质量发展的营商环境来看，江州区 2014 年和 2017 年的人口活力得分分别为 0.06898 分和 0.07488 分，排名分别为第 33 名和第 30 名，人口活力由较弱转为一般；江州区 2014 年和 2017 年的经济活力得分分别为 0.05176 分和 0.05790 分，排名分别为第 27 名和第 30 名，经济活力一般；江州区 2014 年和 2017 年的政府活力评价值分别为 0.18967 分和 0.01614 分，排名分别为第 14 名和第 35 名，政府活力由较强转为较弱。

综上所述，江州区发展效益从好转为较好，绿色发展表现优秀，劳动力及其质量和交通与技术基础设施表现表现良好，但是增长规模和增长速度表现一般，要素投入和开发水平有待提高，共享发展表现较差。要聚焦产业发展，实施经济社会发展攻坚战；做好蔗糖大文章，推进一批糖业循环经济项目；推进湘桂蔗渣及环保包装项目；推进水泥产业、富国锰铁项目、中燃分布式能源、新型建筑材料、中泰崇左产业园区等系列项目；聚焦全面优化营商环境，深化行政体制改革、投融资体制改革、财税金融体制改革；大力推进“简政放权”“互联网 +”政务服务”，加快电子政务建设，提高政府活力。

参考文献

[1] 李金昌，史龙梅，徐蔼婷，2019. 高质量发展评价指标体系探讨 [J]. 统计研究，36(1):4-14.

[2] 马茹，罗晖，王宏伟，等，2019. 中国区域经济高质量发展评价指标体系及测度研究 [J]. 中国软科学 (7):60-67.

[3] 张震，刘雪梦，2019. 新时代我国 15 个副省级城市经济高质量发展评价体系构建与测度 [J]. 经济问题探索 (6):20-31. 70.

[4] 郭淑芬，裴耀琳，任建辉，2019. 基于三维变革的资源型地区高质量发展评价体系研究 [J]. 统计与信息论坛，34(10):27-35.

[5] 张云云，张新华，李雪辉，2019. 经济发展质量指标体系构建和综合评价 [J]. 调研世界 (4):11-18.

[6] 黄敏，任栋，2019. 以人民为中心的高质量发展指标体系构建与测算 [J]. 统计与信息论坛，34(10):36-42.

[7] 任保平，李禹墨，2018. 经济高质量发展中生产力质量的决定因素及其提高路径 [J]. 经济纵横 (7):27-34.

[8] 李梦欣，任保平，2019. 新时代中国高质量发展的综合评价及其路径选择 [J]. 财经科学 (5):26-40.

[9] 黄庆华，时培豪，刘晗，2019. 区域经济高质量发展测度研究：重庆例证 [J]. 重庆社会科学 (9):82-92.

[10] 田秋生，2018. 高质量发展的理论内涵和实践要求 [J]. 山东大学学报 (哲学社会科学版)(6):1-8.

[11] 王永昌，尹江燕，2019. 论经济高质量发展的基本内涵及趋向 [J]. 浙江学刊 (1):91-95.

[12] 安淑新，2018. 促进经济高质量发展的路径研究：一个文献综述 [J]. 当代经济管理，40(9):11-17.

[13] 任保平，文丰安，2018. 新时代中国高质量发展的判断标准、决定因素与实现途径 [J]. 改革 (4):5-16.

[14] 孙红湘，张静，2018. 以新发展理念指引高质量发展 [J]. 人民论坛 (30):94-95.

[15] 洪银兴，刘伟，高培勇，等，2018.“习近平新时代中国特色社会主义经济思想”笔谈 [J]. 中国社会科学 (9):4-73，204-205.

[16] 周小亮，2019. 供给侧结构性改革提升经济发展质量的理论思考 [J]. 当代经济研究 (3):32-40，113.

[17] 任保平，付雅梅，2017. 系统性深化供给侧结构性改革的路径探讨 [J]. 贵州社会科学 (11):105-112.

[18] 钞小静，薛志欣，2018. 新时代中国经济高质量发展的理论逻辑与实践机制 [J]. 西北大学学报 (哲学

社会科学版），48(6):12-22.

[19] 赵剑波，史丹，邓洲，2019. 高质量发展的内涵研究 [J]. 经济与管理研究，40(11):15-31.

[20] 宋明顺，张霞，易荣华，等，2015. 经济发展质量评价体系研究及应用 [J]. 经济学家 (2):35-43.

[21] 冷崇总，2008. 构建经济发展质量评价指标体系 [J]. 宏观经济管理 (4):43-45.

[22] 张红，2015. 长江经济带经济发展质量测度研究 [J]. 上海金融 (12):19-24.

[23] 李金叶，许朝凯，2017. 中亚国家经济发展质量评价体系研究 [J]. 上海经济研究 (6):101-109.

[24] 任保平，赵通，2019. 高质量发展的核心要义与政策取向 [J]. 红旗文稿 (13):23-25.

[25] 高淑桂，2018. 实现高质量发展的核心驱动因素研究 [J]. 宏观经济管理 (9):63-68，77.

[26] 钞小静，薛志欣，2018. 新时代中国经济高质量发展的理论逻辑与实践机制 [J]. 西北大学学报（哲学社会科学版），48(6):12-22.

[27] 张林，2015. 系统视角下西部地区知识经济发展能力研究 [M]. 北京：科学出版社 .

附录：广西县域国家地理标志产品

地区	个数	国家地理标志产品	批准日期	（年份）种植面积 / 千亩	产值	特别影响
上林县	2	上林大米	2012 年 12 月 27 日	（2017 年）39.32 万亩 13.51 万吨	—	—
		上林八角	2014 年 12 月 1 日	（2013 年）15 万亩 /0.28 万吨	—	—
宾阳县	1	黎塘莲藕	2015 年 12 月 4 日	（2018 年）1.5 万亩 /3.5 ～ 4 万吨	（2014 年）0.86 亿	（2018）黎塘镇大约有 6000 户农户种植莲藕，全镇 3 万多人依靠莲藕而致富 黎塘镇独创的“稻藕套种”技术得到“中国杂交水稻之父”袁隆平的高度评价，被他称为“奇迹”并题词：“稻藕套种很妙，钱粮双增更好”。2013 年 4 月 9 日，中央电视台军事·农业频道《聚焦三农》栏目组到黎塘拍摄莲藕种植技术
横县	4	横县大头菜	2009 年 7 月 9 日	（2018 年）4 万亩 /12 万吨	—	—
		南山白毛茶	2009 年 7 月 9 日	（2013 年）0.3 万亩	—	（2016 年）那阳镇南山白毛茶产业示范区建设了南山白毛茶有机茶园 1000 亩，示范区核心区农村居民人均纯收入比拓展区高 10.61%，比辐射区高 15.45%，比所在乡镇高 20.31%
		横县茉莉花	2006 年 7 月 12 日	（2018 年）10.5 万亩 /8.5 万吨	（2018 年）17 亿	（2017）横县成为世界最大的茉莉花生产和茉莉花茶加工基地 2017 年茉莉花产业所带来的旅游和商贸物流年产值超过 20 亿元，已超过茉莉花种植收入
横县	4	横县茉莉花茶	2013 年 12 月 9 日	（2018 年）茉莉花茶 6.5 万吨	（2018 年）53 亿	（2018）茉莉花和茉莉花茶产量均占中国总产量的 80% 以上，占世界总产量的 60% 以上。33 万名花农、130 多家花茶企业
柳江区	1	柳江莲藕	2016 年 11 月 4 日	（2014 年）5.6 万亩 /6.5 万吨	（2014 年）4 亿	我国重要的出口创汇蔬菜之一

续表

地区	个数	国家地理标志产品	批准日期	（年份）种植面积 / 千亩	产值	特别影响
鹿寨县	1	鹿寨蜜橙	2014年12月1日	（2016年）1万亩 /0.15万吨	—	2016年2月，该县与阿里巴巴农村电子商务项目达成战略合作伙伴。现有电商直接、间接从业人员1200人，辐射带动就业人口5000人以上
融安县	1	融安金桔	2011年12月6日	（2017年）13.3万亩 12.6万吨	（2017年）5.8亿	（2017）实现农民人均单项收入2000余元
融水苗族自治县	2	融水糯米柚	2008年8月27日	（2011年）1.45万亩 /1.8万吨	（2011年）0.54亿	—
		融水香鸭	2015年12月31日	（2020年）1000万羽	—	—
三江侗族自治县	2	三江茶	2012年11月22日	（2009年）12.5万亩 /（2008年）0.4万吨	（2008年）1.88亿	三江侗族自治县现有茶叶初制加工厂约407家，茶叶销售店面10多家，有4家茶叶企业获得了茶叶食品生产许可证（QS认证）
		三江茶油	—	（2017年）61.7万亩	（2020年）13亿	覆盖15个乡镇的86个贫困村 扶持贫困户开发油茶种植1580户4520人 （2020）脱贫户人均面积达2亩以上，户均增收1万元
阳朔县	1	阳朔金桔	2006年12月27日	（2016年）18.8万亩 /30.1万吨	21.2亿	（2014）年总产量由三四万吨升至21.6万吨，约占中国金桔产量的65% 该县不仅创出金桔广西标准，而且创出金桔国家标准，已进入专家评审阶段。中国工程院院士袁隆平曾欣然为之题词："中国金桔第一县。"产业特色化。阳朔选定特有的金桔产业，配合阳朔县特有的旅游资源，作为示范区的发展定位，打造具有阳朔县特色的"一村一品""一乡一业"示范区，销往全国各地及港澳台地区，并出口俄罗斯和东盟等国家及地区
全州县	1	湘山酒	2010年12月29日	（2016年）5万吨	（2011年）0.29亿	麻坛藏酒能力10万吨，成为中国最大的小曲米酒传统酿酒基地
永福县	1	永福罗汉果	2004年12月13日	（2017年）7万亩 /10亿个	—	—
荔浦县	1	荔浦芋	2005年12月28日	（2010年）4万亩	—	—
恭城瑶族自治县	1	恭城月柿	2015年12月4日	（2017年）19.58万亩 /（2014年）40万吨	（2014年）14亿	恭城月柿节"被列为广西文化致富工程的五大模式之一
岑溪市	1	岑溪古典鸡	2016年11月4日	（2012年）2009万羽	（2012年）7.2亿	（2012）2万多农民参与了古典鸡产业链工作，每年可在古典鸡产业链中获得3亿多元收入

续表

地区	个数	国家地理标志产品	批准日期	（年份）种植面积 / 千亩	产值	特别影响
合浦县	1	合浦南珠	2004 年 10 月 29 日	—	—	珠农年收到达 10 万至 100 万不等，摩托、彩电、冰箱等进入了寻常百姓家。珍珠养殖已成为沿海珠农脱贫致富的重要门路
防城区	1	防城金花茶	2011 年 9 月 19 日	（2017 年）5 万亩	（2017 年）20 亿	（2017）种植面积居世界第一
灵山县	2	灵山荔枝	2012 年 1 月 1 日	（2007 年）10 万吨	—	—
		灵山凉粉	2012 年 6 月 8 日	1.46 万吨	2.5 亿	远销新加坡、印度尼西亚、马来西亚、菲律宾、文莱、毛里求斯、中东和中国港、澳、台等国家和地区，年出口创汇 132 万美元
浦北县	2	浦北香蕉	2012 年 11 月 22 日	（2017 年）13.63 万亩	（2012 年）6.5 亿	浦北县香蕉不仅畅销中国各地，还远销日本、俄罗斯和东南亚各国
		浦北红椎菌	2014 年 12 月 8 日	（2017 年）26 万亩	—	畅销福建、广东、港、澳、台等省以及日本、东南亚各国，市场销售价格连年上扬
桂平市	1	西山茶	2010 年 5 月 24 日	（2016 年）0.42 万亩	—	（2016）桂平市西山镇西山村西山茶为主导产业的农户达 1023 户，占全村农户的 78.9%
玉州区	1	玉林香蒜	2007 年 3 月 20 日	（2014 年）5 万亩	—	（2014）蒜农有 3 万多人，从事营销玉林香蒜的人达 700 多
容县	2	霞烟鸡	2010 年 12 月 7 日	（2002 年）52 万羽	（2001 年）2.9 亿	年可产鸡苗 5000 多万羽，除供应本地外，还销往广东、浙江、湖南、贵州、越南等
		容县沙田柚	2004 年 7 月 20 日	（2014 年）13 万亩 /8 万吨	—	—
博白县	2	博白桂圆肉	2010 年 12 月 7 日	（2016 年）0.8 万吨	（2016 年）7.2 亿	—
		博白空心菜（博白蕹菜）	2011 年 8 月 30 日	300 亩 /0.15 万吨	0.15 亿	—
北流市	1	凉亭鸡	2011 年 6 月 27 日	（2015 年）1200 万羽	（2015 年）3.97 亿	养鸡已成为民间致富手段之一
田东县	1	田东香芒	2011 年 6 月 27 日	（2014 年）15.3 万亩 /8.2 万吨	（2014 年）5 亿	逐渐成为一个重要的特色产业，田东香芒远销日本、英国、澳大利亚、欧盟、东盟等
德保县	2	德保山楂	2017 年 5 月 31 日	（2017 年）6.15 万亩 /2.7 万吨（2020 年）9 万亩	（2017 年）0.54 亿	覆盖 47% 的贫困户
		德保脐橙	2016 年 11 月 1 日	（2015 年）15 万亩 /21 万吨	（2015 年）12.6 亿	（2015）先后有 2.4 万农村贫困人口通过种植脐橙实现脱贫致富，有效解决近 2 万农村富余劳动力就业
凌云县	1	凌云白毫茶	2005 年 8 月 25 日	（2008 年）10.5 万亩 /0.3 万吨	—	—

续表

地区	个数	国家地理标志产品	批准日期	（年份）种植面积 / 千亩	产值	特别影响
乐业县	2	雅长铁皮石斛	2014 年 10 月 11 日	（2013 年）1000 万株	—	产品远销广东、云南及广西各地
		乐业猕猴桃	2016 年 11 月 4 日	（2018 年）2.4 万亩 /0.5 万吨	（2018 年）1.5 亿	利税 600 万元，解决 5000 人就近当地就业，获得自治区科研成果 5 个，市级科研成果 2 个
田林县	1	八渡笋	2010 年 4 月 6 日	（2009 年）32 万亩 /96 万吨	—	八渡笋成为农民增收的一条致富之路
西林县	4	西林姜晶	2015 年 12 月 4 日	（2016 年）火姜 1.5 万亩 /（2015 年）0.3 万吨	（2016 年）0.5 亿	2013 年开始出口俄罗斯
		西林麻鸭	2013 年 12 月 9 日	（2013 年）65 万羽	（2013 年）0.7 亿	当地农民脱贫致富的一个重要产业
		西林沙糖桔	2012 年 11 月 22 日	（2014 年）14.1 万亩 /5.6 万吨	（2014 年）2.6 亿	—
		西林火姜	2016 年 11 月 4 日	（2017 年）5 万亩 /12.5 万吨	—	产品远销俄罗斯、日本等国
昭平县	3	黄姚豆豉	2012 年 11 月 22 日	（2015 年）0.06 万吨	（2015 年）超千万	黄姚豆豉仍然沿袭传统的生产工艺和生产流程，其传统加工技艺于 2008 年被列入广西壮族自治区区级非物质文化遗产名录
		昭平茶	2013 年 12 月 9 日	（2017 年）21.5 万亩 /1.16 万吨	（2017 年）12.68 亿	（2017）昭平县从事茶叶种植农户达 3.5 万户 10 万多人
		黄姚黄精酒	2016 年 11 月 4 日	（2015 年）0.15 万吨	1.5 亿	—
钟山县	1	英家大头菜	2016 年 11 月 4 日	(2014)1.8 万亩 /2.76 万吨	—	每年为社员和种植户平均创收 2 万元以上
东兰县	1	东兰墨米酒	2015 年 12 月 4 日	（2015 年）墨米 1.5 万亩 /0.3 万吨	1.5 亿	县内获得生产许可证的墨米酒生产企业 2 家，年产墨米酒 500 吨，销售收入 2500 万元
巴马瑶族自治县	2	巴马香猪	2005 年 8 月 25 日	（2014 年）52 万头	1.95 亿	—
		巴马火麻	2013 年 12 月 23 日	（2000 年）5 万亩 /0.075 万吨（产量低年）	—	—
忻城县	1	忻城金银花	2007 年 3 月 20 日	（2008 年）10 万亩 /0.134 万吨	（2008 年）0.536 亿	山区大部分农户依靠种植金银花摘掉了“贫困帽”。曾被联合国粮食署官员称为“不适宜人类居住的地方”的北更乡，全乡种植金银花 1.5 万多亩，年产鲜花 1100 多吨，产值达 300 多万元
金秀瑶族自治县	1	金秀绞股蓝	2004 年 8 月 17 日	—	—	—
龙州县	1	龙州乌龙茶	2016 年 11 月 4 日	0.15 万亩	—	龙州乌龙茶在韩国及东南亚国家备受青睐，闻名遐迩

后记：前行的力量

人到中年，时代在前进，身体在后退，纠葛多、路径多，精力少、时间少。近几年来，我一直遭遇到的是身体欠佳、环境变差、信心动摇等挑战，如何从十面埋伏中成功突围，从一地鸡毛中另辟蹊径是中年人面临的人生难题，其中关键是找到力量的源泉。

2012年年底，我到美国访学，第一节课老师是进行《力量的源泉》心理测试。我们班有20个人进行了答题，最终归纳出了班级的共同力量有5种来源：学习、信息、战略、成就、最大化。班级中多数同学具备3项，我个人具备了前4项，唯一不同在于对事物不追求最大化，而是追求和谐。

学习是我人生的第一力量。我的学习基本上都是个人修习。英语、数学、围棋、声乐，都是自学的结果。其中最难的是数学，高中数学问题不大，后来学习高等代数、微积分、概率论之类，难度渐渐变大，自学非常吃力，通过自己推理，能够看懂公式。数学方面缺乏自由感和创造力，但逃不掉的只能面对。为了前行，只有不断碰触数学，恐惧感也渐渐消失。

学习最基础的元素就是信息，信息是人或者机器对世界感知的产物。时间在变、空间在变，每一时间，每一空间都呈现出独特的信息和信息组合，入乡随俗需要超强的适应能力。每一次适应都是一次刻骨铭心的记忆。走南闯北、行万里路等于读万卷书，那些所谓的“××十八怪”都是封闭信息社会的产物。对于信息识别，应根据自己的判断，不盲从，不迷信，对所谓的小道消息，我有较强的免疫力，对于各种渠道的消息都不轻信，直到获得逻辑的记证。前行需要指引的路标、新的信息、新的吸引力，这些都是前行的力量，如有知己同行，风景更美丽，欣赏更心怡。

信息太多，电脑不能全部记录，人脑更不能全部容纳。删繁就简，总结规律，预测未来需要具有战略眼光。战略是大势所趋，也是高屋建瓴，需要坚实的规律把握能力和超强未来感。同时，能力是必需的，正直是必需的，自由是必需的，前行是必需的，我会对未来充满期待。战略肯定不是鸡毛蒜皮，但战略会受鸡毛蒜皮影响。前行中最大的痛苦莫过于坐上一趟南辕北辙的火车，车厢服务员在努力地描述美好，乘客们热火朝天地憧憬幸福，而你却背道而驰：跳车，没本领；换车，不知哪里是下一站，只有等待，无聊而无尽的等待。战略的困顿是前行中最大的困顿，个体很容易因为环境不好而将自己荒废。因此，困顿期间，需要按照战略方向累积能力，等待春天的迸发。

成就是过往的业绩，是最宝贵的人生财富。成就不一定是王侯将相，也不是教授博导，也不是腰缠万贯，而是对自己的突破。我想任何有成就感的人都会有内心的充实。这种充实来自于虽艰辛但执着、困顿但努力、失败但不馁，不屈不挠，不亢不卑，抗争环境改变命运的成就感。过往的经验是前行的重要力量。成就的归因需要避免两个陷阱：第一，将环境的有利因素归结为自身的能力；第二，将团队的贡献归纳为自己贡献。我们可以归因于内，但只取本分，虽然老实，但一步一个脚印，心无挂碍，实有所得。放下渴望成就的包袱，跨越失败的阴影，轻装上阵，前行途中也许会有更大的惊喜。

我前行的脚步并不快，可能是因为不善于最大化而注重于和谐。我不喜欢斤斤计较，有人曾当面评价我："你与人无争，但与世有争。"其实，我与人无争，与世亦无争，我只是不太想做别人，只想做自己，总在与自己争。虽然我不争，但是和谐并不会如期而来。杨绛先生说："你稍有才德品貌，人家就嫉妒你、排挤你。你大度退让，人家就侵犯你、损害你。你要不与人争，就得与世无求。你要和别人和平共处，就先得和他们去周旋。"和谐不够的原因主要是我不善于周旋，不善于聊天，不善于喝酒，既不懂风情，也不懂风流，情商着实不高。我会写诗、写论文，别人以为我情商极高，期待太高，反倒落差太大。和谐，是诸多人事之间的一个平衡，在这种格局中，我只能自求增进善、不作恶，但我已知足，因为我相信，人性中有善，而且期待善行更远，虽然善总是恶的背景和衬托。

其实，前行的力量来源非常多，如领导、团队、感情、执行、想象力、健康、个性、爱、热情等。以前，我的前行力量基本上是个人因素。工作后，平台与团队是前行不可或缺的力量。健康、快乐的团队，能够构想未来的美好，前行会更便利。就像这本书的出版，就是团队的力量。

首先，感谢广西大学广西县域经济发展研究院领导团队的信任，以及荣誉院长广西壮族自治区政协第十届副主席苏道俨对县域经济高质量发展研究的高度重视，高屋建瓴多次亲临指导并为本书作序；广西大学广西县域经济发展研究院办公室的同志们也奉献了积极的工作。在此深表感谢！

其次，感谢我的研究生团队其中包括博士生龚丽华、高安刚、杨小娟、吴友强和硕士生莫彩玲、陈晖、饶健和程力栋。从数据收集的琐琐碎碎，到评价模型的选择与校正，到评价结果的挖掘和整理，研究工作是烦琐的，但也是有收获的。正是因为咱们这一年来紧张、认真、辛勤的工作，才顺利完成这本书。

当然，更要感谢知识产权出版社的李小娟编辑，孙婷婷编辑，在校正、印制和出版的每一个环节都凝聚着你们的汗水，而且由于本书出版时间紧迫，更增加了工作的强度。

本书处理了大量信息，建立了经济高质量发展评价的系统模型，理清广西县域经济高质量发展战略，研究团队对广西县域经济进行了细致而审慎的学习，研究结论希望有利于社会的和谐、高效发展，这显示了研究团队对广西的热爱和感情。

创新的时代是高质量的时代，我们与时代一同前行！

张林　教授

2020.05.20